Klaus Grewe

Aquädukte

Wasser für Roms Städte

Der große Überblick —
vom Römerkanal zum Aquäduktmarmor

REGIONALIA VERLAG

Klaus Grewe, Aquädukte
Copyright © 2014 Regionalia Verlag GmbH, Rheinbach

Lektorat, Layout und Satz: Handverlesen GbR, Bonn
Cover- und Einbandgestaltung: Handverlesen GbR, Bonn

Abbildungen Schutzumschlag:
Cover: großes Bild: Römische Aquädukte an der Via Appia bei Rom. Grafik: T. Wehrmann für Geo Epoche, nach einem Gemälde von Zeno Diemer (1914) im Deutschen Museum München
kleines Bild oben s. S. 206 in diesem Buch
kleines Bild unten s. S. 279 in diesem Buch
Rückseite: s. S. 91/92 in diesem Buch

Abbildung Vorsatz: Lorscher Evangeliar, Kanontafel. Bukarest, Nationalbibliothek, Filiale Alba Iulia, Biblioteca Battyáneum, Wikimedia Commons, o. A. (siehe im Text S. 358)
Abbildung Nachsatz: Apostelzyklus, Wandmalerei aus der Mitte des 13. Jahrhunderts im Dom zu Braunschweig (siehe im Text S. 311 und 358) (Foto: K. Grewe)

Bildnachweis: Copyright © Geo Epoche, T. Wehrmann (S. 35, 172, 178, 179), J. Burdy (S. 20), DAI Rom (S. 43, 45), W. Gaitzsch (S. 51), W. Haberey (S. 66, 67, 76, 80, 146, 156, 218, 219, 237, 279), A. Jürgens (S. 266), H. Lauffer (S. 185, 260, 274), H. Lilienthal (S. 29, 49, 179, 327, 361), S. Mentzel (S. 378), W. Meyer (S. 229), H. Redmer (S. 112), I. Ristow (S. 261), Römisch-Germanisches Museum Köln (S. 48, 179), P. Schmidt (S. 190), B. Song (S. 223), F. Spangenberg/Illu-Atelier (S. 37, 55), P.-J. Tholen (S. 284), M. Thuns (S. 327, 377), A. Thünker (S. 21, 22, 67, 239, 272), G. Waringo (S. 129), P. Wieland (S. 152), K. White-Rahneberg (S. 25, 108, 131, 314, 363).
Autor und Verlag danken den Bildgebern recht herzlich für die Zusammenarbeit.
Alle anderen Abbildungen in diesem Band: Copyright © Autor oder Archiv Autor.

Printed in Italy 2014

ISBN 978-3-95540-127-6

www.regionalia-verlag.de

Inhalt

Glossar .... vor 1
Vorwort 9

Teil A: Aquäduktbau als Zeugnis großartiger römischer Ingenieurkunst

1 Über Baumeister und Bauherren und den Schutz der Aquädukte 14
    Das Modell einer antiken Aquäduktbrücke 21

2 Die Planungsprinzipien der römischen Ingenieure 24

3 Die Vermessungsgeräte der römischen Ingenieure 27
    Zeichenmaterial 28
    Höhenvermessung und Winkelabsteckung 31
        Vitruvs Chorobat – ein genial einfaches Gerät zur Höhenvermessung 31
        Der Chorobat: ein neuer Rekonstruktionsversuch 35
        Die Groma – das Winkelkreuz der römischen Landmesser 42
            Die Groma aus Pompeji 42
            Handhabung der Groma 43
            Die Groma von Ivrea 44
        Streckenmessung im Aquädukt- und Straßenbau 47

4 Die Einteilung der Baulose und die Gefälleabsteckung 53
    Der Chorobat im Einsatz bei der Trassenplanung 53
    Das Austafeln als Methode der Gefälleabsteckung 54
    Siga – ein Beispiel für eine durchgängig ausgebaute Wasserleitung 57
    Köln – ein Beispiel für eine in Baulosen ausgebaute Wasserleitung 58

5 Die Wassergewinnung 60
    Quellfassungen 65
    Flussableitungen 68
    Talsperren 70

6 Gefälleleitungen – Rinnen und Rohre 75

7 Aquäduktbrücken ... 82
- Bautypen römischer Brücken ... 85
- Brückenbau in Flussbetten ... 87
- »Soda-Brücken« in römischer Zeit? ... 89
- War der Pont du Gard auch eine »Soda-Brücke«? ... 100
- Die Ziegelmarken im Mauerwerk des Aquäduktes von Minturnae ... 103

8 Tunnelbauten ... 107
- Qanatbau ... 108
- Erste Großtunnel zur Wasserversorgung ... 112
- Römischer Tunnelbau ... 115
- Nonius Datus und sein Aquädukttunnel in Saldae ... 116
- Die Trassenabsteckung für im Gegenortverfahren aufgefahrene Tunnel ... 122
- Römischer Tunnelbau an Rhein, Mosel und Saar ... 126
- Der Drover-Berg-Tunnel bei Düren ... 130
- Der Qanat von Alt-Inden ... 135

9 Druckleitungsstrecken ... 139

10 Kleinbauwerke ... 151
- Einstiegschächte ... 151
- Tosbecken in Baulosgrenzen ... 154
- Sammelbecken ... 157
- Absetzbecken ... 156
- Ableitungsbecken ... 158
- Umlenkbecken ... 160
- Bypässe ... 161

11 Die Wassernutzung und Abwasser ... 163
- Wasserspeicher ... 166
- Wasserverteiler ... 168
- Abwasser ... 177

12 Wasserkraftnutzung ... 181

13 Beispiele römischer Wasserleitungen ... 192
- Aquädukte in den Provinzen rund um das Mittelmeer ... 192
  - *Nordafrika* ... 193
  - *Südosteuropa* ... 197

Vorderasien	200
Türkei	209
Südeuropa	210
Frankreich	211
Spanien	214
Aquädukte in den Provinzen nördlich der Alpen	218
Zivile Siedlungsplätze	218
Köln	218
Trier	219
Xanten	222
Militärlager	225
Vetera I und Vetera II bei Xanten	225
Novaesium / Neuss	225
Oberstimm	226
Öhringen	227
Bonna / Bonn	228
Mogontiacum / Mainz	232

14 Die Nutzung römischer Wasserleitungen in nachrömischer Zeit ... 234

Teil B: Die Eifelwasserleitung – Aquädukt für das römische Köln und Steinbruch für die romanischen Bauten

1 Der Römerkanal – Aquädukt für das römische Köln ... 240

Einführung	240
Die Leitungen aus dem Vorgebirge	245
Zum Längsprofil der Vorgebirgsleitungen	247
Die Hürther Leitung	249
Die Burbacher Leitung	249
Die Gleueler Leitung	250
Die Frechener / Bachemer Leitung	250
Die zweiperiodige Sammelleitung ab Hürth-Hermülheim	251
Das Absetzbecken im Grüngürtel	251
Die Wasserleitung aus der Eifel	252
Zur Datierung	253
Die Auswahl der Quellgebiete und die Schwierigkeiten der Trassenführung	255
Zum Längsprofil der Eifelleitung	258
Die Wasserfassungen	260
Die Quellfassung Hauser Benden	261

Die Brunnenstube Klausbrunnen bei Kallmuth	262
Die Brunnenstube bei Urfey	264
Der Grüne Pütz bei Nettersheim	265
Der unterirdisch geführte Steinkanal	267
Die Aquäduktbrücken der Eifelwasserleitung	271
Die kleine Aquäduktbrücke von Mechernich-Vollem/Urfey	273
Die Aquäduktbrücken im Hombusch bei Mechernich-Katzvey	275
Die Aquäduktbrücke bei Mechernich-Vussem	278
Die Aquäduktbrücke über die Erft zwischen Euskirchen-Rheder und Euskirchen-Stotzheim	280
Die Aquäduktbrücke über den Swistbach zwischen Rheinbach und Meckenheim	280
Die Kleinbauwerke im Verlauf der Eifelwasserleitung	283
Das Sammelbecken Mechernich-Eiserfey	283
Übergangsbauwerke in Baulosgrenzen	284
Bypässe	287

2 Der Römerkanal – Steinbruch des Mittelalters 290

Der Römerkanal als Baustoff der Romanik	292
Vom Kalksinter zum Aquäduktmarmor – Schmuckstein der Romanik in Mitteleuropa	298
Die Auswirkungen des Quellwassers auf die Sinterbildung	299
Die Wiederentdeckung des Kalksinters im Falle der Eifelwasserleitung	311
Sinterfundstellen im nahen Umfeld des Römerkanals	314
Köln und das Umland	314
Nördliche Eifel und Eifelvorland	325
Zwischen Rhein und Maas	341
Bonn und Rhein-Sieg-Gebiet	345
Bergisches Land	350
Rhein-Ahr-Gebiet	351
Sinterfundstellen entlang der Linienführung alter Handelswege	352
Die Hellweg-Linie	352
Die Wartburg-Linie	358
Die Rhein-Pfalz-Linie	360
Die Niederlande-Linie	363
Die Nordsee-Linie	370
Die Sammlungen	376
Andere Sintersteine als Baustoff des Mittelalters	382

3 Die Translozierung des Römerkanals in unserer Zeit 384

Literaturverzeichnis	Teil A 392, Teil B 395
Aquäduktmarmorkatalog (Fundorte in alphabetischer Reihenfolge)	nach 396

»Das Beste aber ist das Wasser.«

Pindar (4. Jahrhundert v. Chr.), griechischer Dichter, *Olympia* I, 1

»Wasser ist nämlich ganz unentbehrlich für das Leben,
die Freuden des Lebens und den täglichen Gebrauch.«

Vitruv (1. Jahrhundert v. Chr.), römischer Fachschriftsteller der Baukunst,
De Architectura Libri Decem, VIII, 1, 1

»Mit diesen so vielen und so notwendigen Wasserbauten
kannst Du natürlich vergleichen die überflüssigen Pyramiden
oder die übrigen nutzlosen, weithin gerühmten Werke der Griechen.«

Sextus Julius Frontinus (1. Jahrhundert n. Chr.),
curator aquarum der Stadt Rom, *De Aquaeductu Urbis Romae*, 16

»Die Bourgeoisie hat enthüllt, wie die brutale Kraftäußerung,
die die Reaktion so sehr am Mittelalter bewundert,
in der trägsten Bärenhäuterei ihre passende Ergänzung fand.
Erst sie hat bewiesen, was die Tätigkeit der Menschen zustande bringen kann.
Sie hat ganz andere Wunderwerke vollbracht als ägyptische Pyramiden,
römische Wasserleitungen und gotische Kathedralen,
sie hat ganz andere Züge ausgeführt als Völkerwanderungen und Kreuzzüge.«

Karl Marx und Friedrich Engels, *Manifest der Kommunistischen Partei*

»O tempora, o mores …«

Cicero (1. Jahrhundert v. Chr.), *Erste Rede gegen Catilina*

Auf einer Aquäduktbrücke sitzend spendet der Flussgott Orontes Wasser für die Stadt Antiochia / heute Antakya (Türkei); Detail aus der *Tabula Peutingeriana*, einer in mittelalterlicher Abzeichnung erhaltenen spätantiken Straßenkarte. (Aus: Tabula Peutingeriana, Graz 1976)

Vorwort

Straßen, Wasserleitungen, Abwasserkanäle und andere Technikbauten werden von uns modernen Menschen mit Selbstverständlichkeit in Anspruch genommen. Das große Vertrauen in die Technik gründet sich auf die Erfahrungen, die wir im Laufe der Zeit mit ihr machen konnten. Dieses große Vertrauen hat allerdings auch seine Grenzen, denn der unreflektierte Umgang mit Technik weicht sehr schnell einer gewissen Nachdenklichkeit, wenn es einmal zu Störungen im gewohnten Ablauf kommt. Spätestens dann machen wir uns Gedanken über die Funktionsweise und die Zusammenhänge technischer Systeme, welche doch scheinbar perfekte Ingenieurleistungen zu sein schienen. Doch es ist nicht zu leugnen: Fehler als Ursache von technischen Störungen sind und waren nie zu vermeiden. Allerdings können diese Fehler auch einen positiven Effekt mit sich bringen, denn indem man Lehren aus ihnen zieht, machen diese die Ergebnisse darauf folgender Arbeiten immer ein wenig sicherer.

Betrachtet man Fehler in Bauwerken aus historischer Sicht, so erklären sich technische Vorgänge teilweise erst durch diese Fehler – und darüber hinaus werden manchmal ganz nebenbei auch noch die Ursprünge technischer Entwicklungen sichtbar gemacht.

Diese Ursprünge reichen in den angeführten Ingenieurdisziplinen bis in die Römerzeit – und manchmal bis in noch viel frühere Epochen – zurück. In den großen Technikbauten der römischen Zeit wird ein Ingenieurgeist sichtbar, der zu allen Zeiten, auch in der Antike schon, die Menschen beeindruckt hat. Straßen, Wasserleitungen und Abwasserkanäle sind in der Antike von nahezu jedermann genauso selbstverständlich genutzt worden, wie wir das auch heute noch tun. Zumindest in diesem Aspekt unterscheidet sich der heutige Mensch kaum von dem der Römerzeit.

Der Grundsatz »Kein Bauwerk ohne Vermessung« gilt, seit die Menschen damit begonnen haben, sich ihre Umwelt einzurichten. Schon die Bandkeramiker im 5. Jahrtausend v. Chr. mussten messen, wenn sie aus zugeschnittenen Baumstämmen über einem abgesteckten Grundriss ein Gebäude errichten wollten. Erst recht ist der Bau der großartigen römischen Aquädukte ohne eine exakte Planung nicht vorstellbar. Diese Planung und in noch stärkerem Maße die Trassierung, also die Übertragung einer geplanten Linie in das Gelände, erforderten technisches Grundwissen, Erfahrung und großes Geschick. Für den Bau eines Aquäduktes bedurfte es in jedem Fall der entsprechenden finanziellen Mittel und zudem eines technisch perfekten Baumeisters, um ein Objekt dieser Größenordnung überhaupt in Angriff nehmen zu können.

Für einen Technikhistoriker ist es ein spannendes Unterfangen, den Planungsgedanken eines antiken Ingenieurs aus einem von diesem gebauten Bauwerk heraus zu entschlüsseln. Und selbst den interessierten Laien beschäftigte schon immer die Frage, wie es den römischen Ingenieuren denn gelang, die im Promillebereich liegenden Gefälle ihrer Wasserleitungen abzustecken und auszubauen.

Neben den Überlegungen zu den Proportionen eines Bauwerks und zum Beispiel Maßvergleichen sind es vor allem die Betrachtungen zu im Bauwerk entdeckten Fehlern – oder, besser gesagt, Abweichungen und Unregelmäßigkeiten –, die zu plausiblen Lösungen bei der Suche nach dem Planungsgedanken führen können. Es kann der Versprung in der Wandung eines Tunnels oder der Absatz in der Sohle einer Wasserleitung sein, der den entscheidenden Hinweis auf das in der Antike angewandte Messverfahren oder das zum Einsatz gekommene Vermessungsgerät gibt.

Erst seit die Ursache für die merkwürdigen Höhenversprünge in der Sohle der Eifelwasserleitung erkannt wurde, weiß man etwas über die Einteilung von Baulosen und darüber, wie die römischen Ingenieure das Gefälle einer solchen Fernwasserleitung absteckten. Seither wissen wir auch, dass man in der römischen Vermessungstechnik zwischen der Höhenvermessung – der Vorläuferin des uns heute bekannten Nivellements – und der Absteckung des Gefälles unterscheiden muss, denn beide Verfahren wurde nach völlig anderen Methoden und mit gänzlich anderen Gerätschaften durchgeführt. Während die Höhenvermessung mit Vitruvs Chorobat als regelrechtes Nivellement (allerdings ohne Visuren) durchgeführt wurde, verlängerte man für das Gefälle eine am Anfang der Ausbaustrecke abgesteckte Gefällelinie auf einfache Weise optisch über den gesamten Trassenabschnitt: eine Methode, die bis Mitte des 20. Jahrhunderts im Kanalbau angewandt wurde und als Austafeln bekannt ist.

Letztendlich waren diese Erkenntnisse auch hilfreich bei der Entdeckung des antiken Umgangs mit dem Chorobat. Vitruv, der große Fachschriftsteller des Bauwesens aus dem 1. Jahrhundert v. Chr., hat uns das von ihm präferierte Nivelliergerät zwar ausführlich beschrieben, aber leider nicht genau genug, um diesen Angaben folgend ein funktionstüchtiges Gerät rekonstruieren zu können. Vor allem sind uns von Vitruv keine Zeichnungen überliefert, so dass der Chorobat bisher nur aufgrund der Beschreibung seines Erfinders nachzubauen war. Hierbei kam es bei bisherigen Rekonstruktionsversuchen immer wieder zu Fehlinterpretationen oder auch zu zusätzlich erdachten Details. Auch die Chorobat-Entwicklungen seit Leonardo da Vinci muss man eher als Neuerfindungen der Renaissance bezeichnen. Aufgrund der Ergebnisse archäologischer Untersuchungen an verschiedenen Aquädukten ist es vor einigen Jahren aber gelungen, ein funktionstüchtiges Modell, das dem antiken Vorbild entspricht, zu rekonstruieren.

Durch eine Anwendung des Chorobates, die den Vorgaben Vitruvs wortgenau entspricht, ist endlich erklärlich, warum die römischen Ingenieure mit ihren Nivellements so genaue Ergebnisse liefern konnten. Denn damit stand den römischen Fachleuten ein Nivelliergerät zur Verfügung, das durch die Anwendung eines ganz speziellen Messverfahrens zu einer selbsttätigen Eliminierung nahezu aller möglichen Geräte- und Messfehler führte. Auch die Auswirkungen der Erdkrümmung – bei der Gefälleabsteckung nach der Methode des Austafelns ein besonderes Problem – konnten beim Einsatz des Chorobates völlig vernachlässigt werden. Der Chorobat war nach den Erkenntnissen der damaligen Zeit einfach und genial zugleich.

Auch in der Betrachtung des antiken Aquäduktbrückenbaus hat die jüngere Forschung einige Wissenslücken schließen können. So kann inzwischen als nachgewiesen gelten, dass die römischen Ingenieure deutlich zwischen dem Brückenbau und dem eigentlichen Wasserleitungsbau unterschieden haben, denn der archäologische Befund zeigt unmissverständlich, dass die Brücken von anderen Bautrupps gebaut worden sind als die Gerinne der Wasserleitungen. Auf diese Weise gelang es den römischen Ingenieuren, Zeitverzögerungen im Baubetrieb zu vermeiden: Durch die zuerst gebauten Brücken konnten die nachrückenden Bautrupps der Wasserleitungen ihre Trasse zügig und ohne Wartezeiten an den Brückenbaustellen ziehen.

Es scheint sogar, dass diese Art der Baustellenorganisation auch Einfluss auf die Architektur gehabt hat. Beim Bau des Pont du Gard als Teil der Wasserleitung in das antike Nîmes waren zumindest aus zweierlei Gründen besondere Sicherheitsvorkehrungen zu treffen. Das lag zunächst an den gewaltigen Ausmaßen des Baukörpers mit seinen fast 50 Meter Höhe, aber auch an dem mit abschnittsweise 0,14 Promille grenzwertig niedrigen Gefälle der ca. 50 Kilometer langen Wasserleitung. Man durfte diese Brücke keinesfalls zu hoch bauen, da in einem solchen Fall beim Anschluss der Wasserleitung keine Möglichkeiten zur Korrektur gegeben waren. Das legt die Vermutung nahe, dass die römischen Ingenieure den zweigeschossigen Kernbau der Brücke nur bis zu einer Höhe bauten, die unterhalb jeder möglichen Gefällelinie der zu überführenden Wasserleitung lag. Die Höhe des dritten Geschosses diente dann als Spielraum für jegliche Unwägbarkeiten bei der Gefälleabsteckung der von den Quellen bei Uzès herangeführten Leitung.

Diese wenigen als Einführung angeführten Beispiele sollen zeigen, dass die Zusammenarbeit von Archäologen und Ingenieuren in den letzten Jahren bei der Erforschung der Technik römischen Wasserleitungsbaus durchaus

Früchte getragen hat. Das hat darüber hinaus zu einer völlig neuen Sichtweise in der Betrachtung antiker Bautechniken geführt. Aquädukte sind Gesamtkunstwerke, und es kann deshalb nicht genügen, sich bei der Forschung eines Detailproblems anzunehmen und dabei das große Ganze aus den Augen zu verlieren, denn erst im Zusammenhang wird so mancher Einzelaspekt schlüssig und erklärbar.

Kein Zweifel: Wir blicken heute voller Bewunderung auf die Leistungen der antiken Ingenieure. Aber waren denn die antiken Baumeister nicht auch selbst stolz auf ihre Leistungen, und verspürten sie keine Genugtuung nach der erfolgreichen Konstruktion ihrer Bauwerke? Wenngleich im antiken Ingenieurbau auch selten die Namen der ausführenden Baumeister überliefert sind (wir kennen aus Inschriften weit mehr Auftraggeber!), so gibt es doch einige wenige Hinweise darauf, dass auch Ingenieure sich für die Nachwelt darzustellen wussten. Wenn wir im Mauerwerk einer antiken Wasserleitung – wohlgemerkt im normalerweise nicht einsehbaren Inneren – die aufgemauerten Seitenwände mit Zierfugen verschönert vorfinden, so ist darin doch eher eine Form von »Maurerstolz« zu sehen als eine Dokumentation des Könnens eines Ingenieurs.

Anderseits sind die unmittelbar auf der *opus-signinum*-Schicht erkennbaren schwarzen Farbspuren, die wir in bestimmten Streckenabschnitten der Eifelwasserleitung und des Aquäduktes nach Nîmes in neueren Befunden nachweisen konnten, nicht als Verzierung gedacht gewesen. Hier hat man nach Vitruv'schen Vorgaben mit dem ersten Wasserdurchfluss Holzasche zur Erhöhung der Dichtigkeit des Leitungsgerinnes beigegeben.

Es gibt aber durchaus auch Anzeichen dafür, dass die Ingenieure der römischen Zeit den Stolz auf ihre Leistungen explizit herausgestellt haben. Zu nennen ist da zum Beispiel Nonius Datus, der Vermessungsfachmann der *legio III Augusta*, der die beim Bau der Wasserleitung nach Saldae aufgetretenen Fehler nicht auf sein Konto verbucht wissen wollte. Er beschrieb seine Arbeit und seine besonderen Leistungen mit ansonsten unbekannter Ausführlichkeit auf seinem Grabstein.

Auch ein gewisser Ammianos, der im 3. Jahrhundert n. Chr. in Hierapolis/heute Pamukkale (Türkei) eine wassergetriebene Kraftmaschine erfunden hatte, ließ seine Erfindung mit großer Detailfreudigkeit auf dem Deckel seines Steingrabs darstellen. Da sein Sarkophag direkt an der Ausfallstraße von Hierapolis aufgestellt war, wurde jeder Besucher der Stadt auf die Leistung dieses »großen Erfinders«, wie er sich selbst in der zugehörigen Inschrift nannte, hingewiesen.

Auch ein vor wenigen Jahren aufgetauchter archäologischer Fund in Form des Modells einer Aquäduktbrücke könnte ein Hinweis auf ein gewisses Berufsethos sein. Dieses kleine Elfenbeinkunstwerk zeigt eine zweigeschossige Aquäduktbrücke mit zwei Löwenköpfen als Wasserspeiern an beiden Enden. Das äußere Erscheinungsbild der Brückenbögen als Segmentbögen sowie die Form der beiden Löwenköpfe legen als Provenienz das antike Augusta Emerita/Mérida (Spanien) nahe. Hat sich hier ein antiker Baumeister voller Stolz über seinen gelungenen Wasserleitungsbau ein kleines Modell der von ihm gebauten Brücke anfertigen lassen, um seinen Erfolg auch zu Hause dokumentieren zu können?

Dass ganze Städte sich mit ihrem Aquädukt zu schmücken verstanden, mag man am Beispiel Antiochias sehen, denn in der *Tabula Peutingeriana*, einer spätantiken Straßenkarte, ist die Stadt mit einer Vignette dargestellt, die den Flussgott Orontes wasserspendend auf einer Aquäduktbrücke zeigt.

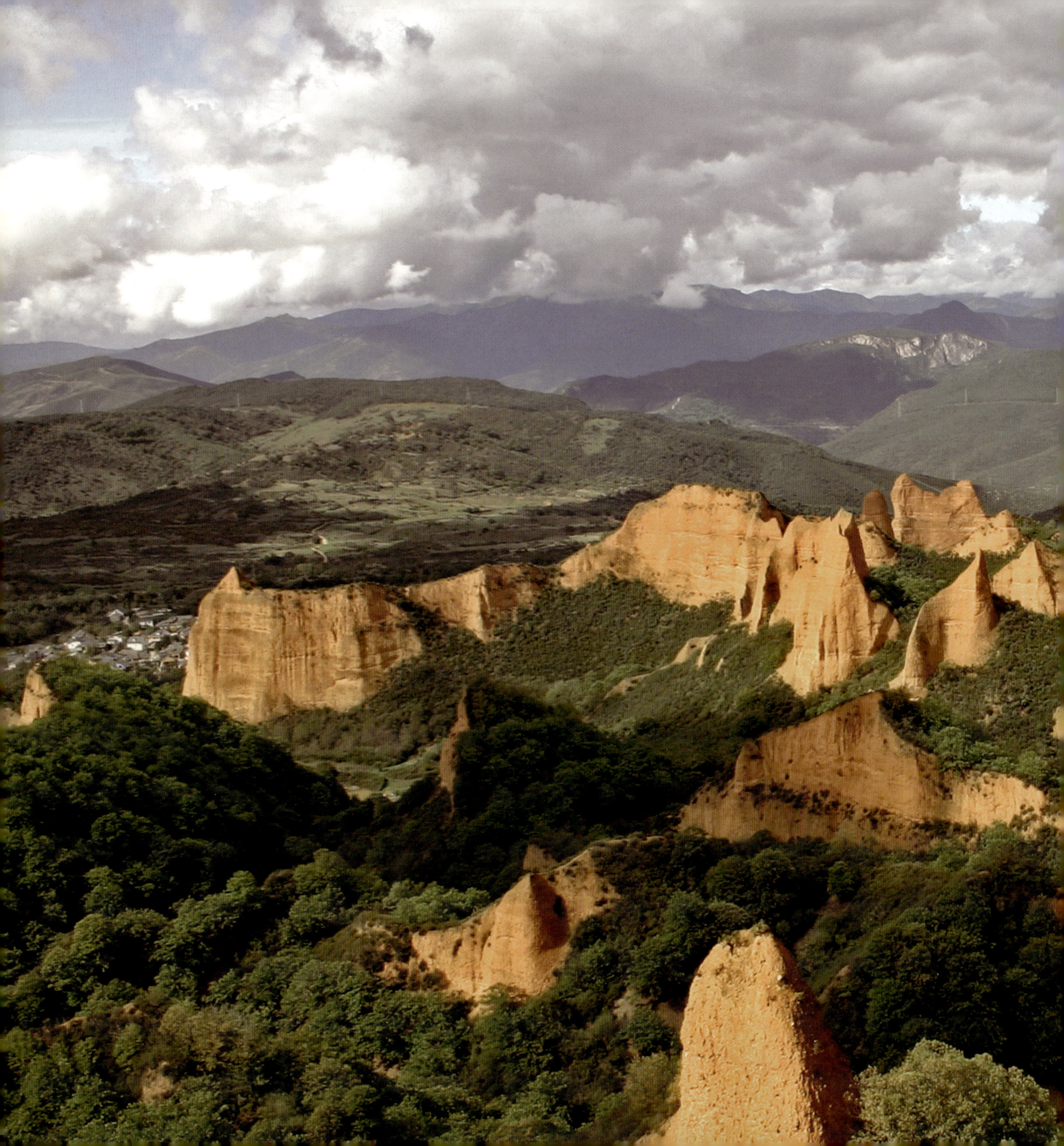

Teil A: Aquäduktbau als Zeugnis grossartiger römischer Ingenieurkunst

1 Über Baumeister und Bauherren und den Schutz der Aquädukte

Baumeister und Ingenieure sind zumeist die stillen Helden der Technikgeschichte. Wenn überhaupt Namen mit den Bauwerken der Antike in Verbindung zu bringen sind, so sind es eher die der Bauherren als der Ideengeber und Konstrukteure technischer Großbauten. Aber auch in der Technikgeschichte gibt es Ausnahmen, wie uns die Beispiele von Eupalinos und Nonius Datus lehren. Während der eine durch die Geschichtsschreibung Herodots unsterblich geworden ist, musste der andere selbst in Auftrag geben, seine Geschichte auf seinen Grabstein meißeln zu lassen.

Da wir bei zahlreichen antiken technischen Großbauten beklagen müssen, weder ihre Erbauer noch ihre Bauherren zu kennen, ist es erstaunlich, dass uns ausgerechnet bei den beiden ersten zur Wasserversorgung gebauten Großtunneln der Geschichte Namen bekannt sind. Diese Bauwerke waren offensichtlich schon für ihre Zeit derart außergewöhnlich, dass in schriftlichen Quellen von ihrer Erbauung geradezu euphorisch berichtet wird. Vom ältesten Großtunnel der Geschichte, dem 701 v. Chr. von König Hiskia gebauten und nach ihm benannten Tunnel in Jerusalem, wird uns der Bauherr und der geschichtliche Hintergrund an mehreren Stellen im Alten Testament genannt.[1] Eine im Tunnel gefundene Inschrift lobt diesen Bau und beschreibt den Moment des Durchstiches als großes Ereignis. Auch dieser Tunnelbau war schon das Werk eines Baumeisters; man erkennt in der Trassenführung sowohl die stetige Überprüfung der Arbeit als auch die danach erfolgten Korrekturen. Diesem großartigen Baumeister ist allerdings in der Vergangenheit viel Unrecht getan worden, denn man unterstellte ihm, mit seinem Vortrieb lediglich geologischen Spalten im Berg gefolgt zu sein und im Übrigen nur viel Glück gehabt zu haben. Bei eingehender Betrachtung des Bauwerks müssen wir jedoch anerkennend feststellen, dass auch Hiskias Ingenieur nicht ohne Planung und Trassierung auskam, was diesen Tunnel als bewundernswerten Ingenieurbau der Frühzeit auszeichnet (→ Kap. 8).

Oben: Im Text der Inschrift aus dem Hiskia-Tunnel in Jerusalem wird der gelungene Abschluss des Tunnelbaus bejubelt (um 700 v. Chr., heute Archäologisches Museum Istanbul, Türkei).

Vorherige Doppelseite: Las Médulas (León, Spanien). Ein ganzes Gebirge fiel dem römischen Goldabbau zum Opfer. Zur Goldwäsche wurde viel Wasser benötigt. Die von den Römern übriggelassenen Reste des Goldberges bieten heute einen pittoresken Anblick.

1   2. Chronik 32,2–4; 2. Chronik 32, 30; Jesus Sirach 48,17 (Einheitsübersetzung).

Die erste Konstruktion, die man zugleich als durch und durch geplanten Ingenieurbau bezeichnen kann, war der von Eupalinos für den Tyrannen Polykrates in der 2. Hälfte des 6. Jahrhunderts v. Chr. gebaute Tunnel auf Samos. In diesem Bauwerk wird eine nicht zu übertreffende Planungsidee sichtbar. Die fachliche Kompetenz des Eupalinos zeigt sich in verschiedenen Planungsänderungen, die er während der Bauzeit wegen geologischer Probleme beim Vortrieb unter Tage vornehmen musste. Von diesem Bauwerk wird uns bei Herodot berichtet, der die technische Leistung in den Vordergrund stellt und den Baumeister in höchsten Tönen zu loben versteht.[2]

Dass in den schriftlichen Quellen in dem einen Fall, also im Alten Testament, der König als Bauherr genannt wird, im anderen hingegen, bei Herodot, der Baumeister im Vordergrund steht, kann durchaus politische Gründe haben. Die Bibel sieht nicht nur die im Bauwerk steckenden Ingenieurleistungen, sondern mehr noch – oder mindestens in gleichwertiger Form – die Leistung des Königs als Staatsmann, der sein Volk im Falle der Gefahr retten wollte. Herodot muss diesen Aspekt nicht berücksichtigen: Er nennt bezüglich des Tunnels auf Samos zwar auch den Bauherrn, stellt aber die Ingenieurleistung eindeutig in den Vordergrund.

In römischer Zeit galten offensichtlich ähnliche Regeln wie noch heute: Bei der Einweihung eines technischen Großbaus präsentierte sich ein hochrangiger Politiker in der ersten Reihe, wohingegen Baumeister oder Techniker eher unbeachtet blieben. Diese Erfahrung konnte auch der antike Ingenieur Nonius Datus machen, der um 150 n. Chr. von seiner Legion abkommandiert worden war, um eine Wasserleitung für das antike Saldae im heutigen Algerien zu bauen. Da er nicht während der ganzen Bauzeit auf seiner Baustelle bleiben konnte, hatte er den Arbeitern für einen geplanten Tunnel Vorgaben in Form von markierten Festpunkten gemacht und war wieder abgereist. Die Bauleute hatten allerdings in seiner Abwesenheit gravierende Vortriebsfehler gemacht und sich im Berg verfehlt. Nonius Datus reiste erneut an, stellte den Fehler fest, änderte die Vortriebsrichtung und kam zum Durchstich. Allerdings kam bei den Einweihungsfeierlichkeiten laut der Inschrift auf seinem Grabstein ein anderer zu Ehren: »Das vollendete Bauwerk hat der Procurator Varius Clemens durch die Einleitung des Wassers seiner Bestimmung übergeben« (→ Kap. 8).

An der Geschichte dieses Tunnelbaus in Saldae wird mehreres deutlich: Neben der Tatsache, dass der Baumeister bei der feierlichen Einweihung des Gebäudes nicht seiner Bedeutung gemäß gewürdigt wurde, scheint Nonius Datus den Bau dieses Tunnels und seinen eigenen Anteil daran als so wichtig erachtet zu haben, dass er Einzelheiten dazu ausführlich auf seinen Grabstein meißeln ließ. Ganz offensichtlich ging es ihm auch um seine berufliche Ehre: Da das Bauwerk während seiner Abwesenheit zu misslingen drohte, würde sicherlich schon bald nach einem Schuldigen gesucht, und den hätte man möglicherweise in ihm gefunden. Nonius wiederum war sich einerseits keiner Schuld bewusst, und er war andererseits von großem Stolz erfüllt, ein solches Bauwerk geplant und gebaut zu haben, dass er seinen Ruf als Ingenieur für alle Zeiten sichergestellt haben wollte. Er brachte diesen Tunnelbau erfolgreich zu Ende und ließ dann den kompletten Werdegang dieser technischen Meisterleistung aufschreiben.

Die Inschrift des Nonius Datus ist aber auch aus Sicht der Baustellenorganisation hochinteressant. Da wird zum Beispiel deutlich, dass in Saldae die Stadt selbst als Auftraggeberin – also als Bauherrin – in Erscheinung trat. Wir sehen auch, dass Fachleute für eine Wasserleitungsplanung in der Zivilstadt Saldae nicht vorhanden waren; man musste sich vielmehr den erforderlichen Fachmann beim Militär ausleihen. Zudem zeigt sich, dass die Bauarbeiten vermutlich von örtlichen Bauunternehmern durchgeführt wurden, denn Nonius Datus erwähnt erst bei den Korrek-

---

[2] Herodot, Historien III, 60.

turarbeiten am Bauwerk den Einsatz von Soldaten. Ganz nebenbei wird deutlich, dass auch die römischen Baumeister eine gehörige Portion berufliche Ehre zu verteidigen hatten.

Nonius Datus setzte seine Inschrift unter die drei Schlagworte *patientia*, *virtus* und *spes*, was man in diesem Fall als Geduld, Tatkraft und die Zuversicht des Fachmannes, der auf seine Kenntnisse gestützt darauf vertraut, dass das schwierige Werk gelingen wird, gedeutet hat. Aus diesen drei genannten Tugenden setzte sich das ganz persönliche Berufsethos des Nonius Datus zusammen.

Betrachtet man den Bau technischer Großprojekte aus einem ganz objektiven Blickwinkel, dann müssen drei völlig andere Voraussetzungen erfüllt sein, um ein solches Bauvorhaben in Angriff nehmen zu können. Zunächst muss dafür eine Notwendigkeit bestehen, des Weiteren muss jemand das Geld für die Durchführung bereitzustellen gewillt sein, und zu guter Letzt ist ein Fachmann unabdingbar, der mit solidem technischem Sachverstand die Planung und Ausführung eines solchen Projektes übernehmen kann.

Der Frage nach dem notwendigen Spezialisten sind wir bereits nachgegangen, und da sich die Frage nach der Notwendigkeit des Baus einer Wasserleitung durch die Bedeutung des Lebensmittels Wasser für die menschliche Versorgung von selbst beantwortet, bleibt noch offen, wer denn die Macht hatte, ein solches Bauwerk in Auftrag zu geben. Macht ist in diesem Falle durchaus mit finanziellen Mitteln gleichzusetzen, weshalb als Stifter nur Gemeinden, reiche Privatpersonen oder der Kaiser selbst in Frage kamen.[3] Die erhaltenen Inschriften belegen eher begüterte Bürger oder den Kaiser, die teilweise beträchtliche Summen aus ihrem Privatvermögen zur Verfügung stellten.

Die reichen Privatstifter hatten natürlich ein großes Interesse daran, ihre Wohltaten auch bekannt zu machen; wir finden ihre Stiftungen deshalb in stattlicher Anzahl auf Inschriftensteinen verewigt. Der Kaiser stand diesen Bürgern in nichts nach, weshalb auch er sich gern in dieser Weise als Wohltäter feiern ließ. So haben wir Kenntnisse von Aquäduktneubauten und auch von Reparaturmaßnahmen, wobei in manchen Fällen sogar Details bekanntgegeben werden. Ein Mäzen, Tiberius Claudius Aristio, nennt die Länge des von ihm für seine Heimatstadt Ephesus gestifteten Aquäduktes von 38 Kilometer Länge neben dem Bau eines Nymphäums und mehrerer Brunnen; der andere, L. Menacius Priscus, erwähnt die gestiftete Summe, die er für den Bau einer Aqua Augusta in Pola ausgegeben hat: immerhin stolze 400 000 Sesterzen.[4]

In Umkehrung der wahren Bedeutung der Tugend der Bescheidenheit erscheint es so, als seien die Stifter dem Motto »Tut Gutes, aber sprecht auch darüber!« gefolgt. Das würde der Wohltätigkeit Einzelner aber nicht gerecht werden, denn wenn mit einer solchen Stiftung sicher auch ein gehöriges Maß an Eitelkeit befriedigt wurde, so sollte auch die Leistung für die Allgemeinheit durchaus anerkannt werden. War der Stifter aber eine Persönlichkeit aus dem öffentlichen Leben oder sogar der Kaiser persönlich, dann kam noch ein politischer Aspekt hinzu. An exponierter Stelle im Verlauf eines Aquäduktes angebracht, bestand mit einer solchen Inschrift die Möglichkeit, viele Menschen zu erreichen, um ihnen von den Wohltaten des Stifters zu berichten. Vielleicht wurde am Pont du Gard deshalb keine Inschrift gefunden, weil er völlig abseits aller antiken Verkehrswege stand und es somit hier auch niemandem eine Botschaft zu vermitteln galt.

Der Verfasser dieses Bandes fand zwei bis dahin unveröffentlichte griechische Inschriften am Unterbau der großen Druckleitung von Patara (Türkei), von denen eine auf Vespasian (69 bis 79 n. Chr.) als Auftraggeber für die Instandsetzung einer Wasserleitung verweist:

---

3 Wurde ein Aquädukt aus öffentlichen Mitteln finanziert, so hat es bei manchen Objekten den Anschein, als ob die Gelder aus Beutemitteln nach einem kriegerischen Ereignis entnommen worden seien. Ein solcher Zusammenhang ist aber nicht belegt.
4 Kek 1994, 260f.

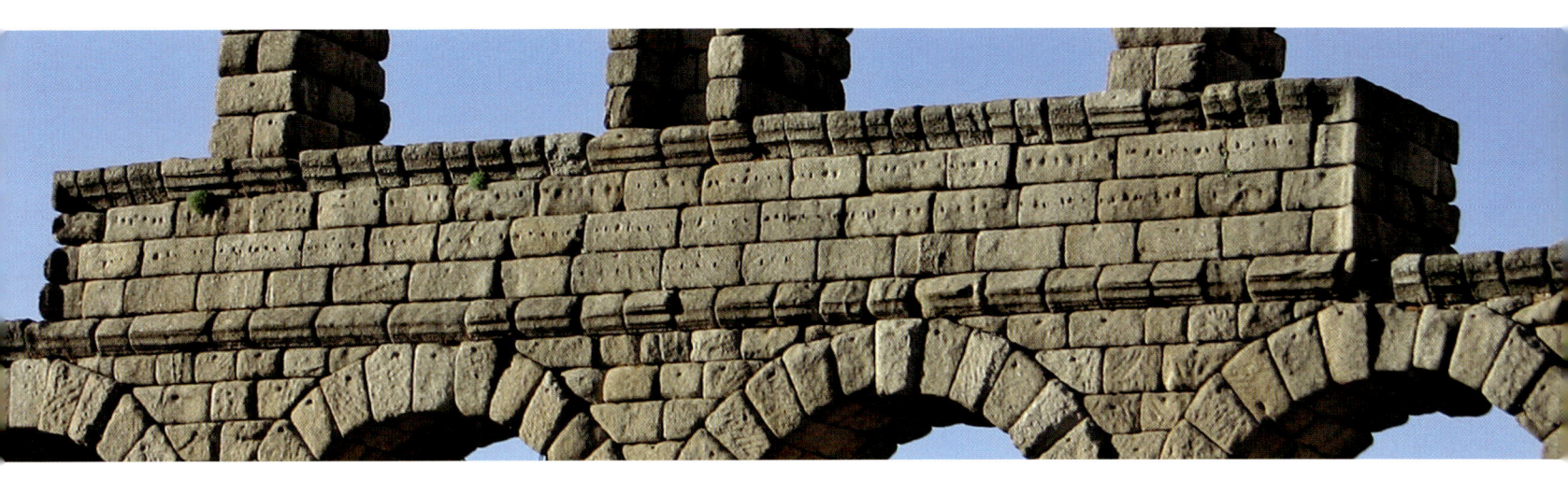

Das Inschriftenfeld an der Aquäduktbrücke von Segovia (Spanien) berichtete von einer Restaurierungsmaßnahme unter Kaiser Trajan im Jahre 98 n. Chr., heute anhand der Dübellöcher rekonstruierbar.

Imperator Caesar Flavius Vespasianus Augustus erneuerte das ----- der Wasserleitung vom Fundament aus -----.

Danach muss der Aquädukt einige Zeit vor Vespasian gebaut worden sein, S. Şahin hält sogar eine hellenistische Zeitstellung für möglich.[5] Die steinerne Druckleitung wurde auf einer soliden Mauer durch den Gebirgssattel geführt und ist heute noch in ihrer alten Lage erhalten. Die Inschriften wurden in der Mauer gleich neben zwei Durchlässen angebracht, die ehemals wohl dem Verkehr dienten.

Mit der Entzifferung hingegen der Inschrift an der großen Aquäduktbrücke von Segovia (Spanien) gelang G. Alföldy 1992 eine großartige Leistung. An exponierter Stelle dieser stadtbildprägenden Brücke sind auf beiden Seiten Inschriftenfelder angebracht, die ehemals mit aus Goldbuchstaben gefertigten (fast identischen) Texten versehen waren. Die Buchstabenfelder sind heute aber völlig leergeräumt, so dass Alföldy nur noch die Dübellöcher zur Rekonstruktion des Textes zur Verfügung standen; in bewundernswerter Kleinarbeit gelang ihm die Rekonstruktion der Bauinschrift:

Imp(eratoris) Nervae Traiani Caes(aris) Aug(usti) Germ(anici), p(ontificis) m(aximi),
tr(ibunicia) p(otestate) II, co(n)s(ulis) II, patris patriae iussu

P(ublius) Mummius Mummianus et P(ublius) Fabius Taurus IIviri munic(ipii) Fl(avii) Segoviensium aquam restituerunt

[5] Şahin 2007.

Aus der Inschrift geht hervor, dass unter Kaiser Trajan im Jahre 98 eine Restaurierung dieser Aquäduktbrücke vorgenommen wurde. Als Erbauungszeit käme danach die Regierungszeit Kaiser Domitians in Frage.⁶ Alföldy geht auch auf die Bedeutung der Inschrift für den Kaiserkult ein:

> Durch ihren klaren Inhalt, ihre einzigartigen Dimensionen und ihren einstigen goldenen Glanz macht sie uns deutlich, dass solche Inschriften nicht nur dazu bestimmt waren, das Datum einer Baumaßnahme zu verewigen. Das übergeordnete Ziel lag in der Verherrlichung des Kaisers, der für seine Untertanen sorgt; übrigens stand in den Nischen, die sich auf beiden Seiten des Aquädukts oberhalb des Inschriftenträgers erheben, offensichtlich jeweils eine Statue des Kaisers – d. h. Trajans, ursprünglich wohl Domitians. [...] Wer die goldenen Buchstaben der 17 m langen Inschrift auf dem an dieser Stelle 30 m hohen Aquädukt, dessen Bögen hier im Altertum möglicherweise ähnlich wie heute eine Art von Stadttor Segovias bildeten, in der spanischen Sonne glühen sah und den schlichten, jedoch höchst aussagekräftigen Text las, konnte vor der Größe Roms nur in Ehrfurcht erstarren.⁷

An den glücklichen Ausbau der Wasserleitungstrasse konnte sich die feierliche Einweihung eines Objektes anschließen: Hochgestellte Persönlichkeiten des öffentlichen Lebens, bei technischen Großbauten manchmal der Kaiser selbst, nahmen an einem solchen Festakt teil.⁸

Eine derart eindeutige Zuweisung eines Aquäduktbaus an einen Bauherren oder Stifter lässt sich im Falle der Eifelwasserleitung nach Köln nicht vornehmen. Schon die Bauzeit dieser Wasserleitung zu bestimmen, bereitet Schwierigkeiten. Erst vor wenigen Jahren brachte der Fund eines Militärdiploms in Form einer kleinen Bronzetafel ein überraschendes Ergebnis. Auf dieser Tafel ist Sextus Iulius Frontinus namentlich genannt, und es wird gleichzeitig erwähnt, dass er Kommandeur des römischen Heeres am Niederrhein war.⁹ Dieser Frontinus, der in späterer Zeit noch *curator aquarum* in Rom werden sollte, war danach von 81 bis 84 n. Chr. Statthalter am Rhein. Es stellt sich damit durchaus die Frage, ob der Kölner Aquädukt nicht auf Veranlassung Frontinus' gebaut worden sein könnte. Das würde dann allerdings hervorragend zu unserer bisherigen Datierung passen, die in die Zeit zwischen 80 und 90 n. Chr. führt (zur Datierung → Teil B, Kap. 1).

Aquädukte, und dabei besonders die Brücken, sind auch ein beliebtes Mittel der Darstellung auf Münzen gewesen.¹⁰ Hierbei war dem verantwortlichen Münzmeister an der Ehrung des Bauherren oder Stifters des Aquäduktes gelegen. Von den Aquädukten Roms sind in republi-

Sextus Iulius Frontinus, 81 bis 83/84 n. Chr. Statthalter in Köln und 84/85 n. Chr. Prokonsul der Provinz Asia, ließ sich in einer Inschrift am Stadttor von Hierapolis/heute Pamukkale (Türkei) verewigen.

---

6   Alföldy 1997, 39.
7   Alföldy 1997, 51.
8   Ein besonderes Beispiel für die Anwesenheit der kaiserlichen Familie bei der Einweihung eines großen Ingenieurbauwerks war die Eröffnung des Claudius-Tunnels am Fuciner See bei Avezzano (Italien). Über das Ereignis berichtet Plinius, der den Bau als offizieller Berichterstatter begleitete: Nat. Hist. XXXIII, 63; XXXVI, 124; Grewe 1998a, 91–98.
9   Eck 2006.
10 Kowalewski 1992; Kek 1994, 267; Kowalewski 2006a; Kowalewski 2006b.

kanischer Zeit zum Beispiel zweimal die Aqua Marcia auf Denaren und einmal die Aqua Traiana auf Sesterzen dargestellt worden.

Aquädukte waren empfindliche Bauwerke, die es über Jahrhunderte hinweg zu pflegen galt. Zu ihrer Instandhaltung wurden Inspektoren eingesetzt, über deren Arbeit zwar an keiner Stelle berichtet wird, aber der archäologische Fund eines Gebäudes direkt neben der Eifelwasserleitung bei Mechernich-Breitenbenden lässt sich als nichts anderes als eine Kanalmeisterei deuten.[11] Der Inspektion der Eifelwasserleitung dienten auch die in unterschiedlichen Abständen angelegten Einstiegschächte, die besonders im Leitungsabschnitt nahe der Kanalmeisterei Breitenbenden sehr dicht beieinanderliegen.

Zum Schutz der Funktionstüchtigkeit der Anlagen wurden aber auch juristische Schritte unternommen. Frontinus, der schon erwähnte *curator aquarum* der Stadt Rom, berichtet von einem diesbezüglichen Senatsbeschluss:[12]

AQUA TRAIANA. Der Aquäduktbau unter Kaiser Trajan auf einer Münze thematisiert, Sesterz 109–111 n. Chr.

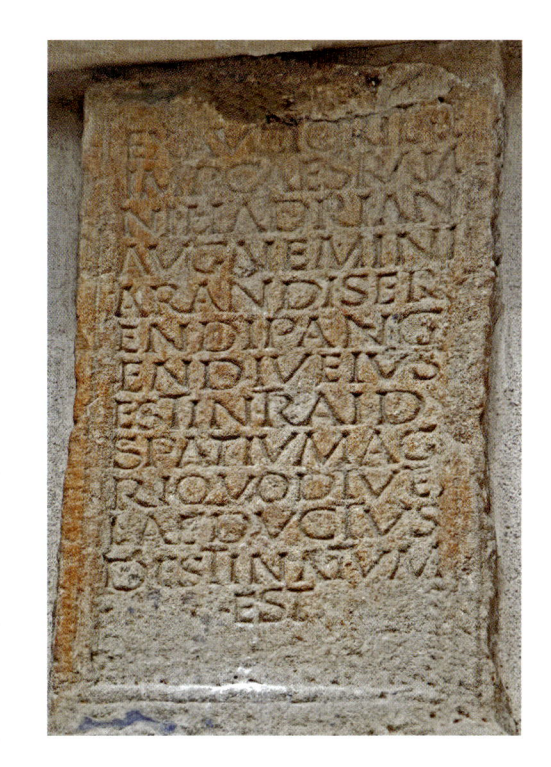

> Da es zur Instandhaltung der Gerinne und Leitungen dienlich ist, dass ein Schutzstreifen um sie herum freibleibe und sich nichts darauf befinde, wodurch ihre Funktion behindert und die öffentlichen Anlagen unbrauchbar werden können, wird beschlossen, dass um die Quellen, geschlossenen Gerinne und Mauern auf beiden Seiten 15 Fuß frei bleiben sollen, ebenso um die unterirdischen Gerinne und Leitungen innerhalb und außerhalb der Stadt und mit den damit zusammenhängenden Baulichkeiten, so dass es nach dieser Zeit nicht mehr gestattet ist, auf diesen Grundstücksflächen irgendein Monument noch ein Gebäude zu errichten, noch Bäume zu pflanzen.

Die während der Bauzeit angelegte Arbeitsterrasse erhielt nach der Inbetriebnahme der Leitung nunmehr eine neue Funktion, ja in vielen Fällen gar einen rechtlichen Status: Sie diente fortan als Inspektionsweg und wies gleichzeitig den für die Wasserleitung unter Schutz gestellten Streifen Land aus.

Der Schutzstreifen beiderseits der Trassenlinie war im Falle mancher Fernwasserleitung darüber hinaus durch mit Entfernungsangaben beschriftete Markierungssteine abgegrenzt. Diese Steine, unseren alten Kilometersteinen entlang der Landstraßen nicht unähnlich, erlaubten im Falle einer Schadensmeldung gar die exakte Ortsangabe für den Einsatz der Reparaturtrupps.

Der Inschriftenstein aus dem Trassenverlauf der Gierwasserleitung nach Lyon (Frankreich) nennt Gebote zum Schutz der Leitung; heute ist er an der Kirche des Dorfes Chagnon angebracht.

11 Grewe 1986d, 84–87 (Fundstelle 22.4).
12 Frontinus 127.

Eine Missachtung der genannten gesetzlichen Vorschriften wurde mit hohen Geldbußen belegt, verbunden mit der Verpflichtung zur Wiedergutmachung des Schadens. Besondere Strafen drohten demjenigen, der die Wasserversorgung vorsätzlich schädigte, indem er eine Rinne anzapfte und Wasser für seine privaten Zwecke abzweigte.

Diese Verbote waren aber nicht nur in Gesetzen fixiert, sondern auch vor Ort konnte ein entsprechender Hinweis angebracht sein, wie die bei Chagnon (Frankreich) im Verlauf der römischen Gierwasserleitung nach Lugdunum/Lyon aufgestellte Verbotstafel belegt:[13]

> Ex auctoritate imp(eratoris) Caes(aris) Traiani Hadriani Aug(usti). Nemini arandi, serendi pangendi[q]ue ius est [et?] intra id spatium agri quod tutelae ductus destinatum est.

> Auf Befehl des Kaisers Traianus Hadrianus: Niemand hat das Recht des Pflügens, des Säens und des Pflanzens [und] es ist bestimmt, dass dieser Teil des Gebietes (Ackers) zum Schutz der Wasserleitung dient.

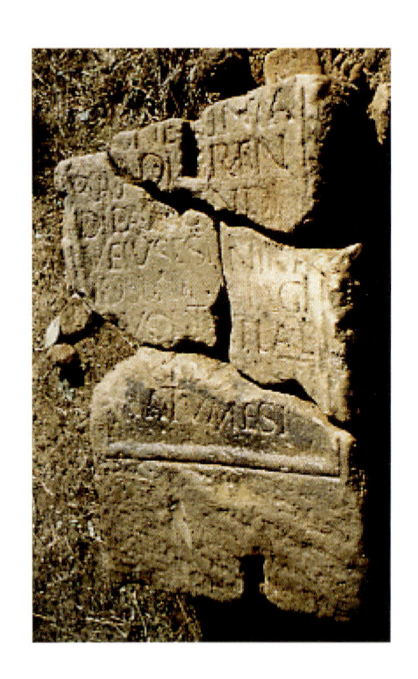

Vor einigen Jahren wurde bei Lyon ein zweiter Inschriftenstein mit Strafandrohungen gefunden. (Foto: J. Burdy)

Inschriftensteine ähnlichen Inhalts, mit denen die Schutzzonen über den Trassen eingegrenzt wurden (*cippi*), sind beispielsweise auch aus Venafrum/Venafro (Mittelitalien) erhalten.[14]

Aber auch dem Schutz der Götter vertraute man die Wasserversorgungen in der Antike durchaus an. Das wird zum Beispiel durch Medusen- oder Gorgonenhäupter deutlich, die man in die Randbekrönung der Quellfassung Grüner Pütz am Kopf der Eifelwasserleitung einmeißelte.[15] Die drei im Verlauf der Leitung direkt neben der Trasse archäologisch nachgewiesenen Tempelchen in Mechernich-Breitenben-

Entlang der Eifelwasserleitung konnten die Reste dreier Tempelchen archäologisch nachgewiesen werden – hier die Anlage bei der römischen Kanalmeisterei von Mechernich-Breitenbenden.

---

13   CIL V, 47; die vorgelegte Übersetzung stammt von B. Beyer-Rotthoff in: Grewe 1985f, 43. Der Stein stand ehemals an der Schule von Chagnon und ist später in das Mauerwerk der kleinen Dorfkirche eingefügt worden. Die Inschrift wurde erstmals vorgelegt in: Bull. Arch. Com. Trav. Hist. 1887, 314. In jüngerer Zeit erläutert bei Burdy 1979, 62. (Inzwischen wurde bei Lyon ein zweiter, fast identischer Stein gefunden.)
14   CIL X, 4843 = ILS 5744; Alföldy 1997, 45.
15   Grewe 1986d, 38–41 (Fundstelle 9.2).

den,¹⁶ Euskirchen-Kreuzweingarten¹⁷ und im Mechernicher Wald¹⁸ dürften ebenfalls errichtet worden sein, um die Leitung unter den Schutz von Gottheiten zu stellen. Wegen fehlender erläuternder Funde ist aber an keiner der Stellen der entsprechende Kult sicher zuzuweisen.

Das Modell einer antiken Aquäduktbrücke

Die Ingenieurleistungen beim Brückenbau beeindruckten schon die antiken Zeitgenossen, denn wer Zweckbauten – und solche stellten Aquädukte dar – mit derartiger Schauarchitektur ausstattete, wollte sicherlich imponieren. Diese Monumentalkonstruktionen sollten nicht nur ihren ureigensten Zweck erfüllen, sondern zugleich die *maiestas* des *populus romanus* und seines Reiches veranschaulichen.

Vor wenigen Jahren wurde ein kleines Elfenbeinmodell einer antiken Aquäduktbrücke gefunden, das durchaus antiker Zeitstellung sein könnte. Das Modell war in einem sehr schlechten Zustand erworben worden, wurde aber vom neuen Eigentümer inzwischen in liebevoller Kleinarbeit restauriert. Die Provenienz des Stückes ist unbekannt und gibt deshalb noch Anlass zu Spekulationen.¹⁹

Im Modell dargestellt ist eine zweigeschossige Aquäduktbrücke, auf deren oberer Pfeilerreihe eine geschlossene Steinrinne gezeigt wird. Der Aquädukt verläuft nicht mittig auf der Brücke, sondern deutlich zur Schauseite hin versetzt. Während das Untergeschoss nach oben von Bögen abgeschlossen ist, hat das Obergeschoss keinen Bogenabschluss, vielmehr sind hier Steinplatten dargestellt, die die Wasserrinne in Form eines falschen Gewölbes tragen. An beiden Enden des Modells ist in Höhe des Unterge-

Das Gorgonenhaupt am Grünen Pütz sollte Unheil von der Wassergewinnung abhalten.

Römisches Elfenbeinmodell einer zweigeschossigen Aquäduktbrücke; zwei Löwenköpfe symbolisieren antike Wasserspeier. (Foto: A. Thünker)

---

16 Jürgens 1980b, 167–174; Grewe 1986d, 84–87 (Fundstelle 22.4).
17 Grewe 1986d, 114 (Fundstelle 28.1).
18 Ortsakten des LVR-Amtes für Bodendenkmalpflege im Rheinland.
19 Grewe 2004d.

schosses jeweils ein Wasserspeier in Form eines Löwenkopfes zu erkennen. Solche Wasserspeier können – an diesen Stellen einer Aquäduktbrücke angebracht – keine Funktion gehabt haben, deshalb muss man sie wohl als architektonischen Dekor betrachten, der die Funktion dieser Brücke als Teil einer Wasserleitung symbolisieren sollte.

Die längsten Abmessungen des Modells sind in der Länge 14,6 und in der Höhe 6,05 Zentimeter, davon nimmt die zweigeschossige Brücke selbst 11,55 mal 3,8 Zentimeter ein. Das Untergeschoss hat bis zum Scheitelpunkt der Bögen eine Höhe von 1,3 Zentimeter; die Gesamthöhe von der Standfläche der Brücke bis zur Unterkante des Aquäduktes beträgt 2,6 Zentimeter. Zwischen den 0,5 Zentimeter starken Pfeilern lassen sich lichte Weiten von einem Zentimeter ermitteln. Unter der Brücke ist ein kleiner Sockel mit einer Aussparung in Form einer Hohlkehle angebracht, der zur Befestigung des Modells auf einem Kästchen o. Ä. gedient haben könnte. Die Gesamttiefe des Modells beträgt 2,1 Zentimeter. Die beiden Löwenköpfe sind 1,5 Zentimeter lang und 1,8 auf der linken bzw. 1,9 Zentimeter auf der rechten Seite hoch, ihre Breite nutzt die ganze Tiefe des Modells von 2,1 Zentimeter aus.

Einer der Löwenköpfe des Elfenbeinmodells in der Detailansicht. (Foto: A. Thünker)

Ein Löwenkopf als Wasserspeier im Ausgrabungsgelände von Augusta Emerita / Mérida (Spanien) zeigt eine erstaunliche Ähnlichkeit mit dem am Elfenbeinmodell.

Bemerkenswert ist die Darstellung der Bögen, die nicht als Halbkreis-, sondern als Segmentbögen ausgeformt sind (der Schlussstein ist jeweils besonders hervorgehoben). Unter den im Imperium Romanum gebauten Brücken finden sich nur wenige Beispiele, die diese Bogenform aufweisen. Die Donaubrücke, die Apollodoros für Kaiser Trajan baute, ist in dieser Hinsicht zu betonen, zumal sie durch die Darstellung auf der Trajanssäule einen gewissen Bekanntheitsgrad erreicht hat. Weniger berühmt ist die bei einem Staudammprojekt versetzte Straßenbrücke von Alconétar (Spanien).[20]

Unter den Aquäduktbrücken fällt diese 30 Meter hohe Brücke über den Fluss Albarregas im Verlauf des Proserpina-Aquäduktes von Mérida (Spanien) auf.[21] Das Bauwerk wird respektvoll »Los Milagros« (»die Wunder«) genannt, und es handelt sich tatsächlich um eine der schönsten und aufwendigsten Römerbrücken. Sie ist aus Quadersteinen mit Ziegelzwischenschichten errichtet worden, wobei sich jeweils fünf Schichten abwechseln. Die großen Steinquader und die Ziegelsteine sind als verlorene Schalung verwendet worden, der Kern der Pfeiler besteht aus Gussbeton (*opus caementicium*) mit einem Zuschlag aus kleingeschlagenen Steinen. Die Ziegelsteinbänder, die das Bauwerk optisch aufgliedern, dienten als Ausgleichsschichten, um Unregelmäßigkeiten im Quadermauerwerk auszugleichen.

Der Bau ist über der Talsohle dreigeschossig, wobei die vielen Bögen bis auf eine Ausnahme immer aus Ziegelsteinen gesetzt sind. Nur der Mittelbogen des unteren Geschosses, der die Öffnung über dem Hauptbett des Flusses schließt, ist aus neun exakt zugeschlagenen Natursteinblöcken gesetzt.

Die Spannweite der Bögen umfasst 4,45 Meter, die Pfeilergrundmaße betragen 2,95 Meter im Quadrat: Offensichtlich fand auch hier das römische Fußmaß Anwendung. Seitlich hat man an die meisten Pfeiler Stützen angesetzt, die aber in den beiden unteren Geschossen die Ziegelbänder nicht aufnehmen; sie sind auch nicht im Verbund mit den Pfeilern gesetzt worden. Diese Stützen haben ein Grundmaß von 2,1 mal 1,35 Meter, das sie aber im aufgehenden Mauerwerk nicht einhalten, da sie sich schräg zu den Pfeilern hin verjüngen. Im dritten Stockwerk bilden Letztere und ihre Vorsätze eine Einheit, die im Verbund gesetzt ist und von den Ziegelbändern umlaufen wird.[22] Diese Pfeilervorlagen wurden vermutlich während des Baus notwendig, so dass man sie als zusätzliches Element zur Stabilisierung der Brücke anfügte.

Hier sind die Segmentbögen also nur scheinbar vorhanden, da die echten Halbkreisbögen durch Pfeilervorlagen optisch »abgeschnitten« wurden.

Die Übereinstimmung der Bogenausformung zwischen unserem Modell und der optischen Wirkung der Bögen der Albarregas-Brücke von Mérida ist aber nicht der einzige Hinweis, der uns bei der Suche nach Bezügen zu einem veritablen Bauwerk nach Mérida in den Westen Spaniens führt. Weiterhin bemerkenswert ist der am Modell in zweifacher Ausführung angebrachte Löwenkopf. Ein in auffälliger Weise ähnlich geformter Löwenkopf befindet sich nämlich im Endstück des Proserpina-Aquäduktes und ist im archäologischen Park von Augusta Emerita zu sehen: Seitlich angehängt an das Gerinne bildet er über einem Brunnenbecken einen Wasserauslauf. Ein solcher Wasserspeier ist nicht oft zu finden, so dass bei der Auffindung des Modells dessen Ausgestaltung zumindest an die beschriebene Dekoration in Mérida denken ließ. Vielleicht hat sich ein römischer Baumeister nach Fertigstellung des Proserpina-Aquäduktes dieses kleine Elfenbeinmodell seines »Wunderbaus« voller Stolz zur Erinnerung anfertigen lassen?

---

20 Grewe 2010, 111.
21 Feijoo Martínez 2006, 145–166.
22 Grewe 1993, 254.

2 Die Planungsprinzipien der römischen Ingenieure

»Kein Bauwerk ohne Vermessung« – das gilt seit ältesten Zeiten für jeden Bauherrn und Baumeister: Jedem Bauwerk musste eine exakte Planung zugrunde liegen, ehe man mit dem Bauen beginnen konnte.
Gerade im Fernwasserleitungsbau war eine gründliche Vorbereitung die unbedingte Voraussetzung für die Trassierung, also die Übertragung der Planungslinie in das Gelände. Es waren grundlegende Vermessungen notwendig, um schon im frühen Planungsstadium erkennen zu können, ob der in Angriff genommene Bau überhaupt durchführbar war.

Die Frage nach der Konzeption und Trassierung römischer Wasserleitungen ist zwar im Zusammenhang mit der Beschreibung vieler Fernwasserleitungen immer wieder gestellt worden, konnte aber bis vor wenigen Jahren nur unbefriedigend beantwortet werden. Der Grund hierfür lag im Fehlen der wichtigsten Unterlagen für eine entsprechende Betrachtung, nämlich der zeitgenössischen Pläne oder Baubeschreibungen der antiken Baumeister. So blieb es zumeist aufgrund fehlender Beweise bei der vorsichtigen Vermutung, solche Bauwerke seien ohne eine gründliche Planung und Trassierung überhaupt nicht zu bauen gewesen.

Die Beweisführung für etwaige Planungstheorien aus dem jeweiligen Bauwerk selbst abzuleiten ist eine andere Möglichkeit, um die Geheimnisse einer Trassenplanung zu enträtseln. Dabei muss dann von einer verwirklichten Trasse auf eine geplante zurückgeschlossen werden. Zu diesem Zweck müssen von einer Reihe dicht beieinanderliegender Sohlenpunkte die exakten Höhen bestimmt werden, um danach zu versuchen, aus Regelmäßigkeiten im Gefälleverhalten der Sohle zu einem Ergebnis zu kommen. Derartige Betrachtungen sind aber nur dort möglich, wo die Sohlen von Leitungen auf genügend lange und damit aussagekräftige Distanzen zugänglich sind. Da von den antiken Aquädukten in allen bisher bekannten Fällen die Sohlen nur partiell oder in kurzen Aufschlüssen zugänglich waren, konnten Aussagen im Sinne der oben beschriebenen Kriterien bisher nicht getroffen werden. Archäologische Forschungsarbeiten der 1970er- und 1980er-Jahre, dazu gehören vor allem die Arbeiten in Siga (Algerien) und Köln, haben aber gezeigt, dass es durchaus möglich ist, durch gezielt eingesetzte Vermessungsmethoden den »Bauwerkscode« eines Aquäduktes zu entziffern.

In Siga war eine kleine, nur acht Kilometer lange Wasserleitung angetroffen worden, die auf einem Streckenabschnitt von fünf Kilometer Länge die Voraussetzungen für eine eingehende Untersuchung des Gefälles erfüllte. Die Wasserleitung von Siga war nämlich auf diese Länge ohne Abdeckung so weit erhalten, dass Teile der Wangen, aber vor allen Dingen der Sohle sichtbar und zugänglich waren. Dieser Erhaltungszustand hat die topographische Aufnahme des Gerinnes nach Lage und Höhe geradezu herausgefordert, wobei besonders auf dicht beieinanderliegende Aufnahmepunkte geachtet werden konnte.

Die Auswertung der Vermessungsergebnisse von Siga brachte die Erkenntnisse über die römischen Vermessungsverfahren beim Bau von Fernwasserleitungen einen großen Schritt voran, es zeigte sich u. a., dass man die Trasse in Abschnitte von exakt einer römischen Meile (5 000 Fuß, also 1 480 Meter) mit gleichem Gefälle eingeteilt hatte. Ein archäologischer Befund von 1980 aus dem Verlauf der Eifelwasserleitung in das römische Köln erhärtete die in Siga gewonnenen Erkenntnisse und ließ darüber hinaus weitere Schlüsse zu. Während die Ergebnisse von Siga eine kleine, in einem Zuge errichtete Fernwasserleitung betrafen, zeigte der Kölner Befund, wie man dasselbe Problem im Verlauf einer großen, in mehrere Baulose aufgeteilten Trasse gelöst hatte.

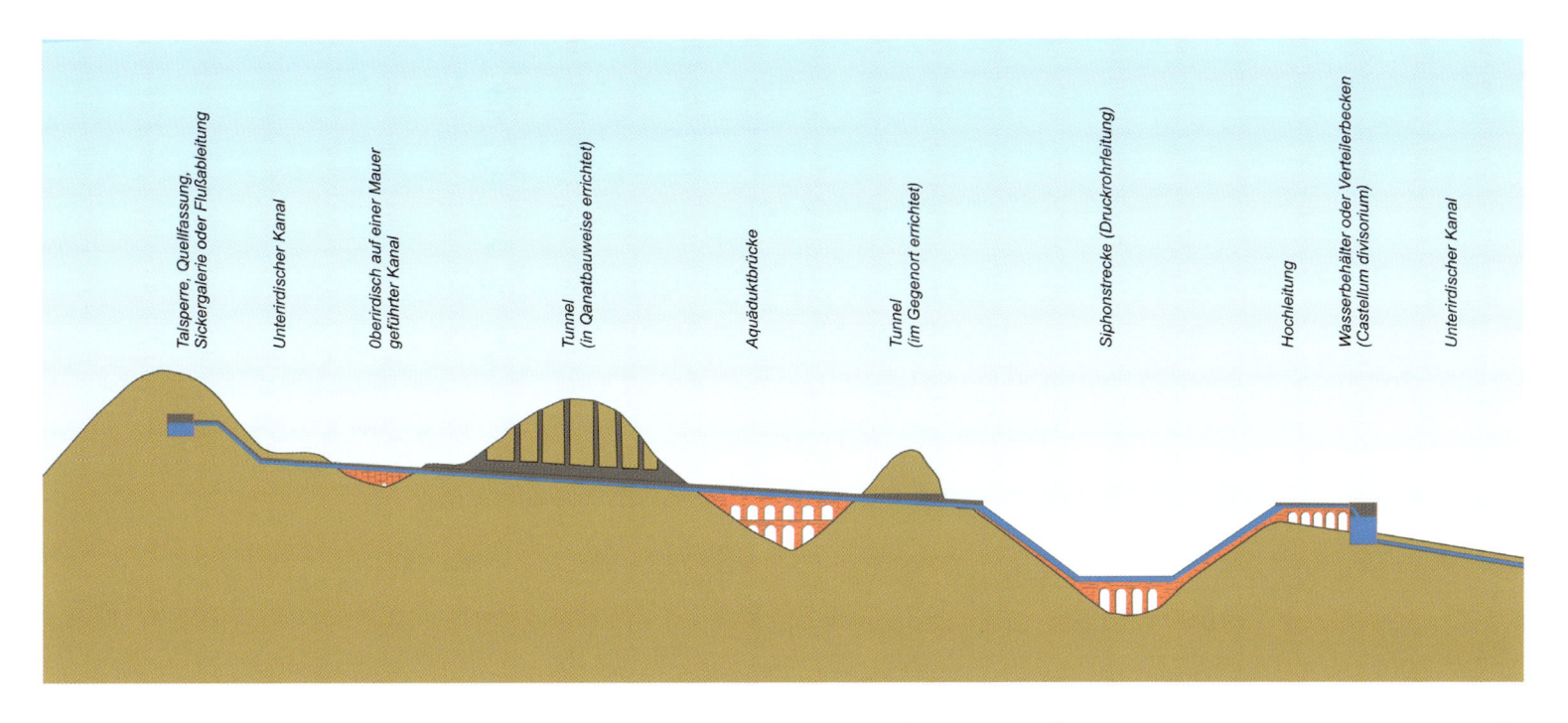

Der Planung und Trassierung im römischen Wasserleitungsbau liegt eine gehörige Portion Pragmatismus zugrunde: Gefälleleitungen mussten sich an das zu durchfahrende Gelänerelief anschmiegen, Täler mussten überbrückt und Berge durchtunnelt werden. Die Grafik zeigt mögliche Geländeprobleme, zu deren Überwindung dem römischen Ingenieur vielseitige technische Kenntnisse abverlangt wurden. (Grafik: K. White-Rahneberg)

Es gibt nicht viele Ingenieurbauten der Antike, die so komplett und tiefgreifend untersucht worden sind, als dass sie eine Rekonstruktion der ursprünglichen Planungsgedanken zuließen. Beispielhaft für den frühen Tunnelbau ist die Forschungsarbeit zum Eupalinos-Tunnel auf Samos, wobei besonders die Entdeckung der bauzeitlichen Messmarken und die Rekonstruktion des verwendeten Maßsystems hervorzuheben sind.[23] Die Eifelwasserleitung nach Köln kann als erste antike Fernwasserleitung gelten, die in ihrer ganzen Länge archäologisch untersucht worden ist und von der die zugehörigen Forschungsergebnisse publiziert wurden.[24]

Auch an anderen Orten des ehemaligen römischen Weltreiches sind mittlerweile neue und hochinteressante Forschungsergebnisse zum Bau und zur Organisation im antiken Wasserleitungsbau gewonnen worden, es seien nur die Untersuchungen an den Aquädukten von Nîmes,[25] Lyon[26] und in jüngster Zeit auch Ephesus[27] genannt.

23 Kienast 1995; Grewe 1998, 58–69.
24 Grewe 1986.
25 Zu Nîmes insbesondere die Arbeiten von Guilhem Fabre, Jean-Luc Fiches, Philippe Léveau und Jean-Louis Paillet.
26 Zu Lyon insbesondere die Arbeiten von Jean Burdy.
27 Zu Ephesus insbesondere die Arbeiten von Gilbert Wiplinger.

In jedem Fall gilt, dass man die Probleme im Fernleitungsbau nach Sachlage und damit pragmatisch löste. Der verantwortliche Baumeister hatte vor Ort und nach den jeweils gegebenen Umständen zu entscheiden, welche Lösung sinnvoll, zweckmäßig und auch kostengünstig war. Dabei spielte nicht nur die vorgegebene Morphologie der zu bebauenden Landschaft eine Rolle, sondern auch die zur Verfügung stehenden Baumaterialien, die Infrastruktur der Baustelle und nicht zuletzt das technische Vermögen der Bauausführenden waren relevant.

War es im Tunnelbau die Treffsicherheit, mit der zwei Baulose im Berginneren zusammengeführt werden mussten, so war es im Aquäduktbau die Gefälleabsteckung, die das Kernproblem des jeweiligen Technikbaus darstellte.

Im Wasserleitungsbau war das Grundproblem allerorts das gleiche: Nach Ausschöpfung eines am Ort vorhandenen Wasserdargebotes war die Versorgung der stetig wachsenden Bevölkerung einer Stadt nur aufrechtzuerhalten, wenn man das Wasser entfernt liegender Vorkommen fasste und heranführte. Die Qualitätsansprüche der Römer verlangten zwar in erster Linie, Quellgebiete mit gutem und schmackhaftem Wasser aufzufinden, aber man leitete auch am Oberlauf von Flüssen Wasser ab und führte es der Trinkwasserversorgung zu. Das wurde durch den Einbau kleiner Wehre bewerkstelligt oder, in Gegenden mit im Laufe des Jahres auftretenden Trockenperioden, durch den Bau von großartigen Staudämmen.

Das Wasser wurde in erster Linie in gemauerten Freispiegelleitungen geleitet, aber es finden sich zur Bewältigung lokaler Problemabschnitte auch durchaus installierte Druckleitungsstrecken. Auf diese Weise wurden tiefe Taleinschnitte überwunden, wo ansonsten der Bau einer unverhältnismäßig großen Aquäduktbrücke notwendig gewesen wäre. Im Normalfall wurden Seitentäler ausgefahren oder überbrückt, Berge umfahren oder durchtunnelt; Letzteres forderte den Baumeister dann noch einmal in ganz besonderem Maße.

3 Die Vermessungsgeräte der römischen Ingenieure

Seit der Renaissancezeit bemüht sich die Wissenschaft um eine funktionsgerechte Rekonstruktion des Chorobates, eines Gerätes zum Nivellieren, das uns vom römischen Fachschriftsteller Vitruv (1. Jahrhundert v. Chr.) als besonders geeignet empfohlen wird. Aber schon Leonardo da Vinci weicht von der Vitruv'schen Beschreibung ab und zeigt uns ein gänzlich anderes Gerät. Auch nach da Vinci werden uns statt nachvollziehbarer Vitruv-Rekonstruktionen eigentlich immer nur Chorobat-Neuerfindungen vorgelegt. Diese Entwicklung kann man – von wenigen Ausnahmen abgesehen – bis in die heutige Zeit beobachten.

Folgt man aber der Beschreibung Vitruvs wortgetreu, so entsteht ein Nivelliergerät, das in seiner Einfachheit von geradezu bestechender Genialität ist. Nach neuesten Erkenntnissen wird durch dieses Gerät nicht mehr visiert, sondern die Höhenunterschiede werden an ihm selbst gemessen. Herausragendes Merkmal ist, dass bei der Arbeit mit diesem Hilfsmittel die Erdkrümmung nicht zur Wirkung kommt. Darüber hinaus werden durch stetiges Wenden des Apparates bei jedem zweiten Messgang sämtliche Gerätefehler eliminiert. Eine bestimmte Messanordnung schließt zudem sogar Schreib- und Rechenfehler aus und macht Kontrollmessungen weitgehend überflüssig. Ganz nebenbei wird gleichzeitig mit dem Nivellement die Streckenlänge der späteren Aquädukttrasse ermittelt.

Mit der geradezu verblüffend fehlerfreien Handhabung der Groma stand den römischen Ingenieuren neben dem Chorobat ein zweites, genial einfaches Vermessungsgerät zur Verfügung.

Planung und Trassierung römischer Wasserleitungen sind untrennbar verbunden mit den in der Antike zur Verfügung stehenden vermessungstechnischen Hilfsmitteln. Die Gerätschaften, die dem Ingenieur zur Verfügung standen, waren wichtige Bausteine bei der Entstehung der antiken Meisterwerke. Auf die Technikgeschichte bezogen heißt das u. a., dass eine Vermessung letztendlich nur so genau gewesen sein konnte, wie es die dabei zum Einsatz gekommenen Geräte zuließen.

Die großartige Leistung der antiken Ingenieure hat auch darin bestanden, bei Anwendung relativ einfacher Hilfsmittel durch eine geschickte, auf das jeweilige Objekt bezogene Auswahl der Arbeitsmethode den Erfolg einer Baumaßnahme zu gewährleisten. Ein technisches Großprojekt in antiker Zeit erforderte den kongenialen Pragmatiker, den mit gesundem Fachwissen ausgestatteten Ingenieur,[28] der auch bei den mannigfaltigen unvorhersehbaren Schwierigkeiten, die sicher auf jeder antiken Baustelle auftraten, aus dem Stand heraus entscheiden konnte, mit welchen Mitteln und Wegen das angestrebte Ziel erreicht werden konnte. Neben dem erlernten Fachwissen gehörte dazu ein zeitgemäßes Instrumentarium und vor allen Dingen ein großer Erfahrungsschatz.

Das Aussehen der Hilfsmittel des antiken Ingenieurs wird in verschiedenen zeitgenössischen Schriften beschrieben, ist von bildlichen Darstellungen her bekannt oder durch archäologische Funde rekonstruierbar. Für die Planung und Trassierung römischer Wasserleitungen waren Geräte zum Vermessen der Strecken, Höhen und Winkel notwendig sowie Hilfsmittel zum Zeichnen und Rechnen. Nicht immer ist die Funktionsweise klar erkennbar, aber die verschiedensten Rekonstruktionsversuche haben uns in solchen Fällen praktikable Lösungen aufgezeigt.

---

28 Die Berufsbezeichnung »Ingenieur« taucht zwar erst im 12. Jahrhundert – im deutschen Sprachraum erst im 17. Jahrhundert – auf, der Respekt vor den in der Antike hervorgebrachten Leistungen erlaubt es nach Meinung des Verfassers aber, den betroffenen Kollegen den Ingenieurstatus verdientermaßen postum zu verleihen.

Zeichenmaterial

Wegen des Fehlens originaler Planungsunterlagen ist oftmals die Frage gestellt worden, ob denn solche überhaupt angefertigt wurden. In Marmor geritzte Vorlagen wie die *Forma Urbis Romae*[29] oder das Kataster von Orange[30] können in diesem Zusammenhang nicht als Planungsunterlagen gelten. Hier wurden vielmehr Rechtsverhältnisse dokumentiert; diese Aufzeichnungen dienten in erster Linie der Verwaltung. In diese Gruppe dürften auch Pläne gehören, die Frontinus von den bestehenden Wasserleitungen Roms anfertigen ließ, als er im Jahre 97 n. Chr. das Amt des *curator aquarum* dortselbst übertragen bekam. Diese Unterlagen sind nicht mehr erhalten, da sie eventuell auf Pergament gezeichnet worden waren.

Der Fund eines Marmorfragmentes auf dem römischen Aventin zeigt den Ausschnitt eines Verwaltungsplanes einer Wasserversorgung.[31] Möglicherweise glichen die Aufzeichnungen Frontinus' diesem Plan in Aussehen und Aussage: Hier sind neben dem skizzenhaft dargestellten Verlauf einer Wasserleitung einige Entnahmestellen eingetragen, weiterhin schriftliche Zusätze über die Berechtigung bestimmter Personen, zu genau vorgegebenen Zeiten dort Wasser zu entnehmen.[32]

Eine Trassierung erforderte für ihre Anlage im Gelände aber keinen Plan im oben genannten Sinne, sondern vielmehr einen Entwurf, der auch Änderungen in der Ausführung während seiner Entstehung zuließ. Deshalb können wir auch die Marmorpläne mit Darstellung einer Gartenanlage aus Urbino[33] oder die verschiedenen Gebäudedarstellungen[34] der von uns ins Auge gefassten Gruppe nicht zurechnen.

Weiterführender ist da der Grabstein des *mensor aedificiorum* (technischer Gebäudeinspektor) Titus Statilius Aper, dessen Eltern ihm und seiner Frau einen prachtvollen Altar errichten ließen.[35] Durch diesen Stein werden

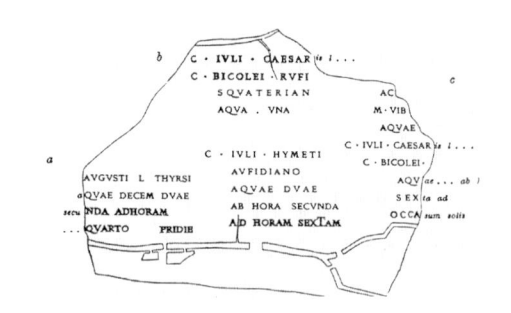

Forma Urbis Romae. Fragment des antiken Stadtplans von Rom. Unter anderem ist ein auf Pfeilern geführter Aquädukt dargestellt und bezeichnet.

Fragment eines Marmorplans vom Aventin in Rom. Der Plan gibt skizzenhaft den Verlauf einer Wasserleitung wieder; zusätzlich sind Entnahmestellen mit Nutzungszeiten eingetragen (CIL VI, 1261).

---

29 In Marmor gehauener Katasterplan der Stadt Rom. Lanciani 1874; Carretoni/Colini/Cozza/Gatti 1960; Coarelli 1975, 134.
30 Ein in Marmor gehauener Plan der Limitation (Landaufteilung) im Rhônetal um Orange (Frankreich). Piganiol 1962; Grewe/Heimberg 1982, 168.
31 CIL VI, Nr. 1261.
32 Von Hesberg 1983, 120.
33 CIL VI, 4, Nr. 29847. Kopie im Museo della Civiltà Romana.
34 CIL VI, 4, Nr. 29846; CIL VI, 4, Nr. 29847a.
35 CIL VI, Nr. 1975; Meinhardt/Simon 1966, 59.

Grabaltar des *mensor aedificiorum* Titus Statilius Aper (Kapitolinisches Museum, Rom). (Alle Fotos dieser Seite: H. Lilienthal)

Grabstein des Marcus Aebutius Macedo mit Darstellung von Vermessungsgeräten im Giebel, darunter Fußmaßstab, Setzwaage, Lot und Winkelmaß (Kapitolinisches Museum, Rom).

Lapis capponianus. Relief aus einem Grabmonument mit Darstellung von Setzwaage, Zirkel und Maßstab (Kapitolinisches Museum, Rom).

uns wertvolle Hinweise zur technischen Ausstattung eines Angehörigen dieses Berufes gegeben.[36] So ist der Verstorbene mit einem zusammengerollten Plan abgebildet, was einen Hinweis darauf darstellt, dass es durchaus Pläne in unserem Sinne gab. Das Material ist auf dem Stein nicht zu erkennen, es dürfte sich aber um Pergament gehandelt

---

36 Grewe 1984, 169.

haben. Auch die in römischer Zeit allgemein zum Schreiben benutzten Wachstafeln konnten für Planzeichnungen benutzt werden, wie Abbildungen auf diesem Grabaltar belegen. Dort ist sowohl ein Bündel mit fünf Wachstafeln neben einem Köcher (evtl. für Schreibgriffel) dargestellt als auch eine einzelne Wachstafel mit einer begonnenen Vermessungsskizze. Es ist also anzunehmen, dass die im Feld ermittelten Vermessungsergebnisse auf Wachstafeln notiert wurden (unserem heutigen Feldbuch entsprechend), wonach dann die Kartierungen und Pläne auf geeignetem Material gezeichnet werden konnten.

Aus verschiedenen antiken Bauwerken lässt sich die Übertragung der Planung in die Örtlichkeit heute noch anschaulich ablesen. Dort wurde den Bauleuten praktisch ein 1:1-Lageplan an die Hand gegeben, auf dem der Baumeister den Grundriss des zu errichtenden Bauwerks auf einem vorgefertigten Pflaster anreißen ließ. Derartige Ritzlinien, die es erübrigten, einen maßstäblichen Plan aus der Hand zu geben und durch deren Nutzung zudem Fehler bei einer Maßstabsübertragung vermieden wurden, kennen wir von vielen antiken Bauwerken.[37]

Darüber hinaus ist auch der Fall bekannt, dass ein Baumeister maßstäbliche Planzeichnungen an einer Bauwerkswand einritzen ließ, um den Bauleuten eine Richtlinie zu geben; auch diese Pläne sind 1:1 eingekerbt worden.[38]

Zum Anreißen von Linien im rechten Winkel stand den Römern als Zeichenhilfe ein Winkelmaß zur Verfügung: Ein aus Bronze gefertigtes Dreieck war auf einer Kathetenseite mit einer Anlegeschiene versehen worden, wodurch das Auftragen eines rechen Winkels entlang der zweiten Kathete möglich war. Am anderen Ende der Anlegeschiene zweigte im halben rechten Winkel ein zusätzliches Lineal ab. Zwischen der Innenseite dieses Lineals und der Hypotenuse des Dreiecks wurde wiederum ein rechter Winkel gebildet, der mit dem Giebel zur Grundlinie zeigte, seine beiden durch die Katheten gebildeten Schenkel standen also im 45-Grad-Winkel zu dieser. Zwei praktisch gleichartige Winkelmaße aus Canterbury (England) und den Niederlanden tragen beide eingraviert die Namen ihrer Besitzer: »G(aio) Cu(...) Valeno« für Gaius Cu(...) Valenus und (einpunziert) »Pusilli O.R.S.«.[39]

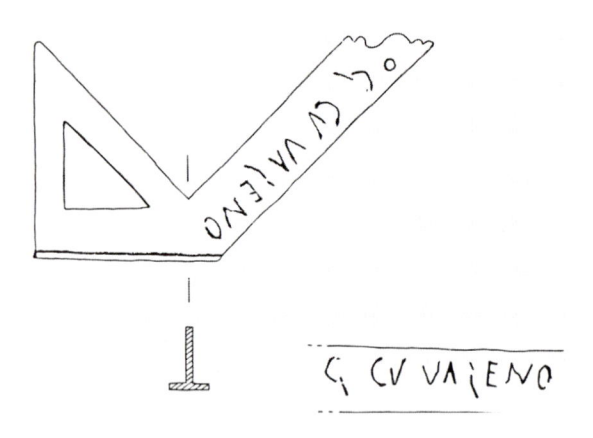

Bronzenes Winkelmaß aus Canterbury (England). Eingraviert ist der Name des Besitzers.

Abdruck eines Zirkels in einem Gewölbe der Trierer Kaiserthermen: Womöglich ließ ein Baumeister dieses Zeichenwerkzeug auf dem Lehrgerüst im frischen Mörtel liegen, worin es sich dann abdrückte.

37 Beispielsweise unter dem früheren Stadttor von Simitthus/Chemtou (Tunesien) oder beim Zeus-Asklepios-Tempel im Asklepieion von Pergamon (Türkei); Rakob 1983, 359; Hoffmann 1984, 95.
38 Beispielsweise im Apollon-Tempel von Didyma (Türkei); Haselberger 1984, 111.
39 Britannia 10 (1979) 351; Oudheidkundige Mededeelingen uit's Rijksmuseum van Oudheden te Leiden 10–12, 1929–1931, 24.

Für weitere Zeichenarbeiten standen den antiken Ingenieuren die archäologisch vielfach nachgewiesenen Bronzezirkel zur Verfügung.[40] Für die bei einer Planung unabdingbaren Berechnungen gab es in römischer Zeit ein Gerät, das in abgewandelter Form in einigen Ländern heute noch in Gebrauch ist: der Abakus.[41] Berechnungen, die nicht mit dem Kopf oder von Hand auszuführen waren, wurden damit erleichtert, wobei alle vier Grundrechenarten durchgeführt werden konnten.

Höhenvermessung und Winkelabsteckung

Die römische Vermessungstechnik zeichnet sich sowohl in der Streckenmessung als auch in der Höhen- und Winkelmessung durch einfache Gerätschaften und eine ebensolche Handhabung dieser Geräte aus. Wenn wir bei Nachmessungen in den antiken Großbauten dennoch eine schier unglaubliche Präzision feststellen können, so müssen wir einen fachkundigen und verantwortungsvollen Umgang mit diesen Geräten voraussetzen – wir dürfen dabei aber keinesfalls den Fehler machen, diese scheinbar simplen Vermessungsgeräte der römischen Ingenieure für »primitiv« zu halten. Im Gegenteil: Die Einfachheit als Konstruktionsmerkmal war die Basis für selbstkontrollierende und -korrigierende Messvorgänge und stellt die Genialität, die diesen Gerätekonstruktionen zugrunde lag, einmal mehr unter Beweis.

Im Folgenden sollen die technischen Hilfsmittel der antiken Baumeister näher beschrieben werden.

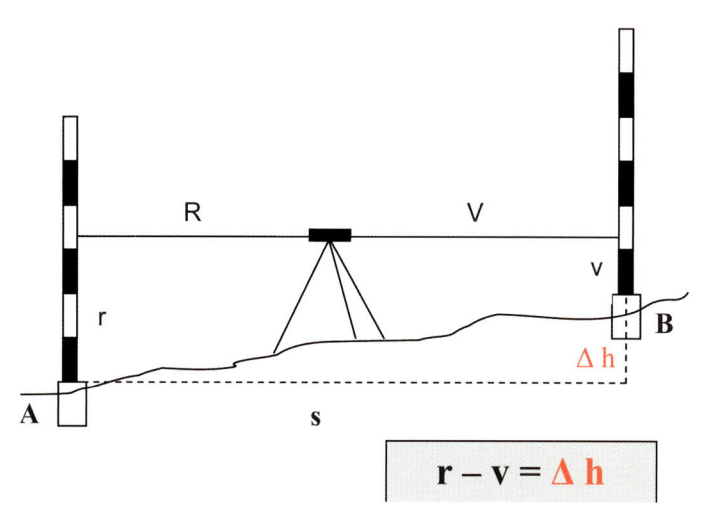

$$r - v = \Delta h$$

Das Prinzip des Nivellierens.

Vitruvs Chorobat – ein genial einfaches Gerät zur Höhenvermessung

Man darf bei diesen Betrachtungen natürlich nicht vergessen, dass optische Zielhilfen – wie beim modernen Nivellierinstrument das Fernrohr – in der Antike nicht bekannt waren. Deshalb kommt dem Text Vitruvs für die Entschlüsselung des antiken Nivellierverfahrens eine ganz besondere Bedeutung zu. Vitruv beschreibt mit seinem Chorobat ein Nivelliergerät, das man als genial und einfach zugleich bezeichnen muss. Seine Ausführungen haben aber einen gravierenden Mangel, denn er legte lediglich eine schriftliche Beschreibung des Chorobates vor und ließ darin die Darstellung von dessen Handhabung vermissen. Erklärende Skizzen zum Text fehlen; sie sind vermutlich verlorengegangen.

---

40 Ein interessanter »Zirkelfund« konnte in Trier gemacht werden: Hier fand sich der negative Abdruck eines Zirkels im *opus caementicium* eines Gewölbes. Der Zirkel war offensichtlich auf dem Lehrgerüst verlorengegangen und hinterließ im Gussbeton seinen Abdruck (siehe Foto S. 30).
41 Treutlein 1877; Fellmann 1983.

Im Rahmen seiner Beschreibung der Anlage einer Wasserleitung stellt Vitruv diese probate Methode des Nivellierens vor:

> [1] Jetzt will ich darüber sprechen, wie die Wasserleitungen zu den Wohnungen und Städten angelegt werden müssen. Die erste Arbeit ist das Nivellieren. Nivelliert aber wird mit dem Diopter oder der Wasserwaage oder dem Chorobat, aber ein genaueres Ergebnis erreicht man mit dem Chorobat, weil Diopter und Wasserwaage täuschen. Der Chorobat aber besteht aus einem zwanzig Fuß[42] langen Richtscheit. Dieses hat an den äußersten Enden ganz gleichmäßige Schenkel, die an den Enden (des Richtscheits) nach dem Winkelmaß (im Winkel von 90 Grad) eingefügt sind, und zwischen dem Richtscheit und den Schenkeln durch Einzapfung festgemacht schräge Streben. Diese Streben haben genau lotrecht aufgezeichnete Linien, und jeder einzelnen dieser Linien entsprechend hängen Bleilote von dem Richtscheit herab, die, wenn das Richtscheit aufgestellt ist und alle Bleilote ganz gleichmäßig die eingezeichneten Linien berühren, die waagerechte Lage anzeigen.
>
> [2] Wenn aber Wind störend einwirkt und durch die so hervorgerufenen Bewegungen der Bleilote die Linien keine Anzeige mehr bieten können, dann soll das Richtscheit am oberen Teil eine Rinne von fünf Fuß Länge, einem Zoll Breite und anderthalb Zoll Tiefe haben, und dort hinein soll man Wasser gießen. Wenn nun das Wasser in genau gleicher Höhe die obersten Ränder der Rinne berührt, dann wird man wissen, dass die Lage waagerecht ist. Ebenso wird man, wenn mit diesem Chorobat so nivelliert ist, wissen, wie groß das Gefälle ist.
>
> [3] Vielleicht wird jemand, der die Schriften des Aristoteles gelesen hat, sagen, dass mit Hilfe von Wasser keine zuverlässige Nivellierung erzielt werden kann, weil dieser der Meinung ist, dass die Oberfläche des Wassers nicht waagerecht ist, sondern eine kugelähnlich gewölbte Gestalt und (diese Kugel) dort ihren Mittelpunkt hat, wo ihn auch die Erde hat. Mag nun aber die Oberfläche des Wassers waagerecht oder kugelähnlich gewölbt sein, so muss doch das Richtscheit, wenn es waagerecht ist, das Wasser an den äußersten Enden (der Rinne) in gleicher Höhe halten. Wenn es aber an der einen Seite schräg geneigt ist, dann wird an der Seite, die höher liegt, die Rinne des Richtscheits das Wasser nicht am obersten Rand haben. Es ist nämlich notwendig, dass das Wasser, wohin man es auch gießt, in der Mitte (seiner Oberfläche) eine Aufblähung und Krümmung hat, dass aber die Enden rechts und links in einer waagerechten Linie liegen. Eine Abbildung des Chorobats aber ist am Ende des Buches verzeichnet. Und wenn das Gefälle groß ist, wird das Wasser leichter herabfließen. Sind aber Zwischentiefen da, so wird man durch Unterbauten helfen müssen.[43]

Die vielen Versuche einer Rekonstruktion dieses Chorobates, die seit der Renaissance unternommen wurden, entsprachen nicht den Konstruktionsüberlegungen Vitruvs, sondern waren vielmehr Neuerfindungen eines technischen Gerätes.[44]

Vitruvs Gerät aber funktionierte anders – man visierte mit ihm nicht mehr, sondern maß die Höhenunterschiede direkt.[45] Dazu benutzte man die Mechanik wie einen riesigen Stechzirkel: Durch stetiges Wenden des Apparates

---

42 Ein römischer Fuß = 29,6 Zentimeter.
43 Vitruv 8,5, 1–3.
44 Neue Erkenntnisse zu Chorobat und Groma wurden vorgelegt in: Grewe 2009b, 109–128.
45 Grewe 2009b, 111–120.

wurden bei jedem zweiten Messgang sämtliche Gerätefehler verhindert. Eine bestimmte Messanordnung schloss darüber hinaus sogar eventuelle Schreib- und Rechenfehler aus und machte Kontrollmessungen weitgehend überflüssig. Ganz nebenbei wurde gleichzeitig mit dem Nivellement die Streckenlänge der späteren Aquädukttrasse ermittelt und die Auswirkungen der Erdkrümmung wurden eliminiert.

Dabei galt zu allen Zeiten: Wer den Höhenunterschied zwischen zwei Punkten ermitteln wollte, musste zwischen ihnen eine horizontale Linie herstellen. Aus der Differenz der über den Punkten gemessenen Abstände zur Horizontalen ließ sich der Höhenunterschied errechnen. Am einfachsten war das mit einem Holzbalken, den man mit einer Wasser- oder Setzwaage horizontal stellte. Legte man diesen Holzbalken nämlich mit einem Ende auf einem der anzumessenden Punkte auf, so ließ sich über die Höhenlage des anderen Balkenendes über dem zweiten Punkt der Höhenunterschied bestimmen. Die Messung war allerdings dann recht unbequem, wenn die Punkte in Bodenhöhe lagen. Um das Messen etwas komfortabler zu gestalten, galt es, den Messvorgang vom Boden in eine praktikablere Höhe zu verlegen. Dazu brachte man an beiden Enden des Balkens Stützen in Form von Holzpfosten an, die man über schräge Streben fest mit dem Balken verband. Wenn die Stützen exakt gleich lang waren, hatte man die Messlinie parallel nach oben verschoben und konnte die Arbeiten mit Wasser- oder Setzwaage zur Horizontierung des Balkens in Brusthöhe durchführen. War der Abstand zwischen den beiden Höhenpunkten größer als der Balken lang war, so musste in mehreren Lagen gemessen werden, d. h. man bestimmte den Höhenunterschied über Zwischenpunkte. Dazu hatte man mit dem Gerät die Strecke abschnittsweise zu durchmessen – in der Art, wie man mit einem Zirkel arbeitet, den man zum Abgreifen einer Strecke hin und her wendet, wenn man eine Streckenlänge in einer Karte »abschreitet«.

Schon Leonardo da Vinci wich von der Beschreibung Vitruvs ab und zeigte uns ein gänzlich anderes Gerät. Leonardos Chorobat verfügte über Zieleinrichtungen und stellte damit eine moderne Variante des Nivellierens vor.

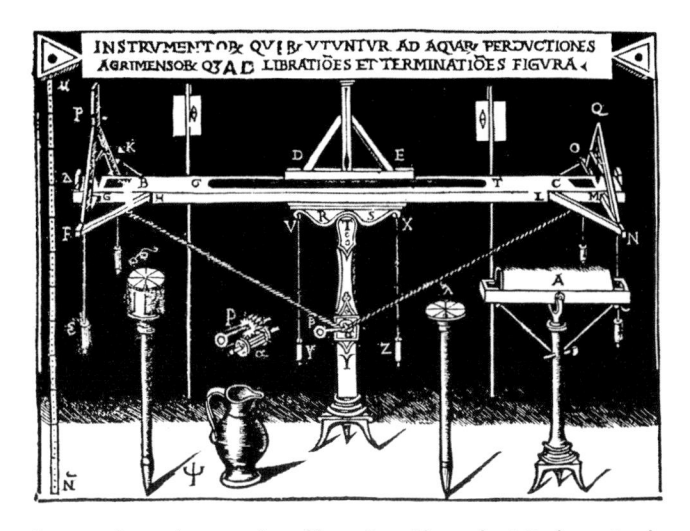

Cesare Cesariano nahm für seine Chorobat-Rekonstruktion die Idee Leonardos auf und verfeinerte sie.

Mit diesem Messvorgang und der erläuterten Hilfskonstruktion ist sicherlich die einfachste Art des Nivellements beschrieben. Die nachfolgenden Betrachtungen werden zeigen, dass Vitruv genau diese Gedanken dem von ihm beschriebenen Verfahren zur Höhenvermessung zugrunde gelegt hat.

Prinzipiell unterscheiden sich zwei Modelle der Rekonstruktion. Die von da Vinci angeführte Gruppe zeigt Geräte, die mit einer beweglichen Ziellinie über einem mittig angebrachten Standbein ausgerüstet sind.[46] Die Appara-

46   Später als die Entwürfe Leonardo da Vincis (Codice Atlantico, Blatt 131 Ra) wurden ähnliche Geräte veröffentlicht bei Fra Giovanni da Verona, M. Vitruvius per Jocundum solito castigatior factus cum figuris et tabula ut jam legi et intellegi possit

turen verfügen über Einrichtungen für das Visieren über größere Entfernungen und waren wie moderne Nivellierinstrumente, allerdings ohne Fernrohr, einsetzbar: An einer Nivellierlatte wurden die Höhenwerte über Geländepunkten abgelesen und daraus der Höhenunterschied zwischen jeweils zwei Punkten berechnet. Diese Modelle waren für ihre Zeit hochmodern. Da die bewegliche Ziellinie Zielungen in alle Richtungen zuließ, konnte damit sogar ein Streckennivellement mit Vor- und Rückblicken durchgeführt werden.

Die Sache hat allerdings einen Haken: Diese Nivelliergeräte entsprechen in keiner Weise der Beschreibung Vitruvs, sie sind typische Entwicklungen der Renaissance, wie schon angedeutet wurde. Die Konstrukteure der frühen Neuzeit übernahmen zwar Vitruvs Grundideen bezüglich des Einsatzes von Loten und Wasserwaage zur Horizontierung, entwickelten sonst aber völlig neuartige Geräte.

Es bleiben die der Beschreibung Vitruvs angenäherten Rekonstruktionen des Chorobates: Daniel Barbarus stellte 1567 ein solches Gerät vor, er brachte allerdings nicht schräge Streben zwischen Richtscheit und Standbeinen (Schenkeln) unter, sondern ein über die ganze Länge des Gerätes reichendes Holz.

G. Poleni und S. Stratico waren die ersten, die in den Jahren von 1825 bis 1830 eine wirklich detailgetreue Rekonstruktion vorlegten: Richtscheit, Standbeine und Querstreben des Gerätes entsprachen dabei exakt der Originalbeschreibung, auch die Anbringung der Bleilote hielt sich an die Vorgabe. Die Beschreibung Vitruvs lässt auch keine andere Rekonstruktion zu – so muss der Chorobat ausgesehen haben.[47]

Nun ist die Diskussion um die Funktionsweise des Chorobates damit aber noch nicht beendet, denn obwohl Vitruv keine Visierhilfen an seinem Nivelliergerät erwähnte, kommen selbst die jüngsten Rekonstruktionen nicht ohne diese Einrichtungen aus.[48] Das mag daran liegen, dass aus heutiger Sicht ein solches Gerät anders nicht vorstellbar erscheint. Vielleicht ist man zu sehr dem Gedanken verhaftet, ein Streckennivellement sei immer über Rück- und Vorblicke zu führen, so wie man

Giovanni Poleni und Simone Stratico nahmen für ihre Rekonstruktion des Chorobates den Text Vitruvs wörtlich; so wie auf der Abbildung muss Vitruvs Chorobat ausgesehen haben.

(Venedig 1511; ³1522; Nachdr. Tours 2005), Marcus Vitruvius Pollo, De architectura libri decem (Como 1521) [übersetzt von Cesare Cesariano. Kommentar von Cesariano, Benedetto Giovio und Bono Mauro da Bergamo] und Giovanni Antonio Rusconi, Della architettura. Con Centoſeſsanta Figure Diſsegnate dal mediſimo, secondo i precetti di Vitruvio, e con chiarezza, e brevità dichiarate, libri dieci (Venedig 1590). In der ersten deutschen Vitruvausgabe von Walther Hermann Ryff wird die Rekonstruktion von Cesariano wiedergegeben, s. Vitruvius Teutsch, Nemlichen des aller namhafftigisten vn[d] hocherfarnesten, Römischen Architecti, und Kunstreichen Werck oder Bawmeisters, Marci Vitruuij Pollionis, Zehen Bücher von der Architectur vnd künstlichem Bawend. Ein Schlüssel vnd einleytung aller Mathematische[n] (Nürnberg 1548), 8. Buch, 6. Cap., Bl. 255.

47 M. Vitruvii Pollionis architectura. Textu ex recensione codicum emendato cum exercitationibus notisque novissimis Ioannis Poleni et commentariis variorum additis nunc primum studiis Simonis Stratico I–VIII (Udine 1825–1830), zur Rekonstruktion des Chorobates s. Bd. III (1829) S. II Taf. V Abb. II. A. Neuburger schlägt auf dieser Basis eine Erweiterung vor, wonach der Chorobat wie ein Küchentisch von sechs Meter Länge aussieht; Neuburger 1919, 396. G. Cozzo denkt an eine weitere Variante, die aber nur bezüglich der Streben Änderungen aufweist, Cozzo 1928, s. hierzu Grewe 1985, 20f.

48 Peters 2002; Moreno Gallo 2004; Opdenberg 2007.

es vom Umgang mit den einfachsten Geräten unserer Tage gewohnt ist. Dabei ist es durchaus reizvoll, sich bei der Rekonstruktion des Messvorganges nur der von Vitruv genannten Vorbedingungen zu bedienen, und diese sind einfachster Art.

Nimmt man bei der Betrachtung die Bedeutung des griechischen Wortes χωροβάτης hinzu, so wird das Nivellement nach Vitruv sehr bildhaft, denn in den Wortteilen ist vom Raum, Grund, Boden und vom Messen, Gehen oder Schreiten die Rede. Danach hätten wir mit dem Chorobat ein »auf dem Boden dahinschreitendes« Gerät zur Verfügung.[49] Aus Vitruvs Beschreibung und Benennung lässt sich also keinesfalls ableiten, dass mit dieser Urform des Chorobates über größere Entfernungen visiert worden ist, es bleibt vielmehr nur Raum zu der Annahme, dass das Gerät ausschließlich zum Nivellieren der berührten Punkte verwendet wurde. Lagen die Messpunkte um mehr als die Länge des Chorobates auseinander, nämlich 20 römische Fuß, was 5,92 Meter entspricht, musste mit Wechselpunkten gearbeitet werden.

Der Chorobat: ein neuer Rekonstruktionsversuch

Beim Wasserleitungsbau dürfen die zwei Arbeitsschritte Planung und Trassierung und die dabei angewandten Messmethoden allerdings nicht verwechselt werden:

a) Das Nivellement meint die Methode der Bestimmung von Höhenunterschieden und Streckenlängen als Grundlage für die Planung eines Gefälles, wohingegen

b) die Gefälleabsteckung, d. h. die Übertragung einer Gefällelinie nach der Planung in das Gelände, als Trassierung bezeichnet wird.

Der Chorobat ist also das Gerät, das von den römischen Ingenieuren in der Planungsphase zur Ermittlung des Höhenunterschiedes und der Streckenlänge zwischen zwei Festpunkten eingesetzt wurde.

Es bleibt die Frage, welche Art von technischem Apparat Vitruv mit seiner Beschreibung nun eigentlich präsentierte. Nach den genannten Einsatzmerkmalen kann mit seinem Gerät eigentlich nur direkt gemessen worden sein: Eine mittig

Der Chorobat in einer anderen Perspektive.
(Grafik: T. Wehrmann für Geo Epoche)

49 Schmidt 1935, 49.

angebrachte Stehachse ist bei Vitruv nicht vorhanden, also konnte nicht in verschiedene Richtungen gezielt werden; Visierhilfen sind nicht vorhanden, demzufolge konnte auch nicht visiert werden; und da die Stativbeine an beiden Enden des Richtscheites fest und unbeweglich mit diesem verbunden sind, konnte allenfalls das gesamte Gerät gewendet werden.

Es scheint tatsächlich so zu sein, als stelle uns Vitruv mit dem Chorobat ein Nivelliergerät in seiner reinsten Form vor, das auf genial einfache Weise ein Nivellement auch über längste Strecken zulässt. Im Grunde haben wir hier eine überlange Wasserwaage vor uns, die an beiden Enden mit Stativbeinen ausgestattet ist und direkt auf den anzumessenden Punkten horizontal aufgestellt wird, wonach der Höhenunterschied an einem der Stativbeine zu ermitteln ist.

All diese Überlegungen wären rein hypothetisch, gäbe es nicht Belege für die Anwendung des einen oder anderen Verfahrens, auch wenn Vitruv selbst nur den Aufbau des Gerätes beschreibt. Lassen wir die Neuerfindungen von Chorobaten seit da Vinci außer Acht, so haben wir für die verbleibenden Modelle ohne Visiereinrichtungen ebenfalls lediglich die Gerätebeschreibung zur Verfügung, aber keine Instruktion der Handhabung. Es gibt allerdings eine Ausnahme: Unter den Ingenieurtraktaten des 18. Jahrhunderts findet sich das *Technologische Wörterbuch* von Johann Karl Gottfried Jacobsson, in dem eine treffliche Erklärung zu dem angesprochenen Problem gegeben wird:

> Wasserwaage des Vitruvs. (Chorobates.) An beyden Enden eines 20 Schuh langen Parallelepipedi oder Latte giengen zwey Arme oder ein Paar andere gleich lange kürzere Latten herunter, auf denen ein Paar Linien genau mit einander parallel gezogen, auf einer dritten, längs des Parallelepipedi gezogenen Linie, senkrecht standen. Ließ man nun längs diesen beyden Linien Lothe herab hängen, und verrückte man das Parallelepipedum so lange, bis die parallelen Arme genau vertikal gestellet waren, so hatte man erstlich längs des Parallelepipedi eine Horizontallinie. Weil man aber besonders bey windigem Wetter kein Senkbley gebrauchen konnte, so wurde längs der Oberfläche des erwähnten Parallelepipedi eine überall gleich tiefe Rinne eingeschnitten, in die man Wasser goß, und nun das Werkzeug so lange rückte, bis das Wasser in der Rinne überall gleich hoch stand, ohne an einer Seite überzulaufen, woraus man denn ebenfalls die horizontale Stellung des Parallelepipedi, und folglich die vertikale Stellung der beyden herab hängenden Arme beurtheilte. Beym Gebrauch wurde nun erstlich das Parallelepipedum parallel gestellt. Nun maaß man, wie hoch beyde Enden der vertikalen Latten über dem Boden standen, und fand durch den Abzug beyder Höhen, um wie viel der eine Punkt des Bodens über dem anderen lag. So maaß man also von 20 Fuß zu 20 Fuß das Steigen und das Fallen des Bodens.[50]

Dieses Verfahren ist nicht nur einfach, sondern von geübten Landmessern auch in kurzer Zeit durchzuführen, schließlich befand man sich bei diesem Arbeitsschritt auf dem noch unverritzten Gelände an der Erdoberfläche. Bei näherem Hinsehen wird deutlich, dass dieses Verfahren nebenbei zudem ein paar weitere Vorteile bietet, die besonders die Fehlervermeidung betreffen.

---

50 Jacobsson 1795, 156 (Neben der Bezeichnung »Chorobates« verwendet Jacobsson den Begriff »Parallelepipedi«; er beschreibt dieses Gerät aber auch genauer: »Parallelepipedi = Richtscheit mit 20 Fuß Länge und einer markierten Linie. Dazu zwei Standhölzer, die je zwei senkrechte parallele Linien aufwiesen. Die senkrechten Linie und die zum Richtscheit parallel angelegte Linie waren streng rechtwinklig zueinander angelegt. Dazu eine Wasserrinne.«).

Jacobsson zeigte in seiner Beschreibung die Durchführung eines regelrechten Nivellements, allerdings nicht mit Visuren, sondern durch Berühren der Zwischenpunkte mit den beiden Füßen des Chorobates. Er führte also nach jeder Aufstellung eine kleine Berechnung durch, um den Höhenunterschied (Δh) zwischen den beiden Punkten zu ermitteln. Am Ende eines Streckennivellements ergibt die Summe dieser Δh den Höhenunterschied zwischen Anfangs- und Endpunkt der vermessenen Strecke. So einfach das beschriebene Verfahren ist, Jacobsson beschreibt damit sogar schon die schwierigere Variante aller Möglichkeiten, denn er hätte sich über den größten Teil der Strecke auch auf einer Höhenlinie bewegen können. Bei diesem Verfahren sind sämtliche Zwischenpunkte durch Holzpfählchen auf einer Höhe abzustecken. Damit wären in diesem Teil der Strecke keine Aufschriebe und keine Zwischenrechnungen nötig. Der gesamte Höhenunterschied würde dann erst in der Schlussstrecke ermittelt, womit auch die Kontrollmessungen nur in diesem Bereich durchgeführt werden müssten.

Jedes Nivellement, ungeachtet des genutzten Verfahrens, muss durch eine zweite Messung kontrolliert werden. Wird dabei ein Fehler festgestellt, so muss das Nivellement sogar einer weiteren Kontrolle unterzogen werden. Bewegt man sich hingegen mit dem Chorobat auf einem Teil der Strecke auf einer Höhenlinie, so ist die Messung in diesem Abschnitt praktisch fehlerfrei.

So paradox das Ganze klingen mag: Wenn man den Chorobat in seiner einfachsten Form und Anwendung durch Nivellieren der berührten Punkte einsetzt, löst sich das Problem auf ebenso einfache Weise und zudem noch mit der

Der Chorobat im Einsatz. Das 5,92 Meter lange Nivelliergerät musste von mehreren Messgehilfen in Stellung gebracht werden, um damit genaue Höhenübertragungen vornehmen zu können. (Grafik: F. Spangenberg, Illu-Atelier)

größtmöglichen Genauigkeit. Da bei diesem Messverfahren eine Linie gleicher Höhe »abgeschritten« wird, bewegt man sich beim Messvorgang auf der späteren Trasse. Die im Abstand von 20 Fuß abgesteckten Zwischenpunkte bilden mit einer Kette von Messpunkten praktisch den späteren Trassenverlauf. Man musste zur Ermittlung der Trassenlänge die Anzahl der Geräteaufstellungen zählen und mit der Länge des Chorobates multiplizieren. Lediglich das Gefälle ist auf dieser Strecke noch nicht berücksichtigt; das kann aber bei der späteren Gefälleabsteckung durch eine leichte seitliche Verschiebung der Trasse oder durch eine kontinuierliche (und geringfügige) Tieferlegung der Wasserleitung berücksichtigt werden.

Bei einem Nivellement mit Fernzielung, wie es für den römischen Wasserleitungsbau bisher allgemein angenommen wurde, wäre die Strecke in einer davon unabhängigen Streckenmessung zu ermitteln gewesen. Trassengetreu hätte sich das allerdings nur schwerlich bis gar nicht realisieren lassen, da man die Strecke einer Trasse zu ermitteln hatte, deren genaue Lage man noch gar nicht kannte. Selbst wenn man sich bemüht hätte, mit der Streckenmessung möglichst nahe an der geplanten Trasse zu liegen: Die ermittelte Streckenlänge wäre mit der gesuchten Trassenlänge niemals identisch gewesen, und das war für die Planung der oftmals grenzwertig geringen Gefälle römischer Wasserleitungen unabdingbar. Da man verfahrensgemäß in längeren geraden Streckenabschnitten gemessen hätte, wäre im Ergebnis ein von der gesuchten gewundenen Trassenlinie abweichender Polygonzug gemessen worden. Bildhaft gesprochen stelle man sich vor, sich abschnittsweise auf der Sehne eines Bogens zu bewegen, denn nun wurde nicht die Länge des Bogens ermittelt, die man für die Gefälleberechnung doch dringend benötigte, sondern die Länge der Sehne, was für die zu ermittelnde Strecke zwangsläufig zu einem kürzeren Ergebnis führen musste. Nicht nur der Aufwand war wesentlich größer, auch die Genauigkeit hätte unter diesem Verfahren gelitten.

Vitruv erläutert doch aber unmissverständlich: »Ebenso wird man, wenn mit diesem Chorobat so nivelliert ist, wissen, wie groß das Gefälle ist«[51] – er schreibt also nicht, dass man nach der Messung wisse, wie groß der Höhenunterschied sei. Möglicherweise ist das ein weiterer Hinweis darauf, dass beim Nivellement mit dem Chorobat in einem Durchgang sowohl Höhenunterschied als auch Trassenlänge ermittelt wurden, wonach schließlich auch das exakte Gefälle errechnet werden konnte.

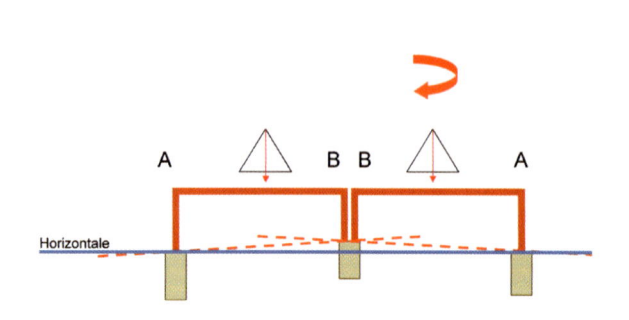

Durch Drehung des Chorobates nach jedem Messgang werden Gerätefehler eliminiert.

Um Missverständnissen vorzubeugen, muss noch einmal verdeutlicht werden, dass der Chorobat nur bei der Ermittlung der Höhen im Vorlauf der Trassenplanung zum Einsatz kam. Mit dem Chorobat wurden die Messpunkte in den Baulosgrenzen und eventuelle Gefällewechselpunkte vor dem Ausbau der Trasse in der Höhe festgelegt. Für die Absteckung des Gefälles zwischen diesen Punkten bediente man sich eines anderen Verfahrens: dem Austafeln (→ Kap. 4).

Beide Methoden haben für ihren Spezialeinsatz im römischen Wasserleitungsbau einen Vorteil, der bezüglich der Baustellenorganisation nicht zu unterschätzen ist: Sowohl beim Nivellement mit dem Chorobat als auch beim Austafeln war die Anwesenheit des Vermessungsfachmannes nur am Beginn der Arbeiten erforderlich; der eigentliche Vermessungsvorgang konnte dann von Hilfskräften durchgeführt werden. Für das Austafeln bedeutete dies, dass lediglich das Anfangsgefälle für einen Trassenabschnitt vom Fachmann mit einem Chorobat abgesteckt werden musste, den Rest der Arbeit übernahm dann das Hilfspersonal. Das ist deshalb von großer Bedeutung, weil ausgebildete Fachleute in römischer Zeit wahrscheinlich nicht in größerer Zahl zur Verfügung standen; möglicherweise gab es sie nur beim Militär. Für den Bauleiter war es deshalb wichtig zu wissen, dass während seiner Abwesenheit von der Baustelle die Arbeiten fehlerfrei fortgeführt werden konnten. Die aufgezeigten Methoden für das Nivellement mit dem Chorobat als auch das Austafeln waren sozusagen selbstkontrollierend.

51 Vitruv 8, 5.

Vor- und Nachteile der Chorobat-Rekonstruktionen mit und ohne Visierhilfe

Stellt man die jeweiligen Vor- und Nachteile des mit Zielungen durchgeführten Nivellements dem Nivellement ohne Visierhilfe gegenüber, ergeben sich weitere Belege für die Anwendung der nachgenannten Methode:

MIT VISIERHILFE
(Visieren über größere Entfernungen)

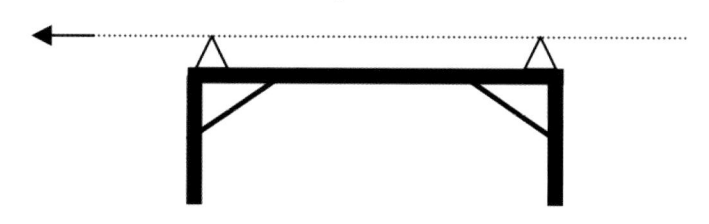

OHNE VISIERHILFE
(Nivellieren der berührten Punkte)

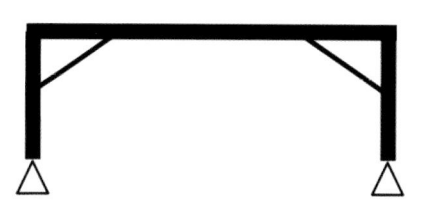

a) Aufstellung

Schwierig
Das Gerät musste standfest aufgebaut und horizontiert werden. Seitliches Abstützen war unerlässlich, da die unveränderte Positionierung für Vor- und Rückblick gewährleistet sein musste.

Einfach
Das Gerät wurde beweglich gehandhabt.

b) Handhabung

Schwierig
Durch Peilung über die Visierhilfen an beiden Enden des Gerätes wurde die Höhe der Ziellinie über dem rückwärtigen Festpunkt an einer Nivellierlatte abgelesen (r). Durch denselben Vorgang vorwärts gerichtet wurde die Höhe der Ziellinie über dem Neupunkt an einer Nivellierlatte abgelesen. Die Differenz aus beiden Ablesungen während eines Messganges* ergab den wahren Höhenunterschied zwischen den zwei Punkten (r – v = Δh). Für jeden Standpunkt war also ein Rechenvorgang erforderlich.

Einfach
Das Gerät wurde mit einem Bein auf dem rückwärtigen Festpunkt aufgestellt. Am zweiten Standbein wurde der Höhenunterschied zum Neupunkt mit einem Messstock abgelesen. Der ermittelte Wert war der wahre Höhenunterschied zwischen den zwei Punkten; ein Rechenvorgang war nicht erforderlich.
Es war auch möglich, über den größten Teil der Trasse alle Neupunkte (Zwischen- oder Wechselpunkte) auf derselben Höhenlinie abzustecken. Lediglich in der Schlussstrecke (2 bis 3 Prozent der Gesamtstrecke) waren dann die Höhenunterschiede durch Staffelmessung zu ermitteln.

c) Fehlermöglichkeit durch Refraktion

Bei gleichen Ziellängen wurde der Fehler eliminiert. In stark bewegtem Gelände war die Forderung nach gleichen Ziellängen allerdings nur schwer einzuhalten.

Nicht gegeben, da keine Visur erfolgte.

d) Fehlermöglichkeit durch Erdkrümmung

Bei gleichen Ziellängen wurde der Fehler eliminiert. In stark bewegtem Gelände war die Forderung nach gleichen Ziellängen allerdings nur schwer einzuhalten.

Der Einfluss der Erdkrümmung wurde in jeder zweiten Messlage eliminiert.

e) Auswirkungen von Gerätefehlern

Erheblich
Kleine Differenzen in der Länge der Standbeine wirkten sich auf das Nivellement nicht aus, da die Basislinie horizontal gestellt wurde und die Standbeine nur der Aufstellung des Gerätes dienten.

Fehler in der Lotmarkierung oder der Wasserwaage (Geräteanforderung: Libellenachse rechtwinklig zur Vertikalachse) traten praktisch nicht auf, da beide fehlerfrei justiert werden konnten.

Die Zielachse (also die Verbindungslinie zwischen den Visiereinrichtungen an beiden Enden der Basis) musste exakt parallel zur Libellenachse (Basis des Gerätes) liegen (Geräteanforderung: Libellenachse parallel zur Zielachse). Abweichungen wirkten sich nach dem Strahlensatz aus: Der Fehler wuchs mit der Zielweite. Da das Gerät während eines Messganges nicht gedreht wurde, wirkte sich der Fehler sowohl beim Vor- als auch beim Rückblick aus und summierte sich.

Gering
Kleine Differenzen in der Länge der Standbeine wirkten sich voll auf das Nivellement aus, da mit ihnen gemessen wurde – die Auswirkungen wurden jedoch durch Drehung des Gerätes um 180 Grad bei jeder zweiten Messung eliminiert.

Fehler in der Lotmarkierung oder der Wasserwaage (Geräteanforderung: Libellenachse rechtwinklig zur Vertikalachse) traten praktisch nicht auf, da beide fehlerfrei justiert werden konnten.

Nicht gegeben, da keine Visur erfolgte.

f) Fehlermöglichkeit beim Aufschrieb der Ablesung

Erheblich
Bei jedem Messgang mussten die zwei Werte für den Vor- und Rückblick aufgeschrieben werden. (Bei zwei Kilometer Streckennivellement und Zielweiten von ca. zehn Meter waren 200 Werte zu notieren.)

Gering
Bei zwei Kilometer Streckennivellement waren die Höhenunterschiede für jeden Messgang aufzuschreiben – also waren 333 Werte zu notieren.
Da man sich auf der Anfangsstrecke des Streckennivellements aber auf einer Höhenlinie bewegen konnte, waren hier keine Aufschriebe erforderlich. Lediglich auf der gestaffelt gemessenen Schlussstrecke waren Aufschriebe erforderlich, deren Anzahl sich aber auf vielleicht 20 reduzierte.

g) Fehlermöglichkeit beim Berechnen des Höhenunterschiedes

Erheblich
Zwei Kilometer Streckennivellement erforderten ca. 100 Messgänge mit 200 Aufschrieben, woraus sich 100 Rechenvorgänge mit den entsprechenden Fehlermöglichkeiten ergaben.

Gering
Beim Streckennivellement nach dieser Methode wurden die Höhenunterschiede eines Messganges direkt gemessen, ein Rechenvorgang war nicht erforderlich.

| | Da man sich auf der Anfangsstrecke des Streckennivellements aber auf einer Höhenlinie bewegen konnte, waren hier keine Aufschriebe, folglich auch keine Rechenvorgänge erforderlich. Lediglich auf der gestaffelt gemessenen Schlussstrecke waren neben den Aufschrieben auch Rechenvorgänge erforderlich, deren Anzahl sich im Beispiel von f) auf zehn reduzierte. |

h) Aufwand für Kontrollmessungen

Erheblich

Um sicherzugehen, dass das Nivellement nicht mit Fehlern (beim Ablesen, Schreiben oder Rechnen) behaftet war, musste das gesamte Nivellement in einer Kontrollmessung wiederholt werden.

Wurde dabei ein Fehler festgestellt, musste eine dritte, evtl. sogar eine vierte Kontrollmessung über die gesamte Strecke gemessen werden.

Der Aufwand für jede Kontrollmessung entsprach dem der ersten Messung über die gesamte Strecke.

Gering

Da bei dieser Methode weniger Schreib- und vor allem Rechenvorgänge notwendig waren, waren auch die Fehlermöglichkeiten und damit der Aufwand für Kontrollmessungen geringer.

Wenn der überwiegende Teil der Strecke auf einer Höhenlinie nivelliert worden war, waren hier auch kaum Fehlermöglichkeiten gegeben, eine Kontrollmessung war also nicht erforderlich. Lediglich im gestaffelt gemessenen Schlussteil der Strecke konnten Fehler (beim Ablesen, Schreiben oder Rechnen) aufgetreten sein, so dass nur die Schlussstrecke kontrolliert werden musste. Da es sich dabei aber lediglich um zwei bis drei Prozent der Gesamtstrecke handelte, war der Aufwand entsprechend gering.

i) Belege für die Anwendung dieser Methoden

Keine

Vorhanden

1) Vitruv selbst nennt dieses Gerät »chorobates«. In den Wortteilen ist von Raum, Grund, Boden und von Messen, Gehen, Schreiten die Rede. Danach hätten wir mit dem Chorobat ein »auf dem Boden dahinschreitendes« Gerät zur Verfügung.
2) J. K. G. Jacobsson, *Technologisches Wörterbuch*, Teil 8 (Berlin und Stettin 1795); siehe unter dem Stichwort »Wasserwaage des Vitruv (Chorobat)« 156.

k) Möglichkeit der gleichzeitigen Höhen- und Streckenmessung

Keine

Vorhanden

Durch Zählung der Chorobat-Aufstellungen (Messgänge) und Multiplikation mit der Gerätelänge ergab sich die Streckenlänge.

---

* Ein Messgang besteht aus der Bestimmung des Höhenunterschiedes zwischen zwei benachbarten Punkten bei einer Geräteaufstellung.

Die Groma – das Winkelkreuz der römischen Landmesser

Nach diesen Vorgaben für das Nivellement würde es fast verwundern, wenn die römischen Ingenieure nicht auch bei der Winkelabsteckung ein wirkungsvolles Gerät zur Verfügung gehabt hätten. Nun ist die Winkelmessung im Wasserleitungsbau nicht so erheblich wie in der normalen Bauabsteckung, denn dort war der rechte Winkel an sprichwörtlich allen »Ecken und Kanten« gefragt, wenn der *architectus* ein ordentliches Bauwerk abliefern wollte. Die Absteckung des rechten Winkels war beim Hausbau unverzichtbar, aber auch bei der Landaufteilung (*limitation* und *centuriation*) konnte man ohne den rechten Winkel kein befriedigendes Ergebnis erreichen.

Auch die Absteckung der Straßenachsen bei Stadtgründungen war ohne rechten Winkel undenkbar: Schließlich baute sich das ganze Straßennetz einer römischen Stadt auf deren Nord-Süd-Achse (*cardo maximus*) und der Ost-West-Achse (*decumanus maximus*) auf. Die untergeordneten Straßen, also die übrigen *cardines* und *decumani*, wurden dann als Parallelen zu den beiden Hauptachsen angelegt – und dazu war wiederum mit rechten Winkeln zu arbeiten.

Aber nicht nur die städtischen Siedlungen waren in der Regel nach einem rechtwinkligen Schema aufgebaut, auch bei der Anlage der Militärlager war es erforderlich. Selbst die abendliche Absteckung eines Marschlagers erforderte den Einsatz des Legionsvermessers, um einen korrekten Lagergrundriss herzustellen.

Dazu verwendete man die Groma. Dieses Gerät gehörte praktisch zur Grundausstattung der römischen Landvermesser, und vermutlich ist das der Grund, warum der ganze Berufsstand sich auch als *gromatici* (Sing. *gromaticus*) bezeichnete. Selbst ein Ergebnis der Vermessungen der *gromatici* hat man mit der Gerätebezeichnung belehnt: Den Schnittpunkt in der Hauptstraßenkreuzung eines Lagers bezeichnete man ebenfalls als Groma.

Die Groma aus Pompeji

Obwohl man die Groma fast als römisches Allerweltsgerät bezeichnen könnte, sind ihr Aufbau und ihre Handhabung noch lange nicht aus der Diskussion. Dabei ist die Quellenlage zu ihrer Beschreibung gar nicht so dürftig. Der älteste Gromafund sollte sich jedoch schon bald als Fehlinterpretation herausstellen; ein 1887 im raetischen Limeskastell Pfünz gefundenes Achsenkreuz aus Eisen samt einer dazugehörigen Eisenstange wurde anfangs als Groma gedeutet:

> Die Groma bestand, wie sich aus den Angaben der Feldmesser ergibt, aus einem eisernen Stativ, dem *ferramentum*, und einem Paar fest miteinander verbundener, sich rechtwinklig schneidender Lineale, der *stella*, von deren vier Enden (*cornicula*) Perpendikel (*nerviae, fila, perpendiculi*) mit Gewichten (*pondera*) herabhingen.[52]

Hermann Schöne beschrieb mit dieser Auflistung die in den Schriften der römischen Feldmesser[53] genannten Einzelteile einer Groma zwar völlig richtig, der Pfünzer Fund wird dieser Beschreibung aber gar nicht gerecht. Schon M. Della Corte, der 1912 bei Ausgrabungen in Pompeji Reste von Vermessungsgerätschaften fand, deutete die vermeintliche Groma aus Pfünz um und sah darin die eisernen Bestandteile eines römischen Getreidemaßes (*modius*).[54]

---

52 Schöne 1901, 127–132 Taf. 2.
53 Blume/Lachmann/Rudorff 1848, 335f.
54 Della Corte 1922, 8.

E. Nowotny übernahm diese Interpretation,[55] aber jüngst widmete sich D. Baatz diesem Thema erneut und wies eindrucksvoll nach, dass derartige Achsenkreuze auf hölzernen Messeimern aufgesetzt gewesen sein mussten, um ein Abstreichen des mit Korn gefüllten Behälters zu erleichtern.[56] Da Baatz diesen Vorgang an mehreren Beispielen belegen konnte, ist das Pfünzer Modell für die Groma-Forschung endgültig ad acta zu legen.

Auch Della Corte bringt Teile seines Fundes von 1912 nicht von vornherein mit einer Groma in Zusammenhang, da die Einzelteile des Gerätes im Laufe eines ganzen Grabungsjahres nach und nach an das Tageslicht kamen. Dann aber fügte sich alles zu einem kompletten Vermessungsgerät zusammen: Auch die Groma aus Pompeji besteht aus den zwei Hauptteilen Stabstativ (*ferramentum*) und Winkelkreuz (*stella*). Der Stab hatte am unteren Ende einen teils aus Eisen, teils aus Bronze bestehenden Fuß, der in einer Spitze endete und oben einen ausgeprägten Rand hatte, um ihn in die Erde eintreten zu können. Am oberen Ende war das Stabstativ mit einem Zapfen versehen, um einen Auslegerarm drehbar aufsetzen zu können. Am Ende des Auslegers wurde das Achsenkreuz – ebenfalls drehbar – aufgesetzt. An den vier Enden der Achsen des Winkelkreuzes wurden mittels Lotschnüren Lote eingehängt, die der Visur dienten. Damit wird auch deutlich, warum der Konstrukteur dieser Groma in seinem Modell einen Auslagerarm unterbrachte, denn nur mit dieser Hilfskonstruktion war eine freie Sicht über jeweils zwei gegenüberliegende Lotschnüre überhaupt möglich. Mit dieser Rekonstruktion stand den *gromatici* ein funktionstüchtiges Gerät zur Absteckung rechter Winkel zur Verfügung.

Handhabung der Groma

Zur Aufstellung der Groma wurde im Schnittpunkt des Winkelkreuzes ein weiteres Lot eingehängt, womit sich das Gerät über dem Vermessungspunkt, in dem ein rechter Winkel abgesteckt werden sollte, positionieren ließ. Damit war ein Punkt

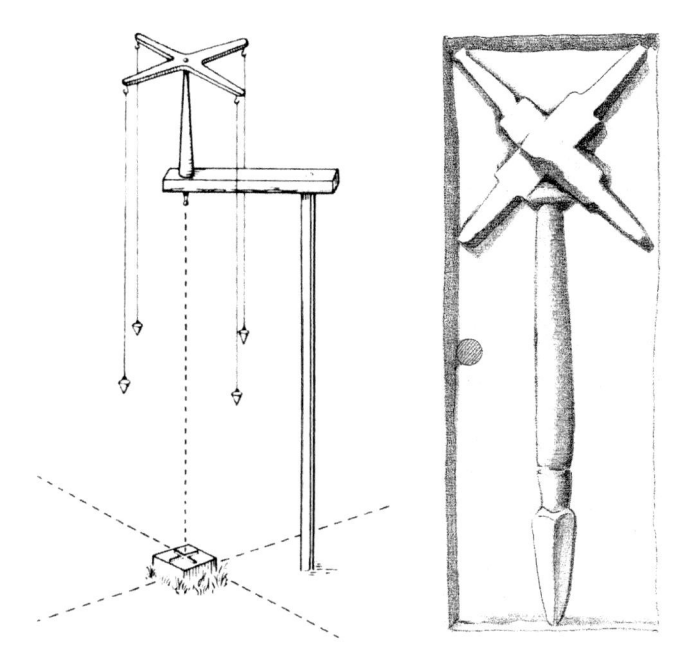

Links: Vereinfachte Darstellung der Groma aus Pompeji (Italien).
Rechts: Pompeji, Gräberstraße vor dem Herkulaner Tor, Grabstein des Mensors Nicostratus mit Darstellung einer Groma. (Grafik n. Baatz 1994, Anm. 23, Taf. 5, 4)

Pompeji (Italien), Gräberstraße vor dem Herkulaner Tor, Grab des Calventius Quietus, Bisellium mit Fußbank. (Foto: DAI Rom 77.2083)

---

55 Nowotny 1923, 22.
56 Baatz 1994, 73–83 Taf. 5–7.

der Grundlinie fixiert. Zur Messung wurde das mittig eingehängte Lot wieder entfernt, um die Visierlinien freizugeben.

Nun orientierte man das Winkelkreuz und zielte über zwei diagonal gegenüberliegende Lotschnüre den Fluchtstab im zweiten Punkt der Grundlinie an, womit die Groma eingerichtet war. Die beiden anderen Lotschnüre zeigten nun die Richtung des rechten Winkels zur Grundlinie an. Mittels einer Visur über diese beiden Lotschnüre ließ sich der rechte Winkel in das Gelände übertragen.

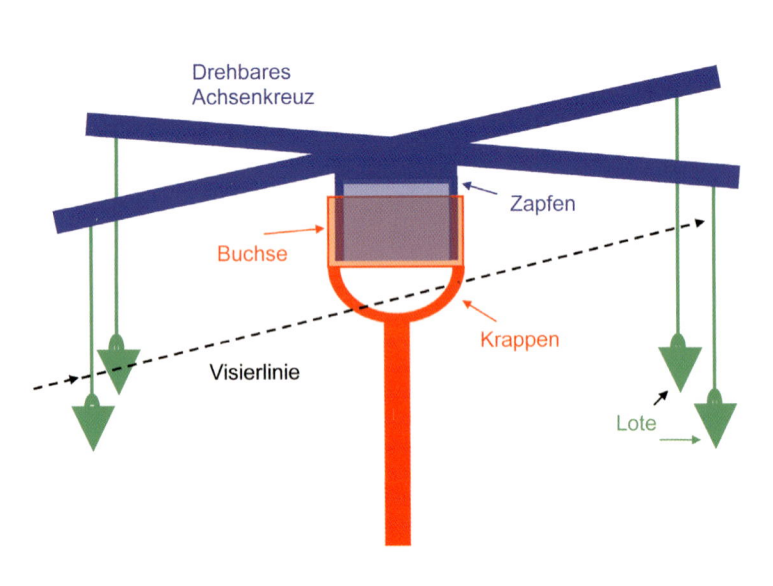

Da eine solche Groma bezüglich des rechten Winkels im Schnittpunkt ihrer beiden Achsen nicht fehlerfrei herzustellen war, konnte auch die Übertragung in das Gelände kaum fehlerfrei gelingen. Hier setzt nun aber die im Grundkonzept der Groma erkennbare Genialität ein, denn durch einen zweiten Messgang ließ sich der Winkelfehler der Absteckung auf null reduzieren. Dazu wurde das Winkelkreuz um 90 Grad gedreht und der Messvorgang wiederholt. Dieses Mal wurde die Groma also über die zwei anderen Lote auf der Grundlinie eingerichtet, und danach konnte der rechte Winkel ein zweites Mal abgesteckt werden. Da der Gerätefehler derselbe des ersten Messvorgangs war, war die Absteckung natürlich wiederum fehlerhaft und zwar in identischer Größenordnung – dieses Mal aber mit einem anderen Vorzeichen: Lag man mit der ersten Absteckung links vom rechten Winkel, so lag man mit der zweiten um denselben Wert rechts davon. Der Abstand zwischen den beiden abgesteckten Punkten zeigte also den doppelten Absteckfehler an und musste nun nur noch halbiert werden, um einen exakten rechten Winkel zur Grundlinie zu erhalten. Bei sorgfältiger Absteckung war auf diese Weise eine fast fehlerfreie Messung möglich.

Eine Fehlermöglichkeit bei diesem Verfahren bestand allerdings darin, die Wiederholungsmessung versehentlich über dieselben Lotschnüre durchzuführen, die schon bei der ersten Messung verwendet worden waren. Aber auch dagegen hatte man sich versichert, wie wir aus archäologischen Fundkomplexen wissen: Man hatte die Lote unterschiedlich ausgeformt, aber dabei die jeweils zu einer Visur gehörigen mit der gleichen Form ausgestattet. Paarweise ausgeformte Bleilote fanden sich zum Beispiel in einem spanischen Fundkomplex und in dem von Pompeji.[57]

Die Groma von Ivrea

Von zwei Groma-Darstellungen auf Grabsteinen ist die des Mensors Nicostratus aus Pompeji (Anfang 1. Jahrhundert n. Chr.) zwar recht bildhaft, zeigt aber wenig zur Handhabung des Messinstruments. Nach dem Relief auf dem

---

57 Grewe 1985, 21–23.

Ivrea (Italien), Museo Civico, Grabstein des Mensors Lucius Aebutius Faustus mit Darstellung einer Groma. (Foto: DAI Rom a 4869)

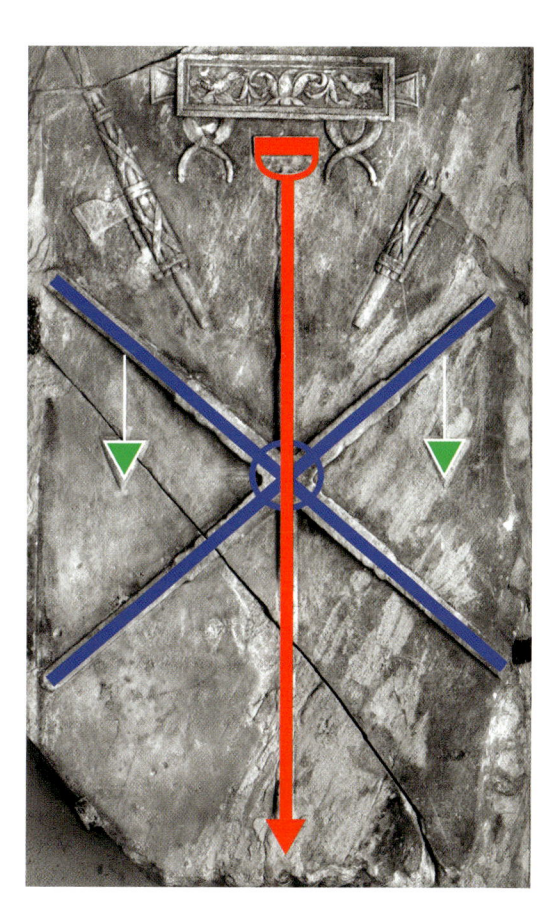

Ausschnitt des Reliefs von Ivrea mit Überzeichnung der Einzelteile der Groma.

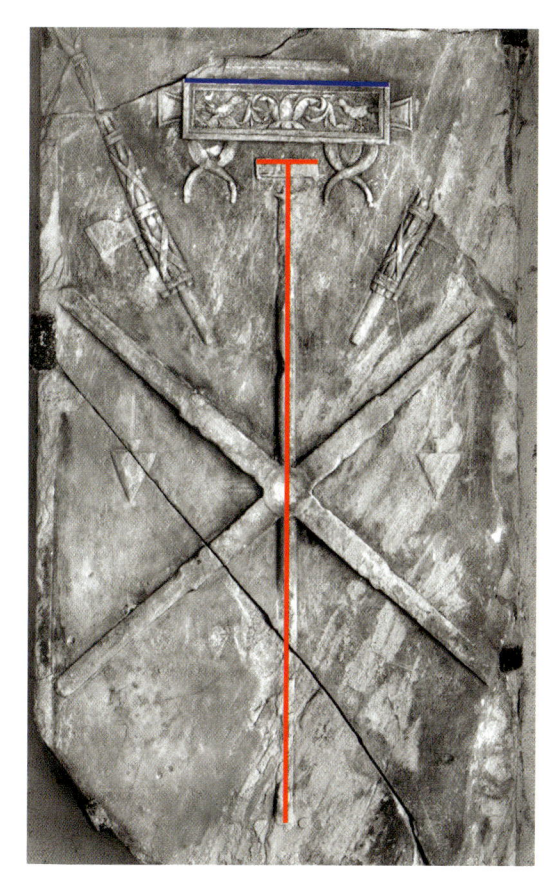

Verdeutlichung der achsialen Ausrichtung des Bisellium und von Teilen der Groma; die Abweichung in der horizontalen Ausrichtung macht deutlich, welche der dargestellten Teile zum Bisellium und welche zur Groma gehören.

Grabstein des Mensors Lucius Aebutius Faustus aus Ivrea[58] lässt sich hingegen ein Modell rekonstruieren, das der Pompeji-Groma fast gleicht, denn bei Anwendung dieser Groma wird ebenfalls über die vier Lotschnüre eines Achsenkreuzes visiert. Von den vier notwendigen Loten sind im Relief allerdings nur zwei dargestellt, worin man eine gewisse Vereinfachung der Darstellung sehen kann. Das Drehkreuz ist bei der Ivrea-Groma allerdings nicht auf ein gekröpftes Stabstativ – also seitlich verschoben – aufgesetzt, sondern ruht direkt auf dem Stativstab auf.

Dadurch wäre eine Visur über die diagonal gegenüberliegenden Lotschnüre eigentlich nicht möglich gewesen, da das Stativ die Durchsicht behindert hätte. Deshalb nimmt Schmidt an, auch dieses Groma-Modell könne mit ei-

---

58 Ivrea, Museo Civico; CIL V 2, Nr. 6786; Schöne 1901, 127; Della Corte 1922, 29; Nowotny 1923, 22; Grewe 1980, 164; Adam 1984, 9.

nem – allerdings im Relief nicht dargestellten – Auslegerarm ausgestattet gewesen sein.[59] Dieser war allerdings für die Winkelmessung mit diesem Gerät nicht zwingend notwendig, denn durch eine besondere Einrichtung wurde auch dieses Modell funktionstüchtig gemacht: Ganz offensichtlich handelte es sich bei der Ivrea-Groma um ein zerlegbares Modell, bei dem Winkelkreuz und Stabstativ zwei getrennte Einheiten darstellten. Das Winkelkreuz war fest auf einem Steckzapfen montiert, der exakt in eine das Stabstativ krönende Buchse passte. Beide Teile waren nun beweglich miteinander verbunden, denn während die Buchse fest auf dem Stativ aufsaß, ließ sich das Winkelkreuz mit dem Steckzapfen darauf drehen.

Um für die Zielung über die Lotschnüre eine Durchsicht freizulassen, hatte man unter der Buchse ein Sichtfenster ausgespart. Buchse und das Stabstativ waren über Krappen miteinander verbunden, ähnlich wie der Goldschmied einen Edelstein auf einen Ring setzt, damit dieser auch von unten noch Licht erhält. Im Relief aus Ivrea sind zwei solcher Krappen in Ansätzen mehr oder weniger deutlich erkennbar. Es wäre aber auch möglich gewesen, die Buchse mit drei oder vier Krappen zu befestigen, um eine größere Stabilität zu erreichen.

Es ist schon erstaunlich, dass diese Buchse, die in der Reliefdarstellung auf dem Grabstein ein wenig unorganisch über dem Stativ zu schweben scheint, in den bisherigen Rekonstruktionsversuchen mit dem Stabstativ der Groma nie in Verbindung gebracht wurde, denn eigentlich ist die Ivrea-Groma gar nicht anders zu rekonstruieren, um ein einsatzfähiges Modell zu erhalten. Stattdessen wurde dieses Detail bislang als Zubehör der darüber dargestellten Sitzbank (Bisellium) betrachtet und als Fußbank gedeutet,[60] da in vergleichbarer Position auf den Grabaltären der Naevoleia Tyche[61] und des C. Calventius Quietus[62] in Pompeji Bisellien mit Fußbänken dargestellt sind. Betrachtet man das fragliche »Kästchen« auf dem Grabstein des Lucius Aebutius Faustus aber genauer, so fällt auf, dass es im Gegensatz zu den genannten Beispielen achsial nicht auf das Bisellium, sondern viel mehr eindeutig auf den Stativstab der Groma ausgerichtet ist. Diese Einschätzung fällt eindeutig aus, da das Bisellium und das Groma-Stativ auf dem Grabstein mit leicht voneinander abweichenden Vertikalachsen dargestellt sind.

Es soll aber nicht unerwähnt bleiben, dass Vorschläge der Groma-Handhabung vorgelegt wurden, bei denen man auf das o. g. Sichtfenster verzichtete, indem man das Stabstativ nicht senkrecht, sondern mit einer Neigung von drei Grad aufstellte.[63] Damit erreichte man, dass die senkrecht hängenden Lotschnüre eine Visur neben dem sichtbehindernden Stativ zuließen. Eine solche Handhabung ist aus vermessungstechnischer Sicht allerdings nicht zu akzeptieren: Kein professioneller Vermessungsspezialist würde sich auf einer Baustelle mit einem schief aufgestellten Vermessungsgerät in Position bringen, denn neben dem Vermessungsergebnis stünde natürlich auch sein guter Ruf als Fachmann auf dem Spiel. Auch die Einstufung der Groma zum reinen Kultgerät[64] ist aus praktischer Sicht nicht zu rechtfertigen. Ebenso wenig lässt sich die Darstellung auf der Münze des L. Roscius Fabatus von 64 n. Chr. als Groma deuten.[65]

---

59 Schmidt 1935, 113.
60 Zimmer 1982, 196 Nr. 141; Schäfer 1989, 341–343.
61 Zimmer 1982, 209 Nr. 157; Kockel 1983, 105 Taf. 28b; Ronke 1985, 681 Abb. 82 Nr. 45.
62 Kockel 1983, 105 Taf. 23c.
63 Schiøler 1994, 45–60; Cech 2010, 30–32.
64 Opdenberg 2006, 104–108.
65 Fava 1969, 36 Nr. 67.

Maßtisch zum Eichen von Baumaßen aus Announa Thibilis (Algerien). Verschiedene Maßstäbe dienten zum Eichen in mehreren Maßsystemen.

Streckenmessung im Aquädukt- und Straßenbau

»Streckenmessung« bedeutet im Wesentlichen, zu ermitteln, wie oft ein bekanntes Maß in eine bis dahin nur durch ihren Anfangs- und Endpunkt bestimmte Strecke hineinpasst. Zur Ermittlung einer Strecke benötigt man ein Maßsystem und für die praktische Messung entsprechende Maßstäbe, die man, wenn es sich um genormte Maße handelt, als Normalmaße bezeichnet. Krünitz definiert in seiner Enzyklopädie ein »Normalmaß, [als] ein Maß, besonders der Länge, welches so sicher bestimmt ist, daß man es zu allen Zeiten wieder finden und darnach andere Maße einrichten kann«.[66] Damit ist gemeint, dass das Maß wiederherstellbar sein muss und man andere Maße danach eichen kann.

Ende des 19. Jahrhunderts meinte man, diese Forderung mit der Festlegung eines einheitlichen Maßes als dem zehnmillionsten Teil des Erdquadranten auf dem Meridian von Paris gewährleisten zu können. Nach aufwendigen Gradmessungen zwischen Dünkirchen und Barcelona in den Jahren zwischen 1792 und 1799 war die Länge des Meridianbogens ermittelt und das neue Einheitsmaß gefunden: Man nannte es Meter.[67]

Während mit dem Metermaß – als Produkt der Französischen Revolution vom Internationalen Büro für Maß und Gewicht 1899 eingeführt – heute ein (fast) weltweit eingeführter Normalmaßstab gültig ist, galt es, im »vormetrischen Zeitalter« eine Vielzahl verschiedenster gültiger Maßsysteme zu beherrschen. Man ging damals sehr pragmatisch vor, indem man überall örtlich gültige Maßsysteme einführte, um auf diese Weise einen halbwegs ehrlichen

---

66 Krünitz 1806, 670f.
67 Heute ist die Länge des Meters durch die Lichtgeschwindigkeit im Vakuum (299 792 458 Meter pro Sekunde) definiert.

Handel auf den jeweiligen Märkten durchzusetzen. Diese regionale Begrenzung hatte aber zur Folge, dass eine bestimmte Länge Tuch in Westfalen ganz anders abgemessen wurde als im Rheinland – und damit war auch dem Betrug Tür und Tor geöffnet. An den Rathäusern vieler mittelalterlicher Städte findet man deshalb heute noch aus Eisen gefertigte Ur-Maßstäbe, an denen Markthändler die an ihren Ständen eingesetzten handlichen Maßstäbe eichen konnten, um wenigstens für einen begrenzten Ort ein einheitliches Maß zu gewährleisten.

Diese Probleme bestanden durchaus auch schon in der Antike.[68] Lassen wir einmal den Warenhandel außer Acht, so sind diese Anforderungen auch im Baugewerbe und im Ingenieurbau von großer Bedeutung. Das sprichwörtliche »mit zweierlei Maß messen« konnte im Baubetrieb katastrophale Folgen haben. Man stelle sich nur vor, beim Bau einer Brücke hätte man an beiden Enden mit Maßsystemen unterschiedlicher Längen begonnen.

Aus diesem Grund führte man im römischen Reich ein einheitliches Maß ein, dessen Grundmaß der römische Fuß war. Mit *digitus* und *palmus* gab es Unterteilungen bis zu einem sechzehnten Teil des Fußes, während es andererseits Vielfache des Fußes bis hin zur römischen Meile gab, die mit dem 5 000fachen des Fußes, also 1 480 Meter, gemessen wurde.[69]

Natürlich gab es auch Sonderformen, die regional begrenzt Anwendung fanden, dazu gehörten der *pes drusianus* (33,3 Zentimeter) und die *leuga*, ein Längenmaß, das man in den gallischen Provinzen nutzte.[70] Die Länge der Leugen ist immer noch in der Diskussion,[71] denn man hat solche mit 2 220 oder 2 450 Meter gefunden, wobei das Maß einmal auf 7 500fache des Fußes zu 29,6 Zentimeter und das andere Mal auf das 7 500fache des drusianischen Fußes mit 33,3 Zentimeter zurückgeführt wird.

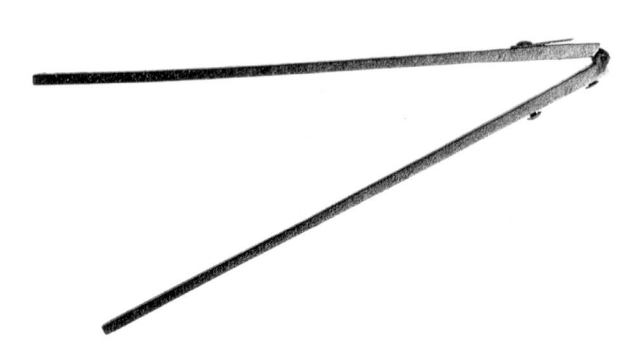

Fußmaßstab aus Bronze – des besseren Transportes wegen klappbar ausgeführt. (Foto: Römisch-Germanisches Museum, Köln)

Nun ist es ein großer Unterschied, ob ein Normalmaß auf einer räumlich begrenzten Baustelle eingesetzt wird oder bei einem Projekt, das sich kilometerlang durch die Landschaft zieht – wie beispielsweise ein Aquädukt oder eine Straße. In beiden Fällen war sicherzustellen, dass ein definiertes Normalmaß für das gesamte Projekt Gültigkeit hatte. Bei einem Streckenbauwerk kam allerdings erschwerend hinzu, dass sich kleinste Fehler im Messwerkzeug wegen der vielfachen Aneinanderreihung im Ergebnis zwangsläufig addierten.[72]

Für eine Großbaustelle – nehmen wir als Beispiel ein Amphitheater – war ein ausgewähltes Normalmaß als »Urmaß« festzuhalten, um jederzeit neue Maßstäbe daran eichen zu können. Ein solches, durch Inschrift

---

68 Vgl. beispielsweise auch die *mensa ponderaria* in Pompeji.
69 Hultsch 1882, 74f.
70 Rathmann 2003, bes. 104–122.
71 Z.B. Dassié 1999.
72 Die neuen Erkenntnisse zur Streckenmessung wurden erstmals vorgelegt: Grewe 2013.

speziell für das Eichen von Baumaßstäben bezeichnetes Urmaß finden wir in Form eines Eichtisches in Thibilis/Announa (Algerien).⁷³ Neben dem römischen Fußmaß sind dort gar noch weitere Ellen-Maßstäbe angebracht, die ein Übertragen von dem einen in ein anderes Maßsystem ermöglichten.

Der Grabaltar des T. Statilius Aper im Kapitolinischen Museum in Rom ist in diesem Zusammenhang in zweierlei Hinsicht interessant.⁷⁴ Hier finden wir nicht nur ein Fußmaß als Urmaß mit seinen Unterteilungen in *palmae* (Handbreiten) und *digiti* (Fingerbreiten) dargestellt, sondern daneben auch noch ein Längenmesswerkzeug (*pertica*) in Form einer auf etwa ein Drittel verkleinerten *decempeda* (Zehnfuß). In dieser Form, den bis vor einigen Jahrzehnten gebräuchlichen Messlatten nicht unähnlich, müssen wir uns die römischen Geräte zur Bestimmung von Strecken vorstellen. Auch diese aus Holz gefertigten Messwerkzeuge haben sich im Original natürlich nicht erhalten, jedoch sind verschiedene Paare von Endbeschlägen in Pompeji gefunden worden.⁷⁵

Perticae gab es auch in vom Zehnfuß abweichenden Längen sowie in anderen Materialien. Neben den Holzmaßstäben finden wir vor allen Dingen im Ein-Fuß-Bereich Maßstäbe aus Bronze, die des besseren Transportes wegen sogar klappbar gefertigt waren. Ein im Römisch-Germanischen Museum Köln verwahrter Klappmaßstab hat die Länge von 29,7 Zentimeter,⁷⁶ ein weiteres, in Lyon gefundenes Exemplar ist aufgeklappt 29,5 Zentimeter lang. Dass die Fußmaße in ihren Längen zeitlichen und örtlichen Schwankungen unterlagen, sei hier nur am Rande erwähnt.

Der Absteckung von Strecken haben Fluchtstäbe gedient, die unseren heutigen nicht unähnlich waren. Diese *metae* waren darüber hinaus auch für das Ausfluchten von Geraden in Gebrauch.

Im Wasserleitungsbau, wo sich das Gefälle der Leitung aus dem Höhenunterschied und der Länge eines Streckenabschnitts errechnete, war es zwingend erforderlich, genaue und vor allen Dingen einheitliche Maße anzuwenden. Ziehen wir in Betracht, dass der Ausführung dieser Bauwerke unverzichtbar eine gründliche

Verkleinert dargestellte *decempeda* auf dem Grabaltar des Titus Statilius Aper. Mit solchen (paarweise verwendeten) Messlatten wurden noch bis Mitte des 20. Jahrhunderts die Strecken vermessen. (Foto: H. Lilienthal)

73　Rakob 1974, 77; Grewe 1985, 16–18.
74　CIL VI 1975 = ILS 7737; Zimmer 1982, bes. 197f.; zu weiteren auf *mensores* bezogene Grabsteininschriften siehe: Arnoud 1995, bes. 253.
75　Della Corte 1922, IV, 83–94; Nowotny 1922, 25.
76　(Röm.-German. Museum Köln, Inv. Nr. 23, 475). Der Klappmaßstab hat nach E. Pfeiffer die Länge von 29,6853 Zentimeter; Pfeiffer 1986, 2f. Man darf allerdings bezweifeln, ob ein solcher Maßstab als Normalmaß mit dieser Länge überhaupt derart exakt herstellbar war und ob die letzten Stellen hinter dem Komma nicht eher als Zufallsprodukt der Messung gelten müssen. Jede Längenangabe von genauer als einem Zehntelmillimeter muss bei der Betrachtung des Fußmaßes fraglich sein, wenn es auf der Messung eines einzelnen Maßstabes basiert. Selbst wenn eine solche Angabe durch Mittelung aus verschiedenen Maßangaben oder durch Teilung einer wesentlich längeren Strecke entstanden ist, ist der angegebene Wert ab der vierten Stelle hinter dem Komma rein rechnerisch zu betrachten.

Planung vorausgegangen sein muss, so setzt das wiederum eine exakte Ermittlung der Höhenunterschiede – aber auch der Strecken – voraus, denn der Quotient aus diesen beiden Werten bestimmt das Gefälle.

Wir sprechen hier von Aquädukten, die nach dem Prinzip des freien Gefälles zu bauen waren, also von Gravitations- oder Gefälleleitungen. Solche Leitungen fallen durch ihre gewundene Trassenführung auf, da sie sich an das Geländerelief förmlich anschmiegen müssen. Sie umrunden jeden Bergsporn und fahren jedes Seitental aus. Die Aufgabe des planenden Ingenieurs bestand darin, durch geeignete Vermessungs- und Berechnungsmethoden eine günstige Trassenlinie zu finden. Die Schwierigkeit dabei war, dass sich der genaue Trassenverlauf des geplanten Aquäduktes und dessen Länge definitiv erst mit dem letzten Arbeitsgang im Rahmen von Planung und Trassierung ergaben.

Allerdings war das planerische Gefälle einer solchen Wasserleitung nur zu ermitteln, wenn in die Berechnungen auch die genaue Streckenlänge eingeflossen war. Wie sollte man aber das Gefälle für eine Wasserleitung planen, wenn man weder deren Lage noch deren genaue Länge kannte?

Da die römischen Ingenieure Trassengefälle bis zu einem Minimalwert von 0,14 Promille, also 14 Zentimeter auf einen Kilometer (→ Kap. 4), absteckten, ist das unvorstellbar. Es muss also ein Messverfahren gegeben haben, das von Beginn an eine andere Ausgangssituation für Planung und Trassierung eines Aquäduktes schaffte, weil die Länge eines Streckenabschnitts und der dazugehörige Höhenunterschied vor der Planung des Gefälles bekannt waren. Die Vermutung liegt nahe, dass schon bei der Ermittlung des Höhenunterschiedes zwischen zwei Punkten auch die Streckenlänge ermittelt wurde – und das mit ein und demselben Gerät in einem Arbeitsgang.

Auch in dieser Hinsicht ist Vitruvs Nivelliergerät in einem neuen Licht zu sehen. Die jüngere Forschung hat nämlich gezeigt, dass diese Spezialprobleme des Aquäduktbaus bei den bisherigen Rekonstruktionsversuchen von Vitruvs Chorobat gar nicht berücksichtigt worden sind. Wir haben bei unseren Betrachtungen zum antiken Nivellement (→ Kap. 2) bereits gesehen, dass man dieses Gerät ohne irgendwelche Zielvorrichtungen zum direkten Abgreifen der Messpunkte benutzte. Dabei lag der besondere Vorteil des Apparates einerseits darin begründet, dass sich Gerätefehler selbsttätig eliminierten, wenn man ihn bei jedem zweiten Messgang wendete, und andererseits darin, dass man sich mit ihm während der Trassenplanung auf einer Höhenlinie frei in der Landschaft bewegen konnte.

Um das Besondere der Streckenmessung im Aquäduktbau herauszustellen, sei ihr die Streckenmessung im »Normalfall« – zum Beispiel im Straßenbau – gegenübergestellt: »Alle Wege führen nach Rom« – dieses griffige Motto ist zwar erst eine Schöpfung der mittelalterlichen Literatur, es belegt aber recht anschaulich die geradezu ungeheure Leistung, die antike Ingenieure erbrachten, um das Imperium Romanum für den Verkehr zu erschließen. Allein das römische Fernstraßennetz wird auf eine Gesamtlänge von 80 000 bis 100 000 Kilometer geschätzt, und wenn man die Nebenstraßen, Querverbindungen und lokalen Wege hinzuzählt, erhöht sich der Wert deutlich.

Straßen waren über Jahrtausende hinweg das wichtigste Kommunikationsmittel der Menschen. Sie dienten dem Nachrichten- und Güteraustausch, den Feldherren als Heerwege und den Verwaltungsbeamten als »Datenautobahnen«. Dabei ist nicht jede Verkehrsverbindung von vornherein als Ingenieurbau zu betrachten. Erst wenn eine Verbindung zwischen zwei Orten planmäßig angelegt wird, dem Ausbau also eine Konzeption und Trassierung vorausgegangen ist, kann man einen Weg als »Kunst«straße ansehen, die sich von einem »Natur«weg in technischer Hinsicht sehr deutlich unterscheidet.[77] Letzterer mag den gleichen Zweck erfüllen, indem er den Verkehr zwischen zwei Orten ermöglicht, die

---

77 Wohl nicht ganz zufällig kennen die römischen Rechtsquellen neben der *via publica* auch den *iter publicum*; hierzu Rathmann 2003, 11–16.

technische Ausstattung ist jedoch zumeist eine völlig andere. Ein solcher Weg hat sich einfach durch ständige Nutzung herausgebildet. Sein Verlauf ist deshalb in der Regel an das Relief einer Landschaft angepasst, da natürliche Hindernisse wie Berge und Täler umgangen und nicht durch Kunstbauten passierbar gemacht werden können.[78]

Bis in die 1960er-Jahre nutzte man als Streckenmessgerät Messlatten, die dem römischen System der weiter oben beschriebenen *decempeda* sehr nahe kamen. Die modernen Messlatten waren vier Meter lang und wurden paarweise eingesetzt: Man legte das eine Ende einer der Latten an den Anfangspunkt der zu messenden Strecke und richtete die Latte horizontal in Messrichtung aus. Mit der zweiten Latte suchte man dann den Anschluss – sie wurde ganz vorsichtig an die erste angelegt. Danach wechselte man die beiden Latten ab, bis man den Endpunkt der zu messenden Strecke erreicht hatte.[79] Bei stark geneigtem Gelände mussten Staffelmessungen durchgeführt werden, d. h. der Endpunkt der einen Messlatte wurde mittels eines Schnurlotes zum Anfangspunkt der zweiten Latte übertragen.

Es ist also durchaus vorstellbar, dass – obwohl auf dem Grabstein des T. Statilius Aper nur eine auf ein Drittel verkleinerte *decempeda* dargestellt wurde – zwei solcher Messlatten zum Einsatz kamen. Jedenfalls wurden von den römischen Ingenieuren, obwohl sie nur einfachstes Gerät zur Verfügung hatten, auch bei der Streckenmessung schier unglaubliche Genauigkeiten erreicht, was Nachprüfungen an einem Streckenabschnitt der römischen Via belgica[80] zwischen Köln und Jülich belegen, denn hier ließ sich die Strecke zwischen einem in situ gefundenen Leugenstein und der Colonia Claudia Ara Agrippinensium mit heutigen Mitteln errechnen.[81]

Da auf dem so genannten »Escher Leugenstein« 13 Leugen als Gesamtwegstrecke zwischen den beiden Städten ausgewiesen sind und die Strecke bis zum westlichen Stadttor der Colonia Claudia Ara Agrippinensium 28 882 Meter beträgt, kann man ein Leugenmaß von 2 221,69 Meter errechnen. Das Ergebnis überrascht, weil die Leuge allgemein mit 2 220 Meter[82] definiert wird. Wir können also feststellen, dass die Gesamtstrecke nur um 1,69 Meter pro Leuge vom Sollmaß abweicht.

Der Leugenstein von Elsdorf-Esch ermöglichte erstmals, die Präzision bei der Streckenvermessung im Straßenbau nachzuweisen. (Foto: W. Gaitzsch)

---

78 Grewe 2005; Grewe 2007.
79 Das Verfahren der Lattenvermessung wurde erst um 1950 von der Vermessung mit Stahlbändern abgelöst. Dabei gab es große Diskussionen über die Genauigkeit der beiden Verfahren. Geübte Praktiker hielten das Verfahren der Lattenmessung nämlich für wesentlich genauer als die neu eingeführte Streckenmessung mit Messbändern.
80 »Via belgica« ist als Straßenname nicht antik belegt, sondern eine »romanisierende« Bezeichnung unserer Zeit.
81 In den gallischen Provinzen des Reiches wurde ab Septimius Severus für die Streckenangaben auf den »Meilen«steinen nicht die römische Meile, sondern die alte gallische Leuge verwendet. Nachgewiesen ist die Leugenzählung durch das *Itinerarium Antonini*, die *Tabula Peutingeriana* und die Beschriftung auf Straßensteinen. Da die Entfernungen auf den Steinen in Leugen angegeben sind, verwenden wir im Text die Bezeichnung Leugenstein. Zum Leugenstein bei Esch: Gaitzsch 1997; Gaitzsch/Haarich/Hermanns 1999.
82 1 Leuge = 7 500 römische Fuß = 1,5 römische Meile. Zur Umrechnung Isid. org. 15,16,3; Anm. 16,12,8. Nach dieser Festlegung passt theoretisch der Standort eines jeden dritten Meilensteines auch in die Zählung der Leugensteine; die Standorte eines jeden dritten, sechsten, neunten usw. Meilensteines entsprechen auf derselben Strecke also den Standorten eines zweiten, vierten, sechsten usw. Leugensteines.

Für diese Berechnungen wurde die Leuge mit 7 500 römischen Fuß zu jeweils 29,6 Zentimeter angenommen.[83] Dabei ist zu bedenken, dass eine Abweichung im Fußmaß von nur einem Zehntelmillimeter (die vierte Stelle hinter dem Komma!) auf die Leuge hochgerechnet mit 0,75 Meter zu Buche schlägt.

Auch bezüglich der wahren Länge einer Leuge bleiben Fragen offen, denn in unserem Beispiel kommen wir zu dem Ergebnis, dass die Länge einer Leuge eher bei 2 222 als bei 2 220 Meter gelegen hat. Diese zwei Meter Unterschied basieren auf Angaben für das Fußmaß, die im Bereich von weniger als einem Zehntel Millimeter (0,29613 Meter!) liegen, wobei zu bedenken ist, dass sich jeder noch so kleine Fehler eines Fußmaßstabs auf die Leuge hochgerechnet mit 7 500 vervielfacht; beim Einsatz einer *decempeda* immerhin noch mit 750.

Legt man diese Vorgaben zugrunde, so erscheint es fast unmöglich, genaue Angaben zu einer wahren Leugenlänge zu machen: Denn rechnet man – geodätisch gesprochen – »vom Kleinen ins Große«, so wirken sich auch kleinste Maßstabsfehler entsprechend vervielfachend aus und können zu im Meterbereich liegenden Abweichungen im Leugenmaß führen. Geht man dagegen zum Beispiel von im Gelände durch Straßensteine nachgewiesene Leugenlängen aus, um daraus – »vom Großen ins Kleine« – das zugrunde liegende Fußmaß zu errechnen, so erhält man Angaben in Größenordnungen, die in Fußmaßstäben überhaupt nicht herstellbar waren. Hinzu kommt, dass heute überhaupt nicht mehr nachvollziehbar ist, mit welchem Fehler der wie auch immer gestaltete Fußmaßstab behaftet war, der für die Absteckung der Leugenstein-Standorte verwendet wurde; das gilt natürlich auch für Strecken, die man mit größeren Maßstäben, wie etwa dem bereits erwähnten Zehnfuß (*decempeda*), absteckte.[84]

Häufig wird das Maß von 2 222 Metern als »gallische Leuge« bezeichnet, wenngleich sich nach den vorliegenden Ergebnissen die Frage stellt, ob diese Ansicht noch haltbar ist oder ob es sich nicht eher um ein von den Römern eingeführtes Maß handelte.[85] Es ist unwahrscheinlich, dass sich ein gallisches Leugenmaß exakt und mit den aufgezeigten glatten Werten in das römische Maßsystem umrechnen ließ. Wenn sich eine »gallische Leuge« aus exakt 7 500 römischen Fuß zusammensetzt, ist doch eher anzunehmen, dass römische Ingenieure die gallische Maßeinheit Leuge nach ihren Bedürfnissen in das römische Maßsystem integriert haben. Dabei wäre dann allerdings davon auszugehen, dass es die Leuge als gallisches Normalmaß tatsächlich gab und dass dieses etwa um die Hälfte länger war als die römische Meile. Wollten die Römer die Leuge als Längenmaß – aus welchen Gründen auch immer – übernehmen, so mussten sie es für ihre Zwecke modifizieren, um ein Normalmaß zu erhalten, das mit römischen Maßen kompatibel war. Die Festlegung der nunmehr »römischen« Leuge auf 7 500 Fuß (= 1,5 Meilen) wäre damit begründet und sinnvoll gewesen, denn nun waren Leugen und Meilen vergleichbar und auf einfache Weise gegenseitig aufzurechnen.

---

83 29,613 Zentimeter nach Rottländer (http://vormetrische-laengeneinheiten.de/html/genauigkeit, letzter Zugriff am 3.5.2011) oder 29,617 Zentimeter nach Rottländer 1979, 17, 74.

84 Interessant ist, dass Vitruv einen Reisewagen beschrieb, der mit einem mechanischen Getriebe zu Streckenmessung ausgestattet war. Vitruv schrieb, dass dieser Messwagen geeignet war, über die Anzahl der Radumdrehungen die Streckenlänge zu ermitteln. Damit sollte man »… auf der Straße auf einem Reisewagen sitzend […] wissen können, wieviel Meilen Weges wir zurückgelegt haben.« (Vitruv X, 9, 1–4). Die erwähnten Präzisionsmessungen waren mit diesem Wagen allerdings nicht durchzuführen.

85 Vgl. Walser 1981, 395: »Da die Leuge ein gallisches Mass ist, sieht man gewöhnlich einen Rückgriff auf einheimische Traditionen darin. Aber der Archaismus ist künstlich und dürfte kaum auf eine einheitliche vorrömische Strassenvermessung zurückgehen, ausserdem blieben die Narbonensis und grosse Teile der anderen gallisch-germanischen Provinzen beim Meilenmass.«

4 Die Einteilung der Baulose und die Gefälleabsteckung

Es war schon immer davon auszugehen, dass eine römische Fernwasserleitung ab einer gewissen Trassenlänge nicht mehr in einem Zug gebaut worden sein konnte. Die Vermutung, dass man bei langen Trassen in mehreren Baulosen gleichzeitig arbeitete, ließ sich aber bis vor einigen Jahren mit wissenschaftlicher Beweisführung nicht belegen. Erst seit den Ausgrabungen an den Aquädukten von Siga und Köln ist die Bauloseinteilung durch archäologischen Befund nachgewiesen. Auffällige Gefälleknicke und Hilfsbauten, so genannte Tosbecken, zur Überwindung von Höhenversprüngen in Baulosgrenzen lassen Einblicke in die Vorgehensweise der römischen Baumeister und damit in die Baustellenorganisation der Antike zu.

Auch die Genauigkeit der Gefälleabsteckung mit grenzwertigen Ergebnissen von bis zu 14 Zentimeter auf einen Kilometer ließ bislang viele Fragen nach der angewandten Absteckungsmethode offen. Neue archäologische Erkenntnisse lassen aber auch in dieser Hinsicht heute klarer sehen: Die römische Gefälleabsteckung nach der Methode des Austafelns war erstaunlich effektiv und dabei von einer unglaublichen Genauigkeit bei einfachster Anwendung.

Um Wasserleitungen mit ihren teilweise grenzwertig niedrigen Gefällen planen zu können, mussten nicht nur die Höhenunterschiede zwischen den Anfangs- und Endpunkten exakt ermittelt werden, sondern daneben – und zwar mit ebensolcher Genauigkeit – auch die Strecken. Aus der Strecke und dem Höhenunterschied lässt sich schließlich das Gefälle einer solchen Wasserleitung erst errechnen. Natürlich benötigte man nicht die Länge der Luftlinie zwischen den Anfangs- und Endpunkten, sondern die exakte Länge des Trassenverlaufs. Und spätestens hier stellt sich die Frage, wie man denn diese Trasse in ihrem Verlauf im Gelände überhaupt fixierte. Man musste die Länge einer Trasse im Gelände ermitteln, deren Verlauf man noch gar nicht kannte, weil dieser erst das Ergebnis einer späteren Planung sein würde – scheinbar eine paradoxe Aufgabe!

Der Chorobat im Einsatz bei der Trassenplanung

Die erste grundlegende Arbeit zur Planung einer Fernwasserleitung war die Durchführung eines Hauptnivellements über die gesamte in Frage kommende Strecke. Dazu bediente man sich des bei Vitruv beschriebenen Chorobates. Erst wenn durch ein solches Hauptnivellement geklärt war, dass eine Trassenverbindung zwischen Wasserdargebot und Versorgungsziel überhaupt möglich war, konnte die Planung in Angriff genommen werden. Dabei ist zu unterscheiden zwischen der Planung für kürzere Trassen (Beispiel Siga, 8,2 Kilometer) und längere (Beispiel Köln, 95,4 Kilometer), denn kurze Trassen ließen sich durchgängig ausbauen. Man begann diese Leitungen aber in der Regel im Quellgebiet und baute sie nach den planerischen Vorgaben fortlaufend bis zum Versorgungsziel aus, wobei auch eine kurze Leitung durchaus unterschiedliche Gefälleabschnitte haben konnte.

Bei größeren Leitungen konnte die Gesamttrasse in mehrere Baulose unterteilt sein, wobei die Markierungen der Baulosgrenzen gleichzeitig Festpunkte für das geplante Gefälle waren. Im Verlauf der Eifelwasserleitung nach Köln sind Bauloslängen von 4 400 Meter (= 15 000 römische Fuß) und 5 330 Meter (= 18 000 römische Fuß) archäologisch nachweisbar. Es ist aber auch belegt, dass innerhalb eines Bauloses mehrere geländebedingte Abschnitte mit unterschiedlichem Gefälle existierten. Da die Zwangspunkte der Gefälleabschnitte aber planerisch festgelegt wurden, konnten auch die Teilgefälle mit glatten Prozentwerten versehen werden.

Der Einsatz des Chorobates ohne Visurhilfe, wie er in Kapitel 3 beschrieben wurde, hatte den Vorteil, dass die mit der Absteckung der Nivellementspunkte im Chorobat-Abstand (20 Fuß = 5,92 Meter) vermarkten Holzpfählchen im Gelände verbleiben konnten und somit nach Einteilung der Baulose für deren Zuordnung wieder zur Verfügung standen. Auch die einzelnen Gefälleabschnitte innerhalb der Baulose ließen sich durch diese Festpunkte im Gelände einfach zuordnen.

Das Austafeln als Methode der Gefälleabsteckung

Betrachtet man den Verlauf einer antiken Fernwasserleitung vor Ort oder in einer Karte, erkennt man die ordentliche Trassenabsteckung der römischen Zeit deutlich.

Bei der Gefälleabsteckung bediente man sich eines Verfahrens, das im Kanalbau bis vor wenigen Jahrzehnten noch üblich war, nämlich der schon erwähnten Methode des Austafelns. Dazu benötigte man zwei mit Hilfe des Chorobates abgesteckte Ausgangshöhenpunkte am Anfang der Gefällestrecke und für die folgende Gefälleabsteckung drei T-förmig konstruierte Zieltafeln. Die beiden Ausgangshöhenpunkte waren äußerst exakt abzustecken, sowohl bezüglich ihres Abstands als auch ihres Höhenunterschiedes. In beiden Punkten wurden Messpfählchen exakt so tief in die Erde eingeschlagen, dass sie zueinander einen Höhenunterschied aufwiesen, der dem Sollgefälle im anschließenden Trassenabschnitt entsprach. Plante man, die Trasse mit einem glatten Gefälle von beispielsweise 2 Prozent abzustecken, so mussten auch der Abstand und der Höhenunterschied der Gefälleausgangspunkte glatte Werte aufweisen: Zwei Fuß Höhenunterschied auf einen Abstand von 100 Fuß ergab zwischen beiden Punkten eine Linie mit dem geplanten Gefälle von zwei Prozent.

Die drei T-Tafeln mussten exakt identisch gefertigt worden sein. Zwei von ihnen wurden über den Gefälleausgangspunkten aufgestellt, die dritte diente zur optischen Verlängerung. Durch Peilung über die Oberkanten dieser beiden »Ts« wurde das Sollgefälle in Augenhöhe sichtbar gemacht – es ergab sich eine Visierlinie, die über die Oberkanten der beiden »Ts« verlief und nun sukzessive über den nachfolgenden Trassenabschnitt verlängert werden konnte.

Auf diese Weise fuhr man bis zum Ende des Bauloses oder bis zum nächsten Trassenfestpunkt fort, der bei der vorangegangenen Baulosabsteckung durch ein einnivelliertes Holzpfählchen markiert worden war (s. o.). Dieser Zwangspunkt musste in der Höhe möglichst exakt getroffen werden, da ein zu tiefes Erreichen dieses Punktes ein Nacharbeiten (Auffüllen) der gesamten Wasserleitungssohle im vorangegangenen Abschnitt erfordert hätte. Kam man in diesem Festpunkt jedoch zu hoch an, so musste die Sohle der Wasserleitung durch eine Stufe oder – bei größeren Differenzen – durch ein Tosbecken an das Anschlussbaulos angeschlossen werden.

Durch den archäologischen Nachweis von Höhenstufen und Tosbecken in der Sohle der Eifelwasserleitung nach Köln war es erstmals möglich, Aussagen über das in römischer Zeit angewendete Absteckverfahren für Aquäduktgefälle zu machen. Zu dieser neuen Erkenntnis führten Ausgrabungsergebnisse im Verlauf der Eifelwasserleitung im Trassenabschnitt vor einer Baulosgrenze. Im betreffenden Trassenabschnitt ließ sich das Gefälle auf 3,5 Kilometer exakt bestimmen; es lag zwischen 0,297 und 0,298 Prozent.[86] Das legt die Vermutung nahe, hier sei planungsgemäß ein »glattes« Gefälle von 0,3 Prozent abzustecken gewesen, also von drei auf 1 000 römische Fuß.

---

86 Grewe 1985, 38.

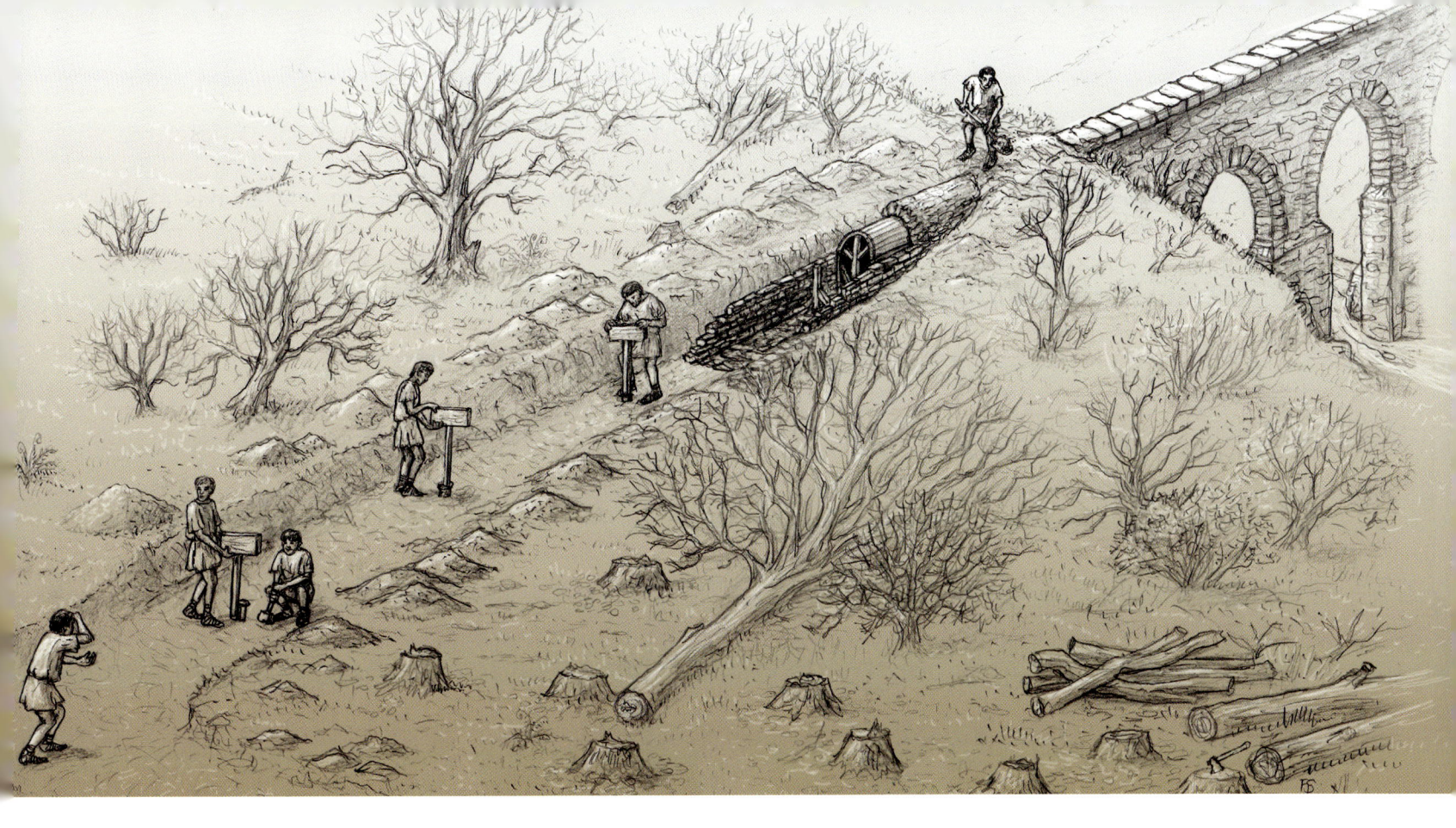

Das Austafeln als Methode der Gefälleabsteckung war in dieser Form im Kanalbau noch bis in die Mitte des 20. Jahrhunderts üblich: Das geplante Gefälle wurde durch zwei Holzpfählchen durch ein (Chorobat-)Nivellement abgesteckt. Dann wurde die Höhenlinie dieser Punkte durch zwei T-Tafeln in Augenhöhe verlegt und konnte danach verlängert werden. Eine dritte T-Tafel wurde in dieser Linie einvisiert und die dabei ermittelte Höhe am Boden mit einem weiteren Holzpfählchen markiert. So fuhr man über den gesamten Trassenabschnitt fort. (Grafik: F. Spangenberg, Illu-Atelier)

Das zu flach ausgebaute Gefälle führte dazu, dass man zu hoch auf den nächsten Höhenfestpunkt in einer Baulosgrenze traf – und zwar in diesem Fall um 35 Zentimeter, was den Bau eines Tosbeckens erforderlich machte, um das Wasser in das Anschlussbaulos überzuleiten. Geht man nun allerdings davon aus, dass die Höhenfestpunkte mit Hilfe des Chorobates abgesteckt worden waren, die Gefälleabsteckung danach durch Austafeln, dann wird klar, wo die Ursache dieser Diskrepanz lag: Bei der Chorobat-Vermessung war die Erdkrümmung ausgeglichen worden, während man sich beim Austafeln auf der Tangente zur Erdkrümmung bewegt hatte.

Nun ist aber noch offen, warum hier ein Gefälle von 0,297 Prozent ermittelt wurde, wo doch von den römischen Baumeistern 0,3 Prozent abgesteckt worden war. Das wiederum liegt darin begründet, dass wir bei der Gefällebestimmung heutzutage mit einem geometrischen Nivellement gearbeitet haben – und dabei natürlich die Erdkrümmung wieder ausgeglichen wurde.

Erstaunlicherweise ließ sich diese Art der Vermarkung durch Holzpfählchen bei der Gefälleabsteckung sogar archäologisch nachweisen und dies gleich zweimal im Verlauf der Eifelwasserleitung nach Köln:

Ein unversehrt erhaltenes Stück dieser Leitung wurde in der Weihnachtswoche 1952 herausgetrennt, um in Hürth in einer Grünanlage aufgestellt zu werden. Ein Zufall hat uns gerade dieses Stück herausgreifen lassen. Erst als es aufgestellt und gereinigt war, zeigte sich im harten Gussbeton der Sohle ein senkrechtes, durchgehendes Loch von etwa 0,05 m Dm. Es ist wohl das als Hohlraum erhaltene Negativ eines Pfählchens; und zwar eines jener Pflöcke, wie sie in die Sohle des fertig ausgeschachteten Kanalgrabens genau so tief eingeschlagen werden, dass ihre Oberkante das verlangte Niveau der zu fertigenden Betonrinne angibt. [...] Der Pflock in Hürth ist verrottet; sein zurückgebliebener Hohlraum wird für uns zum Guckloch über Jahrhunderte zurück auf die römische Baustelle.[87]

Der zweite Nachweis gelang 1990 in Euskirchen-Rheder im freigelegten Widerlager der über die Erft gebauten Aquäduktbrücke:

Exakt in der Mittellinie des langgestreckten Mauerzuges fand sich ein rechteckiges Loch von 0,04 m x 0,08 m, dessen Seiten parallel bzw. rechtwinklig zu den Bauwerkskanten lagen. Die Untersuchung ergab, dass dieses Loch durchgängig alle drei [...] Schichten des Aquäduktunterbaus durchfuhr; es reichte also noch durch die zuunterst liegende Stickung hinab bis in den gewachsenen Boden.[88]

Die Lage der aufgefunden Holzpfählchenabdrücke im Sohlenbereich der Wasserleitung macht klar, dass sie zur Trassenabsteckung beim Austafeln in der ausgehobenen Baugrube eingeschlagen worden waren.[89]

So einleuchtend, sinnvoll oder gar unverzichtbar eine solche Trassierung auch erscheinen muss, der Nachweis der Absteckungsmethoden konnte aufgrund der zeitgenössischen Literatur oder nach archäologischen Befunden bis zu den Befunden von Siga und Köln nicht erbracht werden.

Im Fundament der Rampe zur Erftbrücke bei Euskirchen-Kreuzweingarten fand sich im Ausgrabungsbefund ein durchgängiges Loch, das nur als negativer Abdruck eines Vermessungspfählchens zu deuten ist.

---

87 Haberey 1972, 15.
88 Grewe 1991a, 404f.
89 Im Falle der Eifelwasserleitung lag die Baugrubensohle ca. drei Meter unter dem unverritzten Gelände.

Siga – ein Beispiel für eine durchgängig ausgebaute Wasserleitung

In Siga wies die insgesamt acht Kilometer lange Wasserleitung auf einer Strecke von fast fünf Kilometer an mehr als 150 Stellen eine intakte Sohle auf.[90] Da eine Abdeckung der Leitung auf der ganzen Strecke nie vorhanden war oder sich zwischenzeitlich gelöst hatte, konnten die Sohlenpunkte in ihrer Höhe sehr genau bestimmt werden. Mit diesen Ergebnissen ließ sich ein aussagekräftiges Längsprofil zeichnen, wonach dann Änderungen des Gefälles – also Gefälleknickpunkte – festgestellt werden konnten. Dabei zeigte sich, dass die einzelnen Trassenabschnitte in sich mit ziemlich konstantem Gefälle abgesteckt worden waren. Legte man nun über die einzelnen Gefälleabschnitte ausgleichende Geraden und brachte diese zum Schnitt mit den benachbarten Geraden, dann war das Ergebnis geradezu verblüffend, denn die drei zu ermittelnden Abschnitte hatten zwar unterschiedliche Gefälle, waren aber in etwa gleich lang. Und nicht nur das: Sie ließen sich zudem auffällig passend im römischen Maßsystem unterbringen.

Mit ermittelten Maßen in der Größenordnung von 1 449,17, 1 473,34 und 1 504,07 Meter – im Mittelwert also 1 475,53 Meter – liegen wir sehr nahe an der römischen Meile, deren Länge mit 1 480 Meter (5 000 Fuß zu 29,6 Zentimeter = eine Meile) festgelegt ist. Da die Schnitte der Gefällelinien im Längsprofil naturgemäß äußerst flach ausfallen, ist eine Abweichung zur Meile in der Größenordnung von 4,5 Meter (ca. drei Promille) fast zu vernachlässigen. Demzufolge kann man also sagen, dass für den Aquädukt in Siga Gefälleabschnitte mit unterschiedlichen Gefällewerten mit der Länge von einer römischen Meile abgesteckt wurden.

Das war im ersten der drei gemessenen Streckenabschnitte offensichtlich gut gelungen, denn der Soll-Wert für die Gesamtstrecke von 0,14 Prozent entspricht in etwa dem Ist-Wert, der mit 0,1341 Prozent ermittelt werden konnte. In der zweiten Strecke weicht dieser Wert allerdings vom Soll-Wert ab, die Strecke wurde mit einem zu schwachen Gefälle versehen (0,0854 Prozent). Das hatte zur Folge, dass man am Ende des Streckenabschnitts 0,93 Meter (!) zu hoch am Beginn des folgenden Streckenabschnitts ankam. Da der zweite Abschnitt aber auf seiner gesamten Länge durchgängig mit diesem zu schwachen Gefälle ausgebaut worden war, muss der Fehler in der Absteckung der beiden Messpfählchen am Anfang und nicht im Bereich des Austafelns gelegen haben.

Man hat den Gefällefehler offensichtlich nicht nachkorrigiert, denn dazu wären Erdarbeiten in einer Größenordnung von 1 000 Kubikmeter Felsengestein notwendig geworden. Da das abgesteckte Gefälle auch in seinem fehlerhaften Prozentwert immer noch groß genug war, um den Durchfluss des Wassers zu gewährleisten, verzichtete man offensichtlich auf ein Nacharbeiten in diesem Stre-

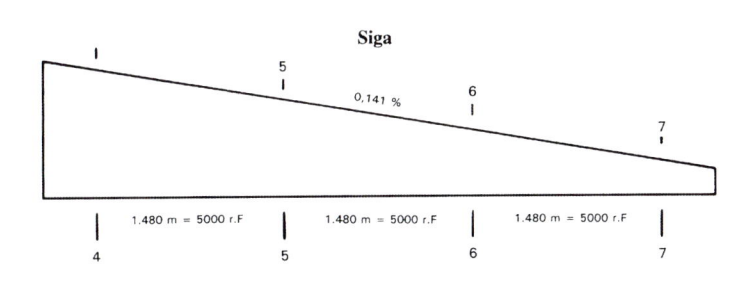

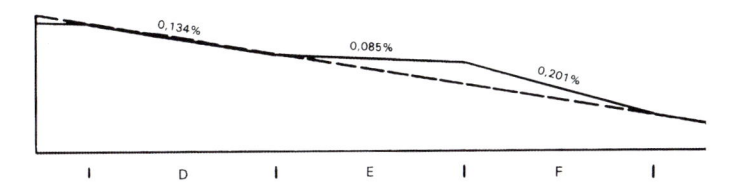

In der Gefällelinie der von der Wasserfassung bis zum *castellum* in einem Bauvorgang errichteten Wasserleitung nach Siga (Algerien) ließen sich drei Gefälleabschnitte exakt ermitteln: Deren Längen lagen auffällig nahe an der 5 000-Fuß-Marke. Damit war erstmals eine exakte Einteilung von Bauabschnitten im Aquäduktbau archäologisch nachgewiesen worden.

---

90 Grewe 1985, 28–29.

ckenabschnitt und brachte stattdessen im nächsten Abschnitt ein entsprechend stärkeres Gefälle unter. Durch Abstecken und den gelungenen Ausbau eines nunmehr auf 0,2009 Prozent geänderten Gefälles wurde am Ende des dritten Streckenabschnitts der Zwangspunkt vor dem *castellum divisorium* in seiner Soll-Höhe erreicht.

Dabei erwies sich die Auswirkung eines Fehlers in den Vermessungsarbeiten bei der Absteckung der Aquädukttrasse von Siga als ein durchaus glücklicher Umstand, denn nur auf diese Weise trat in einer ansonsten durchgängig geplanten Gefällelinie eine Abnormität zutage. Wäre nämlich die Gesamttrasse fehlerlos abgesteckt worden, hätte sie sich in unserem Längsschnitt als gerade Linie mit einheitlichem Gefälle gezeigt: Die Trasseneinteilung in 5 000-Fuß-Abschnitte wäre nicht offensichtlich geworden.

Zusammenfassend kann man sagen, dass man in Siga mit einer relativ kurzen Wasserleitungstrasse zu tun hat. Es konnte nachgewiesen werden, dass die römischen Ingenieure derartige Trassen mit einheitlichem Gefälle, das sich aus der Höhendifferenz zwischen Quelle und Stadt (Energiehöhe genannt) einerseits und der Länge der Trasse andererseits errechnete, planten. Danach wurde die Strecke offensichtlich nicht in mehrere Baulose eingeteilt, sondern an der Quelle beginnend in einem Zuge zur Stadt hin ausgebaut. Bei diesem Verfahren mussten bei den Zwischenpunkten festgestellte Höhenfehler im anschließenden Streckenabschnitt ausgeglichen werden.

Wegen der Vorgaben von Trassenlänge und dem angesprochenen Höhenunterschied zwischen Quelle und Stadt ergab sich zwangsläufig ein ungerader Gefällewert – im Falle von Siga 0,1414 Prozent. Die 8,2 Kilometer lange Trasse teilte man dann in Abschnitte von einer römischen Meile (die, wie schon gesagt, 1 480 Meter betrug) ein, in denen sich jeweils ein einheitliches (und ungerades) Gefälle nachweisen lässt.[91]

Köln – ein Beispiel für eine in Baulosen ausgebaute Wasserleitung

Die großen römischen Fernwasserleitungen, die Längen von bis zu 95,4 Kilometer (Köln), 130 Kilometer (Karthago) und 242 Kilometer (Istanbul) erreichten, waren schon aus Baubetriebs- und Bauzeitgründen anders zu behandeln. Hier wurde die Gesamttrasse in mehrere Baulose eingeteilt, in denen verschiedene Bautrupps gleichzeitig arbeiten konnten. Innerhalb der Baulose passte man sich mit dem Gefälle dem jeweiligen Gelände an.[92]

Bei der Bearbeitung der Trasse der Eifelwasserleitung für die Colonia Claudia Ara Agrippinensium wurden zwei solcher Baulosgrenzen archäologisch nachgewiesen. Diese waren erkennbar, weil in der Nahtstelle zweier Baulose aufgetretene Höhendifferenzen im anschließenden Baulos nicht mehr zu korrigieren waren, denn durch den gleichzeitigen Ausbau der Strecken traf man mit dem Ende eines Bauloses zwangsläufig immer auf den schon ausgebauten Anfang des Anschlussbauloses. In der Eifel hat sich gezeigt, dass beim Auftreten kleiner Höhendifferenzen (zum Beispiel 15 Zentimeter) eine kleine Stufe in der Leitungssohle als Übergang von einem Baulos zum nächsten genügte. Für größere Differenzen (zum Beispiel 35 Zentimeter) baute man stattdessen ein im Mauerwerk verstärktes Tosbecken in den Leitungsverlauf, um auf diese Weise Zerstörungen durch die Kraft des Wassers zu vermeiden.

Da eine Fernwasserleitung wie der Eifelaquädukt wegen des schwierig zu durchfahrenden Geländes ohnehin nicht mit gleichmäßigem Gefälle auszubauen war, musste man andere planerische Kriterien zugrunde legen und die

91 Grewe 1985, 24–34.
92 Grewe 1986.

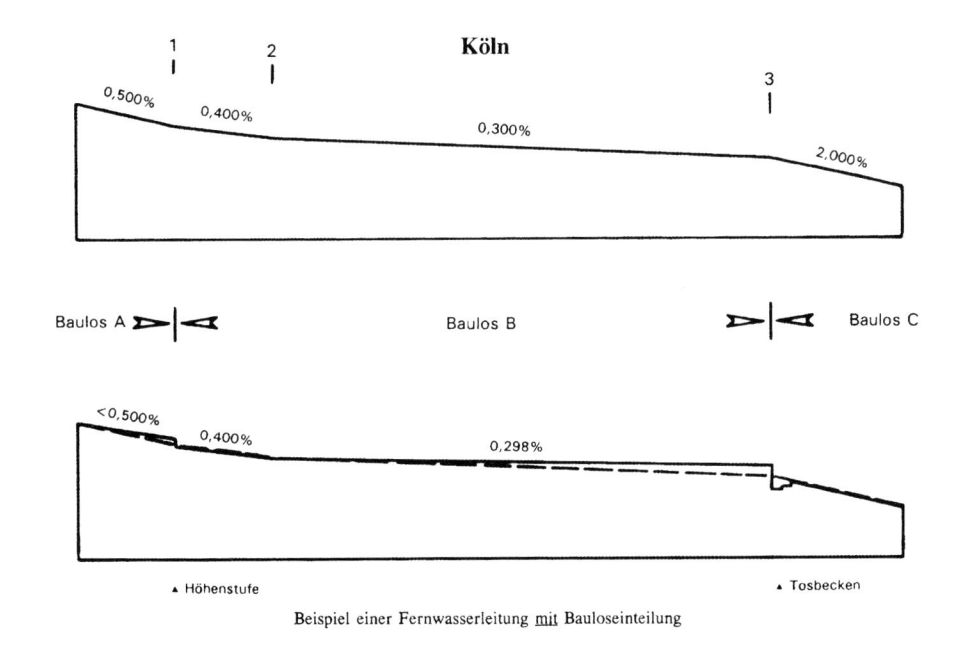

Die Gefällelinie der Eifelwasserleitung nach Köln zeigt ein anderes Bild: Da man diese im Vergleich zur Sigaleitung besonders lange Leitungstrasse in mehrere Baulose eingeteilt hatte, war in etwa 20 Baulosen gleichzeitig gearbeitet worden. Dabei musste man mit dem Endstück eines Bauloses aber auf jeden Fall den bereits fertiggestellten Anfang des nächsten Bauloses treffen. Das Verfahren des Austafelns, bei dem man sich auf der Tangente zur Erdkrümmung bewegte, führte aber dazu, zu hoch auf diesen Zwangspunkt zu treffen.

einzelnen Gefälleabschnitte mit glatten Prozentwerten versehen. Im Bereich der von uns nachgewiesenen Baulose wurden sowohl die Gefällewerte als auch die Streckenabschnitte mit nahezu glatten Werten im römischen Maßsystem ermittelt. Es ergaben sich innerhalb eines Bauloses Streckenabschnitte mit gleichmäßigem Gefälle über Längen von 5 000 bzw. 13 000 Fuß mit den Gefällewerten von 0,297 Prozent und 0,298 Prozent; dies wurde weiter oben schon ausgeführt. Berücksichtigt man die in einer Baulosgrenze aufgetretene Höhendifferenz von 35 Zentimeter in der Berechnung des Gefälles, so rundet sich der Wert im vorhergehenden Streckenabschnitt sogar auf 0,3 Prozent auf.

Der römische Ingenieur unterließ eine Maßnahme: Er kaschierte beim Auftreffen auf das Anschlussbaulos die Höhendifferenz nicht durch ein verstärktes Gefälle in der Schlussstrecke. Anscheinend war er sich darüber im Klaren, eine vermessungstechnisch nicht zu beanstandende Leistung geliefert zu haben, nach der er sein Baulos wie geplant zu Ende führte. Ein Gefälle von 0,3 Prozent – in anderen Beispielen noch geringer – über eine kilometerlange Strecke mit derartiger Präzision abzustecken, ist an sich schon eine vermessungstechnische Glanzleistung.

Sowohl in Siga als auch in der Eifel präsentiert sich das vergleichbare Phänomen von auf den ersten Blick unerklärlichen Höhenversprüngen im Verlauf einer Wasserleitungssohle. Während in Siga an solchen Stellen der nächste Leitungsabschnitt höhengleich angeschlossen werden konnte, wurden Höhendifferenzen in der Kölner Leitung mit einer Stufe oder in Form eines Tosbeckens ausgeglichen. Die Ursache für die unterschiedlichen Lösungen muss mit der Organisation auf jeder dieser Baustellen zusammenhängen: Die kleine Leitung von Siga ist von einem einzigen Unternehmer bei der Quelle Râs el Ma beginnend durchgängig gebaut worden, während die 95,4 Kilometer der Eifelleitung erwiesenermaßen in mehrere Baulose aufgeteilt waren.

Über die neuzeitlichen Vermessungen dieser beiden Leitungen wurde nun auch das Verfahren der Sohlenfeinabsteckung im römischen Aquäduktbau entschlüsselt. Offensichtlich wurde die Gefälleabsteckung immer an den oberen Endpunkten der Baulose begonnen.

5 Die Wassergewinnung

Gerade in der Art der Wassergewinnung zeigen sich die außerordentlich pragmatischen Methoden der römischen Ingenieure. Dort, wo Wasser im Überfluss vorhanden war, wie in den nördlichen Provinzen des Imperiums, musste viel weniger Aufwand betrieben werden, um an das begehrte Nass heranzukommen, als in den ariden und halbariden Zonen des römischen Reiches. Im Norden waren es eher die Qualitätsansprüche an das Wasser, die den enormen Aufwand bezüglich der Transportwege erklären. Ansonsten passte man sich nach Möglichkeit den örtlichen Gegebenheiten an, um das Wasser an Quellen zu fassen oder dem Grundwasser zu entnehmen. In Ausnahmefällen wurde auch Flusswasser genutzt, wenn die Entnahmestelle im oberen Bereich eines sauberen Fließgewässers anzulegen war.

In den südlichen Provinzen mit ihren durch Trockenzeiten bedingten Schwankungen des Wasserdargebotes war die Situation eine andere. Hier galt es, das notwendige Angebot für die wasserarmen Jahreszeiten bereitzuhalten, und dafür sind Vorratsbehälter von manchmal riesigen Ausmaßen gebaut worden. Die in römischer Zeit gebauten Talsperren – bei Mérida in der spanischen Extremadura sind zwei antike Staumauern heute noch in Betrieb – beeindrucken den Besucher nach wie vor, auch wenn die Dämme selbst in nachrömischer Zeit ersetzt wurden.

Der natürliche Abfluss eines Wasservorkommens – sei es eine Quelle oder ein offenes Gewässer wie ein Fluss oder See – lässt sich sperren, um das Wasser in eine Leitung einzuspeisen. Die Möglichkeiten dazu, in römischer Zeit wie auch heute, boten ein kleines Wehr oder aber auch eine imposante Talsperre. Die Römer bevorzugten sauberes Quellwasser vor offenen Gewässern: Wo die hydrologischen Gegebenheiten es zuließen, verwendete man Quellwasser für die Versorgung der Städte. Bestand darüber hinaus noch die Möglichkeit, Quellen mit kalkhaltigem und somit geschmacklich besserem Trinkwasser zu nutzen, so nahm man es gar in Kauf, kilometerlange Fernleitungen zu bauen, nur um an das von den Römern als bestes aller Wasser angesehene heranzukommen.

Da die innerstädtischen Verteilernetze in der Regel aus Bleileitungen bestanden, kann das kalkhaltige Wasser auch der gesundheitlichen Vorsorge gedient haben, denn die Kalksinterablagerungen innerhalb der Leitungen bildeten eine regelrechte Schutzschicht, die eine Kontaminierung des Wassers mit dem gesundheitsschädlichen Blei verhinderte. Dafür gibt es zwar keine Belege, aber Vitruv hat zumindest auf die Schädlichkeit des Bleis schon hingewiesen:

> Auch ist Wasser aus Tonröhren gesünder als das durch Bleiröhren geleitete, denn das Blei scheint deshalb gesundheitsschädlich zu sein, weil aus ihm Bleiweiß entsteht. Dies aber soll dem menschlichen Körper schädlich sein. Wenn nun das, was aus ihm entsteht, schädlich ist, kann es auch selbst zweifellos der Gesundheit nicht zuträglich sein. Ein Beispiel hierfür können uns die Bleiarbeiter liefern, weil sie eine bleiche Körperfarbe haben. Wenn nämlich Blei geschmolzen und gegossen wird, dann entzieht der von ihm ausströmende Dampf, der sich an den Gliedern des Körpers festsetzt und sie von dort ausbrennt, ihren Körperteilen die wertvollen Eigenschaften des Blutes. Daher scheint es ganz und gar nicht gut, dass man Wasser durch Bleiröhren leitet, wenn wir der Gesundheit zuträgliches Wasser haben wollen.[93]

S. 61/62: Quellheiligtum am Djebel Zaghouan am Wasserleitungsbeginn für Karthago (Tunesien).

S. 63/64: Das Quellheiligtum am Djebel Zaghouan (Tunesien) liegt hoch über der Ebene.

93 Vitruv VIII, 6, 10–11.

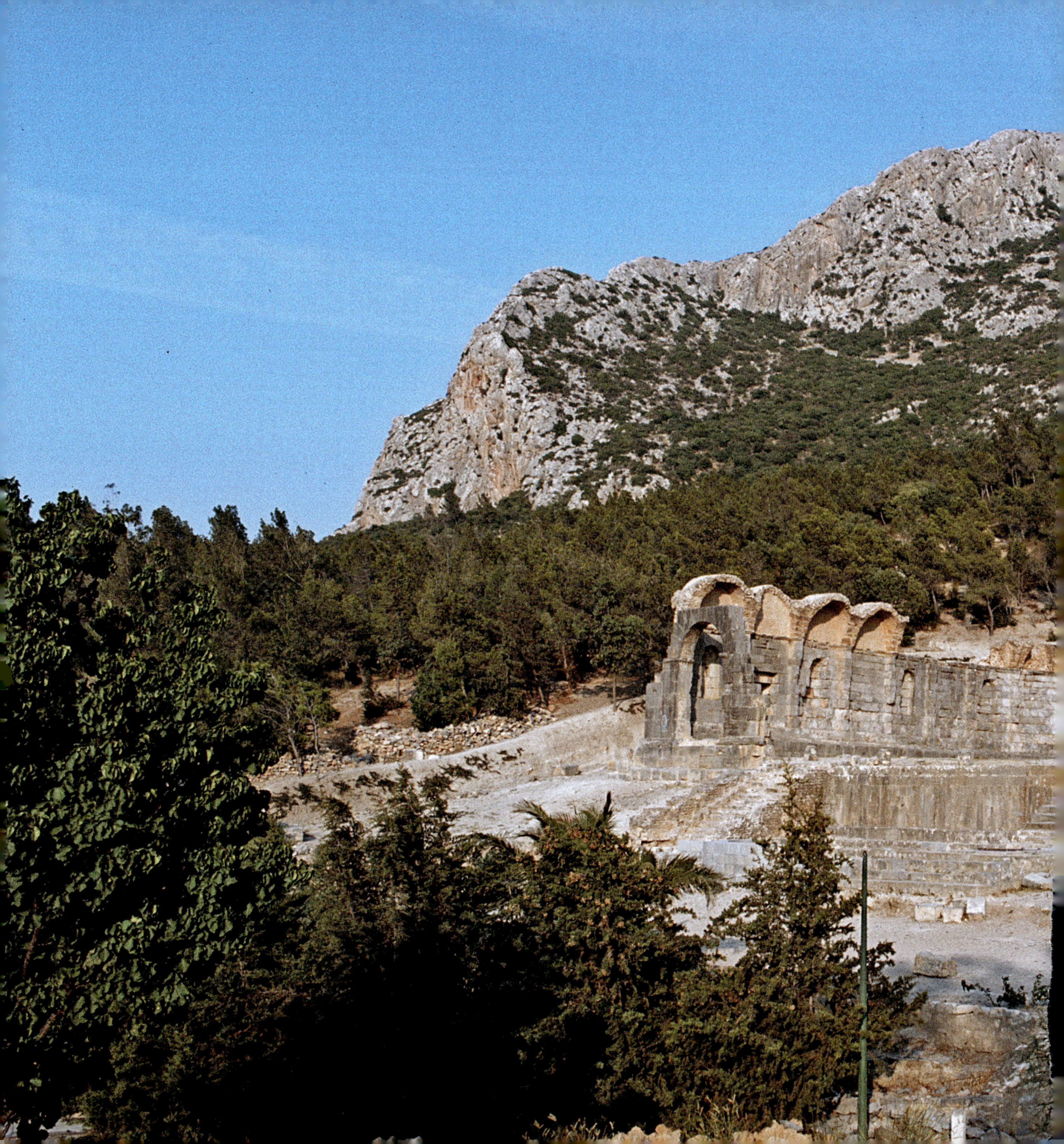

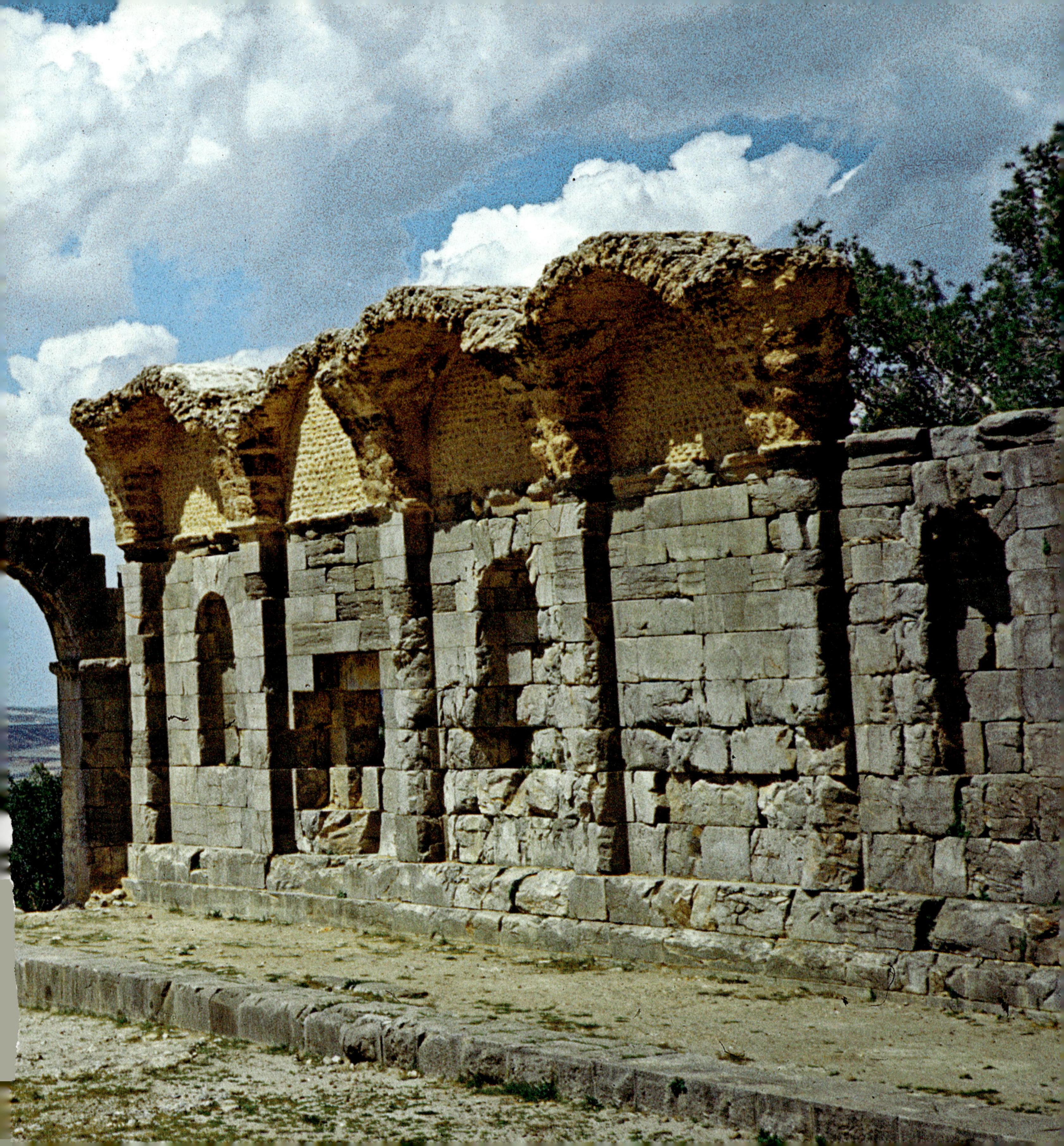

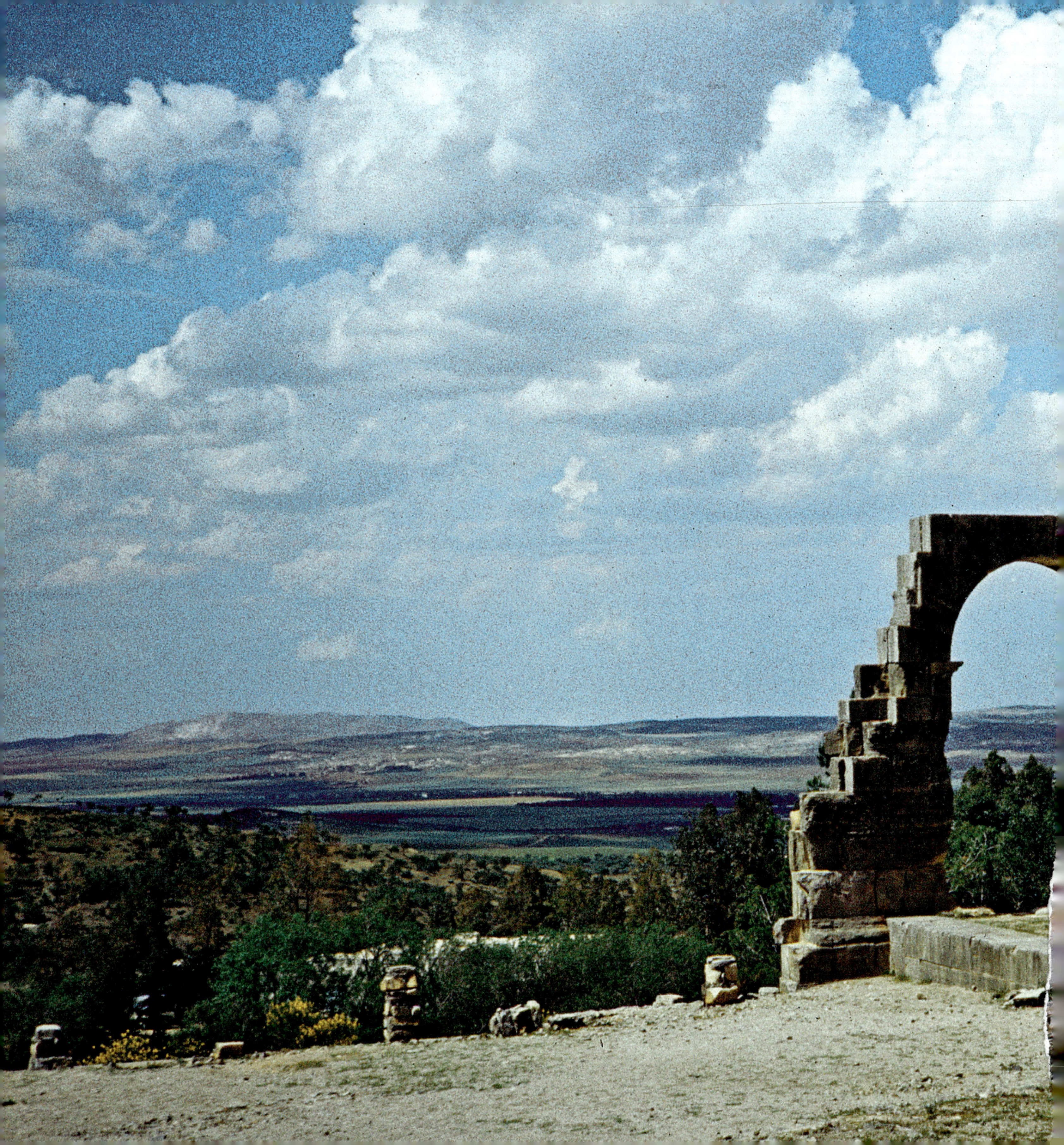

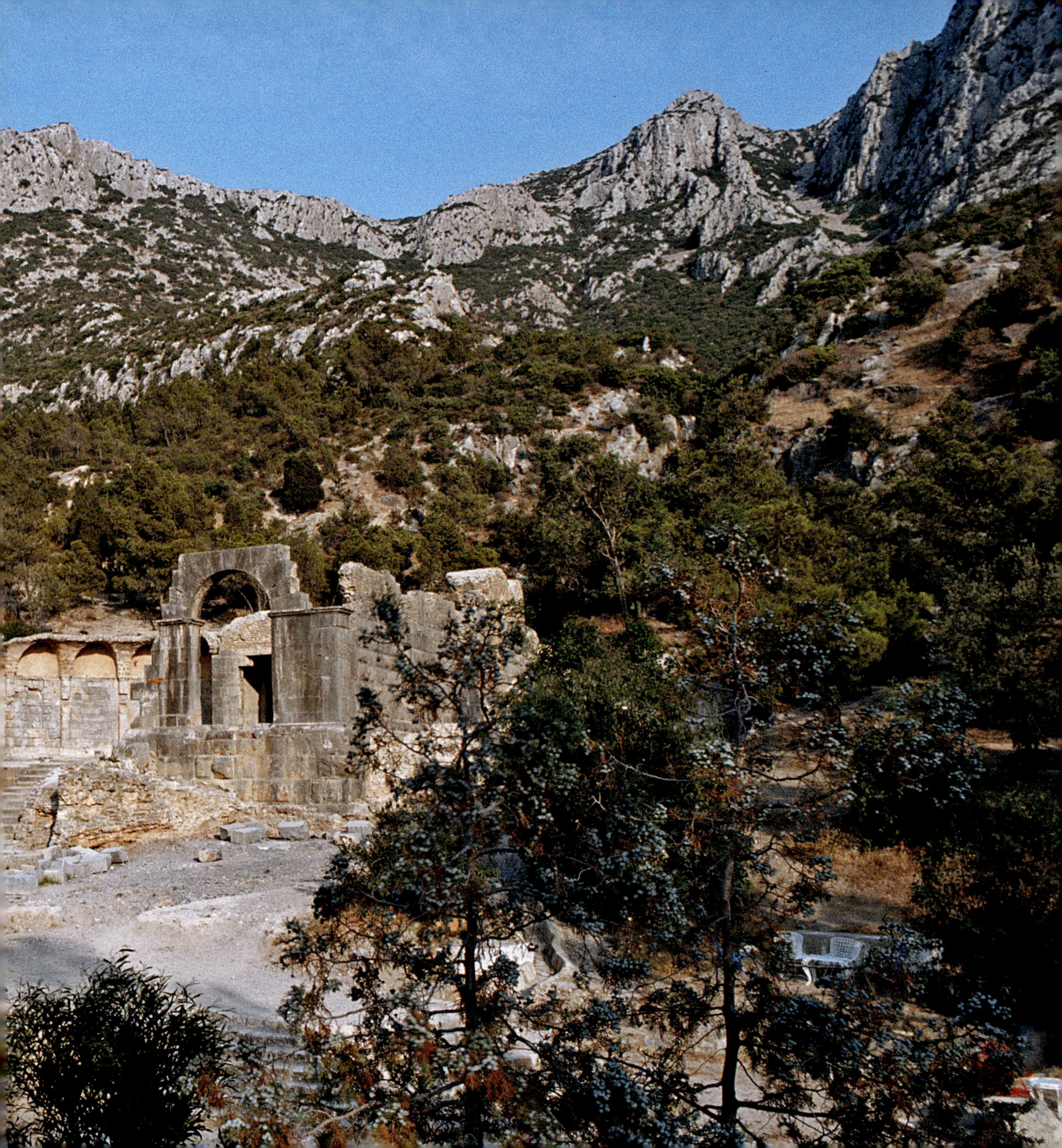

Dem Ausbau jeder städtischen Wasserversorgung hatte also die genaue Erkundung der Quellen der Umgebung vorauszugehen, wobei der Radius des in Frage kommenden Gebietes gar nicht so eng anzusetzen ist. Die schließlich genutzten Quellen konnten in der Luftlinie durchaus mehr als 50 Kilometer vom Versorgungsgebiet entfernt liegen; wenn das zwischen beiden Orten liegende Gelände es zuließ, so überbrückte man diese Entfernung eben durch eine Fernwasserleitung.

Die Methoden zur Auffindung von Quellen mit gesundem und schmackhaftem Trinkwasser werden wiederum von Vitruv beschrieben.[94] Selbst auf die Qualitätsprüfung geht er ganz pragmatisch ein:

> Die Erprobung und Prüfung der Quellen aber muss so besorgt werden. Wenn die Quellen von selbst hervorquellen und offen zu Tage liegen, dann betrachte und beobachte man, bevor man mit dem Leitungsbau beginnt, welchen Gliederbau die Menschen haben, die in der Umgebung dieser Quellen wohnen. Ist ihr Körperbau kräftig, ihre Gesichtsfarbe frisch, sind ihre Beine nicht krank und ihre Augen nicht entzündet, dann werden die Quellen ganz vortrefflich sein.[95]

Vitruv empfiehlt also, sich bei der Suche nicht nur vom eigenen Geschmack leiten zu lassen, sondern – wie er an einer anderen Stelle beschreibt – auch die Pflanzenwelt der Umgebung der Quellen, aber, wie zitiert, vor allen Dingen die Menschen, die sich bisher aus der betreffenden Quelle versorgt haben, zu begutachten. »Triefaugen« bei den Menschen seien durchaus auch als ein Hinweis auf die schlechte Qualität des Trinkwassers zu werten.

Quellfassungen

War die Entscheidung für die Ausnutzung eines Wasserdargebotes gefallen, so hatte der antike Wasserbauer nun über eine zweckmäßige Methode der Wassergewinnung nachzudenken. Am unkompliziertesten war dies bei Quellen, denn diese waren auf einfache Art durch einen Mauerkranz zu fassen. In diesen Becken sammelte sich das Wasser, und eine Überlaufvorrichtung ermöglichte das Abfließen in die Leitung.

Das Spektrum der Ausmaße einer Quellfassung war außergewöhnlich breit. Dabei konnte es sich um die Ausnutzung eines kleinen Quelltopfes wie dem Heiligen Pütz am Kopf der Drover-Berg-Tunnelleitung[96] handeln oder – am anderen Ende der Skala – um ein riesiges Quellheiligtum wie das der Leitung für Karthago (Tunesien) am Djebel Zaghouan.[97]

Schwieriger war es, wenn diese Quellen nicht offen zutage traten, sondern wenn es galt, einen unterirdischen Horizont anzuzapfen. Als Beispiel hierfür kann die Brunnenstube Klausbrunnen bei Mechernich-Kallmuth am Kopf eines Leitungsstranges der Eifelwasserleitung nach Köln gelten.[98]

Diese Kammer, mit 3,5 mal 5,8 Meter Innenmaßen, ist etwa um drei Meter durch die aus Gehänge- und Verwitterungsschutt bestehenden Schichten bis in den anstehenden zerklüfteten Kalkfels eingetieft worden. Durch

---

94 Vitruv VIII, 1, 1–3.
95 Vitruv VIII, 4, 1.
96 Grewe 2002, 27–35; Grewe 2010, 157–160.
97 Rakob 1974.
98 Grewe 1986, 61–63 (Fundstelle 17.3).

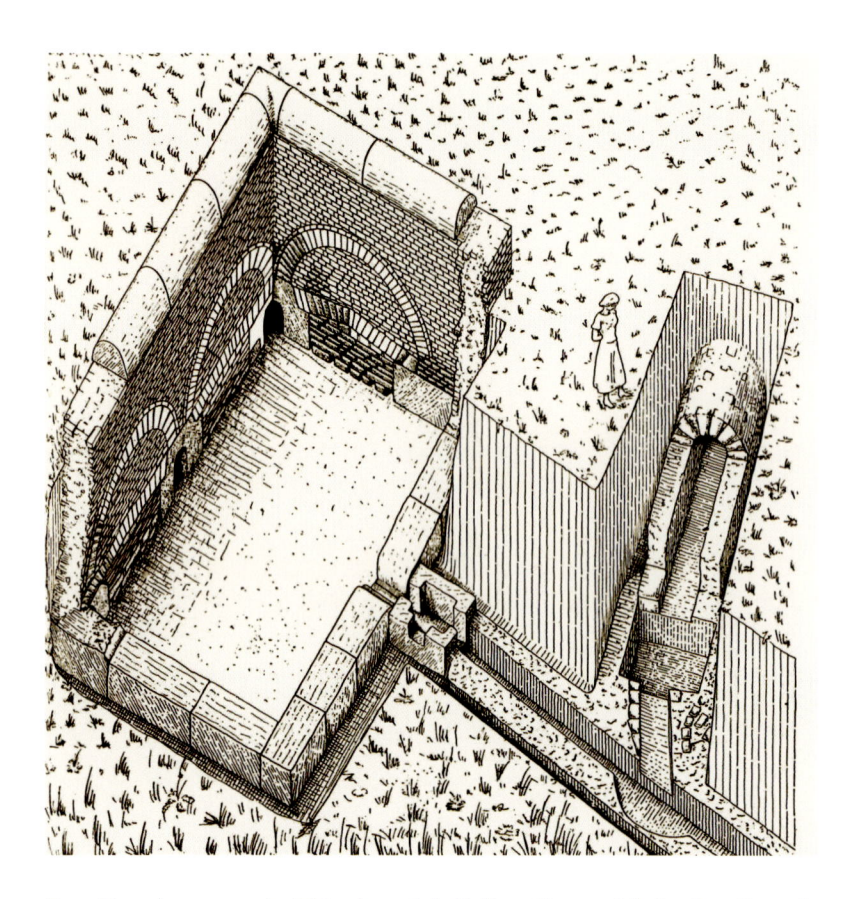

Der Klausbrunnen bei Mechernich-Kallmuth war bis in den Grundwasserhorizont eingetieft. (Grafik: W. Haberey)

die im Fundament porös konstruierten Seitenwände der Kammer konnte das aus dem Felsgestein hervorquellende Wasser direkt in die Brunnenstube hereinsprudeln. Diesem Zweck diente der besondere Aufbau der Umfassungsmauern: Neben den torartigen Öffnungen in den gewaltigen Fundamentquadern drang das Wasser auch durch die zwischen den Quadern lose aufgeschichtete Wandung aus Grauwacke-Handquadern in die Brunnenstube ein. Zur Entlastung dieses mörtellos zusammengesetzten Teils der Wandung dienten die darüberliegenden Stürze und Bögen, die das aufgehende Mauerwerk, nun durch Mörtel verbunden, zu tragen hatten. Das Bauwerk ragte etwa bis in Brusthöhe aus dem Boden; die Mauern hatten eine Bekrönung aus halbrunden Sandsteinen, eine Überdachung der Brunnenstube war nicht vorhanden.

Ein Schwellstein ließ das Wasser auf ungefähr 30 Zentimeter Höhe im Inneren des Beckens ansteigen, ehe es in die an der Längsseite angeschlossene Leitung abfließen konnte. Das sorgte für eine gewisse Beruhigung des Wassers und ermöglichte dabei, dass sich die Schwebstoffe absetzen konnten.

Eine etwas andere Art der unterirdischen Wasserfassung finden wir ebenso im Verlauf der Eifelwasserleitung beim so genannten Grünen Pütz bei Nettersheim.[99] Hier wird das Wasser am Fuße eines das Urfttal begleitenden Steilhanges gewonnen. Zu diesem Zweck bauten die römischen Ingenieure eine etwa 80 Meter lange Sickergalerie parallel zum Hangfuß. Diese Sickergalerie gleicht in ihrem Aufbau einer U-förmigen Wasserleitungsrinne, nur dass in diesem Fall die bergseitige Wange mörtellos gebaut wurde, während auf der Talseite eine dicke Tonpackung für eine zusätzliche Dichtigkeit sorgte.

Das aus dem Hang heraustretende Quellwasser konnte also durch die lose aufeinandergesetzten Steine der linken Wange in diese Sickergalerie, deren lichte Höhe von 0,7 auf 1,1 Meter zunimmt, eindringen. Die Rinne war mit starken Sandsteinplatten abgedeckt und mit Erdreich überlagert worden. An ihrem Ende stand (und steht nach ihrer Restaurierung heute wieder) ein nach oben hin offenes Bauwerk von 1,93 mal 1,86 Meter Innenmaßen. Diesem führte die Sickergalerie das Wasser zu, hier konnte es sich beruhigen und ein wenig klären, ehe es in den angeschlossenen unterirdischen Steinkanal nach Köln gegeben wurde.

---

99 Jürgens 1977, 84–97; Grewe 1986, 38–40 (Fundstelle 9.1).

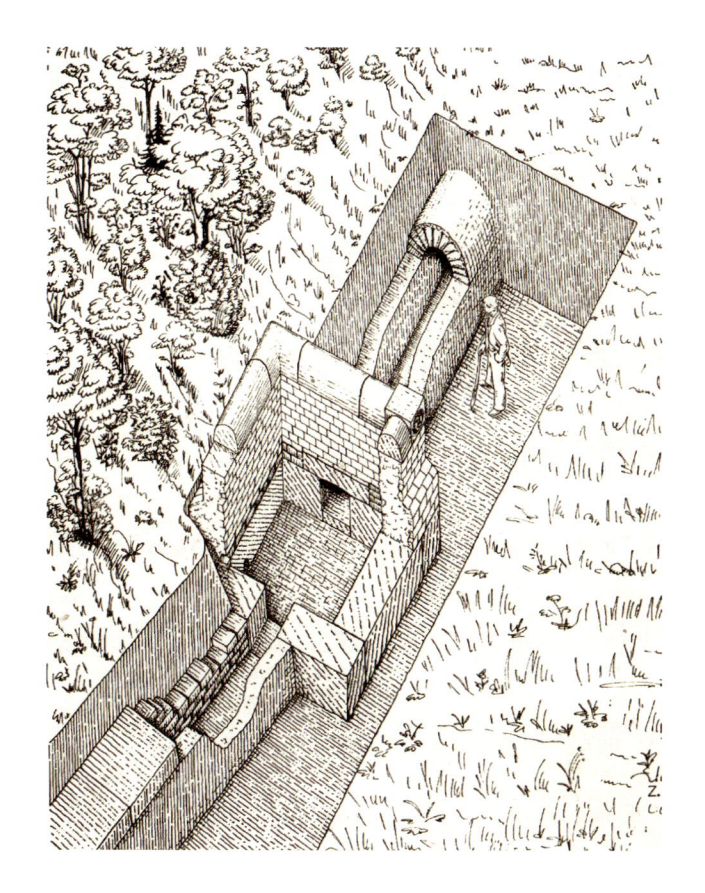

Der Grüne Pütz wurde aus einer 80 Meter langen Sickergalerie gespeist: Hier begann der längste Ast der Eifelwasserleitung nach Köln. (Grafik: W. Haberey)

Einfassung eines natürlichen Quelltopfes: der Heilige Pütz am Kopf der Drover-Berg-Tunnel-Wasserleitung bei Kreuzau-Drove. (Foto: A. Thünker)

Zu dieser Sickergalerie gibt es eine weitere Variante bei den ebenfalls für das römische Köln genutzten Quellen in den so genannten Hauser Benden bei Mechernich-Dreimühlen.[100] Dort führte der U-förmig gemauerte Kanal unterirdisch in die wasserführenden Erdschichten. Er war mit grobem Steinmaterial gefüllt; durch dieses konnte das Wasser einsickern, wobei gleichzeitig Verunreinigungen zurückgehalten wurden. Der Kanalanfang mit der Füllung diente also gleichzeitig als Sickerleitung und Filteranlage.

Noch eine Möglichkeit der Gewinnung von Trinkwasser aus unterirdischen Schichten kann man bei Euskirchen-Kirchheim vorfinden.[101] Ein kleines unterirdisches Kanälchen führte hier in eine relativ großzügig bemessene Brunnenstube. Die Wassergewinnung erfolgte am Anfang dieser Kanalrinne, indem deren Wangen fächerförmig divergierten, also das Quellgebiet gleichsam wie mit ausgebreiteten Armen umschlossen und auf diese Weise das Wasser

---

100 Grewe 1986, 69–71 (Fundstelle 19.2).
101 Jürgens/Lommerzheim/Sommer/Vogt 1979; Grewe 1986, 119–122 (Fundstelle 31.1).

Badevergnügen in der heißen Quelle von Hierapolis (Türkei). Die Trümmer des römischen Quellheiligtums bilden heute den pittoresken Rahmen einer beliebten Badeanstalt.

einfingen – ein Verfahren, das bei relativ geringen Schüttmengen zur Anwendung kam. Ob diese bei Kirchheim beginnende Wasserleitung eine bei Niederkastenholz gelegene ehemalige *villa rustica* versorgt hatte oder in ihr ein weiterer Arm der Eifelwasserleitung zu sehen ist, ist noch nicht erforscht. Die erste Vermutung scheint allerdings die wahrscheinlichere zu sein.

Die angeführten Beispiele von Quellfassungen der Eifelwasserleitung zeigen deutlich, welcher Variantenreichtum selbst im relativ eng begrenzten Gebiet der Nordeifel zu finden ist.

Flussableitungen

Standen keine Quellen mit ausreichenden Schüttmengen zur Verfügung, so zog man auch Flusswasser für die Versorgung heran, wobei dabei dann aber Wert darauf gelegt wurde, die Wasserentnahmestelle weit flussaufwärts zu legen, um auf diese Weise möglichst reines Wasser zu gewinnen.

In Deutschland war für das römische Trier eine Fernwasserleitung in das Tal der Ruwer gebaut worden, um deren Wasser in die Stadt zu leiten.[102]

102 Neyses o. J.

Flussableitung in der Sierra Guadarrama oberhalb von Segovia (Spanien). Ein steinernes Wehr staut das Wasser des Rio de la Acebeda auf und zwängt es in die angeschlossene Wasserleitung – heute wie vor 2000 Jahren.

Das schönste Beispiel für eine antike Flussableitung ist das kleine Wehr im Oberlauf des Rio de la Acebeda, mit dessen Hilfe man das Wasser für die Versorgung des römischen Segovia (Spanien) aufstaute.[103] Diese Anlage erhält ihre besondere Bedeutung durch die Tatsache, dass wir in ihr das einzige noch funktionierende Bauwerk dieser Art sehen müssen, das aus antiker Zeit erhalten ist. Nun werden nicht sämtliche Teile dieses Wehres noch römischen Ursprungs sein, dennoch ist anzunehmen, dass zumindest die mächtigen Steinquader auch bei Renovierungsarbeiten immer wieder benutzt worden sind. Auch in der Ausführung der mit Blei vergossenen Eisenklammern, die die einzelnen Blöcke zusammenhalten, bietet sich dem Betrachter heute noch ein Bild römischer Bautechnik.

Die Staumauer des Wehres sperrt das in den Bergen noch enge Tal des Rio de la Acebeda auf einer Breite von zwölf Meter ab, wobei ihre Lage nicht etwa rechtwinklig zur Fließrichtung des Flüsschens verläuft, sondern schräg dazu. Dadurch wird das aufgestaute Wasser in die an einem Ende des Wehres beginnende Wasserleitung gedrückt; am Beginn des Kanals ist zudem eine Vorrichtung angebracht, um seinen Zulauf durch ein Schütz absperren zu können.

Die eigentliche Staumauer des Wehres ist 11,37 Meter lang und besteht auf ihrer Krone aus 25 Steinplatten von 0,69 Meter Breite, die durch jeweils zwei Eisenklammern untereinander verbunden sind. Die Schwachstelle des Wehres war wohl zu allen Zeiten die Stelle, an der sich der abgehende Kanal anschließt; entsprechend stärker dimensioniert sind in diesem Bereich die verwendeten Steinblöcke.

103 Grewe 1985, 46.

Talsperren

Die große Schwester eines solchen Wehres ist die Talsperre. Ihre Aufgabe umfasst aber nicht nur das Aufstauen und Ableiten eines fließenden Gewässers, sie übernimmt vielmehr zusätzlich noch die Aufgabe eines Wasserspeichers.

Der Bau von aufwendigen Talsperren ist nicht zu vermeiden, wenn der aufzustauende Fluss nicht das ganze Jahr über gleichmäßig und ausreichend Wasser führt und dieses von der Menge her wechselnde Wasserdargebot auch für wasserarme Jahreszeiten gespeichert werden soll.

Baulich gibt es mehrere Möglichkeiten, ein wasserführendes Tal zu sperren; das jeweils angewendete Konstruktionsprinzip hängt mit der Geländebeschaffenheit, dem Untergrund und mit den zur Verfügung stehenden Baumaterialien zusammen. Letzteres spielte besonders in früheren Zeiten eine Rolle, als man hinsichtlich Transport und Logistik andere Voraussetzungen hatte als heute.

Man unterscheidet zwei Grundtypen von Stauanlagen. Den einen finden wir in der Gewichtsstaumauer und dem Erddamm wieder; hierbei wird die gesamte Bauwerksmasse dem Wasserdruck entgegengesetzt. Im anderen Falle wird die Festigkeit des Baumaterials ausgenutzt, so bei der Pfeiler- und Bogenstaumauer.

Harbaqa-Staumauer (Syrien). Der Stausee hinter der Mauer ist heute verlandet.

Der im Wadi Garawi (Ägypten) etwa 2700 bis 2600 v. Chr. gebaute Staudamm Sadd-el-Kafara kann wohl als die älteste Gewichtsstaumauer der Welt gelten.[104] Dessen ungeachtet scheinen die Römer, die in ihrem Einflussgebiet keine direkten Vorbilder für den Bau von Staudämmen hatten, diese Technologie selbstständig entwickelt zu haben. Von den ungezählten Fernwasserleitungen im Imperium Romanum wurden nicht wenige aus großen Stauseen gespeist; die der südlichen wasserarmen Länder sind dabei naturgemäß besonders häufig vertreten.[105]

Reste römischer Talsperren finden sich heute noch in Nordafrika und im Vorderen Orient, von denen die kleine Staumauer in Gabès (Tunesien) ein beliebtes Touristenziel dieser Oasenstadt ist.[106] Der Harbaqa-Staudamm, der das

---

104 Garbrecht 1995, 8–20.
105 Schnitter 1978, 25; Schnitter 1994.
106 Heute muss das Wasser durch Pumpen in die Talsperre gehoben werden, um von dort aus in der Oase verteilt zu werden.

Saint-Rémy-de-Provence (Frankreich). Nahe dem bestehenden Stausee stand in römischer Zeit ein Vorgängerbau für das antike Glanum.

Mérida (Spanien), Proserpina-Staumauer. Die gewaltige Staumauer zeigt heute Ausbauphasen mehrerer nachrömischer Epochen, hat aber einen römischen Vorgängerbau.

Wadi-al-Barada (Syrien) mit seinen 345 Meter Breite sperrt, ist auf der Talsohle rund 20 Meter hoch erhalten.[107] Er zeigt sich allerdings nur noch von der Talseite als gewaltige Staumauer, von der ehemaligen Wasserseite ist er als solcher nicht mehr zu erkennen, da er sich komplett mit Schwemmsand verfüllt hat.

In Europa sind die antiken Talsperren dünner gesät: In Frankreich und in Italien finden wir jeweils nur ein Exemplar im Vallon de Baume bei Saint-Rémy-de-Provence und oberhalb von Subiaco. Die Talsperre von Subiaco staute das Wasser des Aniene (lateinisch Anio) wenig oberhalb der »Villa des Nero« für die 38 n. Chr. gebaute Wasserleitung *anio novus* auf, die zu den neun bei Frontinus genannten stadtrömischen Wasserleitungen gehörte. Rund 40 Meter hoch, zählte sie zu den großen Staumauern der Antike, und vor ihr staute sich ehemals ein gewaltiger See auf.[108] Nach dem Bruch dieser Mauer im Jahre 1305 sind heute nur noch in den beiden Seitenhängen des Anienetals Baureste von einst zu sehen. Dazu gehört auf der rechten Talseite der eindrucksvolle ehemalige Überlauf der Talsperre, der aus zwei gemauerten Durchlässen bestand.

In Spanien finden sich die Reste mehrerer römischer Stauanlagen. Neben den Ruinen von Alcantarilla und Consuegra sind besonders die heute noch genutzten Anlagen nahe Mérida, dem antiken Emerita Augusta, von Interesse.[109] Die beiden Stauseen Proserpina und Cornalvo, die das Wasser für das antike Mérida aufbrachten, sind heute allerdings nur noch für die Versorgung einiger umliegender kleinerer Ortschaften in Betrieb. Folgt man den Ergebnissen der bisherigen Forschung, so sind beide Anlagen frühestens nach der Stadtgründung unter Kaiser Augustus im Jahre 25 v. Chr. errichtet worden, möglicherweise aber auch erst unter Kaiser Trajan, der von 98 bis 117 n. Chr. regierte.

Jüngste Forschungen haben ergeben, dass die älteste Bauphase des Proserpina-Staudammes in das frühe Mittelalter zu datieren ist; drei weitere Bauphasen führen in das Mittelalter, das 17. Jahrhundert und in spätere Zeiten. Zwar gab es auch aus diesem Flusssystem schon eine römische Wasserleitung nach Mérida, die Baureste einer antiken Talsperre sind aber nicht mehr aufzufinden.[110]

Dennoch sei die Proserpina-Mauer kurz beschrieben, denn hier zeigt sich, wie wenig sich die Technik des Staumauerbaus in nachrömischer Zeit entwickelt hatte, so dass es zu der fälschlichen Zuweisung in die Römerzeit kommen konnte. Der Staudamm weist über seine gesamte Länge zwei deutliche Knicke auf, so dass sich seine Gesamtlänge von 427 Meter aus drei geraden Stücken zusammensetzt. Die sich daraus ergebende leichte Bogenform lehnt sich flussaufwärts konvex gegen den Druck des Wassers. Die zwölf Meter hohe Stauwand fällt in schmalen Stufen, aber nahezu senkrecht zum Fluss hin ab. Sie besteht aus einem sorgfältig gearbeiteten Quadermauerwerk, dem zur Wasserseite hin neun Stützpfeiler vorgelagert sind. Auf der Luftseite schließt eine Bruchsteinmauer die Stauwand ab. Der Zwischenraum zwischen beiden Mauern ist mit Beton verfüllt, wodurch eine Stauwand von 2,3 Meter Stärke gebildet wird, die ihre Stabilität aber erst durch den gewaltigen Erddamm erhält, der hinter ihr angeschüttet wurde. Der Wasserentnahme dienen zwei Türme, die sich innerhalb des Erddammes an die Staumauer anlehnen.

Anders gestaltet sich die Konstruktion des römischen Cornalvo-Staudamms, der früher ebenfalls der Wasserversorgung Méridas diente. Die angeschlossene Leitung ist durch eine Inschrift als *aqva augusta* benannt und damit in die Zeit der Stadtgründung unter Kaiser Augustus zu datieren. Am Cornalvo-Staudamm ist der Entnahmeturm dem

---

107 Schnitter 1978, 25–32; Schnitter 1994, 75f.; Gerster/Wartke 2003, 116; Grewe 2010, 14–19.
108 Ashby 1935.
109 Grewe 1993, 244–255.
110 Feijoo Martínez 2006, 159; Grewe 2010, 19–23.

Mérida (Spanien). Auch die Cornalvo-Staumauer hatte einen römischen Vorgängerbau; aus der Antike ist der Entnahmeturm erhalten geblieben.

Mérida (Spanien), Cornalvo-Staumauer. Im antiken Entnahmeturm ist der Ansatz einer Bedienungsbrücke noch gut erkennbar.

Staudamm im See vorgelagert und war vom Damm aus über eine Bogenbrücke erreichbar. Von dieser antiken Bedienungsbrücke ist heute am Turm nur noch der Bogenansatz zu sehen, ansonsten ist dieses Bauteil durch eine Stahlbrücke ersetzt worden. Schon hieran erkennt man, dass der Entnahmeturm und der bestehende Staudamm nicht so recht zusammenpassen. Während der Turm durch sein Mauerwerk aus Bossenquadern einen antiken Ursprung erkennen lässt, scheint der Staudamm das Ergebnis eines zumindest teilweisen Wiederaufbaus nach einem Dammbruch zu sein. Seine Höhe muss nach Ausweis des Brückenansatzes am Turm aber der heutigen entsprochen haben: Der Cornalvo-Staudamm selbst ist auf der Krone 194 Meter lang und sperrt das Tal in einer Höhe von bis zu 20 Meter ab. Auch hier ist hinter der steinernen Staumauer ein mächtiger Erddamm angeschüttet, der auf der Krone eine Breite von acht Meter hat und zur Luftseite hin schräg abgeböscht ist.

Wichtige Konstruktionselemente sind die der Mauer vorgelagerten Stützpfeiler (Proserpina) oder die deutlich ausgeprägte Schräglage der Mauer zum Wasser hin (Cornalvo). Beides diente der Stabilität der Mauer in wasserarmen Zeiten, dann nämlich, wenn der Druck des Wassers nicht auf das Bauwerk wirkte. Bei fehlendem Wasserdruck hätte das Gewicht des Erddammes seine Wirkung entfalten und die Mauer zum Einsturz bringen können.

Die leichte Konkavform der beiden Staudämme könnte zu der Vermutung Anlass geben, die Bauherren hätten hier bereits das Prinzip der Bogenstaumauer vorweggenommen. Dem ist vermutlich aber nicht so, denn das Verlassen einer schnurgeraden Linie durch das Tal hat auch andere Vorteile. Da der Damm mit dieser Ausbuchtung in höher liegende Bereiche der Talform hineinreicht, wird er letztendlich bei gleichem Stauziel weniger hoch und erfordert für seinen Bau entsprechend weniger Baumaterial. Gleichwohl haben auch die römischen Ingenieure schon nach dem Prinzip der Bogenstaumauer gebaut: Die völlig abgegangene Staumauer im Vallon de Baume lässt sich aufgrund der in den Anschlussstellen im Fels auf beiden Seiten hinterlassenen Bearbeitungsspuren als Bogenstaumauer rekonstruieren.[111]

---

111 Benoit 1935.

6 Gefälleleitungen – Rinnen und Rohre

Die typische Freispiegelleitung war ein U-förmig ausgebauter Steinkanal, der nicht selten mit einem begehbaren Querschnitt ausgestattet war, um Revisionen und Reparaturen vornehmen zu können. Als Baumaterial kamen zwei typisch römische Baumaterialien zum Einsatz: zum einen das auch bei vielen anderen Bauwerken verwendete opus caementicium, *das wegen seiner enormen Druckfestigkeit nicht nur große Bauwerksdimensionen zuließ, sondern zugleich eine lange Bauwerksnutzung gewährleistete. Mit* opus caementicium *zu bauen hieß, praktisch für die Ewigkeit zu bauen. Zum anderen verwendete man als weiteren Mörtel das* opus signinum, *einen hydraulischen Putz, der durch den Zuschlag von Trass oder Ziegelmehl seine Wirkung erhielt. Mit* opus signinum *wurden die Innenflächen der Gerinne verkleidet, um die Leitungen dauerhaft abzudichten.*

Auch kleinere und kleinste Wasserleitungen wurden als Steinkanäle gebaut, dabei wurde der Querschnitt der zu transportierenden Wassermenge angepasst. Daneben wurden aber auch Rohrleitungen aus Holz, Stein, Ton und Blei gefertigt.

Die einfachste Form der Wasserleitung war auch in römischer Zeit die Gefälle- oder Freispiegelleitung. Das Wasser wird dabei in einem – bei größeren Leitungen meist gemauerten und U-förmigen – Gerinne talwärts geführt, wobei die Trasse mit mehr oder minder starkem Gefälle dem Hang scheinbar isohypsenparallel folgt, tatsächlich aber stetig an Höhe verliert: Sie schmiegt sich dabei förmlich an das Geländerelief an.

Aus Gründen der Sicherheit, in den nördlichen Provinzen aber auch, um ein Einfrieren des Wassers zu verhindern, verlegte man die Leitungen nach Möglichkeit unterirdisch. In die Baugrube wurde zunächst eine Stickung aus losen Steinen eingebracht und darauf eine Sohle aus Beton gegossen. Dieser Beton (*opus caementicium*) bestand aus einem sehr festen Mörtel, dem man die verschiedensten Materialien wie Kies, Grauwacke, Basalt oder anderes Kleinschlagmaterial beimengte. Die Kanalwangen goss man entweder aus dem gleichen Material in einer Schalung, oder man mauerte sie auf. Häufig mauerte man auch die Innenseiten der Wangen aus behauenen Handquadersteinen als verlorene Schalung und fertigte den Freiraum zwischen dieser Schalung und der Baugrubenwand aus Gussbeton. Der Innenraum der Kanalrinne wurde mit einer Schicht hydraulischen Putzes (*opus signinum*) bestrichen, um die gewünschte Dichtigkeit zu erreichen.[112]

Wenn das Geländerelief es erforderte, gab man dem Kanal in Bergstrecken hangseitig außen noch eine Begleitdrainage bei. Diese bestand aus lose aufgeschichteten Bruchsteinen, die bis

Moderne Gasleitung trifft Römerkanal – ein archäologischer Fund bei Kall in der Eifel dokumentiert 2000 Jahre Geschichte des Leitungsbaus.

112 Vassal 2006.

Mechernich-Breitenbenden. Blick in das ungestörte Kanalgerinne. (Foto: W. Haberey)

Im ausgehobenen Baugraben, hier in Euskirchen-Palmersheim, wurde für den Römerkanal in der Regel zuunterst eine Stickung (Packlage) aus mörtellos, aber sauber gesetzten Bruchsteinen eingebracht.

zur Geländeoberfläche hinaufreichten und vom Hang kommendes Regen- und Sickerwasser vor dem Kanalbauwerk bis zu einem in Stickungshöhe installierten Drainagekanälchen ableiteten, um so Fremdwasser vom Kanal fernzuhalten.

Besonders bei den großen Fernwasserleitungen sind die Kanalrinnen in ihrem Querschnitt häufig stark überdimensioniert gebaut worden: Das Querprofil hätte ein Vielfaches der tatsächlich transportierten Wassermenge bewältigen können. Auf diese Weise traf man nicht nur eine Vorsorgemaßnahme gegen das Zuwachsen der Leitung durch Versinterung (Verkalkung), sondern in vielen Fällen wurde der Kanal sogar noch mit einem in gebückter Haltung begehbaren Querschnitt ausgestattet, wodurch eine Inspektion des Leitungssystems möglich wurde. Für den Einstieg in den Kanal dienten besondere, in unterschiedlichen Abständen eingerichtete Schächte.

Die Eifelwasserleitung nach Köln zeigt im Verlauf ihrer Hauptstrecke in Aufbau und Querschnitt ein typisches Bild eines römischen Steinkanals, so wie er gerade beschrieben wurde: Der Querschnitt ist mit 0,7 Meter lichte Breite und 1,35 Meter lichte Höhe in gebückter Haltung begehbar. Zum Bau legte man zunächst eine Arbeitsterrasse an, die breit genug sein musste, um für den Steinkanal und einen Arbeitsweg Platz zu bieten. Als nächsten Schritt hob man auf der Bergseite dieser Arbeitsterrasse einen ca. drei bis 3,5 Meter tiefen und ca. 1,3 Meter breiten Graben aus; war auf der Bergseite eine Drainage vorgesehen, so musste dieser entsprechend breiter angelegt werden. In diesem Graben wurde als unterste Schicht eine Stickung (auch Packlage genannt) aus losen Steinen eingebracht – dazu verwendete man handliche Bruchsteine, die man ohne Mörtelverbindung senkrecht dicht beieinander aufstellte. Auf dieser Stickung wurde eine ca. 30 Zentimeter starke Sohle aus *opus caementicium* gegossen, deren Oberkante man glatt abstrich. Hatte dieses Sohlenmauerwerk abgebunden, konnten die Wangen gebaut werden.[113]

Dazu seien zwei Techniken angeführt, die beide im Falle der Eifelleitung angewandt wurden. Die gängigste Ausführung bestand aus Guss- oder Stampfbeton. Dazu wurden zwei senkrechte Schalungen aus Holzbrettern im Abstand von ca. 30 Zentimeter von den beiden Baugrubenwänden eingebracht. In die beiden Hohlräume zwischen den Schalungen und den Baugrubenwänden wurde *opus caementicium* eingefüllt und sorgfältig gestampft. Durch das Zuschlagmaterial aus Kieseln oder bis zu kinderfaustgroßen Bruchsteinen und das sorgfältige Stampfen wurde eine Mauerqualität erreicht, die selbst mit heutigen Materialien nur schwer zu übertreffen ist. Druckfestigkeitsuntersuchungen an Materialproben aus der Kölner Vorgebirgsleitung ergaben Werte zwischen 5 und 40 N/mm².[114]

In Mechernich-Eiserfey und Mechernich-Vollem wurde erstmals die nach Vorgaben des antiken Schriftstellers Vitruv in seinem Werk *De architectura libri decem* vorgeschlagene Einbringung einer Ascheschicht zur Gerinneabdichtung archäologisch nachgewiesen. Auf dem Foto sieht man eine Scheibe abgeplatzten Kalksinter, an dem noch eine Spur von rötlichem *opus signinum* haftet; zwischen diesen beiden Schichten erkennt man die schwarze Ascheschicht.

Beim zweiten Verfahren zum Bau der Wangen wurde auf hölzerne Schalbretter verzichtet. Stattdessen baute man verlorene Schalungen ein, die so genannt werden, weil sie aus Handquadersteinen aufgemauert werden und in der Leitung verbleiben, um dort die Innenwände zu bilden. Wie bei der Holzschalung wird auch bei der verlorenen Schalung der Freiraum zur Baugrubenwand mit *opus caementicium* verfüllt. In den bekannten Beispielen im Verlauf der Eifelwasserleitung verwendete man als Zuschlag aber wesentlich größere Bruchsteine. Die Wangen wurden bei beiden Techniken bis zu einer Höhe von einem Meter ausgeführt und auf ihrer Oberseite glatt mit Mörtel bestrichen.

---

113 Grewe 1986, 96.
114 Zum Vergleich eine Angabe zur Festigkeit von heutzutage genutztem Beton: »Der heute am häufigsten verwendete B 25 hat eine Druckfestigkeit von mindestens 25 N/mm², für hohe Beanspruchungen (zum Beispiel im Brückenbau) liegen die Werte zwischen 40 und 60 N/mm².«; Lamprecht 1986, 251.

Das Bruchstück des Römerkanals aus Mechernich-Antweiler stammt aus dem Sohlenbereich der Leitung. Die mörtellos gesetzte Stickung ist nicht erhalten, aber die Sohle zeigt eine solide Ausführung des *opus caementicium*. Darauf wurde eine kräftige Schicht *opus signinum* gestrichen, die man in den Ecken rechts und links zu einem Viertelrundstab ausformte. Auch die Kalksinterablagerung ist gut erhalten.

Als Folgeschritt konnte auf den Oberflächen von Sohle und Wangen der hydraulische Innenputz (*opus signinum*) aufgebracht werden. Im Falle der Bauausführung mit verlorener Schalung putzte man lediglich die Fugen bei, ansonsten bildeten die nackten Steine der Wangen die wasserbenetzten Flächen.[115] Die aus Stampfbeton gefertigten Wangen wurden ganzflächig verputzt, wobei die Putzschicht sogar die Oberflächen der Wangen noch in halber Breite überzogen. In beiden Fällen bedeckte man die Sohle mit glatt verstrichenem *opus signinum*, wobei die unterschiedlichen Stärken des Auftrags vermuten lassen, hier seien in einem Arbeitsgang zusätzlich noch letzte Korrekturen am Gefälle vorgenommen worden. In den beiden unteren Ecken des Gerinnes, an der Stelle, wo die Wangen auf der Sohle aufsitzen, legte man Viertelrundstäbe an: Diese wulstartigen Verdickungen des *opus-signinum*-Auftrags sollten die besonders bruchgefährdeten Stellen der Leitung schützen. Dieser Putz war oftmals von rötlicher Färbung, was auf die Verwendung von Ziegelmehl bei der Herstellung schließen lässt. Nutzte man ein anderes Zuschlagsmaterial, konnte das *opus signinum* aber auch eine dementsprechend andere Färbung annehmen.

Der nächste Arbeitsschritt bestand in der Ausformung des Gewölbes über dem Kanalgerinne. Dazu musste wiederum ein Lehrgerüst angefertigt werden. Die römischen Baumeister bedienten sich Lehrgerüstmodulen von bis zu sechs Meter Länge, die mehrfach verwendet werden konnten.[116] Das Lehrgerüst bestand aus einem aus Holzbrettern

---

115 Erstaunlicherweise finden wir im Beispiel der Eifelwasserleitung in den verputzten Fugen der verlorenen Schalung noch einen Fugenstrich aufgetragen. Das ist deshalb verwunderlich, weil derartige Zierfugen von niemandem gesehen werden konnten. Man findet sie häufig in Kellerräumen antiker Gebäude. Im Falle einer Wasserleitung vermochten sie erst nach Jahrhunderten dem Erstaunen der Archäologen dienen, wie im Verlauf der Eifelwasserleitung das Beispiel in Mechernich-Breitenbenden zeigt: Grewe 1986, 82 (Fundstelle 22.2).

116 An einigen Abschnitten der Eifelwasserleitung, zum Beispiel bei Mechernich-Breitenbenden, sind derartige Schalbrettabdrücke besonders gut zu sehen; Grewe 1986, 82 (Fundstelle 22.2); im Falle der Wasserleitung für Pompeji wurde diese Mehrfachverwendung eindeutig nachgewiesen; Ohlig 2001b, 119–127.

hergestellten Halbkreisbogen, der auf Holzpfosten, die im Kanalgerinne aufgestellt waren, aufgelegt wurde. In manchen Fällen benutzte man auch eine der beiden Wangen als Auflager für das Lehrgerüst und stützte es nur einseitig mit Holzpfosten im Kanalgerinne ab. Das hatte den Vorteil, dass man nur auf dieser Seite die Holzstützen abbauen musste, um das Lehrgerüst zur nochmaligen Verwendung wieder entnehmen zu können. In den meisten Fällen setzte man das Gewölbe unter reichlicher Verwendung von *opus caementicium* aus keilförmig zugeschlagenen Steinen und verputzte es auf der Oberseite glatt. Im Inneren wurde das Gewölbe nicht nachbearbeitet, so dass man die Abdrücke der Schalbretter in vielen Fällen noch heute deutlich sehen kann. In manchen Fällen verputzte man die Gewölbeabdeckung allerdings von außen, um auch auf diese Weise das Einsickern von Fremdwasser zu verhindern.[117]

Damit war der Kanalquerschnitt im Prinzip komplett ausgearbeitet und musste nun nur noch mit Erdreich überdeckt werden, um einen Frostschutz herzustellen. Es gibt allerdings Orte, an denen sich ein zusätzlicher Arbeitsschritt nachweisen lässt, wie ihn Vitruv im achten seiner *Zehn Bücher über Architektur* ebenfalls beschreibt. Bei diesem Spezialverfahren handelte es sich um eine zusätzliche Möglichkeit, die Leitungen gegen Undichtigkeiten zu schützen, denn Vitruv empfiehlt:

> 9. [...] Ferner wird man, bevor zum ersten Mal Wasser am Ausgangspunkt der Leitung eingelassen wird, Asche hineinschütten, damit etwa nicht hinreichend abgedichtete Fugen durch die Asche abgedichtet werden.[118]

Dieses Verfahren ist allerdings bisher nur an drei Fundstellen beobachtet worden: 1978 fiel in Mechernich-Eiserfey auf dem *opus signinum* eine dünne schwarze Schicht auf,[119] ebenso in der Rinne der Aquäduktbrücke in Mechernich-Vollem.[120] In beiden Fällen

Ein in Hürth-Hermülheim geborgenes Teilstück des Eifelwasserleitung zeigt, dass das *opus caementicium* im Sohlenbereich mit kleinerem Steinzuschlag als im Wangenbereich ausgeführt ist. Das wegen Ziegelmehlbeimengung rötliche *opus signinum* ist nur wenige Millimeter dick, und auch die Kalksinterablagerung ist hier kurz vor dem Erreichen Kölns nur noch wenige Millimeter stark.

117 Z. B. Grewe 1986, 101 (Fundstelle 24.1).
118 Vitruv IX, 6.9.
119 Grewe 1986, 72 (Fundstelle 20.2).
120 Grewe 1986, 64–66 (Fundstelle 18.2).

wurden Proben zur späteren Untersuchung geborgen. Besonders auffällig war ein solcher Befund im Oberlauf der Wasserleitung von Nîmes.[121]

Im Zusammenhang mit der Textstelle bei Vitruv schien es angebracht, diese Schichten zu untersuchen, um die Vermutung zu erhärten, dass die Bauleute hier nach den zitierten Vorgaben gearbeitet hatten. Aus diesem Grunde wurde die zuletzt entnommene Probe aus Mechernich-Vollem analysiert:[122]

> Für die naturwissenschaftliche Untersuchung einer schwarzbraunen Schicht auf ihre Zusammensetzung stand ein Fragment der Wasserleitung zur Verfügung. Die Untersuchungen wurden mit physikochemischen Methoden (energiedispersive Röntgenfluoreszenz und Infrarotspektroskopie) durchgeführt.
>
> Die schwarzbraune Schicht befindet sich an der Grenzfläche zwischen Opus signinum und der im Laufe der Zeit gebildeten Sinterkalkschicht. Es wird vermutet, dass es sich um eine Ascheschicht handelt, die vor der Inbetriebnahme zur Abdichtung der Leitung eingesetzt wurde.
>
> Die Untersuchung mit Hilfe der Infrarotspektroskopie zeigt keine Anwesenheit von organischen Komponenten. Somit sind Teere, Bitumen o. ä. auszuschließen.
>
> Die Analyse mit Hilfe der energiedispersiven Röntgenfluoreszenz zeigt neben Calcium als Hauptkomponente aus dem Kalksinter deutliche Anteile an Mangan, Eisen und Zink. Vergleicht man dies mit literaturbekannten anorganischen Komponenten in Holzasche, so ergeben sich deutliche Parallelen. Somit bestätigt sich die Vermutung, dass die Wasserleitung vor der eigentlichen Inbetriebnahme mit Holzasche behandelt wurde.[123]

Breitenbenden. Eine bergseitig neben dem Kanal gebaute Drainage leitete das Hangwasser nach unten zu einem kleinen Drainagekanal. Damit war das in der Leitung geführte Quellwasser vor Verunreinigungen geschützt. (Foto: W. Haberey)

Waren die großen Fernwasserleitungen in den meisten Fällen in einer der obigen Beschreibung entsprechenden Bauweise errichtet worden, so verwendete man situationsangepasst bei kleineren Leitungen auch andere Materialien. Bei archäologischen Untersuchungen fanden sich die verschiedenartigsten Rinnen und Rohre: offene und abgedeckte Holzrinnen ebenso wie aufgebohrte Holzstämme als Rohre, bearbeitete Steinrinnen aus Naturstein neben Fertigrohren aus Gussbeton, weiterhin auch Ton- und Metallrohre der verschiedensten Kaliber. Letztere sind besonders aus Blei gegossen oder gebogen worden und fanden hauptsächlich im innerstädtischen Netz Verwendung.

In der Regel wurden für römische Trinkwasserleitungen keine offenen Gräben benutzt. Selbst Tunnelstrecken, die durch festes Felsgestein führten, wurden im Inneren meist so ausgebaut, als handele es sich um einen unterirdisch

---

[121] Dieser Befund wurde während einer Exkursion 2012 fotografisch dokumentiert; Proben wurden nicht entnommen.
[122] Die 2012 entnommenen Proben wurden vom Mikroanalytischen Labor Prof. Dr. Elisabeth Jägers/Dr. Erhard Jägers in Bornheim-Hemmerich untersucht. Für die Übernahme der Kosten der Untersuchung ist dem Freundeskreis Römerkanal e. V. Rheinbach zu danken.
[123] Gutachten Labor Jägers vom 4.4.2013.

Auch in Nîmes (Frankreich) wurde nach Vitruvs Vorgaben gearbeitet. Im Leitungsabschnitt nahe der Quellen bei Uzès findet sich in der Leitung zwischen *opus signinum* und Kalksinterablagerung eine schwarze Zwischenschicht, bei der es sich wahrscheinlich auch um Asche handelt.

geführten Kanal. Die Tunnelstrecken im Verlauf der Wasserleitungen von Nîmes[124] und Lyon (Frankreich)[125] waren beispielsweise im Inneren mit Steinkanälen ausgebaut worden, die im Aufbau den oben beschriebenen Querschnitten durchaus entsprachen. Es gab allerdings auch Ausnahmen, wie die Beispiele aus Briord (Frankreich)[126] und Side (Türkei)[127] belegen, denn dort benutzte man den nackten Tunnelinnenraum als Kanalgerinne (→ Kap. 8).

124 Grewe 1998; 161–170.
125 Grewe 1998; 154–161.
126 Grewe 1998; 170–173.
127 Grewe 1998; 144–146.

7 Aquäduktbrücken

Die Forschungen zum römischen Aquäduktbau der letzten Jahre haben wesentliche neue Erkenntnisse zur Baustellenorganisation hervorgebracht. Eine neue Beobachtung ist zum Beispiel, dass die Brücken im Verlauf eines Aquäduktes als eigenständige Bauwerke konzipiert waren, die von speziellen Bautrupps vor dem Ausbau der Trasse errichtet wurden. Auf diese Weise verhinderte man an diesen Problemstellen zwar einerseits Verzögerungen im Baufortschritt, man hatte andererseits mit den Brücken aber auch neue Zwangspunkte geschaffen, die vom nachrückenden Wasserleitungsbau mindestens höhengleich getroffen werden mussten.

Die römischen Ingenieure mussten sich also gegen Überraschungen versichern, denn nur am Brückenbauwerk waren nachträgliche Korrekturen möglich, allerdings baubedingt nur nach oben hin, indem die überführte Rinne unterfüttert oder die Brücke aufgestockt wurde. Bei unzähligen kleinen Brücken zur Bachüberquerung wird sich dieses Problem gestellt haben, aber auch Großbrücken – beispielsweise der Pont du Gard – sind unter diesen Prämissen in einem gänzlich neuen Licht zu betrachten.

Ein wichtiges, ja unverzichtbares Element im antiken Aquäduktbau waren die Brücken. Da die Trassen von Gefälleleitungen die Topographie des Geländes berücksichtigen mussten, war im Scheitelpunkt einer Talausfahrung in fast jedem Fall ein Brückenbauwerk zu errichten. Das betraf dann nicht nur die großen Flussüberquerungen, sondern auch kleinste Bäche und Trockentäler, die nur nach Regenfällen oder Schneeschmelzen Wasser führten.

War eine Taldurchquerung tiefer als 50 Meter, so konstruierte man statt einer erforderlichen Brücke eher eine Druckleitung (→ Kap. 9). Da diese Durchquerungen nach Vitruv an ihrer tiefsten Stelle – dem sog. *venter* – horizontal geführt werden mussten, waren allerdings auch hier Brückenbauwerke zu errichten.[128] Diese »Bäuche« – Vitruvs *venter* in der Übersetzung – konnten durchaus gewaltige Dimensionen annehmen, wie uns die Beispiele aus Lyon, Aspendos und vielen anderen Orten zeigen. Die Talbrücken eines solchen Siphons unterscheiden sich dabei in ihrer Bauart in keiner Weise von den Aquäduktbrücken aus dem Verlauf einer Gefälleleitung.

Brücken waren aber nicht nur Hilfsmittel, um Geländehindernisse wie Flüsse, Bäche und Trockentäler zu überwinden, sondern sie konnten auch aus anderen Gründen ein wesentliches Planungselement im Aquäduktbau sein. Standen dem natürlichen Gefälle im Trassenverlauf nämlich bergige Hindernisse im Wege, war ein sparsamer Umgang mit der zur Verfügung stehenden Energiehöhe nicht nur angeraten, sondern vielmehr Bestandteil der Planung. Neben der Einplanung eines schwachen Gefälles war es mancherorts nur durch den Einsatz des Planungselementes Brückenbau möglich, Trassenlinien abzukürzen, um auf diese Weise Energiehöhe zu sparen. Das zur Verfügung stehende Verhältnis von Energiehöhe zur Länge des entsprechenden Trassenabschnitts bestimmte dabei die Dimensionen der Brücken. Mit anderen Worten: Je weniger Energiehöhe zur Verfügung stand, desto mehr Strecke musste mit Hilfe von Brückenbauten eingespart werden.

Als ob diese geländebedingten Vorgaben den römischen Ingenieuren nicht schon Schwierigkeiten genug bereitet hätten, kam in vielen Fällen ein weiteres ganz spezielles Problem hinzu: Da die Römer bei der Auswahl sowohl der Siedlungsplätze als auch der Standorte für ihre Legionslager aus fortifikatorischen Gründen wie auch zum Schutz

---

128 Vitruv VIII, 6, 4.

Tarragona (Spanien), Aquädukt Pont de les Ferreres, auch Pont del Diable, Teufelsbrücke, genannt.

vor Hochwasser Geländeerhebungen bevorzugten, lag das umliegende Gelände in der Regel tiefer als das Siedlungsareal. Das führte nun zwangsläufig dazu, dass aus dem Vorland herangeführte Fernwasserleitungen vor den Siedlungsplateaus jeweils Geländesenken durchqueren mussten. Erschwerend kam weiter hinzu, dass mit Erreichen des Siedlungsareals das auf dem höchsten Punkt angelegte *castellum aquae*, von wo aus das Wasser über ein Druckleitungsnetz weiterverteilt wurde, erreicht und gefüllt werden musste. Die Durchfahrung dieser Geländeeinschnitte erforderte in jedem Fall einen Brückenbau oder den Bau einer Druckleitung.

Mit dieser ganz speziellen topographischen Situation vor Augen müssen die großen Aquäduktbrücken vielfach in einem neuen Licht erscheinen: Die beeindruckenden Brücken vor Tarragona, Segovia und auch durch die Campania vor Rom mussten einzig gebaut werden, um das Wasser mit freiem Gefälle durch die stadtnahen Geländesenken auf die Siedlungshügel zu leiten. Auch beim Bau der großen Aquädukte Deutschlands, zum Beispiel in Köln, Bonn und Mainz, hatte man dieses Geländeproblem durch den Bau großartiger Aquäduktbrücken gelöst: In Köln kann man diesen Bauwerksabschnitt mit seiner Länge von acht Kilometern schon eher als Hochleitung denn als Brücke be-

Aquäduktbrücke Inçekemer bei Alabanda (Çine, Türkei).

Aquäduktbrücke Anazarbos (Adana, Türkei).

Aquäduktbrücke vor Antiochia (Yalvaç, Türkei).

zeichnen, während der Mainzer Aquädukt mit seiner stadtnahen Brücke von beeindruckenden 25 Meter Höhe ins Auge sticht.

Brücken waren natürlich große »Materialverbraucher«. Natursteine und *opus caementicium* wurde massenhaft benötigt, um die bis zu 50 Meter hohen Kunstbauten zu errichten. Aus diesem Grunde finden wir in steinarmen Regionen einen weiteren Sonderfall des Brückenbaus: die Erdbrücken. In Belgien und in den Niederlanden sind es die römischen Siedlungsplätze Tongeren[129] und Nimwegen,[130] die durch diesen Bautyp herausstechen: Hier wurden gewaltige Erddämme aufgeschüttet, um die Aquädukte über Talsenken zu leiten.

Brücken sind naturgemäß die auffälligsten Teile eines antiken Aquäduktes. Das liegt nicht nur daran, dass sie sich vor den Blicken nicht im Erdreich verbergen wie beispielsweise die unterirdischen Leitungsabschnitte und die Tunnel: Offensichtlich haben die römischen Ingenieure gerade im Brückenbau ihr ganzes Können demonstriert. Durch die Anwendung des Halbkreisbogens wurden die kühnsten Brückenschläge ihrer Zeit erreicht, und wegen ihrer gewaltigen Abmessungen, mit denen die Grenzen der Tragkraft scheinbar erreicht oder gar überschritten wurden, beeindrucken uns diese Bauwerke noch heute – wie sehr müssen sie dann erst in römischer Zeit das Staunen der Zeitgenossen hervorgerufen haben? Dabei haben die Brücken nicht nur ihre demonstrativ zur Schau gestellte Architektur zu bieten, auch bei näherer Betrachtung werden Einblicke geboten, die überraschen und Bewunderung provozieren: Planung, Organisation und Ausführung eines Brückenbaus bilden eine Leistungseinheit, die im Endprodukt eine Demonstration des Könnens antiker Ingenieure darstellt – und noch mehr: eine Demonstration der *maiestas* des *populus romanus*.

Als Quintessenz aus der bisherigen Forschung kann sich dieser Leitsatz ergeben: »Alles, was wir über die in römischen Aquädukten steckende Technik wissen wollen, müssen wir aus den Bauwerken selbst herauslesen.« Dies gilt besonders für den Brückenbau. Zwar ist eine gewisse Anzahl an Bauinschriften erhalten – komplett oder rekonstruierbar wie in Segovia –, aber diese sagen nichts über die angewandte Technik, sondern eher etwas über den Auftraggeber aus (→ Kap. 1). Der Ingenieur als *spiritus rector* steht fast immer im Hintergrund.[131] So verbleibt uns tatsächlich nur, die aus römischer Zeit erhaltenen Brückenbauwerke einer genauen Betrachtung zu unterziehen, um etwas über die Planung und den Bauablauf sagen zu können.

Bautypen römischer Brücken

Im Aquäduktbau konstruierte man in fast allen Fällen massive Steinbrücken. Der Vollständigkeit halber sollen aber die anderen Brückenbauarten hier kurz vorgestellt werden.

Die Entwicklung vom einfachen Balken als Tragfläche zum echten Gewölbe lässt sich auf verschiedenen Wegen nachvollziehen. Eine, wenn auch kleine Entwicklung ist bereits in zwei schräg gestellten Steinbalken zu sehen, weil auf diese Weise ein Hindernis wie zum Beispiel ein Bach mit einer größeren Öffnung überspannt werden konnte. Auch das Kragsteingewölbe (ebenfalls »falsches Gewölbe« genannt) bot diesen Vorteil. Die Dimensionen der mit diesen einfa-

---

129 Ponzetta/De Winter/Wesemael 2003.
130 Schut 2004; Schut 2005.
131 Eine Ausnahme macht der Ingenieur Nonius Datus bezüglich seines Tunnelbaus in Saldae um 150 n. Chr. (→ Kap. 8).

Pont du Gard (Frankreich). Die unterschiedlichen Bauabschnitte sind im Mauerwerk deutlich zu unterscheiden: Auf den Großsteinquadern der Bogenreihe sind die Handquadersteine eines Mörtelmauerwerks aufgemauert.

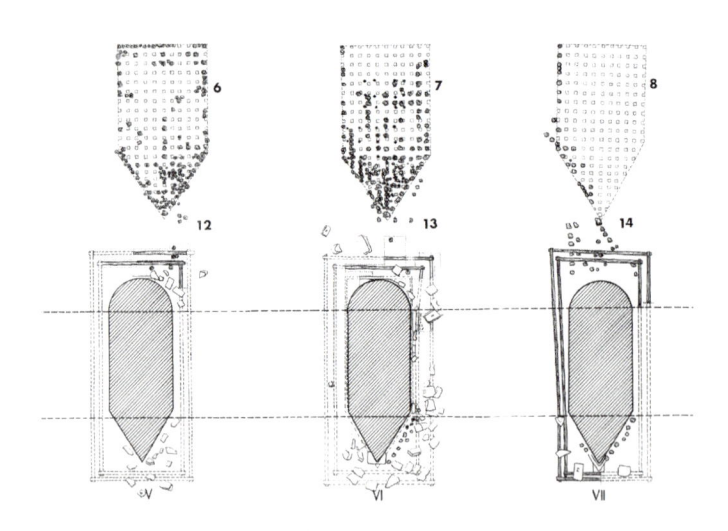

Das Problem der Pfeilergründungen in Flussbetten stellte sich für jede Art von Brücken. In Trier sind die römischen Moselbrücken in dieser Hinsicht gut erforscht worden. Oben: Die Holzpfeilergründungen der um 45 n. Chr. gebauten Pfahlrostbrücke; unten: Fundamente und Spundwände der Steinpfeilerbrücke von 144/152 n. Chr. (Grabungsbefund von H. Cüppers).

chen Techniken gebauten Brücken wurden allerdings erst durch den Einsatz des Halbkreisbogens gesprengt, der in römischer Zeit zu höchster Vollendung gebrachten Form im Brückenbau.[132]

Das Prinzip der Bogenbrücke mit Keilsteingewölbe beruht auf der Übertragung der auf den Bogen einwirkenden Kräfte auf die Widerlager und die Stützpfeiler: Die selbsttragende Wirkung des Bogens wird erst erreicht, wenn der auf einem Lehrgerüst aus Keilsteinen gesetzte Halbkreis mit einem Schlussstein in seinem Scheitel geschlossen wird. Das Gewicht dieses abschließenden Steins überträgt sich auf die benachbarten Keilsteine und von dort, vermehrt um das Gewicht des jeweiligen Keilsteines, auf den nächsten. Diese Kraftübertragung setzte sich fort bis zu den Auflagern, wo jeweils das Gewicht einer Bogenhälfte und somit die Gesamtlast der Konstruktion auf den Kämpferstein und damit auf die Stützpfeiler oder Widerlager übertragen wird.

In diesem Zusammenhang soll aber nicht vergessen werden, dass neben solchen dauerhaften Steinbrücken auch Holzbrücken gebaut wurden, und dass die römischen Baumeister auch in der Zimmermannsarbeit überragende Ergebnisse vorweisen konnten. Erwähnt seien die Brücken Caesars über die Saône und den Rhein. Besonders die erste seiner beiden Rheinüberquerungen muss von ihm selbst als technische und taktische Meisterleistung angesehen worden sein, denn er beschreibt sie in *Der Gallische Krieg* ausführlich.[133] Unverkennbar wird aus dem Text die taktische Überlegung Caesars deutlich, dem germanischen Gegner die technische Überlegenheit seiner Truppen vorzuführen, die nur zehn Tage Bauzeit benötigt hatten.

Im antiken Wasserleitungsbau kommen Holzbrücken nur in ganz seltenen Fällen und dann hauptsächlich zur Überwindung temporärer Versorgungslücken – zum Beispiel bei Reparaturmaßnahmen an den Steinbrücken – vor.

---

132 Die Etrusker können in der Technik des Brückenbaus nur bedingt als Lehrmeister der Römer angesehen werden. Rein etruskische Bogenbrücken wie in Blera oder römische Neubauten über den Fundamenten etruskischer Vorgängerbauten (wie in Vulci) sind seltene Ausnahmen, denn das Problem der Talüberquerung wurde in etruskischer Zeit eher durch den Bau von Erddämmen (wie in Ponte Terra) gelöst; Grewe 1998, 72.

133 Caesar, Der Gallische Krieg IV, 17.

Eine dieser Ausnahmen bildete der kleine hölzerne Aquädukt zur Versorgung des Legionslagers Novaesium, dem heutigen Neuss (→ Kap. 13).

Ein anderes zeitgenössisches Dokument zur Geschichte des Brückenbaus stellt die Trajanssäule in Rom dar. Auf dem 200 Meter langen Band der Säule sind die Feldzüge Trajans gegen die Daker dargestellt, wozu auch die Beschreibung eines Brückenschlages über die Donau gehört, der von Trajans Baumeister Apollodoros 102 bis 105 n. Chr. geplant und ausgeführt wurde. Apollodoros' kombinierte Stein-Holz-Brücke weist zwar eine kompaktere Bauweise als Caesars Rheinbrücke auf, diente aber zunächst ebenso nur dem Übersetzen der römischen Truppen, dieses Mal über den Donaustrom. Gleichwohl wurde die Technik des Brückenbaus aus Holzsprengwerk auf massiven Steinpfeilern auch für dauerhaft genutzte Brücken angewendet, wie u. a. die Beispiele der Trierer Moselbrücke oder der unter Kaiser Konstantin gebauten Rheinbrücke von Köln zeigen.

Im Aquäduktbau hingegen ist dieser Brückentypus nicht bekannt; der bevorzugte Bautyp war hier die Steinbrücke. Bei Höhen von bis zu 50 Meter und Spannweiten von bis zu 25 Meter stand mit einer solchen Brücke ein Bauwerk zur Verfügung, das ermöglichte, die in den Städten benötigten Trinkwassermengen heranzuführen.[134] Die steinerne Rinne als Bekrönung der Brücke gewährleistete eine größtmögliche Versicherung gegen Wasserverlust bei der Talüberquerung. Wenngleich auch hier keinerlei Konstruktionszeichnungen aus der Antike erhalten sind, so lassen sich bei verschiedenen Brücken anhand einzelner Kragsteine oder Mauervorsprünge an den Pfeilern und in den Bögen doch Konstruktionselemente rekonstruieren.

Brückenbau in Flussbetten

Es war auch im Aquäduktbau im Falle von Flussüberquerungen nicht vollends vermeidbar, die Pfeiler für die Brücken im Wasser bauen zu müssen. Die großen Brücken im Vorgelände der Städte und Lager betraf das zwar normalerweise nicht, da hier lediglich Geländesenken mit festem Untergrund und keine Flussläufe zu queren waren. Es gab aber auch Fälle, bei denen es nicht zu vermeiden war, ganze Flüsse zu überspannen. Man versuchte dabei stets, die Probleme zu mindern, indem man die Stellen für die Brücken sorgfältig aussuchte, um für die Pfeilergründungen nach Möglichkeit trockene Stellen im Flussbett oder gar Felsvorsprünge nutzen zu können.

In ariden und halbariden Zonen hatte man weniger mit dieser Fragestellung zu tun, denn hier gab es naturgemäß jahreszeitliche Schwankungen im Wasserstand der Flüsse, die im Sommer vielfach komplett austrockneten. Besucht man beispielsweise die Brücken des Albarregas vor Mérida (Spanien) in den Sommermonaten, so findet man die Pfeiler in einem ausgetrockneten Flussbett stehend vor. Dieses Bild muss sich in der heißen Jahreszeit auch den antiken Baumeistern geboten haben, und so konnte man sich diese Gegebenheiten bei der Organisation der Baustelle zunutze machen.

In unseren Breitengraden wird sich dieses Problem aber völlig anders dargestellt haben, denn selbst in heißen Sommerperioden wird ein Brückenbau in einem wasserlosen Flussbett nicht möglich gewesen sein. Eine archäologische Untersuchung zu dieser Thematik bot sich an, als in den Jahren 1957 bis 1967 die Mosel in ihrem deutschen Streckenverlauf kanalisiert wurde und man die Trierer Moselbrücke näher inspizieren konnte.[135] Dabei zeigte sich

---

134 Die Spannweite des Hauptbogens über dem Gardon beträgt 24,5 Meter.
135 Cüppers 1969.

dann, dass die noch immer vom Verkehr genutzte steinerne Brücke, die im Zweiten Weltkrieg nicht zerstört worden war, in den Jahren 144 bis 152 n. Chr. von römischen Ingenieuren im wasserführenden Flussbett der Mosel gebaut worden war. Diese Brücke ersetzte einen 45 n. Chr. errichteten Vorgängerbau mit Holzpfeilergründung.[136] Von dieser Pfahlrostbrücke wurden bei der archäologischen Untersuchung eine nennenswerte Menge an Holzresten gefunden, die einen guten Einblick in die Baugeschichte gaben.

Durch diese Befunde sind in den beiden Moselbrücken von Trier zwei verschiedene der in römischer Zeit gängigen Techniken des Brückenbaus sichtbar geworden. Da sich Aquädukt- und Straßenbrücken in ihrem Unterbau kaum unterschieden haben dürften, können die Trierer Befunde sehr wohl auch für eine Beschreibung des Aquäduktbrückenbaus herangezogen werden. Zu unterscheiden waren – neben anderen einfachen Formen – grundsätzlich zwei Bautypen, nämlich die Pfahlrost- und die Steinpfeilerbrücken. Die Entscheidung für eine der beiden Techniken wurde sicherlich von der Tiefe des Wassers beeinflusst, denn die Steinpfeilerbrücken waren eher für flachere Wasserstände geeignet.

Bei der Konstruktion von Pfahlrostbrücken wurden in den Abmessungen der Standfläche der jeweiligen Pfeiler Holzpfähle dicht beieinander senkrecht in den Flussgrund gerammt. Die Oberkanten der Holzpfähle schnitt man in gleicher Höhe ab. Danach brachte man noch eine Lage von querliegenden Holzbohlen auf, ehe man mit der Verlegung der Steinblöcke für die aufgehenden Pfeiler beginnen konnte. Waren die Holzpfähle dicht genug beieinander gesetzt, so konnte man die erste Lage der Steinblöcke auch direkt auf dem Pfahlrost verlegen. Für den Bestand der Brücke war es wichtig, dass die Oberkanten des hölzernen Unterbaus immer unterhalb des normalen Wasserstandes des Flusses lagen, damit die Hölzer nicht faulten. Die ältere Trierer Brücke wurde in dieser Technik gebaut; das bekannteste, weiter oben bereits angesprochene Beispiel für diesen Bautypus dürfte aber die von Apollodoros gebaute Donaubrücke sein.

Eine Steinpfeilerbrücke wurde im Gegensatz zum eben beschriebenen Bautyp nicht auf einem Pfahlrost errichtet, sondern man setzte die Pfeiler direkt auf dem felsigen und somit festen Untergrund des Flussbetts auf. Zum Bau musste im Flussbett ein Spundwandsystem errichtet werden, das die Pfeilerbaustelle gegen Grundwasser und ansteigendes Flusswasser zu schützen hatte. Innerhalb dieser Spundwände konnte der Flussgrund ausgekoffert werden, bis ein fester Untergrund für den Pfeilerbau erreicht wurde. Während der Arbeiten wurde in die Baustelle eindringendes Wasser fortlaufend ausgeschöpft oder -gepumpt. Für den Bau einer solchen Brücke war also ein seichtes Flussbett am besten geeignet, zudem eine Jahreszeit mit extremem Niedrigwasser. Im Grabungsbefund von Trier wurde ersichtlich, dass die Spundwandsysteme aus zwei Wandungen bestanden, die im Abstand von 0,5 Meter in den Flussgrund abgesenkt worden waren. Ihre Abmessungen betrugen außen 26 mal 11,6 Meter und innen 24 mal 9,4 Meter. Den Zwischenraum verfüllte man mit gestampftem Ton, um eine bessere Dichtigkeit zu erreichen. Nach Fertigstellung eines Pfeilers füllte man die Zwischenräume zwischen Spundwänden und Steinpfeilern mit Bauschutt aus und überließ das Ganze dem ansteigenden Flusswasser. Da auch in diesem Fall bei Niedrigwasser unter der Normalwasserlinie gearbeitet worden war, lagen die Spundwände zumindest mit ihren unteren Holzlagen die meiste Zeit des Jahres unter Wasser und konnten sich daher erhalten.

---

[136] Der Bau der ersten Moselbrücke bei Trier ist dendrochronologisch für das Jahr 17 v. Chr. nachgewiesen. Sie war im Verlauf der von Agrippa in Auftrag gegebenen Straße von Lyon an den Rhein gebaut worden. Diese Straße wird von uns heute Agrippastraße genannt.

Beim Bau der Brücken hatte man unbedingt zu beachten, dass die Querschnitte der Pfeiler zu einer Einengung des Flussbettes führten, wodurch die Wasserstandslinie des Flusses nach Fertigstellung der Brücke höher lag als vorher. Das begünstigte zwar einerseits den Erhalt der hölzernen Bauteile der Brücke, der höhere Wasserstand musste aber andererseits bei den Abmessungen einer Brücke – besonders bei den Bogenhöhen – berücksichtigt werden.

»Soda-Brücken« in römischer Zeit?

Obwohl sich die originalen Konstruktionspläne oder sonstige technische Beschreibungen von antiken Wasserleitungen nicht erhalten haben, können wir durchaus gewisse Aussagen über den römischen Baubetrieb und die Baustellenorganisation machen. So wissen wir zum Beispiel aus Grabungsbefunden, dass man die langen Aquädukttrassen in kürzere Baulose einteilte, um an vielen Stellen gleichzeitig arbeiten zu können, wodurch die Bauzeit eines Aquäduktes erheblich zu verkürzen war (→ Kap. 4). Anhand der heute noch zu ermittelnden Sohlenhöhen konnten wir nachweisen, dass die Gefälleabsteckung mit der Methode des Austafelns durchgeführt wurde (→ Kap. 4).

Aus der Inschrift des Nonius Datus wissen wir, dass es die Vermessungsfachleute des Militärs waren, die man für die schwierigen Ingenieuraufgaben heranzog und dass diese nicht die ganze Bauzeit über auf der Baustelle zugegen sein konnten, sondern, nachdem sie den Bauleuten gewisse Vorgaben gemacht hatten, wieder zu ihren Einheiten zurückkehrten (→ Kap. 1). Ob ganze Aquädukte von Militäreinheiten gebaut worden sind, ist nicht mit Sicherheit zu sagen – besagter Nonius Datus, der mit dem Bau der Wasserleitung für Saldae/heute Bejaïa (Algerien) betraut war, setzte allerdings zumindest in der Schlussphase der Bauarbeiten auf seiner Tunnelbaustelle Soldaten ein.

Auch bezüglich der Aquäduktbrücken wissen wir aus den antiken Quellen nichts über die Ausbildung der Bauleute und die Organisation der Baustelle, es liegt aber nahe, auch für diesen Sonderbereich den Einsatz von Spezialisten anzunehmen. Mehrere Befunde aus dem Verlauf der Eifelwasserleitung deuten darauf hin, dass die Brücken nicht von denselben Bauleuten gebaut wurden, die auch den *specus* anlegten, also die unterirdisch geführte Rinne.

Zu diesem Thema brachte die Ausgrabung einer kleinen Aquäduktbrücke der Eifelwasserleitung bei Mechernich-Vollem neue Erkenntnisse.[137] Um den Trassenverlauf des Aquäduktes zu erkunden, wurde in einer Wiese nahe dem Dorf ein Baggerschnitt angelegt. Schon bei einem der ersten Griffe des Baggers kam ein konisch zugeschlagener

Die kleine Aquäduktbrücke von Mechernich-Vollem/Urfey zeigte Abweichungen in der Ausrichtung der Brückenachse zur darauf verlegten Kanalrinne – ein erster Hinweis auf die Arbeitsteilung in den Gewerken Brücke und Kanalrinne (→ Teil B, Kap. 1).

---

137 Diese Brücke war nach der Ausgrabung 1982 wieder zugeschüttet worden. 2009 wurde sie wieder freigelegt und ist seitdem zugänglich; Grewe 1986, 64–66 (Fundstelle 18.2) (Römerkanal-Wanderweg, Station 9).

Handquaderstein an das Tageslicht, was die Vermutung zuließ, hier auf den Bogenstein einer Aquäduktbrücke getroffen zu sein. Tatsächlich zeigte sich bei den weiteren, nun von Hand durchgeführten Freilegungsarbeiten, dass es sich bei diesem Fund sogar um den Schlussstein des Bogens einer kleinen Brücke gehandelt hatte.

Die hier bei Vollem entdeckte Brücke war den kleineren Bauwerken ihrer Art zuzurechnen, hatte aber den Vorteil, ziemlich komplett erhalten zu sein. Sie zeigte Abmessungen von 7,3 Meter Länge bei einer Breite von 1,79 Meter. Der einzige Bogen hatte eine Durchlassweite von 1,12 Meter. Die auf der Brücke verlegte Wasserleitungsrinne hatte Abmessungen von 42 Zentimeter lichte Weite und 50 bis 52 Zentimeter lichte Höhe.

Es zeigte sich erst beim genauen Aufmaß des Befundes, dass die beiden Bauwerksteile – Brücke und *specus* – nicht so recht zusammenpassten. Die Wasserleitung verlief nämlich weder exakt mittig noch nach der Brückenachse ausgerichtet über das Bauwerk. Sie lag vielmehr auf die ganze Brückenlänge bezogen um 17 Zentimeter schräg zur Ausrichtung des Unterbaus. Das gab einer Vermutung Nahrung, die wir schon lange gehegt hatten: Die Brücken waren nicht von den gleichen Leuten gebaut worden wie die darauf verlegten Rinnen. Ein Spezialtrupp musste im Vorfeld des Trassenausbaus unterwegs gewesen sein, um die mehr oder weniger aufwendigen Brücken vorab zu errichten. Das ist natürlich sinnvoll, wenn man bedenkt, dass die Brückenbauten u. U. mehr Zeit in Anspruch nahmen als der Bau des *specus*. Da die Leitung innerhalb eines Bauloses nur in einem Zuge fortschreitend zu bauen war, zum Beispiel um Höhenversprünge zu vermeiden, wäre es zu erheblichen Verzögerungen im Baubetrieb gekommen, wenn man an jeder kleinen Bachüberquerung auf die Fertigstellung der jeweiligen Brücke hätte warten müssen.

Bei einer Überlandfahrt kann man immer wieder einmal eine einsame moderne Brücke auf dem freien Feld entdecken, die allerdings die ihr zugedachte Funktion nicht erfüllen kann, weil sie an keinem ihrer beiden Enden an eine Straße angeschlossen ist. Solche Brücken werden vom Volksmund spöttisch »Soda-Brücken« genannt, weil sie einfach »so da« stehen.[138] Für die Technikgeschichte ist ein solches Bauwerk allerdings nicht uninteressant, weil es in einer Tradition mit den römischen Brücken steht. Man sieht, dass der heutige Straßenbau sich derselben Organisationsformen bedient, die wir schon aus dem römischen Aquäduktbau kennen: Die Brücken sind innerhalb des Straßen- oder Leitungsbaus eigenständige Gewerke, die von Spezialisten vorab gebaut werden. Im Umkehrschluss lässt sich deshalb vermuten, dass auch die römischen Aquäduktbrücken für eine gewisse – allerdings kurze – Übergangszeit als »Soda-Brücken« auf dem freien Feld standen.

Dieser Befund lässt sich an einem vier Kilometer langen Trassenabschnitt im Verlauf der Eifelwasserleitung äußerst eindrucksvoll belegen. Im Waldgebiet Hombusch musste die Eifelwasserleitung aus organisatorischen Gründen vor der endgültigen Fertigstellung des letzten Bauloses provisorisch in Betrieb genommen werden. Man verlegte zu diesem Zweck eine Holzleitung in der für den Steinkanal geplanten Trasse, führte sie um einen baubehindernden Bergsporn herum und schloss sie an das bereits fertiggestellte Anschlussbaulos an. Dann verbreiterte man im Problemabschnitt die Arbeitsterrasse auf ihrer Bergseite, um dort den Steinkanal zu bauen. Beide Leitungen wurden also über eine vier Kilometer lange Strecke in etwa parallel geführt. An mindestens acht Stellen lässt sich archäologisch nachweisen, dass man sowohl für den Steinkanal als auch für die provisorische Holzleitung dieselben Talüberquerungen genutzt hat. Die hierzu erforderlichen Brückenbauwerke – eine davon dreibogig, sieben Meter hoch und 35 Meter lang – müssen also schon vor dem Bau der Holzleitung fertiggestellt worden sein (→ Teil B, Kap. 1).

---

138 Ein prächtiges Exemplar dieser Spezies steht seit Jahren in der freien Feldflur neben der A1 bei Euskirchen. Hier sollte ehemals ein Autobahnzubringer gebaut werden, der aber nie fertiggestellt wurde. Dieses Brückenfragment wurde von der Kölner Rockband BAP auf ihrem Album *Aff un zo* (2001) spöttisch besungen und ziert auch das Cover.

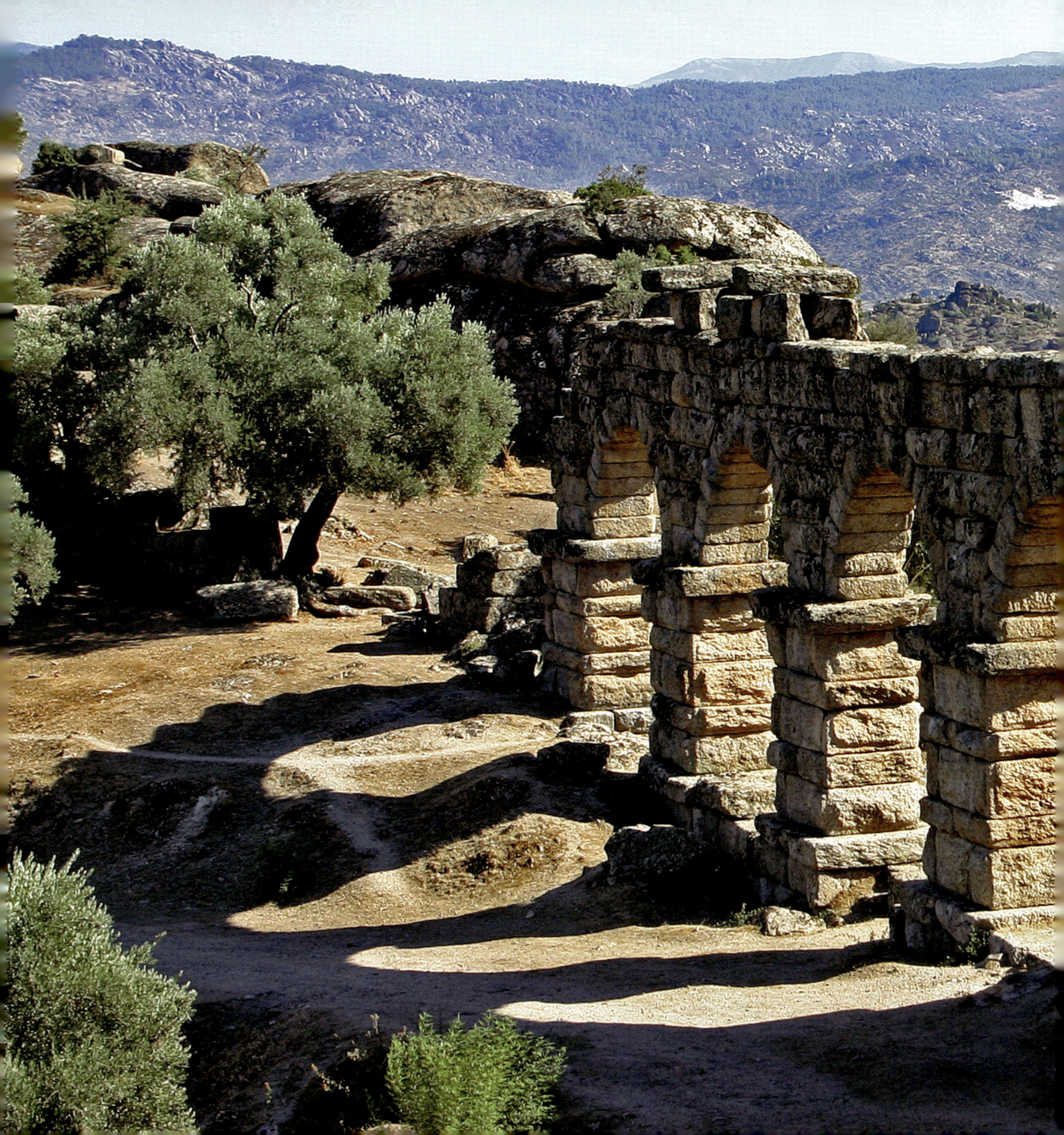

Vorherige Doppelseite (S. 91/92):
Aquäduktbrücke von Alinda (Çine, Türkei).

Links (von links nach rechts und von oben nach unten):

1 Am Pont du Gard (Frankreich) ist die Organisation römischer Brückenbaustellen gut ablesbar: Man baute zuerst den zweigeschossigen Kernbau und zwar höhengleich mit dem *castellum divisorium* in Nîmes.

2 Mit dem Heranrücken des bei Uzès begonnenen Leitungsausbaus konnte die Bogenreihe des dritten Stockwerks des Pont du Gard in Angriff genommen werden (Großquadermauerwerk).

3 Als die Leitung nur noch 2,3 Kilometer vom Pont du Gard entfernt war, konnte man die Höhe auf der Brücke endgültig festlegen und errichtete das Gerinne auf der Bogenreihe.

4 Die Energiehöhe für den Weitertransport des Wassers zwischen Pont du Gard und Nîmes (33,5 Kilometer) wurde allein vom dritten Stockwerk des Aquädukts bestimmt.

Übernächste Doppelseite (S. 97/98):
Aquäduktbrücke in Segovia (Spanien).

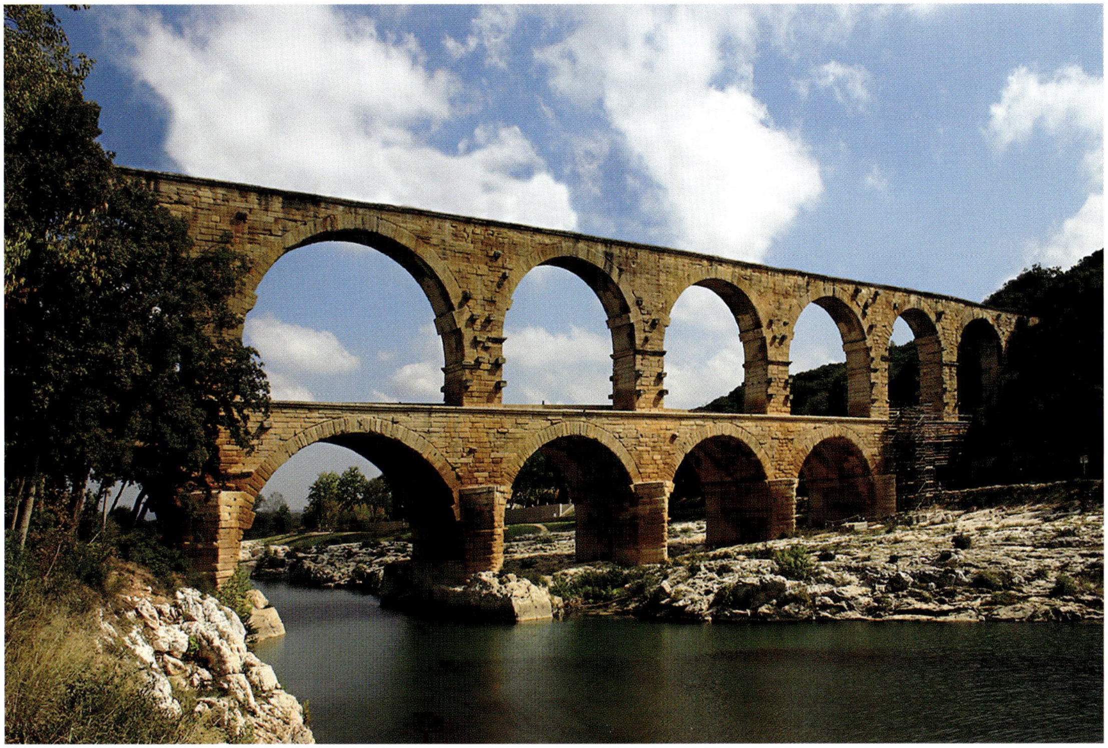

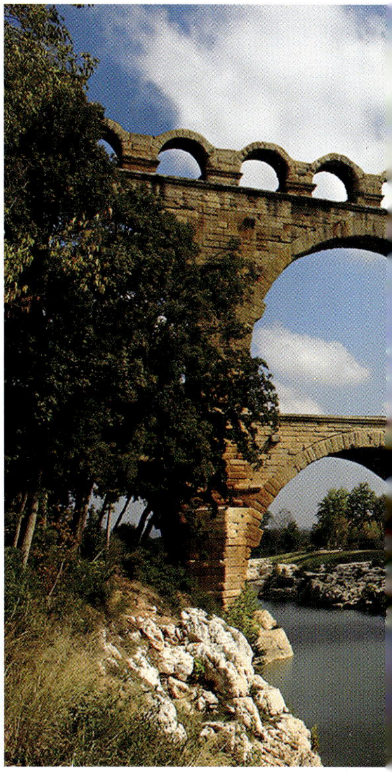

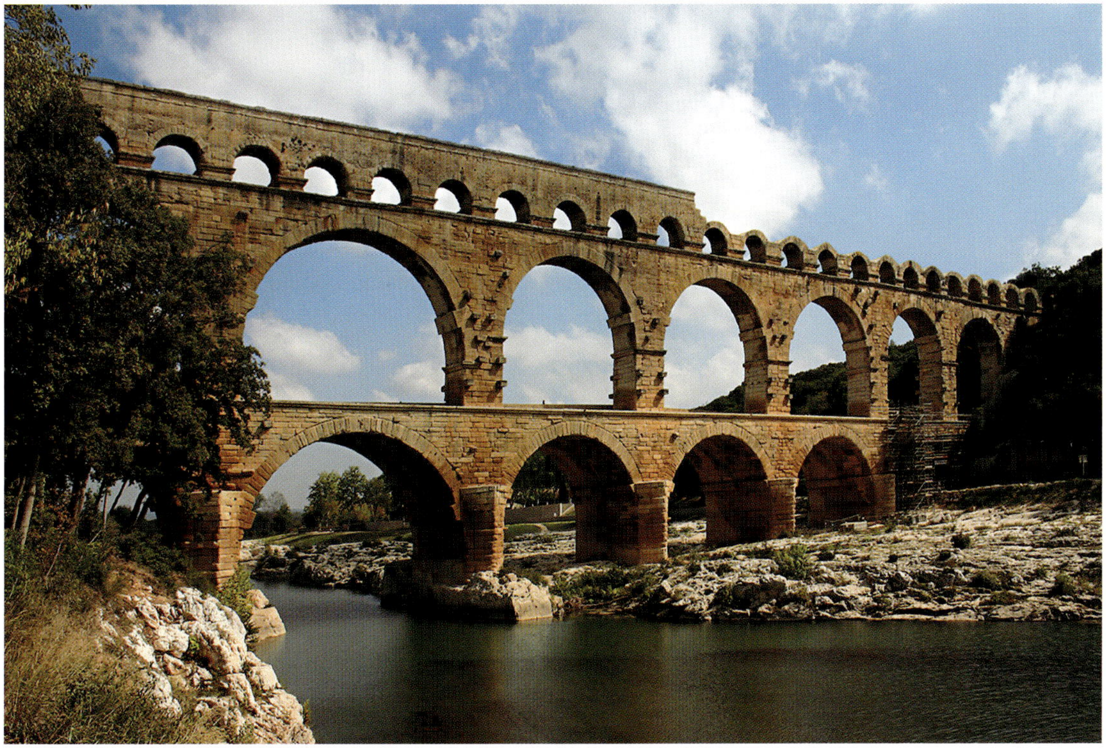

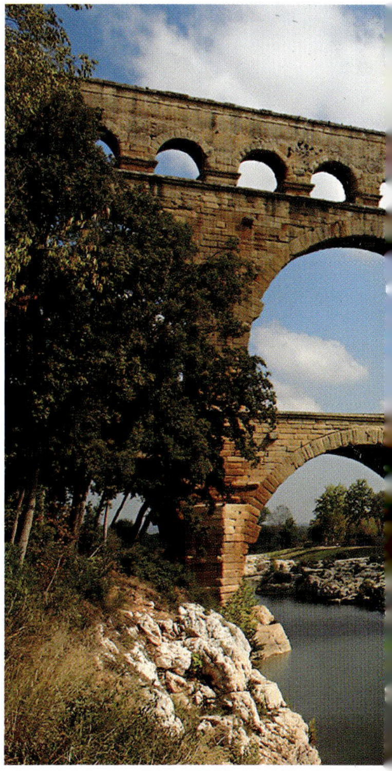

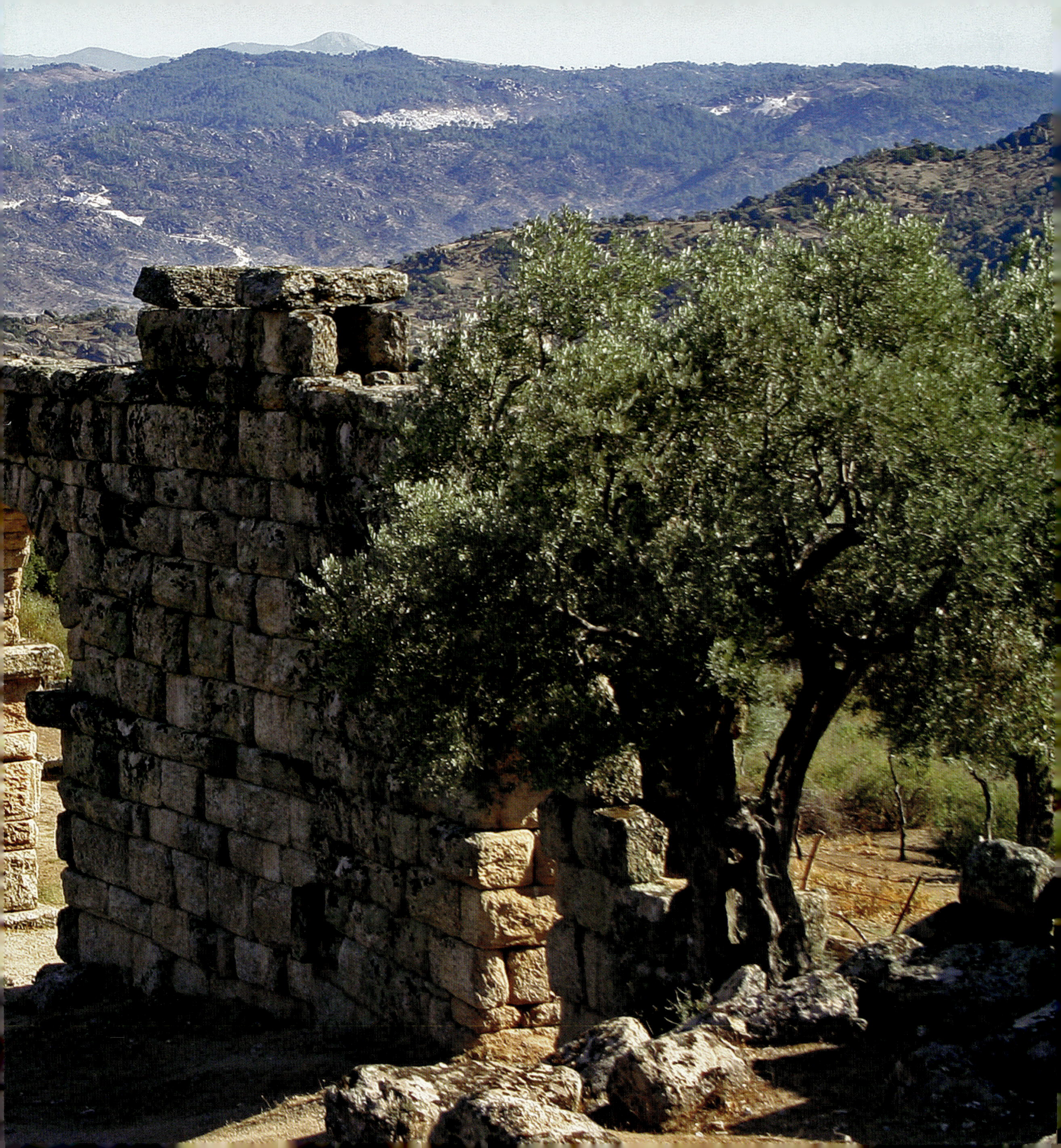

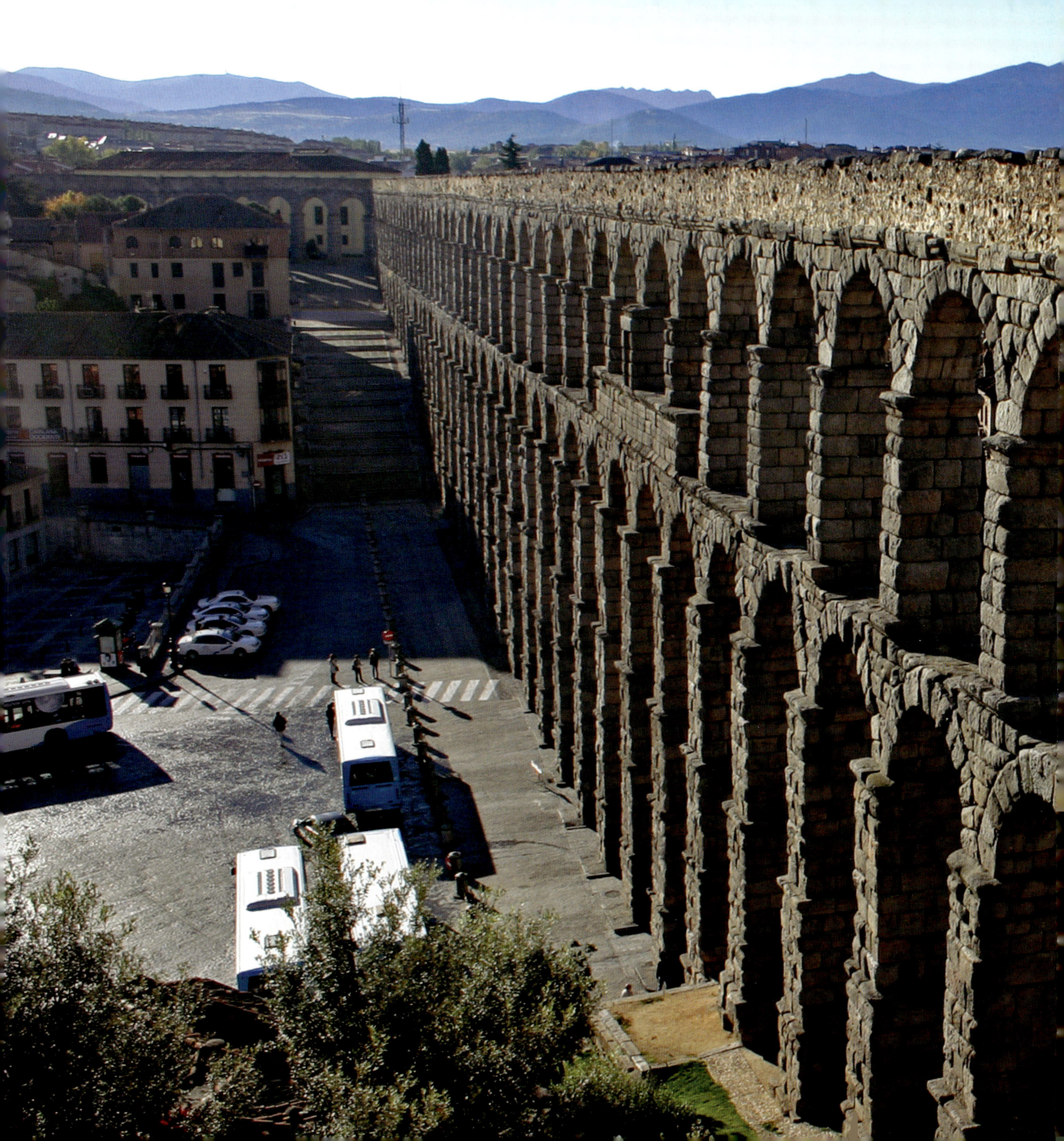

Akçay-Brücke in Side (Türkei).

Pollio-Aquädukt in Ephesus (Türkei).

Aquäduktbrücke (Acueducto de los Milagros) über den Rio Albarregas in Mérida (Spanien).

Aquäduktbrücke in Olba (Uzuncaburç, Türkei).

Bogen der Aquäduktbrücke Karahayit des Aquäduktes nach Hierapolis in Phrygien (Türkei).

Aquäduktbrücke bei Chemtou (Tunesien).

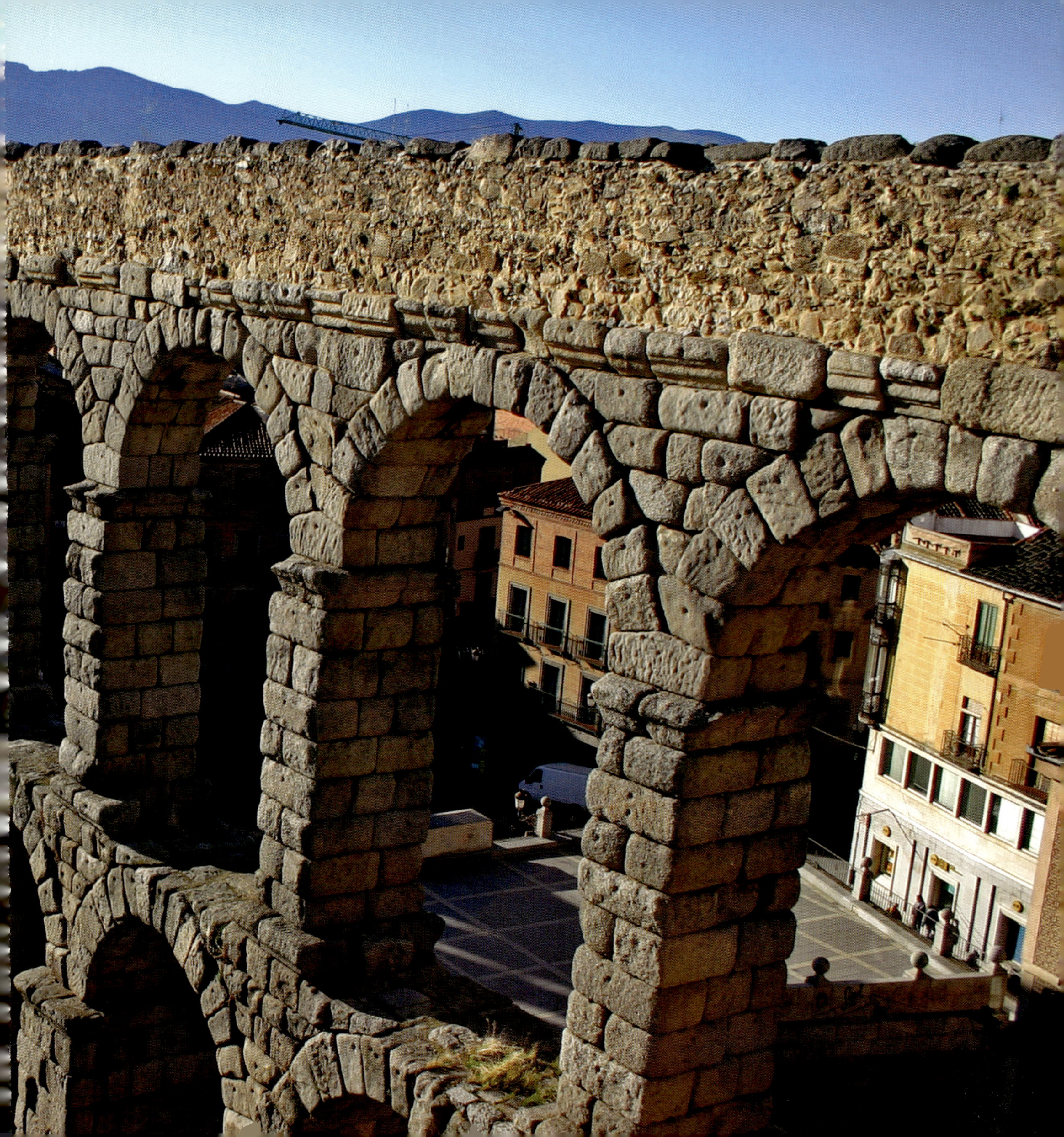

Oben links: Aquäduktbrücke aus dem Verlauf der Wasserleitung vom Djebel Zaghouan nach Karthago (Tunesien). Die Großquadersteine der Brückenpfeiler wurden in nachrömischer Zeit geraubt und durch einen Lehmmantel ersetzt.

Oben Mitte: Aquäduktbrücke aus dem Verlauf der Gierwasserleitung bei Mornant (Lyon, Frankreich).

Oben rechts: Auch das war einmal eine Aquäduktbrücke: Pfeilerrest bei Ayatekla (Silifke, Türkei).

Rechts: Aquäduktbrücke Ponte Lupo bei Rom (Italien).

War der Pont du Gard auch eine »Soda-Brücke«?

Die eben beschriebene, schlüssige Vorgehensweise der römischen Ingenieure ist durch archäologische Befunde gut belegt und auch in Hinsicht auf einen reibungslosen Arbeitsablauf anders kaum vorstellbar. Da der oben geführte Nachweis allerdings einen Trassenabschnitt mit eher kleinen Aquäduktbrücken betrifft, stellt sich die Frage, ob diese Form der Baustellenorganisation auch bei größeren Aquäduktbrücken denkbar ist, denn gerade bei großdimensionierten Bauwerken war mit besonderer Vorsicht zu bauen, da nachträgliche Korrekturen kaum zu verwirklichen waren.

Große Brücken unterlagen bezüglich Planung und Bauausführung ganz anderen Gesetzen als die kleinen. Nicht nur von der Größe her waren diese Bauten viel schwieriger zu beherrschen: Betrachten wir die gewaltigen Spannweiten, die im Falle des Pont du Gard bis zu 24,5 Meter erreichten, und die in drei Stockwerken ausgebaute Höhe von fast 50 Meter, so wird klar, dass hier die Statiker ganz besonders gefordert waren.[139] Das hatte zwangsläufig Auswirkungen auf den Einsatz der Baustoffe sowie auf die Auswahl des Baugrundes, und es erforderte eine kluge Planung schon allein wegen der durch Hochwasser und Windeinwirkungen zu berücksichtigenden Unwägbarkeiten. Nachträgliche Änderungen am Baukörper, die beispielsweise durch eine von der geplanten Höhenlage abweichende des herangeführten *specus* bedingt sein konnten, beeinträchtigten aber nicht nur die Statik, sondern zudem das Aussehen einer Brücke. Die *maiestas* des *populus romanus*, die in den großen Staatsbauten zum Ausdruck kommen sollte, hatte sich besonders in den Brückenkonstruktionen manifestieren, bei denen der römische Ingenieurgeist und das meisterliche Können triumphieren konnten. Die Ästhetik dieser Großbauten, die uns bis heute beeindruckt, entfaltete schon zu ihrer Zeit eine besondere Wirkung.[140]

	Stationierung	Länge	Höhe	Höhenunterschied (Energiehöhe)	Gefälle (m/km)
Leitungsanfang (180,61 m unterhalb der Eurequellen bei Uzès)	180,61 m		71,220 m		
Teilstrecke (oberhalb des Pont du Gard)		15 996,57 m		6,138 m	0,3837 ‰
Pont du Gard	16 177,18 m		65,082 m		
Teilstrecke (unterhalb des Pont du Gard)		33 524,81 m		6,137 m	0,1831 ‰
Castellum aquae in Nîmes	49 701,99 m		58,945 m		
Gesamtstrecke		49 521,38 m		12,275 m	0,2479 ‰

(Tabelle: Gesamt- und Teilstreckengefälle der röm. Wasserleitung nach Nîmes; n. Fabre/Fiches/Paillet 1991, 93; Längsprofil 94f.)

---

139 Die exakte Höhenangabe liegt bei 48,31 Meter; Fabre/Fiches/Paillet 1991, 94.
140 Die neuesten Datierungsversuche legen die Bauzeit der Wasserleitung nach Nîmes in die Regierungszeiten von Kaiser Claudius oder Kaiser Nero; Fabre/Fiches 2006, 94.

Nun stand der Pont du Gard, als Aquäduktbrücke der Wasserleitungstrasse zwischen Uzés und Nîmes, an keiner sehr prominenten Stelle und blieb somit den Blicken der Reisenden und Besucher von Nemausus eher verborgen. Gleichwohl verbergen sich auch an diesem Bauwerk viele Beispiele für qualitätvolle Bauausführung und Zierrat an Stellen, die von einem Passanten niemals einzusehen gewesen wären.[141]

Es gilt noch einmal zu betonen, dass wir für die Betrachtung eines antiken Technikbaus keinerlei Baupläne oder sonstige Planungsunterlagen zur Verfügung haben. Alles, was wir über die in diesem Bau steckende Technik wissen wollen, müssen wir aus dem Bauwerk selbst herauslesen. Dabei sind im Mauerwerk erkennbare Sonderformen – wie beispielsweise die Kragsteine – in der Regel große Hilfen. Wenn es um die Entschlüsselung der Bogenkonstruktion geht, sind aber auch diese nicht immer eindeutig. So ermitteln A. Léger und J. P. Adam bei der Rekonstruktion des Lehrgerüstes für einen der Pont-du-Gard-Bögen durchaus unterschiedliche Bauweisen.[142] Auf die aktuelle Forschungssituation bezogen sind J.-L. Paillet plausible Beobachtungen zur Konstruktion des Pont du Gard gelungen. Er beschreibt auch sehr nachvollziehbar den Bauablauf, wobei er besonders auf die angewandten Techniken und das verwendete Baumaterial eingeht.[143]

Legen wir die zuvor beschriebenen neuen Erkenntnisse zur Organisation der Brückenbaustellen unseren weiteren Betrachtungen zugrunde, dann wird der dreigeschossige Pont du Gard auch aus einer etwas anderen Sicht interessant: Danach könnte man ihn in einen aus den beiden Untergeschossen bestehenden Kernbau und in das dritte Stockwerk, das für den Aufbau der Wasserleitungsrinne bezüglich des Niveaus einen gewissen Spielraum bieten musste, einteilen.

Bezieht man nun die gewonnenen Erkenntnisse zum Bauablauf der Aquädukte von Siga und der Eifelwasserleitung in die Überlegungen mit ein, dass nämlich die Gefälleabsteckung nicht durch ein geometrisches Nivellement, sondern nach der Methode des Austafelns durchgeführt wurde, so ergibt sich bezüglich des dritten Stockwerks eine noch etwas differenziertere Betrachtungsweise. Zwar teilt auch J.-L. Paillet das dritte Stockwerk in Bogenreihe und Kanalrinne ein, er legt die Trennlinie aber als schnurgerade Linie zwischen den Scheitelpunkten der Bogenreihe und der Wasserrinne an, so dass der erforderliche Spielraum zum Ausgleich von auf die Höhe bezogenen Unwägbarkeiten nur in der Sohle der Wasserrinne vorhanden war. Damit schränkt Paillet die Möglichkeiten für die römischen Baumeister stark ein und wird auch dem im Bauwerk ablesbaren Befund nicht ganz gerecht.

Wir können aus unseren Kenntnissen vom Austafeln folgern, dass die Auswirkungen der bei diesem Absteckverfahren nicht berücksichtigten Erdkrümmung zur Abweichung nur in einer Richtung führten, nämlich in jedem Fall nach oben, was sich durch den Verlauf der ausgetafelten Gefällelinie tangential zur Erdkrümmung erklärt. Waren andere Fehlerquellen auszuschließen, so konnte auch der Baumeister der Brücke immer damit rechnen, dass die Bauleute des Aquäduktes aus dem genannten Grund mit ihrem Bauwerk zu hoch auf die Brücke treffen mussten.

Im Fall des Pont du Gard ist erkennbar, dass der Baumeister sich genau diesem Problem in mehreren Schritten näherte: Der Kernbau, also die beiden unteren Geschosse, lag mit einer Gesamthöhe von 41,37 Meter außerhalb jeder »Gefahrenzone«. Das Obergeschoss hingegen diente genau diesem Zweck: Es sollte die Unwägbarkeiten der Gefälleabsteckung aus dem Trassenverlauf im Brückenbereich mit dem Ausbau eines dritten Geschosses auffangen,

---

141 Z. B. im Verlauf der Eifelwasserleitung bei Mechernich-Breitenbenden (s. o.); Grewe 1986d, 82 (Fundstelle 22.2).
142 Léger 1875, Fig. 13; Adam 1984, 191; Fabre 2001, 42; Bessac 2003; Paillet 2005, 60.
143 Paillet 2005.

ohne die Bausubstanz des Kernbaus antasten zu müssen. Dafür stand dem Baumeister ein Spielraum zur Verfügung, der an der Oberkante des zweiten Stockwerks begann.[144]

Es mag ein wenig paradox erscheinen, wenn wir dem römischen Baumeister einerseits ein großes technisches Können im Wasserleitungsbau bescheinigen, ihm aber andererseits eine fast übergroße Vorsicht in seiner Vorgehensweise bei der Gefälleabsteckung zuschreiben. Es ist bekannt, dass die Baumeister ihre Gefällelinien zwar mit schier unglaublicher Präzision abstecken konnten – man weiß aber auch, dass sie die verfahrensbedingten Auswirkungen der Erdkrümmung nicht eliminierten. Man zog also das einfache, aber mit einem vorhersehbaren »Fehler« behaftete Verfahren des Austafelns dem schwierigeren Nivellement, bei dem sich die Auswirkungen der Erdkrümmung nicht gezeigt hätten, vor. Damit gab man aber einem Verfahren den Vorzug, bei dem sich die Abweichungen von der geplanten Gefällelinie überschaubar und nur nach oben gewandt auswirkten, während sich beim Nivellement noch Ablese-, Schreib- und Rechenfehler einstellen konnten, deren Auswirkungen auch von der Richtung her unvorhersehbar und dabei viel gravierender sein konnten.

Beim Austafeln war also klar, dass man die nächste Brücke als Zwangspunkt in jedem Falle zu hoch treffen würde. Und je länger der vor der Brücke liegende Trassenabschnitt war, umso größer musste die erdkrümmungsbedingte Abweichung ausfallen, und umso mehr musste man sich gegen unvorhergesehene Höhenabweichungen versichern und sich deshalb einen Spielraum schaffen.

Indem man sich mit dem Ausbau der Trasse der Brücke näherte, engte sich dieser Spielraum allerdings in zunehmendem Maß ein und wurde ein vorhersehbarer Faktor. Ab einer gewissen Entfernung von der Brücke konnte das Sohlenniveau der Leitung im Dezimeterbereich präzisiert werden. Der nächste Schritt war dann, auf der zweigeschossigen Brücke in der für die Wasserleitung erforderlichen Höhenlage als drittes Geschoss den Unterbau für den *specus* zu errichten.

Betrachten wir hinsichtlich der Großbrücken den Pont du Gard noch einmal näher, so wird deutlich, dass die römischen Baumeister jedes Risiko vermieden, um die vorab gebaute Brücke beim Anschluss des *specus* nicht tieferlegen zu müssen. In dieser Hinsicht fällt auf, dass von den vier messbaren Gefälleabschnitten im Verlauf der Trasse zwischen den Eurequellen bei Uzès und dem Pont du Gard der letzte mit 0,144 Promille das geringste Gefälle aufweist.[145] Es scheint, als habe man sich auf den letzten zwei Kilometern an der Höhenlage des nunmehr fertiggestellten dritten Geschosses ausgerichtet.

Darüber hinaus ist aber besonders auffällig, dass die beiden ersten, besonders langen Gefälleabschnitte Werte aufweisen, die mit 0,4965 und 0,2983 Promille wieder einmal außerordentlich nah an glatten Werten liegen.[146] Das kann eigentlich nur bedeuten, dass auch beim Bau des Aquäduktes nach Nîmes die Gefälle mit der Methode des Austafelns abgesteckt wurden.

---

144 Die Oberkante des zweiten Pont-du-Gard-Stockwerks liegt nur unwesentlich höher als die Sohle der Wasserleitung beim *castellum aquae* in Nîmes. Die gesamte Energiehöhe für den Transport des Wassers vom Pont du Gard bis in das 33,5 Kilometer entfernte Nîmes wird daher von der Höhe des dritten Stockwerks bereitgestellt.

145 Das Teilstreckengefälle oberhalb des Pont du Gard (0,3837 Promille) ist nicht einheitlich, sondern setzt sich aus mehreren Gefälleabschnitten zusammen. Die Gefälle zwischen der Quelle bei Uzès und dem Pont du Gard liegen im 1. Abschnitt auf 6 564,27 Meter bei 0,4965 Promille, im 2. Abschnitt auf 5 239,37 Meter bei 0,2983 Promille, im 3. Abschnitt auf 1 880,97 Meter bei 0,3787 Promille und im 4. Abschnitt auf 2 311,96 Meter bei 0,144 Promille.

146 Diese Auffälligkeiten sind vergleichbar mit denen, die wir bereits bei den Untersuchungen zur Eifelwasserleitung festgestellt haben (→ Kap. 4).

Neben diesen Auffälligkeiten sollten ein paar andere Messwerte nicht übersehen werden: Nach der Fertigstellung des Pont du Gard lassen sich für die Trassenabschnitte oberhalb und unterhalb der Brücke mit 6,138 und 6,137 Meter nahezu identische Höhenunterschiede ermitteln (s. Tabelle). Da die zugehörigen Strecken mit 15 996,57 und 33 524,81 Meter Länge aber sehr unterschiedlich sind, ergeben sich mit 0,3837 und 0,1831 Promille deutlich andere Durchschnittsgefälle. Für die Rekonstruktion der Bauausführung sind diese Durchschnittsgefälle aber wenig erklärend, da sie den Aussagewert exakt nachgewiesener Zwischengefälle verwischen. Diese sind, wie die zuvor erwähnen Werte im Verlauf des Streckenabschnitts Uzès bis Pont du Gard, wesentlich aufschlussreicher, denn sie führen uns bezüglich des Absteckverfahrens für das Gefälle auf die richtige Spur.

Fassen wir die Ergebnisse aus der Eifel und vom Pont du Gard zusammen, so wird deutlich, dass im Gesamtprojekt eines Aquäduktbaus die Brücken selbstständige Bauwerke waren, die von speziellen Bautrupps dem *specus*-Bau vorausgehend errichtet wurden. Dadurch wird eine klare Arbeitsteilung erkennbar, ohne die ein Aquädukt kaum in akzeptabler Bauzeit zu bauen gewesen wäre.

Die Ziegelmarken im Mauerwerk des Aquäduktes von Minturnae

Nach diesen Vorgaben ist der Aquädukt von Minturnae (Latium, Italien)[147] besonders bezüglich seiner auffälligen Ziegelmarken noch einmal gezielt zu betrachten.[148] Diese Ziegelmarken, an der Außenhaut angebracht an rund 80 Pfeilern des Aquäduktes, sind in der Tat etwas Besonderes: Sie sind nicht mit der Gefällelinie des ausgebauten *specus* in Verbindung zu bringen, so dass über sie keinerlei Aussagen zum Verlauf der Neigungslinie des Leitungsgefälles zu machen sind; sie haben demnach also nicht als Vorgaben für die Absteckung des Gefälles gedient. Betrachten wir sie genauer, so ist allen Marken gemein, dass sie aus zwei übereinander verlegten Ziegelplatten handlichen Formats bestehen und im Mauerwerk der Pfeileraußenschalen verbaut worden sind. Da sie in der Höhe genau der Schichtstärke des Mauerwerks entsprechen, sind die Fugen dieser als verlorene Schalung errichteten Außenhaut der Pfeiler durchgängig. Die Ziegelmarken sind also homogen in die Steinschichten eingegliedert, was den Schluss zulässt, dass es sich hierbei nicht um exakte Maß- oder Höhenvorgaben gehandelt haben kann, denn durch die Einordnung in die Schichtung des Mauerwerks waren Maßvorgaben im Millimeter- oder sogar im Zentimeterbereich gar nicht möglich. Zeichnet man eine ausgleichende Gerade durch die Abfolge der Ziegelmarken über die ganze Länge des Aquäduktes, müssen diese zwangsläufig ein wenig von der geraden Linie abweichen, also jeweils ein bisschen »aus der Reihe tanzen«.

---

147 Döring 2010.
148 Diesen Ziegelmarken galt das besondere Interesse des Verf.; sie konnten von ihm im Rahmen eines Forschungsprojektes 2013 eingehend untersucht werden. Das Forschungsprojekt Minturnae ist ein von der Deutschen Forschungsgemeinschaft (DFG) gefördertes Projekt des Deutschen Archäologischen Instituts (DAI). Prof. Dr. Henner von Hesberg (DAI Rom) und dem Projektleiter Prof. Dr.-Ing. Hansgeorg Bankel (HS München) ist für die Einladung zur Teilnahme zu danken. Weiterhin gilt ein Dank Frau Dr. Giovanna Rita Bellini, Direttrice del Comprensorio Archeologico di Minturnae Soprintendenza Archeologica del Lazio, die für die Genehmigung der Feldarbeiten zuständig war. Auf die bis dahin rätselhaften Ziegelmarken wurde der Verf. von Hansgeorg Bankel hingewiesen. Die neuen Erkenntnisse zu den Ziegelmarken am Aquädukt von Minturnae wurden erstmals vorgelegt: Grewe 2012.

In diesem Pfeiler sind vier übereinander angelegte Felder in *opus reticulatum*, also netzartig gemauerten Bereichen, gearbeitet worden; das obere Feld ist ab der Höhenlage der Messmarke nicht weiter ausgeführt worden.

Der Querbalken des »Ts« ist nur mit einer Steinzeile ausgeführt. Die Ziegelmarke markiert den Wechsel in der Bauausführung.

Oberhalb der Messmarke ist das *opus reticulatum* unsauber ausgeführt.

Links: Typische Ziegelmarke am Aquädukt von Minturnae (Italien): Zwei übereinander verlegte Ziegelsteine nehmen den Platz eines Handquadersteins im Schalungsmauerwerk ein.

Rechts: In diesem Pfeiler ist in Höhenlage der Messmarke ein kleiner Versprung im Querbalken des Retikulat-»Ts« erkennbar.

Der Aquädukt von Minturnae (Italien). Die Hochleitung zur Talüberquerung vor der antiken Stadt.

Abgesehen davon stimmt die Gradiente der ausgleichenden Linie zumindest der Marken an den letzten 44 Pfeilern (ca. 0,64 Prozent) nicht mit dem Gefälle des darüberliegenden *specus* (ca. 0,03 Prozent) überein. Wenn diese Marken nach diesen Vorgaben also nicht als »Schnurgerüst« für die Absteckung des Gefälles gedient haben, was war dann der Grund für ihre Platzierung an den Pfeilern?

Betrachtet man diese Pfeiler noch einmal genauer, dann fällt auf, dass die Außenhaut nicht einfach aus übereinandergeschichteten Steinlagen besteht, sondern dass der Baumeister in den Seitenflächen noch etwas Zierrat untergebracht hat. Die geschichteten Steinlagen sind unterbrochen von Feldern in *opus reticulatum*, also netzartig gemauerten Bereichen, die jeweils eine T-förmige Fläche ausfüllen. Von diesen T-Formen sind je nach Höhe des Pfeilers mehrere übereinander angebracht worden, wobei die Querbalken der »Ts« jeweils zwei oder drei Schichten des Mauerwerks einnehmen.

Diese »Ts« stehen in einem merkwürdigen Zusammenhang mit den Ziegelmarken, der an manchen Pfeilern mehr und an anderen weniger deutlich sichtbar wird. Dort, wo die Platzierung der Ziegelmarke mit einem »T« kollidiert, hat man in vielen Fällen die Verzierung in der Aufmauerung beendet und stattdessen ohne Retikulat nur noch schichtig weitergearbeitet.

In manchen Fällen ist sogar nur der Schaft der T-Form begonnen worden. Die Trennlinie zwischen beiden Mauertechniken ist durch eine Ziegelmarke gekennzeichnet. Wenngleich dieses Phänomen nicht bei allen Pfeilern zu beobachten ist, häuft es sich doch an auffällig vielen.

An dieser Stelle nun greifen die Ergebnisse der Forschungen zur Baustellenorganisation an der Eifelwasserleitung und am Pont du Gard auch für Minturnae. Nehmen wir auch für dieses Bauwerk an, dass der Aquäduktbau auf zwei Fachfirmen – eine für den Brückenbau und eine für den *specus* mit seinen hohen Anforderungen an die Gefälleabsteckung – aufgeteilt war, dann können diese Marken durchaus einen Sinn bekommen.

Zumindest in dem von uns untersuchten Abschnitt der Aquäduktbrücke von Minturnae ist aber die »klassische« Aufteilung von Brückenunterbau und *specus* nicht zu erkennen – darauf deutet zumindest der durch Ziegelmarken kenntlich gemachte Wechsel in der Bauausführung hin. Es scheint also eine andere Aufteilung der Gewerke zum Tragen gekommen zu sein.

Gehen wir davon aus, dass die bauausführenden Firmen für ihre Arbeiten auch bezahlt werden mussten, so war die Markierung der Trennlinie zwischen den Gewerken sinnvoll, denn damit konnte nachträglich festgestellt werden, wer welche Leistung an dem Bauwerk erbracht hatte. Dazu passt, dass die Marken – an manchen Stellen gut erkennbar – erst mit dem Beginn des Oberbaus verlegt worden sind; schließlich hatte der Baumeister des oberen Bauteils das meiste Interesse an einer klar erkennbaren Trennlinie.

Zusammenfassend kann man sagen, dass es in Minturnae also zwar eine Arbeitsteilung gegeben zu haben scheint, wie wir sie schon am Pont du Gard und an der Eifelwasserleitung kennengelernt haben. Allerdings war die Trennlinie zwischen den Gewerken anders als üblich gewählt und lag noch unterhalb der Brückenbögen im Bereich der Pfeiler. Da hier also die eindeutige Trennlinie zwischen den Gewerken – wie etwa durch die Oberkante eines Stockwerks – nicht vorgegeben war, musste diese im Mauerwerk markiert werden. Um für die spätere Bauabrechnung nachweisen zu können, wie sich die beiden Gewerke aufteilten, hat man im Mauerwerk Ziegelmarken verlegt.

In den Markierungen im Aquädukttunnel von Bologna (Italien), die an der Tunnelwandung in Abständen von exakt 25 Fuß (7,4 Meter) angebracht wurden, sind ebenfalls weniger Messmarken zu sehen als vielmehr Notizen zum Fortschritt der Arbeiten: Den Marken sind immer Zahlen beigegeben, die zwischen den Werten 17 und 38 liegen. Hiermit sollte vermutlich festgehalten werden, wie lange die Arbeiter für den Vortrieb von 25 Fuß benötigten – nämlich zwischen 17 und 38 Arbeitstagen.[149]

Aquäduktbrücke über die Mosel bei Jouy-aux-Arches (Metz, Frankreich).

149 Giorgetti 1988; Grewe 1998, 139–141.

8 Tunnelbauten

Tunnelbauten zählen zu den schwierigen Disziplinen in der Geschichte des Ingenieurbaus. Im Gegensatz zum Bergbau, bei dem man sich mit dem Vortrieb der Stollen an den auszubeutenden Lagerstätten im Berg zu orientieren hatte, galt es im Tunnelbau, unter Tage eine zuvor projektierte Linie einzuhalten, um zwei in den Außenhängen eines Berges vorgegebene Punkte unterirdisch miteinander zu verbinden. Insofern kann man die Baulose eines Tunnelbaus bis zum Treffpunkt durchaus als Stollenvortriebe bezeichnen. Ein Tunnelbau ist also immer das Ergebnis einer gründlichen Planung und deren baulicher Umsetzung, der Trassierung, wodurch er zum Ingenieurbau wird.

In römischer Zeit baute man Tunnel hauptsächlich zur Wasserversorgung und zu Seeabsenkungen, aber auch beim Bau von Flussumleitungen und Straßen konnten Tunnelstrecken erforderlich werden. Zum Einsatz kamen zwei Methoden: Beim Bau nach dem Gegenortverfahren griff man den Berg von zwei Seiten aus an. Um die unvermeidbaren Vortriebsfehler zu minimieren, arbeitete man auch nach dem Qanatverfahren; bei diesem aus dem alten Persien stammenden und letztendlich von den Etruskern übernommenen Verfahren wird die Trasse in kurze Baulose eingeteilt. Man legte dabei innerhalb der Bauslosgrenzen Schächte an und suchte zwischen diesen die unterirdische Verbindung.

Erst mit der Erfindung des Eisens wurde es möglich, Werkzeuge herzustellen, die für unterirdische Steinbrucharbeiten geeignet waren. Aus diesem Grunde sind die ersten Tunnelbauten in der Zeit um 1000 v. Chr. anzusetzen. Etwa seit dieser Zeit werden im alten Persien Qanate gebaut, mit denen das Wasser weit entfernt liegender unterirdischer Vorkommen in die Oasen geleitet werden konnte. Diese Qanate sind frühe Meisterwerke der Technik: Zwischen einem zumeist am Fuße eines Gebirgshanges durch einen Versuchsschacht (auch »Mutterschacht« genannt) nachgewiesenen Wasservorkommen und einem Versorgungsgebiet steckte man eine Trassenlinie ab, in deren Verlauf man eine Kette von Schächten abteufte. Deren Verbindung ergab schließlich den Qanat als unterirdische Wasserleitung. Da diesen Bauwerken eine Planung zugrunde lag, die von den Bauleuten im Gelände umgesetzt werden musste, sind in den Qanaten die Vorläufer des Tunnelbaus zu sehen. Sie sollten schließlich sogar Vorbild für eine ganz spezielle Technik desselben werden.

Chagnon, La Cave du Curé (Lyon, Fankreich). Typischer Ausbau eines römischen Aquädukttunnels: Der *specus* der Wasserleitung füllt das Lichtraumprofil des Tunnels fast vollständig aus.

Längsschnitt durch einen Qanat

"Mutterschacht"

Bauschächte

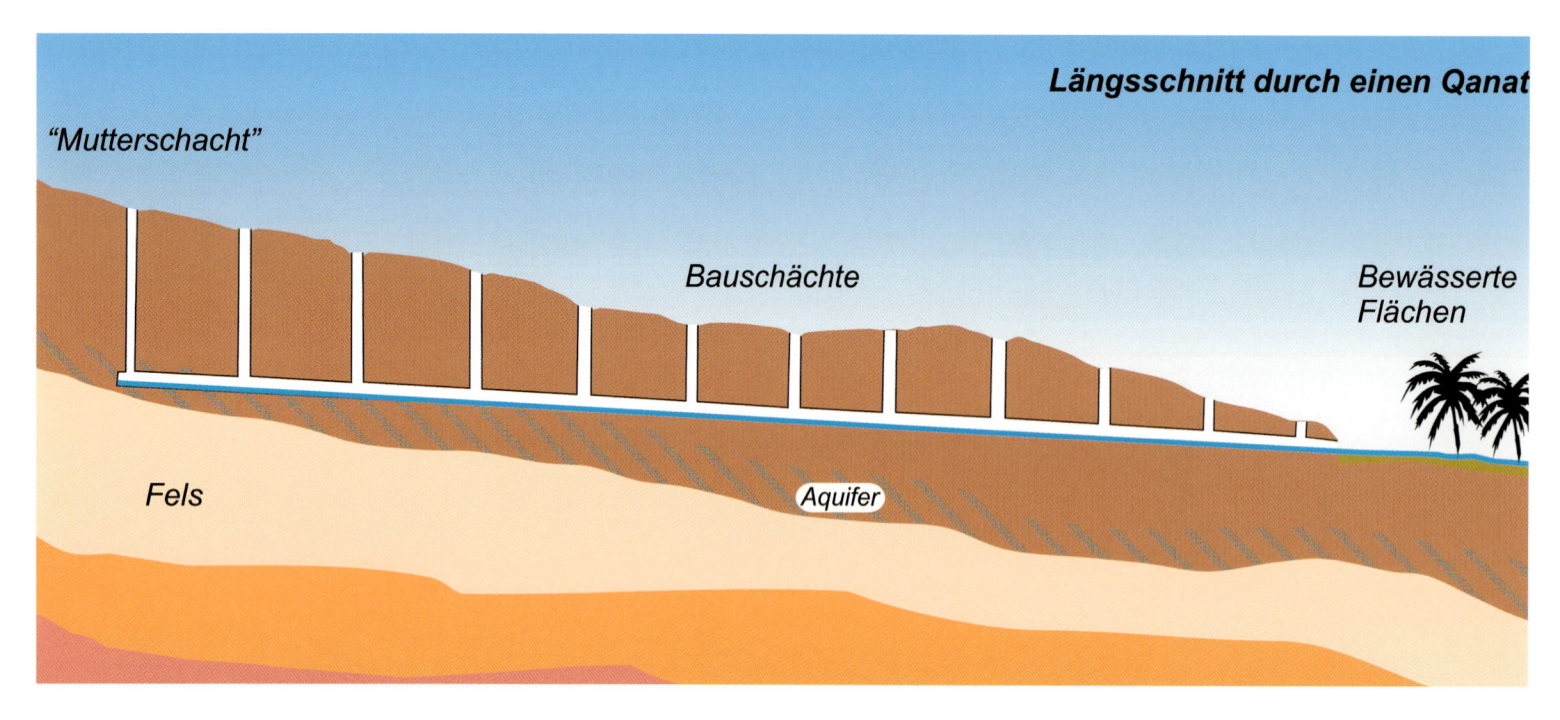

Bewässerte Flächen

Fels

Aquifer

Funktionsskizze eines Qanates. (Grafik: K. White-Rahneberg)

Qanatbau

In ariden und halbariden Gegenden dieser Erde, in denen Quellwasser oder Wasser von Flüssen oder Bächen für Trinkwasserversorgung und Landwirtschaft nicht ausreichend zur Verfügung steht, ist man auf eine Ausnutzung des Grundwasserpotentials angewiesen. Das geschieht bei lokal vorhandenem Wasserdargebot heute in der Regel durch Brunnen, an denen nicht selten eine Motorpumpe für die Förderung des Wassers eingesetzt wird. Ein altes Verfahren, durch das man ebenfalls unterirdische Grundwasservorkommen erschließt, die oftmals nur weit entfernt vom Versorgungsgebiet vorhanden sind, ist aber im Vorderen Orient und in Nordafrika heute noch gebräuchlich: der Qanatbau.

Unter den Etruskern und später unter den Römern übernahm man nicht nur diese Bautechnik und baute ebenfalls Qanate zur Wasserversorgung, man modifizierte diese Technik daneben auch und führte sie im allgemeinen Tunnelbau ein. Da der Tunnelbau im Gegenortverfahren, bei dem der Berg von zwei Seiten aus angegriffen wurde, wegen der langen Vortriebsstrecken unter Tage oftmals Schwierigkeiten beim Zusammentreffen der beiden Baulose bereitete, führte man ein zweites Bauverfahren ein, die Qanatbauweise. Beim Tunnelbau nach diesem Verfahren (auch Lichtlochverfahren genannt) wurde die Trasse wie im Qanatbau in viele kurze Abschnitte eingeteilt. An den Treffpunkten dieser Baulose teufte man bis zu einer vorausberechneten Teufe Schächte ab und trieb einen Stollen zum jeweils benachbarten Bauschacht vor. Aus der Verbindung der vielen kurzen Stollen entstand schließlich der durchgängige Tunnel. Ein solcher Tunnel tritt nicht nur mit seinen beiden Mundlöchern an das Tageslicht, sondern auch mit seinen zusätzlichen Bauschächten.

Im Qanatbau eine eher bäuerliche Technik zu sehen, würde den Leistungen der Baumeister nicht gerecht werden, denn dieses Bauverfahren ist nur auf den ersten Blick einfach; die geniale Idee erschließt sich erst bei näherer Betrachtung. Eine gründliche Planung war auch beim Bau der Qanate unverzichtbar, denn oftmals galt es, Wasser über Entfernungen von in Einzelfällen mehr als 70 Kilometer heranzuschaffen.

Zwei technische Handbücher, die der arabische Mathematiker Mohamed Al Karagi zu Beginn des 11. Jahrhunderts n. Chr. in Persien verfasste, führen in diese Konstruktionsform ein.[150] Al Karagi lebte zuvor in Chaldäa (Irak) und hatte dort schon Abhandlungen über mathematische Themen verfasst. Seine Texte bezüglich des Baus von Qanaten sind derart detailliert und präzise, dass sie uns einen tiefen Einblick in die technischen Fragestellungen geben. Da Al Karagi oftmals mehrere Lösungen für ein und dasselbe Problem anbietet, kann man davon ausgehen, in seinen Büchern nicht nur den technischen Stand um die erste Jahrtausendwende n. Chr. zu finden, sondern zugleich den Erfahrungsschatz der vorausgegangenen Generationen.

Dem eigentlichen Qanatbau hatte immer die Suche nach einem Wasserdargebot vorauszugehen. Meist fanden sich wasserführende Schichten am Fuße von Gebirgszügen. Der zweite Schritt nach der Auswahl eines für die Wassergewinnung günstig erscheinenden Gebietes war die Prüfung des zwischen Wassergewinnungszone und Versorgungsgebiet liegenden Terrains auf die Möglichkeit zum Bau eines Qanates. Hierfür nahmen erfahrene Spezialisten eine Geländebegehung vor – heute würde man dies Prospektion nennen – und legten den Standort des Mutterschachts fest. Eine genaue Vermessung der Höhenverhältnisse erfolgte dann, nachdem man auf wasserführende Schichten gestoßen war.

> Wenn nunmehr der Trassenverlauf festliegt, kannst Du zur Vermessung des Terrains schreiten, indem Du vom gewählten Stolleneingang am Ende des geplanten Aquäduktes ausgehst und von dort aus bergaufwärts, Abschnitt pro Abschnitt bis zu dem Punkte vermisst, an dem Du den Mutterschacht vorgesehen hast. Vorerst kannst Du diese Tätigkeit durch einfache Schätzung bewerkstelligen, danach musst Du aber eine äußerst genaue Vermessung des Terrains vornehmen [...].[151]

Qanatbau. Wichtiges Hilfsmittel beim Heben des Aushubs ist das Haspelrad (Modell im Qanatmuseum in Yazd, Iran).

Wasseruhr für die Zuteilung von Qanatwasser in einer Oase: In einer wassergefüllten irdenen Schüssel schwimmt eine kleine Blechschale, in deren Boden ein Loch gebohrt worden ist. Das einsickernde Wasser füllt die Schale und zeigt damit den Zeitrahmen der Wasserzuteilung an.

150 Al Karagi 1970; Grewe 1998, 33–40.
151 Al Karagi 1970; Grewe 1998, 33.

Der Personalaufwand für einen Qanatbau musste bei dem Anlegen eines Versuchsschachts nicht einmal groß sein; unter einem Baumeister arbeiteten eine Arbeitsgruppen oder mehrere Gruppen, die lediglich aus drei Mann bestanden: dem Arbeiter vor Ort und zwei Mann am Haspelrad zur Förderung des Aushubs.

> Falls Du, nachdem ein Versuchsschacht gegraben wurde, das Wasser auf einem genügend hohen Niveau antriffst, das über dem Punkt liegt, auf dessen Höhe der Aquädukt austritt, verwendest Du diesen Höhenunterschied als Basis zur Errechnung der Neigung des Stollens. Wenn Du das Wasser im Versuchsschacht allerdings nicht auf einem genügend hohen Niveau antreffen kannst, solltest Du bergauf das Terrain weitervermessen, bis Du das erhoffte Niveau antriffst.[152]

Aus dem vorangegangenen Zitat wird deutlich, dass der Qanat aufgrund der Höhenunterschiede zwischen Wasservorkommen im Mutterschacht und Versorgungsgebiet ein geplantes Gefälle erhielt. Dieses sollte gering, aber stetig sein; ein Wert von 1 Prozent wurde als günstig angesehen. Nach anderen Quellen sollte ein Qanat exakt horizontal angelegt werden, da das nachfließende Wasser genügend Schubkraft hätte, um für den Transport zu sorgen. Dies erscheint aus hydraulischer Sicht allerdings nicht haltbar. Al Karagi schlägt ein nur geringes Minimalgefälle vor, da der Qanat bei einer zu starken Wasserströmung in seiner Substanz Schaden nehmen könnte.

Ähnlich einfach wurde auch die Vortriebsrichtung nach Untertage übertragen: Über dem bis zur planmäßigen Teufe fertiggestellten Schacht wurde ein einfaches Holzgerüst aufgebaut. Daran war in Augenhöhe eine Holzlatte befestigt, an der an beiden Enden Lote aufgehängt waren, deren Schnüre im Schacht bis zur Tunnelbaustelle hinunterreichten. Der Abstand der Lotschnüre war dabei durch die lichte Weite des Bauschachts vorgegeben. Über dem Schacht wurde nun mittels der beiden Lotschnüre der Festpunkt über dem nächsten Schacht anvisiert. Damit entsprach die Visurlinie über Tage exakt der planmäßigen Vortriebsrichtung unter Tage. Da die Schnüre der zur Visur verwendeten Lote bis zur Sohle eines Schachts hinabreichten, stand dort eine Richtungsangabe zur Verfügung, nach der der Vortrieb anzulegen und vor allen Dingen zu kontrollieren war.

Aber nicht in jedem Fall waren die Trassenabschnitte geradlinig aufzufahren. Hindernisse unter Tage machten es teilweise erforderlich, dass die Gerade verlassen werden musste. In solchen Fällen konnte es notwendig werden, unter Tage einen oder mehrere Bögen oder Knicke aufzufahren, wonach keinerlei direkte Rückwärtsorientierung mehr möglich war.

Das von Al Karagi empfohlene Verfahren, die Anfangsrichtung mit dem nächsten Schacht als Ziel wiederzufinden, war einfach und zweckmäßig, denn es erforderte nur einen minimalen Aufschrieb von Maßen. Da das Verfahren der Kontrollmessung mit einem modernen Polygonzug vergleichbar ist, hätte in jedem Messpunkt sowohl der Brechungswinkel als auch die Länge der Strecke zum nächsten Messpunkt notiert werden müssen. Unter Tage sind derartige Vorgänge sehr schwierig durchzuführen und können dadurch leicht zu einer Fehlerquelle werden.

Nach Al Karagis Verfahren werden die Brechungswinkel mit einem Zirkel auf einem Maßstab abgegriffen; es wird also kein Winkelmaß auf einem Teilkreis ermittelt, sondern der Abstand zwischen den Schenkelspitzen des Zirkels. Die Strecken werden mit einem Seil direkt abgenommen, um sie bei der Rekonstruktion des Polygonzuges über Tage wiederzuverwenden. Es wird bei diesem Verfahren also nicht nur auf das Ablesen von Streckenmaßstäben verzichtet, auch eine Berechnung des Polygonzuges entfällt, da die abgenommenen Maße direkt wieder verwendet werden:

---

152 Al Karagi 1970; Grewe 1998, 33.

Sollte der Bergmann seine Vortriebsrichtung wegen auftretender Schwierigkeiten absichtlich verändert haben oder ungewollt von der Richtung abgekommen sein, so besteht natürlich eine gewisse Schwierigkeit, den Stollen mit dem nachfolgenden Schacht im Untergrund zu treffen. In diesem Fall nimmst Du einen guten Zirkel aus Holz oder Metall mit geraden Schenkeln an den Außenseiten. Du nimmst ebenfalls ein gutes Lineal mit gleichmäßigen Teilstrichen, ohne dass es auf die Zahl der Striche ankommt. Du steigst in die Baustelle hinunter zu dem Punkt, an dem der Abschnitt des Stollens beginnt. Dort bringst Du ein Seil an und spannst es über die gesamte Länge des geraden Abschnitts bis zu einem Punkt, an dem es wegen der Stollenbiegung an eine Wand trifft. Dort befestigst Du es mit einem Holzkeil (Dübel) und spannst es längs der nächsten Strecke bis zur Wand einer nächsten Stollenbiegung, wo Du es ebenfalls befestigst, und so weiter bis zum Ende des Stollenabschnitts. Das Seil wird demnach an jeder seiner Befestigungen einen Winkel bilden. Der Winkel wird nun mit dem Zirkel und dem Lineal gemessen. Dies, indem die Achse des Zirkels über der Befestigung des Seiles liegt und die Schenkel weit auseinander gespreizt werden, dass sie parallel zu den zwei Winkelseiten des Seiles verlaufen. Danach wird der Winkel, den die Spitzenöffnung des Zirkels angibt, auf dem Lineal gemessen, indem die Zahl der umfassten Teilstriche notiert wird. So vermisst und notiert man die Größe des Winkels an jeder Stollenbiegung sowie die exakte Länge einer jeden Sektion des gespannten Seiles der Reihe nach, vom Stollenbeginn bis zum letzten Befestigungspunkt.

Nun steigt man aus dem bestehenden Schacht an das Tageslicht. Du nimmst das Seil und die Befestigungen des Seiles mit nach oben. Über den Schacht wird eine Stange gelegt, an der zwei Seile, mit Gewichten beschwert, bis in den Stollen reichen. Dies erlaubt Dir, die genaue Richtung des Seilzuges an die Erdoberfläche zu übertragen. Du wirst nunmehr das erste Ende des Seiles bei dieser Stange befestigen und richtest das Seil genau so aus, wie es unten verlief. Du gibst jedem Segment und jedem Winkel dasselbe Maß und den gleichen Winkel wie im Stollen bis zum Ende des Seiles. Der Punkt am Boden, an dem Du die letzte Befestigung des Seiles anbringst, wird Dir dann die Achse des neuzugrabenden Schachtes angeben, mit dem Du das Ende des eben gegrabenen Suchstollens treffen wirst.[153]

Viele dieser alten Anlagen sind heute noch in Betrieb. Nach neuesten Zählungen sind allein im Iran rund 35 000 Qanate gebaut worden, und auch heute noch werden alte Anlagen gepflegt oder sogar neue Qanate gebaut. Die iranische Großstadt Yazd beispielsweise versorgt sich komplett aus Qanaten mit Wasser.

Vom Ursprungsland ausgehend verbreiteten sich die Kenntnisse dieser Art der Wasserversorgung über die Länder in den ariden oder halbariden Zonen. Unter Bezeichnungen wie Kahris oder Käris (Iran), Foggara (Sahara), Khiras (Afghanistan), Sahrig (Yemen), Falaj (Oman), Ngoula, Kriga oder Chegga (Nordafrika), Khattara (Südmarokko) oder auch Mambo (Japan) sind Qanate über die halbe Welt verbreitet.

Die Etrusker waren in Europa die ersten, die sich diese neue Technik zu Nutze machten. Im Land um Rom finden sich heute

Autoreifen als Bekrönung eines Qanatschachtes bei Yazd (Iran).

153 Al Karagi 1970; Grewe 1998, 38.

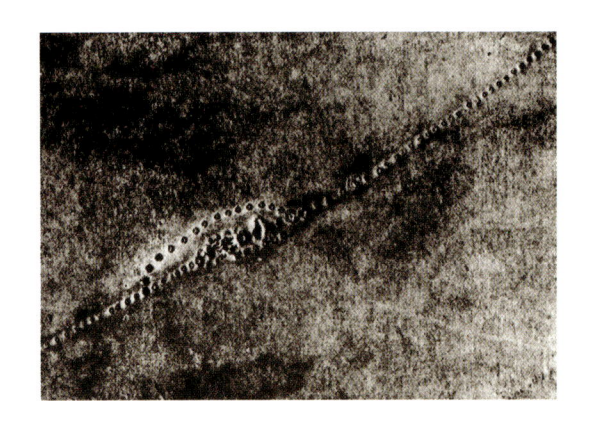

noch zahllose Reste von Tunnelbauten, die von den Römern *cuniculi* genannt wurden. Diese Tunnel dienten vor allem Drainagezwecken, der Flussumleitung, der Seeabsenkung von Kraterseen in den Albaner Bergen sowie der Be- und Entwässerung. Kennzeichnend für etruskische Großtunnel bei Flussumleitungen und Seeabsenkungen ist, dass man vorab jeweils einen *cuniculus* als Probetunnel in Qanatbauweise anlegte, um die Durchführbarkeit des geplanten Bauwerks im Kleinen zu proben. Hatte man die Suchstollen eines Probetunnels planmäßig verbinden können, baute man in einem weiteren Arbeitsgang das große Profil des endgültigen Tunnels aus.

Eine Versturzstrecke im Verlauf eines Qanates wird mit einem Bypass umfahren (Adrar, Algerien). (Foto: H. Redmer)

Erste Großtunnel zur Wasserversorgung

Die ersten Großtunnel der Menschheit dienten der Wasserversorgung und wurden schon in der ersten Hälfte des 1. Jahrtausends v. Chr. gebaut. Im Falle des um 700 v. Chr. gebauten Hiskia-Tunnels, der der Wasserversorgung Jerusalems zu Zeiten assyrischer Angriffsgefahr diente, kennen wir den Bauherrn, nämlich König Hiskia, der von 725 bis 697 v. Chr. regierte. Der in der zweiten Hälfte des 6. Jahrhunderts v. Chr. gebaute Eupalinos-Tunnel auf der Insel Samos ist hingegen nach seinem Planer und Bauleiter benannt. Eupalinos' Bauwerk rief schon die Bewunderung des antiken Geschichtsschreibers Herodot hervor, der es nicht nur rühmte, sondern der Nachwelt auch den Baumeister nannte (→ Kap. 1). Hiskias und Eupalinos' Tunnel sind im so genannten Gegenortverfahren aufgefahren, also von zwei Seiten aus im Bau begonnen worden. Beide Bauwerke sind Glanzlichter einer frühen Technik.[154]

Im Aufmaß des Tunnelgrundrisses werden allerdings die großen Schwierigkeiten der Ingenieure König Hiskias deutlich: Erst nach vielen Richtungskorrekturen beim

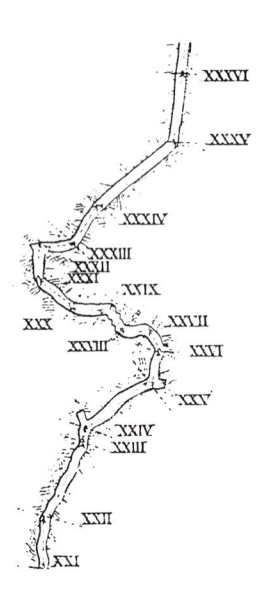

Hiskia-Tunnel, Jerusalem. Auch der Grundriss des Treffpunktbereichs belegt zahlreiche Vortriebskorrekturen.

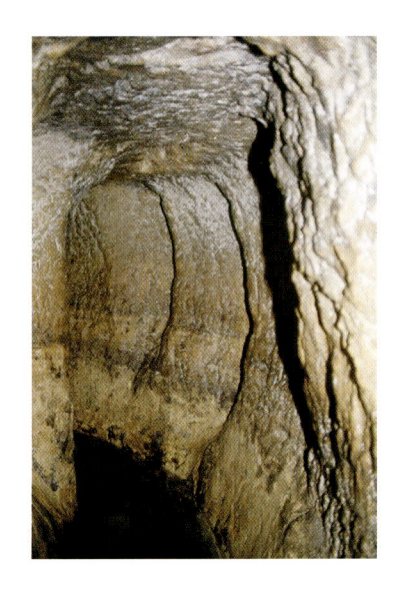

Hiskia-Tunnel, Jerusalem. Blick in den Treffpunktbereich des Tunnels; die Versprünge in der Wandung zeugen von Richtungskorrekturen und belegen damit eindeutig, dass man beim Vortrieb Kontrollmessungen durchführte.

154 Grewe 1998, 41–69.

Links: Eupalinos-Tunnel (Samos, Griechenland). Der Grundriss des im Gegenortverfahren gebauten Tunnels belegt zahlreiche Vortriebskorrekturen nach Kontrollmessungen.

Rechts: Eupalinos-Tunnel (Samos, Griechenland). Tunnelröhre mit seitlich angelegten Graben für die Installation der Wasserleitung.

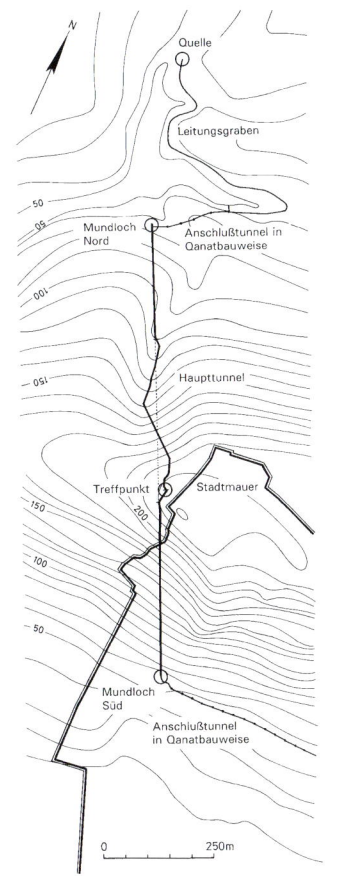

Vortrieb gelang der Durchschlag. Dieses Ereignis gab dann aber zu großem Jubel Anlass; schließlich wurde durch diesen Bau nicht nur die Wasserversorgung Jerusalems zur Zeit der drohenden Belagerung durch die Assyrer (701 v. Chr.) sichergestellt, sondern gleichzeitig dem Feind der Zugang zum Wasser verwehrt. Die Bibel würdigt Hiskias Leistung an mehreren Stellen überschwänglich, und eine Inschrift beschreibt das Ereignis des Tunneldurchschlages.[155] Die in jüngster Zeit formulierte These, der Hiskia-Tunnel sei kein geplantes Bauwerk, sondern man sei beim Bau des Tunnels lediglich geologischen Spalten im Berg gefolgt, ist nach Ausweis des Tunnelgrundrisses nicht haltbar.[156] Die mehrfach festzustellenden Richtungskorrekturen können nur das Ergebnis von Kontrollmessungen sein, und diese setzen die Grundlage eines Planes für den Tunnelbau voraus.

Als erster auch im modernen Sinne technisch durchdachter Großtunnel, bei dessen Ausführung eine Strategie der Planung und Trassierung erkennbar ist, kann der Eupalinos-Tunnel auf der griechischen Insel Samos gelten. Der von Eupalinos unter Polykrates gebaute Tunnel wurde als Gegenorttunnel mit Treffpunkt in der Mitte geplant und ist 1 036 Meter lang. Eupalinos gelang es, trotz eines unbemerkten Richtungsfehlers in einem der beiden Stollen und trotz mehrfacher, vermutlich durch geologische Probleme erzwungener Planungsänderungen, seine beiden Baulose zusammenzuführen. Er bediente sich dazu eines Rasters, das er über seinen Bauplan legte und das ihm eine jederzei-

---

[155] Die Inschrift befindet sich heute im Archäologischen Museum in Istanbul.
[156] Diese von Gill 1991 und Gill 1994 geäußerte These ist nicht haltbar, da eine solche geologische Spalte im Tunnel gar nicht vorhanden ist; Grewe 1998, 50.

Baulos Nord   Baulos Süd

Auswirkungen des fehlerhaften
Anfangswinkels α im Nordstollen
(~ 0,5°) führen zu einer
Richtungsabweichung in der Größenordnung von 5 m.

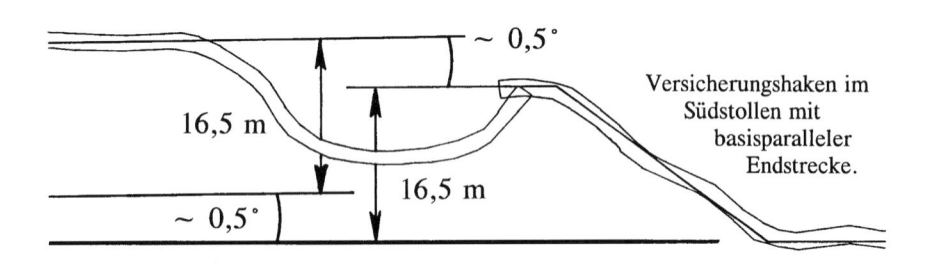

~ 0,5°

16,5 m

16,5 m

~ 0,5°

Versicherungshaken im
Südstollen mit
basisparalleler
Endstrecke.

Finaler Versicherungshaken   Planmäßiger Vortrieb
im Nordstollen   im Südstollen.

Die basisparallelen Endstrecken im Vortrieb
beider Baulose sind gleich (8 ME^{plan} = 16,5 m).
Im Nordstollen liegt der Suchort wegen des
anfänglichen Richtungsfehlers allerdings in
fiktiver Lage.

Eupalinos-Tunnel (Samos, Griechenland). Kurz vor dem Zusammentreffen der beiden Baulose vollzieht Eupalinos im
Vortrieb von Norden aus einen finalen Versicherungshaken,
um die Treffsicherheit zu erhöhen.

tige Kontrolle seines Vortriebes gestattete. Eine Umwegstrecke im Berg war durch eine Änderung des Vortriebswinkels in der Größenordnung von Tangens 1:3 für ihn berechenbar und im Bauplan nachzuvollziehen.

Genial war die Strategie des Eupalinos in der Schlussphase vor dem Durchschlag. Während er in einem Baulos den Vortrieb einstellte und durch Vermessungen die exakte Lage von dessen Suchort bestimmt hatte, vollzog er im Vortrieb des entgegenkommenden Bauloses einen »finalen Versicherungshaken«, also einen Bogenschlag, der alle Richtungsfehler – einschließlich der unentdeckten – eliminierte: Er vollzog im Vortrieb einen großen Bogen, mit dem er das Suchort des ruhenden Bauloses seitlich traf. Eupalinos' Leistung ist für die Frühzeit einzigartig; nicht ohne Grund zählte schon Herodot den Tunnel zu den großartigsten Bauwerken in ganz Hellas.[157]

Nur kurze Zeit später betreten in Italien die Etrusker auch als Tunnelbauingenieure die Bühne der Technikgeschichte. Neben den von ihnen gebauten unzähligen *cuniculi*, den Qanaten ähnliche Wasserbauwerke, sind besonders die Tunnel zur Seeableitung in den Albaner Bergen erwähnenswert. Als Großraumtunnel könnte man auch die beiden etruskischen Bauwerke von Veji und Ponte Terra bezeichnen, die zur Flussumleitung gebaut wurden. Ohne die Vorleistungen und Vorbilder der Etrusker sind die im römischen Tunnelbau erbrachten Leistungen nicht zu bewerten.[158]

---

157 Herodot, Historien III, 60.
158 Grewe 1998, 70–77.

Römischer Tunnelbau

Wie in den anderen Ingenieurdisziplinen – im Straßen-, Brücken- oder Aquäduktbau wird das besonders deutlich – brachten es die Römer auch im Tunnelbau zu wahrer Meisterschaft. Wir kennen aus der römischen Zeit Aquädukt- oder Straßentunnel, Tunnel zur Seeabsenkung und zur Flussumleitung, ja sogar Tunnel zur Goldgewinnung aus Flussläufen.

Wegen der Schwierigkeit, eine geplante Trassenlinie über eine längere Strecke unter Tage genau einzuhalten, wendeten die römischen Ingenieure neben dem Gegenortverfahren schon ein zweites Bauverfahren an, das gerade beschriebene Qanatverfahren. Dieses hatte für den Trassenplaner den Vorteil, nicht einer über die gesamte Tunneltrasse durchgängig geraden Linie folgen zu müssen, sondern sich dem Gelände anpassen zu können. In der Regel folgte man mit der Trasse über den Berg einer Linie, die den kürzeren Schachtteufen Vorrang vor der Streckenführung gab.

Besonders eindrucksvoll sind in dieser Hinsicht die beiden Tunnel im Verlauf der Wasserleitung nach Nîmes (Frankreich). Bei der Ortschaft Sernhac sind zwei im Qanatverfahren gebaute Tunnel zu besichtigen.[159] Da diese Tunnel in nachrömischer Zeit völlig ausgeräumt wurden, lassen sich hier viele Details zu den Vermessungsspezifika erkunden.[160] Richtungsfehler und Höhenabweichungen sind in der Wandungen und der Firste klar erkennbar und belegen die in dieser Bautechnik steckenden Schwierigkeiten einmal mehr.

Der Tunnelbau als Renommierprojekt war durchaus geeignet, das Wohlwollen des Herrschers, aber auch seine Macht zu demonstrieren. Es ist deshalb nicht verwunderlich, wenn beispielsweise an dem Flussumleitungstunnel von Çevlik (bei Antakya, Türkei) eine Inschrift mit den Namen der Bauherren – in diesem Falle der Kaiser Vespasian und Titus – angebracht wurde.

Diese Großbauten stellten enorme Leistungen dar, die man zu Recht würdigte; so fand das größte Tunnelbauwerk der Antike – der Claudius-Tunnel

Ein Relief aus dem römischen Claudius-Tunnel am Fuciner See (Avezzano, Italien) zeigt den Baubetrieb bei besonders tiefen Bauschächten: Durch eine doppelläufige Seilwinde wird Aushub aus einem Schacht befördert.

---

159 Grewe 1998, 161–170.
160 Der gesamte Baukörper der antiken Wasserleitung ist bei einer »Reinigungsaktion« aus beiden Tunneln entfernt worden.

am Fuciner See in Italien – schon während seiner Bauzeit große Beachtung, und Plinius d. Ä. begleitete den Bau gewissermaßen als offizieller Berichterstatter. Selbst Hofklatsch wird sichtbar, wenn die antiken Quellen davon berichten, wie Agrippina bei Kaiser Claudius gegen Narcissus, der mit der Finanzverwaltung dieses Tunnelbaus betraut war, intrigierte. Der im Jahre 52 n. Chr. mit einem inszenierten Seegefecht eingeweihte Tunnel hatte elf Jahre Bauzeit bei einem Einsatz von angeblich 30 000 Arbeitern erfordert. Mit 5 595 Meter Länge, bei Schachtteufen unter dem Monte Salviano von bis zu 122 Meter, sollte er den Seespiegel des Fuciner Sees tieferlegen und konstant halten, was allerdings nur unvollständig gelang. In dieser Hinsicht war man am Fuciner See erst im 19. Jahrhundert erfolgreich.

Ein anderer, im Gegenortverfahren gebauter Tunnel hätte fast zum Scheitern eines Aquäduktbaus geführt, da man sich im Berg verfehlt hatte. Aus der Grabsteininschrift des mit der Trassierung beauftragten Ingenieurs Nonius Datus erfahren wir am Beispiel von Saldae in Nordafrika einiges über die Planung und Organisation einer antiken Großbaustelle. Bei diesem Auftrag wird es sich um die größte Herausforderung im Berufsleben von Nonius Datus gehandelt haben. Aber vermutlich nicht nur deshalb ließ er seinen Bericht niederschreiben. Es ist anzunehmen, dass man die Fehlleistungen bei diesem Tunnelbau ihm anlasten wollte. Er, der die Planung von Anfang an durchgeführt hatte, wollte deshalb seinen Anteil am schlussendlichen Gelingen des Bauwerks herausgestellt sehen (→ Kap. 1). Im Folgenden soll der Fall des Nonius Datus genauer erläutert werden.

Nonius Datus und sein Aquädukttunnel in Saldae

Das antike Saldae/heute Bejaïa (Algerien) war eine Küstenstadt in Nordafrika, deren Ursprünge bis in die karthagische Zeit zurückreichen. Unter Augustus wurde hier für die Veteranen der 7. Legion eine Siedlung errichtet. Aber es sollte noch einmal 150 Jahre dauern, bis diese Stadt durch ein Aquädukt mit Trinkwasser versorgt wurde.[161]

Der in der 1. Hälfte des 2. Jahrhunderts n. Chr. geplante Aquädukt sollte Wasser aus einem 17 Kilometer westlich der Stadt gelegenen Quellgebiet an diese heranführen. Am Fuß des Arbalou, des letzten westlichen Gipfels der Großen Kabylei, lagen Quellen, die den Ansprüchen der Römer sowohl von der Qualität als auch von der Quantität her genügten. Die für eine Wasserleitung gewählte Trasse wies zwei wesentliche Geländeschwierigkeiten auf, die mit den technischen Mitteln der Zeit aber zu lösen waren.[162] In seinem Oberlauf folgte die Aquädukttrasse mit leichtem Gefälle dem ost-westlich ausgerichteten Kamm des Djebel Gouraya. Ein tiefer Geländesattel im Verlauf der Kammlinie konnte nicht natürlich ausgefahren werden, da man dabei zu viel von der zur Verfügung stehenden Energiehöhe verloren hätte. Um für die noch folgenden Geländeprobleme genügend Gefällereserve zu behalten, musste die Senke mittels einer 300 Meter langen Aquäduktbrücke durchfahren werden. Die mittleren Pfeiler dieser massiven Brücke wurden bis zu 15 Meter hoch. In ihrem weiteren Verlauf stieß die Trasse auf einen zweiten Gebirgszug, der sich als mächtiges Hindernis von Nordwesten nach Südosten quer in den Trassenverlauf schob. Dieses Hindernis war nur durch den Bau eines Tunnels zu überwinden.

---

161 Die wichtigsten Erwähnungen der Nonius-Datus-Inschrift finden sich bei: Mommsen 1871; Revue africaine 1875; Cagnat 1895; Krebs 1897; Feldhaus 1952; Freis 1984; Grewe 1985; Eck 1987; Leveau 1988a; Eck 1994; Pferdehirt 1995; de Waele 1996; Laporte 1997a, b; Grewe 1998. Der Inschriftenstein steht heute vor dem Verwaltungsgebäude der Stadt Bejaïa (Algerien), eine Kopie im Museo della Civiltà Romana in Rom, eine weitere im Museum für Antike Schiffahrt in Mainz.
162 Feldhaus 1952, 352; Leveau 1988a, 215–218; Laporte 1997b, 723.

Nonius Datus stellte die Inschrift mit seiner Beschreibung des Tunnelbaus von Saldae (Algerien) unter die Schlagworte *patientia*, *virtus* und *spes* (Geduld, Tatkraft, Zuversicht).

Rechts: Grabstein des Nonius Datus mit seiner berühmten Tunnelbauinschrift (Kopie im Museum für Antike Schiffahrt, Mainz).

Insgesamt betrachtet, unterschied sich der Aquädukt von Saldae also nicht grundlegend von anderen, die der Wasserversorgung einer antiken Stadt dienten. Eine im Trassenverlauf errichtete Brücke mit den oben beschriebenen Ausmaßen und ein Tunnel von 428 Meter Länge waren kaum geeignet, diese Wasserleitung unter den an anderen Orten mit wesentlich größerem technischen Aufwand errichteten Aquädukten hervortreten zu lassen.

Das ist wahrscheinlich auch der Grund dafür, dass in der archäologischen oder auch

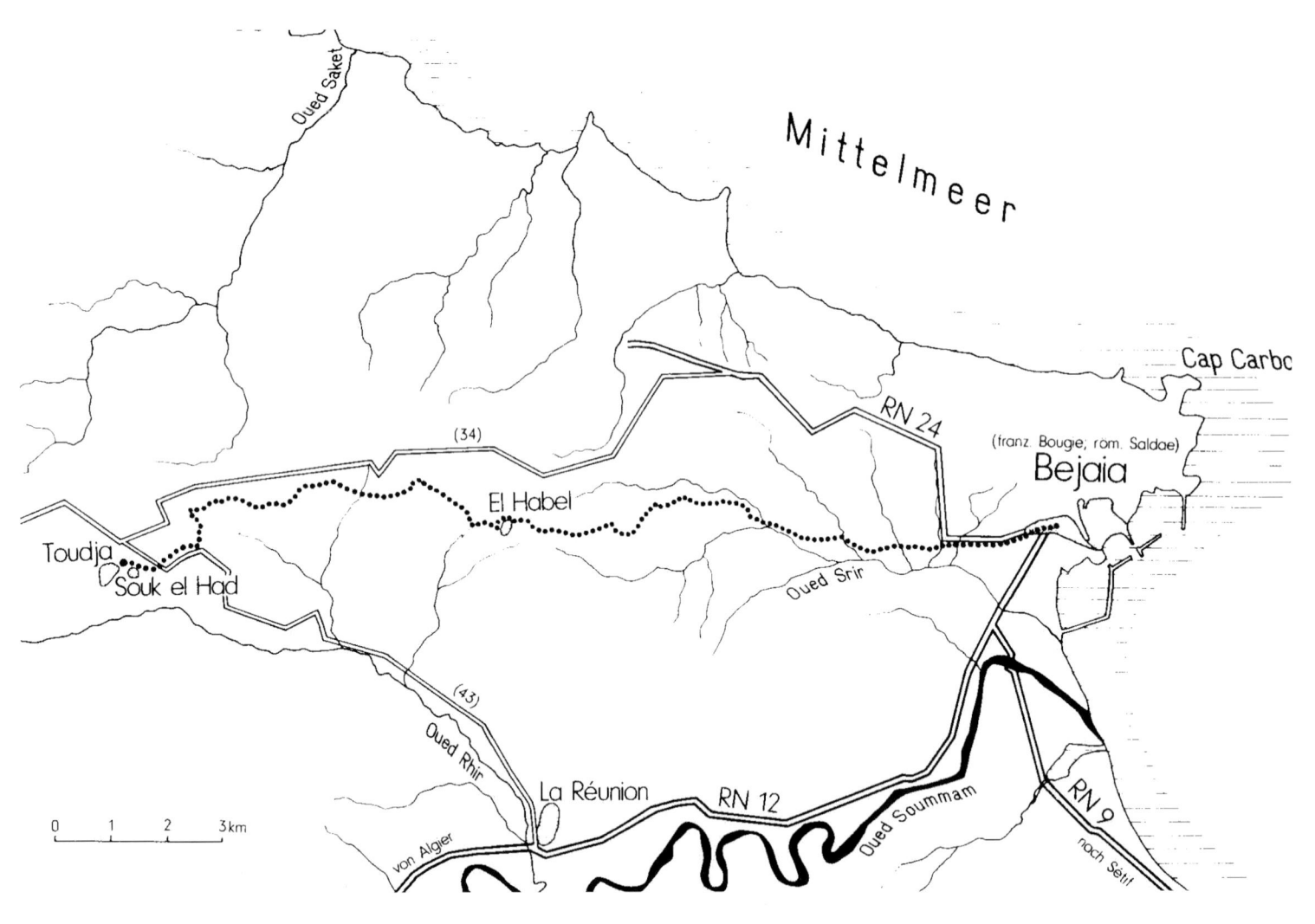

Verlauf der von Nonius Datus konzipierten Wasserleitung nach Saldae (Algerien).

technikhistorischen Literatur – lässt man die französische Afrikaforschung außer Acht – kaum etwas über den Aquädukt von Saldae zu finden ist. Was diese Wasserleitung interessant gemacht hat, ist ein Inschriftenstein, der 1866 in Lambaesis gefunden wurde. Er bestand aus einer dreiseitigen Halbsäule von 1,7 Meter Höhe und einem dazugehörigen sechsseitigen Sockel; beide Stücke waren als Spolien in einer Mauer verbaut worden und hatten dabei gelitten. So ist die Inschrift zwar weitgehend lesbar geblieben, die drei im oberen Teil der beschrifteten Flächen angebrachten Köpfe waren jedoch zerstört. Der Fürsorge eines Herrn Barnéod, Direktor des Strafhauses in Lambaesis, war es zu verdanken, dass der Stein geborgen und aufgestellt wurde. Schon zwei Jahre später wurde die Inschrift erstmals publiziert.[163] Die Vorstellung des Steines und seiner Inschrift in der deutschen archäologischen Literatur

---

163 Cherbonneau, Recueil de la soc. arch. de Constantine 1868, 479, Taf. 5.

folgte erstaunlich rasch.¹⁶⁴ Mommsen wies darauf hin, dass die Inschrift nicht vollständig sei, der aufgefundene Stein vielleicht sogar zu einer Gruppe von mehreren nebeneinander aufgestellten Säulen gehört haben könne. Er betonte zugleich die Schwierigkeiten der Lektüre eines antiken Textes technischen Inhalts.¹⁶⁵

Der Wortlaut der erhaltenen Inschrift ist von überragender Bedeutung für die Technikgeschichte, denn er gibt nicht nur einige technische Details über den Bau des Tunnels von Saldae wieder, sondern er behandelt darüber hinaus auch Fragen aus dem technischen Umfeld. So erfahren wir aus diesem authentischen Bericht, wer die Planung gefertigt und wer die technischen Grundlagen für einen Tunnelbau geschaffen hatte. Es wird zudem dargestellt, dass das technische Personal für die Ausführung derartiger Bauwerke nur bei der Legion vorhanden war. Denn auf die Bitte des Statthalters der Provinz Mauretania Caesariensis an den Legaten von Numidien wird Nonius Datus, Librator und späterer Veteran der *legio III Augusta*, abgestellt. Nonius Datus erläutert auch das Hauptproblem des Tunnelbaus im Gegenortverfahren und seine Lösung, denn er beschreibt uns, wie sich die beiden Bautrupps im Berg verfehlten, und wie er bei einem zweiten Einsatz die zuvor gemachten Fehler behebt.

Dieser Bericht geht also weit über den Inhalt einer Bauinschrift hinaus. Da der Text von dem mit der Bauleitung des Tunnels Beauftragten selbst verfasst wurde, steht uns hiermit eine einzigartige Primärquelle zur Technikgeschichte zur Verfügung:

> [Brief des Statthalters] Varius Clemens an [den Legionslegaten] Valerius Etruscus: ‚Sowohl die herrlichste Stadt Saldae als auch ich mit den Salditanern bitten Dich, Herr, dass Du Nonius Datus, Feldmesser und Veteran der legio III Augusta, aufforderst, nach Saldae zu kommen, um von seinem Werk fertig zu stellen, was noch aussteht.
>
> Ich habe mich aufgemacht und bin auf dem Wege unter Räuber geraten; ausgeraubt und verwundet bin ich mit den meinen entronnen; ich bin nach Saldae gekomen und habe den Procurator Clemens aufgesucht. Er hat mich zu dem Berg geführt, wo man über den misslungenen Tunnelbau klagte; man glaubte, ihn aufgeben zu müssen, weil der Vortrieb der beiden Stollen bereits länger ausgeführt war, als der Berg breit war.
>
> Es war offensichtlich, dass man mit den Vortrieben von der Trasse abgekommen war; so wie der obere Teil des Tunnels nach rechts, also nach Süden abwich, so ist in ähnlicher Weise der untere Teil ebenfalls nach rechts, also nach Norden abgewichen; beide Baulose haben also die Richtung verfehlt, weil man der Trasse nicht gefolgt war. Die exakte Trassenlinie war aber mit Pfählen von Ost nach West über den Berg abgesteckt worden.
>
> Damit aber beim Leser kein Missverständnis bezüglich der Stollen entsteht, wenn es hier ›oberer‹ und ›unterer‹ heißt, so ist das so zu verstehen: Mit ›oberer‹ ist der Teil gemeint, in dem der Tunnel das Wasser aufnimmt, mit ›unterer‹ der Teil, wo das Wasser wieder herauskommt.
>
> Als ich die Arbeiten zuteilte, damit sich jeder darüber im Klaren war, welche Strecken des Vortriebs er aufzufahren hatte, habe ich die classici [Flottensoldaten] und die gaesates [Soldaten aus gallischen Hilfstruppen] um die Wette arbeiten lassen (von beiden Seiten her), und so haben sie sich beim Durchstich des Berges getroffen.
>
> Ich also war es, der zuerst das Nivellement gemacht und den Bau der Wasserleitung organisiert und in die Wege geleitet hatte nach den Plänen, die ich dem Procurator Petronius Celer gegeben hatte. Das vollendete Bauwerk hat der

---

164 Mommsen 1871, 5–9; Jordan 1879, 263–274.
165 Mommsen 1871, 5: »[…] wird vielleicht ein verständiger Ingenieur unserer Epoche aus dem Bauwerk selbst dasjenige zu lösen wissen, was uns im Bericht seines römischen Vorfahren unverständlich bleibt.«

Procurator Varius Clemens durch die Einleitung des Wassers seiner Bestimmung übergeben. [? Die Transportleistung des Aquäduktes beträgt ?] Fünf Scheffel.

Damit mein Bemühen um diesen Aquädukt von Saldae deutlicher erscheint, habe ich einige Briefe angefügt.'

(Brief des Procurators) Porcius Vetustinus an (den Legaten) Crispinus: ‚Äußerst gütig und wie es deiner sonstigen Freundlichkeit und Güte entspricht, hast Du gehandelt, Herr, indem Du den Nonius Datus gebeten und zu mir geschickt hast, so dass ich mit ihm über ein Bauvorhaben verhandeln konnte, für dessen Ausführung er die Leitung übernahm. Deshalb habe ich, obwohl ich zeitlich recht gedrängt war und dringend nach Caesarea musste, dennoch einen Abstecher nach Saldae gemacht, um die glücklich begonnene Aquäduktbaustelle in Augenschein zu nehmen; ein großartiges Projekt, das ohne die treibende Kraft des Nonius Datus, der den Bau mit Sorgfalt und Zuverlässigkeit leitet, nicht zu Ende geführt werden kann. Darum hätte ich Dich bitten wollen, uns zuzugestehen, dass er einige Monate bei dieser Sache bleiben könne, wenn er sich nicht bei der Arbeit eine schwere Krankheit zugezogen hätte [...].'[166]

Der Ablauf der Ereignisse um diesen Tunnelbau stellt sich nach diesem Text wie folgt dar: In der ersten Hälfte des 2. Jahrhunderts n. Chr. planten die Bewohner von Saldae den Bau eines Aquäduktes vom Djebel Toujda, um das Wasserangebot in der Stadt zu erhöhen. Sie wandten sich an den für sie zuständigen Prokurator von Mauretanien, Petronius Celer, mit der Bitte, ihnen bei der Suche nach einem fähigen Ingenieur behilflich zu sein. Der wiederum bat seinen Kollegen, den Legaten von Numidien, ihm aus dem Hauptquartier der *legio III Augusta* einen Fachmann für technische Aufgaben zur Verfügung zu stellen, damit er das Vorhaben der Salditaner prüfe.

Man wählte den *librator* Nonius Datus aus, der nach Saldae reiste und dort entsprechende Vermessungen durchführte; seine Pläne zum Bau des Aquäduktes übergab er dem Prokurator Petronius Celer. Dies alles muss sich bis 138 n. Chr. abgespielt haben, denn Petronius Celer war nur bis zum Ende der Herrschaft Hadrians Prokurator von Mauretanien.

Die Arbeiten wurden aber nicht sofort begonnen, sondern bis zur Prokuratur unter Porcius Vetustinus (147 bis 150 n. Chr.) zurückgestellt. Zu dieser Zeit war Crispinus Statthalter in Numidien, der Nonius Datus anwies, sich mit dem Prokurator Vetustinus in Verbindung zu setzen, um das Projekt erneut zu besprechen. Crispinus war in den Jahren 147 und 148 n. Chr. im Amt, so dass der Baubeginn am Aquädukt in diese Zeit zu datieren ist. Nonius Datus verständigte sich mit den Bauleuten, die die Ausführung des Bauwerks übernommen hatten, organisierte die Arbeiten und leitete für einige Zeit den Baubetrieb. Er wäre einige Monate in Saldae geblieben, wenn er nicht durch eine Krankheit zur Rückreise nach Lambaesis gezwungen gewesen wäre.

Auch während seiner Abwesenheit gingen die Arbeiten gut voran und schienen pünktlich fertig zu werden, wenn es nicht plötzlich Probleme in der Tunnelbaustelle gegeben hätte. Nonius Datus hatte den Bauleuten die Trasse des Tunnels über den Berg abgesteckt, und es war geplant, den Tunnel von zwei Seiten aus in Angriff zu nehmen. In seiner Abwesenheit hatten die Bauleute unter Tage aber Schwierigkeiten mit der Richtungsübertragung, denn in jedem der beiden Baulose war man von der geplanten Trasse nach rechts abgedriftet. Da man aus den Bauplänen die Streckenlänge der Baulose genau kannte, merkte man zu einem gewissen Zeitpunkt, dass man den vorgesehenen

---

[166] CIL 8,1, 2728 (vgl. 18122); ILS II,1, 5795. Übersetzungen bei Grewe 1985e, 70 (B. Beyer-Rotthoff); Pferdehirt 1995, 69f. und de Waele 1996, 176f. Die hier vorgelegte Übersetzung basiert auf Grewe 1985, 70 und wurde vom Verfasser nach technischen Gesichtspunkten neu bearbeitet; Grewe 1998, 135–139.

Treffpunkt längst verfehlt hatte; man hatte aneinander vorbeigearbeitet. Diese Erkenntnis brachte die Bauleute zum Verzweifeln, und das Projekt stand kurz vor der Aufgabe.

Noch einmal wandte sich der Prokurator Mauretaniens, inzwischen war Varius Clemens im Amt (151 n. Chr.), an den Legaten Numidiens, nun M. Valerius Etruscus, damit er Nonius Datus erneut schicke. Nonius Datus, bereits Veteran, brach noch einmal nach Saldae auf. Obwohl ihm eine Eskorte beigegeben war, wurde er unterwegs von Straßenräubern überfallen. Schwer verwundet und seiner Kleidung beraubt, konnte er jedoch fliehen und erreichte Saldae. Dort angekommen, wurde er sogleich zum Berg gebracht und mit den Problemen der Tunnelbaustelle konfrontiert. Durch Nachmessungen stellte er die Auswirkungen des fehlerhaften Vortriebes fest und ließ danach eine Querverbindung zwischen den beiden Baulosen herstellen. Mit dem wenig später erfolgten Durchschlag im Tunnel war der Aquädukt einsatzbereit, und Varius Clemens reiste zur Einweihung der Wasserleitung nach Saldae.

Beim Bau des Aquäduktes von Saldae mit seinem problembeladenen Tunnel scheint es sich für Nonius Datus um die größte Herausforderung seines gesamten Berufslebens gehandelt zu haben. Er nutzte diese Aufgabe, um sich auf seinem Grabstein als Ingenieur darzustellen, dem man ein herausragendes Bauprojekt übertragen hatte. Er rückte in dieser Inschrift seine Leistung beim Bau und zur Vollendung des Aquädukttunnels in den Vordergrund. Die Wiedergabe des Briefwechsels zwischen den Prokuratoren von Mauretanien und den Legaten von Numidien stellte das Projekt auf die höchste Ebene und ließ dadurch keinen Zweifel an seinem Bericht aufkommen.

Derartige Inschriftensteine sind nicht selten, so haben die Besitzer der afrikanischen Landgüter oftmals ihren Schriftwechsel mit den kaiserlichen Behörden auf ihren Grabsteinen verewigen lassen.[167] Als technischer Bericht ist der Text des Nonius Datus jedoch singulär.

---

167 Leveau 1988a, 218. Ein weiterer in Nordafrika gefundener Inschriftenstein scheint auf einen Tunnel bei Lambaesis zu verweisen. In der Inschrift wird von *perforato monte* (»nachdem der Berg durchbohrt war«) gesprochen (CIL VIII, 266; ILS 5788); freundl. Hinweis von W. Eck, Köln.

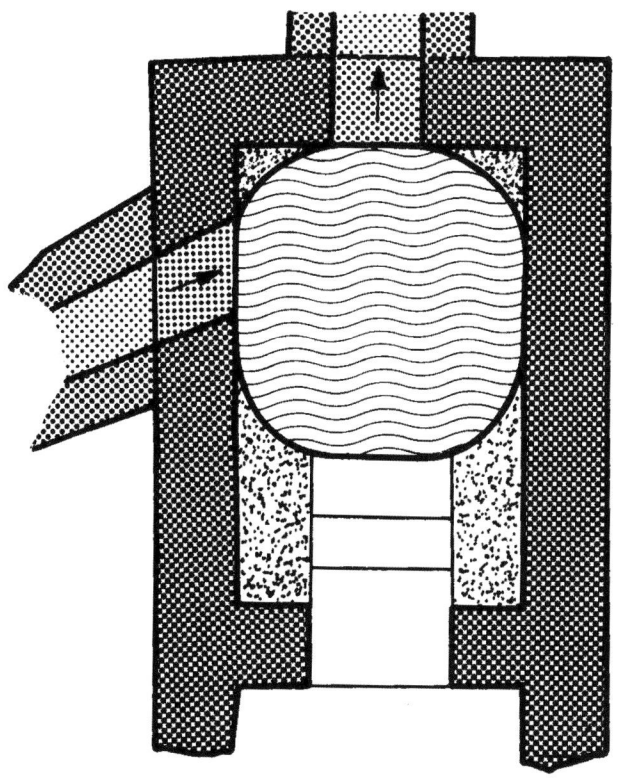

Mundlochausbau des Tunnels von Nonius Datus bei Saldae (Algerien).

Der Bericht des Nonius Datus enthält noch den Hinweis auf die Herkunft der Bauleute: Er beschreibt, dass er *classici* und *gaesates* in einer Art Wettstreit in den beiden Baulosen arbeiten ließ. Damit wird deutlich, dass auch die Bautrupps beim Militär ausgeliehen waren, denn bei den *classici* handelte es sich um Marinesoldaten aus Caesarea, während die *gaesates* aus einer Auxiliarformation abkommandiert waren.

Zur Zeit der Entdeckung des Inschriftensteines wusste man zwar von der Existenz des Aquäduktes, aber über die Lage und die Existenz des Salditaner Tunnels war nichts bekannt. Er wurde erst später entdeckt und gegen Ende des 19. Jahrhunderts von den Franzosen nicht nur freigelegt, sondern für eine neue Wasserleitung wieder benutzbar gemacht. Dabei wurde auch die genaue Länge des Tunnels ermittelt, die 428 Meter ergab; er durchfährt das Gebirge 86 Meter unterhalb seiner Kammlinie. Messungen der Abflussmengen an den Quellen von Toujda lassen für den insgesamt ca. 21 Kilometer langen Aquädukt eine Transportleistung von bis zu 10 000 Kubikmeter pro Tag errechnen.

Die Trassenabsteckung für im Gegenortverfahren aufgefahrene Tunnel

Nonius Datus beschreibt uns in seiner berühmten Inschrift die Tunnelabsteckung im Zuge der Wasserleitung nach Saldae. Darin erläutert er die Trassenabsteckung für seinen im Gegenort aufgefahrenen Tunnel: »Die exakte Linienführung war aber mit Pfählen über den Berg abgesteckt worden.«[168] Es war also die wichtigste Aufgabe des mit der Tunnelvermessung beauftragten Ingenieurs, die Tunneltrasse aus dem Bauplan in das Gelände zu übertragen. Bei im Gegenort aufzufahrenden Tunneln war diese Linie in der Regel eine Gerade.

Nachdem die Mundlöcher auf beiden Seiten des Berges abgesteckt waren, was immer mit einem Nivellement einhergehen musste, um den Tunnel beidseitig auf demselben Niveau anzusetzen (s. u.), musste als nächster Schritt die Trassenverbindung zwischen den Mundlöchern ermittelt werden. Handelte es sich bei dem zu überwindenden Hindernis um einen Bergsporn, so gab es theoretisch zwei Möglichkeiten zur Absteckung der Trasse: einmal auf direktem Wege über das Hindernis hinweg und zum anderen durch einen Winkelzug um den Bergsporn herum.

Für das Verfahren »Einen Berg in gerader Linie zu durchstechen, wenn die Mündungspunkte des Grabens an dem Berge gegeben sind« beschreibt der griechische Mathematiker Heron eine Anwendungsmöglichkeit für die von ihm entwickelte Dioptra und liefert sogar die Vermessungsskizze dazu:[169]

---

168 Grewe 1985, 70.
169 Heron, 15. Seine Vorgehensweise soll an dieser Stelle erläutert werden: Zwischen den in beiden Berghängen festgelegten Mundlöchern des geplanten Tunnels wird ein rechtwinkliger Polygonzug angelegt, der sich mit seinen Standpunkten dem Geländerelief in etwa auf gleicher Höhe anschmiegen muss, damit das Aufstellen der Dioptra gewährleistet ist. Ausgehend von einem Mundloch (B) legt man eine willkürliche, aber dem Gelände angepasste Gerade fest. In deren Endpunkt (E) setzt man mit der Dioptra einen rechten Winkel ab. Auch der auf diese Weise neu gefundene Punkt (Z) muss zum Aufstellen der Dioptra geeignet sein, denn er dient dazu, von hier aus wieder im rechten Winkel (ZH) abzuknicken.

Man verfährt auf diese Weise weiter (Θ, K, …) bis das zweite geplante Mundloch sichtbar wird. Die Polygonzugseite KΛ wird so angelegt, dass man den Mundlochfestpunkt Δ mittels der Dioptra auf sie aufwinkeln kann. Dieses Lot mit dem Fußpunkt M bildet die abschließende Seite des um den Berg geführten Polygonzuges, wobei M den letzten Knickpunkt darstellt.

Die gegeneinander aufgerechneten Polygonzugstrecken ergeben letztendlich das über dem Berg liegende rechtwinklige Dreieck BΔN mit der Tunnelstrecke BΔ als Hypotenuse. Die Kathetenlängen dieses Dreiecks BN und ΔN lassen sich aus den Messstrecken des rechtwinkligen Polygonzuges durch Addition und Subtraktion auf einfache Weise errechnen.

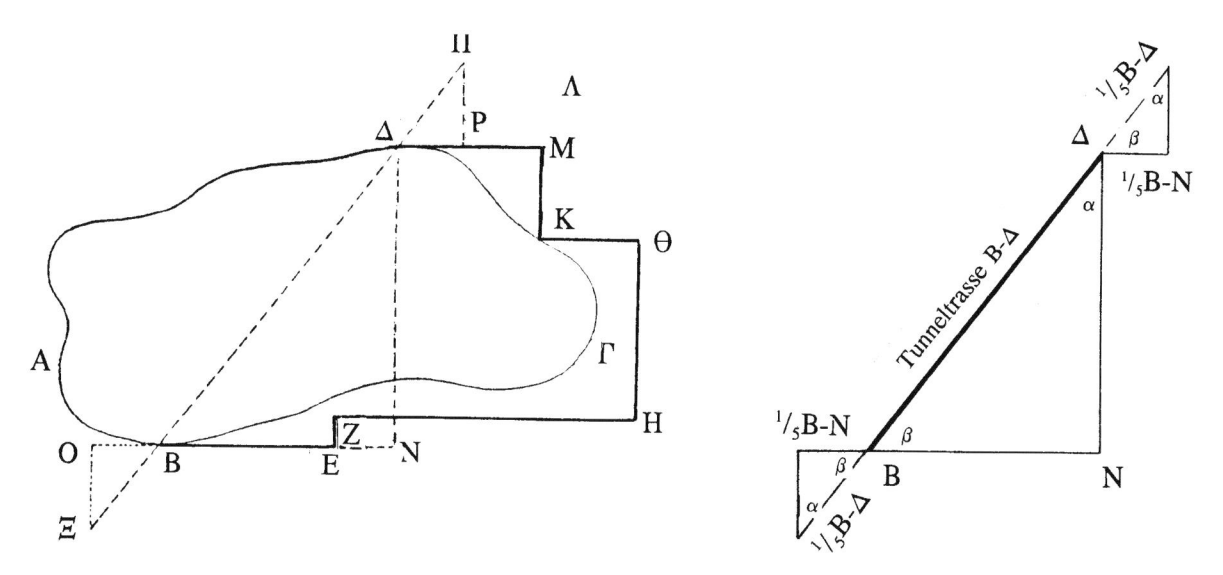

Bei der Tunnelaufgabe Herons wird es sich um eine geometrische Übungsaufgabe gehandelt haben, um zu zeigen, wie die Angriffsrichtungen für einen im Gegenort aufzufahrenden Tunnel um einen Berg herum abgesteckt werden können (zur genauen Erläuterung siehe Fußnote 169).

Seine Beschreibung für die Berechnung einer Tunnellänge mitsamt der Methode für die Trassierung des Tunnels ist auf den ersten Blick beeindruckend, weil sie zudem genial einfach erscheint. Nicht von ungefähr taucht in der Forschungsgeschichte der Versuch auf, diese Beschreibung mit dem Bau des Eupalinos-Tunnels in Einklang zu bringen, zumal das beschriebene Gelände gewisse Ähnlichkeiten aufweist. Nun hat aber Heron gut 500 Jahre nach dem Bau des Eupalinos-Tunnels gelebt, und es könnte allenfalls sein, dass er diesen als Vorbild für seine theoretische Beschreibung gewählt hatte, denn der Tunnel zählte nicht ohne Grund zu den berühmtesten Bauwerken im Mittelmeerraum. Aber wie so oft sind auch hier Theorie und Praxis nicht deckungsgleich. Wollte man nämlich den Ka-

Als nächstes wird die Strecke BE nach rückwärts über das Mundloch B hinaus verlängert und auf dieser Linie ein Fünftel Streckenlänge der Kathete BN abgesteckt, wonach man den Hilfspunkt O erhält. Ein rechter Winkel mit der Lothöhe von einem Fünftel Streckenlänge der Kathete ΔN ergibt einen Punkt (Ξ), der aufgrund der geometrischen Zusammenhänge exakt auf der Verlängerung der geplanten Tunneltrasse BΔ liegt. Aus der durch Messung zu ermittelnden Strecke zwischen diesem Punkt und dem Festpunkt am Mundloch B lässt sich die Länge des Tunnels errechnen, denn sie muss ein Fünffaches betragen.

Das gleiche Hilfsdreieck lässt sich beim Mundloch Δ konstruieren: Man steckt auf der letzten Seite (ΔM) des Polygonzuges von Δ ausgehend ein Fünftel der Kathete BN ab und errichtet im neu gefundenen Punkt P wiederum ein Lot mit der Höhe von einem Fünftel der Kathete NΔ. Das damit gefundene Hilfsdreieck ΔΠP entspricht dem auf der anderen Seite des Berges beim Mundloch B ermittelten Hilfsdreieck BΞO, denn die Winkel α und β des durch den Polygonzug gefundenen Dreiecks BΔN tauchen in beiden Hilfsdreiecken als Wechselwinkel auf. Somit muss die Hypotenuse ΠΔ exakt der Hypotenuse ΞB des ersten Hilfsdreiecks entsprechen. Stimmen beide Maße überein, so ist dadurch nicht nur eine Kontrolle der durchgeführten Vermessungen gegeben, sondern auch der daraus erfolgten Berechnungen: ΞB und ΠΔ bilden die Grundlage für die Ermittlung der gesuchten Tunnellänge, denn die Hypotenusen der Hilfsdreiecke sind jeweils ein Fünftel der Strecke BΔ lang.

Die Hypotenusen der beiden Hilfsdreiecke geben zudem die Richtung für den Tunnelvortrieb an, und Heron schließt seine Beschreibung völlig richtig mit dem Hinweis ab: »Wird der Tunnel auf diese Weise hergestellt, so werden sich die Arbeiter treffen.«

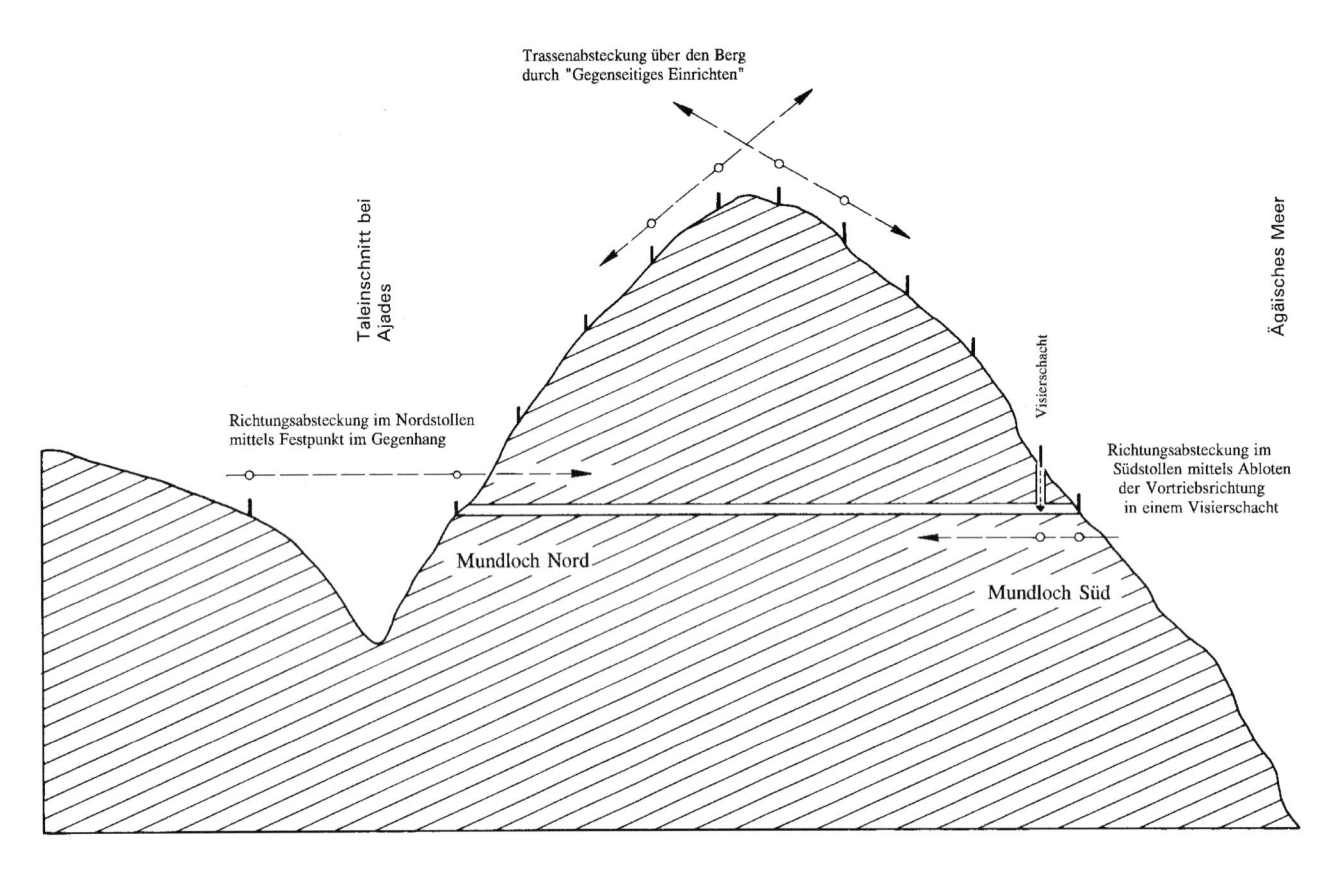

Dasselbe Problem kann auch durch eine Absteckung nach der Methode des »gegenseitigen Einrichtens« über den Berg gelöst werden.

stroberg auf die bei Heron beschriebene Weise mittels eines rechtwinkligen Polygonzuges umfahren, so ergeben sich gewisse Schwierigkeiten, da die steilen Berghänge diese Vermessungsmethode nicht begünstigen. Die Heron'sche Übungsaufgabe für die Tunnelabsteckung mit einer Dioptra scheint tatsächlich eine rein theoretische Aufgabe zu sein, denn sie ist für keinen der bekannten Tunnel anwendbar.

Führte der geplante Tunnel allerdings nicht durch einen Bergsporn, sondern durch einen Bergrücken, so war diese Methode ohnehin nicht zu nutzen. In solchen Fällen war es erforderlich, die geplante Trasse über den Berg abzustecken, und es ist nicht unwahrscheinlich, dass diese Methode auch bei dem Eupalinos-Tunnel angewandt wurde, zumal sie ohne größere Hilfsmittel – wie etwa die zu Eupalinos' Zeiten gar nicht zur Verfügung stehende Dioptra – durchzuführen war. Von Nonius Datus wissen wir, dass er seine Trasse »über den Berg abgesteckt« hatte, bevor die Bauleute beim Vortrieb »Fehler über Fehler« machten. Und da man in kaum einem Fall von einem Tunnelmundloch zum anderen sehen konnte, kam nur ein einfaches Absteckverfahren in Frage, das jeder Auszubildende zum Vermessungstechniker unserer Tage als »gegenseitiges Einfluchten einer Geraden« kennt.

Man benötigt für dieses Verfahren vier Fluchtstäbe, von denen zwei in den Festpunkten bei den geplanten Mundlöchern aufgestellt werden. Zwei Personen, jeweils mit einem der beiden übrigen Fluchtstäbe ausgestattet, stel-

Im römischen Tunnel von Briord (Frankreich) ist ein gravierender Höhenfehler durch Tieferlegen des Vortriebs korrigiert worden. Der schräg nach oben aufgefahrene Vortrieb wurde aufgegeben; man sieht aber noch deutlich die Arbeitsspuren für zwei nebeneinander arbeitende Mineure.

Im Briordtunnel sind auch Richtungsfehler nachzuweisen, die besonders im Treffpunktbereich deutlich werden. Links unten ist das entgegenkommende Baulos zu sehen, das vom Vortrieb in Blickrichtung sowohl in der Höhe als auch in der Richtung verfehlt worden ist. Um ein Zusammentreffen zu erreichen, fuhr man mit einem Vortrieb einen finalen Versicherungshaken auf. Die Arbeitsbereiche des fehlerhaften Vortriebs der beiden Mineure sind auch hier deutlich zu erkennen.

len sich nun so hoch im Berghang auf, dass sie soeben über die Bergkuppe schauen und jeweils den im dahinterliegenden Berghang befindlichen Festpunkt einsehen können. Auf diese Weise ergibt es sich, dass zwischen dem einen Vermessungsgehilfen und dem von ihm aus einsehbaren Festpunkt jeweils im oberen Bereich des Gegenhanges der andere Vermessungsgehilfe steht, der die gleiche Situation in der anderen Richtung vor Augen hat.

In dieser Ausgangssituation positioniert nun einer der Vermessungsgehilfen seinen Fluchtstab und richtet den Kollegen auf eine gerade Linie zwischen seinem Standpunkt und dem gegenüberliegenden Mundlochfestpunkt ein. Als nächster Schritt wird er selbst vom Kollegen zwischen dessen Standpunkt und dem anderen Mundlochfestpunkt eingerichtet. So verfährt man wechselseitig, wobei man sich der Geraden zwischen beiden Mundlochfestpunkten zwangsläufig immer mehr nähert. Abgeschlossen ist das Verfahren, wenn beide Vermessungsgehilfen den jeweils anderen genau auf einer Linie zwischen sich und dem gegenüberliegenden Festpunkt sehen; danach liegen alle vier Punkte auf der exakten Geraden zwischen den Mundlöchern, die damit den geraden Verlauf der Tunneltrasse markiert.

In der Folge gilt es, die so gefundene Trasse von über Tage nach unter Tage zu übertragen. Das ist nicht einfach, wenn man sich mit der Trassenlinie in einem Steilhang befindet. Und genau da liegt eine weitere Schwäche von Herons Beschreibung: In einem Hang liegt der für eine Richtungsvorgabe außer dem Festpunkt am Mundloch notwendige zweite Punkt zwangsläufig tiefer, so dass er bei horizontalem Tunnelvortrieb vom Tunnelinneren aus nur auf eine kurze Strecke gesehen werden kann. Zumindest für die Anfangsstrecke des Tunnels bedarf es einer Orientierung über zwei Festpunkte – war man weit genug im Berg, so konnte der Rückblick zum durch das Mundloch einfallenden Licht für den weiteren Vortrieb genügen.

Die beiden Festpunkte durften aber auch nicht zu dicht beieinanderliegen, da dadurch die Ungenauigkeit in der Richtungsübertragung begünstigt wurde. Also war es vorteilhaft, wenn dem zu durchtunnelnden Berg ein Tal mit einem Gegenhang vorgelagert war. Dann konnte man nämlich den zweiten der notwendigen Festpunkte dort signalisieren und hatte mitsamt dem Festpunkt am Mundloch eine Ziellinie von ausreichender Länge zur Verfügung. Diese Linie konnte für die Markierung der Vortriebsrichtung und weiterhin für die Kontrolle des Vortriebs herangezogen werden.

Stand kein Gegenhang zur Signalisierung eines zweiten Festpunktes zur Verfügung, so konnte es notwendig sein, im Anfangsverlauf des Tunnels einen Orientierungsschacht (Visierschacht) anzulegen. Dieser wurde dann auf der Trassenlinie abgesteckt und abgeteuft; über diesen Schacht konnte ein auf der Trassenlinie liegender Festpunkt in die Vortriebsstrecke abgelotet werden.

Römischer Tunnelbau an Rhein, Mosel und Saar

Der Drover-Berg-Tunnel ist der einzige bekannte Tunnel der römischen Zeit in Nordrhein-Westfalen – und gleichzeitig der längste nördlich der Alpen. Drei weitere Großtunnel sind archäologisch in Brey bei Koblenz, in Saarbrücken und in Walferdange (Luxemburg) nachgewiesen.

Beim Tunnel von Brey handelt es sich um das Mittelstück einer ansonsten unbekannten römischen Wasserleitung, d. h. in diesem Fall sind weder die Wasserfassung noch das Versorgungsziel bekannt.[170] Der Tunnel wurde im Jahre 1954 entdeckt, 1960 archäologisch untersucht, hernach mit einem Schutzbau versehen und zugänglich gemacht. Im Bereich von drei Bauschächten, die bei einem Durchmesser von 1,5 bis zwei Meter immerhin 4,4 Meter tief in den Fels gehen, ist die Leitung auf einer Länge von rund 25 Meter freigelegt. Der Tunnel selbst hat eine Höhe von 1,7 bis 2,2 Meter bei einer mittleren Breite von 1,2 Meter und wurde in Qanatbauweise aufgefahren.[171]

Brey bei Koblenz. Die Wasserleitung ist im Boden verlegt, der Tunnel diente also nur als Arbeitsraum für die Installation.

170 Grewe 1981; Wegner 1990; Grewe 1998, 187.
171 Der Tunnel ist heute touristisch erschlossen.

Für den Transport des Trinkwassers wurde nach vollendetem Tunnelbau eine steinerne Rinne in die Sohle eingelassen und mit Steinplatten überdeckt. Die Rinne mit den Innenmaßen 24 Zentimeter in der Breite und 16 Zentimeter in der Höhe führt mit einem Gefälle von 2,6 Prozent heute noch Wasser. Allerdings ließ sich selbst durch Farbbeimengungen nicht ermitteln, wohin die Leitung führt.

Etwas weiter gehen die Befunde beim Saarbrücker Halbergtunnel.[172] Saarbrücken war in römischer Zeit ein kleiner *vicus*, einer jener Marktflecken, die sich allenthalben an den großen Fernstraßen des Reiches fanden. Er lag im Schnittpunkt der Straßen von Straßburg nach Trier und von Metz nach Worms, Letztere überquerte an dieser Stelle die Saar. Der Ort wurde in spätrömischer Zeit mit einem Kastell befestigt. In nachrömischer Zeit verschwand er, ohne seinen antiken Namen zu hinterlassen; das mittelalterliche Saarbrücken entstand dann etwas weiter flussabwärts.

Die Häuser des *vicus* wurden zum einen aus den vielen archäologisch nachgewiesenen Schachtbrunnen mit Trinkwasser versorgt, aber es gab auch eine ganz bemerkenswerte, etwa zwei Kilometer lange Wasserleitung. In ihrem Oberlauf, in den Schluchten am Schwarzenberg, war deren Gerinne schon früher nachgewiesen worden; ein bedeutender technikgeschichtlicher Befund gelang bei den Erdarbeiten zum Bau eines Gasbehälters unterhalb des Halbergs im Jahre 1956. In acht Meter Tiefe unterhalb der Erdoberfläche fand sich bei diesen Arbeiten ein weiteres Teilstück der Wasserleitungstrasse, die in diesem Bereich aber als in einem Tunnelbauwerk verlegte Kanalrinne zutage trat. Hier war der Kanal nicht im offenen Graben gebaut und anschließend wieder mit Erdreich abgedeckt worden, sondern seine durch das Gelände bedingte Tieflage hatte an dieser Stelle einen Tunnelbau erforderlich gemacht.

In der kreisrunden Baugrube des Gasbehälters wie auch im anschließenden Gelände konnte im Bereich einer 73 Meter langen Strecke ein guter Einblick in die hier zur Anwendung gekommene Tunnelbauweise gewonnen werden, denn neben der Tunnelröhre selbst wurden auch elf der antiken Bauschächte freigelegt. Ein zwölfter Schacht lag etwas abseits der Tunneltrasse, und obwohl er mit 6,85 Meter eine den übrigen Schächten entsprechende Teufe hatte, war er auf der Sohle nicht mit dem Tunnel verbunden worden. Möglicherweise handelte es sich um einen Probeschacht, jedenfalls war er schon in römischer Zeit wieder mit Bauschutt verfüllt worden.

Die Bauschächte mit Durchmessern von nur 1,05 bis 1,4 Meter machen deutlich, dass auch dieser Tunnel in Qanatbauweise aufgefahren worden ist: In Abständen, die zwischen 3,26 und 8,43 Meter lagen, wurden bis zur vorausberechneten Tiefe Schächte abgeteuft, die in Sohlenhöhe durch Stollenvortriebe in beiden Richtungen der Trasse miteinander verbunden wurden. Auf diese Weise kam der Tunnelquerschnitt von 50 Zentimeter in der Breite und 1,9 Meter in der Höhe zustande, bevor der Tunnel eine Installation in Form eines Steinkanals erhielt, der mit Kalksteinplatten abgedeckt wurde. Ein Münzfund datiert den Bau in die Zeit des Kaisers Antoninus Pius (138 bis 161 n. Chr.).

An Rhein und Mosel fallen zwei Regionen auf, in denen römische Tunnelbauten häufig und konzentriert vorkommen: im Neuwieder Becken und im oberen Moselraum.

Tunnelfundstellen im Neuwieder Becken sind mehrfach beim Bimsabbau zutage getreten.[173] Diese Tunnel dienten in der Regel der Versorgung der vielen über das Land verteilten *villae rusticae*. Die zur Versorgung herangezo-

---

172 Grewe 1998, 187f.
173 Grewe 1998, 183f.

genen Quellen waren in diesem Gebiet durch die Vulkanausbrüche der Zeit um 9000 v. Chr. verschüttet worden, wonach sie im Untergrund versickerten. Wollte man dieses Quellwasser nutzen, so musste man versuchen, das Wasserdargebot unterirdisch anzuzapfen. Die zu diesem Zweck gebauten Tunnel sind sich in der Bauart recht ähnlich, denn sie wurden in Qanatbauweise erstellt, wobei die Bauschächte auffällig dicht beieinanderlagen. Manche dieser Anlagen könnte man, da sie von einem Versorgungsgebiet entfernt liegende unterirische Wasserdargebote anzapfen, auch als echte Qanate bezeichnen.

Die Mächtigkeit der Bimsschichten bestimmte die Teufen für den Tunnelbau, wobei Schachtteufen von mehr als neun Meter erreicht werden konnten. Die Schächte selbst waren in der Regel kreisrund und mit einem Durchmesser von einem Meter ohne Verbau angelegt worden. Der Schachtabstand liegt bei acht bis 14 Meter, wobei wieder einmal deutlich wird, dass bei geringem markscheiderischen Selbstvertrauen kurze Schachtabstände projektiert wurden, um das Vortriebsrisiko klein zu halten. Wir werden aber bei der Betrachtung des Drover-Berg-Tunnels noch sehen, dass durchaus auch bautechnische Gründe bei der planerischen Festlegung des Schachtabstandes vorgelegen haben könnten.

Auch im oberen Moselraum ist die Qanatbauweise in der Regel vorherrschend.[174] In dieser Region wurden die Tunnelbauten häufig in den ersten zwei Jahrzehnten des 20. Jahrhunderts entdeckt; die Ursache hierfür liegt in der verstärkten Suche nach Wasserquellen für den Ausbau der dörflichen Versorgung in dieser Zeit. Da die modernen Wasserbauer des beginnenden 20. Jahrhunderts bei der Wassersuche nach denselben Kriterien vorgingen wie ihre römischen Vorgänger, mussten sie zwangsläufig zu demselben Ergebnis kommen. Als Folge davon wurden bei vielen Quellschürfungen die römischen Aquädukttunnel angeschnitten.

Die auf dem Gebiet des heutigen Großherzogtums Luxemburg gefundenen Tunnelbauten zur Wassergewinnung stehen in einem engen Zusammenhang zu den Anlagen des Saar-Mosel-Raums, da sich die angewandte Technik sehr gleicht: Man findet ausschließlich nach dem Qanatverfahren gebaute Tunnel vor.

Während der Qanattunnel von Emerange-Schwarzerde aufgrund von Luftbildern, auf denen sich die antiken Bauschächte als Bewuchsmerkmal zeigten, nachgewiesen ist, konnte man in den Tunnel von Noertzange-Stiwelberg einen außergewöhnlichen Einblick nehmen. Beim Straßenbau war in einem tiefliegenden Geländeeinschnitt der römische Aquädukttunnel regelrecht gekappt worden. Dabei hatte man die Vortriebsstrecken samt den Bauschächten der Länge nach freigelegt, was einen bisher nie dagewesenen Anblick bot: Ein Tunnel als aufgeklapptes Bodendenkmal.

In verschiedener Hinsicht besonders ist die antike Wassergewinnung im luxemburgischen Walferdingen (Walferdange), die Raschpëtzerqanat genannt wird.[175] Außergewöhnlich für eine ländliche Anlage sind die Dimensionen dieses Bauwerks, denn es wurden Schachtteufen von bis zu 35 Meter erreicht. In seit 1986 mit großer Hartnäckigkeit durchgeführten jährlichen Grabungskampagnen gelang es bisher, das Kopfstück und große Abschnitte des Mittelteils mitsamt den Bauschächten freizulegen.

Insgesamt ist der Tunnel rund 600 Meter lang, sein Versorgungsziel muss in einem der im Alzettetal gelegenen römischen Siedlungsplätze angenommen werden. Eine in Frage kommende *villa rustica* liegt vom Ursprung des Tunnels etwa 775 Meter entfernt, wobei das Endstück der Wasserleitung in offener Bauweise errichtet werden konnte.

---

174 Grewe 1998, 184–187.
175 Grewe 1990; Grewe 1998, Grewe 176–181; Grewe 2000a; Grewe 2003b; Kohl 2004; Kohl 2005; Kayser/Waringo 2005; Grewe 2010, 154–156; Grewe 2011b, 33–50.

Aufwendige Arbeiten zur Erforschung und Präsentation des in Qanatbauweise gebauten Raschpëtzertunnels in Walferdange (Luxemburg): Ein antiker Bauschacht wird mit großem Gerät freigeräumt. (Foto: G. Waringo)

Bei der Tunnelforschung kann es sehr eng werden; der Autor im Raschpëtzertunnel in Walferdange (Luxemburg). (Foto: G. Waringo)

Es ist heute nicht mehr nachzuvollziehen, warum man zur Wasserversorgung dieses Siedlungsplatzes einen derartigen Aufwand betrieben hat: Man muss feststellen, dass man den östlichen Alzettehang und die anschließende Petschendhöhe mit einem Tunnel durchstoßen hat, um die dahinterliegende Haedchensenke mit ihrem unterirdischen Wasserdargebot zu erreichen.

Es scheint, als sei man bei der Erschließung dieses Wasserdargebotes wie bei der Anlage eines Qanates vorgegangen, denn die Haedchensenke ist an der Erdoberfläche nicht ohne weiteres als Quellgebiet zu erkennen. Vermutlich brachte man hier zunächst einen Mutterschacht nieder, um die Ergiebigkeit dieser Stelle zu ergründen. Dieser Schacht erreichte eine Teufe von 19 Meter. Nachdem man ein positives Ergebnis erzielt hatte, war das zwischen Wasserdargebot und Versorgungsziel liegende Gelände zu begutachten, um eine möglichst ökonomische Trasse für den Bau einer Wasserleitung zu finden.

Nach den Ausgrabungen am Mittelteil des Tunnels (Petschendhöhe) und im Bereich der Wassergewinnungszone (Haedchensenke) wandte sich die Forschungsgruppe ab 1992 dem Tunnelverlauf im Hang der Alzette zu. Danach kann nunmehr nicht nur Einblick genommen werden in mehrere Bauschächte, sondern darüber hinaus hat man den Tunnel auch von der Seite her erschlossen. Mit gewaltigen Erdarbeiten wurde der Tunnel im Talhang zur Alzette von der Seite her freigelegt und mit einem Schutzbau aus Beton überbaut. Bevor man den früheren Zustand im Talhang wiederherstellte, verlegte man eine Betonröhre und schuf damit einen Zugang zum Tunnelaufschluss. Auf diese Weise ist der Tunnel nunmehr für Besucher zugänglich gemacht worden.

Es ist zwar auch für den Raschpëtzertunnel keine Bauinschrift überliefert, dennoch gibt es für eine Datierung der Anlage einige Hinweise, als deren sicherste die Ergebnisse zweier dendrochronologischer Untersuchungen von Holzproben durch das Rheinische Landesmuseum Trier gelten dürfen. Eine erste stammte aus Schacht 6 und führte über das festgestellte Fällungsdatum in das Jahr 267 n. Chr. Eine in Schacht 8 gefundene Eichenbohle weist in das Jahr 150 n. Chr.

Da die erste Probe in Verfüllschichten im Tunnel gefunden wurde, die gleichzeitig belegen, dass die Wasserversorgung außer Betrieb gesetzt wurde, haben wir hier ein Zeugnis für den Verfall der Leitung: Sie kann nach 267 n. Chr. nicht mehr benutzt worden sein. Das passt durchaus zu Daten zur Geschichte des Rhein-Mosel-Raums, denn die Leitung wurde möglicherweise bei den Frankeneinfällen dieser Zeit zerstört. Das frühere Datum belegt entweder die Bauzeit oder eine Reparaturphase des Tunnels. Da es sich bei der gefundenen Holzprobe um den Rest eines Eichenbalkens handelt, könnte man diesen vielleicht dem Schachtausbau zuordnen. Es ist also nicht unwahrscheinlich, die Bauzeit des Raschpëtzertunnels in der Zeit um das Jahr 150 n. Chr., möglicherweise auch einige Jahre vorher, anzusiedeln. Die Anlage hat demnach für mindestens 100 Jahre ihren Dienst erfüllt.

Der Drover-Berg-Tunnel bei Düren

Der Tunnel zwischen der Quelle Heiliger Pütz bei Drove und Soller ist schon seit dem Ende des 19. Jahrhunderts bekannt; von früheren Ausgrabungsversuchen existieren allerdings lediglich Beschreibungen oder amateurhafte Skizzen. Im Gelände ist die Tunneltrasse an einer lückenhaften Kette von Bauschächten zu erkennen, die sich an der Oberfläche durch trichterförmige Mulden von bis zu sechs Meter Durchmesser abzeichnen. Durch den Betrieb eines Truppenübungsplatzes und den Verkehr von Kettenfahrzeugen sind zahlreiche dieser Trichter zerstört. Die heute noch im Gelände auszumachenden ca. 50 Bauschächte liegen vereinzelt im ehemalig militärisch genutzten Gelände, größtenteils aber an dessen Rand oder im Waldgebiet außerhalb. Der Gesamtverlauf des Tunnels ließ sich nach der topographischen Aufnahme der Schachttrichter allerdings noch rekonstruieren.[176]

Über das Tunnelbauwerk selbst, besonders über die Dimensionen und die exakten Abstände der Bauschächte, sollte eine Ausgrabung Aufschluss geben, die 1982 im Bereich mehrerer besonders gefährdeter Schächte durchge-

---

176 Grewe 1983e; Grewe 1998, 189–192; Grewe 2002, 29–35; Grewe 2010, 157–160; Grewe 2011b, 33–49.

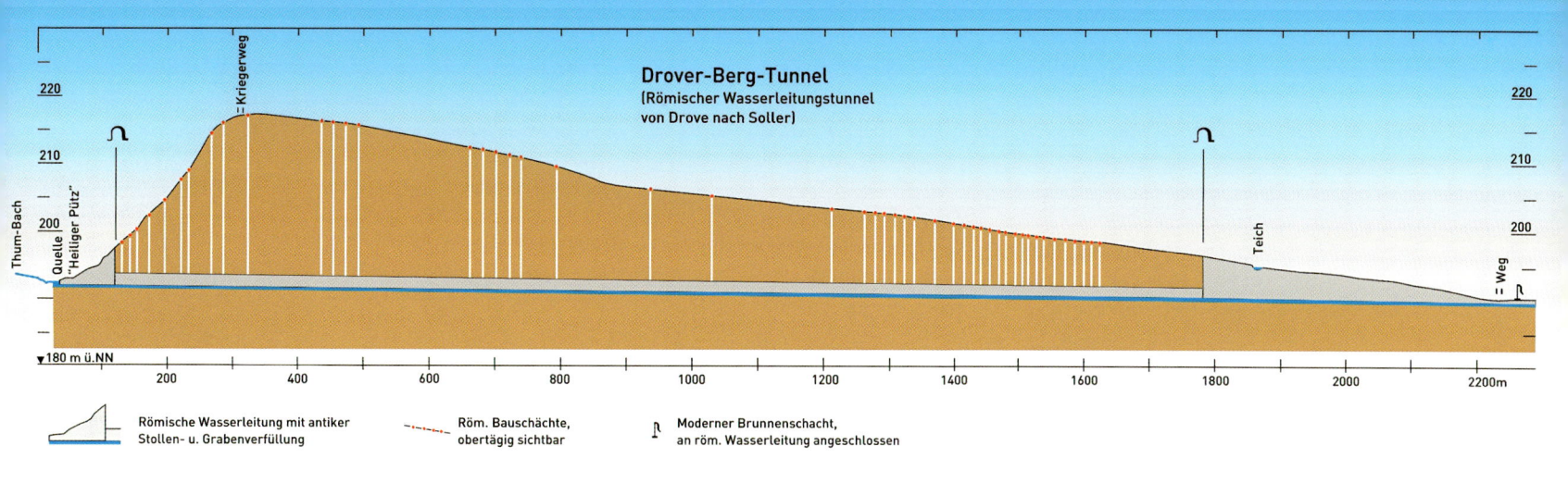

Längsschnitt durch den Drover-Berg-Tunnel bei Düren. (Grafik: K. White-Rahneberg)

führt wurde. Des Weiteren sollte eine Grabung am Beginn des Tunnels, wo die eigentliche Wasserleitung noch in erreichbarer Tiefe zu vermuten war, die Bauausführung der wasserführenden Rinne klären.

Der vom Tunnel durchfahrene Drover Berg fällt nach Nordosten zur Zülpicher Börde hin mit sanfter Neigung ab. Nach Südwesten, zur Eifel hin, ist der Bergrücken jedoch scharf begrenzt. Hier hat der Drover Bach sich tief in die Landschaft eingeschnitten und am Drover Berg einen steilen Hang entstehen lassen. Die am Heiligen Pütz beginnende Wasserleitung verläuft eine kurze Strecke am Fuß dieses Steilhanges talwärts, um dann rechtwinklig zum Hang hin abzubiegen. Im Steilhang selbst ist die Tunneltrasse schon obertägig zu erkennen, da sich ein Schachttrichter an den nächsten reiht. Diese Linie zieht sich dann leicht gewunden über den ganzen Berg, wobei auch auf der Höhe immer wieder Abschnitte dieser Schachttrichterkette oder einzelne Trichter erhalten sind. Das Endstück des Tunnels liegt außerhalb des Waldes und damit außerhalb des Truppenübungsplatzes in der freien Feldflur und ist durch einen Graben überprägt worden.

Der Tunnel mit einer Gesamtlänge von 1 660 Meter unterquert den Drover Berg in einer maximalen Tiefe von 26 Meter unter dem Scheitelpunkt des durchbrochenen Bergrückens. Damit ergibt sich auch die größte Teufe der Bauschächte bis zu ca. 26 Meter. Die Tunnelachse verläuft nicht etwa geradlinig über den Berg, sondern sie folgt – der Eigenart der Qanatbauweise entsprechend – der Einsenkung eines Sattels. Dadurch wurde der Tunnel zwar länger, es waren dafür auf dieser Linie aber die kürzesten Bauschächte abzuteufen.

In einem weiteren Aspekt ähneln sich dieser und andere Tunnel dieser Bauart: Man hatte zwar die Linie der geringsten Geländehöhe über den Berg gesucht, folgte dieser dann aber mit der Tunneltrasse um einige Meter seitlich versetzt. Beim Drover-Berg-Tunnel wird dies besonders auf der westlichen Seite im nach Drove abfallenden Steilhang deutlich: Die Linie der römischen Schächte erklettert den Berghang parallel zum Verlauf eines kleinen trockenen Seitentales, aber gut zehn Meter von der eigentlichen Sohle dieses Siefens nach Süden versetzt. Auf halber Höhe wechselt die Tunnelachse mit einem leichten Schlenker auf die Nordseite des Taleinschnitts über. Sie folgt dann der Sattellinie über den Bergrücken, aber auch hier deutlich zu einer Seite hin versetzt.

Dieses Verfahren erscheint auf den ersten Blick unvernünftig, weil hierdurch die Bauschächte – wenn auch nur geringfügig – tiefer werden mussten. Der Sinn dieser leichten Trassenverschiebung kann nur darin gesehen werden, dass man bei Regenfällen während der Bauzeit auf diese Weise die Oberflächenwasser von den Bauschächten fern-

Durch Einsacken des Verfüllmaterials in den Bauschächten des Drover-Berg-Tunnels entstanden an der Oberfläche auffällige Trichter.

halten wollte. Dieses Wasser konnte sich nach Abschluss der Bauarbeiten und der Wiederverfüllung der Schächte nicht darin sammeln, auf diese Weise auch nicht bis in den Tunnel durchsickern und somit auch nicht das im Kanal geführte Quellwasser verunreinigen.

Die Bauschächte folgen – wie schon beschrieben – zwar keiner geraden Linie über den Berg, die Ausgrabungen von 1982 zeigten aber, dass sie einer plausiblen Linie nachgingen, die sich in einer großen Windung über den Berg zieht. Der Abstand der Schächte schwankt zwischen zwölf und 15 Meter in den Hanglagen und 17 bis 26 Meter auf der Höhe der Drover Heide. Bei den Arbeiten unter Tage mussten also maximal Vortriebsstrecken dieser Größenordnung eingehalten werden. Die Schächte waren auffallend eng, denn ihre Durchmesser lagen im Bereich eines Meters.[177]

Die Lage des Tunnelanfangs unter Wald trug zur Konservierung dieses Bodendenkmals wenigstens in diesem Streckenabschnitt bei. Aber auch im Bereich des Truppenübungsplatzes konnten sich einige der Schachttrichter erhalten. Das hat weniger mit einer besonderen Achtung der Rekruten vor einem archäologischen Objekt zu tun als viel-

---

177 Diese geringen Schachtweiten sind auch an anderen Tunneln im Rheinland nachgewiesen worden, zum Beispiel beim Halbergtunnel bei Saarbrücken.

mehr mit deren pragmatischem Denken: Geriet man nämlich mit einem Panzer in einen der Schachttrichter des Tunnels, war erheblicher Aufwand erforderlich, um wieder herauszukommen. Folglich führen Fahrspuren der Panzer manchmal um die Trichter herum, wobei einige kleine »archäologische Schutzzonen« entstanden sind. Sie sind oftmals mit Birken- und Weidengehölz umstanden, woran in der ansonsten eher als Einöde auffallenden Heidelandschaft der Trassenverlauf des Tunnels schon terrestrisch gut erkennbar ist, besser noch ist er aber aus der Luft auszumachen. Vom Flugzeug aus sieht man besonders bei schräg stehender Sonne die Schattenflecken in den Trichtern, die sich, zu einem Gesamtbild ergänzt, wie eine über den Bergrücken gelegte Perlenkette darstellen.[178]

Einer der mit Ton verfüllten römischen Bauschächte im Planum.

Ein wichtiger Hinweis auf die Organisation einer antiken Tunnelbaustelle ergibt sich aus einer näheren Betrachtung der Bauschachtabstände. Dabei fällt auf, dass die Bauschächte nicht nur uneinheitliche Schachtabstände haben, sondern darüber hinaus, dass die Bauschächte an Tunnelanfang und -ende wesentlich näher beieinanderliegen als im Mittelteil des Tunnels. Daraus wird deutlich, dass die Schachtabstände in einem ganz bestimmten Verhältnis zur Teufe der jeweils betroffenen Schächte stehen. Die genaue Vermessung des Tunnels und des ihn umgebenden Geländes zeigte, dass die Vortriebsstrecke zwischen zwei Bauschächten auffällig mit der Teufe des Ausgangsschachts für das jeweilige Baulos übereinstimmte.

Versuchen wir die Organisation dieser antiken Tunnelbaustelle zu rekonstruieren, so bietet sich als Vergleich die Tunnelbaustelle von Saldae (Nordafrika) an. Wir wissen aus der Inschrift des Nonius Datus, dass dieser zwecks Planung einer Wasserleitung von der in Lambaesis gelegenen *legio III Augusta* »ausgeliehen« war. Ingenieure, die derart komplizierte Bauwerke planen konnten, waren also nicht leicht zu finden. Möglicherweise standen solche Fachleute gar nur beim Militär zur Verfügung. Es liegt deshalb nahe anzunehmen, dass der Ingenieur als Planer eines Tunnels sich nicht ständig auf einer Baustelle aufhalten konnte. Sicher bedurfte es also einer eindeutigen Maß-

---

178 Heute ist der Truppenübungsplatz Drover Heide geschlossen und das Gelände als Naturschutzgebiet ausgewiesen worden. Die Reste des römischen Bauwerks sind durch den Drover-Berg-Tunnel-Wanderweg erschlossen (siehe www.youtube.com, Suchwort: Drover-Berg-Tunnel-Wanderweg).

nahme, den Bauleuten die technischen Abmessungen des in Angriff genommenen Bauwerks »handgreiflich« zur Verfügung zu stellen.

Aus diesem Grunde scheint der Planer des Drover-Berg-Tunnels einen technischen Kniff angewandt zu haben, der genial einfach und zudem leicht zu praktizieren war: Er steckte die Lage der Bauschächte des Tunnels im Verlauf der über den Berg geplanten Trasse ab. Dabei wählte er Schachtabstände, die genau der planmäßigen Teufe des Ausgangsschachts für den jeweils nächsten Bauabschnitt entsprachen. Die Bauleute benötigten im fortschreitenden Baubetrieb für die Abteufung der Schächte also keinerlei Baupläne, sondern lediglich eine Schnur. Sie nahmen damit von einem Schacht zum nächsten die vorgegebene Distanz ab, befestigten ein Lot an der Schnur und konnten das abgenommene Maß als planmäßige Teufe in den Schacht übertragen.

Ähnlich einfach wurde auch die Vortriebsrichtung nach Untertage übertragen: Über dem bis zur planmäßigen Teufe fertiggestellten Schacht baute man ein einfaches Holzgerüst auf. Daran war in Augenhöhe eine Holzlatte befestigt, an der an beiden Enden Lote aufgehängt waren, deren Schnüre bis zur Tunnelbaustelle hinunterreichten. Der Abstand der Lotschnüre war dabei durch die lichte Weite des Bauschachts vorgegeben. Über dem Schacht wurde nun mittels der beiden Lotschnüre der Festpunkt über dem nächsten Schacht anvisiert. Damit entsprach die Visurlinie über Tage exakt der planmäßigen Vortriebsrichtung unter Tage. Da die Schnüre der zur Visur bis zur Sohle eines Schachts hinabreichten, stand dort eine Richtungsangabe zur Verfügung, nach der der Vortrieb anzulegen und vor allen Dingen zu kontrollieren war.

Erst nach der Fertigstellung des Tunnels baute man die Wasserleitung ein. Sie wurde 1982 am Fuße des westlichen Berghanges in zwei Schnitten freigelegt, d. h. noch vor dem eigentlichen Tunnel und zwar an der Stelle, wo sie aus dem Hangverlauf in die Tunnelstrecke abknickt.

Der Kanal, der in ein an den Seiten und am Boden 30 Zentimeter starkes Bett aus Kieseln gegossen wurde, besteht aus einer U-förmigen Rinne aus gelbsandigem Gussbeton mit Kieseleinschlüssen, der bei der Ausgrabung sofort zerbröselte; an die Bergung eines zusammenhängenden Leitungsstückes war daher zu diesem Zeitpunkt nicht zu denken. Die Wangen des Kanals hatten Stärken von 20 (links) und 24 Zentimeter (rechts). Die Rinne mit einer lichten Höhe von 26 Zentimeter und einer lichten Weite von 20 bis 24 Zentimeter war innen mit einer dünnen Schicht (50 Zentimeter) wasserdichten Putzes überzogen und mit bis zu vier Zentimeter starken halbrunden Dachziegeln (*imbrices*) abgedeckt. Lediglich im Bereich des scharfen Knickes vor dem Tunnel war der Winkel zwischen den *imbrices* mit einem keilförmig zugeschlagenen Sandstein überdeckt. Eine starke Packung aus Ton sorgte dafür, dass von oben kein Fremdwasser in den Kanal eindringen konnte.

Im Bereich der Quelle, die heute den Namen Heiliger Pütz führt, ist von einer römischen Fassung nichts mehr zu sehen. Die

Die mit *imbrices* abgedeckte Wasserleitungsrinne biegt aus dem Hangverlauf in die Tunnelstrecke ein.

Schüttmenge der Quelle wird nach einer älteren Messung mit 480 Kubikmeter pro Tag angegeben. Das Niveau des Wasserspiegels im Quelltopf liegt bei 191,78 Meter ü. NN, damit also knapp 50 Zentimeter über dem nur 40 Meter abwärts in Schnitt 1 angetroffenen Leitungsaufschluss; ein Überleiten des Quellwassers war also ohne Probleme möglich.

Der Drover-Berg-Tunnel ist das größte antike Bauwerk dieser Art nördlich der Alpen. Gleichwohl besteht nach wie vor die Schwierigkeit, dieses Bauwerk einem Bauherrn oder auch nur einem Versorgungsziel zuzuordnen. Die durch den Drover Berg geführte Wasserleitungstrasse tritt im Osthang des Berges an das Tageslicht, d. h. sie wird als unterirdisch verlegte Rinne mit natürlichem Gefälle weitergeführt. Nahe der Ortschaft Soller ist die Leitung mit südöstlich ausgerichtetem Verlauf noch einmal nachgewiesen worden, dann verliert sich ihre Spur.

Von der Richtung her käme zwar als größerer Siedlungsplatz nur Vicus Tolbiacum/Zülpich als Versorgungsziel in Frage, entsprechende Funde wurden allerdings nie gemacht, so dass dieses Ziel eher ausscheiden dürfte. In gleicher Richtung wurde allerdings eine römische *villa rustica* nachgewiesen; Lesefunde lassen eine reiche Ausstattung vermuten. Vielleicht war es der Besitzer dieser Villa in Vettweiß-Froitzheim, der zur Versorgung seines Anwesens das Wasser vom Heiligen Pütz herleitete und dazu den Bau des Drover-Berg-Tunnels veranlasste.

Der Qanat von Alt-Inden

Im rheinischen Braunkohlentagebau gelang 2005 erstmals die komplette archäologische Untersuchung eines Qanates.[179] Da der Drover-Berg-Tunnel bis zu diesem Zeitpunkt als einziger römischer Tunnel im nördlichen Rheinland galt, war die Entdeckung des Qanates von Alt-Inden eine Sensation. Seit vielen Jahren wird im Vorlauf zum Abbau der Braunkohle im Rheinischen Braunkohlenrevier eine flächendeckende archäologische Untersuchung der betroffenen Flächen durchgeführt. Bei der Ausgrabung eines fränkischen Gräberfeldes stieß man auf einen Schacht mit zwei Meter Durchmesser, der ca. zehn Meter in die Tiefe führte. Da vor dem Braunkohlenabbau ohnehin die gesamte Überdeckung abgebaggert wird, war hier die einmalige Gelegenheit gegeben, ein solches Bauwerk komplett auszugraben. Durch den Einsatz von großem Baggergerät im Tagebau gelangen außergewöhnliche Einsichten in einen antiken Qanattunnel. Auf diese Weise konnte der Tunnel samt dem überdeckenden Erdreich der Länge nach geschnitten werden, so dass große Profile des ehemaligen Hohlraums und der darüberliegenden Bauschächte gewonnen werden konnten.

Der nachrömisch verfüllte Qanat von Alt-Inden (Tagebau Inden, Rheinisches Braunkohlerevier); in Sohlenhöhe die auf Schieferplatten gebettete Tonrohrleitung.

179 Päffgen 2006a; Päffgen 2006b; Grewe 2011b, 33–49.

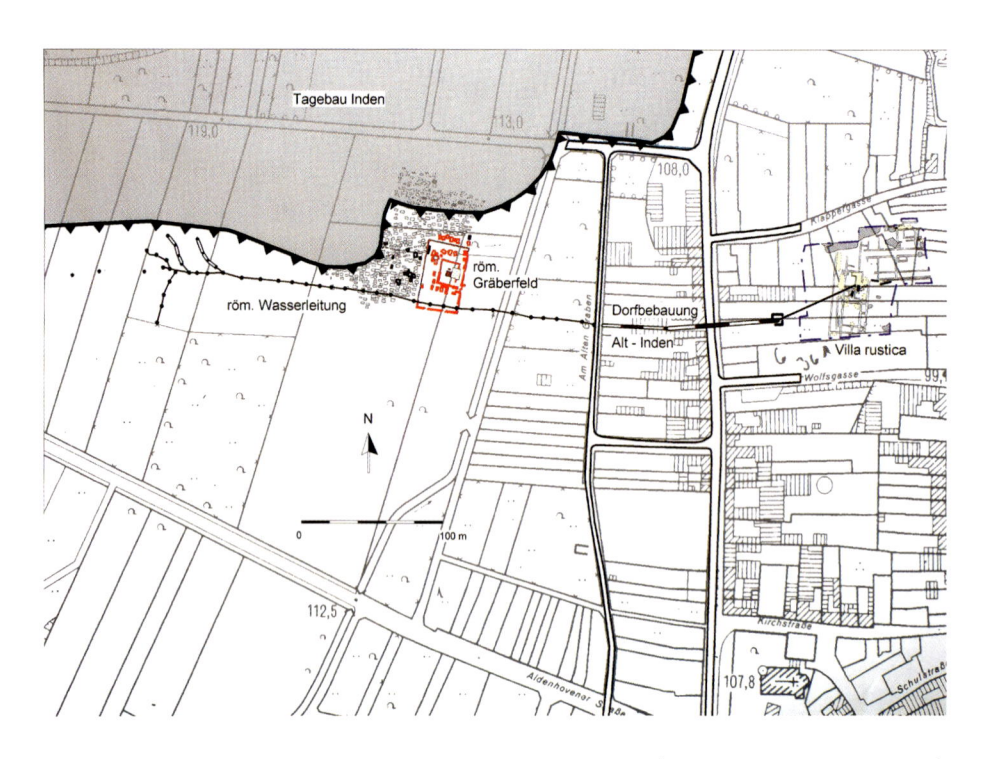

Lageplan des Qanates von Alt-Inden mit *villa rustica*. (Grafik n. Päffgen 2006b)

Der Aquädukt, der die Thermen eines römischen Landgutes mit Wasser versorgen sollte, führte zu einem in 500 Meter Entfernung in einem Berghang angelegten Mutterschacht – dorthin, wo man in 30 Meter Tiefe auf wasserführende Schichten gestoßen war. Da der so gefundene Aquifer geringfügig über dem Niveau der Thermen lag, war der Bau eines Qanates erfolgversprechend. Die einen halben Kilometer lange Wasserleitung teilt sich in eine 200 Meter lange Strecke nach dem Austritt aus dem Qanat und dem Qanat selbst, der 300 Meter weit in den Berg hinein vorgetrieben war. Dazu hatte man 27 Bauschächte in unterschiedlichen Abständen von fünf bis 17 Meter abgeteuft. Im archäologischen Befund wird deutlich, dass selbst bei derart kurzen Vortrieben noch Richtungsabweichungen von bis zu 30 Zentimeter auftraten. Bei Durchmessern von bis zu zwei Meter erreichten diese Schächte Teufen bis zu 30 Meter nahe dem Mutterschacht.

Als Wasserleitung, die ein Gefälle von lediglich 0,1 Prozent aufwies, hatte man Tonrohre (mit 15 Zentimeter Durchmesser) mit Muffenverbindung auf einem Bett aus Ton und Schieferplatten verlegt. In der 20 Meter langen Wassergewinnungszone war der Qanat in Holz ausgebaut, um einen Einsturz der lockeren Kiesschichten in dieser Zone zu verhindern und das Wasser in den Qanat eindringen zu lassen.

Die Anlage des Mutterschachts scheint nicht auf Anhieb erfolgreich gewesen zu sein, denn es finden sich bis zu 107 Meter über den Anfang des Qanates hinausreichend weitere vier Versuchsschächte, die aber in Sohlenhöhe keine Verbindung mit dem Qanat haben. Auch scheint das Wasserdargebot mit fortschreitender Nutzung nachgelassen zu haben, denn der Qanat ist im Laufe der Zeit um vier Seitenarme von bis zu 40 Meter Länge erweitert worden. Auch diese zusätzlichen Sickergalerien sind mit Holz ausgebaut worden.

Aus der Kombination des Gegenortverfahrens mit der Qanatbautechnik entwickelte sich das Qanatverfahren auch für den Tunnelbau. Im Qanattunnel von Alt-Inden zeigte sich einmal mehr, wie schwierig es für die antiken Ingenieure war, unter Tage eine geplante Vortriebsrichtung einzuhalten, und wie klug es daher war, beim Qanatbau wie auch beim Tunnelbau die Gesamttrasse in kurze Baulose einzuteilen und mit Hilfe von Bauschächten zu arbeiten. Aber selbst bei kurzen Vortriebsstrecken waren noch große Abweichungen möglich. Umso höher ist die Leistung der Ingenieure in den frühesten Tunnelbauwerken der Geschichte zu bewerten, denn sowohl Eupalinos als auch Hiskia haben im Gegenortverfahren bauen lassen. Da diese Bauwerke allen Schwierigkeiten zum Trotz dennoch gelungen sind, kann man sie ohne Einschränkung zu den Meisterwerken der Technikgeschichte zählen.

Oben links: Das Tunnelprofil mit der freigelegten Schieferbettung.

Oben rechts: Der halbierte Qanat mit freigelegter Tonrohrleitung.

Rechts: Die Ausgrabungsfläche eines unterirdischen Fangarmes des Alt-Indener Qanates (links) an der Abbaukante des Tagebaus Inden.

Bedeutende Tunnel des Altertums – eine Auswahl*)

Name	Ort	Land	Zweckbestimmung	Länge	Bauart	Bauherr (Baumeister)	Bauzeit
Hiskia-Tunnel	Jerusalem	Israel	Wasserversorgung	533 m	Gegenortverfahren	König Hiskia (unbekannt)	705–701 v. Chr
Eupalinos-Tunnel	Insel Samos	Griechenland	Wasserversorgung	1 036 m	Gegenortverfahren	Polykrates (Eupalinos)	2. Hälfte 6. Jahrhundert v. Chr.
Ponte Terra	Tivoli	Italien	Flussumleitung für Straßenbau	ca. 60 m	Gegenortverfahren	Etrusker (unbekannt)	6./5. Jahrhundert v. Chr.
Ponte Sodo	Veji	Italien	Flussumleitung	ca. 70 m	Gegenortverfahren	Etrusker (unbekannt)	6./5. Jahrhundert v. Chr.
(Ariccia-)Tunnel	Ariccia	Italien	Seeableitung	ca. 650 m	Qanatverfahren	Etrusker (unbekannt)	6. Jahrhundert v. Chr.
(Nemisee-)Tunnel	Nemi	Italien	Seeableitung	1 600 m	Gegenortverfahren	Etrusker (unbekannt)	6./5 Jahrhundert v. Chr.
(Albaner-See-)Tunnel	Castel Gandolfo	Italien	Seeableitung	1 400 m	Gegenortverfahren mit Bauschächten	Etrusker/Römer (unbekannt)	398/397 v. Chr.
Cocceius-Tunnel	Cumae	Italien	Straßenverkehr	ca. 1 000 m	Gegenortverfahren mit Bauschacht	Agrippa (L. Cocceius Auctus)	1. Jahrhundert v. Chr.
Cripta Neapolitana	Neapel/Pozzuoli	Italien	Straßenverkehr	705 m	Gegenortverfahren	(L. Cocceius Auctus ?)	1. Jahrhundert v. Chr.
Grotta di Seiano	Neapel/Pozzuoli	Italien	Straßenverkehr	780 m	Gegenortverfahren mit seitlich liegenden Bauschächten	(L. Cocceius Auctus ?)	1. Jahrhundert v. Chr.
Galerie de la Perrotte	Sernhac/Nîmes	Frankreich	Wasserversorgung	65 m	Qanatverfahren	Kaiser Claudius (unbekannt)	zwischen 41 und 54 n. Chr.
Galerie des Cantarelles	Sernhac/Nîmes	Frankreich	Wasserversorgung	60 m	Qanatverfahren	Kaiser Claudius (unbekannt)	zwischen 41 und 54 n. Chr.
Claudius-Tunnel	Avezzano	Italien	Seeableitung	5 642 m	Qanatverfahren	Kaiser Claudius (Bauleiter: Narcissus)	41–52 n. Chr.
(Passo del Furlo-)Tunnel	Furlo-Pass	Italien	Straßenverkehr	37 m	Gegenortverfahren	Kaiser Vespasian (unbekannt)	zwischen 69 und 79 n. Chr.
Titus-Tunnel	Çevlik/Antakya	Türkei	Flussumleitung zum Hochwasserschutz	185 m (86 m u. 31 m)	Gegenortverfahren mit Felseinschnitt	Kaiser Vespasian und Kaiser Titus (unbekannt)	um 79 n. Chr.
(Petra-)Tunnel	Petra	Jordanien	Flussumleitung zum Hochwasserschutz	90 m	Gegenortverfahren	Nabatäer (unbekannt)	nabatäisch/römische Zeit
(Rio Sil-)Tunnel	Montefurado	Spanien	Flussumleitung mit Goldfalle		Gegenortverfahren	Römer (unbekannt)	römische Zeit
(Briord-)Tunnel	Briord	Frankreich	Wasserversorgung	197 m	Qanatverfahren	Römer (unbekannt)	römische Zeit
(Renotal-)Tunnel	Bologna	Italien	Wasserversorgung	ca. 20 km	Qanatverfahren mit senkrechten und seitlichen liegenden Bauschächten	Römer (unbekannt)	römische Zeit
Cave du Curé	Chagnon/Lyon	Frankreich	Wasserversorgung	80 m	Gegenortverfahren	Römer (unbekannt)	Mitte 1. Jahrhundert n. Chr.
Nonius-Datus-Tunnel	Saldae/Bejaia	Algerien	Wasserversorgung	428 m	Gegenortverfahren	Stadt Saldae (Nonius Datus)	147/148 und 151 n. Chr.
Raschpëtzer-Tunnel	Walferdange	Luxemburg	Wasserversorgung	ca. 600 m	Qanatverfahren	Römer (unbekannt)	Mitte 2. Jahrhundert n. Chr.
Drover-Berg-Tunnel	Düren	Deutschland	Wasserversorgung	1 660 m	Qanatverfahren	Römer (unbekannt)	Mitte 2. Jahrhundert n. Chr.

*) Eine umfangreiche Übersicht mit genauer Beschreibung vieler Tunnel findet sich bei: K. Grewe, Licht am Ende des Tunnels, Planung und Trassierung im antiken Tunnelbau, Mainz 1998.

9 Druckleitungsstrecken

Druckleitungsstrecken funktionieren nach dem Prinzip der kommunizierenden Röhren: In miteinander verbundenen Rohren behält Wasser an jeder Stelle denselben Pegel; es steigt also auf der einen Seite so hoch an, wie es auf der anderen Seite hineingegeben wird.

Die römischen Ingenieure machten sich dieses Prinzip zunutze, wenn es zum Beispiel galt, mit einem Aquädukt ein Flusstal zu durchfahren. Man vermied auf diese Weise aufwendige Brückenbauten, besonders wenn die notwendigen Taldurchfahrungen Brücken von mehr als 50 Meter Höhe erfordert hätten. Aber auch in flacheren Talsenken verlegte man Druckleitungen. Beim für die Druckleitungsrohre verwendeten Material gibt es selbst für die römische Zeit regionale Unterschiede: In Spanien finden wir in Mörtelpakete eingebettete Tonrohrleitungen, in Frankreich eher Bleileitungen und in der Türkei sind Druckleitungen aus Steinrohren die Regel.

Im Verlauf der rund zwei Kilometer langen Druckleitung vor Aspendos (Türkei) musste an zwei Knickstellen für eine Druckentlastung gesorgt werden. Dazu baute man getreu den Anforderungen Vitruvs Druckentlastungstürme.

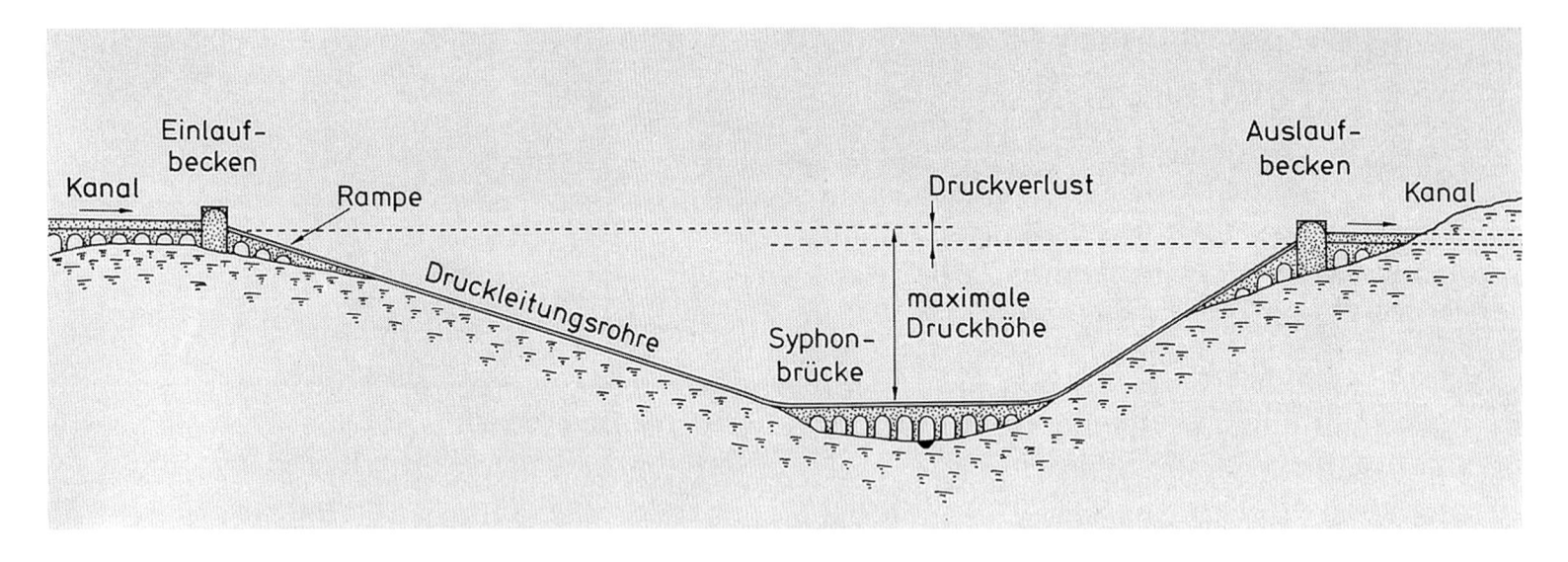

Funktionsskizze der Taldurchquerung eines römischen Aquäduktes mit einer Druckrohrleitung.

Abgesehen von den Druckleitungsstrecken im innerstädtischen Versorgungsnetz konnte es auch im Verlauf einer Fernwasserleitung durchaus zweckmäßig sein, ein Teilstück der Trasse als Siphon (Düker) anzulegen. Betrachten wir die bekannten Druckleitungsstrecken bei Pergamon (hellenistisch),[180] Aspendos (beide Griechenland),[181] Laodikeia[182] und Patara (beide Türkei),[183] Lyon (Frankreich)[184] und Almuñécar (Spanien),[185] dann wird deutlich, dass eine solche Einrichtung ab einer bestimmten Tiefe und Breite des zu überquerenden Taleinschnitts wirtschaftlich war. Die Grenze der Wirtschaftlichkeit von Aquäduktbrücken war im Höhenbereich von 40 bis 50 Meter erreicht, bei einer Talbreite, die etwa im Kilometerbereich lag.

Vitruv beschreibt dieses Spezialproblem im Wasserleitungsbau im achten seiner zehn Bücher über Architektur recht anschaulich:

> Sind aber ausgedehnte Täler da, dann wird man die Leitung am Abhang entlang herabführen. Wenn man ins Tal gekommen ist, wird ein so hoher Unterbau aufgeführt, dass die Leitung eine möglichst lange Strecke die gleiche Niveauhöhe hat. Dies aber wird der »Bauch« sein, den die Griechen Koilia nennen. Kommt dann die Leitung an die andere ansteigende Seite, dann schwillt das Wasser infolge des langen Zwischenraums, den der Bauch bildet, leicht an und dürfte wohl zum Kamm der Höhe hinaufgedrückt werden.[186]

---

180 Garbrecht 1979; Garbrecht 1997; Garbrecht 2001.
181 Kessener 2000a; Kessener 2000b; Kessener 2001b.
182 Şimşek/Büyükkolancı 2006.
183 Grewe 1985, 77–83; Grewe 1986; Isik 1999.
184 Burdy 1979; Grewe 1992; Burdy 1988; Burdy 1999; Burdy 2008.
185 Grewe 1983.
186 Vitruv VIII, 6, 5.

Im Fall der oben angeführten Bauwerke entspricht die Konstruktion im Detail dieser Beschreibung Vitruvs. Bei diesem Verfahren wurde die Höhenlage der Talüberquerung weitestmöglich talwärts verlegt und dort als Brückenbauwerk üblichen Zuschnitts errichtet. Zu einer solchen Siphonbrücke führte von der auf der bergseitigen Talseite ankommenden Freispiegelleitung eine Rampe hinunter, und jenseits des Tales stieg am Ende der Siphonbrücke eine ebensolche wieder bergan, um auf dem Gegenhang wieder knapp die Ausgangshöhe zu erreichen. Dieses Bauwerk war die Substruktion für die eigentliche Druckleitung, die man auf diesem Baukörper in Form von Stein-, Blei- oder Tonrohren verlegte. Am Beginn und am Ende des Siphons waren Freispiegelbecken installiert, in denen der Übergang von der Rinne in die Rohrstrecke und umgekehrt stattfand. Wie schon erwähnt, basierte diese Konstruktion auf dem Prinzip der kommunizierenden Röhren.

Betrachten wir drei Druckleitungen näher, die unterschiedliches Rohrmaterial aufweisen, so offenbart sich am Beispiel der Leitung für Aspendos noch ein zusätzliches Problem: Hier findet man neben den Bestandteilen Rampen und »Bauch« ein zusätzliches Bauelement an zwei Stellen in der Druckleitungsstrecke, in denen die Trasse auch noch seitlich abknickt. In diesen horizontalen Knickpunkten sah man offenbar die gleiche Gefahr, wie in dem von Vitruv beschriebenen »Knie« und legte deswegen an diesen Stellen zur Druckminderung Leitungstürme (*colliquiariae*) an:

> Wenn aber kein Bauch in den Talniederungen angelegt und kein waagerechter Unterbau hergestellt ist, sondern ein Knie, dann wird das Wasser durchbrechen und die Verbindungsfugen der Röhren sprengen. Auch muss man in dem Bauch Kolliquiarien anlegen, damit der Luftdruck gemindert wird.[187]

In Aspendos stellen zwei solcher Leitungstürme noch heute ganz besondere Akzente in der Landschaft dar. Die aus den

187 Vitruv VIII, 6, 6.

An den Steinrohren der Patara-Leitung (Türkei) ist die Muffenverbindung gut zu sehen.

Die Druckleitung vor Laodikeia (Türkei) besteht aus zwei Strängen einer Steinrohrleitung.

Bergen kommende Wasserleitung querte die breite Talsenke vor dem Erreichen des Stadtberges als Druckleitung, und in den beiden Knickpunkten im Verlauf dieser Strecke wurde das Wasser auf Rampen auf einen hydraulischen Turm mit einem Freispiegelbecken hinaufbefördert – um danach im nächsten Abschnitt des Siphons als Druckleitung auf einer Rampe wieder hinabgeführt zu werden. Anschließend an den ersten Leitungsturm verlief die Druckleitung auf einer niedrigen horizontalen Brücke, eben dem Vitruv'schen »Bauch«, um im nächsten Knickpunkt wiederum zur Druckentlastung auf den zweiten Leitungsturm anzusteigen. Der anschließende dritte tiefliegende Druckleitungsabschnitt führte dann zu einer letzten Rampe, auf der die Druckleitung in die Versorgungshöhe der Stadt hinaufgeführt wurde. Mit Erreichen des Versorgungsgebietes endete in der Regel die Fernwasserleitung – hier füllte sie einen Wasserturm (*castellum aquae*), von dem aus die Stadt durch ein innerstädtisches Druckleitungsnetz versorgt werden konnte.

Von der eigentlichen wasserführenden Druckleitung ist in Aspendos nichts mehr zu finden. Die ehemals verwendeten Rohrsteine liegen in der Umgebung verstreut oder sind beim Bau der nahegelegenen Straßenbrücke über den Eurymedon wiederverwendet worden.[188] Erstaunlicherweise finden sich die Druckleitungssteine nicht nur im seldschukischen Wiederaufbau der Eurymedon-Brücke, sondern auch schon im römischen Vorgängerbau. Sie könnten bei einer Leitungserneuerung ausgetauscht und schon in der römischen Straßenbrücke zweitverwendet worden sein; der Einbau in der seldschukischen Brücke wäre also eine Drittverwendung. Es handelt sich um aus Steinblöcken mit quadratischem Querschnitt herausgearbeitete Rohrstücke, die mit Muffen zur gegenseitigen Verbindung versehen waren.

In den Bergen bei Patara, ebenfalls in der Türkei gelegen, hat der Betrachter die seltene Möglichkeit, eine solche intakte steinerne Druckrohrleitung noch an ihrem Ursprungsort betrachten zu können. Eine Inschrift belegt eine Reparatur der Leitung unter Kaiser Vespasian, sie muss dementsprechend noch vor dessen Regierungszeit (69 bis 79 n. Chr.) gebaut worden sein[189] (→ Kap. 1).

In Laodikeia in Lykien liegen im Hang vor der antiken Stadt heute noch zwei parallel geführte Stränge von Steinrohren einer ehemaligen Druckleitung. Die Rohrleitungen sind unterbrochen und lassen dadurch einen Einblick in ihr Inneres mit starken Versinterungen zu.[190]

Die vier auf das antike Lugdunum/Lyon (Frankreich) zuführenden Leitungen besitzen alle jeweils mindestens eine große Siphonstrecke in ihrem Verlauf, eine davon sogar – wie in Aspendos – durch einen Leitungsturm (Les Tourillons) unterbrochen. Anders aber die verwendeten Materialien: Hier führen von den Einlaufbecken parallel verlegte Bleirohre auf den Rampen und den Siphonbrücken durch das Tal. Am Beispiel der Gierleitung durch das Yzerontal waren zwölf solcher Rohrleitungen mit einem äußeren Durchmesser von 27 Zentimeter in einem starken Mörtelpaket nebeneinander verlegt.[191] Beeindruckend sind auch die technischen Daten dieser Taldurchquerung; die Länge der verrohrten Strecke beträgt 2 600 Meter, der Tiefgang 123 Meter.[192] Der Auslauf liegt 9,2 Meter tiefer als der Einlauf. Auch die Lyoner Düker weisen die von Vitruv geforderten horizontalen Strecken zwischen den Fußpunkten der jeweiligen Rampen auf, sie bilden im Talgrund die eigentlichen Brücken über den Gewässern. Die Yzeron-Siphonbrücke ist immerhin noch 269 Meter lang und führt auf 30 Bogenstellungen in 17,4 Meter Höhe das Wasser über den Fluss.

Auf die in Lyon ehemals verwendeten Bleirohre kann allerdings nur noch aus dem restlichen Baubefund geschlossen werden, denn auch dieses Material war in nachrömischer Zeit ein begehrter Grundstoff, den man gerne erneut verwendete. Rechnet man das für den Yzeronsiphon verwendete Blei zusammen, so ergeben sich insgesamt mehr als 30 Kilometer Bleirohre, was einer Gewichtsmenge von 5 000 bis 6 000 Tonnen Blei entspräche – ausschließlich für die Durchquerung des Yzerontales bei Beaunant. Die für die gesamte Gierleitung nach Lyon verbrauchte Menge Blei beläuft sich auf 10 000 bis 11 000 Tonnen.[193] Für die acht im Zuge der Lyoner Wasserleitungen gebauten Druckleitungen lag der Bleibedarf bei ungefähr 35 000 bis 40 000 Tonnen – schier unglaubliche Mengen dieses Schwermetalls.

---

188 Grewe/Kessener/Piras 1999; Grewe 2010, 98–102.
189 Grewe 1985, 76–78; Şahin 2007. Inschrifttext siehe Kap. 1.
190 Şimşek/Büyükkolancı 2006.
191 Burdy 1988; Burdy 1999; Burdy 2008; Grewe 2010, 50–56.
192 K. A. Tietze hat errechnet, dass bei der Verwendung von zehn Bleirohren statt eines einzigen entsprechend größer dimensionierten Rohres sowie durch Lagerung der Druckleitung auf einer 20-Grad-Rampe eine Verminderung der Widerlagerkraft am Fuß der Rampe auf ein Vierzigstel erreicht wurde; Tietze 1980.
193 Burdy 1988, 198.

Übergangsbauwerk La Gerle zwischen Freispiegel- und Druckleitung der Gierwasserleitung für Lyon (Frankreich) mit den Anschlussöffnungen für die aus Bleirohren bestehende Druckleitung.

Ein weiterer archäologischer Fund aus dem Rhônetal brachte die Bleirohrleitung der römischen Wasserleitung nach Arles ans Tageslicht: Lange, schmale Bleiplatten wurden der Länge nach zusammengebogen, wodurch der typische, leicht birnenförmige Querschnitt der römischen Bleirohre entstand. In dieser Art wurden auch die bleiernen Rohre von Lyon hergestellt. In Arles beträgt der innere Rohrdurchmesser zwölf Zentimeter bei einer Wandstärke von 1,5 Zentimeter.

Übergangsbauwerk bei Chaponost (Lyon, Frankreich) vor der Durchquerung des Yzerontales. Auf der steinernen Rampe wurden die Bleirohre talwärts geführt.

Wegen der Verschiedenheit im verwendeten Material sei noch eine weitere Druckrohrleitung aus römischer Zeit angeführt. Nach Vitruv war dies auch das preiswerteste Verfahren, einen Düker zu bauen:

Will man aber mit wenigen Kosten (eine Wasserleitung anlegen), muss man folgendermaßen verfahren: Man stelle Röhren aus dichtem Ton her, nicht weniger als 2 Zoll stark, aber so, dass sich diese Röhren an einem Ende zu einer

Zunge verjüngen, so dass die eine Röhre in die andere hineingehen und hineinpassen kann. Ihre Fugen aber sind mit ungelöschtem Kalk, der mit Öl unterzogen ist, zu verstreichen.[194]

Reste einer solchen Druckrohrleitung finden wir in Almuñécar, südlich von Granada (Spanien). Die Technik entsprach den zuvor beschriebenen Anlagen, lediglich das Material der Rohre bestand in diesem Fall aus Ton. In situ erhalten sind in Almuñécar noch das Einlaufbecken am Beginn der Siphonstrecke sowie ein in einem dicken Mörtelpaket steckendes Tonrohr von 12,5 Zentimeter Innendurchmesser in der aufsteigenden Rampe nach der Taldurchquerung.[195] Um die Belastbarkeit der Tonrohre in den Knickpunkten zwischen »Bauch« und den Rampen zu erhöhen, schlägt Vitruv Folgendes vor:

> Und an den Biegungen an den Enden des waagerecht verlaufenden Bauches muss man an dem Knie selbst einen aus rotem Sandstein gefertigten Block verlegen, der so durchbohrt ist, dass die letzte Röhre des absteigenden Teils in den Block genau eingefügt wird und ebenso die erste Röhre des waagerechten Teils des Bauches, in der gleichen Weise hügelaufwärts die letzte Röhre des waagerecht verlaufenden Bauches in dem Loch des Rotsteines festsitzt und die erste Röhre des Aufstiegs in der gleichen Weise eingefügt wird. So wird der waagerechte Verlauf der Röhren nicht von der Kraft des herabströmenden und des aufsteigenden Wassers hochgedrückt. Es pflegt nämlich ein so heftiger Luftdruck in der Wasserleitung zu entstehen, dass er sogar Steinblöcke zersprengt, wenn nicht zuerst langsam und spärlich von der Quellfassung her Wasser hineingelassen wird und die Leitung nicht an den Knien oder Biegungen durch Bänder oder Sandballast zusammengehalten wird.[196]

Bleirohre der Druckleitung durch das Rhônetal bei Arles (Frankreich) im Archäologischen Museum Arles. (Foto: W. Haberey)

194 Vitruv VIII, 6, 8.
195 Das Rohr, das sich in der Stützmauer unterhalb der Kirche befindet, ist heute überputzt und nicht mehr zu sehen. Hingegen sind bei einer Straßenbaumaßnahme an der tiefsten Stelle der Taldurchquerung gut erhaltene Reste der Siphonbrücke gefunden und wiederhergestellt worden; Grewe 2010, 46–50.
196 Vitruv VIII, 6, 8–9.

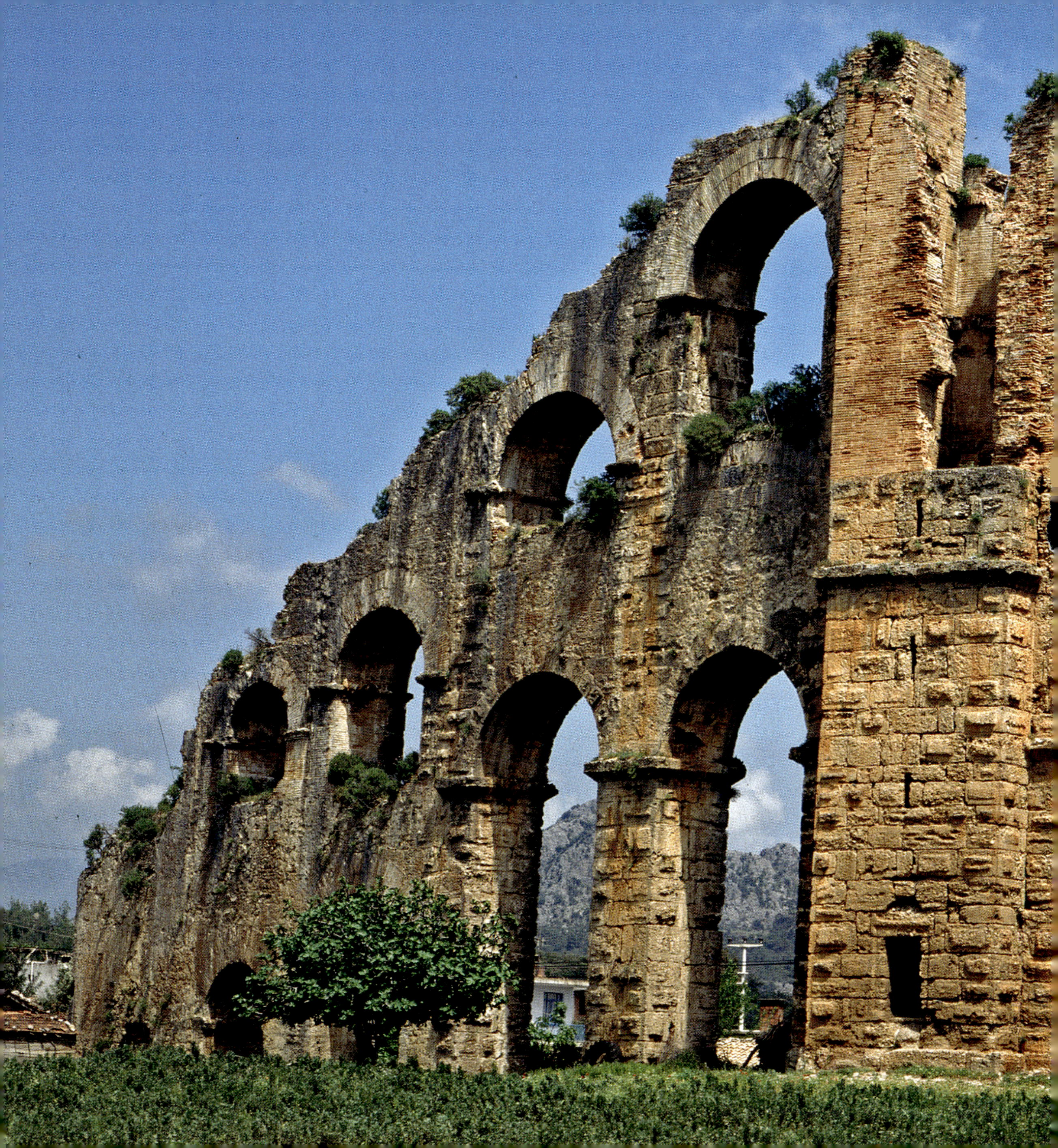

Vorherige Doppelseite: Seite eines der 40 Meter hohen Druckentlastungstürme von Aspendos (Türkei).

Auf dem massiven Unterbau der Taldurchquerung bei Patara (Türkei) ist die Steinrohrleitung noch gut erhalten.

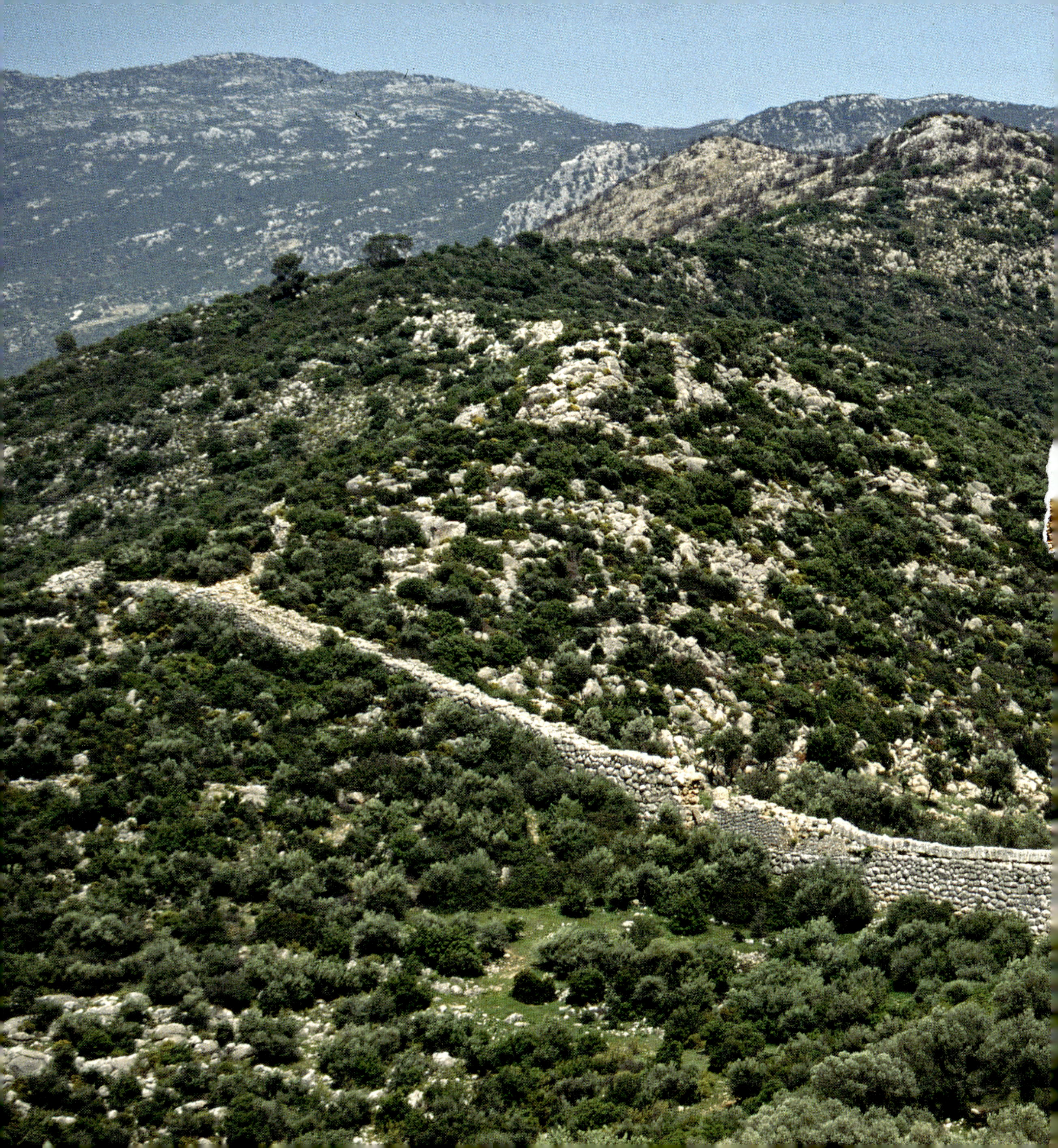

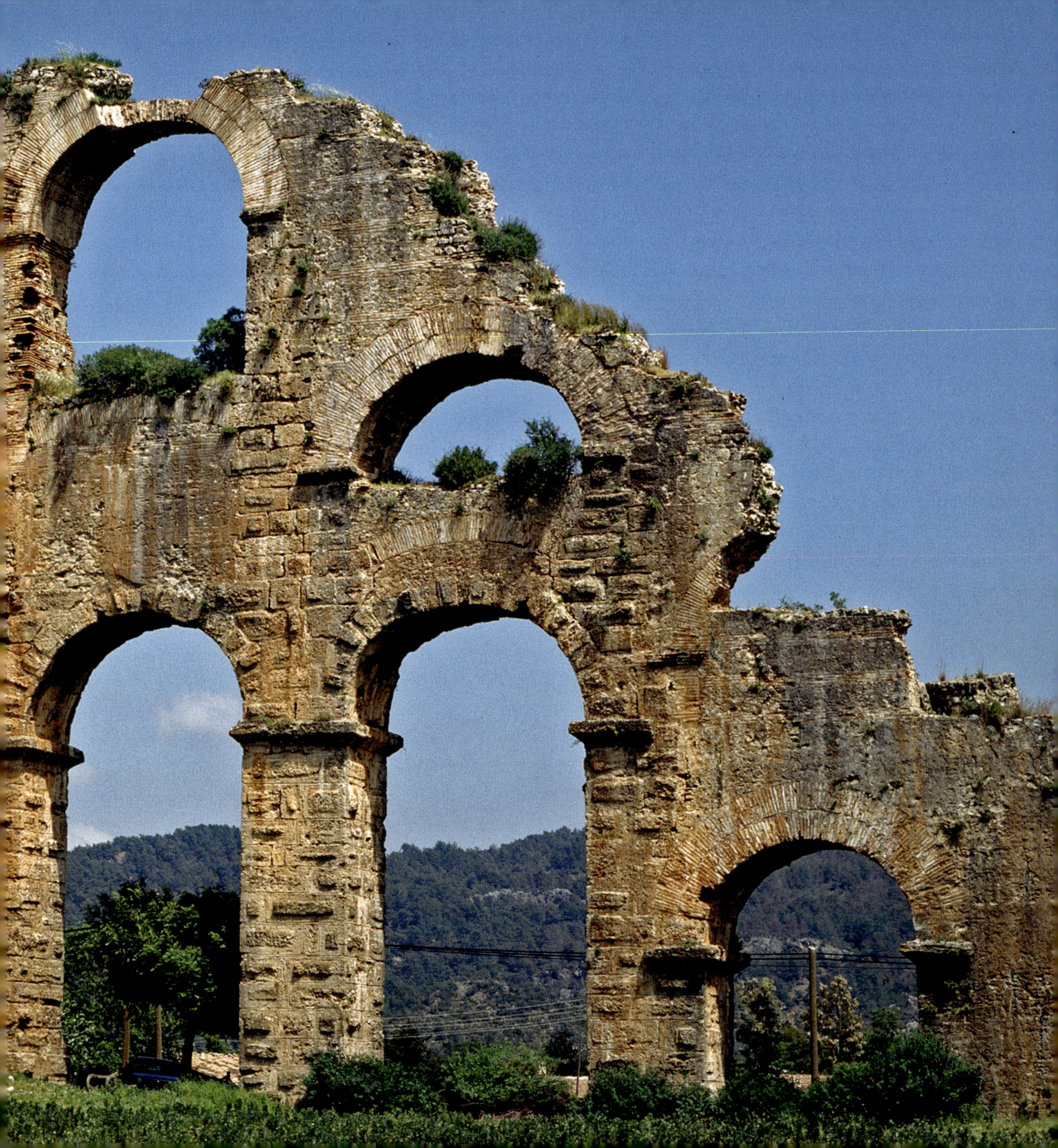

10 Kleinbauwerke

Neben den Tälern, die durch Brücken und Druckleitungen überwunden wurden, sowie den Bergen mit Tunneln als aufwendigen Spezialbauwerken gab es im antiken Wasserleitungsbau eine ganze Reihe von kleinen Problemstellen, die man durch spezielle Kleinbauwerke in den Griff bekommen musste. Dazu gehören die Einstiegschächte für die Revision, die Tosbecken in den Baulosgrenzen, die Sammelbecken beim Zusammenführen zweier Leitungsarme, die Absetzbecken zur letzten Klärung des Wassers vor der Stadt und die Ableitungsbecken vor den Brücken, um diese bei Reparaturmaßnahmen trockenlegen zu können. Bei Instandhaltungsarbeiten am specus selbst konnte es notwendig werden, einen Bypass anzulegen, um während der Maßnahme die Versorgung aufrechterhalten zu können.

Aus vielen Einzelbauwerken wurde schließlich ein großer Bau. Nur durch das Zusammenwirken aller Teilstücke eines Aquäduktes war das Funktionieren des Ganzen gewährleistet. Nicht nur in den Brücken, Tunneln und Druckleitungen, auch in der Betrachtung der Kleinbauwerke einer römischen Wasserleitung wird das gesamte Spektrum des Könnens der römischen Baumeister sichtbar.

Einstiegschächte

Ein mit begehbarem Querschnitt ausgestatteter Kanal musste im Falle einer notwendigen Revision natürlich nicht von seinem Anfang bis zu seinem Ende begangen werden, um zur gewünschten Stelle zu gelangen, sondern er verfügte an bestimmten Streckenabschnitten über Einstiegsmöglichkeiten. Die bei Plinius angeführte Regel, solche Einstiegschächte seien im Abstand von zwei *actus* (72 Meter) anzulegen,[197] scheint am ehesten für den Gieraquädukt in Lyon umgesetzt worden zu sein.[198] Im Verlauf der Eifelwasserleitung nach Köln sind rund ein Dutzend solcher Einstiegschächte gefunden worden, die in manchen Abschnitten dicht beieinanderliegen, in anderen Bereichen aber nur vereinzelt angelegt wurden. Die Schächte haben als Querschnitt die lichte Weite des unterirdischen Kanals, denn dessen Seitenwangen sind im Schacht bündig hochgezogen. Die Aussparung im Gewölbe ist sauber gesetzt, darauf sitzen die beiden quer zum Leitungsverlauf angeordneten Schachtwände. Dieser kaminartige Aufsatz des Kanals reichte auch nach der Abdeckung der Leitung noch über das Erdreich hinaus. Ein vollständiger Einstiegschacht ist zwar nie gefunden worden, aber anzunehmen ist, dass man die Schächte ehemals bis in Brusthöhe errichtete. Ob sie mit Steinplatten abgedeckt waren, ist nicht bekannt; möglicherweise waren sie auch ebenso wie die Quellfassungen nach oben hin offen.

Durch derartige Einstiege war also die Möglichkeit zur Revision des Leitungsinneren gegeben. Das Wartungspersonal konnte in bestimmten zeitlichen Abständen einsteigen und im Kanalinneren den Zustand des Bauwerks überprüfen. Störungsmöglichkeiten waren durchaus gegeben, denn durch Erdrutsche oder kleine Beben konnte das Mauerwerk geborsten sein, ohne dass der Schaden sich an der Oberfläche angezeigt hätte. Es konnten aber auch

---

[197] Plinius XXXI, 31, 57: »Libramentum aquae in centenos pedes sicilici minimum erit, si cuniculo veniet, in binos actus lumina esse debebunt.« (2 *actus* = 240 Fuß = 72 Meter). Der bei Vitruv genannte Schachtabstand von 120 Fuß bezieht sich auf den Tunnelbau in Qanatbauweise; Vitruv VIII, 6, 3.
[198] Burdy 1999.

Einstiegschacht bei Swisttal-Buschhoven.
(Grafik: P. Wieland)

Fremdkörper in das Gerinne gelangt sein: In Euskirchen-Kreuzweingarten fanden sich bei der archäologischen Untersuchung der Eifelwasserleitung im Kanal stark versinterte Baumwurzeln, die den Abfluss des Wassers natürlich behindert hatten.[199]

Ein Problem für sich war die Versinterung des Kanalgerinnes. Die Vorliebe der Römer für kalkhaltiges Wasser hatte zwangsläufig den Nachteil, dass sich ein Teil des Kalkgehaltes während des Transportes auf der Sohle und an den Wangen des Kanals niederschlug. Im Laufe der Zeit bildeten sich auf den wasserbenetzten Flächen des Kanalinneren dicke Sinterschichten, die den Leitungsquerschnitt immer weiter minimierten.

Beispiele für Leitungsversinterung finden sich überall dort, wo kalkhaltiges Wasser transportiert wurde: Am Pont du Gard beispielsweise haben sich bis zu 50 Zentimeter starke Sinterschichten gebildet.[200]

Der Nachweis, dass man diese Sinterschichten während der Betriebszeit zwischendurch entfernte, um einen freien Abfluss zu gewährleisten, kann nur selten geführt werden.[201] Einzig am Beispiel des Aquäduktes von Aspendos ist das Herausschlagen der Versinterung einmal nachzuweisen; allerdings wurde die Kalkablagerung nur unzureichend entfernt, und die verbliebenen Reste mussten mit *opus signinum* überputzt werden, um für die Wiederinbetriebnahme der Leitung eine glatte Oberfläche zu erhalten.[202] Bei der Eifelwasserleitung ist eine solche Säuberungsmaßnahme während der Betriebszeit der Leitung an keiner Stelle zu belegen. Vielmehr ist in dem großen Querschnitt der Leitungen durchaus

---

199 Grewe 1986, 110 (Fundstelle 27.3).
200 Gilly 1971/72, 61.
201 Wenn es Robert Harris in seinem Roman *Pompeji* zu einem Schlüsselerlebnis werden lässt, dass einer seiner Protagonisten das jährliche Herausschlagen des Sinters aus der Leitung schlicht vergessen habe, so gründet sich das nicht auf entsprechende Forschungsergebnisse; Harris 2003, 215: »Er kratzte mit dem Daumennagel an dem Kalk. Hier war ein weiterer Beweis für Exomnius' Faulheit. Der Kalk war fast so dick wie sein Finger. Er hätte alle zwei Jahre abgekratzt werden müssen. An diesem Abschnitt waren seit mindestens einem Jahrzehnt keine Wartungsarbeiten durchgeführt worden.« Es darf nämlich nicht übersehen werden, dass das Herausschlagen des Sinters eine äußerst schwierige Arbeit gewesen wäre, die ohne Beschädigungen des Innenputzes gar nicht durchzuführen war. Nicht ohne Grund haben die Bauleute des Mittelalters erst den kompletten Steinkanal abbrechen müssen, um an den Sinter als begehrten Marmorersatz heranzukommen.
202 Fahlbusch 1988, 172–174.

auch eine beabsichtigte Überdimensionierung der Profile zu sehen, weil sich dadurch die durch Versinterung auftretenden Probleme für eine lange Zeit vernachlässigen ließen.²⁰³ Die Eifelwasserleitung nach Köln hätte wahrscheinlich noch einige Jahrzehnte betrieben werden können, ohne dass die Verkalkung den Durchfluss des Wassers behindert hätte.

Lediglich in dem kurzen Streckenabschnitt zwischen Mechernich-Kallmuth und Mechernich-Vollem gibt es im Verlauf der Eifelwasserleitung eine solche Rundumversinterung. Durch die in einer zweiten Bauphase gebaute Verlängerung der Trasse über Kallmuth bis zur Talaue Grüner Pütz reichte der vorhandene Leitungsquerschnitt von 42 Zentimeter in der Breite mal 50 Zentimeter in der Höhe offensichtlich nicht mehr aus, die zusätzlichen Wassermengen zu transportieren.²⁰⁴ Aus der Freispiegelleitung war für eine kurze Strecke durch die völlige Ausnutzung des Querschnitts eine Druckleitung geworden. Ab Vollem stand dem Wasser dann ein vergrößerter Querschnitt von 48 mal 55 Zentimeter zur Verfügung,²⁰⁵ der allerdings auch noch das von den Quellen bei Urfey kommende Wasser aufnehmen musste; ab Eiserfey betrug der gültige Querschnitt dann 0,7 mal 1,35 Meter.²⁰⁶

Die Einstiegschächte jedenfalls ermöglichten auch eine Überwachung der ständig wachsenden Sinterschicht, vor allem aber möglicher Beschädigungen durch Erdbewegungen und einwachsendes Wurzelwerk.

Die im Leitungsgewölbe der Eifelwasserleitung bei Mechernich-Breitenbenden ausgesparte Öffnung ist gut als ehemaliger Einstiegschacht zu erkennen.

---

203 Für das römische Metz (Frankreich) beispielsweise stand einer Quellschüttung von 3 900 Kubikmeter pro Tag eine Transportleistung des Kanals von 85 500 Kubikmeter pro Tag gegenüber, wir haben es also mit einer mehr als 20fachen Überdimensionierung des Leitungsquerschnitts zu tun; Neyses o. J., 15.
204 Grewe 1986, 64 (Fundstelle 18.2).
205 Grewe 1986, 68 (Fundstelle 18.7).
206 Die lichten Maße konnten variieren, so dass auch abweichende Maße ermittelt wurden, zum Beispiel 0,78 Meter in der Breite mal 1,4 Meter in der Höhe; etwa bei Mechernich-Breitenbenden, Grewe 1986, 82 (Fundstelle 22.2). Erst kurz vor Hürth-Hermülheim änderte man den Querschnitt: Das Leitungsprofil war mit 0,75 Meter in der Breite mal 1,15 Meter in der Höhe niedriger, dafür aber breiter angelegt: siehe Grewe 1986, 170 (Fundstelle 55.2).

Tosbecken in Baulosgrenzen

In einem Punkt der Leitungstrasse ist eigentlich immer ein Einstiegschacht zu erwarten: wenn nämlich zwei Baulose aneinanderstoßen. Wir haben die Höhenprobleme, die an einem solchen Punkt auftraten, bereits beschrieben. In solchen Baulosgrenzen kamen Höhenversprünge nicht nur im Sohlenbereich vor – auch die Gewölbescheitel trafen nicht immer höhengleich aufeinander. Dieser Höhenversprung musste im Bauwerk auch statisch untergebracht werden, weshalb sich hier die zweckmäßigste Stelle für den Einbau eines Einstiegschachts befand. Beide nachweisbaren Baulosgrenzen im Verlauf der Eifelwasserleitung lagen im archäologischen Befund unter einem Einstiegschacht.[207]

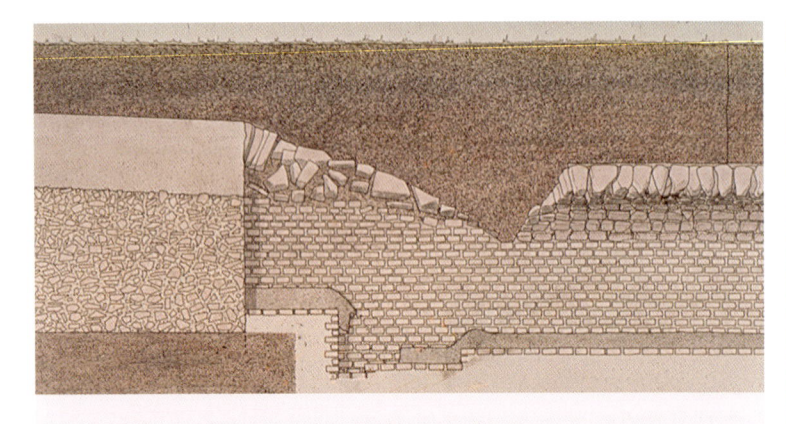

Mechernich-Lessenich. Durch den Befund dieses Tosbeckens im Verlauf der Eifelwasserleitung wurde zum ersten Mal eine Baulosgrenze im Verlauf einer römischen Fernwasserleitung archäologisch nachgewiesen.

Das Tosbecken bei Mechernich-Breitenbenden während der Ausgrabung. Deutlich erkennbar ist der Höhenversprung auch im Gewölbebereich.

Das ermöglichte dann zudem die einfache Inspektion der zum Ausgleich des Höhenversprunges in der Baulosgrenze installierten Sohlenstufe oder des demselben Zwecke dienenden Tosbeckens, da hier wegen einer überdurchschnittlich starken Versinterung Gefahrenpunkte vorgegeben waren.

207 Grewe 1986, 84 (Fundstelle 22.4) und 97–105 (Fundstelle 24.1).

An dieser Stelle kann man sich einer neuen Gruppe von Kleinbauwerken im Trassenverlauf einer römischen Fernwasserleitung zuwenden, den Höhenstufen und den Tosbecken an den Baulosgrenzen, auf die schon zuvor hingewiesen wurde (→ Kap. 4).

Aus diesem Grund soll hier nur noch einmal die bauliche Besonderheit erwähnt werden. Eine während der Bauzeit im Zentimeterbereich auftretende Höhendifferenz zwischen zwei Baulosen wurde im Sohlenbereich nicht etwa ausgeglichen (und damit kaschiert), sondern man baute eine kleine Höhenstufe ein. Höhendifferenzen im Dezimeterbereich erforderten dann allerdings eine größere Baumaßnahme, um Zerstörungen des Mauerwerks durch das über eine entsprechend hohe Stufe hinabstürzende Wasser zu verhindern. Hier wurde das Bauwerk verstärkt, indem man ein Becken in die Sohle eintiefte und die Wangen nach beiden Seiten ausbuchten ließ. Auf diese Weise entstand ein regelrechtes Tosbecken, in dem die zerstörerische Kraft des Wassers an einer Sollstelle vernichtet wurde, ohne dass es zu Schäden am Bauwerk kommen konnte (→ Teil B, Kap. 1).

Sammelbecken

Ein weiterer kritischer Punkt im Wasserleitungssystem konnten die Treffpunkte zweier Leitungsstränge sein. Um einen Rückstau in einem der Kanäle zu vermeiden, ließ man entweder beide Trassen nicht höhengleich aufeinanderstoßen oder man baute ein regelrechtes Sammelbecken. Im Verlauf der Eifelwasserleitung wurde ein solches 1959 in Mechernich-Eiserfey ausgegraben, nach der archäologischen Auswertung aber wieder mit Erdreich überdeckt.[208] Erst 2006 gelang es, das betreffende Grundstück in öffentlichen Besitz zu überführen. Mit Hilfe des Ortskartells Eiserfey wurde das Sammelbecken danach wieder freigelegt, mit einem Schutzbau überbaut und auf diese Weise der Öffentlichkeit zugänglich gemacht.[209]

Es handelt sich in Eiserfey um ein kreisrundes Becken von 3,05 Meter lichtem Durchmesser; seine Sohle liegt bei 320,1 Meter ü. NN und etwa zwei Meter unter der heutigen Geländeoberfläche, die wohl auch der römischen entspricht. Die Ringmauer ist 0,52 Meter stark und wurde aus sauber zugerichteten Grauwackesteinen errichtet; den Boden bilden Ziegelplatten. Die Innenwand war mit rotem Wasserputz (*opus signinum*) ausgekleidet, der größtenteils abgewittert ist. Die Mauerkrone hatte man ursprünglich mit Sandsteinblöcken von halbrundem Querschnitt abgedeckt, von denen noch einige im Beckeninneren vorgefunden wurden[210] (→ Teil B, Kap. 1).

Aufwendig angelegt ist auch ein Sammelbecken in Barbegal (Frankreich). Bekannt ist der Ort wegen seiner Getreidemühlen, die im Hang einer Gebirgsrippe gebaut wurden, um künstlich erzeugte Wasserkraft auszunutzen (→ Kap. 12). Hier galt es, das Vallon des Arcs, das hinter dieser Gebirgsrippe liegt, mit einer Aquäduktbrücke zu durchqueren. Das Wasser war im Gegenhang des Vallon des Arcs in zwei Zuleitungen aus verschiedenen Richtungen heran- und in einem Sammelbecken zusammengeführt worden. In demselben Becken teilte man es jedoch gleich wieder auf, da das Tal durch zwei parallel geführte Aquäduktbrücken gequert wurde.[211] Eine dieser Leitungen diente

---

208 Haberey 1972, 70; Grewe 1986, 74 (Fundstelle 20.4).
209 Grewe 2006b, 173–175; Grewe 1985, 87f.
210 Grewe 1986, 74f. (Fundstelle 20.4).
211 Leveau/Walsh/Bertucci/Bruneton/Bost/Tremmel 2000.

Im Sammelbecken von Mechernich-Eiserfey wurden zwei Leitungsstränge der Eifelwasserleitung zusammenführt. (Foto: W. Haberey)

der Versorgung der gerade erwähnten Mühlen, während die andere im Hang der Gebirgsrippe abknickte, um die antike Stadt Arelate/Arles mit Wasser zu versorgen.

Absetzbecken

Ein wichtiger Aspekt der römischen Wasserversorgung, der bei dem Bau einer Fernwasserleitung berücksichtigt werden musste, war die Reinigung des Wassers von darin befindlichen Schwebstoffen. Um das Wasser zu klären, waren zusätzliche Absetzbecken vonnöten, die kurz vor den Städten in den Leitungsverlauf integriert wurden.

Ein Bauwerk, das nur diesem Zweck diente und komplett erhalten ist, finden wir in Segovia (Spanien).[212] Das eigentliche Absetzbecken misst 3,12 mal 2,12 Meter und ist in einem steinernen Schutzbau von 5,95 mal 5,47 Meter Außenmaßen untergebracht. Innen kann man das Becken an zwei Seiten umlaufen, um die verschiedenen Absperrvorrichtungen zu bedienen. Die Innenmaße dieses »El Caséron« genannten Häuschens betragen 4,25 mal 3,22 Meter. Der Schutzbau ist mit einem Satteldach aus Steinplatten überdacht und von der Stadtseite aus zu betreten.

Für die Funktion und Bauweise haben wir hier ein klassisches Beispiel für ein in den Verlauf einer Wasserleitung eingeschaltetes Klärbecken für Trinkwasser vor uns: Das Wasser des Kanals ergießt sich durch einen 0,62 Meter (lichte Weite) breiten Mauerdurchbruch in das Becken, wo es infolge des vergrößerten Durchlaufquerschnitts ein

---

212 Grewe 1985, 87f.

wenig zur Ruhe kommt und sich dadurch die im Wasser befindlichen Schwebstoffe absetzen können. Das auf diese Weise geklärte Wasser wird durch eine sich in der lichten Weite verjüngende Rinne an der anderen Schmalseite des Häuschens durch eine Maueröffnung wieder hinausgeführt. Unmittelbar außerhalb des Gebäudes beginnt der anschließende Kanal, der allerdings ab hier nur noch eine lichte Weite von 33 Zentimeter hat.

Der Schlamm, der sich im Laufe der Zeit auf der Sohle ansammelte, konnte durch eine in der linken Ecke neben dem Beckenabfluss eingebaute Spülschleuse ausgespült werden. Diese Schleuse besaß die Form eines Schachts: Man musste ein darin in Nuten geführtes Schütz nur ein wenig anheben, und der Druck des im Becken befindlichen Wassers sorgte für eine Ausspülung der auf der Sohle abgelagerten Residuen.

Neben solchen eher aufwendig ausgeführten Absetzbecken gab es auch eine viel einfachere Ausführung, wie wir sie in Siga vorfinden – und die man in ihrer Bauart vielleicht als die »ländliche Variante« der Absetzbecken bezeichnen könnte.²¹³ In Siga waren mehrere etwa einen Kubikmeter fassende Becken in etwa einem Meter Abstand voneinander seitlich an das Leitungsgerinne angehängt worden. 19 solcher Becken, die nur eine Klärfunktion für das Wasser dieser Leitung erfüllt haben können, wurden allein im Mittelteil der Trasse nachgewiesen. Diese runden oder ovalen Becken waren jeweils über zwei kleine Stichkanäle mit der Leitung verbunden. Eine dieser Verbindungen

Schutzbau über dem Absetzbecken von Segovia (Spanien).

Seitlich an die Wasserleitung angehängtes Absetzbecken im Verlauf der Wasserleitung nach Siga (Algerien).

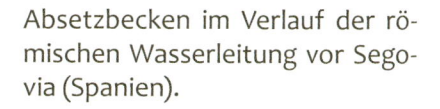

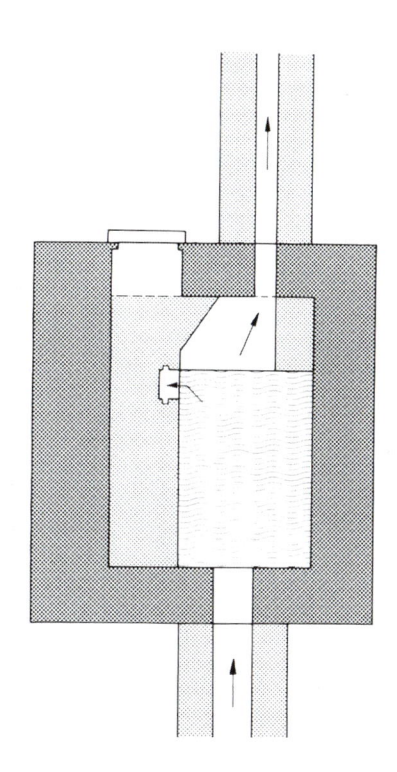

Absetzbecken im Verlauf der römischen Wasserleitung vor Segovia (Spanien).

213 Grewe 1985, 27.

leitete dem Becken das Wasser zu, und über die zweite wurde das Wasser wieder dem Kanal zugeleitet. Zwischen diesen beiden Anschlüssen war die durchgängige Leitung unterbrochen; es muss sich also um sekundär an die Leitung angehängte Becken gehandelt haben. Die Becken waren nicht abgedeckt und besaßen in Sohlenhöhe auch keine Abflussöffnungen (Spülschleusen); deshalb ist anzunehmen, dass die angesammelten Ablagerungen von Zeit zu Zeit von Hand ausgeschöpft werden mussten. Da allerdings die Leitung offensichtlich auch nicht abgedeckt war – jedenfalls hat sich kein geschützter Bereich im gesamten untersuchten Abschnitt von fünf Kilometer Länge gefunden –, wird die mögliche Ursache für die Notwendigkeit solcher Becken augenscheinlich: Flugsande können eine mögliche Verunreinigung des Wassers verursacht haben und mussten vor Erreichen der Stadt aus dem Wasser entfernt werden.

In Köln fand sich eine besondere Variante eines Absetzbeckens: Gut erhalten ist ein solches Spezialbauwerk im Grüngürtel vor der Stadt; es stammte aus dem Verlauf der Vorgebirgsleitungen, also aus dem schon um 30 n. Chr. gebauten Steinkanal der Wasserversorgung für die Ubierstadt. Die Besonderheit dieses Bauwerks lag in der Kombination von Absetz- und Ableitungsbecken. Hier konnte das durchlaufende Wasser also nicht nur geklärt werden: Da hier die in die Stadt führende Hochleitung begann, war zusätzlich eine Möglichkeit gegeben, die Leitung trockenzulegen, um am Brückenbauwerk Reparaturarbeiten durchführen zu können (→ Teil B, Kap. 1).

Ableitungsbecken

Auch an anderen Orten haben sich Absetzbecken noch hervorragend erhalten können. Bei Metz (Frankreich) hatte das Becken – wie gerade für Köln beschrieben – noch eine zweite Funktion zu erfüllen, nämlich die eines Ableitungsbeckens vor einem obertägigen Bauwerk. In Metz liegt das Becken im Hang direkt vor der großen Aquäduktbrücke über die Mosel.[214]

Auch in Segovia hat es einer solchen Einrichtung bedurft, sie ist dort aber nicht im Absetzbecken, sondern als eigenständiges Gebäude unmittelbar vor der großen Aquäduktbrücke untergebracht.[215]

Es hat den Anschein, als seien solche Ableitungsbecken im Verlauf von Fernwasserleitungen unverzichtbarer Bestandteil eines jeden größeren Brückenbaus gewesen, denn wir treffen sie in archäologischen Befunden durchaus häufig an. Im Verlauf der Eifelwasserleitung beispielsweise ist bei der Ausgrabung der dreibogigen Brücke über den Kleinen Hombuschsiefen bei Mechernich ein solches Ableitungsbecken zweifelsfrei nachgewiesen worden (→ Teil B, Kap. 1). Auch die Einlaufbecken der großen Druckwasserleitungen konnten mit einer Ablenkeinrichtung versehen sein, denn hier war ein Siphon bei Reparaturarbeiten unbedingt trockenzulegen. Die Druckleitung von Aspendos bietet sich hier als besonderes Beispiel an[216] (→ Kap. 9).

214 Grewe 1985, 89–91.
215 Grewe 1985, 88.
216 Kessener 2000a; 2000b; 2001.

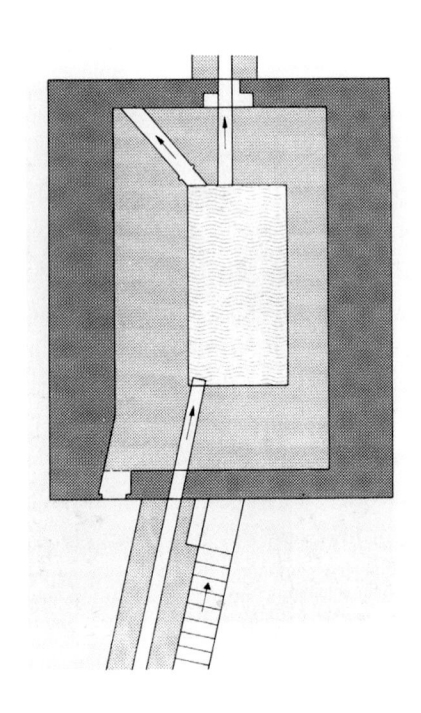

Am Anfang der großen Aquäduktbrücke von Segovia (Spanien) baute man in einem heute noch erhaltenen Häuschen ein Ableitungsbecken, um die Brücke bei Reparaturmaßnahmen trockenlegen zu können.

Ein weiteres Bauwerk dieser Art versteht man erst, wenn die neuen Erkenntnisse aus der Aquäduktforschung zur Baustellenorganisation in die Betrachtung einbezogen werden (→ Kap. 4): Im Verlauf der Wasserleitung für das römische Nîmes wurde vor einigen Jahren nur wenige hundert Meter unterhalb der Eurequellen bei Uzès ein Ableitungsbecken ausgegraben, das durch besonders große Abmessungen und sein massives Mauerwerk auffällt.[217] An dieser Stelle war ein solches Ableitungsbecken nicht sinnvoll, denn hier galt es weder eine Brücke noch einen Siphon für Reparaturmaßnahmen trockenzulegen. Bedenkt man aber, dass auch diese 50 Kilometer lange Wasserleitung in mehrere Baulose eingeteilt war, zudem über den Fluss Gardon in einer zeitraubenden Baumaßnahme eine Brücke, der Pont du Gard, zu bauen war, dann erklärt sich die Installation dieses Ableitungsbeckens durchaus. Wir können nämlich annehmen, dass der Ausbau der Quellfassung der Eurequellen ein eigenes Baulos darstellte. Gewaltige Wassermassen, die hier in einem ausgedehnten Quelltopf zutage treten, waren hier für die Einspeisung in die Wasserleitung zu bändigen.

Das eingefangene Wasser konnte aber erst nach Fertigstellung des gesamten Aquäduktes in die Leitung eingespeist werden. Zur Überbrückung der noch fehlenden Zeit nach Fertigstellung der Quellfassung bis zur Betriebsaufnahme der gesamten Leitung wurde das Wasser nur ein kurzes Stück durch die Leitung geführt, um dann schon bald wieder ausgespült zu werden. Für diesen Zweck hatte man das Ableitungsbecken gebaut: Bis die komplette Wasserleitung bis Nîmes zur Verfügung stand, wurde das Wasser einfach in die Eure abgeleitet.

Ein weiteres Ableitungsbecken im Verlauf der Wasserleitung für Nîmes wurde nur wenige hundert Meter vor dem Pont du Gard ausgegraben, diente hier aber wiederum nur für die Trockenlegung der großen Brücke bei Reparaturmaßnahmen.[218]

Ableitungsbecken unterhalb der Quellfassungen der Wasserleitung für Nîmes (Frankreich).

Kurz vor dem Pont du Gard (Frankreich) steht dieses heute wieder mit Erdreich überdeckte Ableitungsbecken. Hier konnte die Brücke bei Reparaturmaßnahmen trockengelegt werden.

217 Das Becken liegt heute offen und ist von einem Wanderweg aus zugänglich.
218 Das Becken ist nach der Ausgrabung wieder zugeschüttet worden und deshalb heute nicht mehr zugänglich.

Umlenkbecken

Nicht unbedingt zum Standard der Kleinbauwerke im Verlauf römischer Wasserleitungen gehörten die Umlenkbecken. Am Ende der großen Moselbrücke bei Metz hat man ein solches Becken in kreisrunder Ausführung angelegt, um den Wasserlauf aus den beiden parallel geführten Gerinnen in die unterirdisch geführte Anschlussleitung im rechten Moselhang abknicken zu lassen. Das war in diesem Fall sinnvoll, weil man über ein kleines Zulaufkanälchen das Wasser einer kleinen Hangquelle aufnehmen konnte.[219] An einem anderen Ort ist man ohne dieses Spezialbauwerk ausgekommen: Vor der großen Erftbrücke der Eifelwasserleitung biegt die Leitungstrasse in einem leicht spitzwinkligen Knick aus dem Hangverlauf in die Flussüberquerung ab, so dass man hier man auf ein spezielles Umlenkbauwerk verzichten konnte.[220]

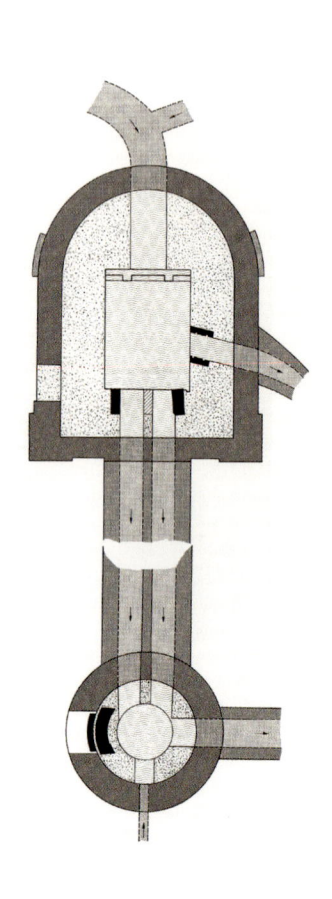

Am Anfang der Moselbrücke bei Jouy-aux-Arches (Metz, Frankreich) wurde die Wasserleitung aus dem Hangverlauf auf die Brücke mit ihrem doppelsträngigen *specus* umgelenkt. Das Umlenkbecken wurde als monumentales Nymphäum ausgebaut.

Die beiden Umlenkbecken links und rechts der Mosel bei Jouy-aux-Arches (Frankreich).

219 Grewe 1985, 89–91.
220 Jürgens 1979; Grewe 1986, 118 (Fundstelle 29.2).

Am Ende der Brücke bei Jouy-aux-Arches (Metz, Frankreich) wurde ein etwas geringerer Aufwand betrieben, um das Wasser in das Gerinne im rechten Moselhang umzulenken.

Bypässe

Ein weiteres Element im Wasserleitungsbau wird als Bypass bezeichnet. Dieser ist in der Regel eine Hilfskonstruktion, die einer temporären Umleitung des Wasserlaufes diente oder die einen unbrauchbar gewordenen Leitungsabschnitt zu ersetzen hatte.

Temporäre Umleitungen wurden notwendig, wenn zum Beispiel die Wasserversorgung während notwendiger Reparaturmaßnahmen am Leitungsgerinne während des laufenden Arbeitsvorgangs aufrechterhalten werden sollte. Solche Bypässe konnten als Holzkonstruktion gefertigt werden, die man nach den erfolgten Reparaturen wieder abbauen konnte, ohne Spuren zu hinterlassen.

Als man im Verlauf der römischen Eifelleitung nach Köln die bestehende Steinleitung aus dem Vorgebirge (erbaut ca. 30 n. Chr.) in einer zweiten Bauphase 50 n. Chr. aufstockte, musste man in der Zwischenzeit eine Hilfskonstruktion nutzen, um die Wasserversorgung Kölns nicht zu unterbrechen. W. Haberey stellte sich diese Hilfskonstruktion wie folgt vor:

> Jeder Teilabschnitt wurde völlig betriebsbereit fertiggestellt. Während des Umbaus wurde das Wasser von der neuen, oberen Rinne durch eine mobile Umleitung in die unterhalb der Baustelle betriebsfähig gebliebene alte Rinne eingeleitet. Das Verfahren brachte zwar eine längere Bauzeit mit sich, garantierte aber einen ununterbrochenen Wasserlauf.[221]

Für diese Art der Baustellenorganisation gibt es zwar – wie für die meisten anderen Bautechniken auch – keine zeitgenössischen Beschreibungen, anders kann man sich die Vorgehensweise aber kaum vorstellen, wenn man eine ununterbrochene Versorgung der Stadt nicht ausschließen will.

Die genannten Beispiele belegen, wie man bei temporären Problemstellen sowohl den Baufortschritt als auch die Versorgung der Bevölkerung mit dem so wichtigen Wasser sicherstellte. Wenn man noch einmal das Beispiel des Aquäduktes von Siga heranzieht, findet man auch hier einen Trassenabschnitt, der durch einen Bypass überbrückt werden musste.[222] Hier war allerdings im Steilhang eine längere Strecke durch Erdrutsche aus dem Verlauf herausgebrochen und abgestürzt. Dieses Problem war nun aber nicht mit einer provisorischen Wasserleitung zu beheben, sondern hier musste die Leitung als dauerhafte Lösung verlegt werden. Eine Umgehungsstrecke konnte in einem solchen Fall nur bergwärts verlegen, denn sie musste höher als der umgangene Leitungsabschnitt geführt werden, um sie wieder an ein bestehendes Gerinne anschließen zu können. In Siga konnte eine solche Anschlussstelle freigelegt und archäologisch untersucht werden, dabei trat sehr deutlich zutage, wie der aufgegebene Leitungsabschnitt durch eine Wange des Bypasses zugesetzt worden war.

Auch die provisorische Leitung aus dem Verlauf der Eifelwasserleitung bei Mechernich-Lessenich könnte man als eine Art Bypass bezeichnen, denn hier wurde mit einer Holzrohrleitung ein problematischer Bauabschnitt zeitweise umgangen (→ Teil B, Kap. 1).

Zwei parallel verlaufende Stränge der Wasserleitung nach Siga (Algerien). An der ursprünglichen Leitung (in Resten rechts vom rot-weißen Fluchtstab) hängte man über kleine Kanalanschlüsse ein Absetzbecken an. Nach Zerstörung dieser Leitung wurde parallel dazu ein Bypass angelegt (links des Fluchtstabes).

221 Haberey 1972, 35.
222 Grewe 1985, 27.

11 Die Wassernutzung und Abwasser

Es waren gewaltige Mengen an Trinkwasser, die von den römischen Ingenieuren für die Versorgung der Städte und sonstigen Siedlungsplätze bereitgestellt werden mussten: Köln wurde mit 20 Millionen Liter Wasser täglich versorgt, Lyon gar mit 76 Millionen Liter. Das sind Mengen, die aus heutiger Sichtweise eine völlige Überversorgung bzw. Wasserverschwendung bedeuten. Der Grund für diese Art von Wasserluxus ist sicherlich in der Lebenshaltung und den Gewohnheiten der römischen Bevölkerung zu suchen. Das Wasser floss ununterbrochen in den Straßenbrunnen und stand der Bevölkerung dort kostenlos zu Verfügung. Der größte Wasserverbrauch allerdings war sicherlich den Thermen geschuldet, die einen selbstverständlichen und unabdingbaren Bestandteil des römischen Alltagslebens darstellten.

Das verbrauchte und auch das nicht genutzte Überlaufwasser wurden in den römischen Städten durch ausgeklügelte Kanalsysteme in eine Vorflut entsorgt. Auf seinem Weg aus der Stadt hinaus nahm das Wasser die Fäkalien der an das Kanalnetz angeschlossenen Latrinen und weiteren Straßendreck mit sich.

Neben den angesprochenen Aspekten des frei nutzbaren Wassers für jedermann und auch der Kanalsysteme, die einen hohen Hygienestandard bedeuteten, sind besonders die Thermen der Römer eine nähere Betrachtung wert.

Die Thermen, deren Besuch für die römischen Stadtbewohner offensichtlich zum Leben gehörte wie die Luft zum Atmen, dienten der Körperpflege ebenso wie dem gesellschaftlichen Leben. Hier wurde gebadet und Sport getrieben, aber auch der neueste Klatsch verbreitet und Politik gemacht. Selbst die oftmals vielsitzig angelegten Latrinen dienten dem gesellschaftlichen Miteinander. Man tauschte Nachrichten aus und tätigte Geschäfte; die Begriffe »Latrinenparole« für eine nicht unbedingt abgesicherte Nachricht und »ein Geschäft machen« für den Stuhlgang haben bis in unsere Tage überlebt.

Wasser und die Freuden des Lebens: Der Turmspringer auf dem Grab des Tauchers in Paestum (Italien) macht es vor ...

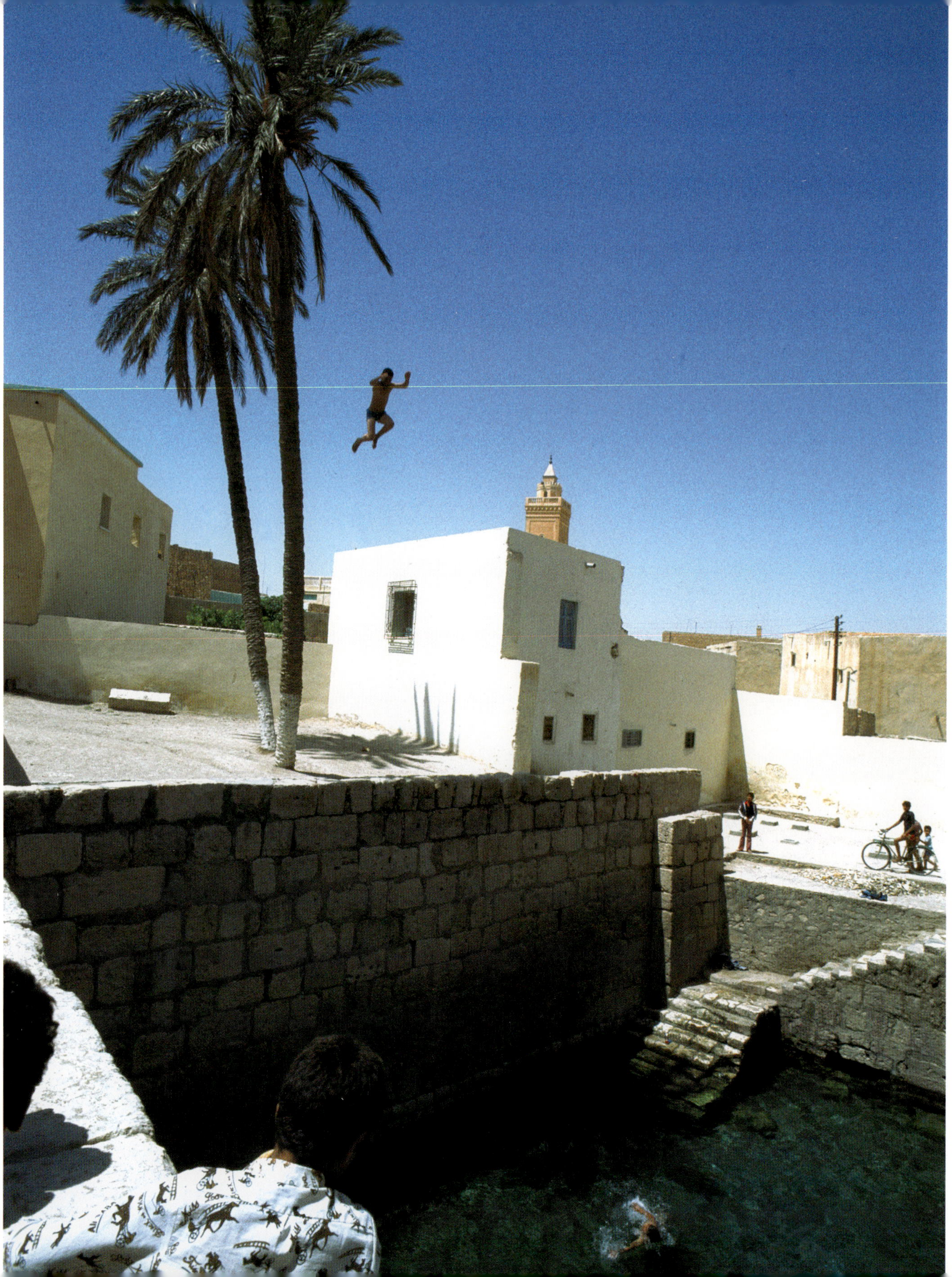

Linke Seite: ... und die ungestümen Nachfolger des antiken Turmspringers unserer Tage machen es ihm nach: Palmenspringer in Gafsa (Tunesien).

Oben: Die Thermen waren die größten Wasserverbraucher einer römischen Stadt. In Aquae Sulis/Bath (England) konnte man die heißen Quellen nutzen.

Das ständig nachfließende Wasser allein war die Grundlage für die Erfüllung all dieser exorbitanten Ansprüche. Diese Form von Wasserluxus setzte allerdings das außerordentlich komplizierte Gesamtkunstwerk Aquädukt voraus, das in den technischen Elementen von der Wassergewinnung über die Brücken und Tunnel bis zum letzten Absetzbecken vor einer Stadt bereits vorgestellt worden ist.[223]

Mit dem Erreichen der Stadtmauer begann ein neuer Abschnitt in der Wasserversorgung einer römischen Stadt. Hier musste das Wasser gesammelt, notfalls auch gespeichert werden. Dann musste es auf die verschiedenen Viertel verteilt und dort zu den städtischen Laufbrunnen, den öffentlichen Bade- und Toilettenanlagen sowie an die Haushaltungen, die sich einen privaten Wasseranschluss leisten konnten, unterverteilt werden.

223 Grewe 2000b.

Wasserspeicher

Im Normalfall durchstieß die Wasserleitung die Stadtmauer in einer Höhe, die innerhalb der Stadt einen ausreichenden Druck für die Wasserverteilung in einem Drucknetz bereitstellen ließ. Dort, wo es notwendig war, füllte sie einen Behälter, wodurch eine gewisse Wasserbevorratung auch in wasserarmen Zeiten möglich war. Derartige Endspeicher können Größen aufweisen, deren Dimensionen heute noch beeindrucken. Der Speicher im Endpunkt der 132 Kilometer langen Wasserleitung vom Djebel Zaghouan nach Karthago hatte bei einer Grundfläche von 39 mal 155 Meter ein Fassungsvermögen von rund 30 000 Kubikmeter. Das dokumentiert natürlich einmal mehr die besonderen Verhältnisse der Wasserversorgung in den südlichen Provinzen des Weltreiches.[224]

Eine einzigartige Zweckentfremdung hat der antike Wasserbehälter von Tabarka (Tunesien) erfahren: Er wurde nach seiner Außerbetriebname zur Kirche umfunktioniert. Im Inneren dieses Bauwerks stellt man fest, dass dazu kaum bauliche Veränderungen vorzunehmen waren.[225]

Ein solcher Raumeindruck ist in vortrefflicher Weise auch im vor einigen Jahren restaurierten Wasserbehälter Piscina Mirabilis in Bacoli am Kap Misenum (Golf von Neapel) zu gewinnen. 48 Pfeiler tragen die Gewölbe der fünf Längs- und 13 Querschiffe dieser 72 mal 26 Meter messenden Halle.[226] In der Mitte des Behälters ist über eine Fläche von vier Segmenten noch einmal ein 1,2 Meter tiefes Becken eingelassen, das die Funktion eines Absetzbeckens zur Klärung des Wassers hatte. Das Fassungsvermögen liegt bei 12 600 Kubikmeter, und diese mussten wahrscheinlich durch eine Schöpfvorrichtung weiterbefördert werden, denn außer der Spülschleuse für den abgesetzten Schlamm konnte am Behälter kein Ausfluss gefunden werden.[227]

In Albano Laziale, südlich von Rom, ist es sogar möglich, einen solchen antiken Wasserbehälter noch in Betrieb zu erleben. Mit einem Fassungsvermögen von 10 000 Kubikmeter dient diese fünfschiffige Anlage bis heute der städtischen Wasserversorgung.[228]

Ein beeindruckender Wasserbehälter, der inzwischen zu einer wahren Touristenattraktion geworden ist, findet sich in Istanbul: Die Yerebatan-Sarayi-Zisterne ist einer von mehr als 50 offenen oder gedeckten Speichern aus byzantinischer Zeit, die in der Regel konzipiert

Piscina Mirabilis am Golf von Neapel am Kap Misenum (Italien).

---

224 Rakob 1974, 41–106.
225 Heute dient das Bauwerk als kleines Museum.
226 Grewe 1985, 92–95.
227 Dieser Wasserbehälter ist auch im Roman *Pompeji* von R. Harris thematisiert worden; Harris 2003 (s. a. Anm. 201).
228 Grewe 1985, 95f.

Yerebatan Sarayi in Istanbul (Türkei).

wurden, um Regenwasser aufzunehmen.[229] Die Yerebatan-Sarayi-Zisterne wurde unter Justinian im Jahre 532 n. Chr. gebaut, speicherte aber vermutlich Wasser des schon unter Kaiser Valens (364 bis 378 n. Chr.) gebauten Aquäduktes.[230] In ihrem Inneren fällt auf, dass das mächtige Gewölbe – anders als bei den römischen Wasserbehältern – nicht von aufgemauerten Pfeilern, sondern von Säulen getragen wird. Auf 140 mal 70 Meter Grundfläche tragen 336 Säulen das byzantinische Kuppelgewölbe mit einer Scheitelhöhe von zwölf Meter, wodurch sich ein Speichervolumen von mehr als 80 000 Kubikmeter Wasser errechnen lässt. Die großartige Gesamtwirkung des Raums wird heute durch eine entsprechende Illumination verstärkt. Über Holzstege ist der unterirdische Bau im Zentrum Istanbuls zu begehen, so dass man auch die verwendeten Spolien – am spektakulärsten ist sicherlich ein wiederverwendetes Medusenhaupt – von Nahem betrachten kann.

Als Säulenbasis verwendetes Medusenhaupt in der Yerebatan-Sarayi-Zisterne in Istanbul (Türkei).

Wasserverteiler

An welchem Ort ließe sich die Technik einer innerstädtischen Wasserverteilung besser nachvollziehen als in einer Stadt, deren antiker Zustand gleichsam in einer Momentaufnahme versiegelt worden ist – so wie es beim Ausbruch des Vesuvs am 24. August des Jahres 79 n. Chr. mit der zu seinen Füßen liegenden Stadt Pompeji geschah? Die Ausgrabungen der letzten Jahrzehnte brachten auch die komplette Wasserversorgung der Stadt wieder an das Tageslicht.

Das *castellum divisorium* von Pompeji hatte allerdings lange Zeit für Irritationen gesorgt, weil man glaubte, hierin das bei Vitruv beschriebene Wasserschloss wiederzufinden. Der Verteiler liegt in der für seine Funktion günstigsten Lage am höchsten Punkt der Stadt. Hier endet die Fernwasserleitung, und von hier aus konnte das Wasser über ein unterirdisches Druckleitungsnetz über das Stadtgebiet verteilt werden. Nach Vitruv sollte diese Verteilung praktisch nach Abnehmern getrennt organisiert sein:

Kommt die Leitung an die Stadtmauer, so soll man ein Wasserschloss errichten und mit dem Wasserschloss verbunden zur Aufnahme des Wassers einen aus drei Wasserkästen bestehenden Wasserbehälter. Im Wasserschloss lege man

---

229 Yerebatan Sarayi bedeutet übersetzt etwa »versunkener Palast«.
230 Baur 1991, 7–12.

Castellum divisorium von Pompeji (Italien). Von hier aus wurde die Stadt über drei Leitungsstränge versorgt.

drei Röhrenleitungen an, ganz gleichmäßig verteilt auf die Wasserkästen, die so untereinander verbunden sind, dass das Wasser, wenn es in den beiden äußeren Kästen überläuft, in den mittleren Kasten fließt. In dem mittleren Kasten sollen Röhrenleitungen so angelegt werden, dass sie zu allen Bassinbrunnen und Springbrunnen führen, damit das

Verteilungseinrichtung im Inneren des *castellum divisorium* von Pompeji (Italien).

Wasser nicht in den öffentlichen Anlagen fehlt; aus dem zweiten Wasserkasten sollen Röhrenleitungen zu den Privatbadeanstalten führen, denn so können die Privatbadeanstalten das Wasser nicht wegnehmen, weil sie von den Ausgangsstellen an eine eigene Wasserleitung haben, aus dem dritten Wasserkasten Röhrenleitungen zu den Privathäusern, damit die, die privat Wasser in ihre Häuser leiten, jährlich dem Volk ein Wassergeld zahlen, durch das sie die Unterhaltung der Wasserleitung durch die Steuerpächter sicherstellen. Dies sind die Gründe, weshalb ich diese Einteilung so festgesetzt habe.[231]

Diese Art Klassifizierung der Abnehmer, die bei Wasserknappheit nacheinander von der Versorgung abgeschnitten worden wären, ist

An vielen Straßenkreuzungen Pompejis (Italien) sind Verteilertürme zu sehen, über die das Wasser unterverteilt wurde, zum Beispiel an den direkt danebenstehenden Fließbrunnen.

In Pompeji (Italien) sind auch viele Bleileitungen erhalten. Hier ein Hausanschluss mit Absperrhahn.

231 Vitruv VIII, 6, 1–2.

allerdings nirgends nachgewiesen. Auch in Pompeji, wo tatsächlich drei getrennte Röhrenleitungen vom *castellum* abgehen, ist diese Trennung nicht bestätigt worden, denn in Wirklichkeit führen die Leitungen in verschiedene Stadtteile.[232]

Dort trifft man dann allerdings an verschiedenen Stellen auf weitere Elemente der innerstädtischen Wasserverteilung: In den einzelnen Stadtvierteln sind an Straßenkreuzungen Türme zur Wasserunterverteilung errichtet worden. Am Fuß eines solchen Turmes endete jeweils einer der vom *castellum* kommenden Leitungsstränge. Über eine Steigleitung wurde das Wasser zu einem Freispiegelbecken auf dem Verteilungsturm geführt, um von dort über mehrere Fallrohre an die einzelnen Abnahmestellen und manchmal auch zum nächsten Verteilungsturm unterverteilt zu werden.

Im Pompeji waren die Straßenbrunnen die auffälligsten Endabnehmer. Diese Brunnen bildeten das Rückgrat der Wasserversorgung der Stadt, denn hier lief das Wasser im stetigen Durchfluss. Das am Brunnen nicht genutzte Wasser wurde über einen Überlauf abgeleitet, durchspülte danach die Gossen und später auch noch das Abwasserkanalnetz. Kein Pompejaner hatte übrigens mehr als 50 Meter zu laufen, um von seinem Haus aus zu einem öffentlichen Brunnen zu gelangen.[233]

Mitten in Nîmes – naturgemäß im höher gelegenen Stadtgebiet – trifft man auf ein kreisrundes Becken, das im Endpunkt der von Uzès kommenden römischen Wasserleitung leicht als *castellum divisorium* zu identifizieren ist. Auffallend sind nicht nur der gut erhaltene Zulaufkanal, sondern zudem die verschiedenen Anschlussöffnungen, die der Weiterleitung des Wassers in die verschiedenen Stadtteile dienten. Die mit Muffen versehenen Abflussöffnungen lassen erkennen, dass sie ehemals verschließbar waren und der Abfluss also geregelt werden konnte. Diese Öffnungen sind sowohl in den Boden eingelassen als auch in der Frontseite des Beckenrandes vorhanden.[234] An diesem Verteilerbecken lässt sich die römische Technik der Wasserverteilung auf die verschiedenen Stadtteile oder zu Großabnehmern sehr anschaulich erklären. Hier wird zudem deutlich, dass es den bei Vitruv beschriebenen Automatismus in der Bevorzugung bestimmter Abnehmer, so wie weiter oben im Zitat zu lesen war, nicht gab. Eine solche selbsttätige Regelung wäre auch gar nicht notwendig gewesen, denn wollte man einen Abnehmer von der Versorgung ausnehmen, so waren nur die zugehörigen Abflussöffnungen zu schließen.

Die Forschungsergebnisse der Wasserleitung von Siga waren bezüglich der Möglich-

Das *castellum divisorium* von Nîmes (Frankreich).

232 Ohlig 2001b.
233 Eschebach 1979, 3.
234 Kessener 1995.

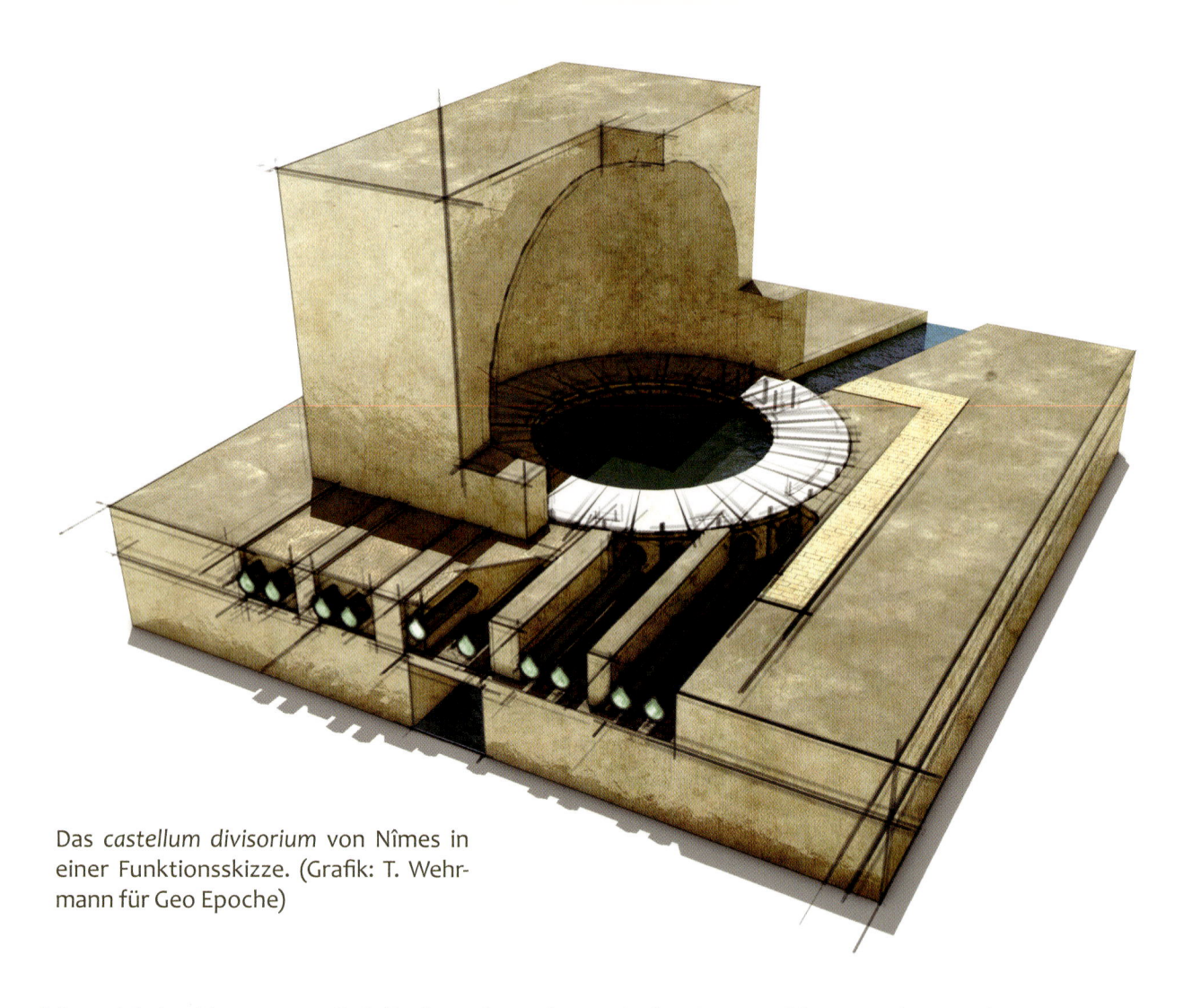

Das *castellum divisorium* von Nîmes in einer Funktionsskizze. (Grafik: T. Wehrmann für Geo Epoche)

keiten, hier wichtige Fragen zur Gefälleabsteckung in römischer Zeit zu klären, sehr ergiebig (→ Kap. 4). Dieser eher unscheinbare Aquädukt tritt dann aber erneut mit einem anderen Bauteil in den Vordergrund, dem *castellum divisorium*, am höchsten Punkt des Stadtareals.[235] Die topographische Lage des *castellum* erklärt sich von selbst, wie auch bereits erläutert wurde, denn für ein Wasserschloss war die Höhenlage über der Stadt eine grundlegende Voraussetzung für ein technisch perfektes Funktionieren, d. h. auf diese Weise stand für das angeschlossene Druckleitungssystem genügend Energiehöhe bereit. Ein *castellum aquae* war also, zusammengefasst, das Bindeglied zwischen Fernwasserleitung und dem städtischen Drucknetz.

Das *castellum* von Siga wurde bei seiner Freilegung zwar in hohem Maße zerstört angetroffen, in seinen Bauwerksresten ließ es aber dennoch einen guten Einblick in seine raffinierte Technik zu. Die Leitung füllte einen 17,8 mal 5,9 Meter (= ca. 60 mal 20 römische Fuß) großen Wasserbehälter, der mit seiner Längsachse auf das antike Stadtgebiet zeigte. Die Fernleitung war an der oberen Schmalseite des Beckens angeschlossen, während die Stadtleitung

235 Grewe 2006a.

an der unteren Schmalseite ihren Anfang nahm. Der Zulauf lag in Höhe des Beckenrandes, der Ablauf in Sohlenhöhe. Durch die Größe dieses Beckens mit einem Fassungsvermögen von 315 Kubikmeter war hier nicht nur eine Wasserbevorratung für Zeiten der Wasserknappheit möglich, sondern zudem noch einmal eine Möglichkeit zur Klärung des Wassers gegeben.

Die Besonderheit dieses Beckens lag aber in einer technischen Zusatzeinrichtung, die wegen des noch schlechteren Erhaltungszustandes weiterer Wasserbehälter an anderen Orten nur selten nachzuweisen ist. Bei der Einlaufstelle des Wassers auf der Mauerkrone der oberen Beckenseite ist die Lage der Zulaufrinne durch Reste von Sohlenverputz (*opus signinum*) noch nachweisbar. Hier finden sich aber auch Verputzreste von zwei Leitungen, die an dieser Stelle nach rechts und links abzweigen, um auf der Mauerkrone das Becken beidseitig zu umfahren. An den Resten des Sohlenverputzes ist in der Mitte der gegenüberliegenden Schmalseite noch zu erkennen, dass diese beiden Rinnen wieder zusammenkamen und das Wasser gemeinsam der an das Becken angeschlossenen Stadtleitung zugeführt werden konnte.

Auf der Randbekrönung des *castellum divisorium* von Siga (Algerien) sind die Reste eines Doppelbypasses (rot) zu sehen, über den zum Beispiel bei Beckenreinigungen die städtische Versorgung aufrechterhalten werden konnte.

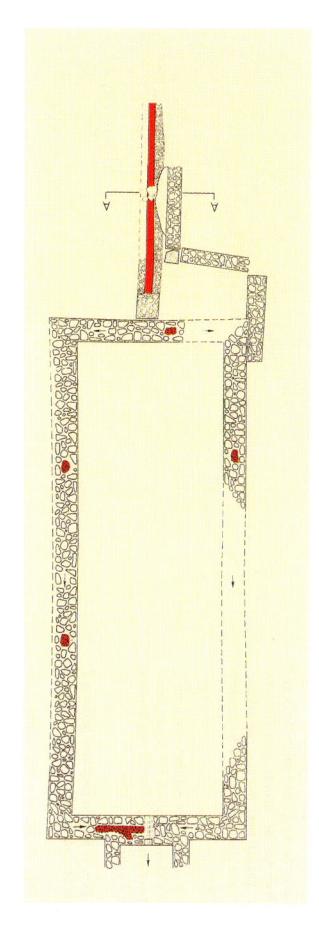

Wir haben es hier also mit einem doppelten Bypass zu tun, durch welchen bei Stilllegung des *castellum* – etwa zu Reinigungs- oder Reparaturzwecken – der Betrieb der Wasserzuführung in das städtische Rohrnetz aufrechterhalten werden konnte.

Vom Leitungsnetz innerhalb des Stadtareals, von Verteilungsstellen wie Brunnen oder von den Thermen als Wassergroßverbrauchern konnte in Siga bisher nichts nachgewiesen werden.

Das *castellum aquae* von Hierapolis/Pamukkale (Türkei) fällt dem Besucher der antiken Stätten wegen seiner exponierten Lage oberhalb der antiken Stadt und auch wegen seines guten Erhaltungszustandes sofort ins Auge.[236] Die 1,35 Meter starken Umfassungsmauern sind rundum bis zur Krone erhalten und nur auf einer Seite durchbrochen worden, als man das Bauwerk in nachrömischer Zeit zweckentfremdet und für Wohnzwecke umgestaltet hatte. Auf der der Stadt zugewandten Frontmauer ist sogar der steinerne Aufbau erhalten, wobei es sich allerdings auch um eine nachantike Rekonstruktion handeln könnte.

Das *castellum aquae* von Hierapolis ragt deshalb – genauso wie das Becken von Siga – aus der Vielzahl römischer *castellae* heraus, weil es wegen seines guten Erhaltungszustandes heute noch Einblick in verschiedene seiner technischen Details gibt.

Die Überleitung des Wassers aus der von den Bergen kommenden Fernwasserleitung in das *castellum* ist zwar nicht eindeutig im Bauwerk zu erkennen, aber doch recht plausibel nachzuweisen. Der Baubefund zeigt, dass zwischen Leitung und Reservoir ein Einlaufbecken zwischengeschaltet war. Dieses Becken liegt in Höhe der Krone der

236 Grewe 2006a, 340f.

Hierapolis / Pamukkale (Türkei). Das gut erhaltene *castellum divisorium* liegt wie üblich am höchsten Punkt der Stadt.

Umfassungsmauer des *castellum* und zwar an dessen östlicher Breitseite. Die Einlaufvorrichtung in das Becken ist nicht mehr vorhanden. Vermutlich ragte aus dem Einlaufbecken eine Steinrinne in das Innere hinein, von der aus das Wasser in das Becken hineinstürzte.

Der 10,8 mal 11,85 Meter messende Innenraum des *castellum* diente zum einen als Zwischenspeicher, denn hier konnte ein gewisser Wasservorrat aufgestaut werden, zum anderen aber auch als Klärbecken. Der Auslass des Beckens lag in seiner Nordwestecke in Form eines in den Beckenboden eingelassenen Krümmersteins, der das Wasser in Sohlenhöhe aufnehmen konnte und durch die Umfassungsmauer hindurch nach außen leitete. Auch in der Außenwand ist dieser Auslass in Form eines aufgebohrten Steines zu sehen – hier muss ehemals die in die Stadt führende Tonrohrleitung angeschlossen gewesen sein; Einzelteile dieser Leitung in Form von Tonrohrbruchstücken sind mitsamt Resten des Dichtungsmörtels im Muffenkranz des Krümmersteines zu sehen. Der Auslass ist heute noch hervorragend erhalten, weil er in die Bauwerksmasse des Reservoirs integriert wurde. Er war also in der vorgefundenen Art schon in der Planungsphase vorgesehen und bildete dementsprechend eine Einheit mit dem Mauerwerk der Beckenaußenmauer.

Eines der Auslassrohre am *castellum* von Hierapolis/Pamukkale (Türkei).

Mit dieser Ausstattung von Zulauf und Auslass des Wassers würde es sich beim *castellum aquae* von Hierapolis um einen einfachen, aber zweckmäßigen Wasserbehälter handeln. Einige im Beckenbereich herumliegende Streufunde und einige Spuren im aufgehenden Mauerwerk ließen jedoch schon beim ersten Besuch erkennen, dass dieses Bauwerk mit weiteren technischen Funktionen ausgestattet war.

Im Innenraum des Beckens lagen einige gut erhaltene Krümmersteine herum, die, wie die Kalkablagerungen im Inneren als Teile zeigen, der Wasserleitung gedient haben mussten. Solche Krümmersteine sind aufgebohrte Steinrohre, bei denen die Aufbohrung aber nicht durchgängig ist, sondern im Inneren einen Knick vollzieht, durch den der Verlauf einer Steinrohrleitung also rechtwinklig umgelenkt werden konnte. Aussparungen in der Krone der Umfassungsmauer zeigten, dass man hier einstmals Steine einer solchen Rohrleitung verlegt hatte. Der Verlauf dieser Leitung führte vom Einlaufbecken auf der östlichen Umfassungsmauer zu einem tönernen Fallrohr, das in der Außenmauer eingebaut worden war. Dieses Fallrohr ist in der Nordostecke des *castellum* noch erhalten, und da die Mauerschale im Beckeninneren abgeplatzt ist, sogar zu sehen. Durch Beschädigungen an der Tonrohrwandung ist erkennbar, dass es im Inneren stark zugesintert ist.

Oben: Verteilerturm von Laodikeia (Türkei). An manchen Stellen lässt die Sinterkruste einen Blick auf die verborgenen Fallrohre aus Ton frei.

Links: Laodikeia (Türkei). Im völlig übersinterten Verteilerturm steckt noch der letzte Rohrstein der Druckleitung.

Bei dieser Leitung handelte es sich demzufolge – ähnlich wie in Siga – um einen Bypass, also um eine Wasserführung um das *castellum aquae* herum. Auch in Hierapolis deuten Mörtelspuren auf der Mauerkrone darauf hin, dass hier ein Doppelbypass verlegt war, der das Becken auf beiden Längsseiten umrundete. Der Umstand, dass eine solche Einrichtung bisher nur zweimal – an den beiden genannten Orten – bekannt geworden ist, begründet sich wohl darin, dass solche Bauwerke selten bis in die Höhe der Mauerkrone erhalten sind.

Die in der Frontmauer des *castellum*, also der Westmauer des Bauwerks, zu sehenden Auslassöffnungen liegen 0,8 Meter höher als die Sohle des Beckens. Spuren im Mauerwerk und im Plattenbelag vor dem Bauwerk lassen erkennen, dass hier ehemals zwei weitere Leitungen zur Stadt angeschlossen waren. Die Spuren deuten jedoch auf einen sekundären Einbau hin; möglicherweise wurden diese zusätzlichen Leitungen erst in byzantinischer Zeit eingebaut.

Abwasser

Nur durch den stetigen Durchfluss des Wassers sowohl in den öffentlichen Brunnen als auch bei den anderen Endverbrauchern ist das gewaltige Volumen des Wasserverbrauchs einer römischen Stadt zu erklären. Diese großen Mengen auch unverbrauchten Wassers mussten wie das Abwasser behandelt werden und wurden über die öffentliche Kanalisation einer Vorflut zugeführt. Das setzte allerdings voraus, dass eine Stadt über ein entsprechend dimensioniertes Kanalnetz verfügen musste. Nehmen wir noch einmal das Beispiel Köln, so wird der römische Standard der städtischen Abwasserentsorgung schnell deutlich.[237] Mit der Gründung der Colonia Claudia Ara Agrippinensium an Stelle der Ubierstadt erhielt dieser Siedlungsplatz nicht nur seine Stadtmauer und ein neues Straßennetz, sondern gleichzeitig unter dem Straßenpflaster auch ein leistungsfähiges Kanalnetz. Unter den in Ost-West-Richtung verlaufenden *viae decumani* sind mindestens zehn dieser parallel geführten Hauptsammler bekannt.

Dem Gefälle des Stadtareals entsprechend verliefen die Hauptsammler des Kanalnetzes mit dem Rheinstrom als natürliche Vorflut zum Rheinhafen. Diese Hauptsammler waren mehr als mannshoch ausgemauert und damit begehbar; sie nahmen nicht nur das Abwasser der angeschlossenen Anlieger auf, sondern darüber hinaus auch das von den Seiten zugeführte Abwasser der Nebenstraßen und natürlich das gesamte Regenwasser der Stadt.

Von dem römischen Statthalterpalast, dem *praetorium*, unter dem Kölner Rathaus aus kann man sehr bequem in einen dieser Hauptsammler einsteigen. In neun Meter Tiefe zeigt sich dieser Kanal auf einer gut erhaltenen Strecke von 150 Meter in den respektablen Abmessungen von 1,2 Meter lichte Breite und bis zu 2,5 Meter lichte Höhe. Das Mauerwerk besteht aus mächtigen Sandsteinblöcken,

Zwölfsitzige Latrine in Dougga (Tunesien).

237 Haberey 1972, 118–124; Hellenkemper 1986a, 211–214.

Latrine in einer Rekonstruktionszeichnung. (Grafik: T. Wehrmann für Geo Epoche)

die teilweise in zweiter Verwendung mörtellos aufgesetzt sind. Ebenfalls konnten die Auslauföffnungen in der Stadtmauer zum Rheinhafen hin an mehreren Stellen – zuletzt 2007 bei den Bodeneingriffen für den U-Bahn-Bau – nachgewiesen werden.[238]

Auch in Rom ist ein solcher Einblick in die antike »Unterwelt« heute noch möglich. Im Forum Romanum gibt es einen (allerdings nicht öffentlichen) Einstieg in die *cloaca maxima*, den Hauptkanal der römischen Stadtentwässerung, die nahe der Tiberinsel in den Fluss mündet. Dieser Kanal ist ein Mosaikstein bei der Betrachtung der Entwicklung dieser antiken Metropole. Seine Anfänge liegen vermutlich unter König Tarquinius Priscus um 500 v. Chr.,

238 C. Dietmar/M. Trier, Mit der U-Bahn in die Römerzeit (Köln 2005).

Straßenkanal mit seitlichen Anschlüssen in der Rekonstruktionszeichnung. (Grafik: T. Wehrmann für Geo Epoche)

Blick in einen der Hauptkanäle des römischen Köln. (Foto: Römisch-Germanisches Museum Köln)

als man damit begann, die Sümpfe zwischen den Hügeln der Stadt trockenzulegen.[239] Vermutlich lagen diesem Kanalbau etruskische Vorbilder zugrunde. Der anfangs offen geführte Entwässerungsgraben folgte der Tallinie zum Tiber, wurde später aus- und überbaut und hat wegen dieser Entwicklung heute noch seinen gewundenen Verlauf.

Diese zwei prächtigen Beispiele für städtische Kanalisation mögen genügen, um aufzuzeigen, dass mit dem Ausbau einer Wasserversorgung zwangsläufig auch eine Entsorgung einhergehen musste. Es gehörte zum Standard des urbanen Lebens der römischen Epoche, mit gutem Trinkwasser versorgt zu sein – und auch von den Abwassern wieder befreit zu werden.

239 Lugli 1930–1938, 322; Groß 1975.

Um ungebetenen Gästen den Zugang zu versperren, wurden die Durchlässe in den Stadtmauern mit Steinblöcken zugesetzt; hier der Kanalauslass in der römischen Stadtmauer Kölns neben dem Ubiermonument.

12 Wasserkraftnutzung

Es wäre schon sehr verwunderlich, wenn sich die römischen Handwerker und Ingenieure nicht der Wasserkraft bedient hätten. Und es ist wieder einmal Vitruv, der sich dieses technischen Themas annimmt und uns sehr detailliert den Bau und späteren Betrieb einer Getreidemühle mit Hilfe der Wasserkraft beschreibt. An anderen Stellen können wir aus archäologischen Befunden Kenntnisse über die römische Wasserkraftnutzung gewinnen, so im Falle der im Flussbett unter einer Brücke installierten Turbinenmühlen in Simitthus/Chemtou (Tunesien).

Von großer Bedeutung für die Technikgeschichte ist die erst jüngst gelungene Entschlüsselung eines Reliefs auf einem Sarkophag in Hierapolis/Pamukkale (Türkei). Dargestellt ist eine wassergetriebene Doppelsteinsäge zur Herstellung von Marmorplatten. Bei dieser technischen Szene handelt es sich wahrscheinlich um die erste Getriebedarstellung der Geschichte. In Ergänzung zu früheren Funden von zwei Werkstätten, in denen allerdings nur noch Werkstücke ohne die zugehörigen Sägen aufzufinden waren, sind nunmehr die Voraussetzungen für die massenhafte Herstellung von Marmorplatten für die Ausstattung der Thermen sichtbar geworden.

»Das Wasser aber ist das Beste!«[240] Diese überschwängliche Lobpreisung Pindars, schon diesem Buch als Zitat vorangestellt, bezieht sich natürlich in erster Linie auf das Lebenselixier Trinkwasser. Aber Wasser war auch in anderer Hinsicht ein unverzichtbarer Bestandteil des menschlichen Lebens und ein wichtiges Element, dem Menschen den Lebensraum überhaupt erst zu erschließen – und zu erhalten. Wasser war die Grundlage der Hygiene, und der großzügige Umgang mit Wasser war ein Garant für die Erhaltung der Volksgesundheit. Angesichts des Umgangs mit Frisch- und Abwasser im Mittelalter wird klar, warum Seuchen in römischer Zeit viel seltener belegt sind.

Aber Wasser nahm noch weitere Rollen in der städtischen Versorgung ein – denken wir nur an das Wasser als erstes Mittel für die Feuerbekämpfung.[241] Bekannt ist der Stadtbrand Roms, der in der Zeit des Kaisers Nero am 19. Juli 64 n. Chr. ausbrach. Dieser verheerenden Katastrophe konnte man offensichtlich nicht einmal mit der bereits seit Kaiser Augustus bestehenden Einrichtung einer Feuerwehr beikommen, so

In Simitthus/Chemtou (Tunesien) war im Flussbett unter der Medjerdabrücke eine Turbinenmühle installiert; die drei Zulaufkanäle (vorn im Bild) sind heute noch zu sehen.

240 Pindar, Olympia I, 1.
241 Wallat 2004.

dass der Brand sechs Tage und Nächte wüten konnte.[242] Offensichtlich waren Stadtbrände zu allen Zeiten gefürchtete Katastrophen und Feuerschäden fast an der Tagesordnung, weshalb Augustus eine schlagkräftige Einsatztruppe zum Brandschutz gegründet hatte. Danach waren sieben Kohorten à 1 000 Mann, die *cohortes vigilum*, für jeweils zwei der 14 Stadtbezirke zuständig: »Gegen Feuersbrünste richtete er für die Nacht Wachposten und eine Feuerpolizei ein.«[243]

Wichtigste Hilfsmittel bei der Brandbekämpfung waren neben Wassereimern und Feuerhaken vor allen Dingen die Wasserpumpen, mit denen man auch höher liegende Brandherde erreichen konnte. Die Wasserkraft musste in diesen Fällen durch Pumpen künstlich erzeugt werden. Von Ktesibios um 250 v. Chr. erfunden und von dessen Schüler Philon von Byzanz um 200 v. Chr. noch einmal detailliert beschrieben, stand für diese Zwecke eine Kolbenpumpe zur Verfügung. Vitruv erläutert die Funktion der Kolbenpumpen genau und liegt damit erstaunlich nahe an den Erkenntnissen, die man durch archäologische Funde solcher Pumpen gewonnen hat.[244] Ein 1997 im Rheinland gefundenes, 1,1 Meter langes Rohr aus Eisenblech wird als Feuerlöschrohr gedeutet, da sich sein Querschnitt über die gesamte Länge kontinuierlich von sieben auf drei Zentimeter verjüngt.[245]

Mit dem Ansteigen der Bevölkerungszahlen, aber auch mit gestiegenen Ansprüchen an die Lebensqualität, wuchs der Bedarf an Lebensmitteln sowohl in quantitativer als auch in qualitativer Hinsicht. Der gestiegene Anspruch an die Qualität des Wohnraumes und des urbanen Umfeldes zeigte sich in der Ausführung der großartigen römischen Thermenanlagen, die das Gut Wasser in luxuriöser Weise nutzten. Unglaubliche Massen an Baumaterial wurden benötigt, um die riesigen Thermenkomplexe im gesamten römischen Weltreich zu errichten – man halte sich nur das Beispiel der Caracalla-Thermen in Rom vor Augen. Selbst im Schutzbau über den Thermen der Colonia Ulpia Traiana/Xanten, der zusammen mit dem Neubau des LVR-Römermuseums die Konturen des antiken Baukörpers nachvollzieht, wird eine Baumasse sichtbar, die nur erstaunen lässt.

In all diesen Bauten bedurfte es, um ihre Funktion für den Badebetrieb überhaupt erfüllen zu können, Unmengen von Marmorplatten. Die Herstellung dieser in einer Größenordnung, wie sie durch den Bau von Thermen – aber auch anderen Staatsbauten und selbst Privathäusern – notwendig wurde, ist ohne den Einsatz von Maschinen überhaupt nicht denkbar. Die maschinelle Herstellung von Marmorplatten in großer Menge und vorzüglicher Qualität setzte den Einsatz von Säge- und Schleifmaschinen voraus – und das wiederum erforderte unabdingbar die Nutzung wassergetriebener Maschinen. In diesen Kontext müssen letztendlich auch die archäologischen Neufunde römischer und byzantinischer Steinsägen der letzten Jahre eingeordnet werden.

Wie so oft in der technikgeschichtlichen Forschung wird man zur Klärung einer bautechnischen Frage bei Vitruv fündig. Bei der Beschreibung einer Wassermühle zum Mahlen von Getreide erläutert er die Kraftübertragung von einem Wasserrad über die Welle und das an deren anderem Ende angebrachte Zahnrad auf ein weiteres Rad, welches für die Umdrehung des Mühlsteines sorgt:

> Nach demselben Prinzip werden auch Wassermühlen getrieben, [...] nur ist an dem einen Ende der Welle ein Zahnrad angebracht. Dies ist senkrecht auf die hohe Kante gestellt und dreht sich gleichmäßig mit dem Rad in derselben

---

242 Sueton, Nero.
243 Sueton, Augustus.
244 Vitruv X 7, 19; römische Doppelkolbenpumpen sind zum Beispiel im Rheinischen Landesmuseum Trier und im British Museum in London im Bestand der Schausammlung.
245 Päffgen/Willer 2003, 112f.; ein praktischer Versuch mit einem Nachbau scheint diese Verwendung zu bestätigen.

Richtung. Anschließend an dieses größere Zahnrad ist ein (kleineres) Zahnrad horizontal angebracht, das in jenes eingreift. So erzwingen die Zähne jenes Zahnrades, das an der Welle (des Schaufelrades) angebracht ist, dadurch dass sie die Zähne des horizontalen Zahnrades in Bewegung setzen, eine Umdrehung der Mühlsteine.[246]

Mit dieser Beschreibung liefert Vitruv das exakte Vorbild für eine wassergetriebene Mühle. Dabei soll aber nicht übersehen werden, dass die römischen Ingenieure und Handwerker durchaus in der Lage waren, diese einfache Methode der Kraftübertragung zu modifizieren und weiterzuentwickeln. Das Beispiel der antiken Mühlen in Simitthus, dem heutigen Chemtou in Tunesien, lehrt uns, zu welch hochtechnischen Leistungen man fähig war: In Chemtou befindet sich eine mit drei Mühlrädern ausgestattete Großmühle im Flussbett unter der großen Medjerdabrücke.[247] Hier hat man kreisrunde Schächte aus dem Fels gehauen und darin die Mühlräder horizontal liegend angeordnet. Das Wasser stürzte also von oben auf die Radschaufeln hinab und trieb diese an. Die sich nach unten im Querschnitt verjüngenden Fallschächte erhöhten den Wirkungsgrad. Die senkrecht stehende Welle übertrug die gewonnene Kraft auf das an ihrem oberen Ende angebrachte Mahlwerk.

Geradezu spektakulär sind die in trajanischer Zeit errichteten Mühlen von Barbegal in der Nähe von Arles (Südfrankreich).[248] Angetrieben von einem Abzweig des Aquäduktes nach Arles sind in einem Hang in zwei parallel geführten Reihen auf einer Fläche von 42 mal 20 Meter insgesamt 16 Mühlengebäude errichtet worden. In jedem Strang dieser beiden Mühlentreppen sind also acht Mühlen nacheinander angeordnet worden, wobei das zur Verfügung stehende Wasser jeweils von einer

Barbegal (Frankreich). Zwei Reihen mit jeweils acht nacheinander geschalteten Getreidemühlen im Hang einer Gebirgsrippe.

246 Vitruv X, 5.2.
247 Rakob/Röder 1989.
248 Heimann/Drewes/Leveau 1993; Leveau/Walsh/Bertucci/Bruneton/Bost/Tremmel 2000; Blanchet 2001.

Felseinschnitt für die Wasserzufuhr zum Betrieb der Getreidemühlen von Barbegal (Frankreich).

Mühle auf die nächste weitergeleitet wurde. Möglich wurde dies durch die mit 30 Grad äußerst steile Hanglage. Man schätzt, dass hier täglich vier bis sechs Tonnen Getreide gemahlen werden konnten. Antransport des Getreides und Abtransport des Mehles konnten über eine Straße erfolgen, die an den Fuß des Mühlenhanges angebunden war und nach Arles führte.

Der Mühlenbetrieb in einer derart extremen Hanglage erforderte allerdings eine besonders aufwendige Wasserzuführung: Man nutzte dazu das Wasser des Aquäduktes nach Arles, der vor dem Erreichen der Gebirgsrippe mit dem Mühlenhang auf seiner einen Seite ein 300 Meter breites Tal queren musste. Das Wasser dieses Aquäduktes wurde vor der Talüberquerung in einem großen Verteilerbecken geteilt und in zwei Leitungsarme eingespeist. Diese wurden auf zwei getrennt nebeneinander gebauten Brücken über das Tal geführt. Die beiden Trassen trennten sich mit Erreichen des Bergrückens: Ein Teil knickte ab und verlief als Trinkwasserleitung Richtung Arles, während der andere Teil den Bergrücken in seiner Spitze durchschnitt und mit seinem Wasser die beiden oberen Mühlen speisen konnte. Von hier aus wurden nach und nach alle 16 Mühlen angetrieben.

In technischer Hinsicht noch raffinierter stellen sich die wassergetriebenen Steinsägen dar, die sich nach der Entschlüsselung des Ammianos-Reliefs und der archäologischen Funde in Gerasa (Jordanien) und Ephesus (Türkei) rekonstruieren ließen. Es ist aber nicht uninteressant, vor der Rekonstruktion die geschichtlichen Quellen zu diesem Thema anzuführen.

Vitruv – von dem man es in erster Linie erwartet hätte – hat sich mit dem Thema Steinschneiden überhaupt nicht beschäftigt. Lediglich an einer Stelle erwähnt er Marmorplatten als Wandverkleidung, nämlich im Hause der Königs

Mausolos in Halikarnassos.²⁴⁹ Auch Plinius, der dabei aber etwas mehr ins Detail geht, bezieht sich auf das Haus des Mausolos.²⁵⁰ Er geht auch auf die Steinsägen ein, indem er erklärt, dass die Verarbeitung des Steines nicht mit dem Sägen von Holz vergleichbar sei, sondern dass es sich eher um ein »Schneiden« des Steines handele.²⁵¹

J. Röder betont, dass Plinius richtig erkannt habe, dass nicht das Eisen, sondern der Sand für den eigentlichen Sägevorgang ursächlich ist.²⁵²

Lange war man davon ausgegangen, dass in der Frühzeit Handsägen zum Einsatz gekommen waren. Erst die schon genannten archäologischen Funde von Gerasa und Ephesus führten zu konkreten archäologischen Belegen für die Anwendung von Sägemaschinen – allerdings in byzantinischer Zeit.

In einem 8,65 mal 6,65 Meter großen Raum am Artemistempel von Gerasa

Relief des Ammianos-Sarkophags aus Hierapolis / Pamukkale (Türkei) mit Abbildung einer wassergetriebenen Doppelsteinsäge – der ersten bildlichen Getriebedarstellung der Technikgeschichte (2. Hälfte des 3. Jahrhunderts n. Chr.).

Dreidimensionale Darstellung der Sägemaschine mit der notwendigen Ergänzung der Wasserrad- und Getriebelagerung. (Grafik: H. Lauffer)

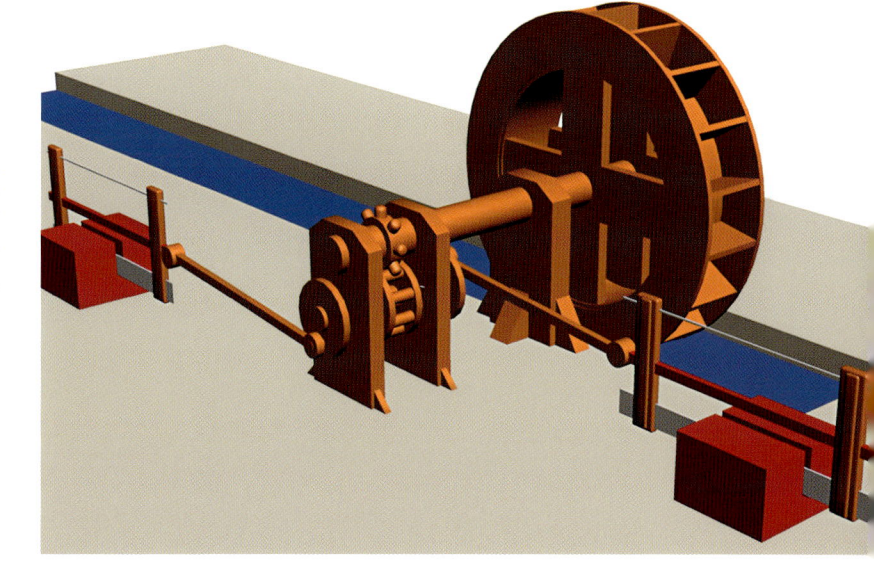

249 Vitruv II, 8.
250 Plinius, nat.hist. XXXVI, 6–8.
251 Plinius, nat.hist. XXXVI, 9.
252 Röder 1971, 307, Anm. 33.

fanden sich bei archäologischen Untersuchungen nach 1930 Einrichtungen, die auf eine sekundäre Nutzung als Steinsägewerkstatt hindeuteten.²⁵³ In einer Wand sind Aussparungen zu sehen, die der Wasserzuführung dienten, zudem ist der Graben für ein Wasserrad mit beidseitig in situ erhaltenen Auflagermauern für die Wasserradachsen erhalten. Zwei Säulenstücke von 1,67 und 1,51 Meter Länge mit Durchmessern von etwa einem Meter lagen inmitten des Raumes, die man zunächst nicht zuordnen konnte. Da beide Säulenstücke aber eindeutige Sägespuren aufwiesen – und zwar in Längsrichtung der Säulen –, geht man davon aus, dass sich in diesem Raum eine Werkstatt befand, in der Säulen vom Portikus des Artemistempels zu Marmorplatten zerlegt werden sollten. Da diese Werkstatt nach der Aufgabe des Tempels im 5. Jahrhundert n. Chr. und vor dem alles verheerenden Erdbeben des Jahres 749 n. Chr. eingerichtet worden sein muss, ordnet J. Seigne diese Aktivitäten in die Zeit Justinians (527 bis 565 n. Chr.) ein.²⁵⁴

Die Sägespuren in den beiden Säulenstücken belegen einen Sägebetrieb mit zwei nebeneinanderstehenden Gattersägen, in deren Sägerahmen jeweils vier Sägeblätter parallel eingespannt waren. Beide Sägen wurden von einem Wasserrad angetrieben, wobei die Schub- oder Pleuelstangen über Kurbelwellen an beiden Enden der Radachsen oder an beiden Seiten des Wasserrades exzentrisch angebracht gewesen sein müssen. Aufgrund der Tiefe des Wassergrabens und des Abstandes der Radlagersteine lässt sich ein Wasserrad mit einer Breite von ca. 50 Zentimeter und einem Durchmesser von vier bis 4,5 Meter rekonstruieren.

Der archäologische Befund war eindeutig: Hier hatte man zum ersten Mal eine Steinsägewerkstatt angetroffen. Vom Sägebetrieb selbst ist aber außer den beiden Werkstücken am Ort nichts erhalten geblieben.

Gerasa (Jordanien). Sägespuren einer mit vier Sägeblättern bespannten Gattersäge in einer zur Weiterverwendung vorgesehenen antiken Säule; 6. Jahrhundert n. Chr.

253 Seigne 2000; Seigne 2002a; Seigne 2002b; Seigne 2002c; Seigne 2006.
254 Seigne 2006, 388.

Ein der Steinwerkstatt von Gerasa durchaus ähnlicher Befund wurde zwischen 1969 und 1985 vom Österreichischen Archäologischen Institut (ÖAI) bei den Ausgrabungen im Hanghaus 2 von Ephesus gemacht.[255] Auch dieser Befund wird in das 6. Jahrhundert n. Chr. datiert, und auch hier wurde ein ehemals anders genutzter Raum zu einer Steinwerkstatt umfunktioniert. Kanäle und Gräben belegen die Betriebswasserzuführung und die Ableitung des Abwassers, und die Positionierung des (nicht mehr vorhandenen) Wasserrades, dessen Durchmesser bis 2,8 Meter betragen haben könnte, bereitet aufgrund der Befundlage keine Schwierigkeiten. Der deutlichste Hinweis auf eine ehemalige Steinwerkstatt sind zwei Steinblöcke, die Spuren von nicht vollendeten Sägevorgängen zeigen. Holzteile der Säge oder des Antriebes haben sich auch hier nicht erhalten, jedoch lassen die Unterbauten einen gewissen Einblick in den Sägebetrieb zu. Dazu gehören neben Balkenlöchern und Auflagern für die Radkonstruktion vor allem die Gerinne für das Abwasser des Wasserradkastens und das ausgespülte Schleifmittel.

An den beiden Marmorblöcken sind für unsere Betrachtungen vor allem die Schleifspuren interessant. Man erkennt an den Innenseiten beider Blöcke von oben nach unten durchgängige Schnittflächen, die von einem bereits abgeschlossenen Sägevorgang herrühren müssen. Danach müssen beide Blöcke neu positioniert worden sein, denn ein neuer Sägevorgang wurde begonnen, aber nicht vollendet: In beiden Blöcke sind jeweils zwei Schnittspuren über die gesamte Länge der Blöcke zu sehen, in beiden Fällen nur eine Handbreit tief. Das zeigt, dass hier mit einem doppelblättrigen Sägegatter gearbeitet wurde und zwar gleichzeitig in beiden Steinen, denn der Vorgang wurde abgebrochen, als man in beide Steine gleich tief eingedrungen war.

Ein weiterer archäologischer Neufund führt dann aber in die römische Zeit.

Sägespuren einer mit zwei Sägeblättern bespannten Gattersäge in einem Marmorblock; 6. Jahrhundert n. Chr. (Ephesus, Türkei).

255 Schiøler 2005; Mangartz 2006.

Im Gräberfeld rechts und links der Zufahrtsstraße nach Hierapolis in Phrygien befinden sich unzählige Sarkophage mit Inschriften, seltener auch mit bildlichen Darstellungen. Bezüglich ihrer Bedeutung bisher unerkannt war eine Reliefdarstellung im Giebelfeld an der Stirnseite des Sarkophages von Markos Aurelios Ammianos, datiert in die zweite Hälfte des 3. Jahrhunderts n. Chr., die bei genauerer Betrachtung ein technikgeschichtliches Motiv erkennen lässt. Die Darstellung (Foto/Grafik s. S. 185) zeigt eine von einem Wasserrad angetriebene Doppelsteinsäge,[256] womit eine für die Technikgeschichte einzigartige Quelle zur Verfügung steht.

Zunächst fällt auf der rechten Seite der Abbildung das große Antriebsrad ins Auge. Es hat den Anschein, als sei hier ein mittelschlächtiges Wasserrad dargestellt: Das Wasser trifft also in halber Höhe des Rades auf die Schaufeln. Voraussetzung für den Betrieb eines solchen Rades war ein Aufstau und eine künstliche Heranführung des Wassers. Der Aufprall des Wassers auf die Schaufeln trieb das Rad an und hielt es in einer konstanten Drehbewegung. Durch diese Einrichtung ist die für den Betrieb der Säge notwendige Energie bereitgestellt.

Die Übertragung der Drehbewegung auf den Mechanismus der Steinsäge ist im Relief anschaulich dargestellt. Die Achse (Welle) des Wasserrades bildet nach der Darstellung die Verbindung zu einem Zahnradgetriebe. Da der Künstler die Räder dieses Sägewerks und die Achse von der Breitseite darstellen wollte, musste er die Radansichten um 90 Grad drehen, damit die Räder zu erkennen waren. Auf die Darstellung der Lagerung der Räder auf Wellzapfen oder Radstühlen verzichtete er, um sein Relief übersichtlich zu gestalten.

Das Zahnrad wurde am Ende der Achse (Radwelle) des Wasserrades fest montiert und drehte sich im Gleichlauf mit dem Wasserrad. Das Zahnrad (Kammrad) wiederum übertrug die Kraft auf ein drittes Rad (Drehling), das als Kurbelwelle diente: Hier wurde die Drehbewegung des Wasserrades in eine horizontale Bewegung umgesetzt. Zur weiteren Kraftübertragung auf die angeschlossene Steinsäge dienten Schubstangen. Diese wurden nicht an der Achse des Drehlings montiert, sondern an zwei Hubzapfen, die an beiden Seiten des Rades exzentrisch angebracht waren. Diese Hubzapfen vollzogen beim Betrieb der Anlage Kreisbahnen um die Achse des Drehlings und bewegten auf diese Weise die angeschlossenen Schubstangen hin und her. Der Durchmesser der von den Hubzapfen vollzogenen Kreisbahnen entsprach damit genau der Länge der von den Schubstangen zurückgelegten Horizontalbewegungen und damit auch der Arbeitsbewegung der angeschlossenen Sägen. Da die Kurbelwelle im Relief etwas kleiner dargestellt ist als das Kammrad, müsste die Drehzahl der Kurbelwelle etwas höher gelegen haben als die der Antriebsräder.

Die beiden Sägen mit den beiden Steinblöcken sind sehr anschaulich und detailgetreu, aber vereinfacht und symbolisierend dargestellt. Vom Typ her handelt es sich in beiden Fällen um Spannsägen, bei denen die Sägeblätter durch einen Rahmen die nötige Spannung erhalten. Dargestellt sind sie während des Sägebetriebes, denn die Sägeblätter haben jeweils einen Steinblock bereits zur Hälfte zersägt. Die dargestellte Säge entspricht einer einfachen Zimmermannssäge, wie sie auch bei der Holzbearbeitung eingesetzt wird.[257]

Wenngleich die beiden Sägen sehr detailgetreu und richtig dargestellt sind, fehlt in der Darstellung ein Aufbau, auf dem die Sägen geführt werden. Ein glatter Sägeschnitt ist mit einer Steinsäge nämlich nur möglich, wenn das Sägeblatt in streng horizontaler Stellung gehalten wird und auch seitlich keine Taumelbewegungen vollführen kann. Dazu be-

---

256 Das bis dahin nicht erkannte Relief wurde dem Verfasser bei der Grabungskampagne in Hierapolis im Sommer 2005 vorgelegt und von ihm erstmals entschlüsselt: Grewe 2009a; die Inschrift wurde von Tullia Ritti gelesen: Ritti/Grewe/Kessener 2007, deutsche Übersetzung von Werner Eck: Grewe 2009a, 439.

257 Im Steinsägebetrieb nennt man eine einblättrige Säge »Trennsäge«, während eine mehrblättrige Säge als »Gattersäge« bezeichnet wird.

Alte Schleifmühle in Schwerin: nach historischen Vorbildern nachgebaute Steinsäge.

Die Kraftübertragung vom Zahnrad über Drehling und Schubstange auf den Sägeschlitten entspricht beim Schweriner Modell im Wesentlichen der Darstellung auf dem Ammianos-Relief; lediglich das Kammrad des Getriebes im Relief ist hier durch ein Kronrad ersetzt. (Foto: P. Schmidt)

darf es eines Gehäuses in Kastenform, in den der Spannrahmen eingehängt ist. Beim Sägevorgang wird dieser Rahmen durch eine Schubstange hin- und hergezogen, wobei sich das Sägeblatt in den Stein einschneidet. Dazu muss dem Spannrahmen mit dem eingespannten Sägeblatt neben der Möglichkeit zur horizontalen Bewegung ein weiterer Spielraum gegeben sein, nämlich der von oben nach unten. Aber auch diese Bewegungsrichtung muss streng geführt werden, damit die gesägten Steinplatten nicht nur gleichmäßig dick werden, sondern zudem auch noch ebene Oberflächen erhalten.

Die Grundvoraussetzungen für das Sägen, nämlich die Möglichkeiten zur Führung des Sägeblattes sowohl in horizontaler als auch in vertikaler Richtung sind also auf dem Relief nicht dargestellt. Hier generalisierte der Steinmetz seine Darstellung am stärksten, denn er verzichtete auf weitere technische Details und zeigte nur die Säge. Möglicherweise hätte die Darstellung eines kompletten Sägewerks und der für das Steinsägen unverzichtbaren Hilfsmittel wie Wasser und Schleifsand den Steinmetzen auch überfordert.

Aber dennoch stellt sich die Frage, warum der Steinmetz den Antrieb der Säge mit derart großer Sorgfalt und Detailfreudigkeit darstellte, die Säge selbst hingegen nur mit ihren unbedingt notwendigen Merkmalen, um sie als solche zu definieren. Einer der Gründe hierfür mag sein, dass die dargestellte Szene klar erkennbar sein sollte. Es könnte aber auch noch etwas anderes hinzukommen: Ammianos zählte möglicherweise nicht unbedingt die Säge zu seinen großen erfinderischen Leistungen, sondern den von einem Wasserrad ausgehenden Antrieb der Säge mitsamt seinem Getriebe, der Kurbelwelle und den Schubstangen. Einfache Sägen mag es zu seiner Zeit auch für den Handbetrieb des Öfteren gegeben haben, Sägemaschinen von der Art, wie sie auf dem Sarkophag dargestellt ist, dürften dagegen viel seltener zu finden gewesen sein.

Vermutlich haben wir hier die älteste bildliche Darstellung eines Getriebes vor uns. Nicht ohne Grund bezeichnete Ammianos sich in der Inschrift auf dem Sarkophag als »geschickten Daedalus«, womit er sich in diesem Fall den Ruhm eines Erfinders anheftete. Er wollte mit der Darstellung auf seinem Sarkophag, der schließlich an der Hauptzufahrtsstraße zur Stadt aufgestellt war, die Vorbeikommenden nicht mit einer unkomplizierten Handsäge beeindrucken, sondern vielmehr mit einer durch Wasserkraft betriebenen Großsäge – und auch dabei begnügte er sich nicht mit einer einfachen Anlage, sondern er zeigte derer gleich zwei, die auch noch weitere Werkbänke antreiben konnten.

In Ermangelung archäologischer Funde und Befunde sind die früheren Rekonstruktionen von Steinsägen meist sehr vorsichtig ausgeführt worden. So waren es in der Regel handbetriebene Sägen, die für den Einsatz im Steinbruch oder zum Schneiden von Marmor beschrieben wurden. Das verwundert nicht, denn bis zu den Funden von Gerasa und Ephesus gab einzig die antike Literaturstelle bei Ausonius in seiner *Mosella* einen Hinweis auf eine wassergetriebene Steinsäge.[258] Durch die Enträtselung des Ammianos-Reliefs kam nun ein entscheidender weiterer Baustein für eine Rekonstruktion hinzu.

Es ist ein glücklicher Zufall, dass man in Schwerin in einer historischen Schleifmühle die Rekonstruktion einer solchen Steinsäge nach dem Vorbild eines Ingenieurtraktates des frühen 18. Jahrhunderts gebaut hat.[259] Das Getriebe der Schweriner Schleifmühle entspricht so exakt Ammianos' Modell, dass man glauben könnte, es habe der Rekonstruktion als Vorbild gedient – was natürlich nicht der Fall sein kann. Da die nach Leonhard Christoph Sturm gebaute Steinsäge in ihrem Sägeverhalten genau den Ansprüchen gerecht wird, die die Sägespuren der Werkstücke in Gerasa und Ephesus erwarten lassen, müssen wir uns in einer ähnlichen Bauart auch Ammianos' Säge vorstellen.

Die Reliefdarstellung einer antiken Steinsägemaschine auf einem Sarkophag in Hierapolis kann als einer der bedeutendsten Funde der jüngeren technikgeschichtlichen Forschung gelten. Hier ist erstmals die Kraftübertragung von einem Wasserrad über ein Getriebe bildlich dargestellt. Da bisher angenommen wurde, Maschinenantriebe über ein derartiges Getriebe seien erst in mittelalterlicher Zeit zu finden, kommt der Entschlüsselung des Ammianos-Reliefs eine besondere Bedeutung für die Technikgeschichte – und hier besonders für die Entwicklung der Wasserkraftnutzung – zu.

Alte Schleifmühle in Schwerin. Während das Schleifmittel von Hand aufgestreut wird, rinnt das Wasser aus einer kleinen Leitung auf die Schnittstelle.

---

258 Ausonius, Mosella, 359–364; in metrischer Übersetzung vorgelegt von B. K. Weis (Darmstadt 1994): »Die Ruwer dreht mit schnellem Lauf die Mühlsteine für das Getreide, und durch den glatten Marmor zieht sie die kreischenden Sägen, deren ständiger Lärm die beiden Ufer erfüllt.«
259 Dem Nachbau in Schwerin diente ein solcher Ingenieurtraktat als Vorbild: Sturm, Vollständige Mühlen-Baukunst (1718).

13 Beispiele römischer Wasserleitungen

In Europa, Nordafrika und Vorderasien haben die Römer und damit auch ihre Ingenieure mannigfaltige Spuren hinterlassen. Unter den antiken Bauresten besonders eindrucksvoll sind die Straßen- und Aquäduktbrücken, da sie an vielen Orten monumental und auffällig die Landschaft beherrschen. Besonders im Aquäduktbau wird in der Bauausführung ein großer Variantenreichtum sichtbar, der bei genauerer Betrachtung auch erkennen lässt, wie man sich zum Beispiel den vielen landschaftstypischen Gegebenheiten angepasst hat.

Es kamen nämlich in den ariden und halbariden Gegenden des Imperiums ganz andere Module des Aquäduktbaus zum Einsatz als im wasserreichen Norden: Im Süden mancherorts erforderliche Talsperren waren bei einem ganzjährig vorhandenen Wasserdargebot im Norden nicht erforderlich. Trotzdem hat man das Wasser auch nördlich der Alpen oftmals über weite Strecken in die Städte geleitet; der hohe Qualitätsanspruch an das Wasser der Römer machte diesen großen Aufwand notwendig.

Nachfolgend sollen einige der großartigen Aquädukte aus dem gesamten Imperium vorgestellt werden. Da besondere Beispiele für den Pragmatismus römischer Ingenieure in den Themenschwerpunkten der vorherigen Kapitel bereits beschrieben worden sind, wird die Gesamtsituation der Aquädukte in den Vordergrund gestellt werden. Nicht einbezogen wurden die stadtrömischen Aquädukte, da diese derart komplex sind, dass es angeraten erscheint, sie gesondert zu behandeln.[260] Die Auswahl der vorgestellten Objekte ist ohnehin eine subjektive, da in erster Linie Aquädukte präsentiert werden, die vom Verfasser selbst gründlich untersucht wurden. Die römischen Wasserleitungen nach Köln werden wegen der außergewöhnlich reichen Fundsituation anschließend in einem eigenen Kapitel ausführlicher behandelt.

Aquädukte in den Provinzen rund um das Mittelmeer

Eigentlich muss man sich nicht wundern, dass die besterhaltenen Ingenieurbauwerke nicht in Italien zu finden sind, sondern in den entlegeneren Provinzen des Weltreiches. Eine Lage fernab vom Weltgeschehen war zwar nicht immer, aber doch sehr häufig der beste Schutz vor dem Zugriff nachfolgender Machthaber. Es verwundert deshalb nicht, wenn man in einer Stadt wie El Djem (Tunesien) das drittgrößte Amphitheater der Antike in guter Verfassung vorfinden kann. Aber auch Straßen- und Aquäduktbrücken sind weit entfernt von Rom oftmals gut erhalten und zeugen von einer glanzvollen Vergangenheit.

---

260 Die stadtrömischen Wasserleitungen sind im Rahmen der Publikation des Frontinustextes mit Übersetzung eingehend behandelt worden (Frontinus-Gesellschaft e. V. [Hrsg.]: Die Wasserversorgung im antiken Rom, Bd. 1: Sextus Iulius Frontinus, sein Werk in Lateinisch und Deutsch und begleitende Fachaufsätze, München 1982; vollst. neu bearb. Aufl., München 2013).

Auf dem letzten Abschnitt wurde der Aquädukt auf einer Bogenreihe geführt, um am Stadtrand genügend Höhe für die Verteilung des Wassers zur Verfügung zu haben; Vermessung 1981.

Bezüglich des erkennbaren technischen Aufwandes für die Wasserversorgung im Reich bildete Simitthus keine Ausnahme. Das Wasser musste von Quellen in den Medjerdabergen herangeholt werden, und das erforderte den Bau einer 16 Kilometer langen Wasserleitung. Die Aufgabe der Vermessungsaktion im Frühjahr 1981 bestand darin, die Trasse dieser römischen Wasserleitung im Gelände aufzuspüren und das dazu gehörige Quellgebiet zu lokalisieren. Ferner galt es, die Kunstbauten des Kanals aufzumessen und zu beschreiben. Diese Aufnahmearbeiten sollten die Grundlage für die Herstellung einer topographischen Übersichtskarte bilden.[266] Wichtigste Voraussetzung für die Vermessung eines solch ausgedehnten Denkmals ist eine gründliche Begehung durch erfahrene Beobachter. Bei der Aufspürung der Leitungsaufschlüsse waren die Auskünfte der Einheimischen natürlich besonders wertvoll – denn wer kennt ein Gelände besser als der Hirte, der tagtäglich seine Herde darauf hütet.

[266] Die Feldarbeiten wurden im Frühjahr 1981 von Ottmar Brudy und Klaus Grewe im Rahmen eines Forschungsprojektes des Deutschen Archäologischen Instituts, Abt. Rom, in Zusammenarbeit mit dem Rheinischen Landesmuseum Bonn (heute LVR-LandesMuseum Bonn) durchgeführt, die Zeichnung fertigte Norman Rudolph (Rheinisches Landesmuseum Bonn). Für die Einladungen zur Teilnahme am Projekt ist Friedrich Rakob (†) und Christoph B. Rüger herzlich zu danken; auf tunesischer Seite ist Mustapha Khanoussi vom INP, Institut Nationale du Patrimoine, ein Dank auszusprechen.

Linke Seite oben: Die rund acht Kilometer lange Wasserleitung nach Siga (Algerien) wurde durchgehend ohne Bauloseinteilung gebaut.

Rechts: Simitthus/Chemtou (Tunesien). Das Ergebnis der Vermessung von 1981 ist ein detaillierter Gesamtplan der Trasse zwischen den Quellen bei Ain el Hammam und Simitthus.

Linke Seite unten: Siga (Algerien). Der Detailplan des letzten Abschnitts der Aquädukttrasse zeigt die Spornlage der Stadt. Im linken unteren Viertel des Plans liegen Leitung und Bypassleitung parallel nebeneinander sowie das Wasserreservoir (*castellum*).

scher Zeit überhaupt zu verdanken. Die Römer übernahmen die Steinbrüche, und unter Kaiser Augustus wurde hier die Colonia Iulia Augusta Numidica Simitthu gegründet. Der Marmor aus Simitthus war sehr begehrt und erzielte Höchstpreise. Da er in einer *fabrica* schon vor Ort kleinteilig weiterverarbeitet wurde, nutzte man für das Sägen, Schleifen und Polieren die Wasserkraft, was durch die Fernwasserleitung erst möglich gemacht wurde.[265]

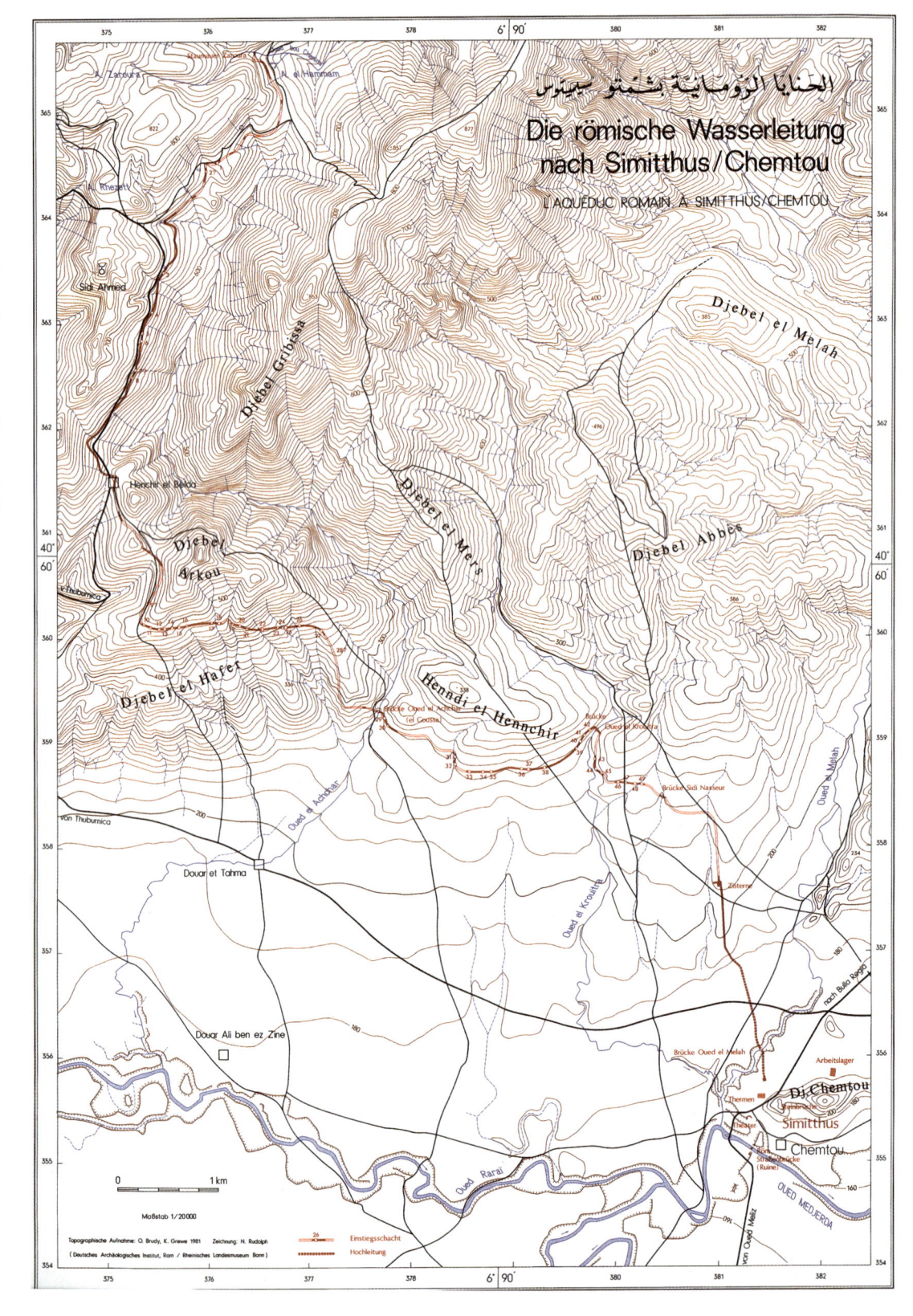

265 Rakob 1993/94.

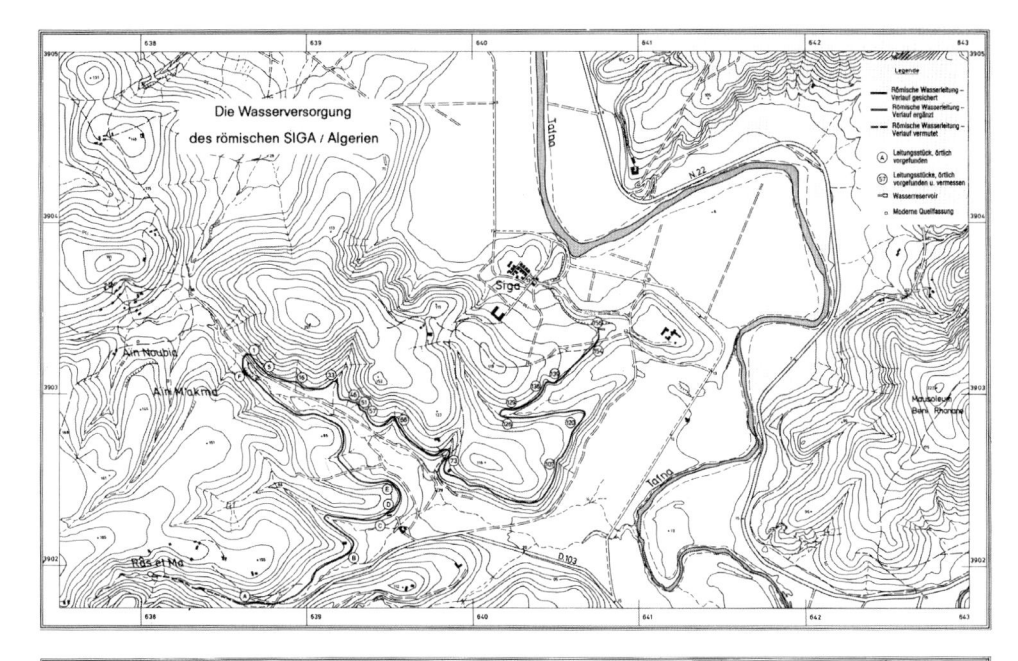

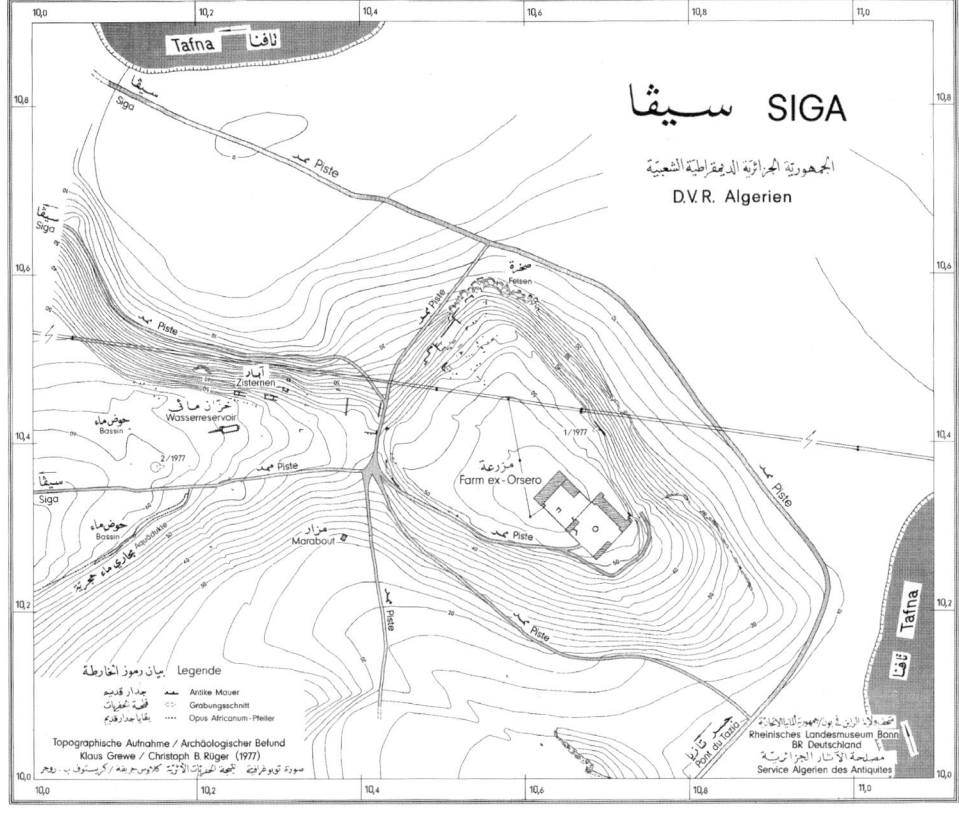

und Trassierung neue Forschungsergebnisse bieten können. Der Aquädukt von Saldae (Algerien) mit seinem von Nonius Datus gebauten Tunnel dient dafür als gutes Beispiel (→ Kap. 8).

Die zwei Aquädukte von Siga und Simitthus sind vom Verfasser vor vielen Jahren eingehend untersucht worden. Besonders die Forschungen in Siga waren sehr ertragreich, denn sie ermöglichten einen wichtigen Einstieg in die Problemstellung römischer Planung und Trassierung (→ Kap. 2). Ein Ergebnis der 1977 durchgeführten topographischen Arbeiten in Siga war ein Lageplan, der sehr schön zeigte, dass auch kleine Wasserleitungen an die Landschaft vor Ort angepasst werden mussten.²⁶³ Besonderheiten wie ein Bypass, Absetzbecken oder ein gut erhaltenes *castellum aquae* sind in diesem Buch bereits ausführlich beschrieben worden (→ Kap. 10 und 11).

Das Beispiel Simitthus zeigt zweierlei: Man nutzte für die Turbinenmühlen das Flusswasser der Medjerda – und zwar ganz einfach, indem man die Mühlen mit ihren Fallschächten für den Mühlenantrieb im Flussbett unter der Medjerdabrücke anlegte (→ Kap. 12) –, für die Wasserversorgung der Stadt holte man das Wasser aber aus weit entfernt liegenden Quellen heran.²⁶⁴

Wirtschaftliche Grundlage der Stadt waren die Steinbrüche, in denen Marmor gebrochen wurde. Dem Vorkommen dieses *marmor numidicum*, einem in der Antike hochgeschätzten Schmuckstein, hatte Simitthus seine Gründung schon in numidi-

---

263 Grewe 1979; Grewe 1985, 24–31.
264 Grewe 1982.

Simitthus/Chemtou (Tunesien). Vermessung der Aquädukttrasse im Jahre 1981.

Nordafrika

Es sind nicht nur die großen Aquädukte, die durch ihre gewaltigen Brückenbauten oder allein schon durch ihre Trassenlänge unsere Bewunderung hervorrufen können. Davon gibt es auch in Nordafrika Beispiele, so in Caesarea in Mauretania/Cherchel (Algerien)[261] oder Karthago,[262] wobei Cherchel wegen seiner pittoresken Brücke zu beeindrucken vermag, während Karthago mit der zweitlängsten Wasserleitung im Imperium Romanum aufwarten kann. Auch die kleinen Aquädukte können das Interesse der Forschung erwecken, besonders dann, wenn sie bezüglich der Planung

---

261 Bèrard 1934; Leveau/Paillet 1976; Leveau/Paillet 1977; Leveau 1988b.
262 Rakob 1974; Wilson 1998.

Aus den durch die Prospektion lokalisierten Fundstellen und den anhand des Höhenlinienverlaufes ergänzten Trassenabschnitten ergab sich schließlich ein beeindruckender Gesamtplan. Die Leitung beginnt bei der Ortschaft Ain el Hammam nördlich des Djebel Gribissa in einer Höhenlage von 700 Meter. Sie nutzt in dieser paradiesischen Gartenlandschaft das Wasser der Quellen Ain Zaroura, das in natürlichem Lauf durch das Oued bou Chenina nach Norden abgeführt wird. In römischer Zeit staute eine kleine Talsperre das Wasser auf und zwängte es in einen künstlichen Wasserlauf nach Süden in Richtung Simitthus. Der Höhenunterschied von ca. 500 Meter zwischen Quellgebiet und Stadt ließ keine Probleme mit der Trassenführung aufkommen, lediglich die quer zur Trasse liegenden Seitentäler mussten mit Kunstbauten übersprungen werden: Reste von teilweise noch gut erhaltenen Brücken fanden sich an den Bachläufen Oued el Achchar (el Goussa), Oued el Krouitra und Sidi Nasseur. Das gut erhaltene *castellum aquae* – vor Ort als Zisterne bezeichnet – dient heute als schattenspendender Unterstand für das Vieh. Das letzte Stück seiner Trasse verläuft die Leitung auf Bögen – einschließlich einer Brücke über das Oued el Melah – bis zu einem Wasserturm, von dem aus das Wasser auf Leitungen zur *fabrica* und zum Stadtgebiet aufgeteilt wurde.

Südosteuropa

Unter den Städten Griechenlands nimmt Nikopolis eine Sonderstellung ein, da es sich um eine rein römische Stadtgründung handelt: Kaiser Augustus hatte zum Gedenken an den Sieg in der Seeschlacht beim nahen Actium die Gründung dieser »Siegesstadt« befohlen. Hier hatten er und sein Feldherr Agrippa 31 v. Chr. die Flotte von Antonius und Kleopatra besiegt und damit eine wesentliche Voraussetzung für die Alleinherrschaft im römischen Weltreich geschaffen. Die zwei Quadratkilometer große Stadt wurde prächtig ausgestattet und erhielt schon in der augusteischen Phase eine Stadtmauer, die in der Frühzeit aber wohl mehr repräsentativen denn verteidigenden Charakter hatte.

Die Westseite der Stadtmauer diente zugleich als Unterbau für das Endstück der Wasserleitung aus dem Lourostal bei H. Georgios. Diese außergewöhnliche Bauwerksnutzung hatte den Vorteil, dass das Wasser das Stadtgebiet in einer Höhe erreichte, die für die Weiterverteilung günstig war. So finden wir nicht nur die Reste zweier 100 Kubikmeter fassender Vorratsbecken rechts und links des westlichen Stadttores, die der direkten Wasserentnahme dienten, sondern darüber hinaus auch Zweigleitungen, die die Thermen versorgten.[267]

Die Quellen dieser Leitung liegen 30 Kilometer NNO von Nikopolis bei H. Georgios nahe dem östlichen Flussufer des Louros und werden noch heute genutzt. Auf dem Weg zur Stadt musste das Was-

Nikopolis (Griechenland). Aquäduktrinne.

267 Soustal 1981a; Tölle-Kastenbein 1988.

Nikopolis (Griechenland). Zerklüftete Landschaft über dem Aquädukttunnel; in der Bildmitte ein ausgemauerter Schacht des Tunnels.

ser alsbald über den Louros geführt werden. Heute sind hier zwei unweit voneinander gelegene Aquäduktbrücken zu sehen, die aus zwei verschiedenen Perioden stammen müssen. Dabei ist davon auszugehen, dass die flussabwärts gebaute Brücke aus der augusteischen Bauphase stammt, während die zweite – südlich davon – diesen Bau in einer späteren Epoche ersetzt hat. Es kann vermutet werden, dass dieser Neubau unter Iulian Apostata (Kaiser von 361 bis 363 n. Chr.) entstand.[268]

268 Soustal 1981b.

Etwa zwei Kilometer unterhalb von H. Georgios – bei Filipias – musste die Wasserleitung einen Bergrücken durchfahren. Die Hügellandschaft des Kokkinopoulo oberhalb des Tunnels ist von einer bizarren Schönheit, denn die in der Sonne rot leuchtende Erde mutet fremdartig an. Durchstreift man das Gelände, so trifft man auf mehrere kaminartige Öffnungen, die nur als Bauschächte des antiken Tunnels gedeutet werden können. Das Tunnelinnere ist nicht zu betreten, da das Bauwerk schon 30 Meter vom nördlichen Mundloch entfernt eingestürzt ist.[269]

Die lichte Weite der Durchörterung liegt bei durchschnittlich 1,2 Meter. Deutlich erkennbar ist auch, dass vor dem endgültigen Bau ein Probetunnel aufgefahren wurde. Die lichte Höhe des Tunnels schwankt beträchtlich, wobei der obere Teil des Gesamtprofils mit einer Höhe von 1,7 Meter durchgängig als Vorabvortrieb zu erkennen ist. Von den Mundlöchern und von den Bauschächten aus wurden also Suchstollen von 1,1 Meter Breite und 1,7 Meter Höhe aufgefahren, deren Sohle man später auf das für den Einbau der Wasserleitung notwendige Niveau herablegte, wobei dann lichte Höhen von insgesamt bis zu 4,2 Meter erreicht wurden.

Da im Trassenverlauf des Nikopolis-Aquäduktes ein Brückenbauwerk des 4. Jahrhunderts n. Chr. zu finden ist, kann zumindest für diese Zeit eine Funktionstüchtigkeit des Kokkinopoulo-Tunnels angenommen werden. Nach der Wiederherstellung der Stadt durch Kaiser Iulian tritt diese durch Nachrichten zu ihrer Plünderung durch die Ostgoten (551 n. Chr.) in das Licht der Geschichte, auch ist sie beim Konzil von 787 vertreten – bezüglich der Wasserversorgung liegen aus Spätantike und Frühmittelalter allerdings keine Nachrichten mehr vor.

Von den römischen Wasserleitungen Südosteuropas sei noch der durchaus respektable Diokletians-Aquädukt nach Spalatum/Split (Kroatien) erwähnt.[270] Der steinerne neun Kilometer lange Kanal wurde zur Versorgung des Diokletians-Palastes, der heute den Stadtkern von Split darstellt, Ende des 3. Jahrhunderts n. Chr. unter Kaiser Diokletian (Kaiser von 284 bis 305 n. Chr.) gebaut. Der Höhenunterschied zwischen Flussentnahme und Palast beträgt 33 Meter. Im Verlauf seiner Trasse wurden fünf Tunnel mit Längen zwischen 60 und 1 268 Meter gebaut; Letzterer wurde von 23 Bauschächten aus konstruiert, von denen der aufwendigste eine Teufe von 19 Meter aufweist. Das größte Brückenbauwerk in seinem Trassenverlauf liegt bei der heutigen Ortschaft Solin, es ist 180 Meter lang und 16,5 Meter hoch.[271]

Wie der Nikopolis-Aquädukt wurde auch der Diokletians-Aquädukt von Split vermutlich bei den Einfällen der Ostgoten in der Mitte des 6. Jahrhunderts zerstört.

Neben dem Diokletians-Aquädukt fallen unter den Aquädukten Kroatiens zwei weitere wegen besonderer technischer Raffinessen auf: Der Aquädukt Biba-Iader/Zadar führt über eine Strecke von 40 Kilometer aus einer Höhle nach Zadar. Dabei war das 35 Meter tief eingeschnittene Vranatal mittels einer Druckleitung zu durchqueren.[272] Der 105 n. Chr. gebaute Aquädukt Kolan-Cissa/Caska auf der Insel Pag hatte eine Trassenlänge von acht Kilometer.[273] Wegen des guten Forschungsstandes sei noch der nahe der Inselhauptstadt Novalja gelegene Aquädukttunnel Talijanova Buža (»Italienerloch«) erwähnt: Auf ungefähr 1 160 Meter Länge sind acht Bauschächte nachgewiesen, von denen der tiefste eine Teufe von mehr als 44 Meter hat.[274]

---

269 Grewe 1998, 142–144.
270 Der südliche Teil Kroatiens wird allgemein Südosteuropa (oder der Balkanhalbinsel) zugerechnet; während der Ständige Ausschuss für geographische Namen 2005 die Zuordnung Kroatiens zu Mitteleuropa empfahl.
271 Belamarić 1999; Božić 2005, 27.
272 Božić 2005, 27.
273 Ilakovac 2008.
274 Božić 2001; Božić 2002; Božić 2003.

Vorderasien

Fast alle antiken Ruinenstädte in den Ländern Vorderasiens können auch Reste von antiken Wasserversorgungsanlagen vorweisen, wobei oftmals ein überwältigend hoher technischer Aufwand zu erkennen ist. Besonders beeindruckend ist in vielen Fällen der gute Erhaltungszustand.

Auffallend für den Besucher sind zum Beispiel die Reste des Aquäduktes von Caesarea Maritima in Israel, wo die Bogenreihe des Aquäduktes in seiner Endstrecke vor der antiken Stadt in den Sanddünen in Küstennähe verläuft.

Die Stadtgründung Caesareas unter Herodes hatte als Hauptgrund die Anlage eines Mittelmeerhafens. Mit der Stadtgründung im Jahre 22 v. Chr. oder kurze Zeit danach wurde ein 8,5 Kilometer langer Aquädukt gebaut, der das Wasser von Quellen im Südosthang des Karmelgebirges in die Stadt leitete.[275] Dieser Aquädukt, der über weiteste Strecken seines Verlaufes oberirdisch geführt wurde, musste kurz vor Erreichen der Küstenlinie eine kleine Hügelkette durchqueren. Zu diesem Zweck baute man einen Tunnel. Der 420 Meter lange Tunnel wurde in Qanatbauweise aufgefahren, und es sind 15 Bauschächte mit unterschiedlichen Teufen zwischen elf und 36 Meter angetroffen worden.

Bauinschriften am oberirdischen Aquädukt belegen, dass es unter Kaiser Hadrian zwischen 132 und 135 n. Chr. zu einer erheblichen Erweiterung des Aquäduktes gekommen ist. Nun wurde die Wassergewinnungszone weiter in die Berge hineinverlegt. Hierzu waren erhebliche unterirdische Arbeiten erforderlich, denn das Wasser wurde in Form einer Sickergalerie gewonnen. Einstiege in dieses Tunnelsystem hat man heute noch von mehreren Schrägschächten aus, die als treppenartige Zugänge angelegt worden sind.[276]

Der Wasserversorgung von Jerusalem dienten neben dem zu König Hiskias Zeiten zwischen 705 und 701 v. Chr. gebauten Tunnel, der das Wasser der Gihonquelle in die Stadt leitete (→ Kap. 8), zahlreiche künstlich angelegte Teiche und Zisternen. In der Periode der Hasmonäer (166 bis 37 v. Chr.) begann man damit, Wasser aus entfernteren Quellen in die Stadt zu führen: Man baute die sog. »Untere Leitung« von vier Quellen in den Wadis Hoh und Artas elf Kilometer Luftlinie von Jerusalem entfernt.[277]

Unter Herodes d. Gr. (34 bis 4 v. Chr.) wurde das Versorgungssystem ausgebaut. Damit wurde es zugleich möglich, das neu errichtete Herodium zu versorgen. Als Zwischenspeicher dienten zwei große künstliche Becken, die so genannten »Salomonischen Teiche«. Der Wassergewinnung dienten Quellen im Wadi Biyar. Hier erschloss man die größte Höhle Israels. Von deren großer Halle aus baute man einen 84 Meter langen Stollen zur eigentlichen Quelle. Das war aber nur ein Teil der Wassergewinnung, denn der an die Höhle anschließende Tunnel diente nicht nur der Leitung des gewonnenen Quellwassers, sondern darüber hinaus auch selbst der Wassergewinnung. Das Besondere dieser 2,8 Kilometer langen Tunneltrasse ist ihre Lage mitten im Wadi und nicht etwa seitlich davon, wie wir es von anderen Orten gewohnt sind. Anderenorts wollte man das Einsickern von Oberflächenwasser durch eine seitliche Verlagerung des Tunnels verhindern – hier im Wadi Biyar nutzte man die Lage in der Talachse als Wassergewinnungszone. Um das Wasseraufkommen zu steigern, tat man ein Übriges: Quer zur Talachse baute man in gewissen Abständen Terrassenmauern, die ein natürliches Ablaufen des Regenwassers verhinderten und es stattdessen abschnittsweise aufstauten. Auf diese Weise steigerte man die Wassermenge, die zum Tunnel durchsickern konnte, ganz erheblich: Der Tunnel wurde zu einer langen Sickergalerie.

---

275 Peleg 2001a; Peleg 2001b; Peleg 2002.
276 Grewe 1998, 147–149.
277 Mazar 2001.

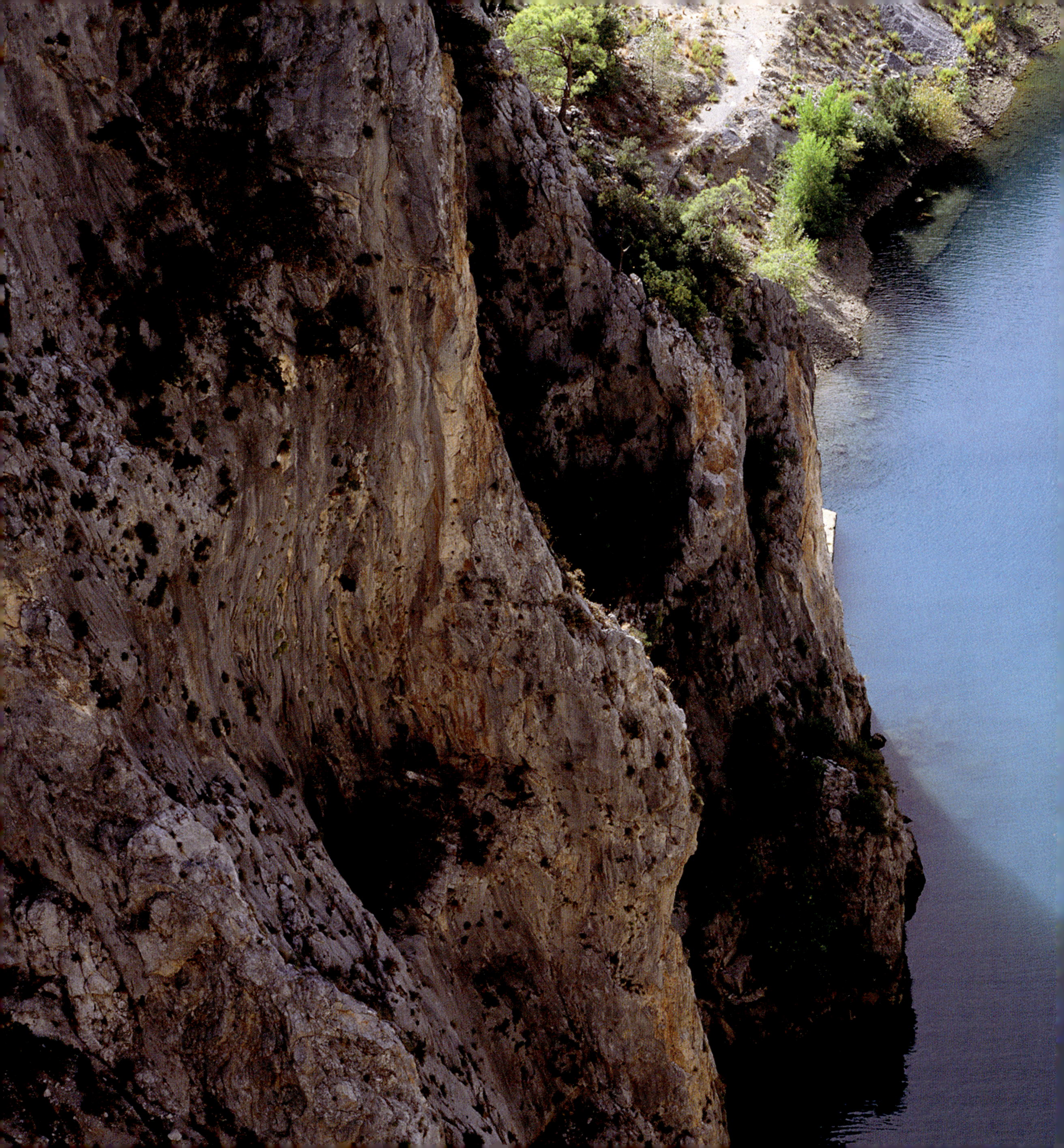

Vorherige Doppelseite: Blick von der Oymapınar-Staumauer bei Manavgat (Side, Türkei). Rechts in der Felswand die römische Wasserleitung nach Side – hier als Galerie aus dem Fels gehauen.

Links: Die Felsgalerie war in römischer Zeit ohne einen weiteren Ausbau die Rinne für die Wasserleitung nach Side (Türkei).

Rechte Doppelseite (S. 205/206):

Oben links: Die Felsgalerie bei Manavgat (Side, Türkei) im Detail.

Oben Mitte: Side (Türkei). Akçay-Brücke.

Oben rechts: Side (Türkei). Nymphäum.

Unten links: Aquäduktbrücke in Kemerhisar (Niğde, Türkei).

Unten rechts: Aquäduktbrücke vor Antiochia (Yalvaç, Türkei).

Doppelseite (S. 207/208): Aquädukt von Caesarea Maritima (Israel).

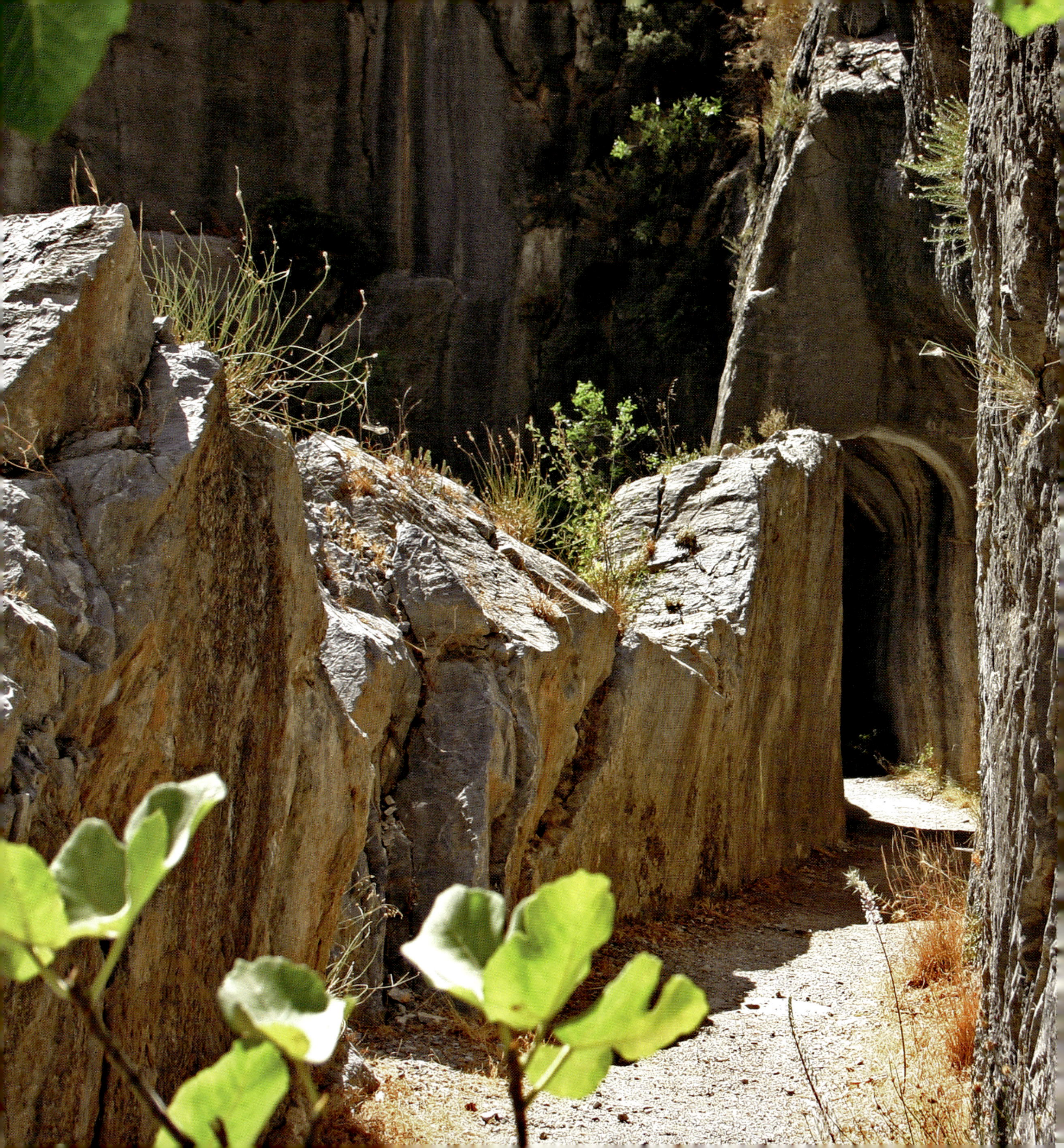

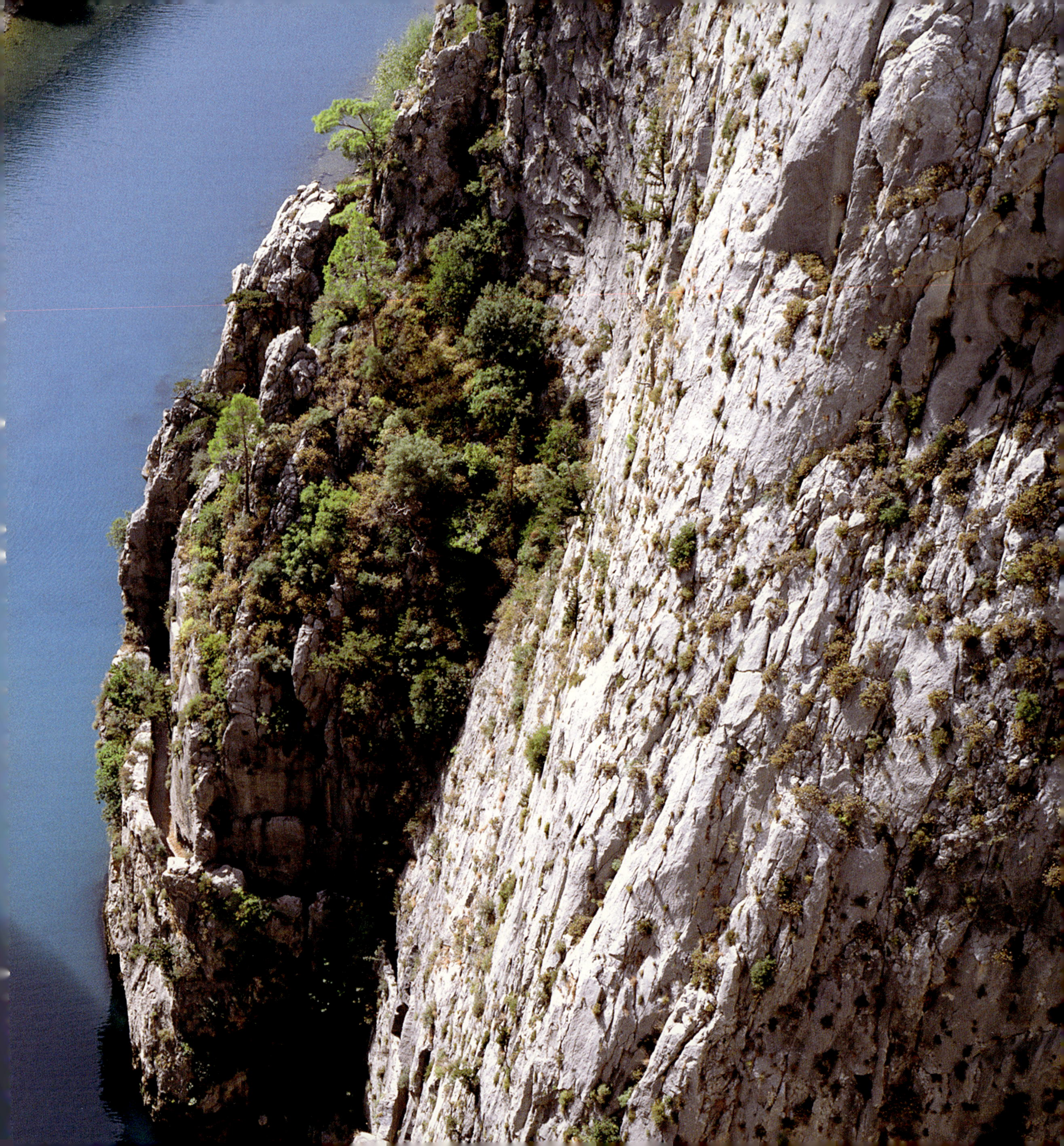

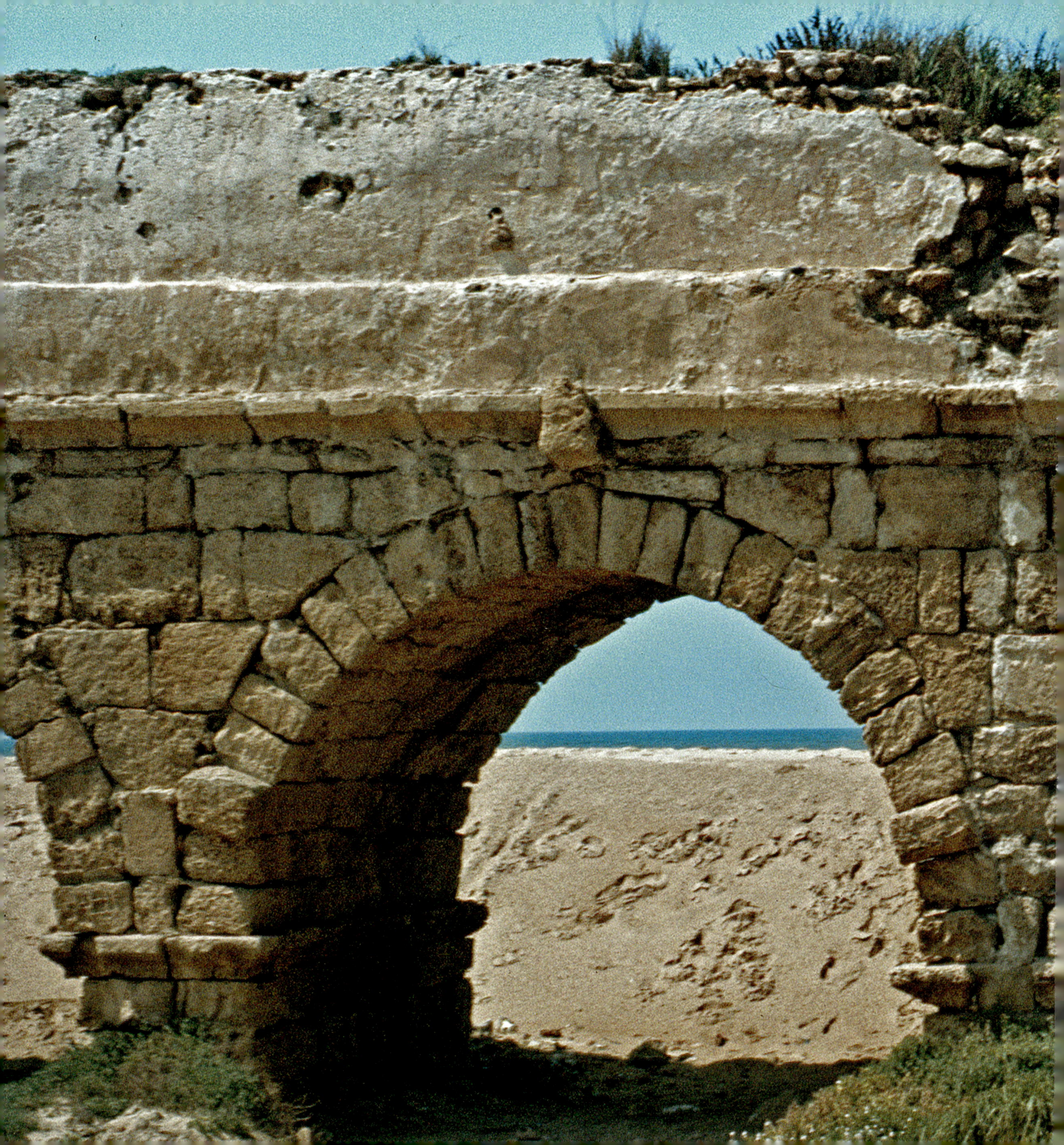

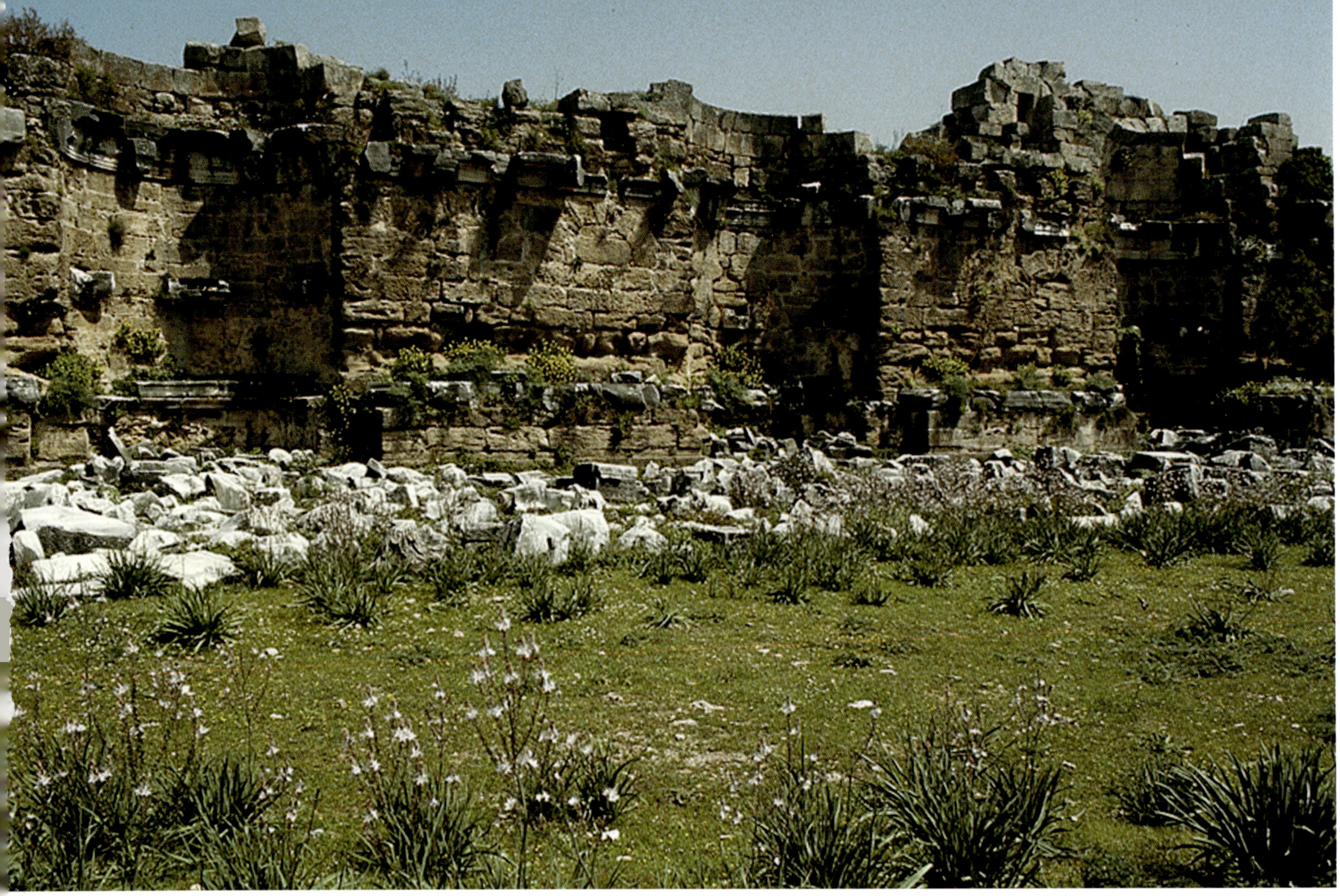

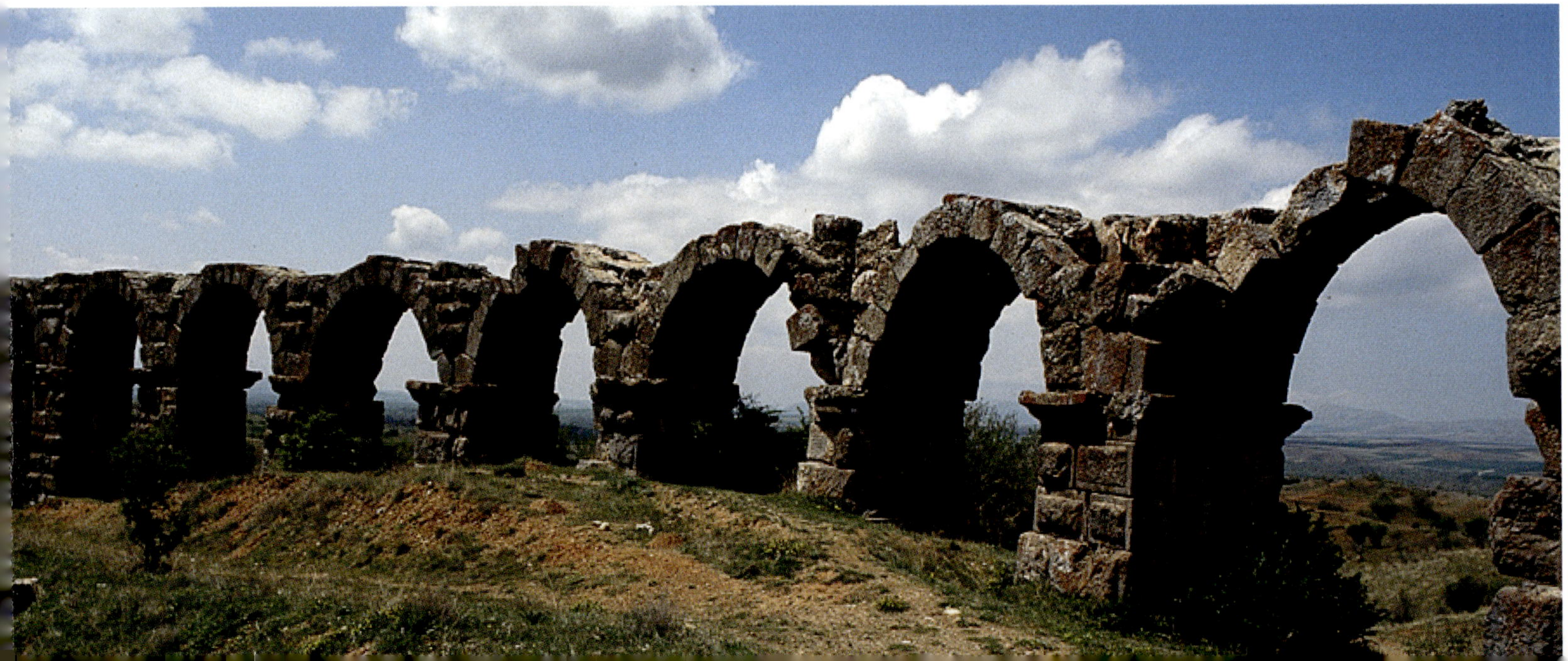

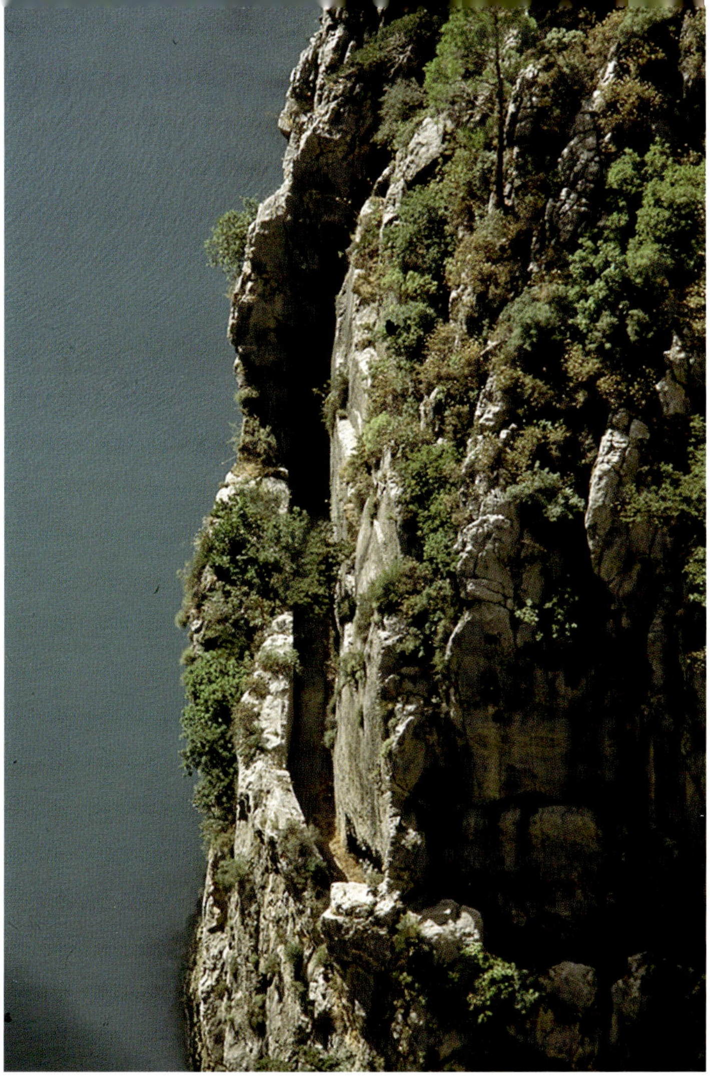

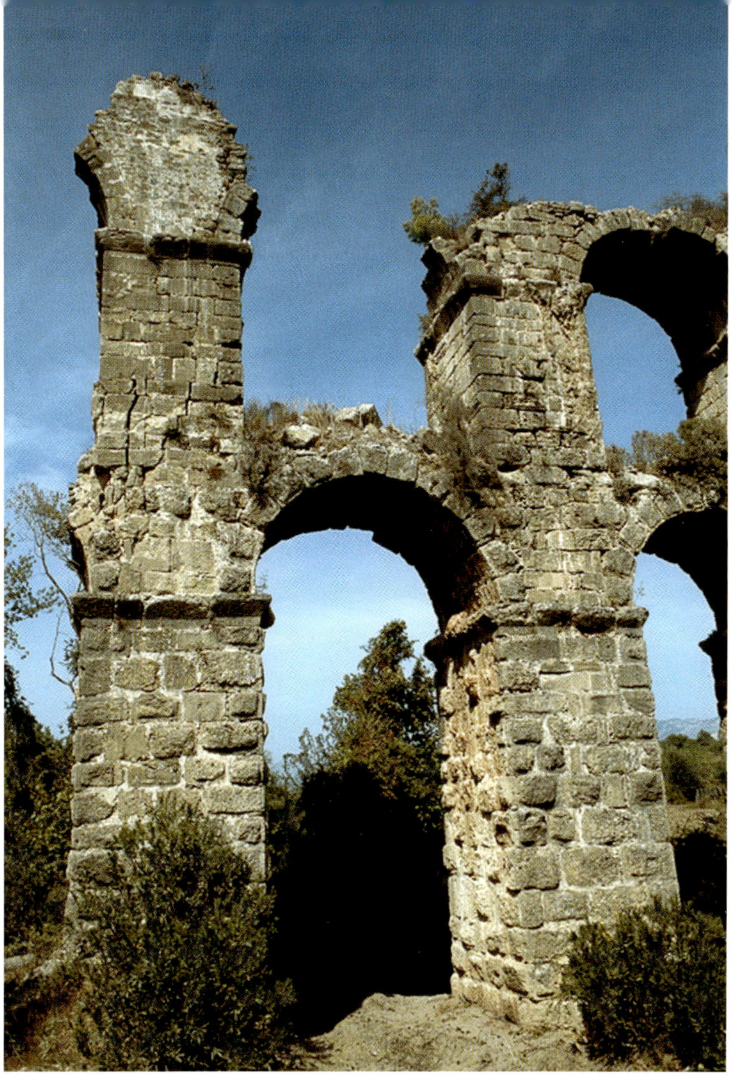

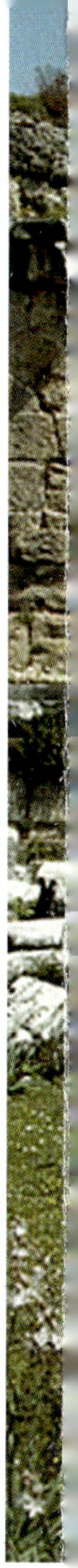

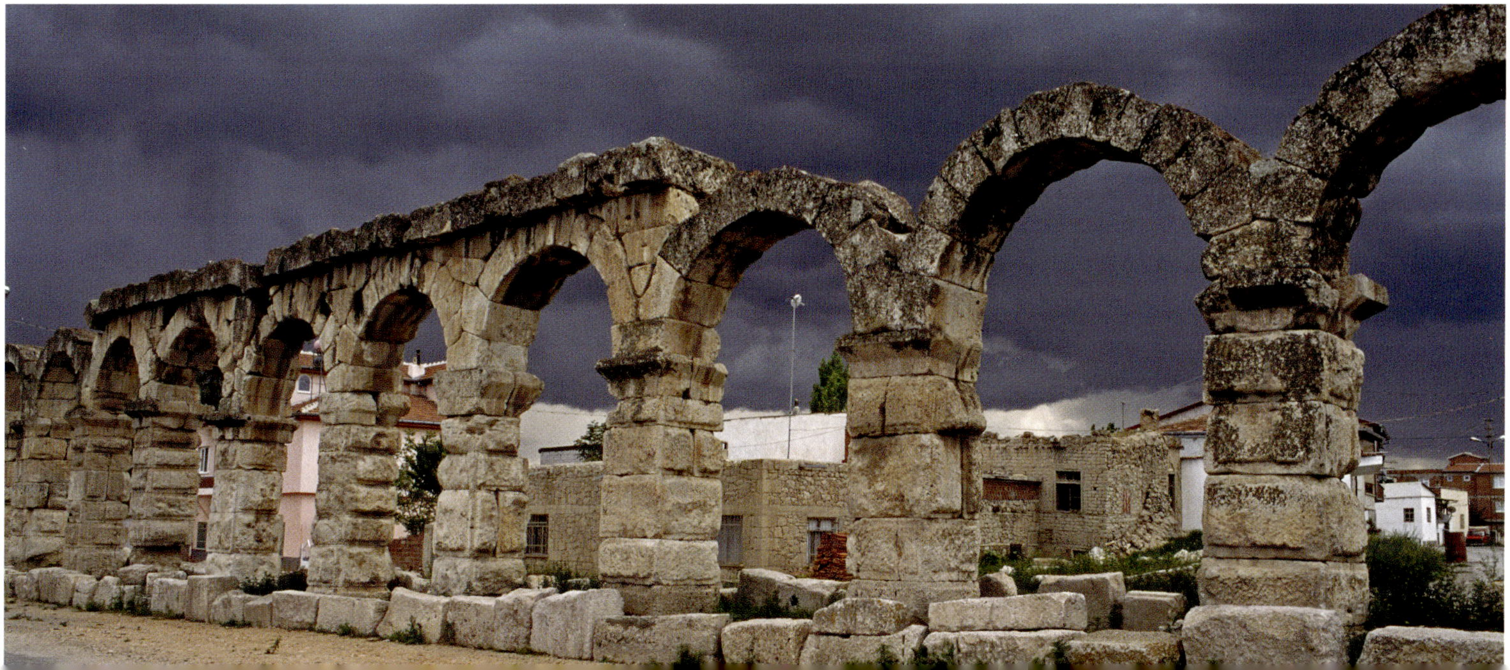

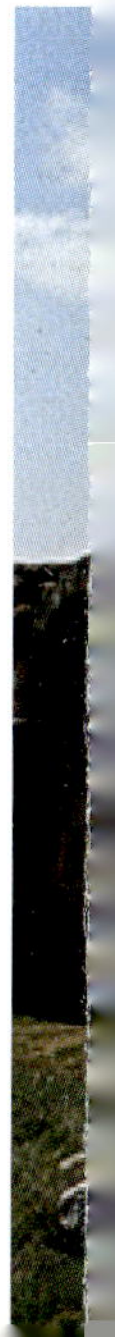

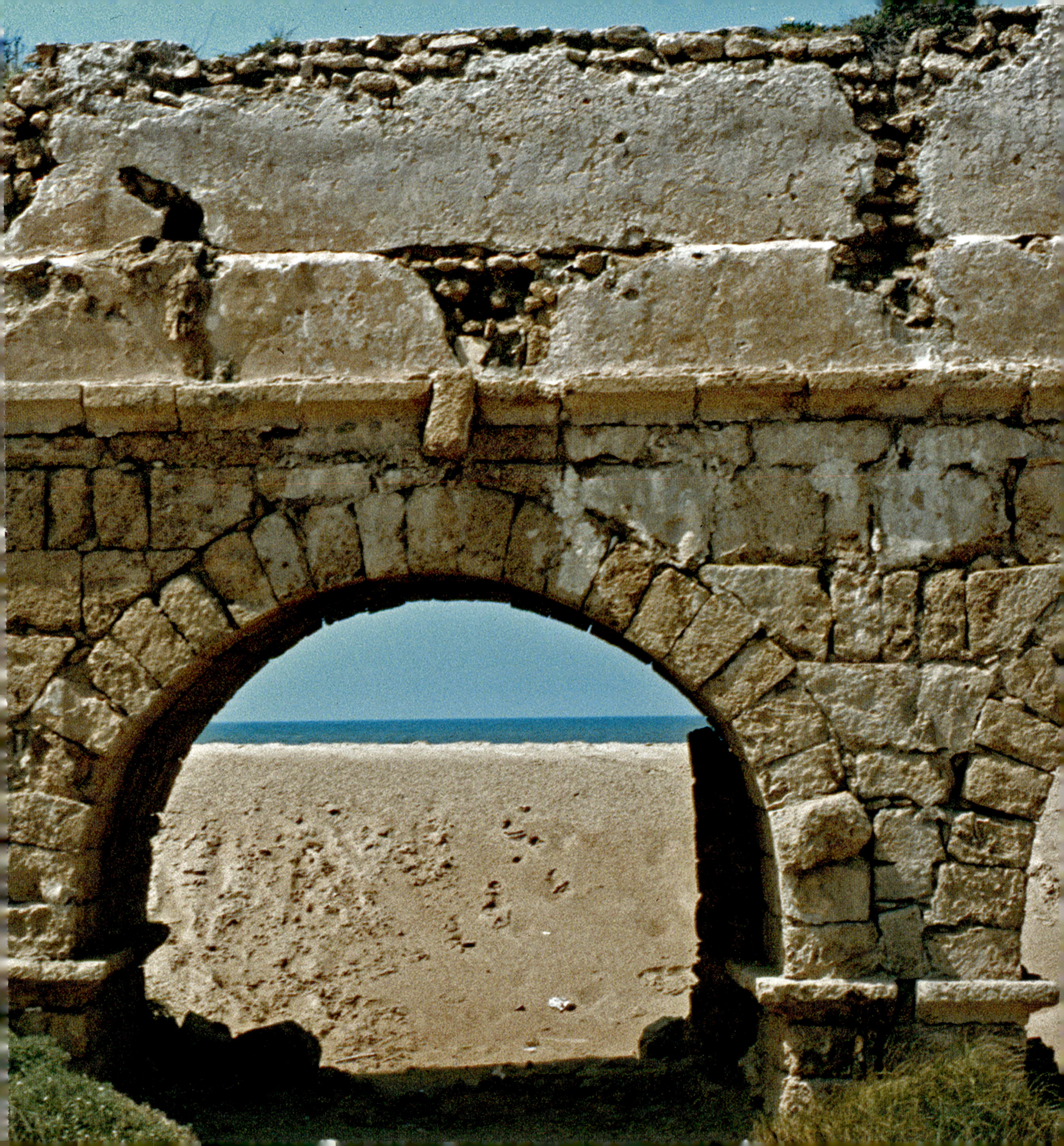

Großartige unterirdische Wasserversorgungsanlagen sind besonders aus der israelitischen Königszeit bekannt,[278] die Römer haben diese Technik dann weitergeführt. Aber auch die Nachbarländer Israels haben auf diesem Gebiet erstaunliche Leistungen vorzuweisen: Erwähnt seien nur die unterirdischen Anlagen von Gadara/Umm Qais (Jordanien)[279] und der Aquädukttunnel von Berytus/Beirut (Libanon).[280]

Türkei

Die Türkei ist hinsichtlich ihrer antiken Ruinenstätten eine wahre Fundgrube – man könnte von einem riesigen technikgeschichtlichen Freilichtmuseum sprechen. Auch Wasserbauten sind an vielen Orten in gut erhaltenen Bauresten zu besichtigen. Die Ferienregion um Antalya macht da keine Ausnahme, und in kurzen Ausflügen lassen sich von der Küste aus die Ruinen von Aspendos mit seiner außergewöhnlichen Druckleitung (→ Kap. 9), Perge und Side besichtigen. Besonders die Wasserleitung von Side ist eine Exkursion wert, wobei das vor der Stadt gelegene Nymphäum zu beeindrucken vermag, und entlang der Fahrstraße zum Oymapınar-Stausee gibt es mehrere Brücken und Tunnel zu sehen.[281]

Über eine knapp 30 Kilometer lange Leitung nutzte man ab der 2. Hälfte des 2. Jahrhunderts n. Chr. für die Wasserversorgung der Stadt die Dumanlıquelle, die mit einer Schüttmenge von 50 Kubikmeter pro Sekunde die stärkste Karstquelle der Welt war. Heute ist die Quelle vom Wasser des Oymapınar-Stausees überdeckt. Von den zahlreichen Brücken sind aber eindrucksvolle Reste erhalten; auch von den Felsgalerie- und Tunnelstrecken gibt es gut erhaltene Abschnitte.

Unterhalb der Dumanlıquelle begann die Wasserleitung. An diese Quelle schlossen die römischen Ingenieure die Fernwasserleitung Sides an, um fortan eine stetige und reichhaltige Versorgung der Stadt mit Trinkwasser bester Güte zu gewährleisten. Sie verbanden dafür die Stadt mit einem in knapp 25 Kilometer Luftlinie entfernt liegenden Wasserdargebot. Die verbindende Leitung wurde als Freispiegelleitung konzipiert, d. h. man nutzte für den Transport das natürliche Gefälle.

Im Falle der Leitung nach Side verlängerte sich die ausgebaute Strecke durch die Anpassung an das Gelände auf knapp 30 Kilometer, was nicht sehr viel war. Dies begründet sich darin, dass man von der gesamten Trassenlänge rund 13 Kilometer als Tunnelstrecken ausbaute, was in bewegtem Gelände dazu beitrug, eine gestreckte Linienführung zu erreichen. Diese war in Side auch dringend erforderlich, denn zwischen der Quelle und der Stadt stand ein Höhenunterschied von nur 36 Meter zur Verfügung. Die ausgebaute Trasse weist ein durchschnittliches Gefälle von 1,2 Promille auf, womit wir im unteren Bereich der von römischen Ingenieuren ausgebauten Leitungsgefälle liegen.

Wie an vielen anderen Orten auch, gibt es bezüglich des Baudatums der Wasserleitung keinerlei schriftliche Quellen. Da der Ausbau einer großen Fernwasserleitung aber mit dem der Stadt einhergegangen sein muss, lässt er sich im Vergleich mit den anderen Baudaten in die 2. Hälfte des 2. Jahrhunderts n. Chr. datieren. Gründlich

---

278 Grewe 1998, 41–54.
279 Grewe 1998, 149–154.
280 Grewe 1998, 154.
281 Grewe 1994; Grewe 2010, 36–46.

restauriert wurde der Aquädukt im 1. Viertel des 3. Jahrhunderts n. Chr. Mit dem Bericht über diese Wohltat des Lollianos Bryonianos und seiner Frau Quirinia Patra liegt der erste schriftliche Nachweis der Sideter Wasserleitung vor.

Der Bau von mehr als 20 Aquäduktbrücken (22 Brücken und die Hochleitung vor der Stadt sind nachweisbar) war notwendig, um das Wasser der Dumanlı-Quelle in einer Höhe nach Side zu führen, die eine Weiterverteilung innerhalb der Stadt ermöglichte. Die Höhen dieser Brücken über dem Grund waren abhängig von dem in der Stadt Side zu erreichenden Fixpunkt.

Da nahezu jede antike Stadt mit Wasser von außerhalb versorgt wurde, gibt es auch in den meisten Ruinenstätten der Türkei Reste der Wasserversorgung zu finden. Die Forschung ist in dieser Hinsicht an vielen Orten zwar im Rückstand, neuere Untersuchungen beispielsweise in Sagalassos[282] und in Ephesus[283] geben aber Anlass zu der Hoffnung, dass unser Kenntnisstand von der Wasserversorgung an diesen Orten sich bald wesentlich erweitern wird.

Südeuropa

Rom und Umland sind in einer Liste antiker Technikbauten Südeuropas natürlich besonders stark vertreten. Die Tiberbrücken Roms,[284] die Wasserleitungen der Stadt[285] und die großartigen Tunnelbauten zur Entwässerung der Kraterseen im Umland[286] zeigen eine riesige Palette technischen Könnens der antiken Ingenieure.

Über Italien verstreut werden wir bei der Suche nach spannenden Aquädukten an vielen Orten fündig: Als ein beeindruckendes Beispiel soll Pont d'Aël genannt werden, eine doppelstöckige Mehrzweckbrücke bei Augusta Praetoria/Aosta, die in einer Höhe von bis zu 66 Meter eine zwölf Meter breite Schmalstelle des Canyon des Grand Eyvia überquert.[287] Die 2,3 Meter breite Brücke mit einer Spannweite von 14,2 Meter ist hervorzuheben, weil unter dem Stockwerk mit der Aquäduktrinne im Brückenbauwerk ein weiteres Stockwerk mit einem Talübergang für Mensch und Tier untergebracht wurde. Laut einer Inschrift wurde sie im Jahre 3 v. Chr. von einem gewissen Gaius Avillius Caimus aus Padua, der in der Nähe ein Bergwerk gepachtet hatte, aus privaten Mitteln gebaut.

Am unteren Teil des Stiefels sticht der Aquädukt heraus, der von den Quellen bei Serino am Vesuv den Golf von Neapel umrundet und in seinem Endpunkt die Flottenbasis am Kap Misenum versorgte. Von dieser Leitung wurde über einen Abzweig auch Pompeji mit Wasser gespeist (→ Kap. 11).[288]

Diese Liste ließe sich auch für Italien fortsetzen, es sollen aber stattdessen noch einige sehr gut untersuchte Aquädukte in Südfrankreich und Spanien vorgestellt werden.

---

282 Waelkens u. a. 2011.
283 Wiplinger 2006a; Wiplinger 2006b; Wiplinger 2006c; Wiplinger 2006d, 17–100; Wiplinger/Wlach 1996.
284 Grewe 2010, 95–97.
285 Siehe Anm. 260.
286 Grewe 1998, 78–107.
287 Döring 2000.
288 Ohlig 2001a; Ohlig 2001b; zum Roman *Pompeji* von Robert Harris siehe Anm. 201.

Aquäduktbrücke vor den Toren Roms. Da die Stadt auf Hügeln angesiedelt war, musste das Umland auf Brücken durchquert werden.

Frankreich

Die berühmteste Aquäduktbrücke im ganzen Imperium Romanum ist sicherlich der Pont du Gard, der im Verlauf der Trasse zwischen Uzès und Nîmes den Fluss Gardon überquert (→ Kap. 7). Der Pont du Gard und die Wasserleitung nach Nîmes mit ihrem pittoresken Quellgebiet an der Eure unterhalb von Uzès, den vielen kleineren Brücken in ihrem Verlauf, den zwei Tunneln bei Sernhac (→ Kap. 8) und den Kleinbauwerken einschließlich dem gut erhaltenen Verteilerbecken in Nîmes (→ Kap. 11) sind gut erforscht und die Ergebnisse dazu von den französischen Kollegen in aufwendiger Weise publiziert worden.[289]

Ein weiterer Aquädukt, der nunmehr zu den gut erforschten zählen kann, befindet sich in Vorgium/Carhaix (Finistère). Die jahrzehntelangen Arbeiten an diesem Bauwerk fanden durch die 2013 dazu vorgelegte, geradezu spannende Publikation einen vorläufigen Abschluss.[290]

Greifen wir aus den vier großen Aquädukten von Lugdunum/Lyon die Gierleitung heraus, so haben wir nicht nur die längste der Lyoner Leitungen ausgewählt, sondern auch die technisch ausgereifteste.[291] Die Leitungstrasse ist (mitsamt einer zehn Kilometer langen Umwegschleife) 95 Kilometer lang und verfügt über 25 größere Brückenbauwerke, acht Tunnel und vier Druckleitungsstrecken. Die Leitung bezog ihr Wasser aus dem Dargebot der Quellen des in der Luftlinie mehr als 40 Kilometer entfernten Mont Pilat. Im Nordwesten des »Pilatusberges«

---

289 Fabre/Fiches/Paillet 1991; Fabre/Fiches/Leveau/Paillet 1992a; Fabre/Fiches/Leveau/Paillet 1992b.
290 Leprêtre/Provost 2005; Provost/Leprêtre/Philippe 2013.
291 Burdy 1979 bis 2008.

Lyon (Frankreich). Bei Chaponost wurde die Gierleitung auf Pfeilern geführt, um in der erforderlichen Höhe in die Druckleitung durch das Yzerontal überleiten zu können.

entspringt der Gier, dessen Wasser durch einen aufwendigen Aquädukt mit zahlreichen Kunstbauten nach Lugdunum geführt wurde. Dort erreichte die Gierleitung von allen vier Aquädukten die am höchsten gelegenen Stadtbezirke, und das allein ist schon ein Indiz dafür, dass diese Leitung in der Reihenfolge der Erbauung der Aquädukte am Schluss liegt.

Der unterirdisch geführte Aquädukt aus dem Tal des Gier nach Lyon entspricht vom Leitungsquerschnitt her dem üblichen römischen Standard. Mit einem täglichen Leistungsvermögen von rund 25 000 Kubikmeter gehört die Gierleitung zu den großen Aquädukten römischer Städte. Mit den übrigen Lyoner Aquädukten zusammen wurde die Stadt täglich mit insgesamt rund 75 000 Kubikmeter Trinkwasser beliefert.

Eine Besonderheit im unterirdischen Verlauf der Gierleitung bilden die vielen Einstiegschächte (→ Kap. 10). Lyon ist aber auch die Stadt der Siphons, die an anderer Stelle sehr ausführlich erläutert worden sind (→ Kap. 9).

Eine der auffälligen Aquäduktbrücken aus dem Verlauf der Gierwasserleitung soll beispielhaft für viele andere angeführt sein, zumal sie für den Besucher im Gelände leicht aufzufinden ist. Die Reste der Mornantaybrücke (Pont du Mornantay) liegen oberhalb der Gemeinde Mornant im Winkel der Landstraßen D 63 und D 30. Auf ehemals neun Bögen wurde hier die wasserführende Rinne über einen Bachlauf geführt. Die Bogenweiten maßen gleichmäßig 15 römische Fuß, lediglich die beiden Mittelpfeiler hatten einen erweiterten Abstand von 20 römische Fuß.

Einen weiteren Brückentyp stellten die Hochleitungen vor den Einlaufbecken der Siphons dar. Lag nämlich die Oberkante des Gegenhanges höher als das Gelände vor dem zu querenden Tal, so musste die notwendige Energiehöhe durch eine entsprechende Höhenlage des Einlaufbeckens künstlich hergestellt werden. Das dazu auf einem Turm angelegte Einlaufbecken konnte nur durch eine Leitung gespeist werden, die in gleicher Höhenlage herangeführt wurde, und dazu war der Bau einer Hochleitung unabdingbar (→ Kap. 9).

Die größte dieser Hochleitungen finden wir in gut erhaltenem Zustand vor der Durchfahrung des Yzerontales bei Chaponost. Auf 72 Bögen wird die Leitung an das auf einem Turm gebaute Einlaufbecken des Siphons herangeführt. Hier vor Lyon wurde auf diese Weise die Energie bereitgestellt, die nötig war, um das Wasser mittels einer Druckleitung durch das 123 Meter tiefe und 2,6 Kilometer breite Tal des Yzeron zu führen. Allein diese Dimensionen machen deutlich, warum man hier zur Talüberquerung keine Aquäduktbrücke gebaut hat, denn aus dem Vergleich mit den übrigen Leitungen des Imperiums wissen wir, dass bei einer Taltiefe von 50 Meter die Kunst des römischen Brückenbauers ihre Grenzen hatte (vgl. Pont du Gard).

Die Hochleitung vor dem Yzerontal ist äußerst kunstvoll ausgestaltet, denn die Pfeiler und Bögen sind mit aus Stein gesetzten Ornamenten reich verziert. Die glatten Flächen der Pfeiler sind mit netzartigem Mauerwerk (*opus reticulatum*) und zweireihigen Ausgleichsschichten aus quadratischen Backsteinen aufgegliedert. Die auf der Bogenreihe geführte Wasserleitung ist auf ganzer Länge überwölbt.

Im Trassenverlauf des Lyoner Aquäduktes sind acht Tunnel bekannt und teilweise sogar begehbar, aber nur sieben lassen sich eindeutig lokalisieren. Die Existenz und Lage des achten Tunnels lässt sich aufgrund der schwierigen Topographie der von der Trasse berührten Landschaft nur vermuten.

Äußerst interessant ist das malerische Örtchen Chagnon im Oberlauf des Aquäduktes mit seinem Aquädukttunnel, heute La Cave du Curé genannt. Er ist zwar nur rund 80 Meter lang geworden, sein Bau bereitete aber offensichtlich die üblichen Schwierigkeiten, die hauptsächlich in der Einhaltung der Vortriebsrichtung lagen, und die bei der Betrachtung des Grundrisses der ausgebauten Linienführung noch heute offensichtlich zutage treten.

Man darf nicht verkennen, dass man vom eigentlichen Tunnelbauwerk heute nur noch die Anfangsstrecke sehen kann, denn der Rest ist vom Baukörper des Aquäduktes vollständig ausgefüllt. Nur am Westende kann man den Tunnel mitsamt der Wasserleitung in einem vollständigen Profil einsehen, da hier auf eine Strecke von 13 Meter das antike Mauerwerk herausgebrochen wurde, um daraus in Chagnon Häuser zu errichten. Das Regelprofil des Kanals entspricht mit seiner Breite von 1,7 Meter und seiner Höhe von bis zu 2,2 Meter genau dem Lichtraumprofil des Tunnels. Die lichten Maße der ehemals wasserführenden Rinne betragen 0,55 bis 0,6 Meter in der Breite und 1,5 Meter in der Höhe, sie ist also für den Besucher gebückt begehbar.

Bauschächte sind wegen des Ausbaus in der Cave du Curé nicht mehr zu sehen. Die gewundene Linienführung des Aquäduktes folgte zwangsläufig der Linienführung des vorher gebauten Tunnels, die vorzufindenden Kurven in der Aquädukttrasse sind also das Ergebnis von Vortriebsänderungen beim Tunnelbau (→ Kap. 8).

Im Turm der Kirche von Chagnon wird heute auch einer der beiden aus der Lyoner Leitung erhaltenen Inschriftensteine aufbewahrt, die zum Schutz der Aquädukttrasse aufgestellt waren (→ Kap. 1).

Spanien

Allein von ihrer Länge her betrachtet muss man die römische Wasserleitung von Sexi/Almuñécar (Andalusien) sicherlich zu den kleineren Objekten dieser Art im Imperium Romanum zählen.[292] Auch in der Verwendung des Wassers ist nichts Besonderes zu sehen, wenn man vom Bedarf für die Produktion von *garum*, einer speziellen Fischpaste, einmal absieht. Es sind vielmehr die technischen Elemente dieser Leitung, die unser besonderes Interesse erregen.

Auf einer Gesamtlänge von nur ca. acht Kilometer finden wir hier neben mehreren bis zu zweigeschossigen Brücken noch eine ca. 350 Meter lange Tunnelstrecke und weiterhin noch einen Siphon, eine Druckrohrleitung also, in welcher das Wasser kurz vor der Stadt durch eine Talsenke auf den Stadtberg geleitet wurde. Es kommt nicht häufig vor, dass wir im Verlauf einer derart kurzen Leitung diese drei wichtigsten Elemente römischen Wasserleitungsbaus vereint vorfinden.

An das Tageslicht tritt die Wasserleitung erstmals oberhalb der Ortschaft Torrecuevas, wo auf einer langen Bogenreihe von insgesamt 19 Bögen das gleichnamige Tal überbrückt ist. Nach Überquerung von drei kleineren Seitentälchen verlässt die Trasse das Tal des Rio Verde, um durch einen Tunnel in das Tal des Rio Seco überzuwechseln.

Der Tunnelanfang ist wegen der modernen Hangbebauung im Gelände heute nicht mehr auszumachen. Auch vom Tunnel selbst ist obertägig nichts mehr zu finden, so dass man auch über die Bauweise – im sog. Gegenort oder in der Qanatbauweise – nichts aussagen kann. Jenseits des Berges aber, nunmehr am linken Ufer des Secotales, tritt im Hang ein deutlich in den Fels geschlagener Graben zutage, bei dem es sich um den unmittelbar an den Tunnel anschließenden Leitungsabschnitt handeln könnte. In diesem Abschnitt finden wir aber auch die ansehnlichsten Reste dieses Aquäduktes in Form von drei Brückenbauwerken, die talwärts jeweils größere Dimensionen annehmen.

Der Grund, warum die Höhe der Brücken im Verlauf der Wasserleitung stetig zunahm, ist in der von den römischen Ingenieuren angetroffenen Geländesituation zu suchen: Die antike Stadt lag nämlich nicht in Meereshöhe am Ende des zwischen Rio Verde und Rio Seco verlaufenden Bergrückens, sondern vielmehr auf einem vorgelagerten 40 Meter hohen Hügel, der in Küstennähe emporragte. Wollte man die Kuppe dieses Hügels mit einer Wasserleitung erreichen, so musste man das Wasser aus den Bergen auf einem entsprechenden Niveau heranführen. Man musste mit der Wasserführung Höhe halten, um auch die hochgelegenen Bereiche des Siedlungshügels versorgen zu können.

Um nun das Wasser durch die vor der Stadt gelegene Senke zu führen, hätte man eine 40 Meter hohe Brücke bauen müssen, oder es war eine entsprechend dimensionierte Druckleitung zu bauen. Man entschied sich für die Druckleitung, die den Baumeistern neben dem Tunnelbau die meisten Schwierigkeiten bereitet haben dürfte.

292 Fernández Casado 1972; Grewe 2010, 46–49.

Von dieser Druckleitung war das Einleitungsbauwerk bei der Begehung 1983 noch vorhanden, wenngleich es sich zu diesem Zeitpunkt zweckentfremdet präsentierte: Das kreisrunde Becken mit einem Durchmesser von 6,1 Meter war mit einer Kuppel überwölbt und diente als Architekturbüro. Nach Auskunft des Eigentümers war dieses kleine Bauwerk zehn Jahre vorher noch als Hochbehälter der modernen Wasserversorgung Almuñécars genutzt worden.

Heute sind von der Druckleitung die bedeutendsten Reste an der tiefsten Stelle der Taldurchfahrung zu sehen. Hier hatte man – getreu den Anweisungen Vitruvs – eine Brücke gebaut, um die Druckleitung in ihrem tiefstgelegenen Abschnitt horizontal durch das Tal zu führen. Diese Brücke ist beim Ausbau des hier gelegenen Verkehrsknotens an das Tageslicht getreten und danach konserviert worden.

Bis zur Freilegung dieser Siphonbrücke war die Druckleitung nur durch eine einzige Stelle nachzuweisen, die bei der topographischen Aufnahme der Wasserleitung 1983 von uns eher zufällig gefunden wurde und heute nicht mehr erkennbar ist: Bei der systematischen Begehung des vermuteten Trassenverlaufes fanden wir unterhalb der Encarnación-Kirche

Aus dem Fels herausgehauene Aquäduktrinne in Tiermes (Spanien).

in deren mehrere Meter hoher Umfassungsmauer ein gut erhaltenes Stück der alten Druckrohrleitung. Es handelte sich um ein Tonrohr von 20 Zentimeter Durchmesser (innen 12,5 Zentimeter), verlegt in einer festen Packung aus *opus caementicium*. Tonrohre wurden im Druckleitungsbau selten verwendet, da dieses Material nicht sehr geeignet war, einem großen Druck – in diesem Falle immerhin bis zu vier Bar – standhalten zu können. Um die Tonrohre gegen ein Bersten zu schützen, verlegte man sie deshalb auch in einem mächtigen Betonpaket.

Die Leitung erreicht die Kuppe des Stadthügels bei der »Höhle der sieben Schlösser«, einer siebenschiffigen Halle mit Gewölben und einem Mitteldurchgang. Dennoch ist nicht gesichert, ob hierin auch das *castellum aquae* der Stadt zu sehen ist.

Von Andalusien aus in die Extremadura schauend, könnte man Mérida als eine Stadt römischer Technikgeschichte bezeichnen, derart zahlreich sind die Technikbauten unter den Resten der Römerstadt Augusta Emerita vertreten.[293] Die römischen Straßenbrücken über den Río Guadiana und den Río Albarregas sind in weiten Teilen antik konserviert und prägen das moderne Stadtbild. Auch von den Aquädukten der Stadt sind beeindruckende Reste in der Umgebung erhalten (→ Kap. 7). Zu manchen Zeiten wird der imposante und pittoreske Eindruck der Flussbrücken noch verstärkt, dann nämlich, wenn wieder einmal die Störche ihre Nester auf den Brückenpfeilern bezogen haben. Zwei der drei stadtrömischen Aquädukte bekamen ihr Wasser aus Talsperren in Norden und Nordosten der Stadt (→ Kap. 5).

Segovia und Tarragona sind zwei Beispiele für die städtische Wasserversorgung, in denen der Aquädukt kurz vor Erreichen des antiken Stadtgebietes auf großdimensionierten Brücken geführt werden musste, um

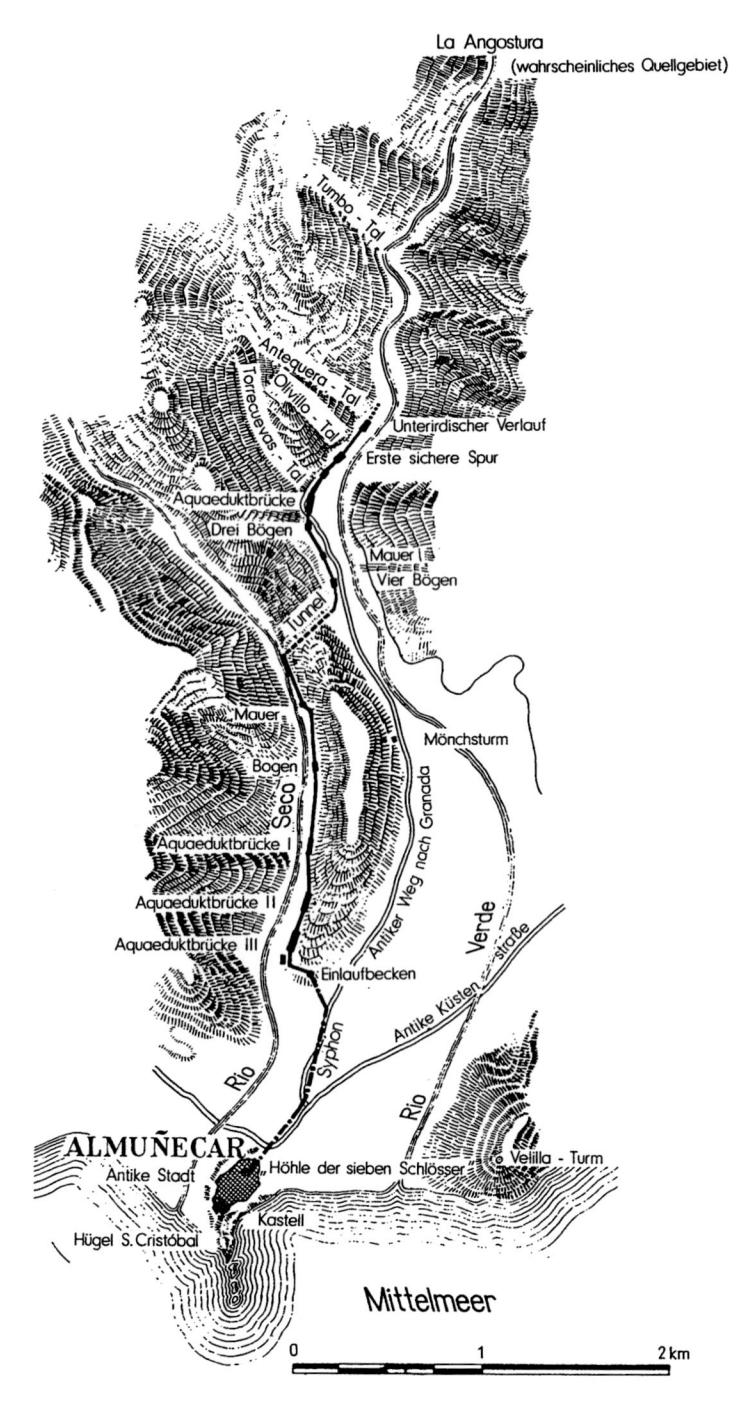

Die relativ kurze Leitung für Almuñécar (Spanien) verfügte neben mehreren Aquäduktbrücken auch über einen Tunnel und eine Druckleitung. (Grafik n. Fernández Casado 1972)

---

293 Jiménez Martín 1976; Grewe 1993; Feijoo Martínez 2005; Grewe 2010.

das hochgelegene Terrain zu erreichen. Während der Aquädukt von Segovia neben der Brücke (→ Kap. 7) in seiner Flussableitung (→ Kap. 5) und den beiden Absenk- und Ableitungsbecken (→ Kap. 10) weitere Details sichtbar werden lässt, fällt in Tarraco/Tarragona besonders die vier Kilometer vor der antiken Stadt gelegene mächtige Aquäduktbrücke Las Ferreras – auch als Pont del Diable (Teufelsbrücke) bekannt – ins Auge.[294] Das für Tarragona genutzte Wasser wurde 15 Kilometer vor der Stadt am Francolí mit Hilfe eines Wehres aufgestaut und durch eine Gefälleleitung in die Stadt geleitet. Die zweigeschossige Brücke selbst ist 217 Meter lang und 27 Meter hoch. Die Brücke hat im Untergeschoss elf und im Obergeschoss 25 Bögen.

Man muss nur mit offenen Augen durch Spanien fahren, um weitere Aquädukte oder Reste derselben zu finden. Es kann auch spannend sein, sich einen neuzeitlichen Aquädukt genauer anzuschauen, denn manchmal wird man in den Mauern des Bauwerks fündig und kann die Reste des römischen Vorgängerbaus darin ausmachen. Ein schönes Beispiel ist Valencia de Alcántara, in der Extremadura gelegen, wo im Unterbau einer im 19. Jahrhundert gebauten Druckleitung die römischen Pfeiler und Bogenstellungen noch gut zu erkennen sind.[295]

Tunnelstrecke des Aquäduktes in Tiermes (Spanien).

294 Grewe 1985, 64–66.
295 Heute als Stahlrohrleitung verlegt.

Aquädukte in den Provinzen nördlich der Alpen

Zu Beginn unserer Zeitrechnung hatten die Römer ihren Machtbereich für fast ein halbes Jahrtausend auch auf die Länder nördlich der Alpen ausgedehnt. Durch die militärische Präsenz, die im Bau befestigter Legionslager zum Ausdruck kam, aber auch in der Gründung der darauf folgenden Zivilsiedlungen, die mit der notwendigen Wasserversorgung einherging, wurde römische Kultur auch am Rhein manifestiert. Der hohe Standard römischer Wasserbautechnik zeigt sich demzufolge nicht nur in den großen *coloniae* wie Köln, Trier und Xanten – die großartigen Thermen Xantens geben ein eindrucksvolles Zeugnis davon –, sondern auch in den Legionslagern.

Zivile Siedlungsplätze

Köln

Die Entwicklung der Wasserversorgung Kölns ist auf das engste verbunden mit der Geschichte dieser antiken Großstadt. Die wichtigsten Stufen des Ausbaus von der Ubierstadt bis zur Hauptstadt Niedergermaniens lassen sich auch in den Bauphasen der städtischen Aquädukte ablesen: Schon ab ca. 30 n. Chr. war das Oppidum Ubiorum durch eine mehrere Kilometer lange Fernwasserleitung von Quellen im Hang des Vorgebirges versorgt worden. Mit Erhebung Kölns zur Colonia Claudia Ara Agrippinensium im Jahre 50 n. Chr. wurde das vorhandene System ausgebaut: Da die erste Leitung außerhalb der neuen Stadtmauer endet, wurde sie aufgestockt und an einen der neuen Mauertürme angeschlossen, der dann die Funktion eines *castellum divisorium* übernehmen konnte. Nachdem Köln 80/90 n. Chr. Hauptstadt der neu eingerichteten Provinz Niedergermanien geworden war, orientierte man sich in der Wasserversorgung gänzlich neu und baute den fast 100 Kilometer langen Aquädukt in die Eifel. Eine detaillierte Beschreibung der Kölner Wasserleitungen folgt in einem eigenen Kapitel (→ Teil 2, Kap. 1).

Köln, Vorgebirgsleitungen. Doppelstöckige Leitung bei Hürth-Hermülheim im Ausgrabungsbefund. (Foto: W. Haberey)

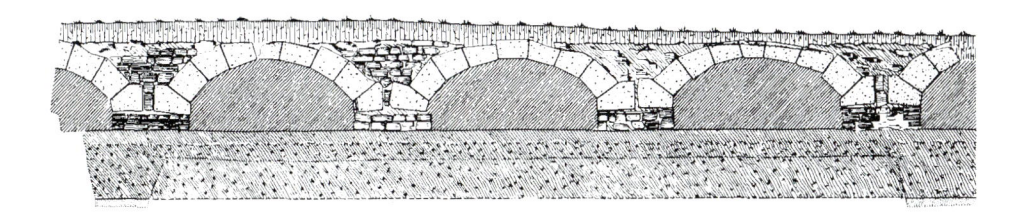

Köln, Vorgebirgsleitungen. Doppelstöckige Leitung bei Hürth-Hermülheim in der Befundzeichnung. (Grafik: W. Haberey)

Köln, Vorgebirgsleitungen. Doppelstöckige Leitung bei Hürth-Hermülheim in der Rekonstruktion.

Trier

Auch in Trier verbrauchten die Thermen das meiste Wasser der antiken Stadt; hier sind nördlich der Alpen sogar die großartigsten Reste solcher Zweckbauten erhalten geblieben. Die wohl zur Zeit des Gallienaufenthaltes des Kaisers Augustus in den Jahren 16 bis 13 v. Chr. gegründete Colonia Augusta Treverorum lag ehemals am wichtigen Moselübergang der antiken Fernstraße Lyon–Reims–Trier–Köln.[296]

Die frühe Wasserversorgung dieser schnell aufblühenden Stadt wurde aus Brunnen und einer kleinen Wasserleitung gedeckt, die schon im 1. Jahrhundert n. Chr. bestanden haben muss. Ihren Ursprung hatte diese im Stollenbau angelegte Leitung bei einer »Herrenbrünnchen« genannten Quelle, sie lag also mit ihrem gesamten Verlauf innerhalb der Grenzen der antiken Siedlung. Möglicherweise ist auch die im 2. Jahrhundert n. Chr. gebaute Anlage eines gewaltigen Podiumstempels in Zusammenhang mit der Wasserversorgung der Stadt zu sehen, denn eine unmittelbare Nachbarschaft zu dieser wichtigen Quelle lässt durchaus die Möglichkeit zu, in diesem ein Quellheiligtum zu sehen, wie wir es in unterschiedlichen Größen auch von anderen Quellen kennen.

Bezüglich der Wasserversorgung des antiken Trier ist hingegen die vom Ruwertal herkommende Fernwasserleitung von größerer Bedeutung, denn hier findet man in der Art der Wassergewinnung eine Technik vor, die ansonsten eher aus den südlichen Provinzen des Reiches bekannt ist. Die Einwohner des römischen Trier bezogen ihr Wasser nicht aus einer Quelle, sondern man hatte es aus nur schwer nachvollziehbaren Gründen vorgezogen, das Wasser eines Seitenflusses der Mosel leicht aufzustauen und in einen Kanal abzuleiten, der es dann in die Stadt transportierte.[297]

Da es hinsichtlich der Qualität des Wassers keine wesentliche Rolle spielte, ob die Entnahmestelle im Fluss ein paar hundert Meter flussaufwärts oder flussabwärts angelegt wurde, kann man in deren tatsächlicher Lage das

296 Die Straße wird nach ihrem Auftraggeber von uns heute »Agrippastraße« genannt.
297 Krohmann 1903; Steiner 1926; Neyses 1975; Neyses o. J.; Grewe 1988, 79–83.

schließlich verwirklichte Ergebnis einer ganz gezielten Trassenplanung sehen. Die Wasserentnahme im Fluss liegt nur acht Meter über der römischen Stadt, deshalb ergibt sich für die 13 Kilometer lange Leitung ein durchschnittliches Gefälle von circa 0,6 Promille.

Die Wasserentnahme aus dem Fluss erforderte ein besonderes Bauwerk, von dem allerdings in der Ruwer keinerlei Reste mehr zu finden sind. Derartige Bauwerke sind natürlich besonders in ihrer Substanz gefährdet gewesen, da sie bei den jährlichen Hochwassern deren zerstörerischen Kräften in extremem Maße ausgesetzt waren. Das einzige Wehr am Kopf einer römischen Wasserleitung ist im Rio de la Acebeda für die Versorgung des antiken Segovia in Spanien funktionstüchtig erhalten geblieben.

Die ersten Spuren der Trierer Leitung fanden sich bei Ausgrabungen im linken Ufer der Ruwer gleich neben der vermuteten Lage der antiken Staumauer. Anfänglich nur als Abschrotungen im anstehenden Fels erkennbar, wurden 28 Meter vom Fluss entfernt auch erste Reste des Bauwerks in Form eines Überlaufes vom Staubecken in das Kanalgerinne ausgemacht.

Danach war die Sohle des hinter der Staumauer angelegten Beckens sorgfältig mit Estrich verputzt, der bis an die rechte Wange des angeschlossenen Kanals reichte. Der überwölbte Kanal hatte an dieser Stelle schon den üblichen Querschnitt mit einer lichten Weite von 0,72 Meter; seine Sohle lag 0,92 Meter tiefer als die des Staubeckens. Das aufgestaute Wasser konnte also durch mehrere hintereinander im Gewölbe ausgesparte »Fenster« in den Kanal eindringen. Diese Konstruktion erforderte nur eine mäßig hohe Wehrmauer, und die Höhenlage der Kanalsohle unterhalb des Flussbettes der Ruwer gewährleistete selbst bei geringem Wasserstand noch einen Zufluss.

Die Leitung folgte nun in der für eine Gefälleleitung üblichen Weise den Höhenlinien im linken Hang der Ruwer, nahm aber schon nach 400 Meter aus einem seitlichen Kanal noch einmal Wasser auf. Die zugehörige Flussableitung lag nur wenige Meter oberhalb der Einmündung der damals Riveris genannten Ruwer, und wenngleich auch vom Wehr selbst wiederum keine Baureste erhalten sind, so lässt der archäologische Befund des Anschlusskanals eine Datierung dieser sekundären Baumaßnahme in das 4. Jahrhundert zu. Der Zulaufkanal traf mit starkem Gefälle in spitzem Winkel auf den Hauptkanal. Seine Sohle lag etwa 0,8 Meter höher als die des Hauptgerinnes. Die Wasserströme beider Kanalstränge trafen deshalb nicht in gleicher Höhe aufeinander, wodurch hydraulische Probleme, die sich durch einen Rückstau in einem der Kanäle ergeben hätten, vermieden wurden.

Unterhalb dieser Anschlussstelle fanden sich bei weiteren Untersuchungen an insgesamt sieben Stellen jeweils zwei Kanalbauwerke nebeneinander. Da in Probeschnitten zwischen diesen Fundstellen immer nur der einfache Kanal gefunden wurde, scheint es schlüssig, den Doppelkanal jeweils als Ersatzbauwerk für durch äußere Einflüsse zerstörte Kanalstücke zu sehen. In der Tat zeigt auch der archäologische Befund, dass beide Kanäle zu keiner Zeit gleichzeitig in Betrieb gewesen sein können. Der ursprüngliche Kanal ist in allen Fällen auf seiner Bergseite durch einen Neubau ersetzt worden. In einem Punkt ist dies besonders deutlich, hier bedeckt nämlich der Außenputz des Gewölbes vom Ersatzkanal auch noch Teile der linken Wange des Vorgängerbaus, der also zum Zeitpunkt der Reparaturmaßnahme selbst schon ohne Abdeckung und somit zerstört gewesen sein musste.

In ihrem Gesamtverlauf verfügte die Trierer Leitung über mindestens vier Einstiegschächte, die der Begehung zum Zwecke der Revision dienten. Auch waren etliche Seitentäler von Ruwer und Mosel zu queren, so dass die Leitung nicht in ihrem Gesamtverlauf unterirdisch zu führen war. Um die an diesen Stellen notwendigen Aquäduktbrücken aber klein zu halten, fuhr man die Seitentäler möglichst weit aus. Aufgrund der Anschlussbefunde lassen sich diese Brücken, die selbst nicht mehr erhalten sind, mit Höhen von vier bis fünf Meter rekonstruieren. Über den Gräthenbach wurde der Aquädukt auf einer 15 Meter langen Mauer in einer Höhe von sechs Meter geführt. Damit der Bach ungehindert passieren konnte, hatte man in der Mauer einen entsprechenden Durchlass ausgespart.

Ein *castellum divisorium* oder ein Wasserbehälter ist in Trier nicht mehr zu finden, ein solches Bauwerk müsste aufgrund der Befundlage des Leitungsverlaufes und der vorgegebenen Topographie aber nahe dem Amphitheater gelegen haben. Dieser Standort war wegen seiner Höhenlage für die Wasserverteilung in der Stadt besonders günstig. Ein an diesem Punkt abknickender Leitungsstrang führt auf einer Bogenstellung, von der noch Baureste gefunden wurden, in Richtung der Kaiserthermen.

Eine besondere Stelle für die Datierung der Leitung finden wir in ihrem Kreuzungspunkt mit der Stadtmauer. Diese nimmt in ihrer Bauausführung deutlich Rücksicht auf den schräg ankommenden Aquädukt, der also zum Zeitpunkt ihrer Errichtung (vor 200 n. Chr.) bereits in Betrieb gewesen sein muss.

Die Leitung hatte einen Regelquerschnitt mit einer lichten Weite von 0,74 Meter und einer lichten Höhe von 0,96 Meter bis zum Ansatz der Kämpfersteine. Als Material war der örtlich vorkommende Devonschiefer und der Diabas vom nahen Grünberg verwendet worden, daneben aber auch Kalkstein von der Obermosel.[298]

Trier. Translozierte Ruwerleitung bei Waldrach.

Betriebsspuren am Putz der Innenflächen lassen erkennen, dass der Kanalquerschnitt hauptsächlich nur bis zu zwei Drittel seiner Höhe vom Wasser durchflossen worden ist. Daraus errechnet sich bei einer möglichen Leistung von täglich 42 000 Kubikmeter eine tatsächliche Liefermenge von rund 25 000 Kubikmeter Trinkwasser pro Tag. Jedem der 20 000 bis 30 000 Einwohner der Colonia stand somit statistisch ein Kubikmeter Wasser pro Tag zur Verfügung.

Im frühen Mittelalter scheint die Leitung zumindest bis zum vermuteten Verteilerbecken noch in Betrieb gewesen zu sein, denn der nahebei liegende Himmeroder Hof wird in Urkunden *curtis nostra de longo fonte* (Unser Hof beim langen Brunnen) genannt, weiterhin scheint noch ein Brunnenwärter *ze Castellari* in Diensten gewesen zu sein.

---

298 A. Neyses hat einige Baumassen berechnet, die nicht unerwähnt bleiben sollen, da sie den technischen Aufwand für ein solches Bauwerk verdeutlichen: Erdaushub 700 000 Kubikmeter, Bruchsteinmauerwerk 50 000 Kubikmeter und Bindemittel 13 000 Kubikmeter, davon rund 4 500 Tonnen Kalk. Wasserputz (*opus signinum*) für die Auskleidung der 30 000 Quadratmeter Innenflächen: 1 200 Kubikmeter (Neyses o. J.).

Xanten

Eine solche Kontinuität einer antiken Wasserversorgung bis in das Mittelalter hinein ist in Xanten nicht nachzuweisen; hier werden die obertägigen Abschnitte des Aquäduktes die kriegerischen Ereignisse des 3. Jahrhunderts n. Chr. nicht überlebt haben. Das römische Xanten hatte in Niedergermanien neben Köln als einzige Kolonie den Rechtsstatus einer Colonia. Als Veteranenkolonie war Xanten zwischen 98 und 104 n. Chr. von Kaiser Trajan auf einem 73 Hektar großen Areal an der Stelle einer im Bataveraufstand zerstörten Vorgängersiedlung gegründet worden.[299] Wie auch sonst oft üblich, trug diese Stadt den Namen ihres Gründers: Colonia Ulpia Traiana. Die Stadt ging 276 n. Chr. unter; in ihren Trümmern lebte nach 306 n. Chr. für knapp 100 Jahre noch einmal eine Festung auf, ehe die antiken Bauten bis in das 19. Jahrhundert hinein nur noch als Steinbruch Bedeutung hatten. Heute ist in Xanten über den römischen Befunden ein archäologischer Park entstanden, der römisches Stadtleben am authentischen Ort erlebbar macht: Wohnviertel, Tempel, Amphitheater und Stadtmauer wurden teilweise wiederaufgebaut; jüngste Attraktion ist das über den großen Thermen errichtete LVR-RömerMuseum, wobei man den Kubus des antiken Thermenbaus nachvollzogen und dadurch eine unglaubliche Raumvorstellung ermöglicht hat.[300]

Der Wasserversorgung der Kolonie diente eine zehn Kilometer lange, steinerne Leitung, die im eiszeitlichen Moränenzug der Hees ihren Ursprung hatte.[301] Die Rinne, nach dem verwendeten Baumaterial mit den Bauten des 2. Jahrhunderts in der Stadt vergleichbar, war ganz in *opus caementicium* (Guss- oder Stampfbeton) ausgeführt und mit Ziegelplatten abgedeckt. Sie lag auf einem Fundament aus Grauwacke-, Basalt- und Tuffsteinbrocken,

Xanten. Translozierte römische Wasserleitung bei Sonsbeck.

---

299 Der Name des besonders im Rahmen der Kölner Wasserversorgung mehrfach erwähnten Sextus Julius Frontinus (Statthalter der CCAA und Legat des niedergermanischen Heeres 81 bis 83/84 n. Chr.) findet sich auf einem Xantener Inschriftenstein (CIL 13, 8624). Die Inschrift ist zwar nicht mit einer Wasserversorgung in Verbindung zu bringen, sei aber wegen der Bedeutung Frontins als späterer Verfasser des Buches De aquaeductu urbis Romae hier kurz angeführt: *[I(ovi) O(ptimo) M(aximo) I]unoni / [Mine]rvae pro / [sal(ute) S]exti Iul(i) / [Fro]ntini / [leg(ati) Aug(usti)] / [pro pr(aetore)] / [* (zitiert nach A. Kolb/M. Rathmann in EDCS).

300 Für die Anlage des Archäologischen Parks Xanten gab es sehr günstige Voraussetzungen dadurch, dass das Areal der Colonia Ulpia Traiana im Mittelalter nicht überbaut wurde. Entsprechend ist der heutige Name der Stadt nicht römischen Ursprungs, sondern er leitet sich von den Gräbern des hl. Victor und seiner Gefährten ab, in deren Umfeld sich die mittelalterliche Stadt entwickelte: *»Ad Sanctos«*/Xanten.

301 Steiner 1911; Hinz 1959; Wegner 1976; Grewe 1988, 83; Berkel 2002; Berkel 2009; Wippern 2009.

die aus der Eifel mit Schiffen an den steinarmen Niederrhein gebracht worden sein müssen. Die Rinne mit einer lichten Weite von 23 Zentimeter war innen ganz mit *opus signinum* ausgekleidet, wobei in den unteren Ecken deutliche Viertelrundstäbe ausgeformt waren.

Es war schon seit langem vermutet worden, dass die Quellen im Osthang der Hees bei Labbeck nicht das einzige von den Römern genutzte Wasserdargebot gewesen sein konnten. Vermutlich erhielt die Leitung noch vor der Überquerung der zwei Kilometer breiten Senke zwischen der Hees und dem Fürstenberg Wasser von im Rücken der Hees liegenden Quellen. Die dazugehörige Leitung ist zwar archäologisch noch nicht nachgewiesen, entsprechende Untersuchungen des LVR-Amtes für Bodendenkmalpflege im Rheinland sind aber in Vorbereitung.

Bezüglich der Aquäduktbrücke zwischen Hees und Fürstenberg sieht man heute klarer: Glückliche Umstände hatten im Frühjahr 2007 Bewuchsmerkmale sichtbar werden lassen, nach denen die Standorte der Pfeiler der ehemaligen Aquäduktbrücke lokalisiert werden konnten.[302] In einer vom LVR-Amt für Bodendenkmalpflege 2008 durch-

Oben: Xanten. Im Luftbild zeigen sich die Pfeilerreste der Aquäduktbrücke aufgereiht wie eine Perlenkette. (Luftbild: B. Song)

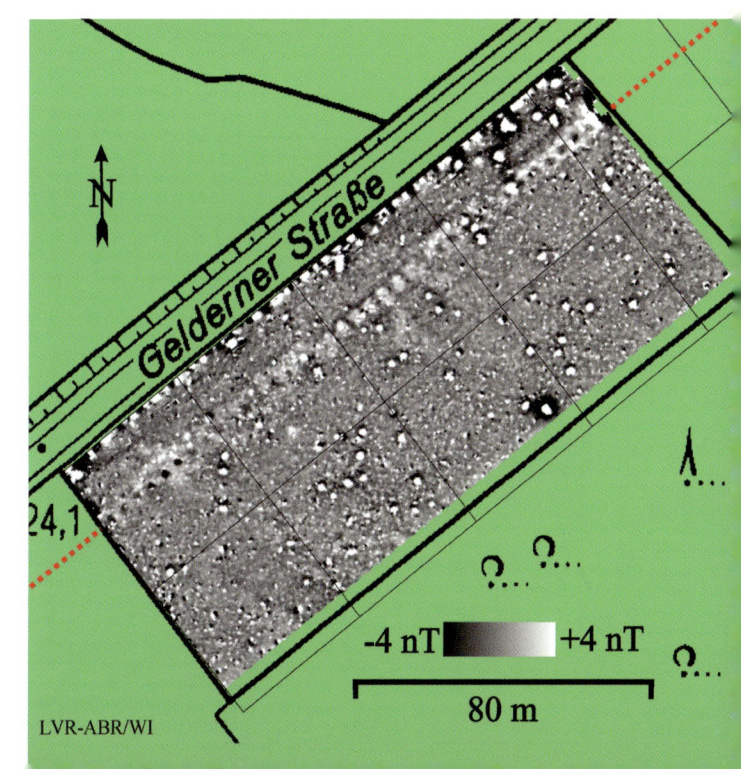

Rechts: Xanten. Die Pfeilerfundamente der Aquäduktbrücke im Befund der Magnetometermessung (Durchführung: J. Wippern, LVR-ABR).

[302] Luftbildbefund: B. Sung (Ruhr-Universität Bochum) und C. Ohlig; Magnetometermessung: J. Wippern (LVR-Amt für Bodendenkmalpflege im Rheinland); archäologische Untersuchung: K. Grewe und H. Berkel (LVR-Amt für Bodendenkmalpflege im Rheinland).

Oben: Frontinusstein im LVR-Römermuseum Xanten.

Links: Xanten. Eines der Pfeilerfundamente im Ausgrabungsbefund.

geführten archäologischen Untersuchung konnten ein bis 1,2 Meter unter der Erdoberfläche die untersten Steinlagen der Pfeiler freigelegt werden. Da der Befund aber Steinlagen mit glattgeputzten Oberflächen zeigte, die zudem noch unregelmäßige Abmessungen hatten, lässt sich vermuten, dass hier nur noch die Fundamentierungen der aufgehenden Pfeiler angetroffen wurden. Aus Luftbildbefund, Magnetometermessung und archäologischer Untersuchung lassen sich die Pfeilerabmessungen und -abstände aber recht genau ermitteln: Bei Grundmaßen von 1,5 mal 1,75 Meter ergaben sich Pfeilerzwischenräume von ca. 3,25 Meter.[303] Weitere archäologische Untersuchungen an dieser ehemals rund zwei Kilometer langen Aquäduktbrücke und an den Anschlussleitungen sind in Vorbereitung.

Im weiteren Verlauf touchierte der Xantener Aquädukt den Nordosthang des Fürstenberges[304] und strebte der Kolonie aus südwestlicher Richtung zu, wobei er im Bereich des heutigen Marktes auf die Römerstraße Richtung Novaesium/Neuss stieß und diese auf deren westlicher Seite bis zur römischen Stadtmauer in Höhe des Südtores begleitete. Zuvor beschrieb ihre Trasse einen leichten Bogen, in dessen Anfang sie ihren unterirdischen Verlauf verließ, um auf einer Pfeilerreihe die Stadt in einem Niveau zu erreichen, das die Energiehöhe für die innerstädtische Wasserverteilung bereitstellte. Von dieser Hochleitung wurden 1960 vor der Stadt einige Pfeilerfundamente mit quadratischen Abmessungen von 1,8 Meter Seitenlänge gefunden. Der Pfeilerabstand betrug 2,8 Meter lichte Weite und an ihrer höchsten Stelle wird die Leitung drei Meter über der Erde gelegen haben. Innerstädtisch ist ein Verteilerbe-

---

303 Berkel 2009; Wippern 2009.
304 Auf dem Fürstenberg lag das schon vor der Gründung der Zivilstadt errichtete Legionslager Vetera II.

cken zwar nicht nachzuweisen, aber Bleirohre des Duckleitungssystems konnten im *cardo maximus* und in einer rechtwinklig abzweigenden Straße gefunden werden.

In Deutschland sind darüber hinaus auch die antiken zivilen Siedlungen Augusta Vindelicum/Augsburg, Cambodunum/Kempten und Sumelocenna/Rottenburg als Orte mit aufwendigen Wasserleitungen zu nennen, in Österreich Carnuntum und Vindobona/Wien. In der Schweiz verfügen die Fundorte Aventicum/Avenches, Colonia Augusta Raurica/Augst, in Frankreich Argentorate/Straßburg, Divodurum/Metz und Lutetia Parisiorum/Paris über aussagekräftige Befunde – aber die Liste ließe sich fortsetzen, denn selbst kleinste Siedlungsplätze haben keinen Aufwand gescheut, um am Wasserluxus teilzuhaben.[305]

Militärlager

Vetera I und Vetera II bei Xanten

Das Grabmal des in der Varusschlacht gefallenen Hauptmanns Caelius legt ein beredtes Zeugnis ab: Es belegt die Anwesenheit der 18. Legion in Vetera I vor 9 n. Chr. Ab 10 n. Chr. ist das Lager auf dem Fürstenberg südlich von Xanten von den *legiones V Alaudae* und *XXI rapax* belegt. Damit waren hier bis 69/70 n. Chr. rund 12 000 Legionäre u. a. auch mit Trinkwasser zu versorgen.[306] Nach der Zerstörung des Lagers, wohl im Jahre 71 n. Chr., baute die *legio XXII Primigenia* am Fuße des Fürstenberges ein neues Lager für eine Legion, und auch Vetera II ist natürlich wieder mit Trinkwasser zu versorgen gewesen, bis es vermutlich bei den Frankeneinfällen des Jahres 276 n. Chr. unterging.

Die Reste der Wasserversorgung beider Lager sind allerdings nur spärlich. Lediglich Tonrohre von Leitungen aus der Hees, einem eiszeitlichen Moränenrücken südwestlich von Xanten, konnten gefunden werden. Ob auf diese Weise schon Vetera I versorgt worden war, kann nicht mit Sicherheit gesagt werden. Vetera II ist aber sicher das Ziel von Tonrohrleitungen gewesen; Ziegelstempel auf Tonrohren von dorthin führenden Leitungen weisen die Zeichen der *legio I Minerva pia fidelis* und der *cohors II Brittonum* aus.

Von der Wasserleitung in Vetera II ist ein interessantes Stück erhalten, wobei es sich um das Endstück eines Druckleitungsrohres handelte: ein Wasserspeier aus Kupferlegierung in Form eines Hundekopfes. Dieser muss ehemals als Brunnenaufsatz gedient haben; durch das Maul des Hundekopfes floss das Wasser in ein Becken.

Novaesium/Neuss

Rund 50 Kilometer südlich von Xanten, ebenfalls an der wichtigen Rheingrenze, lag das römische Legionslager Novaesium.[307] Die Geschichte von Neuss beginnt vor 2 000 Jahren mit verschiedenperiodigen Befestigungsanlagen, die unter den Kaisern Augustus und Tiberius errichtet worden waren. Zur Wasserversorgung des Lagers konnte bei den archäologischen Untersuchungen der jüngeren Zeit ein Befund ermittelt werden, der um so erstaunlicher ist, als

---

305 Grewe 1988.
306 Hinz 1959; Petrikovits 1959; Bogaers/Rüger 1974, 106.
307 Koenen 1904; Müller 1974; Müller 1984.

hierbei von spärlichsten Bodenfunden auf eine nördlich der Alpen einzigartige Form der Wasserversorgung rückgeschlossen werden kann: In Neuss wurden Pfostensetzungen eines hölzernen Aquäduktes auf einer Strecke von 370 Meter nachgewiesen, der in Südwestrichtung neben einer römischen Straße verlief.[308]

Bei diesen Holzpfosten handelte es sich um die Reste der ehemaligen Unterkonstruktion einer Hochleitung. Die Pfosten standen paarweise im Abstand von 3,5 bis vier Meter im Verlauf der Trasse. Da sie im Anfang der nachgewiesenen Strecke nicht senkrecht, sondern mit 2,5 Meter Zwischenraum schräg zueinander standen, ist anzunehmen, dass in diesem Bereich die Rinne in einer größeren Höhe lag als im Endstück, wo die Pfosten im Abstand von nur noch 1,3 Meter in senkrechter Stellung vorgefunden wurden.

Die Ausrichtung des Trassenverlaufs und die Höhenverhältnisse lassen nur den Schluss zu, dass diese Leitung mit Erftwasser gespeist wurde, wobei dann allerdings eine Schöpfeinrichtung am Fluss vorhanden gewesen sein muss. Dabei könnte es sich um von der Kraft der Erft angetriebene Schöpfräder gehandelt haben, wie man sie in südlichen Ländern an vielen Orten heute noch sehen kann.

Oberstimm

Diese Art der Wasserversorgung lässt uns den Bogen schlagen nach Oberstimm (Landkreis Pfaffenhofen a. d. Ilm), wo die Verhältnisse ähnlich lagen.[309] Die erste Bauperiode dieses rätischen Kastells lag in den Jahren 40 bis 69/70 n. Chr. Nur in der ersten Bauperiode wurde die Besatzung des Kastells mittels einer Wasserleitung versorgt. Da diese in flavischer Zeit nicht mehr instand gesetzt wurde, erfolgte die Wasserversorgung später aus Brunnen.

Der archäologische Befund geht in Oberstimm bis in die Zeit vor der Trinkwasserversorgung, hier wird in einzigartiger Weise sogar die Wasserversorgung der Baustelle in ihrer Anfangszeit offenbar. Quer durch das Kastellareal hatte man schon bei Baubeginn einen 0,9 Meter breiten und 0,6 bis 0,7 Meter tiefen Wassergraben angelegt, aus dem das für die Anfertigung des Lehmfachwerks notwendige Wasser entnommen werden konnte. Das Wasser wurde von außerhalb herbeigeführt und innerhalb des Kastells auf zwei Arme verteilt. An verschiedenen Stellen wurden Abdeckungen nachgewiesen, die sicherlich das Überqueren des Grabens erleichtern sollten.

Später, als alle Gebäude fertiggestellt waren, schuf man ein Wasserleitungssystem, das bis zum Ende der ersten Periode der Versorgung dienen sollte. Das System begann am Westtor des Kastells und bestand aus in der Mitte der Straßen verlegten Kanälen von 0,7 Meter Tiefe. Diese Kanäle waren in Holz ausgebaut und der Länge nach abgedeckt, die Wandungen divergierten schräg nach oben. Gespeist wurde das System aus dem Flüsschen Brautlach, das heute etwa 300 Meter entfernt eine feuchte Niederung durchzieht, in römischer Zeit aber in einer Entfernung von nur etwa 70 Meter am Kastell vorbeigeflossen sein dürfte. In jedem Falle war für die Flussentnahme des Wassers aber eine Schöpfeinrichtung erforderlich, um den Höhenunterschied von etwa drei Meter zu überwinden. Wir dürfen auch in Oberstimm die Existenz eines Schöpfrades voraussetzen, denn nur dadurch war eine befriedigende Wassermenge für die Kastellversorgung bereitzustellen.

308 Grewe 1988, 47f.
309 Schönberger 1976.

Öhringen

Im Falle des römischen Bürgkastells Öhringen (Hohenlohekreis) sind es weniger die Reste der Wasserleitung selbst, die uns zu beeindrucken vermögen, sondern hier sind es vielmehr drei außergewöhnliche Inschriften, die von einem solchen Bauwerk berichten.[310] Die Inschriften wurden an dem zum Nymphen-Heiligtum des Kastells gehörigen Brunnen gefunden und belegen den Bau der zu diesem führenden Wasserleitung im Jahre 187 n. Chr. sowie die Instandsetzungsarbeiten an dieser Leitung in den Jahren 231 und 241 n. Chr.

Die Wasserleitung von Öhringen ist die einzige nördlich der Alpen, von deren Bau und Wiederherstellungsmaßnahmen wir derart ausführliche epigraphische Belege vorweisen können. Erbaut worden war die Leitung im Jahre 187 n. Chr. von dem unter dem Kommando des *centurio* der 8. Legion, Julius Demetrianus, stehenden *numerus* der *Brittones Aurelianenses*. Die Leitung führte von außen in das Kastell. Die Erneuerung des Aquäduktes im Jahre 231 n. Chr. wurde von der *cohors I Septimia Belgarum Alexandriana* durchgeführt; das Bürgkastell stand zu dieser Zeit unter dem Kommando von Lucius Valerius Optatus. Die dritte Inschrift belegt darüber hinaus sogar die Länge dieser (kleinen) Fernwasserleitung von ca. 1 750 Meter Trassenlänge. Wegen der Erwähnung dieser technischen Einzelheiten soll die Inschrift von 241 n. Chr. hier wiedergegeben werden:[311]

[I(n)] H(onorem) D(omus) [D(ivinae)]Œ/ NYMPHIS PERENNIBUS / AQUAM GORDIANAM / COH(ortis) I SEP(timiae) BELG(arum) GORDI/[AN]AE MVLTO TEMPOR/[E INTERM]ISSAM SVB CV/[RA ───]ANI [C]O(n)S(ularis) / G(aius) IVLIVS ROG(atianus) [E]Q(ues) R(omanus) [PR]AEF(ectus) COH(ortis) EII[VSDEM] N[OV]O [AQ]VAED[VCTV] PE/[RD]VXIT [PER PE]DES VD/CCCC VII QV[OD?] ALERE / IN[STIT]VIT I[VGES PUTEOS?] / IN PRAET[ORII PARTIBV?]/S ET IN BALI[NEO] DE/DICATA PR(idie) NON(as) / DEC(embres) IMP(eratore) D(omino) N(ostro) GOR/DIANO AVG(usto) II ET PO/MPEIIANO CO(n)S(ulibus)	Zu Ehren des göttlichen Kaiserhauses hat den unversieglichen Nymphen die gordianische Wasserleitung der 1. septimischen Kohorte der Belgen, der gordianischen, nachdem sie lange Zeit unterbrochen war, unter der Oberaufsicht des Konsulars ──anus, der römische Ritter Gaius Julius Rogatianus, Kommandant dieser Kohorte, in einer neuen Wasserleitung hingeführt auf eine Entfernung von 5 907 Fuß, weil er sich vornahm, die fließenden Brunnen in dem Praetorium und in dem Bade zu speisen. Die Wasserleitung wurde eingeweiht am Vortage vor den Nonen des Dezember (= 4. Dezember) im Konsulatsjahr des Kaisers, unseres Herrn, Gordianus Augustus (zum 2. Mal) und des Pompeianus (= 241 n. Chr.).

Die zweite Reparatur der Leitung war möglicherweise nach einer Beschädigung beim Alamanneneinfall der Jahre 233/235 n. Chr. notwendig geworden. Die Inschrift nennt das Datum der Einweihung sowie den Namen des Kastellkommandanten und der Besatzung.

---

310 Keller 1871, 16; Filtzinger 1981, 42, 51.
311 Nach Filtzinger 1981.

Muss man die zuvor beschriebenen Leitungen von der Trassenlänge und der Leistung her eher einer kleineren Kategorie zurechnen, so finden wir im Bereich der Versorgung von Militärlagern aber durchaus auch größere Bauwerke.

Bonna / Bonn

Die Bonner Leitung ist in dieser Hinsicht ein gutes Beispiel für eine echte Fernwasserleitung und darüber hinaus von besonderem Interesse, weil sie bis in das Mittelalter genutzt worden zu sein scheint. Auch hier am Rhein haben die Römer eine günstige geographische Lage geschickt ausgenutzt: Im Zuge der wichtigen linksrheinischen Verkehrsverbindung von Süden nach Norden, zugleich aber auch am weitgehend hochwasserfreien Rand der Niederterrasse und gegenüber der Siegmündung gelegen, bauten sie, im 2. Jahrzehnt v. Chr. beginnend, ihre militärischen Anlagen aus. Eine mehrperiodige Befestigung in der Gegend des heutigen Rathauses ist für die Zeit des ersten Drittels des 1. Jahrhunderts n. Chr. nachgewiesen. Ein Legionslager wurde dann um 35. n. Chr. etwas nördlich hiervon errichtet, wovon zwei Holzbauperioden und ab 70 n. Chr. die erste von mindestens vier Steinperioden nachgewiesen sind. Die Festung war noch im 4. Jahrhundert besetzt, sie diente vor allem der *legio I Minervia* (83 bis 295 n. Chr.) als Garnison.[312]

Der Trinkwasserversorgung diente eine Fernwasserleitung, die mit ihren beiden Zweigen an der Quelle des Hitelbaches und am Heidensprung (heute: Kurfürstenquelle) im Nordosthang des Hardtbergs ihren Anfang nahm.[313]

Durch einige wenige, aber eindeutige Fundstellen sind uns die Regelprofile des Kanals gut bekannt: Es handelt sich um eine aus Guss- oder Stampfbeton gefertigte Rinne mit U-förmigem Querschnitt von 20 Zentimeter (Hitelbachleitung) und 48 Zentimeter (Hardtbergleitung) lichte Weite. Die beiden Zweige vereinigten sich bei Alfter-Oedekoven, in etwa dort, wo heute der Konrad-Adenauer-Damm auf die B56 trifft. Der exakte Verlauf entlang der Ortslage Bonn-Duisdorf ist nicht bekannt; ein weiterer Befund trat erst in Bonn-Endenich am Rande des alten Rheinarmes, der so genannten Gumme, an das Tageslicht. Hier war der Bau einer auf Bogenstellungen geführten Taldurchquerung erforderlich, von der im 19. Jahrhundert noch erhebliche Reste gesehen wurden. Vermutlich wurde dieser schwierige Trassenabschnitt aber sogar als steinerne Druckleitung ausgebaut.

Im Verlauf der Immenburgstraße, dort wo diese sich mit dem Verlauf der alten Heerstraße zwischen Autobahn und Eisenbahntrasse deckt, sind seit der Jahrhundertwende bei Bauarbeiten immer wieder römische Befunde zutage getreten. Im Zusammenhang mit unseren Betrachtungen zur römischen Legionslager-Wasserleitung könnte eine Fundmeldung von 1908 stehen, in der es heißt, man habe »starkes Mauerwerk in Abständen von 3 m« gefunden.[314] Dieser Befund mag die Vermutung bestätigen, dass der Aquädukt zwischen Endenich und Lagermauer auf Bögen geführt wurde: Bei dem in Abständen von drei Meter vorgefunden Bauwerksresten könnte es sich demnach um die Fundamentierung der Pfeiler gehandelt haben.

Dieser Befund trägt allerdings nicht zur Klärung der Frage bei, ob das Wasser zur Durchquerung des alten Rheinarmes zwischen Endenich und dem Lager auf einer Aquäduktbrücke geleitet oder durch eine Druckleitung

---

312 Maassen 1882, 115; v. Veith 1888, 13; Clemen 1905, 39; Bakker 1974, 196–199; Gechter 1985, 121.
313 Grewe 1991b, 13–18; Grewe 2001.
314 Ortsakten LVR-Amt für Bodendenkmalpflege im Rheinland und Bonner Jahrb. 132 (1927) 297.

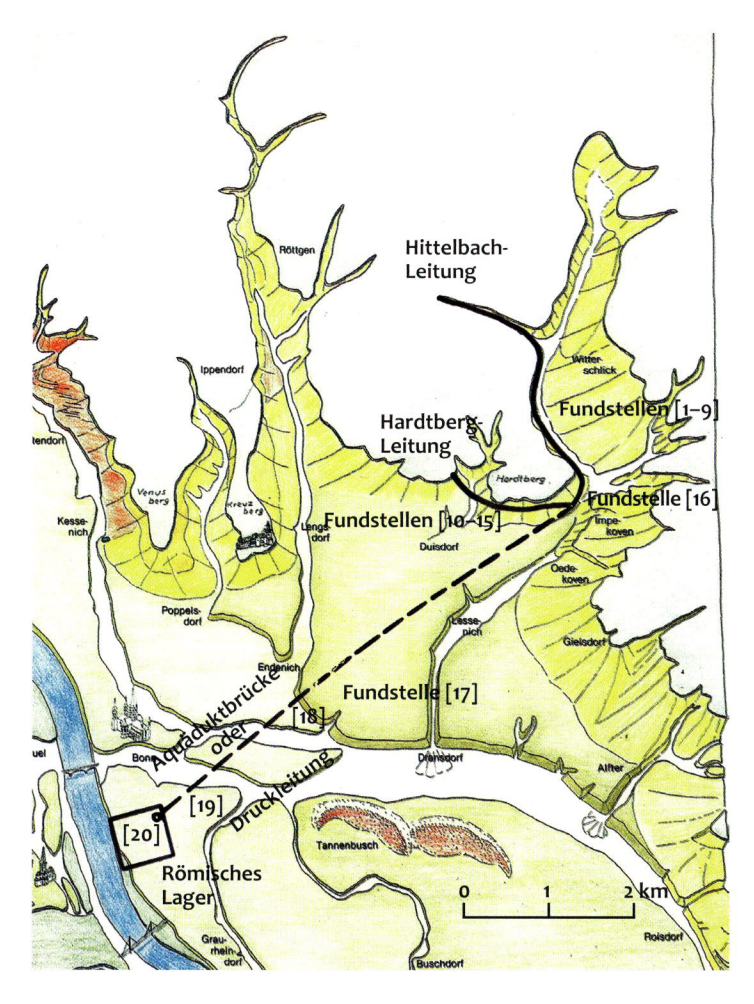

Bonn. Der Leitungsverlauf der Lagerwasserleitung in der geographischen Karte. (Kartengrundlage: W. Meyer, Bonn)

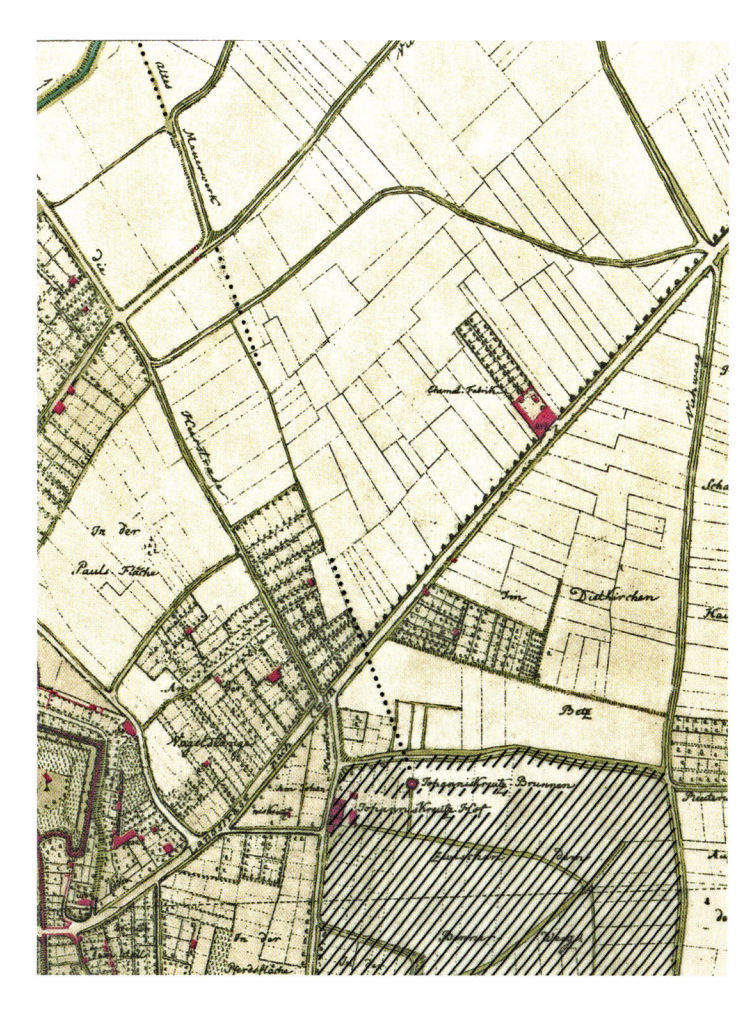

Bonn. Römisches Lagerareal und Trassenverlauf der Wasserleitung (altes Mauerwerk) auf dem so genannten Hundeshagen-Plan von 1819.

geführt wurde, denn auch zum Betrieb einer Druckleitung hätte eine brückenartige Unterkonstruktion gebaut werden müssen, deren Fundamentreste sich nicht anders dargestellt haben dürften als die 1908 angetroffenen. Bei der Diskussion, ob die Talsenke vor dem Bonner Römerlager mit einer Aquäduktbrücke mit Gefälleleitung oder einer Druckleitung durchquert wurde, wird man vor allem den Fund von drei Druckleitungssteinen außergewöhnlicher Abmessungen nicht außer Acht lassen dürfen.

Dieser einzigartige und wegen der Fundumstände durchaus auch als merkwürdig zu bezeichnende Fund wurde vom Verfasser 1987 bei einer Baumaßnahme in der Bonner Römerstraße gemacht. Im Gartengelände hinter dem Haus lagen drei qualitätvoll bearbeitete Rohrsteine aus Trachyt einer römischen Wasserleitung.[315]

315 Heute im Depot des LVR-LandesMuseums Bonn.

Oben: Drei Rohrsteine der Druckleitung durch die Gumme, einen Altarm des Rheins, vor der Stadt.

Rechts: Profil der Wasserleitung im Ausgrabungsbefund in Bonn-Duisdorf.

Rechts außen: Die Spuren der Arbeit mit dem Scharriereisen sind an den Rohrsteinen vor Bonn noch gut zu sehen.

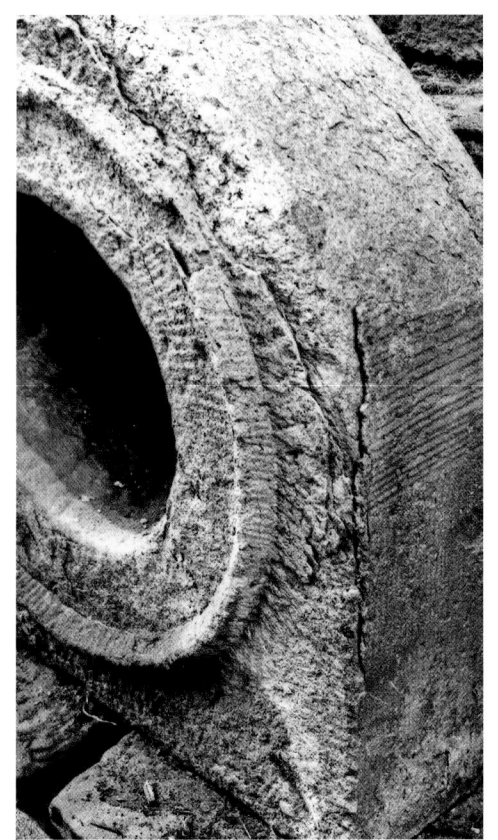

Diese Rohrsteine waren allerdings außen nicht völlig rund gefertigt worden, sondern zeigen eine geradlinige Unterkante, deren rechtwinklige Abschlüsse auf beiden Seiten in die Rundung übergehen; dadurch gewannen die Rohre bei ihrer Verlegung Standfestigkeit. Die Rohrsteine haben deutlich ausgeprägte Muffenverbindungen (Durchmesser 38,5 Zentimeter, jeweils zwei Zentimeter stark), durch die beim Aneinanderfügen die Dichtigkeit der Leitung erreicht wurde. Die Außenmaße der Steine wurden mit jeweils 53 Zentimeter Höhe und Breite der Standfläche ermittelt; ihre Stärke beträgt 20 Zentimeter.[316] Im Inneren fand sich eine ein Millimeter starke Versinterung.

Die saubere Bearbeitung ist zwar heute noch gut zu erkennen, die Steine hatten durch die lange Lagerung im Freien aber schwer gelitten. Wo diese Rohre einst installiert waren, war nicht mehr zu ermitteln; aufgrund der Bearbeitung und der lichten Weite von 24 Zentimeter kann allerdings gesagt werden, dass sie nur zu einer aufwendigen Druckleitung mit hoher Kapazität gehört haben können.

Im letzten Trassenabschnitt vor Erreichen der Lagermauer sind Einzelfunde zum Aquäduktverlauf nicht gemacht worden. Die Rekonstruktion der Trasse ist aber aufgrund älterer Bauwerksbeobachtungen wie auch der Aussagekraft von Altkarten zweifelsfrei möglich. Selbst aus den modernen Karten ist der Leitungsverlauf noch abzulesen, da die Aufteilung der Grundstücke für die städtische Bebauung um die Wende vom 19. zum 20. Jahrhundert auf die Wasserleitungstrasse Rücksicht genommen hat. Das wiederum deutet darauf hin, dass hier noch beachtliche Reste eines Aquäduktunterbaus überlebt hatten.

Ein außergewöhnliches Dokument für die Rekonstruktion der Trasse in ihrem letzten Abschnitt ist der Hundeshagen-Plan von 1819.[317] Im Verlauf der Heerstraße ist eine bis zur Erreichung der Lagermauer zweimal unterbrochene Linie eingetragen, die als »Altes Mauerwerk« gekennzeichnet ist. Es ist begründet anzunehmen, dass diese Linie mit der Aquädukttrasse identisch ist und hier noch bis in das 19. Jahrhundert Reste der römischen Bogenstellung zu sehen waren.

Aus diesen Einzelbefunden lässt sich trotz ihrer Lückenhaftigkeit ein anschauliches Bild der Wasserversorgung des antiken Castra Bonnensis zusammenstellen. Ad acta zu legen ist die alte Vermutung, die Bonner Leitung sei ein Abzweig der großen Kölner Eifelleitung; zielgerichtete archäologische Untersuchungen bei Meckenheim-Lüftelberg widerlegten diese u. a. bei Clever genannte These.[318] Als genutzte Wasserdargebote kommen danach nur die Quellen des Hitelbaches bei Alfter-Witterschlick und der Heidensprung (Kurfürstenquelle) in Bonn-Duisdorf in Frage. Mit ihrem gewaltig dimensionierten steinernen Druckrohrleitungsabschnitt durch die Gumme vor dem Lagerareal nimmt die Bonner Leitung allerdings eine Sonderstellung in der Liste der Aquädukte nördlich der Alpen ein. Sie wird uns auch bezüglich der nachrömischen Nutzung noch einmal beschäftigen (→ Kap. 14).

---

316 Druckleitungen aus Stein mit vergleichbarem Querschnitt sind vor allem aus Kleinasien bekannt (→ Kap. 9).
317 B. Hundeshagen, Topographisch-architectonischer Grundriß der Stadt Bonn und Umgebung bis Poppelsdorf (Bonn 1819; Neudruck Bonn 1969).
318 Clever (1896–1902).

Mogontiacum / Mainz

Zwischen 18 und 13 v. Chr. errichteten die Römer am linken Rheinufer in der strategisch günstigen Lage gegenüber der Mainmündung ein Militärlager. Für die Wasserversorgung wurden die Quellen des Königsborns bei Finthen (= *fontem* [?]) genutzt. Die Wasserleitung erreichte das Lager an dessen Südwestecke, wo im Bereich der *canabae* ein *castellum divisorium* in Form eines Zweikammerbehälters aufgefunden wurde.[319] Die Leitung diente nach Aufgabe des Lagers in diokletianischer Zeit und der gleichzeitigen Erhebung der aus mehreren *vici* zusammengewachsenen Zivilsiedlung zum Zentralort und zur obergermanischen Provinzhauptstadt wohl bis in das späte 4. Jahrhundert der Versorgung der Bevölkerung.[320]

Vom Verlauf des Aquäduktes sind streckenweise Abschnitte als Luftbildbefunde auszumachen, die auf eine Nutzung des Wasserdargebotes bei Finthen hindeuten. Von der Freilegung einer hölzernen Quellfassung wird in einem Text von 1771 berichtet. Ein bei dieser Aktion am Königsborn gefundenes Tonrohr mit einem Stempel der *legio XIV Gemina Martia Victrix* (70/71 bis ca. 92 n. Chr. in Mainz stationiert) könnte darauf hindeuten, dass die Römer sich diese Quelle nutzbar gemacht hatten. Möglicherweise war dieses Rohr ein Teil einer Zuleitung von einer der Königsbornquellen zum steinernen Hauptkanal des Aquädukts gewesen.

Mainz. Von den ehemals bis zu 25 Meter hohen Pfeilern der Legionslagerleitung sind im Zahlbachtal noch bedeutende Reste erhalten.

319 Heute befinden sich die Universitätskliniken auf dem Gelände.
320 Fuchs 1771, 153, 342, 355; Schmidt 1861, 142; Schumacher 1906, 22; Bittel 1928, 53; Samesreuther 1938, 82; Behrens 1953/54, 80; Stümpel, Mainzer Zeitschr. 66, 1971, 141; Klumbach 1969, 103; Esser 1972, 212; Kaphengst/Rupprecht 1988, 199–203; Pelgen 2003; Pelgen 2004; Heinzelmann 2007.

Der knapp sieben Kilometer Hauptkanal wurde wie üblich unterirdisch geführt. Mit Erreichen des Zahlbachtales (auch: Zaybachtal) musste diese Technik aufgegeben werden, um das Siedlungsareal auf dem Kästrich (= *castrum* [?]) in einer Höhe zu erreichen, die eine Verteilung des Wassers im Lager und später in der Stadt zuließ. Die Höhenlage des Verteilerbeckens erforderte den Bau einer bis zu 25 Meter hohen Aquäduktbrücke, die heute den augenfälligsten, weil obertägig erhaltenen Teil des Aquäduktes darstellt. Zu sehen ist eine Reihe von 58 Pfeilerstümpfen, die zu dieser ehemaligen Brücke gehörten. Erhalten sind nur die Pfeilerkerne aus *opus caementicium*, die Außenschale der Pfeiler – vermutlich aus glatt zugeschlagenen Kalksteinen – ist ein Opfer mittelalterlichen Steinraubes geworden. Die Bögen sind sämtlich eingestürzt, und auch dieses Material dürfte man im Mittelalter ein zweites Mal zum Bauen an anderer Stelle wiedergenutzt haben. Gleichwohl stellen sie die eindrucksvollsten Reste eines römischen Aquäduktes nördlich der Alpen dar.

Von dem Verteilungsnetz im Lager und in der Stadt sind einige Tonrohr- und Bleirohrfunde auffällig. Die Bleirohre – leider nicht in situ, sondern nur fragmentarisch in Schuttschichten gefunden – hatten Innendurchmesser von 2,5 bis zehn Zentimeter. Sie waren in der üblichen Technik hergestellt: Man hatte Bleiplatten zu Rohren zusammengebogen und die Verbindungsnaht verlötet. Acht Tonrohre wurden allerdings vor Ort gefunden und lassen sich durch ihre Stempel der *legio I Adiutrix* (70/71 bis ca. 92 n. Chr. in Mainz stationiert) zuweisen. Ein Neufund sind Rohre mit dem Stempel der

Mainz. Von den Brückenpfeilern ist in der Regel nur der Betonkern erhalten; hier sind Reste des Schalungsmauerwerks zu sehen.

legio XIV Gemina Victrix. Alle diese Rohre haben übereinstimmende Abmessungen: Sie sind zwischen 0,65 und 0,75 Meter lang und haben Innendurch-messer von 18 bis 20 Zentimeter. Sollte sich der Tonrohrfund am Königsborn mit der Leitung zusammenbringen lassen, ergäbe sich zusammen mit den übrigen Tonrohrfunden eine Datierungsmöglichkeit, die in das 1. Jahrhundert n. Chr. und damit in die Frühzeit der römischen Stadtgeschichte führte.

14 Die Nutzung römischer Wasserleitungen in nachrömischer Zeit

Eine der spannendsten Fragen der Technikgeschichte ist die nach dem Überleben der antiken Errungenschaften in nachrömischer Zeit. Bezogen auf die Wasserversorgung geht es dabei darum, ob die großartigen Aquädukte der Römerzeit noch im Mittelalter genutzt werden konnten und ob es auf antiken Technikkenntnissen basierend sogar Neubauten gegeben hat – oder ob das antike Technikwissen gänzlich verlorenging und deshalb von späteren Generationen neu entwickelt werden musste.

Für die Wasserversorgung hat sich gezeigt, dass ein Technologietransfer antiken Wissens sehr wohl möglich war. Archäologische Befunde belegen, dass zum Beispiel die Taufkirchen der frühen Christen auffällig häufig an Endpunkten römischer Wasserleitungen platziert worden sind, um gemäß dem frühchristlichen Ritus mit fließendem Wasser taufen zu können. Auch Leitungsneubauten – von römischer Bauart kaum zu unterscheiden – hat es gegeben, wie das Beispiel der Wasserleitung für die Ingelheimer Pfalz Karls des Großen um 800 n. Chr. zeigt. Die Wasserversorgungen der mittelalterlichen Klöster – in der Regel mit Druckleitungssystemen für die Klosterbrunnen ausgestattet – haben römische Technikkenntnisse wie selbstverständlich genutzt, wobei der Zugriff auf die Werke der antiken Schriftsteller, wie beispielsweise Vitruv, sicherlich von Nutzen war.

Die Wasserleitung der Pfalz von Ingelheim ist ein Beispiel für ein karolingerzeitliches Bauwerk, das sich in Material und Bauausführung kaum von einer der großen römischen Wasserleitungen unterscheidet.[321] Die Leitung mit Abmessungen von 40 Zentimeter lichte Weite und einem Meter lichte Höhe hat einen massiven Baukörper, dessen Wangen in einer Stärke von 50 Zentimeter aus Kalksteinplatten aufgemauert sind. Die Rinne ist überwölbt, aber innen nicht verputzt. Mehrfach geäußerte Vermutungen, dieser Aquädukt sei mit römischen Vorgängerbauten der Königspfalz in Verbindung zu bringen, haben sich nach neueren Untersuchungen nicht erhärten lassen: In den Grabungsbefunden der römischen Bauten ließen sich keine Reste einer solchen Wasserleitung finden. Es scheint tatsächlich so, dass in dieser nicht mehr genutzten Fernwasserleitung ein deutliches Zeichen königlichen Repräsentationswillens zu sehen ist, wie das auch bei den archäologischen Befunden von Gembloux und Aachen der Fall ist.

Daneben kennen wir durchaus Orte, an denen die römischen Wasserleitungen heute noch wie vor fast 2 000 Jahren funktionieren, aber nach den Römern nie mehr zu ihrem ursprünglichen Zweck genutzt worden sind. Vindonissa/Windisch (Schweiz) ist ein solches Beispiel. Heute noch speist diese Leitung einen Springbrunnen im Park von Königsfelden, und im Keller des Altersheimes von Windisch, bei dessen Bau der Kanal freigelegt worden war, ist der Befund in anschaulicher Weise präpariert worden.[322]

Selbst die Kölner Eifelwasserleitung hat Trassenabschnitte, die heute noch so wie in alter Zeit Wasser führen. Bei der Anlage einer Trinkwasserversorgung für einige umliegende Dörfer stieß man 1938 bei Mechernich-Dreimühlen auf das Quellgebiet Hauser Benden. Wie an den Quellgebieten Kallmuth und Urfey auch traf man mit erstaunlicher Übereinstimmung auf bereits von den Römern genutzte Wasservorkommen. In Kallmuth verlegte man daraufhin die neue Wasserentnahme gut 100 Meter talwärts, um den antiken Befund zu schonen. In den Hauser Benden lag man

---

321 (Holger) Grewe 2007; Grewe 1991b, 27f.
322 Grewe 1988, 53f.

mit der Ausschachtung einige Meter unterhalb der Quellfassung und traf den wasserführenden römischen Steinkanal. Dieser transportierte wie in alter Zeit das Quellwasser talwärts, ohne dass man ermitteln konnte, wohin das Wasser geführt wurde. Hier ging man 1938 dann sehr pragmatisch vor und hängte die neue Wasserentnahme einfach seitlich an die römische Leitung an. Das Wasser läuft nun aus der antiken in eine neuzeitliche Leitung über und wird einem Sammelbecken zur Qualitätskontrolle und Weiterleitung zugeführt.[323] Diese Beispiele sind allerdings wenig geeignet, um von einem Wissenstransfer über die Zeiten hinweg zu sprechen, da hier eher der Zufall seine Hand im Spiel hatte.

Es gibt aber durchaus andere Objekte, an denen man eine reale Weiternutzung einer Wasserversorgung nach der Römerzeit feststellen kann.[324] Die auffälligsten Beispiele in dieser Hinsicht sind die frühchristlichen Taufkirchen des 4. bis 10. Jahrhunderts n. Chr. Um in fließendem Wasser taufen zu können, hat man die Taufbecken an vorhandene antike Leitungen angeschlossen, so man keine neuen baute. Diese neuen Versorgungsleitungen waren in der Regel an die antiken städtischen Wassernetze angebunden, aber der Zeit entsprechend in römischer Technik gebaut, sie sind demnach von den »echt antiken« Leitungen kaum zu unterscheiden. Ein solches Beispiel finden wir in der frühmittelalterlichen Taufkirche St. Étienne neben der Kathedrale St. Jean in Lyon (Frankreich).[325] Das achteckige Becken war in den Boden des Bap-

Im frühchristlichen Johannes-Baptisterium von Poitiers (Frankreich) schloss man das Taufbecken an eine römische Wasserleitung an.

323 Grewe 1986, 69 (Fundstelle 19.2).
324 Grewe 1991b, 11–25; Grewe 2003a.
325 Grewe 1991b, 20–22.

tisteriums eingelassen, damit der Täufling – nur knöchelhoch im Wasser stehend – die Submersionstaufe empfangen konnte. Das Wasser wurde dem Becken durch zwei Bleileitungen in Sohlenhöhe zugeführt, während der Ablauf etwas höher angebracht war, um für den notwendigen Wasserstand im Becken zu sorgen. In Aix-en-Provence (Frankreich) liegt die Taufkirche auf dem römischen Forum, und man verwendete die antiken Säulen im Baptisterium ein zweites Mal zum Bauen.[326]

In Poitiers (Frankreich) liegt das Johannes-Baptisterium im Gelände einer römischen *villa rustica* und nutzt das Wasser einer antiken Leitung.[327] Die im 4. Jahrhundert n. Chr. gebaute Taufkirche ist als Gebäude heute noch beeindruckend, auch wenn sie in ihrer Geschichte mehrere Umbauphasen erfahren hat. Deren wichtigste war die des 6. Jahrhunderts, als es nach Zerstörungen durch die Westgoten unter dem Merowinger Chlodwig, der 507 n. Chr. in der Nähe von Poitiers über Alarich gesiegt hatte, wieder instand gesetzt und dabei vergrößert wurde.

Diese in Frankreich anzutreffenden Beispiele sind deshalb sehr außergewöhnlich, weil die Taufkirchen mitsamt den Taufbecken noch komplett erhalten sind. Es gibt aber archäologische Befunde, die derartige Einrichtungen auch für Deutschland annehmen lassen. Das achteckige Taufbecken neben dem Kölner Dom ist der frühchristlichen Zeit zuzurechnen, hier fehlt aber der Nachweis des Anschlusses an eine antike Wasserleitung.[328] In Bonn und Boppard sind die Befunde dagegen eindeutiger. In Boppard hat man die Taufpiscina in den römischen Thermen untergebracht.[329] Es scheint nicht abwegig anzunehmen, dass das eine ganz gezielte Maßnahme war, um den antiken Wasserzulauf auszunutzen.

In Bonn sind Spuren der antiken Wasserversorgung indirekt heute noch im Stadtbild wahrzunehmen.[330] So wurde die Bebauung des Bonner Nordens im 19. Jahrhundert nicht ohne Grund am Trassenverlauf der Lagerwasserleitung ausgerichtet (→ Kap. 13). Nach Aussage des Hundeshagen-Plans von 1819 waren bedeutende Reste der vor Erreichen des Lagers auf Pfeilern geführten Wasserleitung zu dieser Zeit noch erhalten und dienten bei der Aufteilung des Baulandes zur Ausrichtung der neuen Grundstückgrenzen. Diese Maßnahme ist am Verlauf der Grenzen im Grundstückskataster bis heute sichtbar, wenngleich das römische Mauerwerk inzwischen abgebrochen worden ist.

Nimmt man den Hundeshagen-Plan als Grundlage und verlängert darin die antike Trassenlinie bis in das römische Lagerareal hinein, so stößt man exakt auf eine Stelle, an der noch 1819 der Johanniskreuzbrunnen stand. Es ist nicht unbegründet anzunehmen, dass dieser Brunnen noch in der Neuzeit sein Wasser aus der römischen Lagerwasserleitung bezog. Möglicherweise ist er erst in kurfürstlicher Zeit von dieser Versorgung abgeschnitten und an die neue Wasserleitung dieser Epoche angeschlossen worden.[331] Die Stelle, an der der Johanniskreuzbrunnen gestanden hat, ist mit dem Endpunkt der auf das Lager führenden Wasserleitung identisch: Hier hat sich das antike *castellum*

---

326 Grewe 1991b, 22–24.
327 Grewe 1991b, 24f.
328 Hellenkemper 1986, 201–205.
329 Ristow 2003.
330 Grewe 2001b, 13–18; Grewe 2001.
331 Die kurfürstliche Wasserleitung bezog ihr Wasser aus der zweiten der von den Römern für die Lagerversorgung genutzten Quellen, nämlich dem Heidensprung in Bonn-Duisdorf – später Kurfürstenquelle genannt. Die Leitung versorgte den Marktbrunnen und noch bis in die Mitte des 20. Jahrhunderts auch die Kurfürsten-Brauerei. Heute liefert sie das Wasser für die Versuchsgärten der Bonner Universität in Bonn-Endenich.

Bei der Suche nach Wasserdargeboten für einige Ortschaften im heutigen Stadtgebiet von Mechernich war man 1938 auf die antike, noch wasserführende Leitung im Quellgebiet Hauser Benden getroffen und leitete sie einfach in das moderne Netz über. (Zeichnung: W. Haberey)

aquae befunden, aus dem sich die Legion mit Wasser versorgte oder von dem aus das Wasser über ein Leitungsnetz weiterverteilt wurde.

Aber genau an dieser Stelle in der Südwestecke des Bonner Legionslagers bauten die ersten Christen Bonns ihre Dietkirche, die erste Pfarr- und Taufkirche für die ganze Region. Das Vorhandensein eines Johannes dem Täufer geweihten Baptisteriums am Endpunkt der römischen Wasserleitung lässt auf eine ganz gezielte Ortsauswahl schließen: Hier war das fließende Wasser für die Taufe nach frühchristlichem Ritus vorhanden, genauso wie für den ältesten Bonner Markt. Mit Kirche und Marktplatz existierte also der Mittelpunkt einer frühen Zivilsiedlung, die sich durch diese Lage noch die Schutzfunktion der römischen Lagermauern zunutze machen wollte. Die Überfälle der Wikinger im Jahre 882 n. Chr. zeigten den Bonnern dann aber, dass solche Mauern keinen Schutz mehr boten – mit dem Wachsen der Stadt verlagerte sich danach auch das Zentrum Bonns.

Es stellt sich aber die Frage, wieso in Bonn eine Technik überleben konnte, die anderenorts zum Aussterben verurteilt war. Diese Frage ist besonders vor dem Hintergrund der hochtechnischen Ausstattung der Bonner Lagerleitung interessant, denn auf dem letzten Kilometer vor dem Erreichen des Lagers wurde eine steinerne Druckrohrleitung nachgewiesen, dazu noch in einer höchst qualitätvollen Ausstattung und auf einer Bogenreihe als Unterbau verlegt. Diese Hochtechnik erforderte zu ihrer Instandhaltung eine ständige Wartung, wozu Fachwissen und technisches Geschick erforderlich waren. War man im frühen Mittelalter zu einer solchen technischen Leistung denn in der Lage?

Vielleicht bietet auch hier der archäologische Befund ein Lösung: Eine 1910 am Krausfelder Weg gefundene römische Tonrohrleitung von 17 Zentimeter lichte Weite ist im ursprünglichen System der Wasserversorgung des Lagers mit einer vom Hardtberg kommenden Fernleitung nicht unterzubringen. Diese Leitung, die an mehreren Stellen angetroffen wurde, ist aber von großer Bedeutung für die Spätzeit der römischen Wasserversorgung: Sie war nämlich in einem 15 Zentimeter starken Paket aus Trassbeton verlegt worden, wodurch auch diese Leitung als Druckleitung ausgewiesen ist.[332] Ihr Verlauf parallel zur Pfeilerreihe der Trasse, wie sie von der Fernwasserleitung markiert ist, könnte darauf hindeuten, dass man schon in der Endzeit der römischen Herrschaft die Steinleitung nicht mehr instand hielt, sondern einen eventuell geringeren Bedarf über diese Tonrohrleitung deckte. Man könnte auf diese Weise einen zerstörten Abschnitt der auf Bögen durch die Gumme geführten Steinrohre in Form eines Bypasses aus Tonrohren »überbrückt« haben. Eine solche Leitung wäre von den Technikern der frühen Christengemeinde durchaus instand zu halten gewesen – wenn diese nicht sogar als Bauherren in Frage kommen, denn an der Bautechnik lässt sich das nicht unterscheiden. Jedenfalls liegt die Vermutung nahe, dass hier ein Beispiel für eine Kontinuität der Wasserversorgung aus der Antike bis in das Mittelalter vorliegt.

Bei der Suche nach einem Technologietransfer aus der Antike sind also die frühchristlichen Taufkirchen ein wichtiger Beleg. Da die ersten städtischen Wasserversorgungen, die in gewisser Weise an die antike Baukunst anknüpfen könnten, erst im 12. Jahrhundert gebaut werden, gilt es noch, für die Jahrhunderte davor technische Kenntnisse nachzuweisen. In diesem Zeitrahmen werden wir in den Klöstern des Mittelalters fündig. Betrachtet man die klösterlichen Anlagen näher, dann fällt auf, dass fast jedes Kloster über einen Fließbrunnen verfügte, der in den meisten Fällen im Kreuzgang vor dem Refektorium oder vor dem Eingang zur Kirche aufgestellt war. Da ein solcher Fließbrunnen an eine Druckleitung angeschlossen sein musste, um zu funktionieren, ist das hierfür notwendige Fachwissen vorauszusetzen. Derartige Wasserzuleitungen finden wir in mittelalterlichen Klöstern in einfachster Ausführung in der Frühzeit oder in technischer Vollendung im hohen Mittelalter, immer aber ist für den Bau einer solchen Einrichtung die Kenntnis vom Prinzip der kommunizierenden Röhren die Grundvoraussetzung. Auch die Herstellung von Rohrleitungen, zumeist aus Blei, muss beherrscht worden sein.

Nun kann man in den großen mittelalterlichen Klöstern die Kenntnis der Schriften Vitruvs durchaus voraussetzen, da in den Skriptorien viele Abschriften gefertigt wurden.[333] Vielleicht waren es auch die Beziehungen zu anderen Klöstern, beispielsweise in Italien, wo römische Anlagen noch in Betrieb waren, die als Vorbilder herangezogen werden konnten. Jedenfalls bringt man es bis zum Hochmittelalter zu meisterhaften Leistungen in der Technik der Wasserversorgung wie auch der Abwasserentsorgung von Klöstern. Ein wichtiger Beleg dafür ist der Rohrnetzplan des Klosters Christchurch in Canterbury, der unter dem Prior Wilbert (1151 bis 1167) angefertigt wurde.[334] Mit diesem Plan steht uns die Beschreibung eines hochkomplizierten Druckleitungssystems zur Versorgung eines mittelalterlichen Großklosters mit mehreren Brunnenhäusern zur Verfügung. Detailfreudig stellte der Zeichner sämtliche Leitungen mitsamt den Quellfassungen, den Entnahmestellen und dem Abwassersystem dar.

---

332 Ortsakten LVR-Amt für Bodendenkmalpflege im Rheinland.
333 Zur Rezeption von Vitruvs *De Architectura*: Schuler 1999.
334 Grewe 1991b (dieser Publikation liegt ein Faksimile des Canterbury-Planes als Anlage bei).

Teil B:
Die Eifelwasserleitung – Aquädukt für das römische Köln und Steinbruch für die romanischen Bauten

Eifelwasserleitung nach Köln bei Kall-Dalbenden. Die Wasserleitung überquert hier einen kleinen Siefen; unter der Leitung ist ein kleiner Durchlass installiert, damit Oberflächenwasser abfließen kann. (Foto: A. Thünker)

1 Der Römerkanal – Aquädukt für das römische Köln

»Die römische Eifelwasserleitung ist der bedeutendste antike Technikbau Mitteleuropas. Voller Bewunderung steht der moderne Mensch vor den Resten dieses Zweckbaus. Noch heute geben die erhaltenen Bauwerkselemente Zeugnis ab, von großartigen und für die Zeit unübertrefflichen Leistungen der antiken Ingenieure im Rheinland. In diesen Resten wird eine Hochkultur sichtbar, die nach dem Ende der Römerzeit niederging und erst nach Jahrhunderten wieder erreicht werden sollte.

Wasserleitungen waren nie Selbstzweck – ihre Konzeption und die zum Bau erforderliche Planung haben immer einen ganz bestimmten Zweck zu erfüllen gehabt: den Menschen in den zivilen Siedlungen oder auch in den Militärlagern das lebensnotwendige Trinkwasser in größtmöglicher Qualität und Quantität zuzuführen.

Wasser im Überfluss, dazu in einer ausgesuchten Qualität, hat den Menschen im antiken Köln einen Wasserluxus beschert, der wesentlich zur gehobenen Lebensweise der Römer am Rhein beigetragen hat. In dieser Leistung wird nicht nur überragendes technisches Wissen erkennbar, sondern zudem in ganz besonderen Maßen auch die maiestas des populus romanus. Der Römerkanal ist zudem ein beredtes Zeugnis für den Umgang mit den natürlichen Ressourcen und deren Ausnutzung zum Wohle der in der Provinzhauptstadt Niedergermaniens lebenden Menschen.

Wie in kaum einem anderen Aquädukt im Imperium Romanum wird in der Kölner Eifelwasserleitung die Vielzahl der technischen Elemente, wie sie zum Betrieb einer Fernwasserleitung notwendig waren, offenkundig. Darüber hinaus sind in kaum einem anderen Aquädukt derart viele unterschiedliche Bauwerksteile archäologisch untersucht, konserviert, rekonstruiert und öffentlich zugänglich gemacht worden. Erst in der Vielzahl dieser technischen Elemente werden die Schwierigkeiten im antiken Aquäduktbau deutlich – gleichzeitig werden aber auch die technischen Lösungen dieser Probleme erkennbar: Der Römerkanal ist ein technisches Gesamtkunstwerk. In ihm sind die Wurzeln der modernen Techniken im Wasserleitungsbau zu finden. Wegen dieser unstrittigen Bedeutung – nicht nur für das Rheinland – ist es deshalb gerechtfertigt, den Römerkanal als technisches Erbe der Menschheit anzusprechen.«[1]

Einführung

Wasser ist ein Grundlebensmittel. Die Notwendigkeit, sich mit Wasser versorgen zu können, gehörte deshalb zu den grundlegenden Voraussetzungen für die Ansiedlung von Menschen an allen Orten und zu allen Zeiten. Aber der Umgang mit dem Wasser ist von den unterschiedlichen Lebensformen geprägt worden, so dass in der Kulturgeschichte der Menschheit verschiedene Kriterien bezüglich der Wertschätzung des Wassers erkennbar werden. So gehörte es offensichtlich zur römischen Lebensart, sowohl für das öffentliche Leben als auch für den Privatbereich Wasser im Überfluss zur Verfügung zu haben. Vitruv stellt in dem auch diesem Buch vorangestellten Zitat wie selbst-

---

1   Aus der Präambel der Römerkanal-Charta, die am 1.6.2012 von den Bürgermeistern der an der Eifelwasserleitung liegenden Städte Mechernich, Euskirchen, Rheinbach, Meckenheim, Brühl, Hürth und Köln sowie der Gemeinden Nettersheim, Kall, Swisttal, Alfter und Bornheim feierlich unterzeichnet wurde.

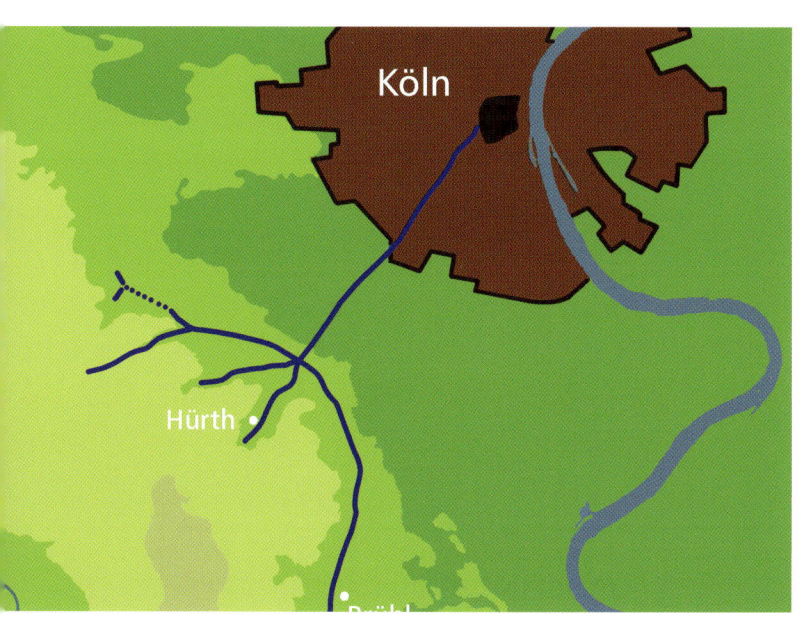

Oben: Lageplan der Vorgebirgsleitungen zur Versorgung des Oppidum Ubiorum.

Rechts: Lageplan der römischen Eifelwasserleitung für das antike Köln mitsamt den Vorgängerleitungen.

verständlich fest: »Wasser ist nämlich ganz unentbehrlich für das Leben, die Freuden des Lebens und den täglichen Gebrauch.«[2]

Wasserluxus als Ausdrucksform der römischen Lebensart wird überall dort erkennbar, wo die Römer sich niederließen. Da man diese Lebensumstände auch in den nach und nach unterworfenen Ländern an keinem Ort missen wollte, war römischer Ingenieurgeist gefordert, um baldmöglichst Zustände herzustellen, die man aus der Heimat gewohnt war. Und man wollte diesen Luxus nicht erst für spätere Generationen verwirklichen, sondern möglichst noch selbst daran teilhaben. Deshalb ging man in den neuen Provinzen jeweils sehr bald nach der Okkupationsphase daran, die Infrastruktur der ausgewählten Siedlungsplätze auszu-

2 Vitruv, De Architectura Libri Decem, VIII, 1, 1.

bauen und die Orte im römischen Sinne lebenswert zu gestalten. Köln ist ein besonders gutes Beispiel für die Einrichtung einer Wasserversorgung im Überfluss.

Seit mehr als 150 Jahren ist die römische Wasserleitung nach Köln, das von der Ausdehnung her größte archäologische Bodendenkmal nördlich der Alpen, Gegenstand wissenschaftlicher Erforschung. Dem Kommerner Markscheider C. A. Eick gebührt das Verdienst, mit den vielen volkstümlichen Legenden, die sich um den so genannten Eifelkanal rankten, aufgeräumt zu haben.³ Nach seiner wegweisenden Publikation aus dem Jahr 1867, in der er u. a. die Auffindung der von Köln am weitesten entfernten Wasserfassung am Grünen Pütz bei Nettersheim beschreibt, ließen sich die volkstümlichen Erzählungen von einer zwischen Trier und Köln bestehenden Weinleitung nur noch schwerlich aufrechterhalten. Diese Deutung wurde schriftlich erstmals in den *Gesta Trevirorum* niedergelegt, worin es heißt, dass die Trierer zur Zeit des hl. Maternus eine solche Leitung gebaut hätten, um ihre Freunde in Köln mit Wein zu versorgen:⁴

> In hoc tempore [d. h. zur Zeit des hl. Bischofs Maternus] fecerunt Treberi subterraneum viniductum a Treberi usque Coloniam per pagum Bedonis, per quem magnam copiam vini Coloniensibus amicitiae causa misere.

Diese Zweckbestimmung der Leitung finden wir noch einmal erwähnt in dem Mitte des 11. Jahrhunderts entstandenen *Annolied*:⁵

> Triere was ein Burg alt,
> Si cierti Romere Gewalt,
> Dannin man unter dir Erdin
> Den Vin santi verri
> Mit steinin Rinnin
> Den Herrin, al ci minnin, die
> Ci Kolne warin sedilhaft;
> Vili Mihil was diu in Kraft.

Von dieser Weinleitung wurde auch später noch des Öfteren berichtet, wenngleich man den Wahrheitsgehalt dieser Geschichte mehr und mehr anzweifelte. Diese Zweifel betrafen aber nicht die Leitung selbst, sondern nur den angeblich durch sie transportierten Wein. So wurde in den jüngeren Erzählungen dann aus der Wein- eine Wasserleitung, die aber immer noch die alten Römerstädte verbunden haben sollte. Da auf der Moselseite der Wasserscheide zwi-

---

3 Eick 1867.
4 J. H. Wyttenbach u. M. F. J. Müller, Gesta Trevirorum (1836) 40; E. Zens, Die Taten der Trierer – Gesta Trevirorum (1955) 35: »Zu dieser Zeit bauten die Trierer eine unterirdische Weinleitung von Trier nach Köln durch den Bitgau, durch welche sie eine große Menge Wein den Kölnern aus Freundschaft schickten.«
5 A. von Euw, Das Annolied und Denkmäler der Dichtkunst. Monumenta Annonis, Ausst.-Kat. Köln (1975) 75 ff.: »Trier war eine Stadt, die schon sehr alt; Mit Kunstwerken zierte sie Römer-Gewalt. Von dort aus sandte man den Wein in Leitungsröhren, die von Stein, tief unter der Erde in die Ferne; Denn die Herren alle tranken ihn gerne, die damals in Köln waren angesessen. Gar groß war Triers Kraft zu bemessen.«

schen Köln und Trier die Reste eines Kanals kaum zu finden waren, könnten die Bauwerksreste der zwischen Kyllburg und der Mosel verlaufenden so genannten Langmauer als solche gedeutet worden sein.[6]

Handfester war da die Deutung des Kanalbaus in der Kölner Dombausage:[7] Während die Mauern des Kölner Doms langsam emporwuchsen, soll der Teufel dem Dombaumeister eine Wette angeboten haben, nach der es ihm eher gelingen würde, das Wasser der Mosel in einem steinernen Kanal über die Eifelhöhen nach Köln zu führen, als dass jener seinen Bau vollenden könne. Zum Beweis für das Gelingen seines Bauwerks wollte er in diesem Kanal eine Ente auf dem aus der Mosel abgeleiteten Wasser nach Köln schwimmen lassen. Der Fortgang dieser Sage ist klar: Eines Tages, noch vor der Fertigstellung des Doms, traf man beim Graben auf eine steinerne Rinne, auf der tatsächlich eine schnatternde Ente an das Tageslicht gekommen sein soll. Als der erschrockene Dombaumeister auch noch das schadenfrohe Gelächter des Teufels vernahm, stürzte er sich voll Verzweiflung über die verlorene Wette von den Mauern des Doms herab. Dieses Ereignis soll der Grund gewesen sein, warum für mehrere Jahrhunderte der Dombau ins Stocken geriet. Den Dombaumeister, nebst seinem Hund, der ihm in den Tod gefolgt war, hat man später in Form von Wasserspeiern verewigt.

Solche Geschichten hielten sich lange und hartnäckig. So ist es nachzuvollziehen, dass der pflügende Eifelbauer, der mit der Pflugschar das Gewölbe des Kanals aufgeschlitzt hatte, die so entstandene Öffnung für einen Einstieg in die Unterwelt hielt.

Jedenfalls sind Zuschreibungen dieser Art durchaus auch heute noch geläufig; wir finden sie sowohl in alten Flurkarten als Flurbezeichnungen aus Zeiten vor Entstehung des Katasters als auch in den Erzählungen älterer Leute wieder, beispielsweise wenn von der Düwelskalle (Teufelsrinne) die Rede ist. Als Flurnamen haben sich etwa »An der Oder« (auch: Ader, Adruf, Aderich, Aducht; vermutlich von Aquädukt), »Auf der Rinne« oder »Rinnendriesch« erhalten; Bezeichnungen, die zweifellos mit der Wasserleitung in Verbindung zu bringen sind.

Eine frühe Bearbeitung des Gesamtverlaufes der Eifelwasserleitung mit der exakten Aufnahme aller damals bekannten Fundstellen führte der Rheinbacher Steuerinspektor J. H. Clever in den Jahren 1896 bis 1902 durch.[8] Clever hatte alle zugänglichen Leitungsaufschlüsse aufgesucht, eingemessen und die Befunde dann in einer von ihm gefertigten Kopie der topographischen Karte 1:25 000 kartiert; manche dieser Fundstellen sind heute im Gelände allerdings nicht mehr sichtbar.

In der Folge waren es vor allem die Arbeiten von F. Fremersdorf[9] und E. Samesreuther,[10] die die Kenntnisse um die Kölner Wasserleitungen erweitert haben, eine besondere Stellung nimmt jedoch das grundlegende Werk von W. Haberey ein, der rund drei Jahrzehnte lang die Untersuchungen zu den Leitungen führte und sie 1971 erstmals veröffentlichte.[11]

Wie beschwerlich es in früheren Zeiten für die Bodendenkmalpfleger war, einer Fundmeldung aus entlegeneren Landesteilen nachzugehen, soll an einem Beispiel aufgezeigt werden.

---

6 J. Steinhausen, Die Langmauer bei Trier und ihr Bezirk, eine Kaiserdomäne. Trierer Zeitschr. 6 (1931) 41ff.
7 K. Simrock, Das malerische und romantische Rheinland (Leipzig um 1840; Reprint 1975) 460ff.
8 Clever 1896 – 1902.
9 Fremersdorf 1929.
10 Samesreuther 1936.
11 Haberey 1972.

Eine die Ortslage von (Mechernich-)Kallmuth betreffende Fundmeldung des Amtsbürgermeisters von Zingsheim an den Direktor des Landesmuseums in Bonn datiert vom 17. September 1938 und ist dort zwei Tage später eingegangen. Aufgrund der abseitigen Lage Kallmuths schien dem Schreiber der Hinweis angebracht: »Kallmuth ist von der Bahnstation Scheven (Strecke Köln bis Trier) in 20 Minuten zu erreichen.« Auch wenn Kallmuth nicht auf einfachstem Wege zu bereisen war, trug die örtliche Aufnahmeskizze des zuständigen Bodendenkmalpflegers bereits das Datum vom 19. September 1938,[12] was zeigt, dass die Bonner Archäologen auch früher schon jeder Fundmeldung spontan nachgingen. Zudem wird ein weiterer Aspekt deutlich: Bei derart widrigen Verkehrsverhältnissen musste die technische Ausstattung des dienstreisenden Archäologen notgedrungen möglichst klein gehalten werden. Da also mehr als ein Messband, ein paar Fluchtstäbe und ein Feldbuchrahmen als Reisegepäck kaum mitzunehmen waren, dürfen wir uns über fehlende Höhenangaben oder fotografische Aufnahmen heute nicht wundern – die Mitnahme des für die entsprechenden Arbeiten notwendigen Gerätes war in vielen Fällen gar nicht möglich.

Die Fertigstellung des letzten Blattes der Deutschen Grundkarte 1:5 000 (DGK 5) im Verlauf der Kölner Wasserleitungen brachte uns vor einigen Jahren auf den Gedanken, dieses exakte Kartenwerk für eine grundlegende Neubearbeitung der Kölner Wasserleitungen heranzuziehen. In den 60 Kartenblättern, die den Gesamtverlauf abdecken, sollten sämtliche bekannten Fundstellen Punkt für Punkt kartiert werden. Diesem Vorhaben lag der Plan zugrunde, dass sich nach einer Neukartierung aller Fundstellen ein annähernd genauer Trassenverlauf nachzeichnen ließe, aufgrund dessen bei zukünftigen Eingriffen in den Boden die Aufdeckung des Bauwerks besser vorherzubestimmen und nach Möglichkeit bei größeren Bauvorhaben schon in der Planungsphase berücksichtigt werden konnte.

Der relativ große Kartenmaßstab von 1:5 000 bedeutete aber, dass trotz der Vielzahl bekannter Trassenpunkte der Gesamtverlauf nicht ohne weiteres zu komplettieren war. Die bestehenden Lücken konnten nur durch neuere archäologische Untersuchungen geschlossen werden. Durch die solchermaßen gezielt angesetzten Ausgrabungen in Hürth-Hermülheim, Mechernich-Lessenich, Mechernich-Vollem, Mechernich-Hombusch, Rheinbach und Meckenheim konnten nicht nur einige Leerstellen gefüllt werden, sondern die Ergebnisse waren auch bezüglich der Einzelbefunde derart ertragreich, dass wir heute ein völlig neues Bild der Aquäduktbrücken aus dem Verlauf der Eifelwasserleitung vermitteln können. Diese Ergebnisse wurden 1986 in einem Atlaswerk niedergelegt.[13]

Für besonders wichtig halten wir darüber hinaus die gewonnenen Erkenntnisse zur Organisation des Baubetriebes auf einer antiken Großbaustelle. Erstmals ist es nämlich gelungen, die Einteilung von Baulosen beim Bau großer Fernwasserleitungen archäologisch nachzuweisen. Dieser Nachweis ist von besonderer Bedeutung für die Überlegungen zum Arbeitsaufwand beim Bau des Kanals. Rechnen wir pro laufenden Meter drei bis vier Kubikmeter Grabenaushub, 1,5 Kubikmeter Mauerwerk sowie 2,2 Kubikmeter Innenputz – Werte, die schon Haberey genannt hat –, so können wir für die Arbeiten fünf Tagewerke veranschlagen. Für die Gesamttrasse der Eifelwasserleitung waren demnach rund 400 000 bis 500 000 Tagewerke aufzubringen. Solche Zahlen machen deutlich, wie sehr die Bauzeit für das Gesamtbauwerk von einer Einteilung in mehrere Baulose abhängig war. Die von Haberey rein spekulativ

---

12 Ortsakten des LVR-Amtes für Bodendenkmalpflege im Rheinland; Grewe 1986, 60 (Fundstelle 17.2).
13 Klaus Grewe, Atlas der römischen Wasserleitungen nach Köln. Rheinische Ausgrabungen 26 (Bonn 1986). Im Folgenden zitiert als: Grewe 1986.

genannte Bauzeit von fünf Jahren bei einem Einsatz von 250 Arbeitern[14] wird sich nach dem neueren Kenntnisstand über die Baulosaufteilung beim Bau der Eifelwasserleitung eher verkürzen.

Mit 95,4 Kilometer einfacher Trassenlänge zwischen dem Grünen Pütz bei Nettersheim und der Stadtmauer der Colonia Claudia Ara Agrippinensium gehört die Eifelwasserleitung zu den längsten Aquädukten der Antike überhaupt. Rechnen wir die Leitungsäste von den Quellen in den Hauser Benden, von Urfey und Kallmuth sowie diejenigen der Vorgängerleitungen aus dem Vorgebirge hinzu, so errechnen sich die Längen der Aquädukttrassen, die für die Versorgung der Colonia Claudia Ara Agrippinensium gebaut wurden, auf insgesamt knapp 130 Kilometer.

Nun sind Maßangaben bezüglich der ausgebauten Trassen allein nicht von Bedeutung für die technikgeschichtliche Bewertung eines solchen Bauwerks, sie vermitteln aber dennoch einen Eindruck von dem Aufwand, der für die Versorgung einer antiken Großstadt mit sauberem und schmackhaftem Wasser betrieben wurde. Wenn wir im Verlauf der Kölner Wasserleitungen weder die anderenorts verwirklichten mehrgeschossigen Aquäduktbrücken noch die aufwendigen Siphonstrecken aus Stein-, Blei- oder Tonrohren und auch Tunnelbauten finden, so liegt das nicht am Unvermögen der im antiken Köln tätigen Ingenieure, sondern daran, dass die hiesigen Geländeverhältnisse derartige Bauwerke nicht erforderlich machten.

Aber auch beim Bau der Kölner Leitungen war auf größere Kunstbauten nicht ganz zu verzichten, wobei deren Notwendigkeit in erster Linie aus der Lage der Quellen zur Stadt zu erklären ist. So finden wir schon im Verlauf der ältesten Vorgebirgsleitungen ein Absetzbecken zur Klärung des Wassers,[15] wie auch daran anschließend eine auf Pfeilern geführte Hochleitung, in der das Wasser durch die leichte Talsenke vor der Stadt geführt wurde. Die Reste des vor den Toren der Colonia Claudia Ara Agrippinensium gefundenen Wasserbeckens[16] gehören ebenfalls zu dieser ersten Bauperiode.

Die Entwicklung der Wasserversorgung Kölns ist also auf das engste verbunden mit der Geschichte der Stadtwerdung dieser antiken Großstadt von ihren Anfängen an. Die wichtigsten Stufen des Ausbaus von der Ubierstadt bis zur Hauptstadt Niedergermaniens lassen sich auch in den Bauphasen der städtischen Aquädukte ablesen: Schon ab ca. 30 n. Chr. war das Oppidum Ubiorum durch eine mehrere Kilometer lange Fernwasserleitung von Quellen im Hang des Vorgebirges versorgt worden. Mit Erlangung der Rechte einer Colonia wurde das vorhandene System ausgebaut. Nachdem die Colonia Claudia Ara Agrippinensium 80 bis 90 n. Chr. Hauptstadt der neueingerichteten Provinz Niedergermanien geworden war, orientierte man sich in der Wasserversorgung gänzlich neu und baute den 95,4 Kilometer langen Aquädukt aus der Eifel.

Die Leitungen aus dem Vorgebirge

Bei keiner der römischen Wasserleitungen aus dem Vorgebirge sind die historischen Quellen oder die Quellfassungen in ihrer ursprünglichen Form erhalten. Bedingt durch den großflächigen Abbau der Braunkohle sehen wir uns heute einer künstlich geformten Landschaft gegenüber, die nicht einmal mehr erahnen lässt, wie es hier vor den neuzeitlichen Ein-

---

14 Haberey 1972, 50.
15 Grewe 1986, 182 (Fundstelle 57.1).
16 Grewe 1986, 190 (Fundstelle 60.1).

Köln, Vorgebirgsleitungen. Absetzbecken im Verlauf der ersten Bauphase der Kölner Wasserleitungen; hinten rechts der Auslass in Form einer Spülschleuse.

Durch die an das Absetzbecken angehängte Abflusseinrichtung wurden sowohl der durch die Spülschleuse ausgespülte Klärschlamm als auch das bei Reparaturarbeiten abgeleitete Trinkwasser entsorgt.

griffen ausgesehen hat. Um die Lage der römerzeitlich ausgeschöpften Quellen zu lokalisieren und den Verlauf der römischen Wasserleitungstrassen nachzeichnen zu können, bleibt nur die Möglichkeit, ältere topographische Karten heranzuziehen, um auf dieser Grundlage in einem weitestgehend unverritzten Gelände arbeiten zu können.

Da die großen Bodeneingriffe erst im 20. Jahrhundert vorgenommen wurden, liefern die gegen Ende des 19. Jahrhunderts durchgeführten topographischen Aufnahmen der Königlich Preußischen Landesaufnahme eine wertvolle Kartenunterlage. Zwar sind in den nach dieser Landesaufnahme erstellten Karten schon einige Braunkohlentagebaue eingetragen, die Quellgebiete sämtlicher Zweige der Vorgebirgsleitungen waren damals hingegen noch nicht betroffen.

Diese Quellgebiete von vier Bächen des nordöstlichen Vorgebirgshanges waren es, deren Wasseraufkommen für die Trinkwasserversorgung des Oppidum Ubiorum und später der Colonia Claudia Ara Agrippinensium genutzt wurde. Von Süden nach Norden waren dies der Hürther Bach oder auch Duffesbach, der Stotzheimer Bach, der Gleueler und der Frechener Bach. Die zugehörigen Quellgebiete lagen in der gleichen Reihenfolge ehemals bei Knapsack, in Berrenrath, südwestlich der Aldenrather Burg und südlich von Frechen bei Bachem.

Es erscheint naheliegend, dass nicht alle Zweige der Vorgebirgsleitungen gleichzeitig gebaut wurden. Nehmen wir an, dass die vom Fuß des Vorgebirges ausgehende und mit nahezu geradlinigem Verlauf nach Köln führende Sammelleitung aus Gründen einer ökonomischen Trassierung auf die zuerst erschlossenen Quellgebiete weist, so wird es sich bei der Hürther und der Burbacher Leitung um die ältesten Leitungsarme des Systems gehandelt haben. Die von der Sammelleitung entfernter liegenden Quellgebiete wurden dann wohl in der Folgezeit für den steigenden Wasserbedarf Kölns erschlossen. Ihre Wasser wurden durch entsprechende Zweigleitungen mit dem zuvor gebauten Kanal bei Hürth-Hermülheim verbunden. Das muss innerhalb der folgenden 50 Jahre geschehen sein, denn nach dem Bau der Eifelleitung zwischen 80 und 90 n. Chr. wurde dieses Leitungssystem nur noch in seiner Schlussstrecke ab Hürth-Hermülheim genutzt.

Zur relativen Chronologie kann gesagt werden, dass dem Bau der Vorgebirgsleitung von Hürth und Burbach der Ausbau der Trassen der Gleueler, der Frechener und Bachemer Leitungen folgte und in dieser Zeit auch die Sammelleitung zwischen Hermülheim und Köln höher gelegt wurde. Ein numismatisch-archäologischer Fund lässt sogar eine genaue Zeiteinordnung zu: Der Münzfund stammt aus dem Absetzbecken im Verlauf der ältesten Vorgebirgsleitung, wobei es sich um ein Art Quellopfer gehandelt haben könnte. Er wurde im Jahre 1927 freigelegt und von Fremersdorf erstmals beschrieben.[17] E. Nuber hat die Münzen neu bestimmt:[18]

1) Augustus (Kaiser von 27 v. bis 14 n. Chr.): As (3/2 v. Chr.);
2–3) Tiberius (Kaiser von 14 bis 37 n. Chr.): As (nach 22/23 n. Chr.);
4) Caligula (Kaiser von 37 bis 41 n. Chr.) / Claudius (Kaiser von 41 bis 54 n. Chr.): As.

Die Fundzusammensetzung und die Fundlage erlauben den Schluss, dass die Münzen während der Nutzungszeit oder spätestens bei den Fundamentierungsarbeiten für die Vorgebirgshochleitung an ihren Fundort gekommen sind. Die relativ enge zeitliche Spanne der Münzen aus der ersten Hälfte des 1. Jahrhunderts n. Chr. legt die Interpretation nahe, dass vielleicht schon im 4. oder 5. Jahrzehnt dieses Jahrhunderts die älteste Leitung existierte. Ihr Bau wird aufgrund der historischen Entwicklung des Oppidum Ubiorum nicht vor dem 3. Jahrzehnt erfolgt sein. Um die Mitte dieses Jahrhunderts, vermutlich in Zusammenhang mit der Erhebung des Oppidum zur Colonia Claudia Ara Agrippinensium, erfolgte dann der Bau der Hochleitung aus dem Vorgebirge. Das Leitungssystem aus dem Vorgebirge wurde also ab 30 n. Chr. sukzessive ausgebaut und sollte bis zum Bau der Eifelleitung Bestand haben.

Zum Längsprofil der Vorgebirgsleitungen

Das Längsprofil der Vorgebirgsleitungen veranschaulicht verschiedene Trassierungsprobleme beim Bau einer römischen Fernwasserleitung und deren Lösung. Die Hürther Leitung, die wohl älteste Leitung aus dem Vorgebirge, verfügt wie die übrigen Vorgebirgsleitungen auch bis zum Erreichen der Rheinebene durch den Höhenunterschied von rund 60 Meter über eine ausreichende Energiehöhe; Abflussprobleme hätten bei diesen hydraulischen Vorgaben demnach nicht auftreten dürfen. Man ist aber mit der Trasse nicht dem Verlauf des aus derselben Quelle gespeisten Hürther Baches in dessen Seitenhang gefolgt, sondern querte vielmehr den vom Hürther Bach im Vorgebirgshang gebildeten Bergsporn. Von der Quellfassung bis zur Burg Hermülheim finden wir deshalb im Längsprofil drei unterschiedliche Gefälleabschnitte vor: Einem relativ starken Anfangsgefälle folgt ein schwach geneigter Abschnitt auf mittlerer Höhe (bei 85 Meter ü. NN), dem sich ein wiederum stark geneigtes Teilstück bis zur Burg Hermülheim anschließt.

Die Längsprofile der übrigen drei Vorgebirgsleitungen zeigen keine vergleichbar problematischen Abschnitte. Hier wurde die vorhandene Energiehöhe bis zum Auftreffen auf die Sammelleitung voll ausgenutzt.

Der Treffpunkt aller Leitungen ist zwar nicht genau zu lokalisieren, aber alles deutet darauf hin, dass er in dem Geländebereich lag, in dem später auch die Eifelleitung an die Sammelleitung angeschlossen wurde. An dieser Stelle nahe der (im Mittelalter gebauten) Burg Hermülheim lassen sich zwei Perioden einer Sammelleitung nach Köln nachweisen, die beide schon vor dem Anschluss der Eifelleitung bestanden haben. Die untere, d. h. die ältere Leitung, beginnt mit einem aus den Ausgrabungsbefunden errechneten Gefälle von 0,39 Prozent (vermutliches Sollgefälle 0,4 Prozent), das dem Gelände angepasst und bis zum südwestlichen Ortsrand von Hürth-Efferen beibehalten wurde.

---

17 Fremersdorf 1929, 94.
18 E. Nuber, Die Fundmünzen der römischen Zeit in Deutschland VI, 1,1 (1984) 519; Röm.-German. Museum Köln, Inv. Nr. 27.169ff.

Von hier bis zum Absetzbecken im Kölner Grüngürtel änderte sich der Wert im Anschluss daran und erreichte ein gleichmäßiges Minimalgefälle von 0,1 Prozent. Im Absetzbecken liegen Zufluss und Abfluss auf einer Höhe, damit das Wasser im Becken zur Ruhe kommen konnte. Für den Rest der Strecke vom Absetz- bis zum Verteilerbecken vor der Stadtmauer verfügte die Leitung wiederum über das Minimalgefälle von 0,1 Prozent. Dieses letzte Teilstück musste ab dem Absetzbecken im Grüngürtel schon in der frühesten Phase auf Pfeilern geführt werden, um die Talsenke vor der Stadt zu durchqueren. Sie endete in einem Becken, das bei archäologischen Untersuchungen 1898 in der Baugrube des Hauses Marsilstein 23 gefunden wurde.[19]

Dieses Verteilerbecken war zwar schon 1898 ausgegraben worden, wurde aber nie konsequent mit der Fernwasserversorgung Kölns in Verbindung gebracht. Zu dieser Vernachlässigung hatten sicherlich die topographische Lage außerhalb der antiken Stadt und die relativ niedrige Höhenlage des Beckens beigetragen. Aufgrund der neuesten Forschungsergebnisse kann das Becken aber unzweifelhaft der frühesten Fernwasserleitung Kölns zugeordnet werden, da seine Sohle eindeutig am Endpunkt der beim Absetzbecken beginnenden Gefällelinie liegt. Die Lage dieses *castellum divisorium extra muros* deckt die größten Nachteile der frühen Wasserleitung zur Colonia Claudia Ara Agrippinensium auf: Abgesehen von dem Standort außerhalb der Stadt war auch die Höhenlage bei nur 49,15 Meter ü. NN für eine Weiterverteilung des Wassers über das Stadtgebiet ungeeignet.

Die zweite Phase der Vorgebirgsleitungen behob diese Nachteile. Um die Problematik des genannten Minimalgefälles zu umgehen, wurde der Beginn dieses Gefälles von Efferen bis nach Hermülheim vorverlegt. Nun setzte sich also die 7,5 Kilometer lange Sammelleitung nicht mehr aus einem Gefälleabschnitt von 0,39 Prozent und zwei Abschnitten von 0,1 Prozent zusammen, vielmehr begann die Sohle in dieser Bauphase schon an der Burg Hermülheim mit 0,1 Prozent und behielt dieses Gefälle durchgehend bis Köln bei. Auf diese Weise konnte die Leitung im ersten Abschnitt kontinuierlich an Höhe gewinnen. Die obere Rinne ist im archäologischen Befund anfangs nur als aufgetragene Sohlenschicht in der alten Rinne erkennbar, dann als zweite Rinne über der ersten und später als Hochleitung, deren Pfeiler in der älteren Rinne gründen.

Mit Erreichen des Anfangspunktes der 0,1-Prozent-Strecke der älteren Leitung am Ortsanfang von Efferen verlaufen beide Bauphasen hinsichtlich ihres Gefälles parallel übereinander, d. h. die obere jüngere Leitung liegt mit ihrer Sohle auf einer Pfeilerreihe ca. sieben Meter über der ersten Leitung. Um diesen Wert veränderte sich dementsprechend die Höhe, auf der die Leitung der zweiten Bauphase das Stadtgebiet der Colonia Claudia Ara Agrippinensium erreichte, damit nun ein innerstädtisches *castellum divisorium*, das vermutlich in einem der Türme der neuen Stadtmauer untergebracht war, mit Wasser gefüllt werden konnte.[20] Dieser Gewinn an Energiehöhe ließ darüber hinaus nicht nur eine gewisse Wasserbevorratung in den wasserarmen Sommermonaten zu, sondern gewährleistete auch die Versorgung höher gelegener Stadtgebiete durch ein Druckleitungsnetz. Allerdings wird erst der Anschluss der Eifelleitung an dieses System später die Sicherstellung der notwendigen Menge an Wasser auch in wasserarmen Zeiten ermöglicht haben.

---

19 Grewe 1986, 190 (Fundstelle 60.1).
20 Dieser Turm stand südwestlich des (mittelalterlichen) Neumarktes an der Straße Im Laach. Es kann sich bei diesem *castellum* nicht um einen Wasserspeicher gehandelt haben, sondern eher um ein Durchlaufbecken mit Verteilerfunktion.

Die Hürther Leitung

Der Hürther Bach entsprang einst ca. 800 Meter nordwestlich von Knapsack in einer sich nach Nordosten öffnenden Talmulde des Vorgebirgshanges. Die Quelle – alte Beschreibungen sprechen auch von mehreren Quellen – lag in einer absoluten Höhe von 120 Meter ü. NN und damit rund 70 Meter über dem Versorgungsgebiet.

Die Trasse der von der Quelle ausgehenden Leitung steigt nach Köln hin nicht stetig ab, wobei sie den natürlichen Bachlauf in seinem Hang begleitet hätte. Vielmehr schneidet sie mit wesentlich geringerem Gefälle den Höhenrücken an der linken Bachseite, um nach Erreichen von dessen Ende abrupt und mit starkem Gefälle zur Niederung hin abzufallen.

Archäologisch ist die Quellfassung der Leitung niemals nachgewiesen worden. Ihre ehemalige Lage kann aber mit der Hilfe älterer Karten rekonstruiert werden. Die Kanalrinne ist in Hürth des Öfteren angetroffen worden: Sie lässt sich bis zum Ende des Höhenrückens, dann wieder am Fuße seines Abhanges verfolgen. Im Hang selbst war die Leitung nicht mehr aufzufinden, obwohl die Ausschachtung für das neue Hürther Rathaus, das man vor einigen Jahrzehnten in dem in Frage kommenden Gebiet errichtete, daraufhin beobachtet wurde.

Das Bild, das sich aus dem Puzzle der Fundstellen der Hürther Leitung bis zum Erreichen der Burg Hermülheim zusammenfügen lässt, ist vielfältig und manchmal verwirrend. Im Verlauf dieses Trassenabschnitts finden wir parallel geführte Umwegleitungen ebenso vor wie Erhöhungen der lichten Höhe oder Änderungen des verwendeten Baumaterials. Auffällig ist, dass die Maße des Kanalquerschnitts nicht über die gesamte Strecke beibehalten sind; in aufeinanderfolgenden Fundstellen wurden nahezu halbierte lichte Weiten gemessen. Es ist verwunderlich, dass die lichte Weite im Verlauf dieses Abschnitts stetig zunimmt, was nur mit einer durch eine weitere Zuleitung gestiegene Wassermenge zu erklären wäre. Insgesamt hat es den Anschein, als sei bei diesem wohl ältesten Ast der Vorgebirgsleitungen durch mannigfaltige bauliche Veränderungen versucht worden, die Leistung zu steigern, ehe man die übrigen Quellgebiete des Vorgebirges erschloss.

Die Burbacher Leitung

Auch die Ortschaft (Alt-)Berrenrath, die sich um die Quellmulde des Stotzheimer Baches ausgebreitet hatte, ist Opfer der Braunkohlenbagger geworden. Die alte Ortslage war im Wesentlichen identisch mit dem westlichen Bereich des heutigen Otto-Maigler-Sees. Der erste Fund von dieser Leitung wurde bei der Ortschaft Alstädten gemacht, hier bestand die Leitung aus Kieselbeton mit einem lichten Querschnitt von 18 Zentimeter Breite und zwölf Zentimeter Höhe.

Der Stotzheimer Bach entsprang ehemals am Kopfende dieser Talmulde, halbkreisförmig umrahmt von der Bebauung des alten Ortes. Auch diese Quelle wurde vermutlich von den Römern gefasst; es existieren aber auch im Falle der Burbacher Leitung keinerlei archäologische Funde aus dem Quellgebiet am Kopf der Leitung.

Eine ältere Fundstelle eines Leitungsstückes soll bei den ehemaligen Pescher Höfen gesehen worden sein, über Bauart und -maße des Leitungsstücks sind jedoch keine Angaben überliefert. Ähnlich wie bei der Hürther Leitung ist hier möglicherweise versucht worden, durch Vergrößerung des Leitungsquerschnitts die Leistung zu steigern. Schwierigkeiten bereitet für beide Leitungstrassen, den Anschluss an die Sammelleitung zu lokalisieren. Er wird, wie der weitere Verlauf der Trasse Richtung Alstädten/Burbach, erst durch weitere archäologische Funde exakt rekonstruiert werden können.

Die Glueler Leitung

Schon der Name des Quellgebietes des Gleueler Baches deutet auf ein reiches Wasservorkommen hin, denn in »Sieben Sprüngen« soll in seiner Quellmulde das Wasser emporgestiegen sein.

Der archäologischen Untersuchung im Jahre 1930 kam zugute, dass durch den fortgeschrittenen Tagebau der Grube Louise die Quellen längst versiegt waren, also ein trockengelegtes Gebiet ausgegraben werden konnte. Die Grabungsergebnisse zeigen, dass auch in diesem Quellgebiet die verschiedensten Versuche zur Wassergewinnung unternommen wurden, fanden sich hier doch Sickerleitungen unterschiedlichster Bauart. Neben dem sicherlich römerzeitlich anzusetzenden Steinkanal wurden auch zeitlich nicht bestimmbare Holz- und Tonrohrleitungen verlegt.

Das Prinzip der Wassergewinnung war an den Sieben Sprüngen das gleiche, das auch am Kopf der Eifelleitung im Urftal bei Nettersheim vorgefunden wurde: Die wasserdurchlässigen Wangen der Sickerkanäle bewirkten, dass sich in den Gerinnen das Trinkwasser ansammeln konnte. Im Anschluss an die Wasserfassung der Sieben Sprünge führte man das Wasser in einem geschlossenen Steinkanal. Diese Leitung vereinigte sich dann in Gleuel noch mit dem Frechener/Bachemer Strang des Vorgebirgssystems.

Die Frechener/Bachemer Leitung

Die Lage der Quellen für diesen Leitungsast mit zwei Zweigen lässt sich in der Topographischen Karte 1:25 000 der Königlich Preußischen Landesaufnahme von 1893 im damals noch unveränderten Gelände eindeutig lokalisieren. Die Quellen lagen westlich und nordwestlich von Frechen-Bachem. Die westlich von Bachem gelegene Quelle speiste einen Bachlauf, der den Ort der Länge nach durchquerte, um am Ortsende auf den Bach zu treffen, der von der nordwestlich von Bachem im Judenbroich gelegenen Quelle kam; vereint strebten beide dem Frechener Bach zu. Heute sind ihre Spuren längst unter der Bebauung verschwunden.

In der 1893er-Karte sind beide Quellgebiete noch verzeichnet, wenngleich sie auch damals schon von den verschiedenen Tagebauen des Braunkohlenabbaus eingeschnürt waren.

Eine der Quellen lag nahe dem so genannten Feldhof. Das Quellgebiet wurde von Norden von der Grube Wachtberg und von Süden von der Grube Klarenberg bedrängt. Es fiel bereits den durch den Braunkohlenabbau verursachten Geländeveränderungen zum Opfer, als archäologische Befunde im Verlauf des zugehörigen Leitungszweiges noch gar nicht bekannt waren, eine archäologische Untersuchung des Quellgebietes also aus denkmalpflegerischen Gründen überhaupt nicht erforderlich erschien.

Der von Nordwesten auf Bachem stoßende Leitungszweig kam entweder aus dem Quellgebiet des Frechener Baches oder von der nordwestlich von Bachem im ehemaligen Judenbroich gelegenen Quelle. Da in oder südlich von Frechen zu keiner Zeit Reste einer römischen Wasserleitung aufgedeckt wurden, erscheint die zweite Lösung wahrscheinlicher. Auch dieses Quellgebiet blieb nicht verschont: Bereits 1893 war ihm die Grube Herbertzkaul bedrohlich nahegerückt. Dennoch lag der vom Quellgebiet ausgehende Wasserlauf noch 1960 offen zutage, ist aber inzwischen von einem großen Wohngebiet überdeckt. Auch diese Quelle bzw. der oberhalb liegende Geländebereich bis zum Frechener Bach sind nie archäologisch untersucht worden.

An diesen Quellen beginnen zwei Leitungszweige, die sich in Bachem vereinigen und danach den gemeinsamen Ast bilden, der in Gleuel auf die von den Sieben Sprüngen kommende Gleueler Leitung trifft und mit dieser zusammen die Reststrecke dieses Astes bis Hermülheim bildet.

Die zweiperiodige Sammelleitung ab Hürth-Hermülheim

In einem Baggerloch an der Westecke des Hermülheimer Realschulgeländes wurde 1959 die zweiperiodige Wasserleitung angetroffen.[21] Zuunterst befand sich eine aus Basaltkleinschlag und Mörtel gegossene U-förmige Rinne. Der Basaltkleinschlag hatte ein auffällig regelmäßiges, sechs bis sieben Zentimeter großes Korn, der Kanalboden war 25 Zentimeter stark und mit einer ebenso hohen Lage aus Kies aus grobem braunem Sand unterfüttert. Die nordwestliche Wange war 38 Zentimeter stark und 0,66 Meter hoch erhalten, die südöstliche Wange war 40 Zentimeter stark und 0,76 Meter hoch. Dieser Höhenunterschied war im gesamten Bereich der freigelegten Fläche ersichtlich. Auf die Wangen war im Inneren ein 15 Millimeter starker Estrich glatt verputzt; er enthielt sehr viel Sand und kleinen Ziegelsplitt. Auf den Kanalboden war ein fünf Zentimeter starker, weißer bis graugelber, sehr fester Estrich aus Kalk mit feinem Sand, gelbem und gelbrötlichem Ziegelsplitt (Korn bis 15 Millimeter) aufgetragen, die Lauffläche des Wassers war geglättet. In den unteren Ecken waren Viertelrundstäbe vorhanden.

In die Leitungsrinne waren vier große Tuffblöcke in Zweiergruppen eingelassen, die vermutlich als Pfeilerfundamente der sekundären Leitung dienten. Zwei dieser Tuffblöcke konnten vermessen werden; ihre Maße betrugen 50 mal 65 mal 52 Zentimeter und 50 mal 54 mal 50 Zentimeter. Der Abstand zwischen den zwei Blöcken einer Gruppe betrug 20 Zentimeter. Wie weit beide Gruppen voneinander entfernt waren, konnte nicht mehr ermittelt werden, es soll sich aber nach Auskunft des Baggerfahrers um 2,2 Meter gehandelt haben. Die Blöcke waren in die Rinne eingelassen, so dass sie auf den Viertelrundstäben aufsaßen.

Wenig unterhalb dieser Fundstelle wurde die zweiperiodige Leitung noch einmal freigelegt. Hier ist sie heute ergänzt, konserviert und mit einem Schutzbau versehen anzutreffen. Zuunterst findet sich ebenfalls die Rinne aus Gussmauerwerk mit Basaltkleinschlag, die, nach Entfernung des Gewölbes, als Substruktion für die höhere Leitung diente. Die Bögen dieser Leitung ruhten auf Pfeilern mit einem Abstand von 4,2 Meter von Mitte zu Mitte. Die Pfeiler waren nur zwei bis drei Lagen hoch und mit handgerechten Grauwacken verblendet. Darauf lagen Kämpfersteine aus Tuff, auf deren schrägen Schultern sich die den höher gelegten Kanal tragenden Bögen stützten. Diese bestanden aus sieben mörtellos quer zum Leitungsverlauf verlegten Keilsteinen aus Tuff, deren Länge (1,48 Meter) mit der äußeren Kanalbreite übereinstimmte. Fünf dieser Keilsteine weisen an der Kopfseite ein gleiches Steinmetzzeichen auf. Das Zwickelmauerwerk war wiederum mit Grauwacke verblendet. Pfeiler und Bögen trugen eine nicht erhaltene Rinne.

Dieser Befund wurde 1961 ausgegraben, restauriert und dabei im oberen Bereich ergänzt. Er bietet heute ein lohnenswertes Ziel bei einer Wanderung am Römerkanal.[22]

Das Absetzbecken im Grüngürtel

Im Verlauf dieser in Hermülheim beginnenden Sammelleitung aus der ersten Bauphase ca. 30 n. Chr. wurde schon 1927 bei Regulierungsarbeiten am Duffesbach ein außergewöhnlicher Befund angetroffen: ein Absetzbecken zur Klärung des Wassers vor dem Erreichen des Siedlungsgebietes. Das so genannte Wasserhaus im Grüngürtel ist ein hervorragendes Beispiel für ein Klärbecken im Verlauf einer großen antiken Fernwasserleitung.[23]

---

21 Haberey 1972, 29–36; Grewe 1986, 74f. (Fundstelle 55.13 und 55.14).
22 Römerkanal-Wanderweg, Station 51.
23 Germania 11, 1927, 158; 13, 1929, 221; Fremersdorf 1929, 92; Schultze 1930, 105; Haberey 1972, 24; Grewe 1986, 182–184

Die Anlage bestand aus zwei miteinander verbundenen Wasserbecken auf einem massiven Fundament. Das größere Becken in der Längsrichtung der Leitung hat zehn Kubikmeter Inhalt, Zu- und Ablauf lagen einander auf 1,8 Meter Höhe über dem Beckenboden gegenüber. Infolge des größeren Querschnitts des Beckens verlangsamte sich der Durchfluss, und Sand und andere Schwebeteilchen konnten sich absetzen. In Sohlenhöhe war dieser Schlammfang mit einem zweiten 1,2 mal 1,2 Meter großen Becken durch einen röhrenförmigen Grundablass verbunden, der im Normalzustand mit einem Stopfen o. Ä. verschlossen war. Zur Ausspülung der abgelagerten Schwebstoffe wurde dieser Grundablass von Zeit zu Zeit geöffnet, woraufhin das im Becken befindliche Wasser den Schlamm selbsttätig aus dem Becken hinausdrückte. Aus dem kleineren Becken führte eine gemauerte Kanalrinne von 0,7 Meter lichte Weite nach Südosten. Sie war innen mit *opus signinum* und Viertelrundstäben ausgestattet. Dieser Reinigungskanal ließ sich bei den Ausgrabungen nur auf eine Länge von maximal 120 Meter im Gelände nachweisen. Daher kommt eine Deutung als Trinkwasserleitung für eine abseits liegende Verbrauchsstelle nicht in Frage. Der Grundablass und diese Leitung bildeten eine Spülschleuse zur Entfernung der Ablagerungen, die einfach in die Landschaft entsorgt wurden.

Das Wasserhaus im Grüngürtel diente allerdings nicht nur zur Klärung des Wassers, sondern hatte daneben eine zweite Aufgabe zu erfüllen, dann nämlich, wenn an der anschließenden, auf Pfeilern geführten Vorgebirgsleitung Richtung Köln Reparaturarbeiten auszuführen waren.[24] Da die Spülschleuse am Boden des Klärbeckens für diese Aufgabe einen zu kleinen Querschnitt hatte, baute man auf dem oberen Rand des großen Beckens einen Überlauf ein, der das zuvor beschriebene südöstlich angehängte Becken als Fallschacht nutzte, in welchem das Wasser ebenfalls dem Reinigungskanal zugeführt werden konnte. Die Überlaufrinne war mit einem Schütz versehen, dessen Führungsschlitz noch erkennbar ist. Auch dieses Wasser wurde für die Zeit der Reparaturarbeiten einfach in die Landschaft entsorgt, wo es versickern konnte.

Die Lage dieses Beckens im Verlauf der älteren Vorgebirgsleitung bezeichnet gleichzeitig auch jenen Punkt, an dem die Leitung aus ihrem unterirdischen Verlauf ans Tageslicht trat. Von hier an wurde auch die erste Wasserleitung des römischen Köln auf Pfeilern geführt. Bei der in einer späteren Bauphase (um 50 n. Chr.) durchgeführten Höherlegung der Leitung wurde diese Anlage außer Betrieb gesetzt. Der massive Baukörper des Wasserhauses wurde als Substruktion für einen Pfeiler der neuen Hochleitung benutzt, die hier sieben Meter über der Vorgängerleitung verlief. Nach der Aufstockung begann der oberirdische Verlauf der jüngeren Leitung bereits in Hermülheim.

Die Wasserleitung aus der Eifel

Das Problem der Datierung ist wieder einmal im Fehlen von Urkunden, Inschriften oder Bauzeichnungen zum Bau dieses antiken Großbauwerks begründet. Alle Fragen zur Bautechnik, Planung, Trassierung und eben auch zur Datierung müssen wir aus dem Bauwerk selbst ableiten, ja förmlich herauslesen und mit den Mitteln der Logik den Bauwerkscode entschlüsseln. In dieser Hinsicht haben wir in den vergangenen Jahren sehr große Fortschritte gemacht, so dass wir auch zur Datierung einige neue Ideen entwickeln konnten.

(Fundstelle 57.1) (Römerkanal-Wanderweg, Station 52).
24 Demselben Zweck dienten eine vergleichbare Anlage vor der großen Aquäduktbrücke über die Mosel bei Metz sowie zwei kleine Wasserhäuser vor der großen Aquäduktbrücke in Segovia/Spanien (→ Kap. 10).

Zur Datierung

Das Oppidum Ubiorum hatte sich ab ca. 30 n. Chr. über eine in Stein ausgebaute Wasserleitung aus Quellen im Vorgebirge, das der Stadt in rund zehn Kilometer Entfernung südwestlich vorgelagert ist, mehr oder weniger üppig versorgt. Dabei lag der Nachteil der zwischen Frechen und Hürth gelegenen Quellen sowohl in der Qualität des Wassers als auch in der fehlenden Sicherstellung einer ausreichenden und vor allem ganzjährigen Versorgung. Durch ihre Hanglage am Vorgebirgsrand mit seiner nur knappen Überdeckung im Hinterland schütteten die Quellen nicht in ausreichender Menge, und da das Wasser nach den Niederschlägen im Erdreich nur einen kurzen Weg bis zum Wiederaustritt zurückgelegt hatte, genügte die Qualität den Ansprüchen der römischen Bewohner Kölns möglicherweise nicht.

Diese Nachteile waren auch nach der Koloniegründung durch die Aufstockung der Leitung (nach 50 n. Chr.) nicht zu beheben. An Qualität und Quantität änderte diese Baumaßnahme nichts – sie diente allein der besseren Verteilung des Wassers über das neu arrondierte Stadtgebiet. Betrachtet man nämlich die Lage des alten Wasserschlosses (*castellum aquae*) am Endpunkt der ersten Wasserleitung in Bezug auf das Areal der neu angelegten Stadt, dann wird deutlich, dass diese Leitung das Stadtgebiet der Colonia Claudia Ara Agrippinensium gar nicht erreichen konnte: Es lag rund 100 Meter vor der neuen Stadtmauer in einer Höhenlage, die eine Verteilung des Wassers durch ein innerstädtisches Leitungssystem gar nicht zugelassen hätte. Durch die Aufstockung erreichte man einen der Türme der neuen Stadtmauer und konnte diesen als *castellum divisorium* nutzen, um die Stadt von hier aus über ein weitverzweigtes Netz aus Bleileitungen zu versorgen. Von diesen Leitungen ist allerdings kaum etwas archäologisch nachgewiesen worden; wegen des gründlichen Vorgehens mittelalterlicher Bleiräuber wurden nur fragmentarische Funde gemacht.[25]

Eine frühere Datierung legte den Bau der Eifelwasserleitung in das 2. Jahrhundert n. Chr.,[26] allerdings berechtigen die zugrunde gelegten archäologischen Befunde allenfalls zu der Aussage, dass die Leitung im 2. Jahrhundert in Betrieb war.

Hinweise auf den Zeitpunkt der Fertigstellung der Eifelleitung haben wir bisher aus einem petrographischen (Kalksinter-)Befund und der historischen Situation gewonnen. Die Untersuchung der erhaltenen Sinterschichten im Kanal bei Euskirchen-Kreuzweingarten ließ eine Abfolge von 190 Schichten erkennen. Aber selbst eine relative Datierung ist auf dieser Basis nur schwer durchzuführen, da nicht mit Sicherheit gesagt werden kann, ob denn auch jede im Makrobereich festgestellte Schichtgrenze eine Jahresablagerung erkennen lässt. Möglicherweise deckt manche in diesem Bereich erkennbare Schicht einen größeren Zeitraum ab, dann nämlich, wenn sie mehr als ein Jahr zu ihrer Entstehung benötigt hat. Die Forschungsergebnisse von H.D. Schulz sind in dieser Hinsicht allerdings sehr aufschlussreich und scheinen die 190 Jahre Betriebsdauer zu bestätigen.[27] Andere Diskussionsbeiträge und Untersuchungen haben bisher zu keinem eindeutigen Ergebnis geführt.[28]

Das relative Zeitmaß von 190 oder mehr Jahren muss deshalb mit der Geschichte der Colonia Claudia Ara Agrippinensium und des römischen Rheinlandes abgeglichen werden: Historisch gesichert ist ein zeitweiliger Zusam-

---

25 Hellenkemper 1986, 193–214.
26 Haberey 1972, 99.
27 Schulz 1986, 266.
28 Zum Thema u. a.: Schmitz 1978; Baatz 1978; Grohmann 1978; Stolz 2010.

menbruch der Stadt im Winter 355/356 n. Chr. als Folge einer fränkischen Eroberung.[29] Der innerstädtische Katastrophenhorizont legt nahe, dass spätestens zu dieser Zeit auch die Fernwasserleitung untergegangen sein muss. Geht man von einer Zerstörung der Eifelleitung als Folge dieses Frankeneinfalls aus, so ergäbe sich bei einer angenommenen Betriebszeit von nur etwa 190 Jahren ein Bau der Leitung in den Jahren um 165 n. Chr., einer Zeit, in der die städtische Bauentwicklung in der Colonia Claudia Ara Agrippinensium ihren Zenit bereits überschritten hatte.

Die Hypothese vom Untergang der Eifelleitung um 355/356 n. Chr. ließe allerdings die Krisenzeiten der zweiten Hälfte des 3. Jahrhunderts außer Acht, in denen sogar Trier von den Franken erobert wurde.[30] Es ist deshalb auch möglich, dass die Fernleitung aus der Eifel nicht erst 355 n. Chr., sondern bereits während der ersten Germaneneinfälle um 270/280 n. Chr. zerstört und auch nach der Konsolidierung der diokletianischen Zeit nicht mehr in Betrieb genommen wurde:

> Es passt durchaus zum gegenwärtigen Stand unseres Wissens, dass die Funktion der Eifelwasserleitung im späten 3. Jahrhundert zusammenbrach. Eine solche historische Entwicklung entspräche der Situation in Köln: Das Lager der Rheinflotte wurde nach einer möglichen Katastrophe aufgegeben, die Wirtschafts- und Siedlungsquartiere vor der Stadt verödeten.[31]

Ob nach dem Untergang der Eifelleitung möglicherweise die Vorgebirgsleitungen wieder aktiviert wurden, muss Spekulation bleiben.

Ein weiterer archäologischer Befund macht die Datierung nicht einfacher: In der römischen Villa von Euskirchen-Kreuzweingarten fand sich ein Abwasserkanal, der mit Sinterplatten aus der Eifelwasserleitung abgedeckt war. Vielleicht also bediente sich nicht erst das Mittelalter, sondern auch schon die Spätantike des nicht genutzten Wasserleitungsbauwerks als Steinbruch.[32]

Ein fragmentarisch erhaltener Inschriftenstein wird von W. Eck als mögliche Bauinschrift der Kölner Wasserleitung beschrieben, auch wenn von dieser Inschrift nur die Buchstabenkombination »AQ« erhalten blieb.[33] Allerdings würde die Datierung in die Zeit des Kaisers Antoninus Pius (Kaiser von 138 bis 161 n. Chr.) führen und damit die Aufbruchphase zur Zeit der Provinzgründung außer Acht lassen.

Bezüglich des Nutzungsendes der Eifelwasserleitung sind auch die archäologischen Funde aus dem Kölner Abwasserkanal nicht uninteressant, die beim Projekt Archäologische Zone Köln gemacht werden konnten. Danach beginnt ein Fundhorizont in einem der zum Rhein führenden Hauptkanäle erst in den Jahren nach den Frankeneinfällen von 355/356 n. Chr., woraus S. Schütte schließt, dass das Abwasserkanalsystem bis zu dieser Zeit genutzt worden sein muss – eine gründliche Durchspülung hätte aber ohne die Zuleitung des Wassers aus der Eifelleitung nicht funktionieren können.[34]

---

29 H. v. Petrikovits, Rheinische Geschichte 1, 1. Altertum (1978) 190f.
30 H. Cüppers, »Die spätantike Stadt – Kaiserresidenz und Bischofssitz«, in: Trier – Kaiserresidenz und Bischofssitz. Ausst.-Kat. Mainz (1984) 69.
31 Hellenkemper 1986, 214.
32 Overbeck 1851, 13.
33 Eck 2006, 49–60.
34 Schütte/Gechter 2012, 50, 87.

Fügt man alle Argumente für einen frühesten Baubeginn und eine späteste Auflassung der Eifelwasserleitung zusammen, so ergibt sich aus diesen Hinweisen, dass die Eifelleitung zwischen dem 8. und 9. Jahrzehnt des 1. Jahrhunderts n. Chr. – immerhin die Zeit, in der die Colonia Claudia Ara Agrippinensium Hauptstadt der neugegründeten Provinz Niedergermanien wurde – an die Vorgebirgsleitung angeschlossen worden sein muss. Dieses Baudatum fällt in die Zeit der größten Bauexpansion der Colonia und lässt erkennen, dass kaum eine Generation nach der Hochlegung der Vorgebirgsleitung der Bedarf an ausreichender und ununterbrochener Wasserzuführung in Köln so hoch war, dass die Errichtung der Eifelleitung in Angriff genommen wurde. Immerhin hätte man mit dieser Baumaßnahme die Mängel der Vorgebirgsleitungen, also qualitativ schlechteres Wasser und Versiegen der Quellen im Sommer, ausgeschaltet. Somit wären innerhalb des 1. Jahrhunderts n. Chr. alle drei Phasen der Fernwasserleitungen ausgebaut worden – als eine Folge des wachsenden Bedarfs und der Qualitätssicherung.

Betrachtet man diesen Zeitrahmen auch in anderer Hinsicht genauer, dann fällt noch etwas auf: In dieser Zeit (81 bis 83/84 n. Chr.) war Sextus Julius Frontinus Statthalter in Köln – ausgerechnet jener Frontinus, der zum Abschluss seiner politischen und militärischen Laufbahn von Kaiser Nerva zum *curator aquarum* in Rom bestellt werden sollte.[35] Ist er, der uns in seinem Buch *De Aquaeductu Urbis Romae*[36] die Wasserleitungen der Stadt Rom in allen Einzelheiten beschreibt, auch der Auftraggeber der Kölner Eifelleitung gewesen? Möglich wäre das – die beim Bau der Kölner Wasserleitung gewonnenen Erfahrungen hätten ihm für die Ausübung des letzten Staatsamtes seiner Karriere durchaus nützlich sein können.

Als Ergebnis kann zusammengefasst werden, dass die Eifelleitung ca. 270 bis 280 n. Chr., spätestens aber nach der Katastrophe des Frankenüberfalls von 355/356 n. Chr. für die Versorgung der Colonia Claudia Ara Agrippinensium nicht mehr genutzt wurde.

Wenn nicht neue archäologische Funde die Situation weiter erhellen oder die Untersuchungen der Schichtablagerungen von Kalksinter aus der Leitung präzisere Ergebnisse bringen, lässt sich nur eine vorsichtige Einschätzung der Betriebszeiten vornehmen. Danach kann, wie beschrieben, davon ausgegangen werden, dass diese Leitung mindestens 190 Jahre in Betrieb war und somit eventuell schon unter dem Statthalter Frontinus gebaut wurde. Die politischen Umstände im römischen Rheinland und die derzeitige archäologische Befundlage machen diese Zuordnung sehr wahrscheinlich.

Die Auswahl der Quellgebiete und die Schwierigkeiten der Trassenführung

Für Köln wurden in der Eifel insgesamt fünf Quellen gefasst, deren Fassungen entweder als Sickergalerien angelegt worden waren oder die bis in die Grundwasser führenden Erdschichten reichten. All diese Quellen liegen in der nördlichen Eifel rund 50 Kilometer in der Luftlinie von Köln entfernt. Darüber hinaus liegen sie sämtlich über ein Gebiet verteilt, das heute geologisch die Sötenicher Kalkmulde genannt wird; das hier zu findende kalkhaltige Wasser erfüllte die hohen römischen Ansprüche an Qualität und Geschmack sicherlich, was erklärt, warum die Römer sich aus so weit von der Stadt entfernt liegenden Quellen versorgt haben, obwohl ergiebige Quellen durchaus schon in der Voreifel zu finden gewesen wären.

---

35 Eck 1995, 631–634.
36 De Aquaeductu Urbis Romae. In: Frontinus-Gesellschaft e. V. (Hrsg.), Geschichte der Wasserversorgung, Bd. 1 (München 1982, überarb. Neuauflage München 2013).

Auch durch die in den Eifeler Quellen angetroffenen Schüttmengen war der Aufwand, den der Bau einer fast 100 Kilometer langen Leitung erforderte, durchaus gerechtfertigt, denn täglich wurden durch den Römerkanal 20 Millionen Liter Wasser nach Köln geführt, womit den Kölner Römern pro Kopf und Tag etwa 1 200 Liter Wasser zur Verfügung standen; immerhin rund die zehnfache Menge, die von den heutigen Kölnern verbraucht wird. Die Diskrepanz von 95,4 Kilometer ausgebauter Trassenlänge gegenüber einer Luftlinie von »nur« 50 Kilometer liegt an dem zu bewältigenden Gelände, das im Falle der Kölner Leitungen als besonders schwierig bezeichnet werden muss.

Mögen Superlative wie »20 Millionen Liter Transportleistung pro Tag«, »beste Trinkwasserqualität«, »mehr als 100 Kilometer Trassenausbau«, »praktisch fehlerfreie Absteckung auch von Minimalgefällen«, die in dem Gesamtkunstwerk Römerkanal sichtbar werden, ob ihrer bewundernswerten technischen Leistung allein schon beeindrucken – was wird dann erst der tiefere Einblick in diesen grandiosen Technikbau beim heutigen Betrachter auslösen? Es sollen deshalb die technischen Elemente, die zusammen erst zum Funktionieren dieses Aquäduktes geführt haben, näher betrachtet werden.

In einer ersten Phase schöpfte die Eifelleitung das Wasser von drei Quellen – alle in der erwähnten Sötenicher Kalkmulde gelegen – in den Hauser Benden bei Dreimühlen, in Urfey und bei Kallmuth, wo zwei Quellfassungen archäologisch nachgewiesen werden konnten. Die von Kallmuth und Urfey ausgehenden Leitungsstränge vereinigten sich bei Vollem, und der anschließende Leitungsast wurde dann bei Eiserfey mit dem von Dreimühlen kommenden Zweig zusammengelegt.

Zu einem späteren Zeitpunkt wurde dieses System noch einmal erweitert: Der beim Klausbrunnen von Kallmuth beginnende Strang wurde über die Wasserscheide zwischen Rhein und Maas bis zum Grünen Pütz im Urfttal bei Nettersheim verlängert. Eine solche Wasserscheide zu überwinden gehörte zu den großen Leistungen antiken Ingenieurbaus. Hier war eine subtile Geländekenntnis ebenso gefordert wie ein solides Fachwissen in Wasserbau und Vermessungstechnik.

Auf die hohen Qualitätsansprüche, die man an das Wasser stellte, und derentwegen man auch »Umwege« in Kauf nahm, ist bereits mehrfach eingegangen worden. Vitruv benennt uns die Indikatoren für gutes Wasser noch einmal sehr deutlich:

> 1. Wasser ist nämlich ganz unentbehrlich für das Leben, die Freuden des Lebens und den täglichen Gebrauch. Es ist aber leichter zugänglich, wenn seine Quellen offen zutage liegen und fließend sind. Wenn sie aber nicht emporquellen, dann muss man die Quellen unter der Erde aufspüren und sammeln. Ermitteln muss man sie dann folgendermaßen: Man lege sich vor Sonnenaufgang an den Stellen, wo man das Wasser suchen muss, mit zur Erde gewendetem Gesicht platt auf die Erde, lege das Kinn auf die Erde, stütze es und beschaue die Gegend. So nämlich wird, wenn das Kinn unbeweglich ist, der Blick nicht höher schweifen als es angebracht ist, sondern er wird in einer festbestimmten Höhe waagerecht über die Gegend schweifen. Dann soll man da, wo sich kräuselnde und in die Luft aufsteigende feuchte Dünste zeigen, graben. Wo sich nämlich kein Wasser befindet, kann dieses Kennzeichen nicht auftreten.[37]

37 Vitruv VIII, 1, 1.

Auffallend ist die Suche der römischen Ingenieure nach kalkhaltigem Wasser führenden Quellen bei der Planung der Eifelwasserleitung. Wie schon in Kapitel 5 ausführlich beschrieben und dort nachzulesen, wusste man bereits, dass man neben der geschmacklichen Qualität kalkhaltigen Wassers mit diesem auch eine gesundheitliche Komponente berücksichtigen konnte. Denn Kalksinter kleidete die vorrangig genutzten Bleirohre aus, deren Gefährlichkeit für den menschlichen Körper durchaus bekannt war.[38] Im Falle der Eifelwasserleitung böte sich diese frühe Maßnahme des Verbraucherschutzes als Begründung dafür an, warum die Römer den Bau einer fast 100 Kilometer langen Leitung für die Versorgung ihrer niedergermanischen Provinzhauptstadt in Angriff nahmen, statt näher zur Stadt liegende Wasserdargebote mit kalkarmem Wasser zu nutzen.

Wie geschildert wurde, musste die Strecke von dem Quellgebiet zwischen Grünem Pütz bei Nettersheim und Stadtmauer mit einigen Hindernissen fertigwerden, was sie erheblich verlängerte. Neben den vielen Geländeerhebungen gab es vor allem zwei große Hindernisse, die bei der Trasse berücksichtigt werden mussten und die den römischen Ingenieuren einige Kopfschmerzen bereitet haben dürften.

Ein besonderes Geländehindernis war ohne Zweifel das Vorgebirge (die Ville), das wie ein 60 Meter hoher Querriegel in der Luftlinie zwischen den Eifelquellen und der Colonia Claudia Ara Agrippinensium lag. Um Wasser mit natürlichem Gefälle aus den Eifelbergen an den Rhein zu bringen, hätte man zur Überwindung des Villerückens bei Weilerswist eine entsprechend hohe und mehrere Kilometer lange Aquäduktbrücke durch das Erft- und Swistbachtal bauen müssen. Eine andere Möglichkeit wäre gewesen, den Villerücken zu durchtunneln oder eine entsprechend dimensionierte Druckrohrleitung zu bauen. All das wäre technisch machbar gewesen, man entschied sich jedoch für eine andere Lösung, die einfach und genial zugleich war: den Bau einer rund 20 Kilometer langen Umwegleitung, die in einer großen Schleife das Swistbachtal umfuhr. Man vermied also durch die Verlängerung der unterirdisch geführten Trasse den Bau eines aufwendigen Großbauwerks. Dazu mussten die Ingenieure allerdings sehr sparsam mit der zur Verfügung stehenden Energiehöhe umgehen, immer darauf achtend, dass sie mit ihrer Trassenlinie höher lagen als der zu überwindende Villerücken.

Trotz dieses technischen Kniffs war bei der Überquerung des Swistbachtals zwischen Rheinbach und Meckenheim immer noch der Bau einer gewaltigen Aquäduktbrücke erforderlich. Mit ihren 1 400 Meter Länge und ihren fast 300 Bogenstellungen wäre diese Brücke heute sicher eine touristische Attraktion. Sie ist dennoch nicht gänzlich verlorengegangen, wie später noch beschrieben wird.

Nach Durchquerung des Swistbachtals stieß die Leitung bei Meckenheim-Lüftelberg an den Rand des Vorgebirgsrückens und verlief nun wieder als unterirdisch geführter Steinkanal in schräger Richtung zwischen Swisttal-Buschhoven auf dessen Südwestseite und Bornheim-Brenig auf der Nordostseite Richtung Köln.[39]

---

38   Es gibt allerdings auch andere Beispiele – so besteht das innerstädtische Verteilungsnetz der Wasserversorgung von Seleukia in Pisidien (Türkei) aus kleinkalibrigen Tonrohren.

39   Ein ausgeprägter Grabenverlauf, der auf der Südwestseite des Vorgebirgsrückens zwischen Swisttal-Heimerzheim und Weilerswist auf rund 18 Kilometer isohypsenparallel zu verfolgen ist, sorgt seit den 1920er-Jahren für Irritationen; Tholen 1929. Da keinerlei Baureste einer Wasserleitung darin zu finden sind, ist diese Zweckbestimmung von verschiedenen Seiten verworfen worden. Auch eine archäologische Untersuchung von 2007 hat keine weiteren Kenntnisse dazu erbracht; Rücker 2008. Bezieht man allerdings die neuen Erkenntnisse zur Organisation römischer Aquäduktbaustellen ein (→ Kap. 4), erscheint es durchaus möglich, dass man die Trasse der Eifelwasserleitung nach einer ursprünglichen Planung von Swisttal-Buschhoven aus im Südwesthang des Vorgebirges fortführen wollte, um dann an einer nördlicheren Stelle den Vorgebirgs-

Ein anderes größeres Geländehindernis lag in der Eifel. Während die in einer ersten Bauphase genutzten Quellen sämtlich im Einzugsgebiet der Erft (und damit des Rheins) lagen, hatte man in einer zweiten Bauphase für die Vergrößerung des Wasseraufkommens ein Quellgebiet im Urfttal ausgesucht. Dieses Dargebot am Grünen Pütz bei Nettersheim hatte den topographischen Nachteil, im Einzugsgebiet von Urft und Rur – und damit jenseits der Wasserscheide Rhein/Maas – zu liegen. Man musste aus diesem Grunde urftabwärts einen Sattel in dieser Wasserscheide finden, der tiefer lag als das Quellgebiet am Grünen Pütz, um den Kanal mit natürlichen Gefälle aus dem Urfttal heraus in das Einzugsgebiet von Erft und Rhein zu führen. Den Sattel in dieser Wasserscheide, den auch die Ingenieure des 19. und 20. Jahrhunderts auswählten, um eine Bundesstraße, die Eisenbahnlinie von Köln nach Trier und eine Ferngasleitung ökonomisch durch die Landschaft zu führen, nutzten auch schon die römischen Planer, nur standen ihnen nicht die topographischen Karten unserer Zeit für die Trassenplanung zur Verfügung. Die Römer führten ihre Wasserleitung mit schwachem Gefälle im Hang des Urfttals Richtung Kall und schafften es auf diese Weise, den Sattelpunkt auf der Wasserscheide zu erreichen.

Zum Längsprofil der Eifelleitung

Die größten Hindernisse im Verlauf einer dem Gelände angepassten Gefälleleitung waren die quer zur Trasse liegenden Bergrücken. Deshalb gehören die Trassenabschnitte vor diesen natürlichen Hindernissen zu den komplizierten Strecken im Gesamtverlauf einer jeden Fernwasserleitung. Im Verlauf der Eifelleitung wird dieses Problem besonders deutlich im Streckenabschnitt vor dem Überqueren des Vorgebirgsrückens. Aber auch die anderen Problemstrecken im Verlauf der Eifelleitung sind in deren Längsprofil leicht zu erkennen. Sie enden zumeist an einem Punkt, an dem ein überdurchschnittlich starkes Gefälle beginnt. Der Grund hierfür liegt auf der Hand, denn bis zum Erreichen eines Geländehindernisses musste mit dem zur Verfügung stehenden Vorrat an Energiehöhe maßvoll umgegangen werden.

War das Hindernis dann überwunden, stand für den Abstieg genügend Energiehöhe bereit, und man hat in der Regel einem steilen Abstieg den Vorzug vor einem sanften gegeben. Auch das ist erklärbar, denn der sanfte Abstieg hätte bedeutet, im Hang hinter dem Bergrücken jedes Seitentälchen auszufahren, was sich wiederum ungünstig auf die Streckenlänge ausgewirkt hätte. Der Steilabstieg hingegen bedurfte nur einer kurzen Trasse; nicht nur im Hang selbst verlief die Trasse in einer ziemlich geraden Linie, auch nach Erreichen des Hangfußes konnte man einer wesentlich gestreckteren Linie folgen.

So ist es folgerichtig, dass sich in der Gefällelinie der Eifelleitung bei der Gesamtbetrachtung schwach geneigte Streckenabschnitte mit Steilstrecken abwechseln. Teilen wir die Gesamttrasse nach diesen Kriterien in einzelne Abschnitte auf, so ergeben sich folgende markante Teilstrecken:

Beginnend an der Quellfassung Grüner Pütz bei Nettersheim treffen wir in der Wasserscheide zwischen Rhein und Maas auf das erste größere Geländehindernis. Da es im Verlauf dieser Wasserscheide nur eine einzige Stelle gibt, an der eine aus dem Urfttal kommende Wasserleitung mit natürlichem Gefälle passieren kann, ist deren Höhenlage auch maßgebend für das Gefälle des oberhalb liegenden Leitungsabschnitts. Mit anfangs 0,15, dann nur noch 0,1 Prozent sucht die Leitung ihren Weg aus dem Einzugsgebiet der Urft/Rur/Maas in das von Erft und Rhein – dem

rücken zu queren. Den angefangenen Baugraben hätte man dann noch vor der Gefälleabsteckung aufgegeben, um stattdessen die Trasse zwischen Buschhoven und Brenig auszubauen, so wie wir sie heute im Gelände vorfinden.

absoluten Minimum an Gefälle ist man mit diesen Werten schon sehr nahegekommen. Da der Bergrücken mit der Wasserscheide recht breit ist, behält die Leitung auch danach noch für rund drei Kilometer ihr schwaches Gefälle bei. Zwischen Mechernich-Kallmuth und Mechernich-Eiserfey geht es mit wechselnd starkem Gefälle abwärts; unterwegs werden der Urfeyer Strang und in Eiserfey der von den Hauser Benden kommende Strang aufgenommen.

Dem Sammelbecken Eiserfey schließt sich ein Trassenstück an, an dem sich nicht nur relativ exakte Aussagen zum Gefälle machen lassen, sondern darüber hinaus sogar noch über die Längen einzelner Gefälleabschnitte bzw. sogar über Baulose.

Durch die recht gute Befundlage im Leitungsabschnitt nach dem Eiserfeyer Sammelbecken konnten gleich zwei Ausgleichsstellen für Höhendifferenzen ausgemacht werden, denen mit Tosbecken oder Höhenstufen begegnet wurde. Die erste davon finden wir bei Mechernich-Breitenbenden, wo ein 0,3 Prozent geneigter Trassenabschnitt um 15 Zentimeter zu hoch auf den Anschluss zum nächsten Baulos trifft. Die Differenz wurde durch den Einbau einer entsprechend hohen Stufe ausgeglichen. Im anschließenden Baulos trifft wiederum ein 0,3 Prozent geneigter Abschnitt auf das nächste Baulos; an dieser Stelle ergab sich ein Höhenunterschied von 35 Zentimeter. Hier wurde ein Tosbecken installiert, um den Anschluss zum nachfolgenden Baulos sicherzustellen (→ Kap. 4).

Der Abstieg zum Kühlbach bei Mechernich-Lessenich erfolgt wieder mit stärkerem Gefälle, ohne dass exakte Höhenangaben gemacht werden können. Zwischen Lessenich und Euskirchen-Kreuzweingarten konnte ein Gefälle von 0,25 Prozent ermittelt werden, dem der Erftabstieg mit steilerem Gefälle folgt. Nach Überqueren der Erft und Umrundung des Hardtwaldes bei Euskirchen-Stotzheim schließt sich im Trassenverlauf die ausladende Umwegschleife bis weit in das Swisttal hinein an, um mit der Sohle den Rücken des Vorgebirges höhengleich zu erreichen. Anfangs mit 0,2 Prozent geneigt, schließt sich hinter der großen Swisttalbrücke ein gut sieben Kilometer langes Teilstück mit 0,12 Prozent Gefälle an. Hierbei handelt es sich um den Streckenabschnitt, der zur Passage des Vorgebirgsrückens benötigt wird.

Der Vorgebirgsabstieg erfolgt dann mit 4,5 Prozent wieder recht abrupt, um die Ausfahrung vieler kleiner Seitentäler im Vorgebirgshang zu vermeiden. Auf einer Strecke von neun Kilometern verläuft die Eifeltrasse danach am Fuß des Vorgebirges und trifft mit einem durchschnittlichen Gefälle von 0,3 Prozent in Hürth-Hermülheim auf die Vorgebirgsleitungen. Der Höhenunterschied von 1,58 Meter an diesem Punkt schaltete hydraulische Probleme aus und ermöglichte einen Übergang des Wassers aus dem Eifelkanal in die schon bestehende zweite Bauphase der Vorgebirgsleitungen.

Auf den letzten 7,5 Kilometern bis zum Erreichen der Stadtmauer der Colonia Claudia Ara Agrippinensium benutzte die Eifelleitung die Rinne der oberen Sammelleitung aus dem Vorgebirge. Eine nochmalige Aufstockung der bestehenden Hochleitung wäre zwar sicherlich möglich gewesen, erscheint aber unwahrscheinlich und war auch nicht erforderlich. In diesem letzten Abschnitt der Fernwasserleitungen Kölns finden wir noch einmal das Minimalgefälle von 0,1 Prozent vor, das bei den Erläuterungen zum Längsprofil der Vorgebirgsleitungen beschrieben ist.

Insgesamt betrachtet, gliedert sich die Trasse der Eifelleitung in viele Baulose, von denen zwei in ihrer beiderseitigen Begrenzung sogar nachgewiesen werden konnten. Die Baulose sind über ihre gesamte Länge entweder mit einem gleichmäßigen Gefälle gebaut worden oder aber sie waren in mehrere Gefälleabschnitte unterteilt, wobei diese dann ein jeweils gleichmäßiges Gefälle besaßen. In beiden nachgewiesenen Baulosen konnten »glatte« römische Strecken ermittelt werden (→ Kap. 4).

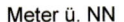

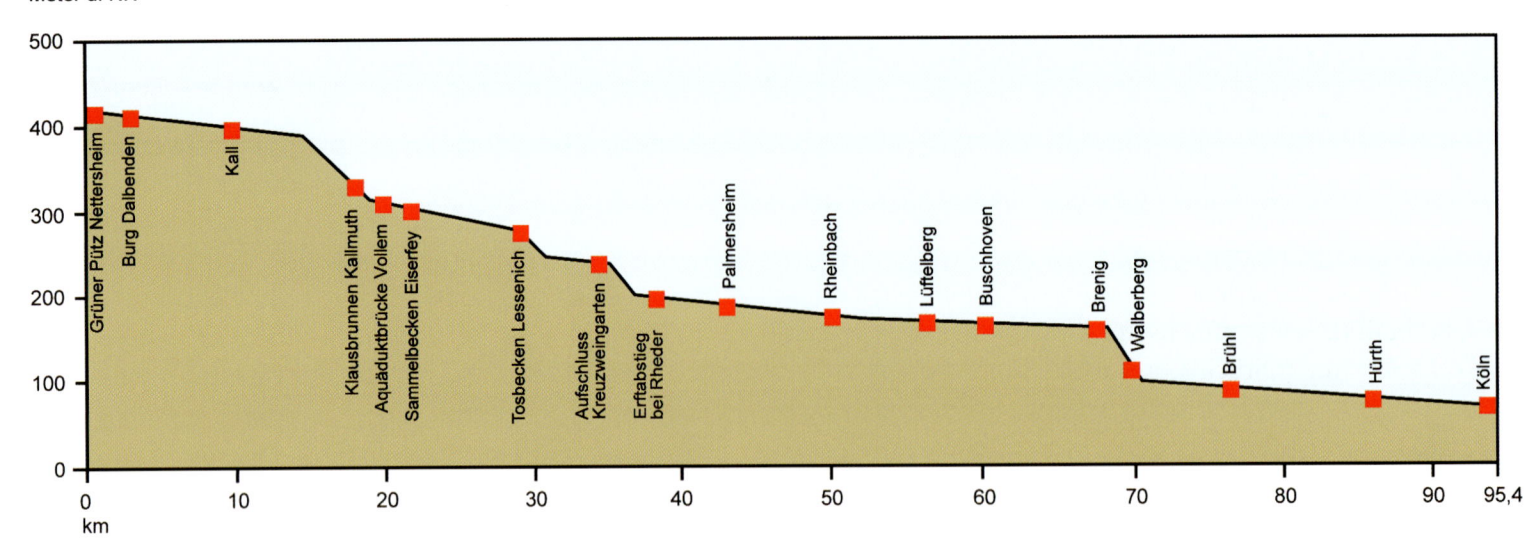

Längsprofil der Trasse der Eifelwasserleitung. (Grafik: H. Lauffer)

Die Wasserfassungen

An allen Stellen hat man die Aufgabe, ein örtlich vorhandenes Wasserdargebot auszunutzen, auf eine etwas andere Art und Weise gelöst und somit den örtlichen Gegebenheiten angepasst.

In der ersten Bauphase der Eifelwasserleitung nutzte man vier Quellgebiete bei Dreimühlen, Urfey und Kallmuth aus und erschloss dann in einer zweiten Bauphase – spätestens zu Anfang des 2. Jahrhunderts n. Chr. – über einen weiteren Leitungszweig auch noch das Dargebot im Urfttal. Dass dazu das Wasser aus dem Einzugsgebiet der Urft in das der Erft geführt werden musste – und dazu war die Wasserscheide zwischen Maas und Rhein zu überwinden –, stellte eine zusätzliche Schwierigkeit dar.

Man bündelte letztendlich also das Wasser aus fünf Wasserfassungen. Dazu gab es vier Knotenpunkte, an denen das Wasser jeweils zweier Leitungen kleineren Querschnitts zusammengeführt wurde. Im Anschluss an den letzten Sammelpunkt finden wir dann die Hauptleitung, die am Zusammenfluss zweier Leitungsäste bei Mechernich-Eiserfey begann und von dort mit einheitlichem Querschnitt von 0,75 mal 1,35 Meter bis nach Köln führte.[40]

Die Quellfassung Hauser Benden

Das Quellgebiet des Hauserbaches ist heute als Wasserschutzgebiet ausgewiesen und durch einen Drahtzaun gesichert. Die moderne Geschichte der Wassergewinnung in diesem Gebiet begann im Jahr 1938, als man bei der Suche nach einem weiteren Quellgebiet zur Deckung des gestiegenen Wasserbedarfs auf dieses Tal im Kalkgebirge unweit der Kart-

---

40 Zwischen Bornheim und Hürth-Hermülheim variiert die lichte Höhe zwischen ein bis 1,2 Meter; Grewe 1986, 164–173.

steinhöhlen stieß. Die auch in trockenen Jahren stets feuchten Wiesen ließen ein Quellgebiet großer Ergiebigkeit erwarten. Bei den ersten Versuchsgrabungen stieß man in ca. zwei Meter Tiefe auf eine Art Trog aus Sandstein, aus dem ergiebig klarstes Quellwasser hervorquoll. Es musste nur ein kleines Bauwerk errichtet werden, in welchem das Wasser in das moderne Rohrnetz übergeleitet wurde.

1952 erfolgte eine archäologische Untersuchung in diesem Quellgebiet;[41] es zeigte sich, dass der angeschnittene Kanal unterhalb der oberen in diesem Gebiet von den Römern genutzten Quellen lag. Er wies die Bauart einer wasserführenden Leitung auf: eine U-förmige Rinne aus Stampfbeton mit den lichten Weiten von 32 mal 35 Zentimeter, durch mächtige Sandsteinplatten, die etwas breiter als der Kanal selbst waren, abgedeckt. Innen war diese mit einer Schicht aus rotem Estrich ausgekleidet.

Oberhalb dieses Brunnenschachts wurde ein 46 Meter langes Stück der Leitung aufgedeckt. Bei der Untersuchung zeigte sich, dass die Fassung dieser Quellen eine Variante der beim Grünen Pütz von Nettersheim beschriebenen Sickergalerie darstellte. Eine kleiner dimensionierte Rinne stieß bis in die wasserführenden Schichten des porösen Kalkgebirges. Durch eine Abdeckung aus Schotter konnte das Wasser eindringen, sich sammeln und wurde dann der größeren Leitung zugeführt.

Die Vergrößerung des Querschnitts im Sammelkanal ließ schon bei den Ausgrabungen des Jahres 1952 die Vermutung aufkommen, dass noch weitere der in diesem Gebiet zutage tretenden Quellen von den Römern angezapft worden waren. Bei Erdarbeiten stieß man 1972 tatsächlich auf eine zweite Zuleitung zum Sammelkanal. Auch diese bestand aus einer Stampfbetonrinne, die innen einen Zentimeter stark mit einer *opus-signinum*-Schicht verputzt war. Eine Schotterschicht über dem Kanal ließ auch hier das Wasser in die Rinne durchsickern.

In den Hauser Benden bei Mechernich-Dreimühlen leitet man heute noch das Wasser aus dem Römerkanal in das moderne Rohrnetz über. (Foto: I. Ristow)

Da der Kanal in seinem weiteren Verlauf bei Dreimühlen eine lichte Weite von 45 Zentimeter aufweist, ist anzunehmen, dass neben den beiden bekannt gewordenen Zuleitungen noch weitere in den Wiesen um die Quelle Hauser Benden im Erdreich verborgen sind. Die dortigen Schüttmengen wurden für das Jahr 1977 mit 294 000 Kubikmeter ermittelt.

---

41 Bonner Jahrb. 146 (1941) 361; Haberey 1972, 52; Grewe 1986, 69 (Fundstelle 19.2).

Die Brunnenstube Klausbrunnen bei Kallmuth

In den feuchten Wiesen unterhalb von Kallmuth entspringt eine Quelle mit dem volkstümlichen Namen »Klausbrunnen«. Eick berichtete 1867, dass laut der einheimischen Bevölkerung auch diese Quelle bereits von den Römern gefasst worden sein sollte. Er selbst stellte die römische Fassung in Frage, da es obertägig keine Funde gab und weil zudem in der gegenüberliegenden Talseite der Aufschluss eines kleinen römischen Kanals gefunden wurde.

Ein 1930 bei Bauarbeiten für eine moderne Quellfassung gemachtes Amateurfoto zeigt einen Bauarbeiter auf offensichtlich römischem Mauerwerk. Als mehrere Jahre später das Foto dem Leiter des Schleidener Kulturamtes H. Kölsch in die Hände gelangte, existierten keine weitergehenden Nachrichten zu diesem Fundkomplex. Trotzdem gab das Foto den Anlass zu einer archäologischen Untersuchung, die 1953 unter der Leitung von W. Haberey durchgeführt wurde. Die Möglichkeit zu einer Ausgrabung war in diesem Jahr gegeben, da das Quellgebiet durch Abpumpen im benachbarten Mechernicher Bleibergwerk seit 1948 nahezu ausgetrocknet war. In den Jahren zuvor waren hier noch Schüttungen von 300 bis 500 Kubikmeter pro Tag gemessen worden.

Das Sammelbecken hat einen viereckigen Grundriss mit lichten Maßen von 3,5 mal 5,8 Meter und ist mit seiner Sohle etwa drei Meter in das Erdreich eingetieft.[42] Das 0,6 Meter starke Mauerwerk ruht auf einem Kranz von Sandsteinblöcken, die 0,5 bis 0,9 Meter hoch sind. Von der Hangseite aus kann das Quellwasser durch 1,6 Meter breite Zwischenräume im Fundament in die Kammer einströmen, da das dazwischen befindliche Mauerwerk zu diesem Zweck aus losen Steinen aufgeschichtet wurde. Der Druck des darüber liegenden Mauerwerks wird durch jeweils einen flachen Sturz und einen aufgesetzten Bogen abgefangen.

Wasser strömte also durch die Zwischenräume von drei solcher 1,6 Meter breiten Losesteinpartien in den Südwest- und Nordwestmauern in die Kammer. Demselben Zweck dienten auch die 20 bis 30 Zentimeter weiten torartigen Öffnungen in den drei Fundamentblöcken der Südwestseite.

Beim Abfluss aus der Quellkammer in den unterirdischen Kanal musste das Wasser eine 30 Zentimeter hohe Staustufe überwinden, so dass immer ein gleich hoher Wasserstand im Becken gegeben war und das Wasser sich klären konnte. Im Anschluss daran war dem Kanal ein kleines Sandsteinbecken vorgeschaltet, das aber eher zur Wasserberuhigung als zu Reinigungszwecken gedient haben dürfte. Die am Rand sichtbaren Kerben rühren wahrscheinlich vom Schleifen der Werkzeuge durch römische Bauleute her.

Nur 3,5 Meter unterhalb der Brunnenstube ist die von Nettersheim kommende Leitung an den Kanal angeschlossen. Die Bauausführung lässt erkennen, dass diese Erweiterung zeitlich nach dem Kallmuther Zweig gebaut wurde, möglicherweise erst zu Beginn des 2. Jahrhunderts n. Chr. Der überwölbte Kanal, baugleich mit den Aufschlüssen in seinem oberen Verlauf bei Urft und Sötenich, stößt allerdings mit seiner Sohle nicht höhengleich auf den Kallmuther Kanal, sondern etwa 0,6 Meter höher. Wie beim Tosbecken in der Baulosgrenze bei Mechernich-Lessenich muss es sich auch hier um eine Auswirkung der Methode des Austafelns bei der Gefälleabsteckung handeln. Um dem über diese Stufe stürzenden Wasser die zerstörerische Kraft zu nehmen, wurde zwischen Stufe und Treffpunkt ein 1,16 mal 1,2 Meter großes Tosbecken eingebaut. Dem gleichen Zweck diente die Ausbuchtung, die man in die Prallwand der dem zulaufenden Kanal gegenüberliegenden Kanalwange nachträglich einarbeitete. Die dicken Versinterungsschichten in diesem Bereich deuten auf starke Wasserturbulenzen hin.

---

42 Haberey 1972, 56; Grewe 1986, 62f. (Fundstelle 17.3).

Die Datierung von vier bei den Ausgrabungen (1953) und bei der Errichtung des Schutzbaus (1957) gefundenen Münzen und Keramikbruchstücke ist leider nicht eindeutig, um dadurch die Bauzeiten festlegen zu können.[43]

Bei den Fundmünzen handelt es sich um folgende Stücke:

a) Caligula (Kaiser von 37 bis 41 n. Chr.): As (37 bis 38 datiert), gefunden im Aushub. LVR-LandesMuseum Bonn, Inv.Nr. 59,234.
b) Hadrianus (Kaiser von 117 bis 138 n. Chr.): Sesterz (nicht näher bestimmbar), gefunden auf dem Beckenboden. LVR-LandesMuseum Bonn, Inv.Nr. 54,745.
c) Constantinus I. (Kaiser von 307 bis 337 n. Chr.): Follis (310 bis 312 datiert), gefunden im Aushub. LVR-LandesMuseum Bonn, Inv.Nr. 54,755.
d) Constantinus I. (Kaiser von 307 bis 337 n. Chr.): Follis (333 bis 334 datiert), gefunden im Aushub. LVR-LandesMuseum Bonn, Inv.Nr. 57,45.

Bei der Keramik gab es folgende Funde:

a) Beim Tosbecken der Zuleitung vom Grünen Pütz wurde ein Keramikbruchstück gefunden, das nicht vor das 2. Jahrhundert n. Chr. zu datieren ist (LVR-LandesMuseum Bonn, Inv.Nr. 57,1622).
b) Ein weiteres Keramikbruchstück wird in das 9./10. Jahrhundert datiert (LVR-LandesMuseum Bonn, Inv.Nr. 54,756).

Knapp 30 Meter unterhalb dieser Anschlussstelle nimmt der Kanal einen weiteren Zweig auf, der von einer kleinen Quelle auf der gegenüberliegenden Talseite kommt. Dabei handelt es sich wohl um das von Eick im vorigen Jahrhundert schon gesichtete Teilstück. Problematisch sind die Befunde bezüglich der lichten Weiten des Kanals. Die des Kallmuther Stranges ist heute noch an der Brunnenstube auf der Strecke von 3,5 Meter bis zum Anschlusspunkt des Nettersheimer Stranges mit 42 Zentimeter zu ermitteln. Dieses Maß machte den Kallmuther Strang zur Aufnahme der zusätzli-

Klausbrunnen bei Mechernich-Kallmuth. Ausgrabungsbefund der Brunnenstube im Jahre 1953. (Foto: W. Haberey)

Klausbrunnen (Mechernich-Kallmuth). Rekonstruktion von 1957.

43 Haberey 1972, 99–102.

chen Wassermengen aus Nettersheim ungeeignet. Habereys Befund legt denn auch den Schluss nahe, man habe nach dem Anschluss den talwärtigen Kanal auf 0,6 Meter erweitert. Diese Verbreiterung scheint aber nur im quellnahen Bereich vorgenommen worden zu sein, wie Ausgrabungen an demselben Leitungsstrang gut einen Kilometer talabwärts belegen. Bei der Ausgrabung der Aquäduktbrücke Vollem wurde 1981 nämlich eine Rundumversinterung des Leitungsprofils festgestellt, was auf eine übergroße Wassermenge schließen lässt.[44]

Die restaurierte Quellfassung des Klausbrunnens ist seit 1957 zugänglich; 2013 wurde sie baulich neu gestaltet.

Die Brunnenstube bei Urfey

Wie im Falle der beiden zuvor beschriebenen Quellfassungen wurde man südlich von Urfey bei der Anlage einer modernen Wasserversorgung im 20. Jahrhundert fündig. Bei Untersuchungen im Jahre 1951 des seit 1905 für die Wasserversorgung Mechernichs genutzten Quellgebietes war man auf Reste der römischen Wasserleitung gestoßen. Beim Eintreffen der Bodendenkmalpfleger war der Befund allerdings schon wieder zugeschüttet, so dass man sich bei dessen Beschreibung auf die Angaben der bei der Freilegung beteiligten Arbeiter verlassen musste.[45] Nach deren Erinnerungen hatte man bei den Erdarbeiten eine rechteckige Rinne vorgefunden. Im Gelände verstreute Steinbrocken ließen eine eindeutige Zuordnung in die römische Zeit zu.

Umbaumaßnahmen an den Tiefbrunnen im Quellgebiet führten in den Jahren 2009 bis 2010 zu archäologischen Befunden, die weitergehende Aussagen zur Nutzung dieses Quellgebietes in römischer Zeit ermöglichten. Nach 2009 durchgeführten Sondagen wurde 2010 eine archäologische Untersuchung in Angriff genommen. In diesem Rahmen wurde auf einer Fläche von 3,5 mal fünf Meter bis zu einer Tiefe von 2,5 Meter der Boden geöffnet, wobei eine Hälfte eines kreisrunden Wasserbauwerks

Quellfassung für einen Zweig der Eifelwasserleitung bei Mechernich-Urfey (2010).

---

44 Grewe 1986, 64–66 (Fundstelle 18.2).
45 Haberey 1972, 55; Grewe 1986, 66 (Fundstelle 18.3).

freigelegt werden konnte.[46] Das Becken hatte einen Durchmesser von 3,25 Meter und glich in seiner Bauweise dem Sammelbecken von Eiserfey: Die Mauern (0,9 Meter hoch erhalten) waren innen und außen mit einer verlorenen Schalung aus Grauwacke-Handquadern verkleidet und hatten nach oben hin eine Randbekrönung aus halbtonnenförmigen Sandsteinen. Die Bauausführung in Zweischalentechnik belegt, dass die Beckenmauer in diesem Fall nicht gegen eine Baugrubenwand gesetzt wurde, sondern in einer offenen Baugrube errichtet wurde. Der Befund war allerdings schon durch Rohrverlegungen im Jahre 1905 gestört worden, so dass die Randbekrönungssteine nicht mehr in situ lagen.[47]

Die Wassergewinnung erfolgte durch einen in mörtelloser Bauweise gesetzten Zuflusskanal (lichte Höhe 20 Zentimeter), der das Grundwasser in das Becken leitete. Ob die Fundstellen von Sickergalerien, die an zwei weiteren Stellen unweit des Beckens angetroffen wurden, zu ein und derselben Zuleitung gehörten, ist nicht sicher zu sagen, es ist deshalb durchaus möglich, dass eine zweite Zuleitung das Becken speiste. Die Bauweise der Quellfassung trägt dieselbe Handschrift wie der Klausbrunnen in Kallmuth und das Sammelbecken von Eiserfey.

Da der Begriff »Sammelbecken« für Einrichtungen eingeführt wurde, in denen man zwei oder mehrere Leitungsäste von verschiedenen Quellgebieten zusammenführte, kann das Becken von Urfey gleich dem Klausbrunnen als Brunnenstube bezeichnet werden. Das Becken nahm aber nicht nur Grundwasser aus der Sickergalerie auf, sondern wurde auch mit Hangwasser aus einer Packlage aus Grauwacken gespeist. Der Zulauf zum Becken war immer noch stark wasserführend.[48]

An das Becken hatte man nach Westen eine gemauerte Wasserleitung Richtung Vollem angeschlossen, die dort mit der von Kallmuth herkommenden Leitung zusammengeführt worden war. Die Leitung war ein steinerner Kanal und innen mit *opus signinum* verputzt. Sie war 43 Zentimeter breit und 30 Zentimeter hoch und möglicherweise zu römischer Zeit komplett mit Sandsteinplatten abgedeckt – jedenfalls konnte eine an das Becken angrenzende Platte mit Grundmaßen von 1,2 mal 0,8 Meter freigelegt werden, die diesen Rückschluss zuließ. Sie wies mehrere Bruchstellen auf, die allerdings schon von den Bodeneingriffen im Jahre 1905 herrühren dürften.

Der Grüne Pütz bei Nettersheim

Die drei zuvor beschriebenen Quellgebiete entstanden wahrscheinlich in einer ersten Planungsphase der Eifelwasserleitung, darauf deuten jedenfalls die einheitliche Bauweise und die Lage der Quellen hin. Der Grüne Pütz bei Nettersheim passt schon wegen seiner Lage jenseits der Wasserscheide Rhein/Maas nicht in dieses Konzept und dürfte in einer zweiten Bauphase spätestens zu Anfang des 2. Jahrhunderts n. Chr. erschlossen worden sein, um das Wasserangebot für das römische Köln zu erhöhen.

Bei der Erforschung der Eifelwasserleitung ist es ein besonderes Verdienst des Kommerner Markscheiders C. A. Eick, den äußersten Punkt des Römerkanals gefunden zu haben. Nach intensiven Geländebegehungen legte Eick wenig unterhalb der Rosenthaler Mühle einen Grabungsschnitt an, mit dem er den überwölbten und teilweise intak-

---

46 Fundbeschreibung von A. Schmidt (Fa. AABB, Erftstadt) vom 12.1.2011.
47 Im Rahmen der archäologischen Untersuchungen wurden zwei Randbekrönungssteine transloziert und liegen heute beim Sammelbecken in Mechernich-Eiserfey.
48 Die Schüttmenge der Quelle lag 1977 bei 1 500 Kubikmeter pro Tag.

ten Kanal aufdeckte. Ein weiterer Grabungsschnitt weiter oberhalb brachte keinen Befund. Dadurch war geklärt, dass am Grünen Pütz der End- bzw. Anfangspunkt der römischen Eifelwasserleitung nach Köln zu finden war. Den Nachweis über seine Forschungen führte Eick mit seiner 1867 erschienenen Publikation.[49]

Die eigentliche Quellfassung wurde 1952 von W. Haberey ausgegraben und untersucht;[50] 1975 legte A. Jürgens das Becken noch einmal frei und baute die Rekonstruktion,[51] die 2011 gründlich restauriert wurde.

Das Sammelbecken war bei der Ausgrabung 1952 in seinen Fundamenten noch erhalten. Von der Randbekrönung des nach oben hin offenen Beckens fand sich im Inneren ein bearbeiteter Sandstein von 0,95 Meter Länge, bei dem es sich um ein Eckstück der Randabdeckung handeln musste. Es hat die Form eines Würfels mit den Ansätzen der halbrunden Decksteine. Auf der Vorderseite ist im Relief ein Gorgonenhaupt dargestellt, das Unheil von dieser Quelle fernhalten sollte. Die Hauptwassermenge wird diesem Becken durch eine kleine Sammelleitung zugeführt, die sich talaufwärts auf 80 Meter Länge am Fuß des Talhanges anschließt. Bei der Restaurierung der Quellfassung 1975 konnte auch diese Zuleitung gründlich untersucht werden.

In dieser Sickerleitung ist die eigentliche Wasserfassung am Grünen Pütz zu sehen. Die Brunnenstube sollte dagegen das gesamte Wasseraufkommen sammeln und klären, bevor es in die Leitung nach Köln floss.

Die Breite der Sickerleitung betrug 40 bis 45 Zentimeter, ihre Höhe nahm von 70 Zentimeter bis auf einen Meter an der Brunnenstube zu. Sie lehnte sich unterirdisch in ihrer gesamten Länge von 80 Meter eng an den südlichen Hangfuß des Urfttals an; ihre Aufgabe bestand darin, das aus dem Hang austretende Quellwasser aufzunehmen. Aus diesem Grund ist die bergseitige Seitenwange aus Trockenmauerwerk gesetzt, durch deren Fugen das Wasser ungehindert in den Kanal eintreten konnte. Das Kopfende

Der Grüne Pütz ist heute wieder aufgebaut. Die Öffnung in der vorderen Wand dient der besseren Einsicht.

Der Grüne Pütz im Urfttal bei Nettersheim im Ausgrabungsbefund. Das Fundamentgeviert aus Sandsteinblöcken war vollständig erhalten. (Foto: A. Jürgens)

49 Eick 1867, 24.
50 Haberey 1972, 64–68.
51 Jürgens 1977, 84.

dieser Leitung war deutlich erkennbar, und hier, wie auch hinter der talseitigen Wange, sorgte ein künstlich eingebrachtes Dichtungspaket aus Ton dafür, dass einerseits kein Trinkwasser verlorenging und andererseits das Bachwasser des Urfttals vom Kanal ferngehalten wurde. Der Reinhaltung des Quellwassers dienten außerdem eine Abdeckung aus mächtigen Sandsteinplatten sowie eine Kiesschüttung auf der ansonsten unbearbeiteten Sohle.

In die Brunnenstube trat das Wasser der Sickerleitung durch eine torartige Öffnung im Fundamentbereich ein. Die Maße des aus graubraunen Sandsteinblöcken gemauerten Fundaments betrugen 1,93 mal 1,86 Meter; die einzelnen Sandsteinblöcke hatten Längen von 0,8 bis 1,2 Meter bei einer Höhe und Breite von jeweils 0,6 Meter. Die Sohle des Beckens bestand aus einer Kiesschicht, die 15 Zentimeter tiefer lag als die Sohlen des zulaufenden und des abfließenden Kanals. Auf diese Weise war ständig ein entsprechend hoher Wasserstand im Becken gewährleistet. Im Becken beruhigte sich das Wasser, und Fremdkörper in Form von Schwebstoffen konnten sich absetzen. Letzteres scheint hier im Quellgebiet mit seinem sauberen Wasser aber keine große Rolle gespielt zu haben, denn es ist im Becken kein Grundablass für abgesetzte Schwebstoffe vorhanden. Durch zwei zusätzliche kleine Öffnungen im Fundament auf der Hangseite der Brunnenstube strömte weiteres Quellwasser in den Behälter. Auf der Talseite verhinderte eine Tonabdichtung den Wasserverlust.

Der unterirdisch geführte Steinkanal

Die vier Quellgebiete in der Sötenicher Kalkmulde stellten ein Wasserdargebot dar, aus dem sich in fünf Wasserfassungen täglich 20 Millionen Liter besten Trinkwassers gewinnen und in die antike Stadt Colonia Claudia Ara Agrippinensium mit ihren vermuteten 15 000 Einwohnern leiten ließen. Damit standen jedem Einwohner im Schnitt 1 200 Liter Wasser zur Verfügung, die natürlich nicht nur der Trinkwasserversorgung dienten: Das Wasser wurde ebenso für den Betrieb der Thermen, die Durchspülung der Latrinen, zum Feuerlöschen oder auch in den Gewerbebetrieben benötigt. Der einfache Bürger musste sich das in seinem Haushalt benötigte Wasser bei einem öffentlichen Brunnen holen, der aber in der Regel nicht weit von seinem Haus entfernt lag. Aus dem Stadtplan Pompejis lässt sich ablesen, dass niemand mehr als 50 Meter laufen musste, um von seinem Haus aus zum nächsten öffentlichen Straßenbrunnen zu gelangen.[52] Ähnlich dürfte es auch im antiken Köln gewesen sein. Reiche Bürger konnten sich allerdings auch Privatanschlüsse leisten, die, anders als die öffentliche Versorgung, dann aber nicht kostenlos waren.

Es wurde schon erwähnt, dass die Gefälleleitung von der Quelle bis zum Rhein letzten Endes eine Länge von 95,4 Kilometer erreichte. Bis auf die Leitung auf den Brückenbauten war die gesamte Strecke unterirdisch ausgebaut. Das gebückt begehbare Lichtraumprofil von 0,7 Meter lichte Breite mal 1,35 Meter lichte Höhe begann am Sammelbecken Eiserfey, dort, wo mit den Leitungsästen aus Urfey/Kallmuth und von den Hauser Benden letztmalig Quellwasser zusammengeführt wurde. Dieser Leitungsquerschnitt war bewusst gewählt worden, um die Leitung von Zeit zu Zeit inspizieren zu können. Die dicht beieinanderliegenden Einstiegsschächte im Krebsbachtal bei Mechernich-Breitenbenden boten den römischen Kanalwärtern an vielen Stellen Gelegenheit, in den Kanal einzusteigen. Dass das in diesem Leitungsabschnitt besonders vonnöten war, belegt u. a. eine Reparaturstelle.

Der Unterbringung der Kanalwärter diente im Krebsbachtal eine Kanalmeisterei, die in Resten erhalten geblieben ist. Das kleine Bauwerk lag unmittelbar neben der römischen Wasserleitung. Ein kleiner Tempel, im Hang nicht

---

52 Eschebach 1979.

einmal zehn Meter neben der Wasserleitung gelegen, gestattete Kulthandlungen, die u. a. dazu gedient haben mögen, bei den Göttern den Schutz der Leitung zu erflehen. Zwei weitere Tempelchen in genau dieser Größenordnung wurden im weiteren Verlauf der Trasse im Hombusch oberhalb der Katzensteine bei Mechernich-Katzvey und bei Euskirchen-Kreuzweingarten ausgegraben – Letzterer ist dort in Resten heute noch zu sehen.[53]

Das Krebsbachtal gehört zu den vielen Geländehindernissen, die es im Zuge der Erbauung der Eifelwasserleitung zu überwinden galt. Bei den von Haberey 1959 durchgeführten Untersuchungen konnte sogar die oben erwähnte Reparaturstelle im *specus* archäologisch nachgewiesen werden. Nur wenige Meter hinter der nicht mehr aufgefundenen Talbrücke zeigte sich eine abweichende Auskleidung der benetzten Rinne. »Auf der Kanalsohle und an den Wangen liegen große Ziegelplatten von fünf bis sieben Zentimeter Stärke. Sie sind mit rotem Wassermörtel abgedichtet, auf dem sich sehr stark Sinter abgelagert hat.«[54] Haberey erklärt diese etwa vier Meter lange Ausbesserungsstrecke mit Setzungserscheinungen im Mauerwerk, das durch die sekundäre Rinnenauskleidung abgedichtet wurde. Auch die vielen, dicht beieinanderliegenden Einstiegschächte in diesem Streckenabschnitt scheinen auf Probleme mit dem Untergrund hinzudeuten, die von den Ingenieuren schon in der Planungsphase erkannt worden waren.

Im weiteren Verlauf dieses Teilstücks sollte der Befund durch den Ausbau der L 165 nachhaltig zerstört werden. Da das nördliche Widerlager der zu dieser Straße gehörigen Krebsbachtalbrücke genau auf dem antiken Kanal zu liegen kam, musste dieser schon aus statischen Gründen vor dem Brückenbau ausgebaut werden. Aus der Not eine Tugend machend, wurde die Wasserleitung in handliche Stücke geschnitten, geborgen und an verschiedenen Plätzen im Rheinland wiederaufgebaut. Bei den Freilegungsarbeiten für diese Bergungsmaßnahme konnte noch einmal ein gründlicher Einblick in das Kanalbauwerk genommen werden. Dabei wurden noch weitere Einstiegschächte entdeckt, so dass die von Haberey ausgesprochene Vermutung, die Römer hätten hier eine geologische Problemstrecke angetroffen, wohl zutreffend ist.

Am Ende der Ausbruchstelle ist der Römerkanal heute in einem schönen Aufschluss zu sehen.[55] Hier ist auch die von den römischen Baumeistern eingebrachte Drainage noch erhalten. Obwohl restauriert, sind ihre Funktionsmerkmale gut zu erkennen: Das Hangwasser wird von der Drainage aufgefangen und vor dem Bauwerk nach unten angeleitet, wo es durch die Stickung unter dem Kanal hindurchgeführt wird, ohne das Bauwerk beschädigen oder das Trinkwasser verunreinigen zu können.

Der Aufbau des Kanals ist in diesem Leitungsabschnitt nahe der ehemaligen L 165 (Breitenbenden bis Holzheim) besonders gut zu sehen.[56] Durch den Abtrag des Geländes für den Bau der von der L 165 abzweigenden Straße nach Harzheim ist zwar nicht mehr so deutlich zu erkennen, dass die Leitung ehemals in Tieflage im Erdreich verborgen war, aber hier sind dennoch einige Details in der Bauwerksstruktur erhalten, die an anderen Aufschlüssen nicht so eindeutig auszumachen sind. Dazu gehört die Stickung aus senkrecht gestellten Bruchsteinen auf der Sohle der ehemaligen Baugrube, die zuvor bis zu einer Tiefe von 3,5 Meter ausgehoben worden war. Auf dieser Stickung hat man die Sohle aus *opus caementicium* gegossen.

---

53 Bonner Jahrb. 134 (1928) 156, 169, (1969) 497; Grewe 1986, 114 (Fundstelle 28.1) (Römerkanal-Wanderweg, Station 22).
54 Haberey 1972, 82–86.
55 Jürgens 1980, 167; Grewe 1986, 84–88 (Fundstelle 22.4) (Römerkanal-Wanderweg, Station 16).
56 Grewe 1986, 82 (Fundstelle 22.2) (Römerkanal-Wanderweg, Station 14).

Nach dem Abbinden der Sohlenschicht konnte man die beiden Seitenwangen des Kanals errichten, was hier mit einer verlorenen Schalung geschah. Man brachte hier also keine hölzerne Verschalung ein, die man mit *opus caementicium* hinterfüllte, sondern es wurde eine Schalungswand aus Handquadersteinen aufgemauert, die man mit Steinen und reichlich Mörtel bis zur Baugrubenwand hinterfütterte. Gleichzeitig mit dem Aufmauern der bergseitigen Wange wurde die Drainage hochgezogen.

Nachdem die Seitenwangen aufgemauert waren, konnte man ein Lehrgerüst einbringen, das die Form einer Halbtonne für das Gewölbe vorgab. In der Regel legte man eine Seite des Lehrgerüstes auf der Innenkante einer der Wangen auf. Die andere Seite des Lehrgerüstes wurde auf Stelzen aufgelagert, die man vor der zweiten Wange im Inneren des Gerinnes aufgestellt hatte. Nun konnte man das Gewölbe setzen, wobei man keilförmig zugeschlagene Steine und reichlich Mörtel verwendete. Diese Lehrgerüste waren bis zu sechs Meter lang – entsprechend lang waren die Bauabschnitte in der Bauphase. Nach Abbinden des Gewölbemörtels konnte das Lehrgerüst wieder ausgebaut werden. Dazu nahm man die Stelzen auf der einen Seite wieder heraus, ließ das Lehrgerüst auf dieser Seite hernieder, hob es von der Wange auf der anderen Seite leicht an und zog es schräg gehalten aus der Baustelle. Danach konnte man es wieder und wieder verwenden.

Meist wurde das Gewölbe dann außen noch verputzt, so dass eine glatte Außenhaut aufwies. Zum Schluss wurde die Baugrube mit Erdreich verfüllt, und die Leitung lag danach mit ihrer Oberkante einen Meter tief und damit frostfrei im Boden.

Oben: Kanalaufschluss in der Ausgrabung am Grünen Winkel bei Mechernich-Lessenich (1980). Das Kanalgerinne war im Ausgrabungsbefund teilweise zerstört, die Stickung aber in diesem Bereich noch gut erhalten.

Mitte: Kanalaufschluss bei Mechernich-Breitenbenden. Gut zu sehen ist der negative Abdruck der Bretter des Lehrgerüstes im Gewölbe.

Unten: Kanalaufschluss bei Mechernich-Breitenbenden. Die Wandung ist in diesem Leitungsabschnitt hinter einer verlorenen Schalung aus *opus caementicium* ausgeführt worden. Im Verputz der Fugen wurde durch den Maurer eine Zierfuge eingeritzt.

Diese Bautechnik ist im Leitungsabschnitt bei Breitenbenden sehr gut zu sehen und selbst vom Laien bildhaft zu rekonstruieren. Besonders auffällig ist der negative Abdruck des Lehrgerüstes auf der Unterseite des Gewölbes, denn hier befinden sich gut erhaltene Spuren des Mörtels, der sich in die Fugen zwischen den Schalbrettern des Lehrgerüstes gedrückt hat. Auch Kalksinterablagerungen haben sich an den Wangen und auf der Sohle in mittlerer Stärke erhalten. Der Kalksinter hat hier zwar nicht die Mächtigkeit, die er weiter leitungsabwärts bei Kreuzweingarten noch aufweist, aber dennoch hat man hier im vorigen Jahrhundert noch Sintermaterial gebrochen, um es als Grabplatten zu verwenden.

Eine Besonderheit dieses Aufschlusses darf nicht unerwähnt bleiben: An den Wangen im Inneren des *specus* erkennt man vom Baumeister angebrachte Zierfugen, die in dieser Position ungewöhnlich sind. Der Baumeister hat die zwischen den Steinlagen bestehenden Fugen glattgestrichen und danach mit Holzbrettchen und Maurerkelle sowohl waagerechte als auch senkrechte Zierfugen eingeritzt. Diese Art von »Kunst am Bau« mutet geradezu absurd an, weil sie doch zur Zeit der Nutzung von niemandem gesehen werden konnte. Es scheint, als habe hier jemand gearbeitet, der sein Werk über die Maßen ernst genommen hat.

Die in Breitenbenden zu sehende Bautechnik ist allerdings nicht durchgängig für die gesamte Eifelwasserleitung nachzuweisen. An anderen Stellen wurde nicht mit der Technik der verlorenen Schalung, sondern mit hölzernen Schalbrettern gearbeitet, die nach Fertigstellung des Gerinnes wieder herausgenommen wurden. In diesem Fall wurden die Wangen auch nicht mit Handquadersteinen aufgemauert, sondern hier wurden die Hohlräume zwischen Schalung und Baugrubenwand mit Stampfbeton (*opus caementicium*) verfüllt. Die auf diese Art gebauten U-förmigen Gerinne wurden dann vor dem Aufsetzen des Gewölbes im Inneren mit einem hydraulischen Putz (*opus signinum*) verputzt, um eine absolute Dichtigkeit zu erreichen. Dieses *opus signinum* stellte man für die Anwendung in der Eifelwasserleitung durch Beimengung von Ziegelmehl zum Mörtel her. Das Ziegelmehl hatte dieselbe hydraulische Wirkung wie die Vulkanasche, die man anderenorts beimengte. Der so hergestellte Putz hatte dann allerdings eine rötliche Färbung, wie wir es in den betreffenden Leitungsabschnitten heute noch sehen können. Diese Bauart ist in der Eifelleitung sogar die zumeist angewendete. Wir finden sie sowohl im Oberlauf zum Beispiel im Urfttal als auch in der unteren Hälfte der Trasse.[57]

Es gibt aber durchaus auch Fundstellen, an denen die Leitung in einer Mischtechnik aus beiden Bauweisen konstruiert wurde, nämlich dann, wenn auch die verlorene Schalung noch eine Putzschicht aus *opus signinum* erhalten hatte (selbst wenn man nur die Sohle verputzte und die unteren Ecken mit Viertelrundstäben versah, wie beispielsweise in Kreuzweingarten).[58]

Diese unterschiedlichen Bauweisen passen gut zu der Annahme, dass es private Bauunternehmer waren, die diese Leitung bauen ließen. Die in etwa 20 Baulose eingeteilte Gesamttrasse weist in der Bauausführung derartige Unterschiede auf, das an einen Generalunternehmer (zum Beispiel das Militär) nicht zu denken ist. Vielmehr gingen die einzelnen Bauunternehmer sehr pragmatisch vor, indem sie sich bezüglich der zu verwendenden Materialien äußerst kosteneffizient verhielten: Man richtete sich in Materialbeschaffung und Bauausführung ganz einfach nach dem, was man in nächster Umgebung vorfand.

---

57 Diese Bautechnik ist besonders gut zu sehen in dem aus Hürth-Hermülheim nach Swisttal-Buschhoven transloziertem Teilstück der Eifelwasserleitung (Römerkanal-Wanderweg, Station 38).
58 Grewe 1986, 112 (Fundstelle 27.4) (Römerkanal-Wanderweg, Station 21).

Das betraf natürlich in erster Linie Sand und Steine als Hauptbaumaterial, aber zum Bauen war auch Kalk vonnöten. Es ist durchaus möglich, dass man den Kalkstein ortsnah brach und auch brannte, zumal sich die Baustelle in der Sötenicher Kalkmulde befand. Entsprechende Funde wurden allerdings bisher nicht gemacht. In großem Umfang konnte die Kalkherstellung in römischer Zeit allerdings bei Bad Münstereifel-Iversheim nachgewiesen werden. Kalk wurde nicht nur in der von W. Sölter archäologisch untersuchten Kalkbrennerei gebrannt, die von Soldaten der *legio XXX Ulpia Victrix* und *legio I Minervia* von Mitte des 2. Jahrhundert n. Chr. bis um 300 n. Chr. betrieben wurde, sondern auch in zahlreichen kleineren Kalkbrennereien im Erfttal, die möglicherweise auch schon vor dem 2. Jahrhundert genutzt worden waren.[59] Hier, auf der linken Seite der Erft zwischen Iversheim und Arloff, bot sich der Dolomit als leicht abzubauende Felswand geradezu an, und Kalköfen sind hier konzentriert anzutreffen. Das Material wurde von hier aus im ganzen Rheinland vertrieben, und es wäre geradezu unverständlich, wenn es nicht auch zum Bau der Eifelwasserleitung verwendet worden wäre.

Eine Entdeckung besonderer Art gelang an drei Fundstellen, die im Verlauf der beiden ältesten Äste der Eifelleitung gemacht werden konnten, nämlich in Eiserfey, im Verlauf der von den Hauser Benden kommenden Leitung,[60] auf der Strecke des bei Kallmuth beginnenden Astes[61] und im selben Ast auf der 1981 ausgegrabenen kleinen Aquäduktbrücke bei Mechernich-Vollem.[62] Zwischen dem *opus-signinum*-Auftrag und dem hier noch sehr dünnen Kalksinter wurde eine weitere Schicht entdeckt, die am *opus signinum* fest anhaftete: Hauchdünn, aber dunkelbraun bis schwarz zeigte sich eine Trennschicht, die nur deshalb sichtbar werden konnte, weil an einigen Stellen der Kalksinter abgeplatzt war. Eine chemische Untersuchung ergab, dass es sich hierbei um eine Ascheschicht handelte.[63] Das stellte einen völlig überraschenden Befund dar, denn die bei Vitruv zur Abdichtung von Wasserleitungen empfohlene Methode, dem ersten Wasser in einer neuen Wasserleitung Asche beizugeben, konnte hier erstmals archäologisch nachgewiesen werden (→ Kap. 6).

Die Erkenntnisse, die durch die Untersuchung dieser unterschiedlich gut erhaltenen Fundstellen zusammengetragen werden konnten, ermöglichen heute, die Bautechnik von Wasserleitungen zu verstehen. Dazu gehört auch zu sehen, mit welcher Sorgfalt zum Beispiel die Stickung unter der Leitung gesetzt worden war, selbst wenn diese Bauteile von niemandem einzusehen waren.

Die Aquäduktbrücken der Eifelwasserleitung

Die Problematik des Aquäduktbrückenbaus ist bereits an anderer Stelle dieses Buches beschrieben worden (→ Kap. 7). Für das Verständnis der nachfolgenden Befundbeschreibungen sei aber noch einmal daran erinnert, dass die Brücken von einem getrennten Bautrupp durchgeführt wurden und dass das der Planung zugrunde liegende Nivellement mit dem bei Vitruv beschriebenen Chorobat durchgeführt wurde, der die Erdkrümmung ausglich, während die Gefäl-

---

59 Sölter 1970.
60 Grewe 1986, 69 (Fundstelle 19.2).
61 Grewe 1986, 62f. (Fundstelle 17.3).
62 Grewe 1986, 64–66 (Fundstelle 18.2) (Römerkanal-Wanderweg, Station 9).
63 Die Materialprobe wurde allerdings erst nach der Wiederfreilegung der Brücke im Jahre 2012 geborgen und im mikroanalytisch untersucht (→ Teil A, Anm. 122).

leabsteckung durch Austafeln erfolgte (→ Kap. 4). Auch die Absteckung der Festpunkte (wie Baulosgrenzen) oder Zwangspunkte (wie Aquäduktbrücken) war, um die Höhen zu bestimmen, mit dem Chorobat erfolgt.

Da sich die unterschiedlichen Vorgehensweisen aber gegenseitig begünstigten, waren die Ergebnisse für den römischen Baubetrieb von Vorteil: Es kam nie vor, dass eine Talüberquerung misslang, da man beim Austafeln des *specus* zwangsweise zu hoch auf den nächsten Zwangspunkt treffen musste. Die Feststellung, dass man den Brückenbau dem eigentlichen Aquäduktbau vorweggehen ließ, ist nicht nur logisch nachvollziehbar, sondern auch folgerichtig, denn nur auf diese Weise war eine zeitnahe Durchführung des Gesamtbauwerks zu schaffen. Das galt für den kleinsten Durchlass für ein nur temporär auftretendes Oberflächenwasser genauso wie für die größte Aquäduktbrücke – sei es ein namenloser Durchlass im Krebsbachtal bei Breitenbenden oder der Pont du Gard.

Für die Eifelwasserleitung können wir die Brücken in drei Klassen einteilen: Zunächst sind die kleinen Durchlässe zu nennen, die kaum Probleme verursacht haben können, dann die mittleren Brücken, denen teilweise auch die Funktion einer Trassenabkürzung zwecks Einsparung von Energiehöhe zukam, und schließlich die Großbrücken, mit denen man Flüsse, Flussauen und Geländesenken vor den großen Städten und Siedlungsplätzen überquerte.

Das Krebsbachtal bei Mechernich-Breitenbenden gehört zu den vielen kleinen Geländehindernissen, die es im Zuge der Erbauung der Eifelwasserleitung zu überwinden galt.[64] Hier quert die Leitung auf einem Durchlass mit 1,18 Meter lichte Weite das von einer naheliegenden Quelle dem Krebsbach zufließende Bächlein. Durch eine Verlagerung des alten Bachlaufes in nachrömischer Zeit liegt dieser Durchlass heute im trockenen Erdreich verborgen, und diesem Umstand ist wohl letztlich sein guter Erhaltungszustand zu verdanken.

Ein besonders pittoreskes Exemplar eines Durchlasses liegt im Steilhang des Urfttals bei Kall-

Kall-Dalbenden. In einem Durchlass unter dem Römerkanal wurde das Hangwasser abgeleitet. (Foto: A. Thünker)

---

64 Haberey 1972, 82–87; Grewe 1986, 87 (Fundstelle 22.4).

Dalbenden.⁶⁵ Hier wurde der Durchlass unter der Wasserleitung zwar zwischenzeitlich vom Hanggeröll zugeschwemmt, seine ehemalige Funktion ist aber immer noch deutlich. Zudem kann man hier in den erhaltenen Bauzustand der Wasserleitung Einblick nehmen, was bezüglich der Bautechnik und -materialien sehr instruktiv ist: *Opus caementicium* und *opus signinum*, als Stampfmörtel von Sohle und Rinne und hydraulischer Innenverputz, sind gut zu erkennen; auch die Abdrücke der Schalbretter des Lehrgerüstes sind noch erhalten.

Derartige Durchlässe muss es in großer Zahl gegeben haben, um die vielen kleinen Fließgewässer oder nur nach Regen und Schneeschmelzen wasserführenden Siefen unter dem *specus* abfließen zu lassen, damit deren Wasser nicht in den Kanal eindringen konnte. Überquerungen von ständig fließenden Bachläufen konnten von den Abmessungen her durchaus den weiter oben beschriebenen Durchlässen entsprechen und sind dann ebenfalls der Gruppe der kleineren Brücken zuzuordnen.

Die kleine Aquäduktbrücke von Mechernich-Vollem / Urfey

Im Zuge einer Forschungsgrabung für den in Vorbereitung befindlichen *Atlas der römischen Wasserleitungen nach Köln* im Bereich des Treffpunktes der beiden Leitungszweige aus Kallmuth und Urfey wurde 1981 ein komplett erhaltenes Brückchen über einem ehemaligen Bachlauf angeschnitten und archäologisch untersucht.⁶⁶ Es handelte sich um eine der vielen kleineren Aquäduktbrücken, die im Kanalverlauf zur Überwindung von Seitentälern oder Bächen notwendig waren. Da der Lauf des Kallmuther Baches sich zwischenzeitlich verlagert hat, liegt die Brücke heute wenige Meter daneben im trockenen Gelände.

Die Brücke ist 7,3 Meter lang, 1,79 Meter breit und hat eine Durchlassweite für den Bach von 1,12 Meter. Die Widerlager auf beiden Seiten des Durchlasses bestehen aus zwei mächtigen Sandsteinblöcken von 1,79 mal 0,74 mal 0,59 Meter; diese tragen das Brückengewölbe. Die Ausrichtung der Brücke weicht von der Richtung der wasserführenden Rinne um 17 Zentimeter ab, was zur Zeit der Grabung ein erster Hinweis auf den getrennt durchgeführten Brücken- und Specusbau war, wie bereits an anderer Stelle erläutert wurde.

Gewölbe und Außenschale der Vollemer Brücke sind aus sorgfältig behauenen Handquadersteinen aus Grauwacke gearbeitet. Die gegen die Baugrube gesetzten Mauerteile und das Sichtmauerwerk unterscheiden sich lediglich in der Qualität der Ausführung des Mauerwerks. Der wasserführende Ka-

Am Mauerwerk der kleinen Aquäduktbrücke bei Mechernich-Vollem kann man sehr schön erkennen, welcher Teil der Brücke in römischer Zeit im Erdreich verborgen war. Das aufgehende Sichtmauerwerk wurde sorgfältig aus Handquadersteinen aufgebaut.

---

65 Grewe 1986a, 44 (Fundstelle 10.4.) (Römerkanal-Wanderweg, Station 6).
66 Grewe 1983, 343ff., bes. 363–374 (Römerkanal-Wanderweg, Station 9); Grewe/Knauff 2012, 156–158.

Die Draufsicht auf die Brücke von Vollem zeigt die Kanalrinne aus *opus caementicium*, die mit einer Bruchsteinmauer verblendet wurde.

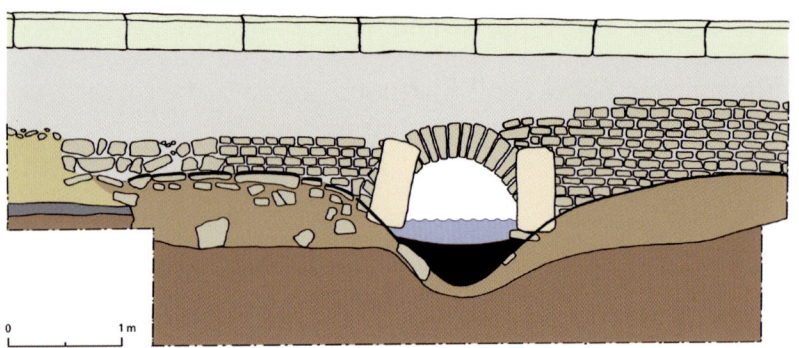

In der Zeichnung wird die Gestaltung der Oberfläche zu römischer Zeit verdeutlicht. (Beide Grafiken: H. Lauffer)

Rechts: Die Zeichnung der wasserführenden Rinne auf der Brücke macht die Unterschiede der verwendeten Baustoffe deutlich: Schalungsmauerwerk aus Handquadersteinen, *opus caementicium* für die Rinne und *opus signinum* als hydraulischer Innenverputz.

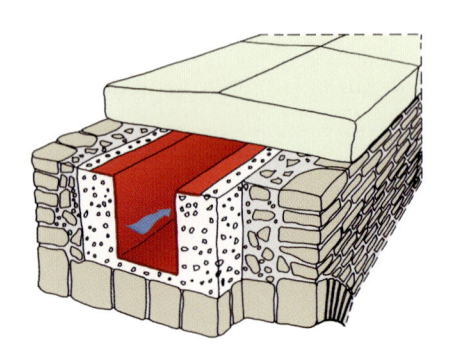

nal überquert die Brücke als selbstständiges Bauwerk aus Gussmauerwerk, an beiden Seiten durch die hochgezogenen Außenschalen des Brückenmauerwerks zusätzlich geschützt. So ergibt sich für das Bauwerk eine Gesamtbreite von 1,79 Meter, die sich aus der lichten Weite der Rinne von 42 Zentimeter, den beiden gegossenen Kanalwangen von 28 Zentimeter auf der linken und 21 Zentimeter auf der rechten Seite sowie dem Schalenmauerwerk zusammensetzt.

Am Ende der Brücke waren noch Reste der ehemaligen, aus großen Sandsteinplatten bestehenden Abdeckung erhalten, die jedoch – brüchig geworden – keilförmig in das Leitungsinnere gestürzt sind. Dabei muss eine ehemals an der Unterseite der Abdeckplatte haftende Sinterschicht abgeplatzt sein, die nun auf einer im Kanal befindlichen Einschlemmschicht lag. Zusammen mit der auf beiden Wangen bis an deren Oberkante reichenden Sinterschicht ergibt sich hierdurch das Bild einer rundum versinterten Leitungsrinne. Demnach war in die Leitung mehr Wasser eingespeist worden, als diese aufgrund ihres Querschnitts bewältigen konnte: Aus einer Freispiegelleitung wurde so ein Druckrohr. Durch diesen Befund wird ebenfalls deutlich, dass der Kallmuther Klausbrunnen zeitweilig der Endpunkt des von Vollem ausgehenden Leitungszweiges war. Nur für die dort gewonnenen Wassermengen war die Leitung bis zum Vollemer Treffpunkt und darüber hinaus bis zum Sammelbecken Eiserfey dimensioniert. Das später von Nettersheim noch zusätzlich eingespeiste Wasser wurde auf dieser Strecke nur in begrenzten Mengen verkraftet. Zumindest zwischen Kallmuth und Vollem wäre ein Neuausbau dieses Streckenabschnitts sinnvoll gewesen.

Die Aquäduktbrücken im Hombusch bei Mechernich-Katzvey

Ein weiterer Aspekt soll hier noch angesprochen werden, der bezüglich der Organisation der Baustellen der Eifelwasserleitung interessant ist. Bei Mechernich im Kreis Euskirchen lässt sich der Verlauf der Leitung gut verfolgen, da eine Arbeitsterrasse über mehrere Kilometer gut auszumachen ist.[67] Innerhalb der auffällig breiten Arbeitsfläche sind zwei parallel geführte Leitungsgräben erkennbar.

Während der kleinere dieser Gräben auf der Arbeitsterrasse eher mittig verläuft, schmiegt sich der andere an den Fuß der bergseitigen Böschung an.

Eine archäologische Untersuchung konnte das Rätsel dieses ungewöhnlichen Leitungsverlaufs lösen, denn am Ende traf die Leitung auf einen quer zur Trasse liegenden Bergsporn, der in seinem Halsbereich durchstochen werden sollte. Das führte wegen der sehr großen Einschnitttiefe wohl zu Problemen im Baufortschritt.

Es scheint so gewesen zu sein, dass die Leitung ober- und unterhalb dieses komplizierten Abschnitts bereits fertig war, als man hier noch mit den nachrutschenden Böschungen des Geländeeinschnitts kämpfte.

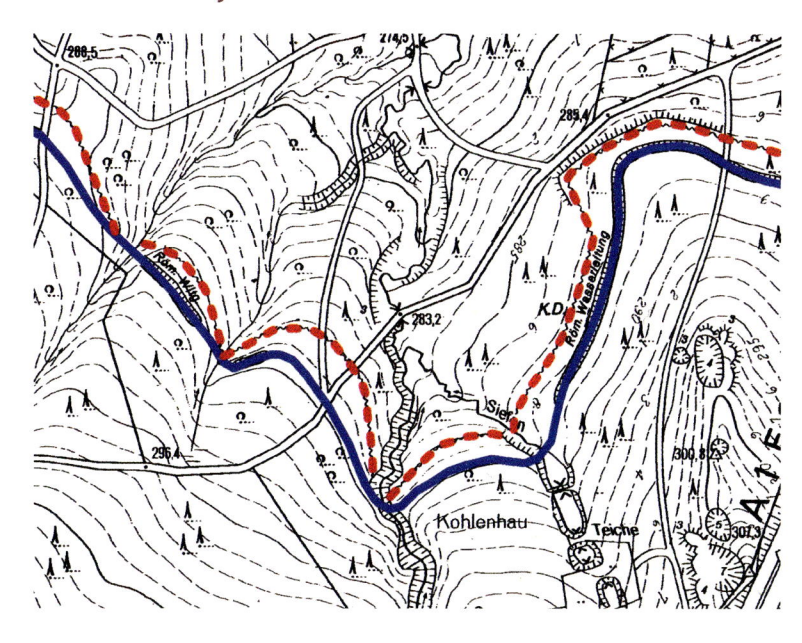

Im Hombusch bei Katzfey wurde nachgewiesen, dass beim Betrieb der provisorischen Holzleitung (rot) und später des Steinkanals (blau) dieselben Brücken benutzt wurden – ein erster Beleg dafür, dass diese bereits vor dem Kanalausbau gestanden hatten.

Um die Versorgung Kölns endlich aufnehmen zu können, verlegte man eine provisorische Leitung um den Bergsporn herum, die später wieder entfernt wurde, als man die Schwierigkeiten an der noch nicht fertiggestellten Stelle in den Griff bekommen und die endgültige Steinleitung gebaut hatte.

Bezüglich unserer Beobachtungen zum Brückenbau im Verlauf von Aquädukttrassen ist es interessant, diese Problemstrecke in einer topographischen Karte wie der Deutschen Grundkarte 1:5 000 zu betrachten. Dort sind die zwei in etwa parallel laufenden Linien der provisorischen und der endgültigen Trasse anhand von Grabenspuren gut auszumachen. Sehr deutlich wird aber auch, dass sich die beiden Trassen bei jeder Überquerung eines Siefens oder Baches vereinigen, um dieses Hindernis an identischen Stellen zu überqueren. Von derartigen Verknüpfungsstellen sind auf der vier Kilometer langen Strecke acht eindeutig zu erkennen, was den Rückschluss zulässt, dass an all diesen Stellen bereits vor dem Bau der provisorischen Leitung die Brückenbauwerke schon existierten, und da diese Bachübergänge eigentlich für die endgültige Leitung gebaut worden waren, handelte es sich natürlich um Steinbrücken. Die vielen unterschiedlich großen Brücken sind also auch in diesem Trassenabschnitt von Spezialbautrupps als selbstständige Bauwerke vor dem Ausbau des *specus* errichtet worden.

Da nun diese Steinbrücken wie kleine »Soda-Brücken« im Trassenverlauf bereits vorhanden waren, benutzte man sie sowohl beim Ausbau der provisorischen Holzleitung als auch des endgültigen Steinkanals. Somit sind auch

---

67 Grewe 1986a, 89–103 (Fundstelle 23.1–6 und 24.1).

diese (mindestens) sieben kleinen Brückchen mitsamt der dreibogigen Brücke über den Hombuschsiefen weitere Belege für die Arbeitsteilung zwischen Brücken- und *specus*-Bau auf römischen Aquäduktbaustellen.

Letztere nun schon einer mittleren Größenordnung zuzuordnende Brücke wurde 1984 im Hombusch bei Mechernich-Katzvey entdeckt und ausgegraben.[68] Bei der Begehung der Leitungstrasse war an dieser Stelle ein mächtiger im Hang steckender Sandstein aufgefallen, der eindeutige Bearbeitungsspuren aufwies und wegen seiner Lage nur mit der Eifelwasserleitung in Zusammenhang stehen konnte. Zur archäologischen Untersuchung wurde quer zur vermuteten Leitung auf beiden Seiten des Siefens jeweils ein Suchschnitt angelegt, um die Richtung der Trasse zu erkunden.

Oberhalb des rechten Siefenhanges wurde der eingestürzte Kanal angetroffen, an der Stelle, an der er, von der Talüberquerung kommend, in den Gegenhang einknickte. Das Gewölbe war an dieser Stelle in die Rinne hineingestürzt; den Einsturzschutt bedeckte eine dicke poröse Sinterschicht. Dieser Deckeneinsturz ist vermutlich in nachrömische Zeit zu datieren, da die Leitung unter den Römern mutmaßlich repariert worden wäre.

Im Suchschnitt vor der Talüberquerung fanden sich im Verlauf der vermuteten Trasse zwei mächtige behauene Sandsteinquader, die die Leitungsstrecke auf eine Breite von insgesamt 1,79 Meter markierten. Beim weiteren Abtragen des Erdreichs zeigte sich, dass hier der bergseitige Teil einer Brücke mit seiner mächtigen Unterkonstruktion angetroffen worden war.

Die beiden Suchschnitte ergaben, dass die Eifelwasserleitung dieses Tal auf einer Aquäduktbrücke überquert hatte. Aufgrund der Topographie war über dem Kleinen Hombuschsiefen eine ca. sieben Meter hohe und 35 Meter lange Aquäduktbrücke zu erwarten.

Von dieser Brücke wurden im Rahmen der Ausgrabung nur spärliche Reste gefunden. Da aber einige Bauwerkskanten klar erkennbar waren, gab es genügend Zwangspunkte für eine Rekonstruktion. Von der Bergseite tritt der bis dahin unterirdisch geführte Kanal auf einer Substruktion von mächtigen Sandsteinen an das Tageslicht. Dieses Bauteil hat bis zum ersten Bogenansatz eine Länge von mindestens sieben Meter und nimmt in seiner Höhe von einer Steinlage (0,8 Meter) auf ca. acht Steinlagen (also knapp fünf Meter) zu. Von diesen acht mörtellos aufeinandergefügten Steinschichten sind fünf archäologisch nachgewiesen, die restlichen müssten zum Erreichen der Sohlenhöhe des Kanals notwendig ergänzt werden.

Am Fuß dieser Sandsteine setzt talwärts der erste Brückenbogen an. Von ihm sind einschließlich des Schultersteins vier Bogensteine in situ erhalten, jedoch um ein beträchtliches Stück zu Tale verrutscht. Ab dem vierten Bogenstein ist vom Aufgehenden nichts mehr erhalten, das Material ist sicher ein Opfer mittelalterlichen Steinraubes geworden.

2,5 Meter vor der Talsohle war im Hang schon bei der Geländeerkundung ein großer bearbeiteter Sandstein aufgefallen. Beim Freilegen der Bauwerksreste zeigte sich, dass dieser zu einem gut erhaltenen Brückenpfeiler gehörte. Dieser aus handlichen Grauwackequadern gemauerte Pfeiler von 1,87 mal 1,85 Meter im Grundriss bildet zur Hälfte das Widerlager für den zuvor beschriebenen Bogen. Bei zwei in der anderen Pfeilerhälfte übereinander verarbeiteten Sandsteinquadern von der Länge der gesamten Brückenbreite und 0,92 bzw. 0,75 Meter Tiefe (Höhe 45 bzw. 35 Zentimeter) konnte es sich nur um das solide Widerlager eines anschließenden, größeren Bogens gehandelt haben.

Der durch das Tal in den Gegenhang weitergeführte Ausgrabungsschnitt brachte das Fundament des Gegenpfeilers zutage. Der ebenfalls gemauerte Pfeilerstumpf war wesentlich schlechter erhalten als derjenige auf der linken

---

68 Grewe 1986, 91–94 (Fundstelle 23.1).

Talseite, seine rückwärtige Kante war jedoch klar erkennbar und damit ein wichtiger Zwangspunkt für die Rekonstruktion.

An diesen Pfeiler schloss im Befund ein freier Zwischenraum an, der nur durch einen Bogen überwölbt gewesen sein konnte. Der Grabungsschnitt stieg mit dem gewachsenen Erdreich im rechten Talhang wieder bergan und traf im weiteren Verlauf auf einen großen behauenen Sandstein, der ein solides Mauerwerk zum Tal hin begrenzte. Dieser Stein hatte im Querprofil die Form eines umgedrehten »Ts«: Der Querbalken war 0,75 Meter breit und 35 Zentimeter stark und bildete den Schulterstein eines aufsitzenden Bogens. Der erste Bogenstein, sozusagen der Schaft des »Ts«, war mit ihm aus einem Stück gearbeitet (45 Zentimeter breit mal 35 Zentimeter hoch). Die gesamte Länge des Steins konnte nicht ermittelt werden, aber da das freigelegte Stück bereits über einen Meter Länge aufwies, ist anzunehmen, dass der Stein die gesamte Fundamentbreite von 1,87 Meter abgedeckt hatte.

Die an diesen Bogenansatz anschließende Substruktion war nicht wie auf der Bergseite aus Quadersteinen gefügt, sondern aus einem festen Gussmauerwerk gefertigt. Wegen des steilen Hanges war sie zudem wesentlich kürzer als ihr Gegenstück, konnte wegen Baumbewuchses aber nur auf eine Länge von zwei Meter verfolgt werden. Der verbliebene Rest hatte noch eine Stärke von 30 bis 50 Zentimeter. Der Bogenansatzstein, der ehemals direkt an das Rampenmauerwerk angeschlossen haben muss, war aus seiner ursprünglichen Lage etwa 50 Zentimeter talwärts verrutscht.

Der Ausgrabungsbefund erlaubte die folgende Brückenrekonstruktion: Am Fuß eines aus mächtigen Sandsteinquadern lose aufgesetzten Unterbaus setzte ein kleiner Bogen mit einer lichten Weite von drei Meter (Radius = fünf römische Fuß) an, der auf einem aufgemauerten Pfeiler von mindestens drei Meter Höhe endete. Die gegenüberliegende Kante des Pfeilers ist durch Sandsteine verstärkt, hier saß der mittlere Brückenbogen auf, der mit einer Spannweite von 5,3 Meter (Radius = neun römische Fuß) über den Talgrund setzte, wo er auf einem ehemals wohl ähnlich ausgeführten Pfeiler endete. Daran schloss sich wiederum ein kleiner Bogen von drei Meter lichte Weite an, der auf dem zweiten Pfeiler beginnt und auf dem T-förmig zugeschlagenen Sandstein im Hang endete. Im weiteren Verlauf bestand das Brückenbauwerk aus einer geschlossenen Mauer aus Gussmauerwerk. Es ist durchaus möglich, dass dieses Brückenwiderlager in seinen oberen Schichten wie das auf der Gegenseite aus Sandsteinen gefertigt war.

Diese in sich schlüssige Rekonstruktion kann in einem wesentlichen Punkt noch kontrolliert werden. Da in den ersten Suchschnitten die Höhe der über die Brücke geführten Leitungssohle ermittelt worden war, ließ sich nicht nur das Gefälle im Brückenbereich mit ca. 1:100 errechnen, sondern auch die Sohlenhöhe des Kanalgerinnes über dem Mittelbogen der Brücke. Der Bogen durfte zwangsläufig mit seinem Scheitel nicht über die Kanalsohle hinausreichen, da in einem solchen Falle das Bauwerk seinen Zweck nicht hätte erfüllen können. Die zeichnerische Rekonstruktion der Höhenlage der beiden Zwangspunkte Sohle und Bogenscheitel ließ noch einen Zwischenraum von sechs Zentimeter frei. Dieses Maß entsprach genau der Stärke der in der Grabung gefundenen Ziegelplatten mit Kammmuster, die, wie wir das auch von anderen Grabungen wissen, zur Innenauskleidung der Rinne auf Brückenbauwerken verwendet wurden.

Nach diesen Befunden handelt es sich im Hombuschsiefen um eine dreibogige Aquäduktbrücke von insgesamt sieben Meter Höhe über dem Tal und einer Länge von rund 37 Meter. Bei dem überbrückten Zwischenraum von 5,3 Meter lichte Weite handelt es sich um die größte Spannweite unter den bisher bekannt gewordenen Brücken im Verlauf der römischen Wasserleitungen aus der Eifel nach Köln.

Unterhalb des rechten Pfeilers lag unter mehreren größeren behauenen Sandsteinen ein Stein mit einem halbrunden Querschnitt. Derartige Steine sind als Bekrönungssteine für die Außenmauern von offenen Becken im Verlauf des Wasserleitungskanals bekannt, zum Beispiel bei Quellfassungen oder Sammelbecken. Der im Hombuschsiefen gefundene Bekrönungsstein von 0,53 Meter Breite und 1,03 Meter Länge hat in einer Hälfte den Querschnitt einer Halbtonne von 33 Zentimeter Höhe. In seiner zweiten Hälfte ist er würfelartig ausgeformt. Dieser Würfel hat nach einer Seite hin wiederum einen halbrunden Abgang, die Stirnseite und die andere Seite zeigen ein rechteckiges Profil. Durch diese Merkmale ist die ehemalige Lage des Steins auf der Ecke der Umfassungsmauer eines offenen Beckens anzusiedeln. Im Zusammenhang mit einer Aquäduktbrücke kann dies nur bedeuten, dass vor der Brücke im Kanal ein offenes Becken installiert war, in welchem der Wasserfluss unterbrochen und dadurch die Brücke zu Reparaturarbeiten trockengelegt werden konnte. Derartige Becken vor Aquäduktbrücken sind aus Segovia, Metz und auch aus Teilstücken der Vorgebirgswasserleitung vor den Toren Kölns bekannt.

Die Aquäduktbrücke bei Mechernich-Vussem

Ebenfalls zur mittleren Größenkategorie von Aquäduktbrücken gehört die Brücke von Mechernich-Vussem.[69] Der Anlass zu einer intensiven archäologischen Untersuchung ergab sich, als 1959 im Zuge von Wegearbeiten für den Vussemer Sportplatz die Reste von zwei Pfeilern einer ehemaligen Aquäduktbrücke beseitigt worden waren.

An dieser Stelle kürzten die Römer eine Talumgehung mittels einer Aquäduktbrücke ab, für die ein verhältnismäßig großer Aufwand betrieben werden musste. Die Brückenreste sind im Jahr 1959 untersucht worden; danach konnte das Bauwerk teilweise rekonstruiert werden. Die 80 Meter lange Aquäduktbrücke bestand ehemals aus einer auf zehn bis zwölf freitragenden Pfeilern geführten Kanalrinne, die das Wasser in zehn Meter Höhe über das Tal führte.

Während die aufgehende Brücke ein Opfer mittelalterlichen Steinraubes wurde, konnten sich die Fundamente auf beiden Seiten des Tals gut erhalten. Besonders im talseitigen Ende der Brücke war der Übergang zum anschließend unterirdisch geführten Kanal in einem guten Zustand. Auch die mittleren Pfeiler der Brücke saßen auf soliden Fundamenten auf, von denen eines untersucht werden konnte. Dieses war 2,4 Meter lang; 1,4 Meter oberhalb seiner Unterkante konnten Reste einer »mörtellosen Blockverblendung aus Sandstein« erkannt werden.[70]

Die Bauwerksreste der Pfeiler und der beiderseits anschließenden Kanalrinne, die nachweisbaren Abstandsmaße zwischen den Pfeilern von 2,5 Meter lichte Weite sowie die Höhenlage der Kanalsohle oberhalb und unterhalb der Brücke erlaubten, dieses Brückenbauwerk recht genau zu rekonstruieren. Auch wenn bei der Untersuchung von zwei Pfeilern keine Fundamentreste mehr gefunden werden konnten, ist nicht anzunehmen, dass zwei Bogenöffnungen in dieser Brücke mit der doppelten Spannweite versehen waren. Wir dürfen vielmehr annehmen, dass in Vussem eine auf zwölf Pfeilern ruhende Aquäduktbrücke gestanden hat.

1960 bis 1961 sind von dieser Brücke zwei Bögen auf der Talseite rekonstruiert worden, um dem Besucher einen teilweisen Eindruck von der Mächtigkeit dieses Bauwerks zu vermitteln.

Zu diesen mittelgroßen Brücken mag man durchaus auch noch die Flussüberquerung der Urft zwischen Nettersheim und Kall zählen.[71] Von der Brücke selbst ist im Gelände nichts mehr zu erkennen, lediglich ihre Lage ist auf-

---

69 Haberey 1972, 87–92; Grewe 1986, 76–79 (Fundstelle 20.6) (Römerkanal-Wanderweg, Station 13).
70 Haberey 1972, 91.
71 Grewe 1986, 42 (Fundstelle 9.7) (Römerkanal-Wanderweg, Station 4).

Oben: Von Schülern des Werner-Heisenberg-Gymnasiums in Neuwied gebautes Modell der Aquäduktbrücke von Vussem. (Foto: H. Lilienthal)

Links: Wiederaufgebautes Teilstück der Aquäduktbrücke bei Mechernich-Vussem.

Rechts: Die Reste der Brückenpfeiler von Vussem im Ausgrabungsbefund von 1958. (Foto: W. Haberey)

Unten: In den Pfeilern des wiederaufgebauten Brückenteils von Vussem sind Reste des römischen Mauerwerks deutlich erkennbar.

grund der Ausrichtung des *specus* im Brückenbereich vor und hinter der Urft zu rekonstruieren. Allerdings hat man sich die Pfeilerfundamente in der frühen Neuzeit zunutze gemacht, als man im Fluss ein Wehr baute, um Flusswasser für den Betrieb eines Hammerwerks abzuzweigen. Dieses Wehr verursacht heute noch einen kleinen Aufstau, durch den der Brückenverlauf sichtbar wird.

Die Aquäduktbrücke über die Erft zwischen Euskirchen-Rheder und Euskirchen-Stotzheim

Brücken, die die Zuordnung als Großbrücken verdient haben, gibt es nur im Erft- und im Swistbachtal.[72] Die ca. 500 Meter lange Erftbrücke setzte zwischen Euskirchen-Rheder und Euskirchen-Stotzheim über den Fluss, ist aber vor Ort nur noch als schwache Geländeerhebung im Acker auf der linken Flussseite zu sehen, die sich auch im Luftbild abzeichnet. Bei einer archäologischen Untersuchung im Jahre 1990 wurde hier allerdings noch die Substruktion der linken Brückenrampe angetroffen. Diese zeichnete sich allerdings durch eine äußerst qualitätvolle Ausführung in *opus caementicium* aus. Von großem Interesse für die Planungsrekonstruktion war allerdings ein im Stampfbeton des Fundaments entdecktes Loch von vier mal acht Zentimeter, das den gesamten Unterbau durchfuhr. Es handelte sich dabei vermutlich um den negativen Abdruck eines Vermessungspfählchens, so wie sie bei der Absteckung der Leitungstrasse als Höhenangabe in den Boden geschlagen wurden (→ Kap. 4).

Die Aquäduktbrücke über den Swistbach zwischen Rheinbach und Meckenheim

Um ein wahrliches Großbauwerk handelte sich bei der Überquerung des Swistbachtales zwischen Rheinbach und Meckenheim. Der Verlauf der römischen Wasserleitung ist im Gelände heute noch derart ausgeprägt, dass die Trasse nicht nur anhand der Streufunde aus römischem Bauschutt verfolgt werden kann; auch im Bild der Höhenlinien in der Deutschen Grundkarte ist der Trümmerstreifen klar zu erkennen. Diese Geländebeschaffenheit ließ schon bei der Kartierung der Oberflächenbefunde ein großes Brückenbauwerk über den Swistbach erwarten. Die ungefähre Lage der Aquäduktbrücke, auch ihre Gesamthöhe über der Talsohle, waren besonders seit den Arbeiten J. H. Clevers um die Wende vom 19. zum 20. Jahrhundert bekannt.[73] Auch hatte H. G. C. Maassen schon 1882 auf die Brücke hingewiesen.[74] Wenig später schrieb C. von Veith, dass es von einer Brücke über den Swistbach zwar keine Reste gebe, 60 Jahre vorher aber – also um 1825 – noch Pfeilerfundamente sichtbar gewesen seien.[75]

Durch eine Ausgrabung im Sommer 1981 sollte das Brückenbauwerk lokalisiert und nach Möglichkeit auch Klarheit über seine Bauart und Dimensionen gewonnen werden. Für den Ansatz der Grabung waren die Befunde der Trassenbegehung vom Jahre 1978 maßgebend, zudem sind in der ausgezeichneten Karte der Eifelwasserleitung von J. H. Clever im Brückenbereich zwei Punkte eingetragen, an welchen Clever die Leitung in Aufschlüssen noch gesehen und aufgemessen hat.

---

72 Die 7,5 Kilometer lange Hochleitung zwischen Hürth-Hermülheim und Köln ist technisch natürlich auch dem Brückenbau zuzuschreiben. Da sie aus der Bauzeit der Vorgebirgsleitungen stammt, ist sie dort beschrieben (s. o.).
73 Clever 1896–1902.
74 Maassen 1882, 38.
75 Von Veith 1885, 1.

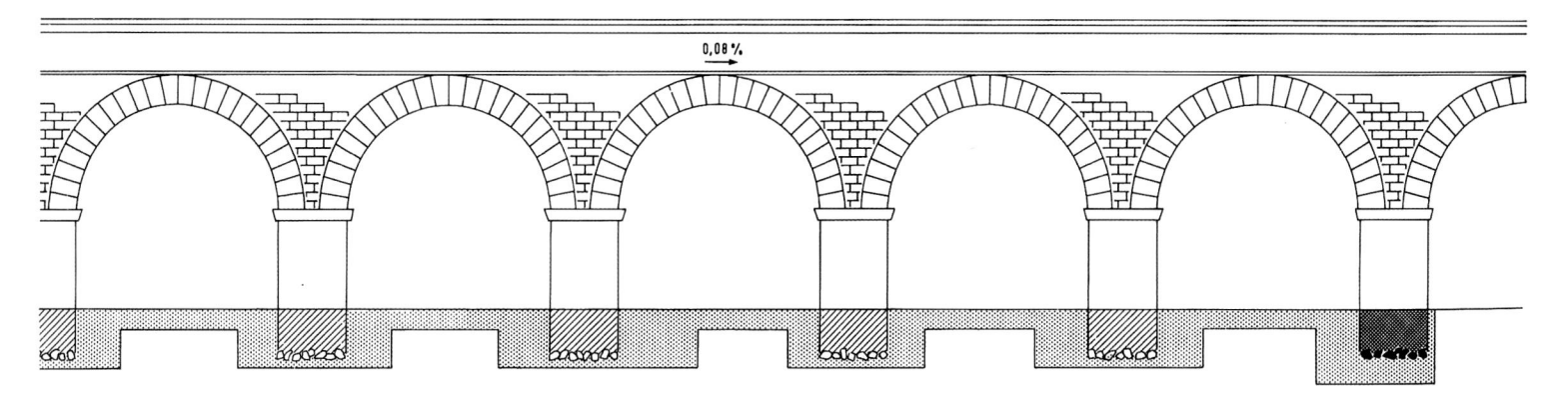

Rekonstruktion der Swistbachbrücke über dem vorgefundenen Pfeilerfundament.

Beim Bodeneingriff zeigte sich allerdings schon sehr bald, dass hier keine Bausubstanz mehr zu erwarten war. Dagegen gelang es aber, Lage und Richtung der Aquäduktbrücke aufgrund eines ausgeprägten Schuttstreifens im Planum einwandfrei nachzuweisen. Im römischen Bauschutt fanden sich u. a. Reste von bearbeiteten Tuffsteinen, Ziegeln und Mörtel sowie Sinterbruchstücke.

Die Ursache für diesen Befund war bekannt, denn gerade die obertägigen Bauwerke im Verlauf des Kanals waren schon im Mittelalter als Steinbrüche benutzt worden, um Baumaterial für die Errichtung von Kirchen, Klöstern und Burgen zu gewinnen. Aus der Bausubstanz des *specus* sind in der Umgebung der ehemaligen Aquäduktbrücke über das Swistbachtal mehrere Beispiele für eine solche Wiederverwendung bekannt. Im Bereich von Schnitt 1 war der mittelalterliche Abbruch offenbar derart gründlich erfolgt, dass bei der Ausgrabung nicht einmal Fundamentreste ausgemacht werden konnten: Aussagen über das ehemalige Aussehen der Brücke waren nach diesem Befund somit nicht möglich.

Bei der Lokalisierung eines zweiten Grabungsversuchs wurde eine Stelle ausgewählt, in der sich der Verlauf der Trasse durch eine deutlich sichtbare Erhebung im Gelände abzeichnete. Die Ausgrabung wurde über zwei Schnitte geführt, die beide quer zur Leitungstrasse angelegt wurden. In Schnitt 2 wurde unmittelbar unter der Bearbeitungsschicht ein Pfeilerstumpf der ehemaligen Bogenreihe angetroffen, woraufhin der Schnitt gezielt in Leitungsrichtung erweitert werden konnte. Hier wurden allerdings keine weiteren Baureste aufgedeckt, klar erkennbare Ausbruchgruben ließen aber dennoch die ehemaligen Standorte weiterer Pfeiler bestimmen.

Der in Schnitt 2 angetroffene Pfeilerstumpf war bis zu einer maximalen Höhe von 1,1 Meter erhalten. Er stand auf einer 20 Zentimeter starken Grauwackestickung und war gegen eine glatt abgestochene Baugrube gemauert. Seine Grundrissmaße waren (in Fließrichtung der Leitung) 1,2 mal 1,8 Meter. Die übrigen fünf Pfeiler, die ehemals im Schnittbereich gestanden haben müssen, waren sauber aus ihren Baugruben entfernt worden, so dass im Planum aufgrund der Ausbruchgruben noch exakt die ehemaligen Pfeilerstandorte ermittelt werden konnten. Aus dem Planum und den Profilen ergeben sich die Öffnungsweiten der Pfeilerreihe mit 3,56, 3,54 und 3,56 Meter. Die Pfeiler lassen sich nach den Profilen mit Fundamentmaßen (in Fließrichtung) von 1,19, 1,22 und 1,2 Meter bestimmen. Alle ermittelten Maße sind fast exakt durch den römischen Fuß teilbar; die Pfeiler waren also im Grundriss mit vier mal sechs Fuß, die Pfeilerabstände mit zwölf Fuß abgesteckt worden.

Nach diesen Ermittlungen stehen uns für die Rekonstruktion der Aquäduktbrücke über den Swistbach die Fundamentabmessungen eines Pfeilers, die Pfeilerabstände sowie das aus älteren Befunden ermittelte Gefälle des über-

Fundament eines Pfeilers der Aquäduktbrücke über den Swistbach zwischen Rheinbach und Meckenheim im Ausgrabungsbefund (1981).

führten Kanals und die Lage des Brückenkopfes am Nordhang des Tals zur Verfügung. Damit lässt sich ein einigermaßen genaues Bild des Bauwerks zeichnen, denn nach diesen Angaben kann auch die Lage des südlichen Brückenkopfes festgelegt werden. Die Brücke erreichte eine Länge von 1 400 Meter mit fast 300 Bogenöffnungen von 3,56 Meter Weite. Ihre größte Höhe erreichten die Pfeiler im Bereich des Swistbaches, wo die Kanalsohle fast neun Meter über dem Gelände lag, die Abdeckung demnach an die zehn Meter hoch.

Über die Bauausführung und die dabei verwendeten Materialien geben einige Fundstücke Aufschluss, die in den Grabungsschnitten geborgen oder im Brückenbereich aufgelesen werden konnten. Dazu gehören große Mengen von Ziegelplatten mit Kammmuster auf der putztragenden Seite sowie zwei Exemplare von vier Zentimeter starken Ziegelplatten, glatt gearbeitet und 28,5 Zentimeter breit. Die ehemalige Länge dieser Platten lässt sich nicht mehr ermitteln, da sie bei 28 Zentimeter auf einer Seite abgebrochen sind. Eines dieser Exemplare weist den Abdruck einer genagelten Sandale auf.

Auch Bruchstücke von Dachziegeln und *imbrices* wurden gefunden, allerdings rundum mit Mörtel behaftet, so dass eine zweite Verwendung als Baumaterial in den Brückenpfeilern anzunehmen ist. Des Weiteren fanden sich in großer Vielzahl Reste des rötlichen wasserdichten Putzes (*opus signinum*, zwei Zentimeter stark), teilweise mit der noch anhaftenden Kalkablagerungsschicht. Diese lässt sich in einem Fall eindeutig als Ablagerung auf einer Wandfläche erkennen, da sie sich im Querschnitt in einer Richtung, nämlich nach oben, verjüngt. Ein anderes Sinterstück hat durchgehend ein gleich starkes Profil von zwei Zentimeter und haftet an einer ebenso starken *opus-signinum*-Schicht. Diese weist auf der anderen Seite noch den negativen Abdruck der Riffelung der oben erwähnten Ziegelplatten auf. Da der Sinter eine gleichmäßige Stärke hat, muss es sich um die Ablagerung auf der Sohle der Leitung handeln; demnach muss also die Sohle der wasserführenden Rinne mit Ziegeln, die mit *opus signinum* verputzt waren, ausgelegt gewesen sein. An der Oberfläche des Sinters ist heute noch die Fließrichtung des Wassers erkennbar, danach wiederum lässt sich die ehemalige Lage dieser 25 mal 30 Zentimeter großen Putz-/Sinterplatte im Kanal bestimmen. Da der Abdruck des Kammmusters auf der unteren Fläche quer zur Fließrichtung verläuft, kann man auf eine entsprechende Lage der Ziegelplatten im Kanal schließen.

Als Lesefunde fanden sich zudem bearbeitete Handquadersteine aus Tuff, wodurch möglicherweise ein Hinweis auf das Material der Pfeilerverkleidung gegeben ist.

Die Kleinbauwerke im Verlauf der Eifelwasserleitung

Es genügte natürlich nicht, zwischen den Quellfassungen und der Colonia Claudia Ara Agrippinensium eine Gefälleleitung zu bauen, um die Versorgung der antiken Stadt gewährleisten zu können. Auch im Verlauf der Eifelwasserleitung waren die topographischen Probleme durch klug gewählte Trassenführung und durch den Bau von Brücken auszuschalten; Tunnel und Druckleitungen waren zwischen Eifel und Köln ja nicht erforderlich. Für die Verminderung hydraulischer Probleme, die Ausschaltung verfahrensbedingter Abweichungen beim Sohlenausbau, Klärung des Wassers und Schaffung von Kontrollmöglichkeiten waren auch im Verlauf dieses Aquäduktes zusätzliche bauliche Einrichtungen notwendig. Zu diesen Kleinbauwerken, die bereits ausführlich behandelt worden sind (→ Kap. 10), gehören zum Beispiel Sammelbecken, Höhenstufen, Tosbecken, Bypässe, Absetzbecken zur Klärung des Wassers etc. An dieser Stelle sollen nun noch ergänzend diejenigen Bauwerke betrachtet werden, die für die Eifelwasserleitung relevant waren.

Das Sammelbecken Mechernich-Eiserfey

Das in Mechernich-Eiserfey untersuchte Sammelbecken war 1959 bei der Verlegung einer Rohrleitung zufällig entdeckt worden, um danach von R. Gruben gänzlich freigelegt und untersucht zu werden. Das Becken hat einen lichten Durchmesser von 3,05 Meter; seine Sohle liegt bei 320,1 Meter ü. NN und zwei Meter unter der heutigen Oberfläche, die wohl auch in etwa der römischen entspricht. Die Ringmauer ist 0,52 Meter stark, aus sauber zugerichteten Natursteinen exakt errichtet; den Boden bilden Ziegelplatten. Die Innenwand war mit rotem Wasserputz ausgekleidet, der größtenteils abgewittert ist. Die Mauerkrone war ursprünglich mit Sandsteinblöcken von halbrundem Querschnitt abgedeckt, von denen noch einige im Inneren des Beckens vorgefunden wurden. Das Becken war nach oben hin offen.

Von den zwei zulaufenden Kanälen und dem einen abgehenden Kanal ist nur der von Dreimühlen kommende bis oben erhalten: Im Lichten ist die Öffnung je 0,54 Meter breit und hoch. Dieser Zulauf wird von zwei aufrecht stehenden Sandsteinblöcken gebildet, die oben mit einer dicken Sandsteinplatte abgedeckt sind.[76]

76 Haberey 1972, 70; Grewe 1986, 74f. (Fundstelle 20.4) (Römerkanal-Wanderweg, Station 11).

Der Zustand des 1959 ausgegrabenen Sammelbeckens von Mechernich-Eiserfey bei der Wiederfreilegung im Jahre 2006.

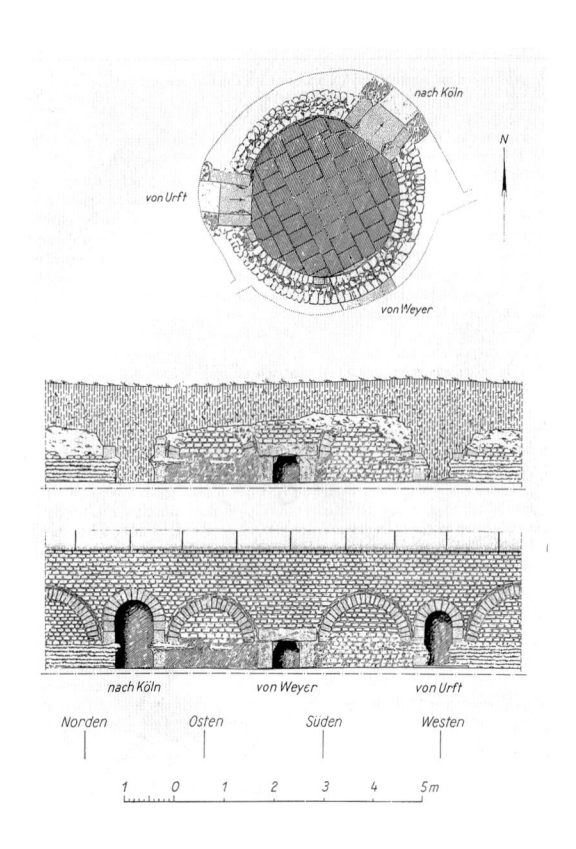

Der Befund deckt sich hinsichtlich der Bauausführung mit den leitungsoberhalb im zugehörigen Strang gemachten Befunden.

Das kleine, handwerklich sauber ausgeführte Bauwerk hatte die Aufgabe, die zwei Leitungsäste zum Hauptstrang hin zu vereinigen und diesen Sammelpunkt zur leichteren Überwachung offenzuhalten.

Nach der archäologischen Untersuchung wurde die Fundstelle wieder zugeschüttet. Erst 2006 gelang es, das betreffende Grundstück in öffentliches Eigentum zu überführen. In einer großangelegten Gemeinschaftsaktion legten Mitglieder des Eiserfeyer Vereinskartells das Bauwerk dann wieder frei und errichteten darüber einen Schutzbau.[77]

Das Sammelbecken von Mechernich-Eiserfey: Grundriss und Abwicklung der Innenwand. (Zeichnung: P. J. Tholen)

Übergangsbauwerke in Baulosgrenzen

Für die Betrachtung weiterer Leitungsaufschlüsse ist aus dem Streckenbereich bei Mechernich-Breitenbenden die Lage eines vermuteten Einstiegschachts unmittelbar vor dem Brückenbauwerk über den Krebsbach von Bedeutung. An dieser Stelle fand sich bei der archäologischen Untersuchung eine Stufe von 15 Zentimeter Höhenunterschied in der

---

77 Grewe 2006a, 173–175; bei der Einweihung des unter einem Schutzbau wiederhergestellten Sammelbeckens stellte eine einheimische Mundartgruppe ein eigens für diesen Zweck komponiertes Lied vor: »Dat Sammelbecke. En Isefey looch lang verborje, woa janz bedeck möt Jras un Dreck / Un wue entdeck he schon för Joahre, höasch us dem lange Schloof jeweck / Et sitt höck us wie nöj geboare, dat Oktogon steht fein parat ... / Kott ens luere, kott ens luere / Denn dat Sammelbecke han mir freijelaat / Kott ens luere, kott ens luere / Denn dat Oktogon han mir für üch jemaat / Der Römer hät entdeck, dat Eifelwasser schmeck, och jedem kölsche Jeck« (Text Manfred Feld) (Übersetzung: Das Sammelbecken. In Eiserfey lag lang verborgen, war ganz mit Gras und Erd bedeckt / Und wurde entdeckt hier schon vor Jahren, sanft aus dem langen Schlaf geweckt / Es sieht heut aus wie neugeboren, das Oktogon steht fein parat / Kommt her und schaut, kommt her und schaut ... / Denn das Sammelbecken haben wir freigelegt / Kommt her und schaut, kommt her und schaut ... / Denn das Oktogon haben wir für euch gemacht / Der Römer hat entdeckt, dass Eifelwasser schmeckt, auch jedem kölschen Jeck).

Sohle des Kanals.⁷⁸ Ein Einstiegschacht an dieser Stelle war durchaus sinnvoll, denn über einer ähnlichen Stufe im Kanal bei Mechernich-Lessenich⁷⁹ konnte im Rahmen einer Ausgrabung 1980 ebenfalls ein Einstiegschacht archäologisch nachgewiesen werden. Es gilt inzwischen als sicher, dass derartige Stufen in der Kanalsohle die Nahtstelle zweier Baulose der Gesamtstrecke markieren (→ Kap. 4), und diese sensiblen Stellen galt es über Zugangsmöglichkeiten kontrollieren zu können.

Es war ein glücklicher Zufall, dass beide Höhenstufen in der Leitungssohle zu demselben Baulos gehörten. Damit war dann nicht nur die Bauloseinteilung im Verlauf römischer Fernwasserleitungen erstmals archäologisch nachgewiesen worden, sondern es konnten zugleich Aussagen über die Länge solcher Baulose gemacht werden. Da sich die Höhen der Leitungssohlen vor und hinter den Baulosgrenzen und auch die Bauloslängen einwandfrei ermitteln ließen, waren darüber hinaus auch bezüglich der erreichten Genauigkeiten klare Aussagen zu machen.

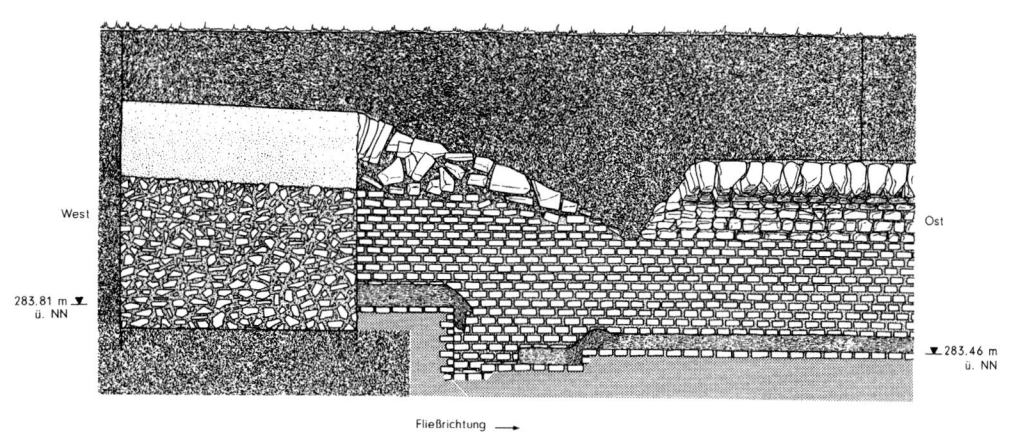

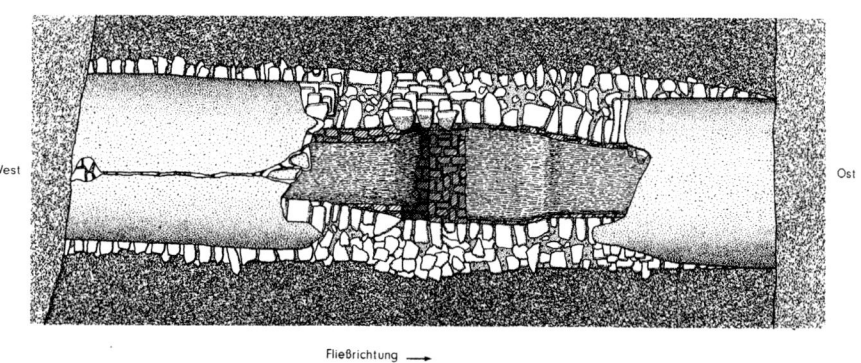

Das Tosbecken in der Baulosgrenze bei Mechernich-Lessenich; Längsschnitt und Grundriss. Das untere Anschlussbaulos (rechts der Einsturzstelle) liegt 35 Zentimeter tiefer als das obere.

Die Baulosgrenze bei Breitenbenden ist markiert durch eine Höhenstufe von 15 Zentimeter. Haberey hat diesen Befund als »Stufe in der Kanalsohle, deren Längenausdehnung nicht mehr zu ermitteln war«, gedeutet und hier ein »Absetzbecken für Sinkstoffe« vermutet.⁸⁰ Diese Vermutung bot sich nach dem Forschungsstand von 1959 durchaus an, denn erst durch den Fund des anderen Endes dieses Bauloses konnte man die richtige Zuordnung vornehmen. Diese Stelle sollte erst 1980 in Vorbereitung des *Atlas der römischen Wasserleitungen nach Köln* gefunden werden.⁸¹ Da sich hier allerdings eine Höhenstufe von 35 Zentimeter ergeben hatte, war die Überleitung des Wassers von einem Baulos in das nächste nicht mehr über eine einfache Höhenstufe durchzuführen, da sich dadurch hydraulische Probleme größerer Ordnung ergeben hätten: Um die zerstörerische Kraft des Wassers, das das Bauwerk hätte beschädigen können, einzudämmen, hatte man hier ein regelrechtes Tosbecken eingebaut.

78 Haberey 1972, 86; Grewe 1986, 84 (Fundstelle 22.4).
79 Grewe 1986, 97–105 (Fundstelle 24.1).
80 Haberey 1972, 86.
81 Grewe 1986, 97–105 (Fundstelle 24.1).

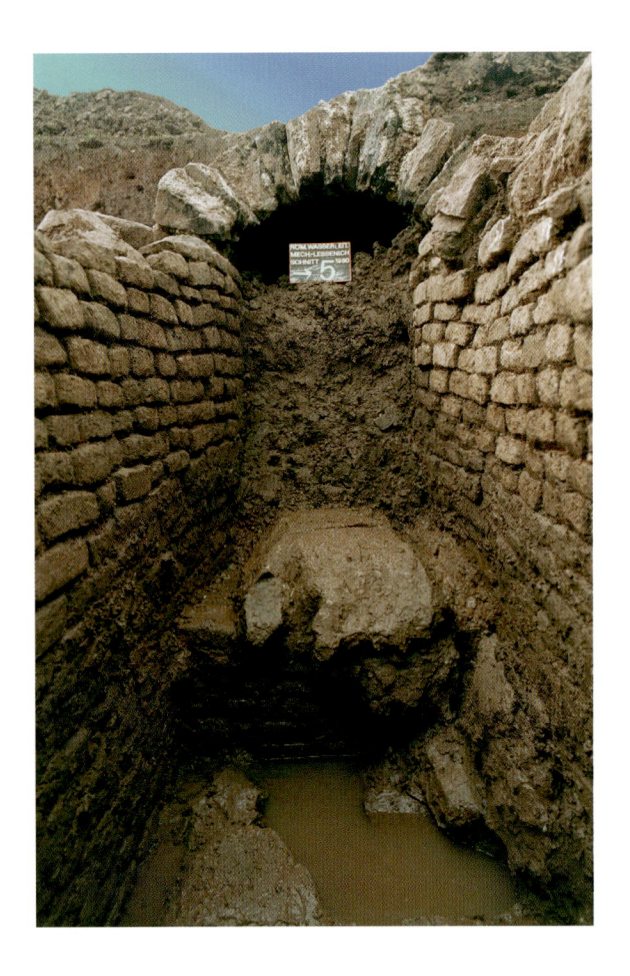

Links: Nahtstelle zweier Baulose (Baulosgrenze). Zur Überwindung eines Höhenunterschieds im Sohlenbereich wurde ein kleines Tosbecken eingebaut.

Der Römerkanal mit Tosbecken in einer Baulosgrenze. Das Gewölbe mit dem Einstiegschacht war zum Zeitpunkt des Grabungsbefunds (1980) eingestürzt, wohingegen sich das zum Anschluss der beiden Baulose eingebaute Tosbecken schon im Mauerwerk von außen deutlich abzeichnete.

Der Fundstelle war an der Oberfläche nicht anzusehen, welche wichtigen Erkenntnisse sich hier gewinnen lassen sollten. Vor der archäologischen Untersuchung bot sich dem Auge hier lediglich ein Graben mit einer permanent feuchten Stelle auf einer Viehweide an. Aufgrund der Anschlussbefunde war aber klar, dass hier die römische Wasserleitung hatte verlaufen müssen – auf deren Zerstörung deutete die Feuchtigkeit des Bodens hin.

Im Verlauf der Ausgrabung zeigte sich, dass hier das Gewölbe des Kanals eingestürzt war, oberhalb und unterhalb der Fundstelle trat jedoch der intakte Kanal zutage. Starke Wassereinbrüche behinderten zwar die Ausgrabungen in der Anfangsphase, mit starken Pumpen konnte der Schnitt allerdings trockengelegt werden. Da in den beiden Leitungsprofilen des Schnitts das Gewölbe noch erhalten war, konnte man sehen, dass die Gewölbeoberkanten hier einen deutlichen Höhenversprung aufwiesen, der nicht stetig, sondern abrupt ausgeführt worden war. Bei der weiteren Freilegung des Kanalinneren zeigte sich, dass die Kanalwangen an dieser Stelle auf beiden Seiten ausbuchteten. Der Höhenversprung des Gewölbes zeigte sich auch auf der Sohle zu 35 Zentimeter und wurde hier nicht durch den Einbau einer einfachen Stufe überwunden, sondern man hatte ein 1,185 Meter (vier römische Fuß) langes und 14 Zentimeter tiefes Tosbecken zwischengeschaltet – das obere Baulos war also zu hoch auf das Anschlussbauwerk getroffen, was, wie schon mehrfach erläutert, damit zusammenhing, dass die Gefälleabsteckung durch Austafeln vorgenommen worden war und somit die Erdkrümmung nicht berücksichtigt wurde.

Die Profile der auf beiden Seiten anschließenden Leitung gaben einen guten Einblick in den Aufbau des Kanals. Bemerkenswert war die saubere Ausführung der Innenschalen der beiden Wangen, die aus exakt behauenen Handquadersteinen bestehen und dabei ohne den über weite Strecken üblichen roten Wasserputz auskommen. Auch das Tosbecken selbst ist in dieser Qualität gemauert. Es kann als sicher gelten, dass sich über dem Tosbecken ehemals ein Einstiegschacht befand, denn die Innenkanten der Wangen gehen in diesem Bereich über den Gewölbeansatz hinaus. Das über eine Höhenstufe und ein Tosbecken in seinen beiden Abgrenzungen nachgewiesene Baulos zwischen Breitenbenden und Lessenich setzte sich aus zwei Gefälleabschnitten zusammen, deren Längen wir heute nachmessen können. Die präzise Arbeit bei der Streckenmessung ist hervorzuheben, denn die ermittelten Abschnitte von 1 480 und 3 850 Meter Länge entsprechen nach dem römischen Fußmaß exakt den glatten Werten 5 000 bzw. 13 000 römische Fuß.[82]

Bypässe

Es ist sinnvoll, bei größeren Reparaturmaßnahmen an der Wasserleitung einen Bypass um die Baustelle herum anzulegen, um die Wasserversorgung während der Bauzeit nicht zu unterbrechen. Im Falle der Kölner Vorgebirgsleitungen ist sogar die Einrichtung eines transportablen Bypasses anzunehmen, auch wenn ein solcher Fund nicht gemacht wurde. Das Wasser wurde in diesem Fall in der neuen oberen Leitung bis an das Ende der Neubaustrecke herangeleitet, dann in einem hölzernen Gerinne um die Baustelle herumgeführt und im Anschluss in den bestehenden unteren Kanal übergeleitet.

Eine für einen Bypass erforderliche Trassenverlegung muss aber in jenen Streckenabschnitten, in denen eine starke Hangneigung den Baubetrieb ohnehin behinderte, zu Schwierigkeiten geführt haben. Die Ausgrabung im Hombusch bei Mechernich-Lessenich des Jahres 1984 brachte Klarheit über die Abfolge der Bautätigkeit:[83] Als Erstes wurde im natürlichen Hang, der an dieser Stelle eine Neigung von 2,7 auf zehn Meter hatte, die geplante Trasse abgesteckt. Vermutlich setzte man in der Mitte der vorgesehenen Arbeitsterrasse in bestimmten Abständen Holzpfähle und hatte in einem Arbeitsgang somit bereits auch ein Grobnivellement vorgenommen. Damit war aber vor allem die Linie markiert, von welcher hangseitig Erdreich abgetragen werden sollte, das man talseitig anschüttete. Während der Ausgrabung wurde im Bereich der römischen Abtragsgrenze natürlich keine Vermarkung mehr vorgefunden, am Fuß der durch die Anschüttung verursachten Böschung hingegen fand sich eine aneinandergereihte Lage von groben, unbearbeiteten Feldsteinen. Im Grabungsprofil wird deutlich, dass diese Steine nicht nur dazu dienten, die Linie zu markieren, bis zu welcher das Erdreich abgelagert werden sollte, sondern auch, um dem Böschungsfuß einen gewissen Halt zu geben. Dennoch wurde Material der Böschung talwärts geschwemmt, das sich unterhalb der Steinlage als flache, spitz auslaufende Sandschicht ablagerte.

Auf der horizontalen, sieben Meter breiten Arbeitsterrasse wurde anschließend, vom bergseitigen Böschungsfuß ausgehend, ein auf der Sohle ein Meter breiter, an beiden Seiten geböschter Graben von 50 Zentimeter Tiefe angelegt. Auf der Terrasse verblieb somit noch ein 4,5 Meter breiter Streifen, auf welchem der Baubetrieb stattfinden konnte;

---

82 Das Baulos zwischen Mechernich-Breitenbenden und Mechernich-Lessenich hatte also eine Länge von 18 000 römische Fuß = 5 330 Meter.
83 Grewe 1986, 95f. (Fundstelle 23.3).

hier fuhren die Fuhrwerke das Baumaterial an, und die Bauleute hatten hier ihre Arbeitsfläche. Wie rationell diese Vorgehensweise war, zeigt die geringe Menge des bewegten Erdreichs: Die bergseitig abgetragenen 2,2 Kubikmeter pro laufenden Meter finden sich im Ausgrabungsbefund als talseitige Anschüttung wieder.

Bei einem normalen Betriebsablauf wäre der oben beschriebene Graben nun zu vertiefen gewesen, um darin den Steinkanal zu errichten. Die bereits erwähnten Schwierigkeiten an dieser Stelle hatten aber zur Folge, dass in diesem Graben die provisorische Leitung installiert werden musste. Zur Errichtung des endgültigen Steinkanals war nun die Terrasse bergseitig zu erweitern.

Auch diese zweite Bauphase war in der Ausgrabung von 1984 nachzuweisen. Die Absteckung der geplanten Erdabtragsgrenze zum Berg hin ist auch hier natürlich verloren, weil sie mit abgetragen wurde. Der projektierte Böschungsfuß aber, der wiederum durch eine Steinreihe angezeigt wurde, hat sich auch hier erhalten; das Niveau der erweiterten Terrasse liegt 50 Zentimeter höher als das der ersten Phase. Nach Aushub des 1,8 Meter breiten Grabens für den Steinkanal verblieb zwischen diesem und dem Graben der provisorischen Leitung noch ein Arbeitsraum von 2,2 Meter. Auf dieser Fläche sind im Grabungsprofil noch deutlich die ausgefahrenen Spuren der Fuhrwerke zu sehen.

Da bei dieser zweiten Bauphase der Hang wesentlich tiefer eingeschnitten wurde, ist auch die abgetragene Erdreichmenge wesentlich höher gewesen. Für den erweiterten Terrassenbereich, den neuen Graben und dessen Böschung waren sieben Kubikmeter Erdreich zu bewegen, wovon sich allerdings nur sechs Kubikmeter in der Anschüttung wiederfinden. Das restliche Erdreich hat als Abdeckung zur Frostsicherung für den ausgebauten Steinkanal nach dessen Fertigstellung Verwendung gefunden. Zwischenzeitlich wurde das Erdreich am talseitigen Rand der Arbeitsterrasse gelagert. Eine muldenförmige Vertiefung im Grabungsprofil an dieser Stelle deutet darauf hin, dass von der ehedem planierten Terrassenfläche hier noch in römischer Zeit Material abgetragen wurde. Der Materialaustausch fand über den provisorischen Kanal hinweg statt. Dieser muss demnach in gewissen Abständen mit Bohlen überbrückt oder mit Erdreich zugepackt worden sein.

Nach Inbetriebnahme des fertigen Steinkanals wurde die provisorische Leitung vermutlich wieder ausgebaut, denn wir finden von ihr keinerlei Reste mehr. Der Graben, in dem sich ein brauner lehmiger Boden abgelagert hat, verfüllte sich im Laufe der Zeit. In nachrömischer Zeit lagerte sich über dem gesamten Befund Hanggeröll in einer Stärke von 50 Zentimeter ab.

Diese Besonderheit im Trassenverlauf beginnt an einem nur annähernd festzulegenden Punkt, vermutlich nahe der dreibogigen Brücke über den Hombuschsiefen im Mechernicher Wald.[84] Die Trasse, die bis zu diesem Punkt das übliche Bild einer Gefälleleitung bietet – an das Geländerelief geschmiegt, den Höhenlinien folgend – verzweigt sich an dieser Stelle, und über eine Strecke von fast vier Kilometer sind die deutlichen Spuren von zwei nebeneinander verlaufenden Kanaltrassen zu verfolgen; dieses Thema ist schon einmal weiter oben in einem anderen Zusammenhang angerissen worden.

Durch die bei den Ausgrabungen gewonnenen Erkenntnisse lässt sich das folgende Bild der Trassenführungen zusammenfügen: Geplante und in Angriff genommene Trasse war die über den Sattel verlaufende Linie, die leitungsauf-

---

84 Grewe 1983, 343; Grewe 1986, 90 (Fundstelle 23.a). Der gewaltige Erddamm, der westlich des Grünen Winkel für den Bau der Autobahn A 1 (Köln nach Trier) angeschüttet worden ist, hat nicht nur das Landschaftsbild erheblich beeinträchtigt, er überdeckt auch die Trasse der römischen Eifelwasserleitung, die früher im Streckenabschnitt von Breitenbenden bis kurz vor Lessenich hervorragend zu verfolgen war.

wärts ihre Fortsetzung in dem talseitigen Ausbruchgraben findet. Diese Trasse folgt einer gleichmäßigen, plausiblen Linie durch die Landschaft. Die Linienführung über den Berg hätte jedoch einen Tunnelbau erfordert, oder es war ein Geländeeinschnitt von bis zu acht Meter Tiefe anzulegen. Man wählte den Geländeeinschnitt mit seinen umfangreichen Erdarbeiten als Bauverfahren, und dabei gab es wohl erhebliche Schwierigkeiten im Baufortschritt.[85] Jedenfalls scheint der Kanal oberhalb dieser Problemstelle und auch unterhalb dieses Streckenabschnitts schon betriebsbereit gewesen zu sein, als man am Bergsporn Grüner Winkel noch mit den Erdarbeiten beschäftigt war. Deshalb wurde zur Überbrückung der Bauzeit eine vier Kilometer oberhalb des Sporns beginnende provisorische Leitung, wie oben beschrieben, als Bypass in Betrieb genommen.

Am oberen Anschlusspunkt der provisorischen Leitung beginnend wurde nun die Trasse der Hauptleitung zur Bergseite verlegt und darin der Steinkanal errichtet. Im Westhang des Bergsporns, kurz nach dem Abknicken der provisorischen Leitung, bog der Steinkanal wieder auf die ursprüngliche Planungslinie ein. Nach dessen endgültiger Fertigstellung benötigte man die provisorische Leitung nicht mehr: Sie konnte wieder ausgebaut werden. Deshalb war bei den Ausgrabungen von dieser Leitung nur noch der Ausbruchgraben sichtbar, in dem sich nur wenig Steinmaterial befand, weswegen man annehmen darf, dass es sich um eine Holzrinne gehandelt hatte.

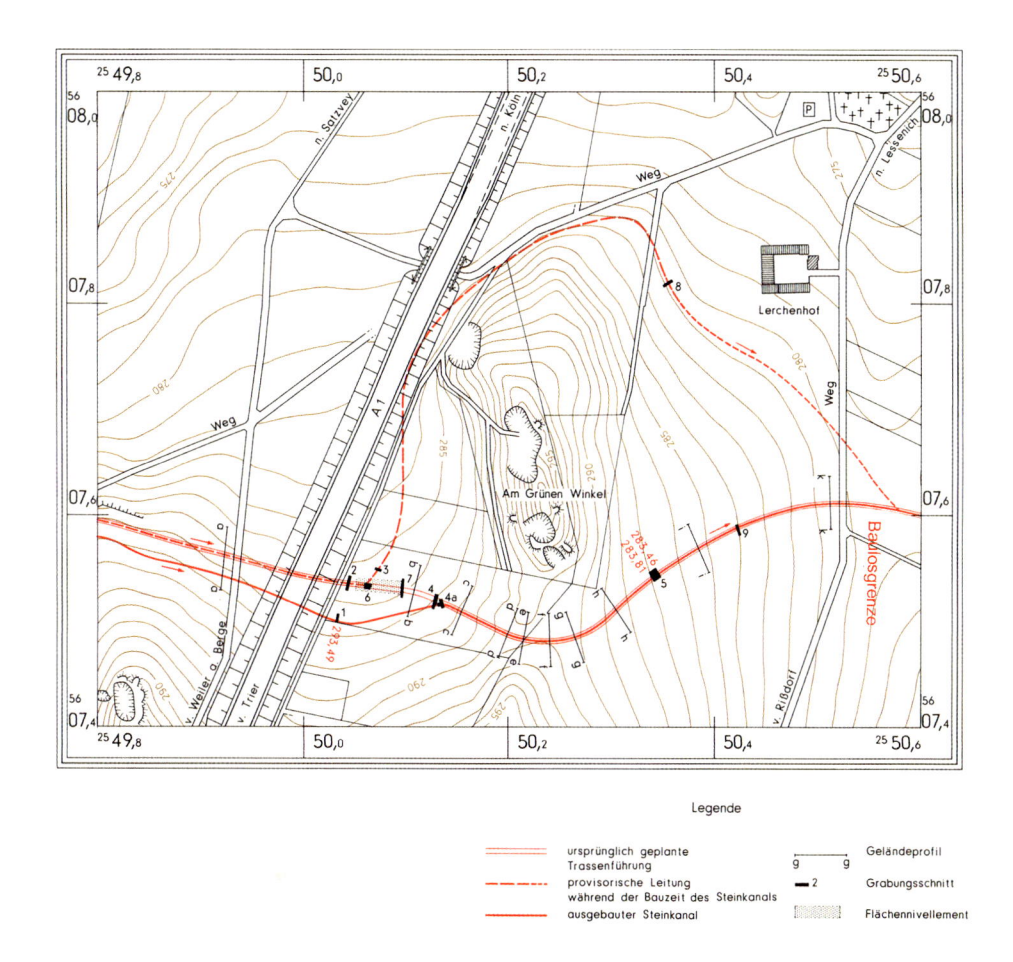

Beim Ausbau des Tunneldurchstiches bei Mechernich-Lessenich gab es offensichtlich bautechnische Probleme. Um einen Zeitverzug in der Fertigstellung des Römerkanals zu beseitigen, wurde die Wasserversorgung mittels einer provisorischen Holzleitung um den Bergsporn Grüner Winkel in Betrieb genommen. Der Steinkanal wurde danach seitlich etwas versetzt ausgebaut und durchstach den Bergsporn.

85 Da für den Bau des Steinkanals ein Baugraben von 2,5 bis drei Meter Tiefe auszuheben war, musste am Grünen Winkel ein Geländeeinschnitt von rund acht Meter angelegt werden. Bei einer Böschungsneigung von auf beiden Seiten 1:1 ergab sich für den Einschnitt eine Breite von 16 Meter auf der Höhe des Bergsporns.

2 Der Römerkanal – Steinbruch des Mittelalters

Ob in Aspendos, Nîmes oder im Falle der Eifelwasserleitung: Im Mittelalter wurden die römischen Wasserleitungen vielerorts und in großem Umfang ein Opfer von Steinraub. Das beim Kanalabbruch gewonnene Steinmaterial wurde zum Bauen wiederverwendet, im Rheinland zum Beispiel für den Bau vieler Kirchen, Klöster und Burgen vornehmlich in der Zeit vom 11. bis zum 13. Jahrhundert.

Zudem standen in dieser Zeit nördlich der Alpen kaum Vorkommen für die Gewinnung von Marmor für die Ausschmückung der romanischen Kirchen zur Verfügung, weil die Transportwege zu den Steinbrüchen in Italien für Großtransporte kaum geeignet waren. Da besann man sich auf die streckenweise bis zu 30 Zentimeter starken Kalksinterablagerungen in der römischen Eifelwasserleitung. Aus diesem Ausgangsmaterial wurde unter der Hand fachkundiger Steinmetze ein feiner »Aquäduktmarmor«, aus dem sich Säulen, Altar- und Grabplatten herstellen ließen. Von Köln aus wurde der Aquäduktmarmor in ganz Deutschland verkauft, darüber hinaus fanden sich Abnehmer bis nach England, Dänemark und in die Niederlande.

Die Menschen waren zu allen Zeiten sehr einfallsreich, wenn es darum ging, ergiebige und dabei leicht zugängliche Rohstoffquellen für die Gewinnung von Baumaterial zu finden. Es ist natürlich einfacher, ein aufgegebenes Bauwerk zu recyceln als das Material in einem Steinbruch neu zu gewinnen. Die Liste selbst antiker Bauwerke, in denen Spolien verbaut worden sind, ist lang. Entsprechend vielfältig ist die Liste der Materialien, die von Baumeistern in zweiter Verwendung genutzt wurden: Da finden sich neben profanem Gebäudeabbruch auch Säulenfragmente, Grabsteine und selbst komplett erhaltene Meilensteine. Eine beliebte Rohstoffquelle waren auch die Aquädukte, wobei sich in diesen »Steinbrüchen« nicht nur das Mittelalter bedient hat, sondern durchaus auch schon die römischen Baumeister selbst.

Die im Mauerwerk der Eurymedon-Brücke von Aspendos (Türkei) verwendeten Lochsteine der ehemaligen römischen Druckleitung sind nicht erst von den Seldschuken im 12. Jahrhundert hier verbaut worden.[86] Das war nämlich schon die zweite Recyclingmaßnahme an dieser Straßenbrücke, da zuvor auch die Römer selbst schon reichlich Lochsteine für den antiken Vorgängerbau verwendet hatten. Die Herkunft ist offensichtlich und klar, denn die mit Muffen versehenen Rohrsteine – immerhin fast im Kubikmeterformat – lassen im Inneren deutliche Versinterungsspuren aus der Betriebszeit der Wasserleitung erkennen. Ob diese Steine im Rahmen einer Renovierungsmaßnahme am Aspendos-Aquädukt überflüssig geworden waren oder erst nach Aufgabe der Wasserleitung abgebaut wurden, ist heute nicht mehr zu sagen, sie sind jedenfalls ein auch für den Laien leicht erkennbares Beispiel für Spolienverbauung.

86 Grewe/Kessener/Piras 1999.

Rechte Seite: In der Friedhofsmauer der Wehrkirche von St. Bonnet (Frankreich) wurde in großen Mengen Kalksinter vom Pont du Gard als Baumaterial verwendet.

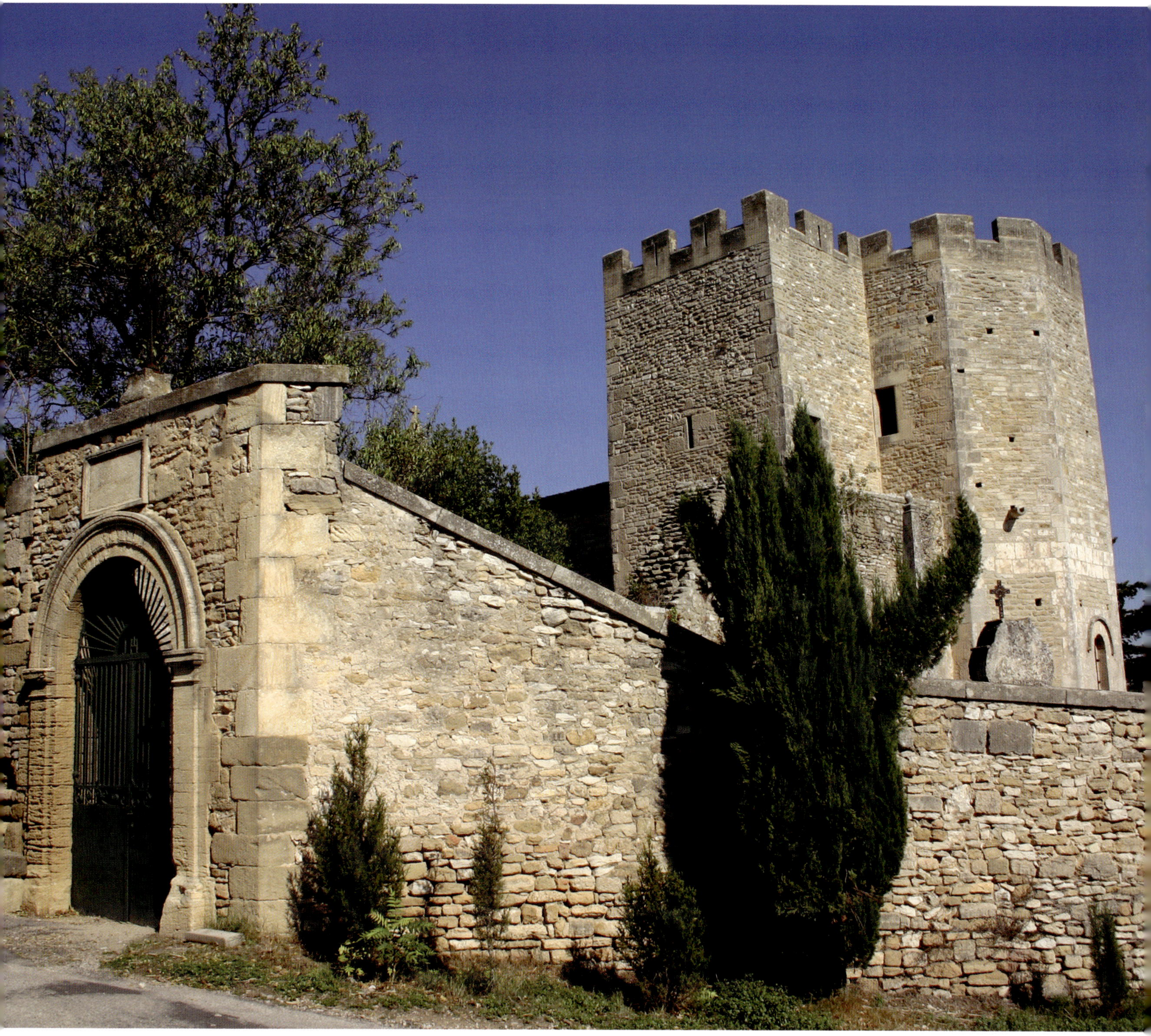

Der Römerkanal als Baustoff der Romanik

In verschiedenen Kirchen, Klöstern und Burgen des Rheinlandes ist die Herkunft »Steinbruch Römerkanal« des zum Bauen verwendeten Baumaterials mit bloßem Auge auch vom Laien auszumachen: Man erkennt große Quaderblöcke, die aus einem kalkhaltigen Mörtel mit einem Zuschlag aus Kieselsteinen oder Grauwackebruch bestehen. Eine Seite dieser Blöcke zeigt jeweils Reste eines alten Verputzes, der in der Regel von rötlicher Farbe ist und den Steinblock nur wenige Millimeter stark bedeckt. Diese Blöcke sind Mauerwerk der Eifelwasserleitung: das *opus caementicium*, das man hauptsächlich in der Zeit vom 11. bis zum 13. Jahrhundert durch den Abbruch der Aquäduktbrücken und Herausnahme des unterirdischen Kanalmauerwerks aus der Erde gewonnen hat. Dieses *opus caementicium* bildete in Form von Sohle und Wangen den Hauptbestandteil der Kanalrinne eines Aquäduktes und war als Gussmauerwerk (Stampfbeton) in einer Schalung gefertigt worden.

Bei den erkennbaren Verputzresten handelt es sich um das *opus signinum*, den hydraulischen Putz, mit dem die römischen Baumeister vornehmlich Wasserbauwerke auf den Innenwänden bestrichen und abdichteten. Mit diesem Spezialmörtel ließen die römische Baumeister die Sohle, die Wangen und meist auch noch die Oberkanten der Wangen

Bei der Eurymedon-Brücke bei Aspendos (Türkei) wurden schon in der römischen Bauphase Steinrohre aus der Aquäduktdruckleitung zweitverwendet; in der seldschukischen Bauphase dann kam es zu einer dritten Verbauung.

Eckquadersteine aus Kalksinter vom Pont du Gard (Frankreich) in der Friedhofsmauer von St. Bonnet.

bis zur Hälfte bestreichen und sorgfältig glätten, um das Gerinne abzudichten und den Rauhigkeitswert niedrig zu halten; in vielen Fällen formte man in den Übergängen von der Sohle zu den Wandungen noch Viertelrundstäbe aus, um einem Wasserverlust an diesen bruchgefährdeten Stellen vorzubeugen. Die rötliche Farbe hatte der Verputz durch Beimengung von Ziegelmehl beim Anrühren des Mörtels erhalten. Das war zwar nur ein Ersatz in Gegenden, in denen das korrekterweise verwendete Tuffmehl (Trass) oder Vulkanasche nicht zur Verfügung standen, hatte aber dieselbe Wirkung bezüglich der hydraulischen Anforderungen an den Verputz.

Gänzlich unverwechselbar wird das wiederverwendete Baumaterial, wenn sich noch Reste der Kalkablagerung aus der Betriebszeit der Wasserleitung erhalten haben. Diese liegen auf der *opus-signinum*-Schicht, sind aber nur wenig mehr als daumendick, wenn die Abbruchstellen im unteren Teil des Verlaufs der Aquädukttrasse lagen. Die Steinblöcke wurden im Mittelalter in bis zu ein Meter langen Stücken ab- oder herausgebrochen und zur Baustelle der Wiederverwendung transportiert. Da die Wohnhäuser des Mittelalters in der Regel in Fachwerk gebaut wurden, kam das Material fast ausschließlich in Kirchen, Klöstern und Burgen des Rheinlandes zum Einsatz.

Die massenhafte Zweitverwendung von Römerkanalabbruch im Mittelalter hatte zwangsläufig zur Folge, dass von den obertägigen Bauabschnitten heute nicht mehr viel übriggeblieben ist. Aber nicht nur die kleinen und großen Aquäduktbrücken sind ein Opfer des mittelalterlichen Steinraubes geworden, auch den unterirdisch geführten Steinkanal holte man über weite Strecken aus dem Boden heraus. Dabei darf man nicht verkennen, dass diese Art der Steingewinnung durchaus Schwerstarbeit war, denn vor dem Abbruch war das Bauwerk von oben und an den Seiten komplett freizulegen. Das hatte zur Folge, dass nach der Herausnahme des Mauerwerks ein rund drei Meter tiefer Graben zurückblieb. Die Spuren dieser Arbeiten sind besonders unter Wald heute noch deutlich zu sehen: Über den Rücken des Vorgebirges westlich von Bonn verläuft ein kilometerlanger Ausbruchgraben, der einerseits ein Zeugnis der Zerstörung der römischen Wasserleitung ist, der aber andererseits auch den römischen Trassenverlauf in eindrucksvoller Weise wiedergibt.

Die Orte der Zweitverwendung liegen nur wenige Kilometer von den Abbruchstellen entfernt, was sicherlich dem Wunsch nach kurzen Transportwegen für das Baumaterial geschuldet war. Man gab also dem kurzen Transportweg zur Baustelle den Vorzug vor frisch gebrochenen Steinblöcken aus entfernteren Vorkommen. Für das Erscheinungsbild des neu errichteten Bauwerks hatte diese Provenienz

Burg Münchhausen bei Wachtberg-Adendorf (Rhein-Sieg-Kreis) wurde komplett aus Steinblöcken des Kanalabbruchs gebaut.

keine Bedeutung, da die Rohbauten nach ihrer Fertigstellung ohnehin noch verputzt und in der Regel farbig getüncht wurden. Erst in unseren Tagen, wo dieser Verputz längst abgebröckelt ist, wird das römische Baumaterial wieder sichtbar und lässt einen Einblick in die mittelalterliche Bautechnik zu.

Entlang der Römerkanaltrasse gibt es eine ganze Reihe der in romanischer Zeit errichteten Bauwerke, denen man teilweise oder komplett ansehen kann, wo sich die Baumeister des Baumaterials bedient haben.[87] Die Burg Münchhausen bei Wachtberg-Adendorf ist ein solches beredtes Beispiel: Der Turm aus dem 12. Jahrhundert ist komplett aus Römerkanalabbruch errichtet worden, und auch in den Außenmauern der Burg selbst ist der Römerkanal wiederzuerkennen.

In Bornheim-Hemmerich fanden sich in der Umfassungsmauer des alten Friedhofs Reste aus dem Stampfbeton der Eifelwasserleitung. Ebenso in der Kirchhofsmauer von Bornheim-Merten, wo dieses Material auch in den Außenmauern mehrerer Privathäuser gefunden wurde; gleiches gilt für die Kapelle von Bornheim-Trippelsdorf und die Kirchhofsmauer von Bornheim-Waldorf. Diese Fundstellen sind zwischenzeitlich aber abgegangen.[88]

Ähnlich verhält es sich mit dem Mauerwerk des Hexenturms (12. Jahrhundert) in Bornheim-Walberberg und der benachbarten Kirche St. Walburga (11. bis 13. Jahrhundert). Beide – heute getüncht oder verputzt – lassen das römische Baumaterial nicht auf den ersten Blick erkennen, aber im Hexenturm erkennt man das Material im Inneren, und bei der Renovierung der Kirche wurde ein postkartengroßes Fleckchen des Verputzes im Chor freigelassen, um diesen Einblick in die romanische Bautechnik zu erlauben. Reste vom Römerkanal sind zudem noch sichtbar am Mauerwerk des Pfarrgartens.[89]

Die Steinblöcke des in Burg Münchhausen wiederverwendeten Römerkanals lassen deutlich die Provenienz des Materials erkennen: *opus caementicium, opus signinum* und Kalksinterablagerungen.

Auch im Weltkulturerbe Schloss Augustusburg in Brühl fand sich bei einer Begehung der Kellerräume wiederverwendetes Material der römischen Wasserleitung. Das römische Mauerwerk muss hier zum zweiten Mal verwendet worden sein, denn es war zunächst im romanischen Vorgängerbau der 1689 von den Franzosen niedergebrannten gotischen Burg verbaut gewesen. Im 18. Jahrhundert entstand über der Ruine die Sommerresidenz des Kölner Kurfürsten Clemens August.[90]

87 Grewe 1986, 285–287.
88 Maassen 1882, 95–96; Bonner Jahrb. 136–137 (1932) 327.
89 Maassen 1882, 97; Bonner Jahrb. 27 (1859) 161.
90 Wildeman 1954, 37ff.

Im Turm der 1893 bis 1894 abgebrochenen Kirche von Brühl-Vochem befand sich ebenfalls Römerkanalabbruch; Gleiches galt für die abgebrochenen Kirchen Hürth-Hermülheim, Hürth-Kendenich, Köln-Immendorf und Köln-Meschenich.[91]

Im Mauerwerk der Burgruine Hürth-Fischenich, die heute Mittelpunkt einer Wohnanlage geworden ist, findet sich wiederverwendetes Römerkanalmauerwerk in großem Umfang. Auch in der Fischenicher Kirche und der Burg von Hürth-Efferen soll dieses Material reichlich verwendet worden sein.[92]

In Rheinbach sind sowohl im Wasemer Turm der mittelalterlichen Stadtbefestigung als auch im so genannten Hexenturm, dem Turm der Rheinbacher Burg, Reste der Wasserleitung erkennbar. Im Wasemer Turm befindet sich ein besonders auffälliges Teilstück: Da die Bauwerke nach ihrer Fertigstellung in der Regel verputzt wurden, kam es bei der Positionierung der Spolien nicht auf ihre Ausrichtung und Lage an. Im Wasemer Turm ist ein in Augenhöhe verbautes Teilstück besonders auffällig, da sich seine ehemalige Innenseite nun außen befindet und somit die *opus-signinum*-Schicht mitsamt einem Rest der Kalksinterablagerung gut sichtbar ist.[93]

Das spannendste Bauwerk, das in dieser Auflistung zu nennen ist, ist sicherlich das ehemalige Kloster Schillingskapellen bei Swisttal-Dünstekoven (heute Gut Capellen).

Bereits Ende des 19. Jahrhunderts berichtete P. Clemen über die massenhafte Verwendung römischen Mauerwerks, das man im Mittelalter aus Abbruch der unterirdischen Leitung im Kottenforst gewonnen hatte.[94]

---

91 Maassen 1882, 100f.; Clemen, Kunstdenkm. d. Rheinprovinz IV, 1. Landkr. Köln (1897) 145, 150, 154, 163, 186.
92 Maassen 1882, 100; Rosellen 1887, 182.
93 Bonner Jahrb. 18 (1852) 214; Clemen, Kunstdenkmäler d. Rheinprovinz IV, 2. Kreis Rheinbach (1898) 142.
94 Clemen, Kunstdenkmäler d. Rheinprovinz IV, 2. Kreis Rheinbach (1898) 37.

Die in Hürth-Hermülheim (Rhein-Erft-Kreis) schräg im Boden angetroffenen Kanalrinne des Römerkanals deutet auf einen missglückten Versuch des Kanalausbruchs hin.

Im Wasemer Turm der mittelalterlichen Stadtmauer von Rheinbach (Rhein-Sieg-Kreis) wurde ein Römerkanalsteinblock so verarbeitet, dass man auf die *opus-signinum*-Schicht schaut.

Im ehemaligen Kloster Schillingskapellen bei Swisttal-Dünstekoven (Rhein-Sieg-Kreis) wurde Römerkanalabbruch in rauen Mengen wiederverwendet. Mit den Tuffsteinen der großen Swistbachbrücke vollzog man in der Frontseite des Hauptgebäudes – ehemals der Kreuzgang – sogar die Bogenform der Aquäduktbrücke nach (vgl. den Brückenaufriss auf S. 281).

Aber man hatte hier nicht nur den »gewöhnlichen« Kanalausbruch aus dem unterirdischen Verlauf im Kottenforst wiederverwendet, sondern sich auch an einem obertägigen Abschnitt des antiken Bauwerks bedient. Die Frage nach dem Verbleib der bis zu zehn Meter hohen Aquäduktbrücke zwischen Rheinbach und Meckenheim mit ihren rund 300 Bogenstellungen konnte nach der Ausgrabung im Swistbachtal 1981 durch einen Materialvergleich mit dem Baumaterial des Klosters Schillingskapellen beantwortet werden: Zu auffällig war das in den Klostermauern wiederverwendete Schalungsmauerwerk der Brücke, für das Unmengen von Tuffsteinen verwendet worden waren.[95]

Bei eingehender Betrachtung fiel eine besondere architektonische Raffinesse in der Frontmauer des ehemaligen Haupthauses auf. Eine über die ganze Fläche reichende Bogenreihe gibt einen Eindruck des ehemaligen Kreuzgangs wieder, und erstaunlicherweise hatte sich der klösterliche Baumeister bei den Abmessungen von den Bögen der ehemaligen Aquäduktbrücke über den Swistbach inspirieren lassen. Die Abstände zwischen den Bögen entsprechen zwar nicht den Pfeilermaßen der Aquäduktbrücke, aber die Bogenweiten sind nahezu identisch. Deshalb fiel es sicherlich auch nicht schwer, die konisch zugeschnittenen Bogensteine der römischen Brücke hier im Kloster in den Bogenstellungen des Kreuzgangs ein zweites Mal zu verwenden. Der Kreuzgang ist heute zwar verschwunden, die romanischen Fensteröffnungen sind zugemauert, die Bogenstellungen in der Fassade des Haupthauses vermitteln aber immer noch einen Eindruck von den Intentionen des mittelalterlichen Baumeisters. Dieser musste die Brücke am Swistbach noch aufrecht stehend gesehen haben, bevor er das Abbruchmaterial hier wiederverwendete. Mit etwas Fantasie kann hier auf Gut Capellen diese römische Aquäduktbrücke auch vor dem geistigen Auge des heutigen Betrachters noch einmal erlebbar werden.

Um das Haupthaus des Klosters herumgehend, wird man im Mauerwerk überreich fündig: Römerkanalabbruch allenthalben, und auch an der dem Hof zugewandten Seite des ehemaligen Refektoriums wird man dieses Material in großer Fülle erneut verbaut finden.

Wir haben bei der Betrachtung der römischen Bautechniken mehrfach vom Pragmatismus der römischen Baumeister gesprochen, der in vielen Bauwerksdetails sichtbar wird. Betrachtet man die Art und Weise der Wiederverwendung antiken Baumaterials in den zuvor beschriebenen Großbauten der Romanik, so kommt man nicht umhin, einen ähnlichen Pragmatismus auch den mittelalterlichen Baumeistern zuzusprechen. Das wird bei der Behandlung der Kalksinterverwendung noch deutlicher werden.

Aus Römerkanalabbruch errichtete Bauwerke:
a) Bornheim-Hemmerich, Alter Friedhof, Friedhofsmauer;
b) Bornheim-Merten, Kirchhofsmauer (abgebrochen);
c) Bornheim-Trippelsdorf, Kapelle (abgebrochen);
d) Bornheim-Walberberg, Hexenturm;
e) Bornheim-Walberberg, romanische Kirche St. Walburga und weitere Gebäude;
f) Bornheim-Waldorf, Friedhofsmauer (abgebrochen);
g) Brühl, Schlosskeller (in der Bausubstanz des romanischen Vorgängerbaus);
h) Brühl-Vochem, Kirche (abgebrochen);
i) Hürth-Efferen, Burg;

---

95 Grewe 1986, 135–140, 285.

j) Hürth-Fischenich, Burg;
k) Hürth-Hermülheim, Kirche (abgebrochen);
l) Hürth-Kendenich, Kirche (abgebrochen);
m) Köln-Immendorf, Kirche (abgebrochen);
n) Köln-Meschenich, Kirche (abgebrochen);
o) Rheinbach, Hexenturm;
p) Rheinbach, Wasemer Turm;
q) Swisttal-Dünstekoven, Gut Capellen;
r) Wachtberg-Adendorf, Burg Münchhausen.

Im Kottenforst bei Swisttal-Buschhoven (Rhein-Sieg-Kreis) ist als Relikt der Ausbeutung des Steinmaterials vom Römerkanal ein kilometerlanger Ausbruchgraben übriggeblieben.

(In dieser Auflistung sind nur Bauwerke aufgeführt, die zu großen Teilen aus Römerkanalabbruch errichtet wurden. Bauwerke, in deren Mauerwerk Bruch- oder Werkstücke aus Kalksinter aus der Eifelwasserleitung verwendet wurden, finden sich im Katalog der Sinterfundstellen weiter unten ab S. 314.)

Vom Kalksinter zum Aquäduktmarmor – Schmuckstein der Romanik in Mitteleuropa

Insgesamt betrachtet wäre das Leitungssystem der Fernwasserleitung des römischen Köln ohnehin nicht auf ewig in Betrieb zu halten gewesen. Ein chemischer Vorgang, den man im Haushalt bei der Nutzung kalkhaltigen Wassers auch heute noch zwangsläufig kennenlernt, hätte auf weitere Sicht erst zur Reduktion der Wassermengen und dann zum vollständigen Stillstand der Versorgung führen müssen: die Verkalkung des Leitungsgerinnes. Der stetige Betrieb der Leitung hatte dazu geführt, dass im Mittellauf der Trasse – im Streckenabschnitt zwischen Mechernich und der Erft – die Kalkablagerung auf eine Stärke von 30 Zentimeter angewachsen war. Dabei war nicht nur die benetzte Sohle betroffen, sondern in gleichem Maße auch der obere Rand der Kalkablagerung an den beiden Seitenwangen.

Während die Sohle durch ihre stetige Benetzung mit Wasser relativ gleichmäßig anwachsen konnte, führte der dadurch verursachte höher steigende Wasserstand in der Leitung dazu, dass an den Wangen stetig neue Mauerbereiche vom Wasser erreicht und benässt wurden. In den oberen 30 Zentimetern des Kanals zeugt davon eine kontinuierliche Verjüngung der Sinterschichten.

Aber selbst diese starke Ablagerung von Kalksinter behinderte die Transportleistung der Eifelleitung in ihrer Betriebszeit nicht; das wäre erst dann der Fall gewesen, wenn durch das Anwachsen der Sohle der Wasserspiegel in der Leitung den Scheitelpunkt der Gewölbeabdeckung erreicht hätte. In einem solchen Fall wäre aus dem als Freispiegelleitung konzipierten Gerinne eine Druckleitung geworden, und jede weitere Ablagerung von Kalkschichten hätte den Querschnitt rundum verkleinert und somit die Transportkapazität eingeschränkt. Der archäologische Befund zeigt uns eindeutig, dass es nur eine Frage der Zeit war, bis der natürliche Kollaps der Leitung eingetreten wäre – zu hoch waren die Sinterschichten an den Wangen schon angewachsen.

Ein solches Zusintern des Leitungsquerschnitts als Ergebnis einer Leitungsüberlastung im Streckenabschnitt zwischen Mechernich-Kallmuth und Mechernich-Vollem konnte im Ausgrabungsbefund 1981 nachgewiesen werden: Die an der Quellfassung Klausbrunnen unterhalb von Kallmuth beginnende Leitung war in ihrem Querschnitt dem Wasseraufkommen dieser Quelle angepasst gewesen. Als man in einer späteren Baumaßnahme das am Grünen Pütz bei Nettersheim gewonnene Wasser über einen neuen Leitungsstrang dem bestehenden Kanal am Klausbrunnen zuleitete, reichte dessen Querschnitt nicht mehr aus, um die Gesamtmenge zu bewältigen. Das neue Wasseraufkommen füllte den gesamten Querschnitt der bestehenden Leitung aus und sorgte auf diese Weise für eine Rundumversinterung dieses 1 100 Meter langen Trassenabschnitts.[96] Entlastet wurde die Leitung hinter dem Aquäduktbrückchen von Mechernich-Vollem, denn unterhalb des Treffpunktes mit einem weiteren Leitungsstrang, der bei der Quelle von Urfey seinen Ursprung hatte, verfügte die Leitung über einen vergrößerten Querschnitt.

Die Auswirkungen des Quellwassers auf die Sinterbildung

Vitruv schreibt einiges über die Qualität des Wassers, auch über Schadstoffe wie zum Beispiel das Blei (→ Kap. 5), aber er erwähnt mit keinem Wort den Kalk und dessen Auswirkungen auf die Qualität und den Geschmack von Trinkwasser.[97] Allein der Aufwand, den die römischen Ingenieure betreiben, um Wasserdargebote aus Quellen kalkhaltiger Böden auszunutzen, belegt, dass man solches Wasser schätzte und allen anderen vorzog. Der Bau von Fernwasserleitungen von bis zu 240 Kilometer Länge, im Fall der Eifelwasserleitung 95,4 Kilometer, zeigt, dass dieser Aufwand als nicht zu groß angesehen wurde, um den Ansprüchen der antiken Stadtbewohner zu entsprechen. Dabei nahm man einen unangenehmen Nebeneffekt in Kauf, nämlich die Ablagerungen von Teilmengen des im Wasser mitgeführten Kalks auf der Sohle und an den Wangen der Leitung. Die großen Querschnitte römischer Freispiegelleitungen sind sicherlich angelegt worden, um die Kanäle von Zeit zu Zeit auf Bauwerksschäden inspizieren zu können; damit erreichte man aber zugleich, dass diese Bauwerke »auf Zuwachs« angelegt waren. Der große Bauwerksquerschnitt war ein wirkungsvolles Planungsergebnis für einen weitgehend wartungsfreien Betrieb antiker Fernwasserleitungen über den Zeitraum von Jahrzehnten.

Die Überlegungen zur Entstehung des Kalksinters in Wasserleitungen führen zu der Frage, ob es sich denn bei den schon mit bloßem Auge sichtbaren Schichtungen möglicherweise um periodische Ablagerungen handelt, die ihren Ursprung etwa in jahreszeitlich bedingten Schwankungen als Auswirkungen zum Beispiel von Temperatureinflüssen haben. Diese Frage kann nach verschiedenen Laboruntersuchungen nunmehr eindeutig bejaht werden.

Wie der später aus dem Wasser wieder ausgeschiedene Kalk in das Quellwasser hineingekommen ist, hat H. D. Schulz im *Atlas der römischen Wasserleitungen nach Köln* sehr plausibel erklärt:

> Beim Versickern von Niederschlag durchläuft das Wasser den Boden, in dem durch mikrobiellen Aufbau organischer Substanz recht große Konzentrationen von Kohlendioxid vorhanden sind – meist um eine Zehnerpotenz höher als in der Atmosphäre. Das Wasser fließt dann mit diesen hohen Konzentrationen an Kohlendioxid als Grundwasser durch das Gestein und löst dort vorhandenen Kalk bis zur Sättigung. Wenn ein so kalkgesättigtes Grundwasser in einer Quelle wieder zutage tritt, gerät es in Kontakt mit der Atmosphäre und deren niedriger Konzentration an Kohlendioxid,

---

96 Grewe 1986, 64 (Fundstelle 17.3–18.6).
97 Vitruv VIII, 6.10.

mit der im Gleichgewicht (temperaturabhängig) meist eine weit geringere Menge an Kalk löslich ist. Der nicht mehr lösliche Anteil an Kalk wird dann als Kalksinter abgeschieden. [98]

Diese Abscheidungen kommen sowohl in der Natur als auch in der Technik vor. Natürliche Kalksinterbildungen von imponierenden Ausmaßen finden wir beispielsweise in Pamukkale in der Türkei, wo das Wasser der auf einem Bergplateau entspringenden heißen Quellen in einem Hang des Berges zu Tale fließt und dabei leuchtendweiße Kalksinterterrassen bildet. Ein Naturschauspiel, das schon in der Antike beeindruckte: In günstiger Lage zu den Thermalquellen gründeten die Römer ihr Hierapolis. Ähnliche Naturschauspiele bieten sich auch an anderen Stellen auf der Erde, es seien nur die Quellen im Nationalpark Yellowstone (USA) oder in Hammam Meskoutine (Algerien) genannt. Andere Formen natürlicher Kalksinterbildung kennen wir aus den vielen Tropfsteinhöhlen.

Links: Der Kalksinter an den 30° C heißen Quellen von Pamukkale (Türkei) formt immer wieder neue Terrassenformen aus.

Rechte Seite: Die leuchtendweißen Kalksinterablagerungen von Pamukkale (Türkei) bestimmten schon in der Antike das Landschaftsbild um die damalige Stadt Hierapolis.

Die Ausfällung des gelösten Kalks ist im Versuch einfach zu beobachten, wobei dieser im Vergleich zur Kalkablagerung in Wasserleitungen zwar einerseits extrem ist, andererseits aber als alltägliches Beispiel aus jedem Haushalt bekannt ist. Gemeint ist die Bildung von Kalkrückständen in den Kochgefäßen für Wasser. Beim Kochen von Wasser entweicht u. a. Kohlendioxid; dadurch entsteht ein Ungleichgewicht im Verhältnis von Kohlendioxid zum gelösten Calciumhydrogencarbonat. In dieser Lösung kann sich der Kalk nicht mehr halten und fällt aus. Dieser Vorgang ist

---

98 Schulz 1986, 263.

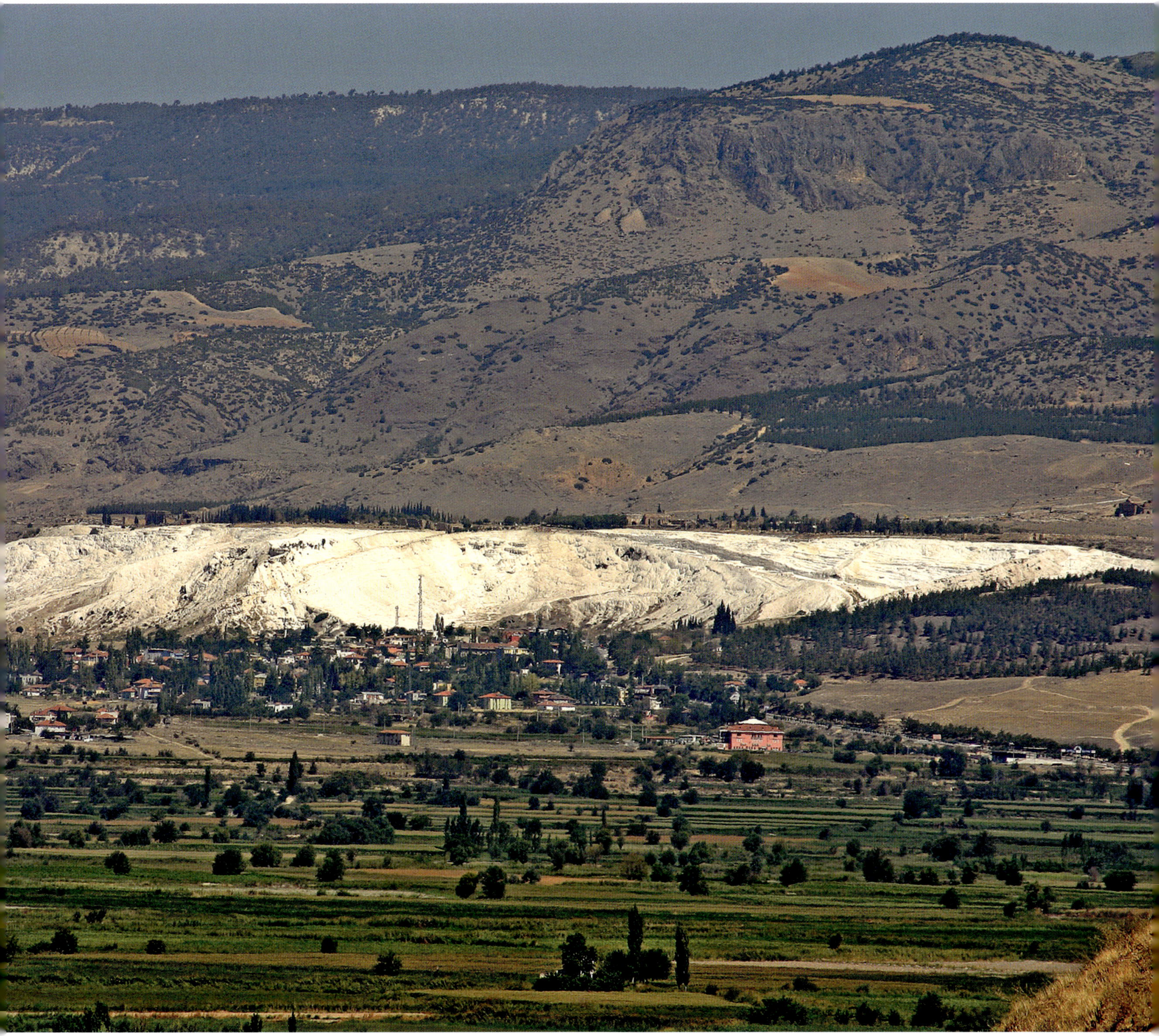

Links: Schneeweiße Kalksinterablagerungen im Yellowstone Nationalpark (USA).

Unten links: Kalksinterterrassen an den bis zu 97° C heißen Quellen von Hammam Meskoutine (Algerien).

für das bloße Auge sichtbar zu machen: Bringt man Wasser in einem hitzebeständigen Glasgefäß zum Sieden, wird es sich nach einiger Zeit durch unzählige winzige Calciumcarbonat-Partikelchen trüben, die sich alsbald an den Wänden und auf dem Boden des Gefäßes niederschlagen.

Ein anderes Versuchsbeispiel für die Ausfällung von Kalk nähert sich der Sinterbildung in Wasserleitungen weiter an, denn auch in kaltem Wasser kann man den Versuch mit der künstlichen Herstellung eines Ungleichgewichts im Verhältnis von Kohlendioxid zu Calciumhydrogencarbonat vornehmen, ohne das Wasser zum Sieden zu bringen, indem man es kräftig schüttelt. Dabei geht Kohlendioxid verloren, so dass auch hier Calciumcarbonat ausgefällt wird, sobald sich das Gleichgewicht zugunsten der Kalkausscheidung verschiebt.

Durch diese Beispiele kann die Kalksinterbildung in einer dem Gefälle folgenden Wasserleitung leichter verstanden werden. Da sämtliche für die Speisung der Eifelwasserleitung genutzten Quellen in einem Gebiet zutage treten, das wir geologisch die Sötenicher Kalkmulde nennen, konnte und kann hier natürlich nur kalkhaltiges Trinkwasser gewonnen werden. Beim Übertritt des Wassers aus dem stark kohlendioxidhaltigen Boden in die Atmosphäre entsteht das oben beschriebene Ungleichgewicht im Verhältnis von Calciumhydrogencarbonat zum Kohlendioxid; in seiner neuen Umgebung entsteht ein kalkübersättigtes Wasser. Es wird sich nun so viel Kalk aus dem Wasser ausfällen, bis sich der für die neue Umgebung richtige Sättigungsgrad eingestellt hat.

Die unterschiedliche Stärke der Kalksinterablagerung wurde in den 1970er-Jahren in der Hauszeitschrift des Rheinischen Landesmuseums Bonn diskutiert. W. Schmitz hatte in einem kleinen Artikel erläutert, dass er der Fließgeschwindigkeit und der Temperatur eine untergeordnete Bedeutung bei der Sinterbildung zumesse. Er meinte, stattdessen seien die Revisionsschächte (als Belüftungsschächte) dafür verantwortlich, »da die Kohlensäure den Kalk im Wasser bindet und beim Entschwinden wieder freisetzt«.[99] Da zum Beispiel im Krebsbachtal bei Mechernich-Breitenbenden diese Revisionsschächte in großer Zahl außergewöhnlich dicht beieinanderliegen, sei das auch für die verstärkte Kalksinterablagerung in diesem Leitungsabschnitt verantwortlich.

Nur zwei Hefte später antwortete D. Baatz auf diese Veröffentlichung, wobei er meinte, dass die Temperatur sehr wohl einen ausschlaggebenden Einfluss darstelle. Er erklärte die geringe Sinterablagerung in der Anfangsstrecke der römischen Eifelwasserleitung damit, dass dem vom Grünen Pütz bei Nettersheim kommenden Wasser im Verlauf bis Mechernich-Eiserfey an mehreren Stellen (Kallmuth, Vollem/Urfey und Eiserfey) weiteres Quellwasser beigemischt wurde und dieses die Temperatur des Wassers jeweils wieder etwas herabgesetzt habe. Ab Eiserfey wurde kein Quellwasser mehr hinzugeführt und »der Aquädukt kam rasch aus den kühlen, höheren Mittelgebirgslagen in die wärmeren Täler. Hier erwärmte sich das Wasser schneller, und es fand die stärkere Sinterbildung statt. Schließlich hatte sich das Wasser nach etwa 30 Kilometer Leitungslänge soweit erwärmt, dass es ungefähr schon die gleiche Temperatur wie das umgebende Erdreich besaß. Die Erwärmung des Wassers und die Sinterbildung gingen infolgedessen stark zurück«.[100]

In einem weiteren Leserbrief erläuterte A. Grohmann aus der Sicht eines Chemikers, dass er die Belüftungsschächte nicht zwingend für die Kalkablagerungen verantwortlich mache. Er sah in der Temperatur einen Umstand, der das Wasser in einen Zustand der Calciumcarbonat-Übersättigung bringen könne. Zudem führte er an, dass es daneben Umstände gebe, »die zu einer Hemmung oder Beschleunigung der im Prinzip möglichen $CaCO_3$-Ablagerung führen« könnten. Eine definitive Antwort ließ Grohmann aber offen, da ihm wichtige Parameter für eine endgültige Einschätzung fehlten.[101]

Betrachten wir die Auswirkungen der Kalkablagerungen über den gesamten Verlauf der Eifelwasserleitung, so ist schon auffallend, dass deren Mächtigkeit anfangs gering ist und erst nach Eiserfey zunimmt. Nach einem Streckenabschnitt mit bis zu 30 Zentimeter starken Kalksinterschichten nimmt die Stärke hinter Euskirchen-Stotzheim wieder ab: Auf der großen Aquäduktbrücke über den Swistbach ist diese Ablagerung nur noch daumendick und wird bis Hürth-Hermülheim noch einmal kleiner. Auf der weiteren Strecke bis Köln ist kein Befund mehr vorhanden, da das Eifelwasser in der komplett abgegangenen oberen Strecke der Vorgebirgsleitung geführt wurde.

Der Vorgang der Kalkablagerung geht also nicht abrupt vor sich, sondern es dauert einige Zeit, bis sich im Wasser eine neue Sättigung eingestellt hat, wobei – das kann man nach all diesen Überlegungen wohl sagen – die Tem-

---

99 Schmitz 1978, 55–57.
100 Baatz 1978, 90.
101 Grohmann 1978, 91.

peratur und die Fließgeschwindigkeit Art und Ausmaß der Kalkausfällung beeinflussen. Schon geringe Veränderungen der Temperatur des Wassers oder des Gefälles der Leitungssohle wirken sich in der Stärke der Ablagerung aus und führen zu dem bekannten schichtigen Aufbau des Kalksinters.

Mit dem Kalk ausgeschiedene gelöste oder unlösliche Stoffe, wie zum Beispiel Eisenverbindungen, sind in der Ablagerungsstärke ebenfalls von Temperatur und Fließgeschwindigkeit abhängig. Das hat zu der farblichen Trennung der Schichten im Aufbau des Kalksinters geführt. Die Ablagerungsschichten sind schon mit bloßem Auge zu erkennen, sie lassen sich im Makrobereich einem Rhythmus in der Entstehung zuordnen.

Im mikroskopischen Bereich konnte H. D. Schulz bei seinen Untersuchungen bezüglich der Schichtungen des Sinters extreme Feinheiten bestimmen.[102] Durch die Herstellung von Dünnschliffen, deren Oberfläche man polierte und anätzte, konnten mit dem Raster-Elektronenmikroskop Sinterschichtungen bis zu einem Wert von zwei Mikrometer ermittelt werden. Da Temperaturschwankungen als Gründe für diese Mikroschichtungen angesehen werden müssen, sind folglich in den Schichten zwischen zwei Grenzflächen Zeitabschnitte mit gleicher Temperatur zu sehen. Dabei hätte es sich um Wochen oder Tage gehandelt haben können, jedenfalls einen Zeitraum, in dem im Wasser eine gleichbleibende Temperatur vorhanden war. Schichten mit einer Stärke von nur zwei Mikrometer sind aber ohne Zweifel innerhalb eines Zeitraums von nur einem Tag entstanden. Gestärkt wird diese Hypothese durch die einfache Hochrechnung der Sinterablagerung bei einem täglichen Zuwachs in dieser Höhe. Innerhalb von 190 Jahren wäre in diesem Falle in der Wasserleitung eine Sinterschicht in Höhe von 14 Zentimeter emporgewachsen, ein Wert, der mit der tatsächlichen Sinterstärke in der Fundstelle der entsprechenden Probe fast identisch ist.

Der Zuwachs der Schichten innerhalb von Wochen- oder Tagesschritten im Bereich des Leitungsaufschlusses Kreuzweingarten kann hingegen nur rechnerisch ermittelt werden, da hier die entsprechenden Untersuchungen fehlen. Innerhalb der Gesamtablagerung von 30 Zentimeter sind hier im Makrobereich 190 Schichten von durchschnittlich 1,6 Millimeter Stärke gezählt worden, die (rein statistisch) jeweils innerhalb eines Jahres gewachsen sein müssen. Darauf basierend errechnen sich im Mikrobereich Tagesablagerungen in einer Stärke von 4,3 Mikrometer. Die verdoppelte Mächtigkeit der Gesamtablagerung – verglichen mit der vorgenannten Probe – lässt einen Tageswert von ebenfalls doppelter Stärke auch plausibel erscheinen.

Bis zu 30 Zentimeter starke Kalksinterablagerungen in der römischen Eifelwasserleitung bei Euskirchen-Kreuzweingarten.

102 Schulz 1986, 266.

Am Beispiel der besonders dicken Sinterschichten von Kreuzweingarten ist ein auffälliges Merkmal im Querschnitt durch den Kanal gut zu erklären: Während sich die Sinterschichten über die ganze Sohlenbreite gleichmäßig abgelagert haben, sind die beiden Wangen nur bis zu einer Höhe von etwa 50 Zentimeter gleich stark vom Sinter bedeckt – auf den obersten 30 Zentimeter verjüngen sich die Ablagerungen, wie weiter oben schon angedeutet worden ist. Die Ursachen hierfür sind nur zu einem geringen Teil in einem wechselhaften Wasserstand zu vermuten, sondern rühren wahrscheinlich hauptsächlich vom Anwachsen der wasserbenetzten Sohle durch die Sinterablagerungen her. Durch die Ablagerungen auf der gemauerten Sohle wurde die benetzte Sohle im Laufe Zeit um 30 Zentimeter angehoben, wodurch vom Wasser nach und nach neue Höhenbereiche der seitlichen Wangen erreicht wurden. Insgesamt gesehen sind die obersten Bereiche der Wangen also die kürzeste Zeit vom Wasser benetzt worden, und weisen deshalb auch die dünnsten Ablagerungen auf.

Neben dem Calciumcarbonat sind auch noch andere Bestandteile des Sinters für den Betrieb der Leitung von Interesse. Die Eisenbestandteile, deren Ablagerungen uns das Erkennen der Jahresschichten auf den ersten Blick ermöglichen, sind bereits erwähnt worden. Von besonderer Aussagekraft sind aber weiterhin die Sand- und Tonbestandteile im Sinter, besonders im Zusammenhang mit den hohen Bleiwerten in verschiedenen Schichten.

Bezüglich dieser Belastungen sind Untersuchungen von W. Lieber besonders aufschlussreich.[103] Die Tabelle mit der Auflistung der Zusammensetzung verschiedener durch die HeidelbergerCement AG analysierter Kalksinterproben lässt besonders starke Bleianteile im Kalksinter in jenen Proben erkennen, in denen auch die Anteile von Sand und Ton überdurchschnittlich hoch sind (Tabelle 1). Dieser Zusammenhang macht deutlich, dass das Blei nicht schon an der Quelle im Wasser enthalten gewesen sein kann, denn in diesem Fall müssten sämtliche Sinterschichten Bleispuren aufweisen.

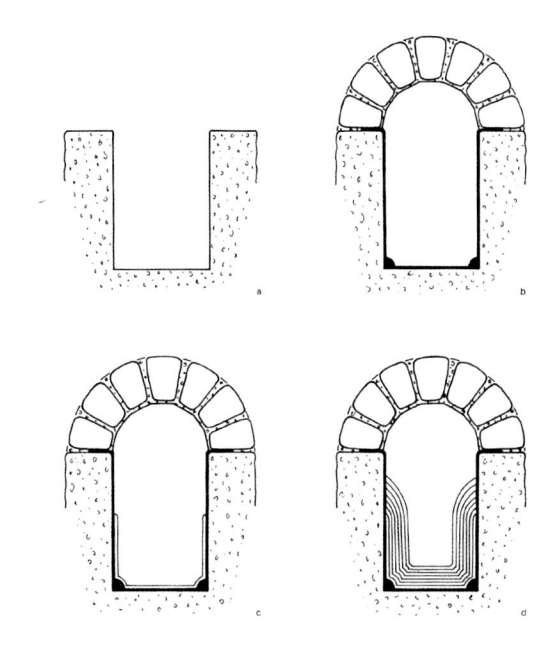

So wächst der Kalksinter in einer römischen Wasserleitung: Die ausgebaute Rinne des Römerkanals (a) wurde innen mit *opus signinum* verputzt (b). Dann wurde erstmals Wasser eingeleitet, das die Sohle und die Wangen benetzte (c). Durch das sich stetig verengende Lichtraumprofil musste bei gleicher Wassermenge der Wasserspiegel ansteigen, so dass immer höher liegende Bereiche (d) an den Wangen benetzt wurden.

Blei wird also erst mit dem Eindringen von Verunreinigungen in Form von Sand und Ton in die Leitung gekommen sein. Da die Leitung besonders mit dem von den Quellgebieten Klausbrunnen bei Kallmuth und Grüner Pütz bei Nettersheim kommenden Ast durch das Randgebiet der Bleierz-Lagerstätte Mechernich führt, ist dieser Befund nicht verwunderlich. In diesem Gebiet wurden 1982 vom Geologischen Dienst NRW in Krefeld, mit 2 000 bis 5 000 ppm Blei um Keldenich und Dottel sowie 1 000 bis 2 000 ppm im Urfttal bei Kall hohe Bleikonzentrationen im Boden gefunden. Die Bleigewinnung im Mechernicher Gebiet ist archäologisch bis in vorgeschichtliche Zeiten nachgewiesen; so durchschneidet die Baugrube für die römische Eifelwasserleitung bei Kall-Keldenich eine ältere Verhüttungsschicht.[104]

103 Lieber 1990a; Lieber 1990b.
104 Haberey 1972, 95; Grewe 1986, 55.

Tabelle 1
Zusammensetzung von Kalksinter der römischen Eifelwasserleitung[105]

Probe	% Glühverl.	SiO_2	Al_2O_3	Fe_2O_3	CaO	MgO	K_2O	Pb	Zn	Ti	Sr	Cu	Ni
Sötenich, 1 mm dicke, dunkle älteste Schicht	42,7	2,4	0,9	0,36	52,8	0,7	0,1	55	++	+	(+)	(+)	(+)
15 mm dicke poröse Schicht	40,6	6,2	1,4	0,73	49,3	0,8	0,3	35	++	++	(+)	(+)	(+)
Eiserfey, oberhalb Einleitung zum													
Hauptstrang, ältester Ansatz	43,8	0,6	0,2	0,17	54,3	0,6	0	0	0	0	+	(+)	(+)
jüngster Ansatz; beide dicht	44,4	0	0	0,03	55,0	0,5	0	0	0	0	+	(+)	(+)
Breitenbenden, alt, dicht, Wandnähe	43,8	0,6	0,1	0,12	54,2	0,4	0	0	+	(+)	+	(+)	(+)
jüngste, poröse Schicht	42,9	2,3	0,6	0,34	53,1	0,6	0,1	35	++	+	+	(+)	(+)
Mechernich-Hombusch													
1) ältester Sinter, Wand	43,6	1,1	0,3	0,18	54,1	0,6	0	0	+	(+)	+	(+)	(+)
2) dichter Sinter	43,7	1,0	0,2	0,14	54,2	0,5	0	35	++	(+)	+	(+)	(+)
3) mit dunklen Bändern	44,0	0,5	0,1	0,10	54,7	0,5	0	0	+	(+)	+	(+)	(+)
4) hellere Bänder	44,0	0,5	0,1	0,09	54,5	0,5	0	0	+	(+)	+	(+)	(+)
5) dunklere Bänder	43,4	1,5	0,4	0,22	53,8	0,5	0,1	0	+	(+)	+	(+)	(+)
6) dicht, hellere Bänder	43,3	1,8	0,6	0,28	53,4	0,5	0,1	0	+	+	+	(+)	(+)
7) porös, dunkel-bräunlich	41,0	5,2	1,6	0,71	50,5	0,5	0,3	70	++	++	+	(+)	(+)
8) porös, bräunlich	39,6	7,9	2,6	1,10	47,6	0,6	0,5	165	++	+++	+	(+)	(+)
unlösl. ausgewählte Partien heraus		nicht ermittelt						200					
Kreuzweingarten, Wurzelversinterung													
älteste Schicht an Wurzel		nicht ermittelt						0		nicht ermittelt			
mittlere Schicht								0					
jüngste Schicht, außen								20					
Kalksinter, jüngste Schicht								10					
Rheinbach, ältere Schicht, Kanalwand								5					
jüngere Schicht								12					
Hürth-Hermülheim bei Köln, älteste Schicht								8					
jüngste Schicht								40					

Wenn nun von der Wassergewinnung unabhängige Faktoren für das Eindringen von Blei in den Wasserlauf verantwortlich waren, so sind diese auf dem Transportweg zu suchen. Das Blei muss also beispielsweise mit Staub durch die Revisionsschächte oder mitsamt geringfügiger Einschwemmungen durch Risse im Bauwerkskörper in die Leitung gekommen sein. Dass diese Sand- und Toneinschwemmungen samt der mitgeführten Bleianteile hauptsächlich in den jüngsten Ablagerungsschichten nachzuweisen sind, deutet auf Nachlässigkeiten bei der Wartung in der späten Betriebszeit hin.

105 Analysen: Forschung und Beratung, HeidelbergerCement AG.

Bleiablagerungen haben sich neben den Kalksinterproben aus dem Oberlauf der Eifelleitung auch in Proben aus Rheinbach und Hürth-Hermülheim gefunden. Das lässt darauf schließen, dass mit dem beliebten frischen und harten Wasser aus der Eifel zumindest im 3. Jahrhundert auch nicht unerhebliche, aber unerkannte Anteile Blei die Colonia Claudia Ara Agrippinensium erreichten.

In diesem Zusammenhang darf noch einmal auf die vielzitierte Frage eingegangen werden, ob denn die römische Gesellschaft sich an einer selbstverursachten Vergiftung mit Blei langsam zugrunde gerichtet habe. Diese Überlegung ist nicht unbegründet, da das Blei – als Essgeschirr, Kinderspielzeug oder gar als Bestandteil einiger Kosmetika – im täglichen Leben der Römer eine große Rolle spielte.[106] Und entgegen der Empfehlung Vitruvs, der sehr wohl um die schädlichen Auswirkungen des Bleis auf die menschliche Gesundheit wusste und auch darüber geschrieben hatte, verlegte man die innerstädtischen Druckleitungsnetze an fast allen Orten mit Bleirohren. Seine Erkenntnis, »daher scheint es ganz und gar nicht gut, dass man Wasser durch Bleiröhren leitet, wenn wir der Gesundheit zuträgliches Wasser haben wollen«,[107] wurde ignoriert. Letztendlich dürften die Bleirohre eines mit kalkhaltigem Wasser gespeisten Rohrnetzes aber nicht zur verstärkten Bleiaufnahme der Menschen beigetragen haben; hier wirkte sich nämlich die Verkalkung der Transportleitung durchaus positiv aus, da die Sinterablagerung im Inneren der Bleirohrleitungen eine Schutzschicht bildete, die den Kontakt des Wassers mit dem Blei verhinderte.

Das Quellgebiet Hauser Benden mitsamt dem auf Mechernich-Eiserfey zuführenden Leitungsast ist in diesem Zusammenhang besonders erwähnenswert. Im Kalksinter dieses Streckenabschnitts wurde mit 99 Prozent nicht nur die höchste Carbonatkonzentration nachgewiesen, sondern darüber hinaus auch absolut keine Bleibelastung. Das spricht neben der hervorragenden Wasserqualität auch für ein rundum dichtes Leitungsgerinne. Die Kalksinterstärke hat in diesem Ab-

106 Weeber 1960, 169.
107 Vitruv VIII, 6.10.

Kalksinterblock von 40 Zentimeter Stärke. Gefunden in Mechernich-Lessenich; heute aufgestellt am Sammelbecken Eiserfey.

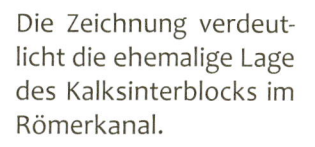

Die Zeichnung verdeutlicht die ehemalige Lage des Kalksinterblocks im Römerkanal.

schnitt schon nach weniger als zwei Kilometer Entfernung vom Quellgebiet eine Mächtigkeit von fünf Zentimeter erreicht. Das mag daran liegen, dass das Wasser in diesem Abschnitt bei Dreimühlen auf einer wahren Sturzstrecke zu Tale schießen musste. Hier war der Verlust an Kohlendioxid im Wasser überdurchschnittlich groß, was zu einer verstärkten Ausfällung von Kalk auf der anschließenden Strecke führen musste.

Tabelle 2
Calcium- und Magnesiumgehalt der von den Römern genutzten Eifelquellen[108]

Fundstelle	dH	CaO/l	MgO/l
Grüner Pütz Nettersheim	16°	95 mg	47 mg
Klausbrunnen Mechernich-Kallmuth	16°	95 mg	47 mg
Brunnenstube Mechernich-Urfey	18°	100 mg	58 mg
Brunnenstube Hauser Benden Mechernich-Dreimühlen	17,4°	94 mg	56 mg

Zur Verdeutlichung des Kalkverlustes auf dem Transportweg von den Quellen bis zur Stadt sollen auch noch die Auswirkungen auf den Härtegrad des Wassers dargestellt werden. Die Angabe in ° dH (also Grad deutscher Härte) bedeutet, dass ein Liter Wasser zehn Milligramm Kalk (als CaO gerechnet) aufweist. Magnesium wird nach Umrechnung in die äquivalente Kalkmenge ebenfalls berücksichtigt. Bei einer Abscheidung von elf Milligramm CaO der mitgeführten 100 Milligramm CaO verringert sich also die Gesamthärte des Wassers um 1,1° dH. Damit wurden die Haushalte der Colonia Claudia Ara Agrippinensium statt mit dem rund 17° dH harten Wasser der Eifel mit einem auf rund 16° dH veränderten Wasser beliefert – was übrigens in etwa den Werten des heutigen Wassers entsprach.[109]

Der archäologische Befund in der Eifelwasserleitung zeigt, dass selbst mit den bei Kreuzweingarten vorhandenen Kalksinterablagerungen in einer Stärke von 30 Zentimeter der Betrieb der Leitung in keiner Weise beeinträchtigt war. Die Berechnungen von W. Brinker ergaben auch für diesen Abschnitt eine Tagesleistung von 20 000 Kubikmeter.[110] Dieses Ergebnis ist im Befund auch mit bloßem Auge zu erkennen, denn erst wenn sich die Ablagerungen der Wangen im Gewölbescheitel getroffen hätten, wäre die Transportleistung beeinträchtigt gewesen. Ein positiver Effekt der Leitungsversinterung soll nicht unerwähnt bleiben, führte die Kalkablagerung doch auch zu einer Versiegelung der benetzten Sohlen- und Wandflächen und auf diese Weise zu einer höchstmöglichen Dichtigkeit der Leitung.

Gleichwohl waren anderenorts solche Reinigungsarbeiten notwendig und wurden auch durchgeführt. In der Wasserleitung von Aspendos (Türkei) sind in den Aufschlüssen mehrere Ausbruchphasen des Sinters zu erkennen; teilweise

---

108 Analysen: F & B HeidelbergerCement AG und Stadtwerke Mechernich.
109 Dieser Berechnung ist eine Betriebszeit von 190 Jahren zugrunde gelegt.
110 Brinker 1986, 235ff.

Der Weg vom Kalksinter zum Aquäduktmarmor in vier Stufen:

Links oben: 1. Die aus Handquadersteinen gemauerte verlorene Schalung der Kanalwange ist im unteren Bereich mit einer starken Kalksinterablagerung bedeckt. Ein bemerkenswertes Detail ist, dass vom römischen Maurer Zierfugen in den Mörtel eingeritzt wurden.

Rechts oben: 2. Das abgebrochene Kanalbauwerk hat in der Kalksinterrückwand einen negativen Abdruck des Mauerwerks der verlorenen Schalung hinterlassen. Die daran noch anhaftenden Mörtelreste lassen den irreleitenden Eindruck entstehen, es handele sich hier um die Mauer selbst.

Rechts Mitte: 3. Wind und Wetter haben die letzten Mörtelreste von der Kalksinterablagerung abgewaschen und zeigen nun einen sauberen Abdruck der Kanalwange. Man beachte den Abdruck der Zierfugen.

Rechts unten: 4. Nach der Politur entsteht aus einem solchen Sinterbruchstück der schönste »Aquäduktmarmor« (Bad Münstereifel / Stiftskirche).

Eine Probe der Kalksinterablagerung aus der Druckleitung von Laodikeia (Türkei).

Ein aufgeplatztes Fallrohr im *castellum divisorium* von Hierapolis/Pamukkale (Türkei) lässt die Kalksinterverkrustung sichtbar werden.

wurde das Leitungsinnere danach neu verputzt.[111] Letzteres war notwendig, da der Sinter derart fest auf den Wangen haftete, dass bei einem Ausbruch unvermeidbar auch die Schichten des wasserdichten *opus signinum* mit zerstört wurden.

Das Problem einer Verringerung der Durchflussleistung durch Versinterung war allerdings ein besonderes im Verlauf der Druckleitungsstrecken. Hier wirkte sich schon die dünnste Sinterschicht negativ aus, da sie den Querschnitt der Leitung verkleinerte. In der Eifelwasserleitung war dieses Phänomen eigentlich nicht von Belang, da Druckleitungsstrecken nicht vorgesehen waren.

Problematischer waren die Auswirkungen der Kalkablagerung allerdings beispielsweise in den großen Dükern von Lyon (Frankreich) oder Patara und Laodikeia (Türkei). Der französische Düker war als Bleirohrsiphon, die türkischen Düker waren in Stein ausgeführt.[112]

111 Fahlbusch 1983, 135.
112 Wenngleich es weder archäologische noch literarische Hinweise auf Entsinterungsaktionen von Druckleitungsstrecken gibt, bietet H. Fahlbusch eine im Labor erprobte Möglichkeit an, wonach eine Sinterauflösung mit verdünnter Essigsäure in Frage käme. Allerdings wären zur Reinigung der 1 500 Meter langen Druckrohrleitung von Laodikeia 600 000 Liter 15-prozen-

Apostelzyklus, Wandmalerei aus der Mitte des 13. Jahrhunderts im Dom zu Braunschweig: Die Wellenlinien in der Säulendarstellung könnten auf Kalksinter als Ausgangsmaterial hindeuten.

Die Wiederentdeckung des Kalksinters im Falle der Eifelwasserleitung

Die Hauptverwendungszeit von Kalksintermaterial als Schmuckstein lag in der Zeit von Mitte des 11. bis zur Mitte des 13. Jahrhunderts. Danach scheint man sich dieses Baumaterials kaum mehr bedient und es regelrecht vergessen zu haben (sieht man von einigen besonderen Anlässen ab, die noch erörtert werden). Das ging sogar so weit, dass man in der Neuzeit mancherorts gar nicht mehr wusste, wo denn der Herkunftsort so mancher schönen Säule zu suchen war.

Die erste schriftliche Erwähnung von Säulen aus Sinter finden wir bei Albrecht Dürer, der im Tagebuch seiner *Niederländischen Reise* anlässlich seines Besuches in Aachen am 7. Oktober 1520 notierte:

> Zu Ach hab ich gesehen die proportionirten seulen mit ihren guten capitelen von porfit grün und rot und gossenstein / die Carolus von Rom dahin hat bringen lassen und do einflicken / diese sind wercklich nach Vitruvius schreiben gemacht.[113]

tige Essiglösung notwendig gewesen; Fahlbusch 1986; Fahlbusch 1989. In Aspendos wurden schon in römischer Zeit stark versinterte Rohrsteine in Zweitverwendung zum Brückenbau verwendet, was auf einen Austausch der Rohrleitung nach Versinterung hinzudeuten scheint; Grewe 2010a, 98–102.

113 Veth/Müller 1918. Dürer hielt sich anlässlich der Krönung Karls V. zum Römisch-Deutschen König (am 23.10.1520) in Aachen auf.

Der »Gossenstein« ist sicher mit dem auch später noch »Kanalstein« genannten Sinter gleichzusetzen. Ob Karl der Große aber auch diese Sintersäulen von Italien nach Aachen hat bringen lassen, ist mehr als fraglich. Denn der Kölner Geschichtsschreiber Ägidius Gelenius (1595 bis 1656) berichtet in seinem 1645 erschienen Werk *De Magnitudine Coloniae Claudiae Agrippinensis*, dass Karl der Große einen Gütertausch vornehmen ließ, »weil er so die Möglichkeit erhalten wollte, für sich auf dem Landgut von St. Gereon, Marmor zur Ausschmückung der Kirche von Aachen zu gewinnen. Diesen aber brach man in der Landpfarrei Kriel, wo bereits vor alters das Mauerwerk des Baptisteriums, welches jetzt bei St. Gereon zu sehen ist, und der Marmor für die Säulen gebrochen wurde, welche jüngst den Altären hinzugefügt wurden, ein Marmor, der unter den Marmora Europas durch seine mannigfaltige Farbigkeit herausragt«.[114]

Dass Kalksintersäulen auch schon in karolingischer Zeit verbaut worden sind, belegt die Grabung von L. Hugot in Kornelimünster, denn er fand Reste von Sintersäulen im Abbruchmaterial der karolingischen Mittelapsis.[115] Dort sind aber auch in romanischer Zeit noch Aquäduktmarmor-Werkstücke verwendet worden [2] (eckige Klammer = Nummer im Fundstellenkatalog, nach S. 396).

In diesem Zusammenhang sind zwei bildliche Darstellungen von Interesse, von denen eine aus karolingischer Zeit stammt. Im Lorscher Evangeliar, einer um 810 n. Chr. in der Hofschule Karls des Großen entstandenen Bilderhandschrift, ist eine Kanontafel abgebildet, in der ein von fünf Säulen getragener Bogen dargestellt ist.[116] Die beiden äußeren Säulen weisen eine feingebänderte Struktur auf, die eine auffällige Ähnlichkeit mit den aus der romanischen Zeit stammenden Aquäduktmarmorsäulen hat. Die rötlich-braune Farbgebung unterstützt dieses Bild. Ob schon zu Karls Zeiten aufgestellte Säulen aus Aquäduktmarmor wirklich die Vorlage für den Künstler waren, muss dahingestellt bleiben. Gleiches gilt für die Darstellung von Säulen der Wandmalerei aus der Mitte des 13. Jahrhunderts im Dom zu Braunschweig.[117] Auch hier lassen Farbgebung und Struktur den Eindruck zu, es könne sich um eine Darstellung von Aquäduktmarmor handeln. Originale Aquäduktmarmorsäulen sind im Braunschweiger Dom zwar nicht gefunden worden, in der nur einen Steinwurf vom Dom entfernten Burg Dankwarderode sind sie allerdings nachgewiesen [18].

Zwecks Gewinnung von Kalksintermaterial für die Weiterverarbeitung musste der Römerkanal in einem ersten Arbeitsgang völlig abgebaut werden. Dieses Foto entstand vermutlich 1887, als man für den Wiederaufbau der Burg Dankwarderode in Braunschweig noch einmal Sinter in Kreuzweingarten brach.

114 Gelenius 1645. An dieser Stelle ist allerdings einzufügen, dass die Kalksinterablagerungen in der Eifelwasserleitung vor den Toren Kölns keine abbauwürdige Stärke aufweisen, es sich bei dem in Frage kommenden Landtausch um Grundstücke aus dem Mittellauf der Wasserleitung gehandelt haben muss.
115 Hugot 1968.
116 Lorscher Evangeliar, Kanontafel. Bukarest, Nationalbibliothek, Filiale Alba Iulia, Biblioteca Battyáneum, Ms. R.II 1; abgebildet in: Stiegemann/Wemhoff, 799, Kunst und Kultur der Karolingerzeit. Ausstellungskatalog (Mainz 1999) Frontispiz, Kat.Nr. X.33; Weisgerber 2006, 87–91.
117 Die Malereien sind in jüngster Zeit von der Restauratorin Anja Stadtler, Homburg, aufwendig saniert und gefestigt worden.

Die moderne Wissenschaft entdeckte den Eifelmarmor erst später wieder.[118] Als 1828 bei Bornheim-Kardorf im Vorgebirge die römische Wasserleitung angeschnitten wurde, brachte ein Materialvergleich Klarheit über die bis dahin unbekannte Herkunft verschiedener Säulen an der Bonner Münsterkirche.[119]

1832 erschien die von H. v. Dechen bearbeitete deutsche Ausgabe des englischen Handbuches der Geognosie von H. T. De La Beche. Darin heißt es:

> Interessant ist der feste und schöne Kalksinter, welcher sich in der großen Römischen Wasserleitung aus der Vorder-Eifel bis nach Cöln gebildet hat [...]. An einigen Stellen ist der Kalksinterabsatz, Kanalstein genannt, auf dem Boden 7 bis 8 Zoll stark, sich an den Seitenwänden verschwächend. Aus demselben finden sich beinahe in allen niederrheinischen Kirchen kleine, sehr zierliche Säulen. Dieser Absatz ist im Verlauf weniger Jahrhunderte entstanden.[120]

Heute können wir einschränken, dass für die Zeit der Sinterbildung mindestens 190 Jahre, möglicherweise sogar 270 Jahre anzusetzen sind, wie bereits thematisiert wurde.

Eingehend mit der »Marmorgewinnung« aus römischen Wasserleitungen befasste sich der Bonner Geologe J. Nöggerath in seinem 1858 erschienenen Aufsatz »Die Marmorgewinnung aus den römischen Wasserleitungen in der preußischen Rheinprovinz« in *Westermann's Jahrbuch*.[121] Er nannte auch einige Orte, an welchen der Aquäduktmarmor wiederzufinden sei. Danach erwähnte Nöggerath den Kalksinter noch einmal, wobei er ihn dem »Onyxsinter« zuordnet:

> Große gemauerte Kanäle aus der Römerzeit, welche Trinkwasser aus der Eifel nach dem alten Köln geführt haben, sind im Innern mit einem prachtvollen marmorartigem, aus diesem Wasser abgesetzten Kalksinter stark bedeckt, den man meist im Mittelalter ausgebrochen und zu Zierdesäulen an Kirchen und Palästen verwendet hat.[122]

Die späteren Publikationen zu diesem Thema befassen sich meist mit der Beschreibung einzelner Bauwerke und mit den darin verwendeten Werkstücken aus Sinter. Eine erste Zusammenstellung von Sinterfundorten »von Amts wegen« hat W. Haberey vorgenommen;[123] ihm lagen dabei die älteren Fundmeldungen u. a. von Nöggerath, Eick, Maassen und Tholen vor. Den ersten Versuch, eine möglichst vollständige Liste der Orte, an denen Kalksinter aus der römischen Eifelwasserleitung wiederverwendet worden ist, vorzulegen, unternahm der Verfasser im *Atlas der römischen Wasserleitungen nach Köln* im Jahre 1986.[124] Darin waren sowohl die älteren Fundmeldungen als auch die im Rahmen einer vom Rheinischen Landesmuseum Bonn durchgeführten öffentlichen Aktion »Wo ist der Römerkanal

---

118 Der Begriff »Eifelmarmor« ist irreführend, da er eher für den Roderather oder auch den Urfter Marmor verwendet wird. Aus Letzterem ist beispielsweise der Sarkophag des hl. Hermann Josef in der Klosterkirche von Kall-Steinfeld gefertigt.
119 Wildeman 1947.
120 De La Beche 1832, 151.
121 Nöggerath 1858.
122 Nöggerath 1877, 449.
123 Haberey 1972.
124 Grewe 1986, 269–287.

geblieben?« gemeldeten Fundstellen eingearbeitet worden.[125] Bereits schon fünf Jahre nach dem Erscheinen dieses Atlasses waren wieder wichtige Neufunde gemacht worden, so dass es lohnenswert erschien, diese zusammen mit überprüften Altbefunden in einer neuen Liste vorzulegen.[126]

In der nachfolgenden Aufstellung ist noch einmal eine größtmögliche Erfassung aller Fundorte mit Kalksinterverwendung angestrebt worden; aber es ist nicht nur möglich, sondern eher sogar wahrscheinlich, dass sich diese Liste im Laufe der Zeit noch komplettieren wird. Um die Suche nach weiteren Sinterfundstellen zu erleichtern und eventuelle Neufunde besser zuordnen zu können, haben wir die bisherigen Fundstellen in »Gebieten« und »Linien« zusammengefasst. Dabei liegen die »Gebiete« in unmittelbarer, also transportfreundlicher Nähe zu den Gewinnungsplätzen in der nördlichen Eifel, während die Belieferung von Baustellen in ferneren Gegenden durch aufwendigere Land- oder Wassertransporte erfolgen musste. Diese Fundstellen sind nach ihren Transportwegen in »Linien« gebündelt worden.

Sinterfundstellen im nahen Umfeld des Römerkanals

Köln und das Umland

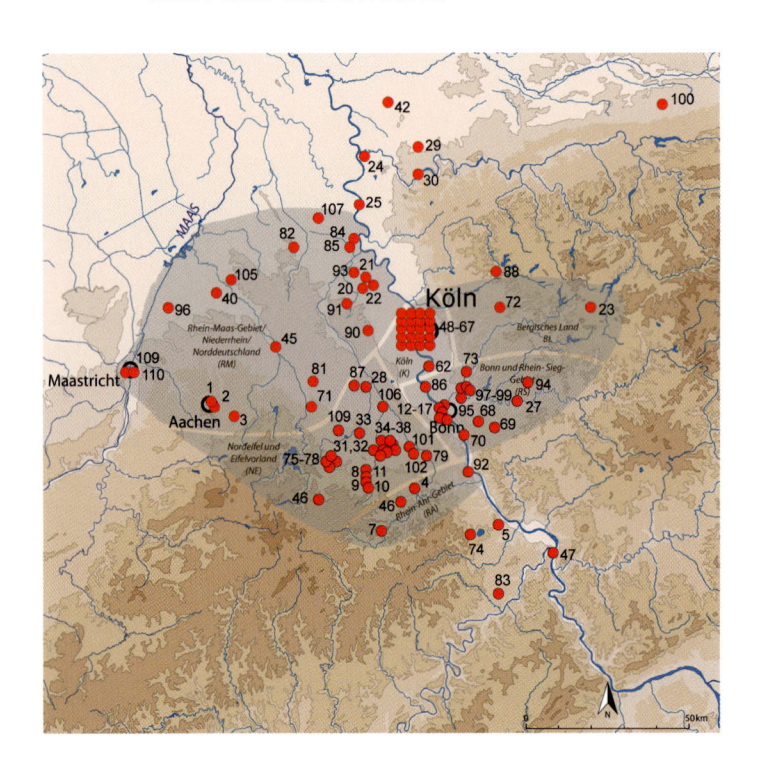

In Köln haben wir ohne Zweifel das Zentrum der Verwertung des Kalksinters im Mittelalter vor uns. Hier befanden sich nicht nur die meisten Baustellen, auf denen dieses Material innerhalb einer Stadt verwendet wurde, sondern von hier aus dürften auch Abbruch und Verarbeitung sowie der Handel mit dem Sinter in der Region und nach außerhalb organisiert worden sein. Vermutlich wird eines der großen Klöster mit Grundbesitz in der Nordeifel für dieses Geschäft in Frage gekommen sein.

Gut ein Dutzend Kirchen sind in staufischer Zeit in Köln entstanden. Gerade in den 1980er-Jahren traten diese Bauwerke noch einmal in den Vordergrund, als es galt, der Öffentlichkeit die romanischen Kirchen nach der Ausbesserung der schweren Kriegsschäden vorzustellen.

Übersichtskarte über die Verbreitung von Aquäduktmarmorwerkstücken in der Region um die Materialgewinnung. (Grafik: K. White-Rahneberg)

125 Grewe 1981a.
126 Grewe 1991b.

Die archäologischen Ausgrabungen unter dem **Kölner Dom** [48] sind überaus reich an Fundstellen mit Kalksinterwerkstücken. Die meisten Fundstücke befinden sich im Depot der Domgrabung (→ Sammlung M 7) und sind dort aufgelistet und näher beschrieben. Aber auch in situ sind einige bemerkenswerte Kalksinterfunde anzutreffen.[127] Dazu gehört an erster Stelle die Abdeckung des Grabes B1007h, die zwar mehrfach zerbrochen ist, sich aber zu einer 2,4 mal ein Meter großen Gesamtplatte zusammenfügen lässt.[128] Das Platte des danebenliegenden Grabes (B1007g) wurde früher versehentlich als Kalksinterplatte beschrieben, es handelt sich aber um eine Trachytabdeckung. Ein weiteres Grab (B1007m) ist abgeräumt, weshalb heute nicht gesagt werden kann, ob auch dieses mit Kalksinter abgedeckt war.

In der Pflasterung vor der Treppe zum Westchor des Alten Doms, möglicherweise als Ausflickung der gotischen Bauzeit, findet sich eine acht Zentimeter starke Fußbodenplatte (B183b) aus Sinter. Die zerbrochene Platte liegt auf einem Sandsteinquader (1,75 mal 1,05 Meter mal 45 Zentimeter), bei dem es sich möglicherweise um eine römische Spolie handelt. Eine andere Fundstelle ist heute nicht mehr zugänglich: Knapp südlich des Scheitels der Ostkrypta fand sich ein im Mörtel des Fußbodens verlegter halbbearbeiteter »Rundling« aus Kalksinter, möglicherweise ein Säulenfragment. Seine Abmessungen sind mit einer Länge von 0,6 Meter und einem Durchmesser von zwölf Zentimeter angegeben.[129]

Trotz der schweren Kriegsschäden an fast allen Kölner Kirchen sind aber auch Beispiele für den Erhalt von Kalksintersäulen an ihrem ursprünglichen Standort zu nennen. Die Säulen sind, besonders wenn sie im Außenbereich der Kirchen verbaut wurden, wegen starker Verwitterungsspuren nicht immer einfach zu erkennen. So sollten in der Krypta von **St. Cäcilien** [49] (heute Museum Schnütgen) zwei Sintersäulen stehen, die aber 1985 vor Ort nicht mehr zu bestimmen waren; statt dessen wurden bei diesem Ortstermin die acht im Chor außen eingebauten Säulen als Sintersäulen bestimmt.[130] C. Schaab, Restaurator beim LVR-Amt für Denkmalpflege im Rheinland, berichtete nach eingehenden Untersuchungen an St. Cäcilien:

> Die beiden Säulen im Anschlussbereich zum Chorhaus befinden sich noch in situ, die sechs übrigen wohl im Zuge einer Instandsetzung um 1900 neu versetzt. Alle acht Säulen weisen Sinterkapitelle auf, die teilweise aus größeren Sinterstücken hergestellt wurden und in das Mauerwerk einbinden. Die Deckplatten sind ebenfalls

Köln, St. Cäcilien. Aquäduktmarmorsäulen in der Außenwand des Chors.

---

127 Freundl. Hinweise von U. Back, C. Claus und D. Hochkirchen (Domgrabung Köln).
128 Ristow 1999, 325.
129 Weyres 1980, 781.
130 Eick 1867, 12ff.; Fuchs 1933, 87ff.; freundl. Hinweise von P. Noelke, Köln und C. Schaab, Pulheim; Grewe 1986, 274.

noch durchgehend erhalten, bestehen aber aus (lothringischem?) Kalkstein. Von den Basen bestehen noch sechs aus Sinter, zwei wurden bereits in Sandstein erneuert.

Zuvor waren bei Ausgrabungen im Fundamentbereich des romanischen Kirchenbaus schon Bruchstücke aus Kalksinter gefunden worden. In der Sammlung des Museum Schnütgen befindet sich eine Vielzahl von Werkstücken aus Kalksinter, darunter ein bedeutender Türsturz aus Essen-Werden und mehrere Säulenensembles (→ Sammlung M 5). Das Türbogenfeld ist mit einem Relief ausgestattet, das Christus als Beherrscher und Überwinder teuflischer Ungeheuer zeigte und wird nach neuesten Untersuchungen von B. Kaelble in das 7. bis 8. Jahrhundert datiert.[131]

Im Westchor von **St. Georg** [50] wurden zahlreiche Säulen aus Kalksinter (bis zu 2,76 Meter lang, Durchmesser 20 Zentimeter) verbaut.[132] Vermutlich geschah dies, als der Westchor über dem quadratischen Grundriss des salischen Ursprungsbaus errichtet wurde (vor 1180 bis 1188). Bei einer früheren Begutachtung waren sämtliche Säulen im Inneren mit schwarzer Farbe übertüncht. Heute sind einige davon wieder befreit worden, so dass ihnen ihre Provenienz, der Römerkanal, deutlich abgelesen werden kann. Die Säulen wurden 2001 gereinigt, aufgearbeitet und ihre alte Schönheit wieder hergestellt, indem man sie mit einem speziellen Wachs polierte, das mit Lammfell aufgetragen wurde. Im Inneren sind die drei Außenmauern in zwei Geschossen durch Säulen aufgegliedert, wobei die obere Reihe aus zwölf, die untere aus 22 Säulen besteht. Allerdings sind »nicht alle Säulen aus Kalksinter, einige aus schwarzem Kalkstein, wohl aus Namur oder Dinant«.[133]

Außen sind alle drei Fenster des Westchors mit jeweils zwei Kalksintersäulen bestückt. Besonders gut zu erkennen ist allerdings eine der Säulen in der Westfassade, da sie der Länge nach gespalten ist und dadurch in der Bruchfläche die Marmorstruktur des Materials sehr schön sichtbar wurde.

Gänzlich abgegangen sind Kalksintersäulen in der Kirche **St. Gereon** [51],[134] aus der von der ehemaligen Existenz zumindest einer 2,76 Meter langen Säule berichtet wird. Altfunde von Sinterbruchstücken, die ehemaligen Architekturteilen heute nicht mehr zuzuordnen sind, kennen wir zudem nur noch aus dem **Gereonskloster** [52].[135]

Ein größeres Bruchstück, das bei den Aufräumungsarbeiten nach dem Krieg im Bauschutt der fast total zerstörten Kirche **St. Johann Baptist** [53] gefunden wurde, verwendete man im Kirchenneubau an herausragender Stelle neu: Das überarbeitete Säulenbruchstück (1,35 Meter lang, 14 Zentimeter Durchmesser) dient heute als Standfuß für die Osterkerze.[136]

Die Säule stammt vermutlich aus dem romanischen Vorgängerbau von St. Johann Baptist, der durch Kriegseinwirkung fast total zerstört wurde. Interessant ist der Querschnitt der Säule, der unter der Kerzenschale gut einzusehen ist: Der Verlauf der Schichtlinien des Kalksinters zeigt deutlich an, an welcher Stelle man das Material zur Herstellung dieser Säule aus dem Römerkanal entnommen hat, nämlich in einer der unteren Ecken der U-förmigen Rinne. Man kann die Wandschichten sehr gut von der Übersinterung des Viertelstabes unterscheiden. Dazu muss

---

131 Kaelble 2012.
132 Tholen 1930; Fuchs 1933, 87ff.; Haberey 1972, 108ff.; Grewe 1986, 274; freundl. Hinweise von P. J. Tholen, Alfter und C. Schaab, Pulheim.
133 Freundl. Hinweis von C. Schaab, Pulheim.
134 Eick 1867, 12ff.; Lambertz 1899, 13ff.; Fuchs 1933, 87ff.; Grewe 1986, 274.
135 Freundl. Hinweis von P. Noelke, Köln; Grewe 1986, 274.
136 Freundl. Hinweis von W. Haberey, Bonn; Grewe 1986, 274.

Köln, St. Georg. Alle drei Fenster des Westchors sind mit jeweils zwei Aquäduktmarmorsäulen bestückt.

Köln, St. Georg. Westchor mit Aquäduktmarmorsäulen.

man wissen, dass die römischen Baumeister die Innenflächen des Römerkanals mit einer Schicht hydraulischen Putzes (*opus signinum*) überzogen, um Wasserdichtheit des Kanals zu erreichen; die Ecken wurden wulstartig zu Viertelstäben ausgeformt, um diese besonders bruchgefährdeten Stellen zu schützen.

Die über römischen Grundmauern errichtete Basilika **St. Kolumba** [54] wurde Ende des 11. Jahrhunderts weiter ausgebaut, wobei die beiden südlich und nördlich an das Kirchenschiff angehängten Apsiden abgerissen und durch den Neubau von Seitenschiffen ersetzt wurden. Aus den beiden neuen Seitenschiffen führten Treppen in das Mittelschiff, da dessen Fußboden höher lag. Die jeweils obersten Stufen dieser Zugänge waren aus Kalksinterplatten gefertigt; sie konnten bei den Ausgrabungen in den 1980er-Jahren freigelegt werden.[137] Die Platten nehmen die ganze Breite der Treppe ein. Sie sind an ihren Enden zum Teil von den aufgehenden Pfeilern überdeckt, wodurch

---

137 Freundl. Hinweis von S. Seiler, Köln.

Oben: Köln, St. Johann Baptist. Der Schichtenverlauf der Kalksinterablagerung zeigt deutlich, dass das Material aus einer unteren Ecke des Römerkanals entnommen wurde.

Links: Köln, St. Johann Baptist. Aquäduktmarmorsäule aus dem romanischen Vorgängerbau in heutiger Verwendung als Osterleucher.

Oben: Köln, St. Johann Baptist. Die Markierung zeigt die Lage der Entnahmestelle der Säule für den Osterleuchter.

Köln, St. Kunibert. Fußbodenplatten im Altarraum im Detail.

Köln, St. Kunibert. Fußbodenplatten im Altarraum aus Aquäduktmarmor.

Oben links: Köln, St. Severin. Abschlussmauer der Confessio mit Aquäduktmarmorplatten, Detail.

Oben rechts: Köln, St. Ursula. Aquäduktmarmorplatten in den Seitenwänden der Nonnenempore.

Rechts: Köln, St. Ursula. Sarkophag der Viventia mit Aquäduktmarmorplatten.

Köln, St. Severin. Abschlussmauer der Confessio mit Aquäduktmarmorplatten.

ihre Zugehörigkeit zum Baubestand des 11. Jahrhunderts deutlich wird. Beide Platten sind erhalten geblieben; leider ist die nördliche unter dem Gewicht eines darauf aufgestellten Stützbalkens der provisorischen Überdachung zerbrochen.

Die Baustelle der nach verheerenden Kriegszerstörungen von den romanischen Kirchen Kölns zuletzt wieder aufgebauten Kirche **St. Kunibert** [55] hat sich durch die Meldung eines Altfundes sowie durch einen bei den archäologischen Ausgrabungen 1992 im Kirchenschiff zutage getretenen Neufund zu einer bedeutenden Fundstelle von Aquäduktmarmor entwickelt.

Bei der Ausgrabung von 1992 wurde die Grablege des am 4. November 1047 verstorbenen Bischofs Rudolf von Schleswig, der hier zu seiner letzten Ruhe gebettet worden war, wiedergefunden. Für uns ist die mit dem Grabungsbefund freigelegte Sarkophagabdeckung von besonderem Interesse, da man hierzu eine ältere (möglicherweise merowingerzeitliche) Altarplatte aus Aquäduktmarmor erneut verwendete.[138]

Schwer zugänglich ist eine in situ befindliche Fundstelle wunderschöner Aquäduktmarmorplatten, da sie im Alarmbereich des Altarraums von St. Kunibert liegt (dieser ist nur im Rahmen angemeldeter Führungen zu besichtigen). Der bereits seit längerem erkannte Sinterfund im romanischen Fußboden des Chorraums wurde von H. Kier bereits ausführlich beschrieben.[139] Hier gliedern mehrere den ganzen Chorraum durchlaufende Streifen von Aquäduktmarmorplatten den Boden symmetrisch. Neben dem Aquäduktmarmor, der durch seine Farbenkraft ins Auge fällt, wurden vor allem grauer Trachyt und verschiedene Marmorsteine verwendet. Dass die in Aquäduktmarmor ausgeführten Streifen in einem auffälligen Bezug zum Altar verlegt worden sind, macht die diesem Material zugewiesene Bedeutung besonders deutlich.

Zusammengerechnet ergeben die bis zu 40 Zentimeter breiten Aquäduktmarmorstreifen eine Länge von 18 Meter, wobei die längste Platte 2,75 Meter misst. Durch Fertigstellung des Chores 1226 und die Weihe der Stiftskirche 1247 ist die Verlegung des Fußbodens – und damit auch die Verwendung des Aquäduktmarmors – eindeutig datiert. Der Fußboden liegt heute noch in der ursprünglichen Art seiner Verlegung, allerdings wurde der Altar nach dem Zweiten Weltkrieg um etwa 1,5 Meter nach Westen gerückt.[140]

Die Sintersäulen von **St. Maria im Kapitol** [56] (erbaut zwischen 1049 und 1065) sind – wie große Teile der Kirche selbst – vermutlich den Bomben des Zweiten Weltkrieges zum Opfer gefallen. Die letzten zwei Exemplare hatten im Westturm den Krieg überlebt, wurden nach Auskunft des Steinmetzen aber Anfang der 1950er-Jahre durch anderes Material ersetzt. Ein kleines Sinterbruchstück ist bei den Renovierungsarbeiten in der Ausmauerung eines Hochgrabes gefunden worden; das Grab lag unmittelbar östlich des Aufgangs zur Hardenrath'schen Sängerempore.[141]

St. Maria Lyskirchen [57], Kölns romanische Kirche im ehemaligen Hafenviertel, wurde zwischen 1210 und 1220 anstelle eines 948 erstmals erwähnten Vorgängerbaus errichtet. Von hoher Bedeutung sind die 1250 entstandenen Gewölbefresken. Zur Innenausstattung gehören drei Kalksintersäulen, von denen zwei in beiden Aufgängen zur Empore stehen: Die Säule im Nordaufgang hat Abmessungen von 1,52 Meter Länge bei einem Durchmesser von 17 oder

138 Gechter 1997; Schütte 1997.
139 Kier 1970.
140 Möglicherweise ist durch die Versetzung des Altars ein Teil der Aquäduktmarmorplatten heute verdeckt, was die Gesamtlänge noch einmal um 2,6 Meter verlängern würde.
141 Freundl. Hinweis von H. Rausch, Köln; Grewe 1986, 275.

OBIIT ADELMVOT LAICA QVE ETIA M
QA EST IN BAPTISMATE XPI VOCATA

Oben: Köln-Porz-Niederzündorf, St. Michael. Grabplatte der Adelmout aus Aquäduktmarmor.

Links: Köln-Porz-Niederzündorf, St. Michael. Fenster mit Aquäduktmarmorsäule.

Rechts: Köln, St. Maria Lyskirchen. Aquäduktmarmorsäule.

18 Zentimeter, die südliche Säule hat eine Länge von 1,49 Meter bei identischem Durchmesser; am südlichen Aufgang ist auch die 1,36 Meter lange Säule auf der Empore aus Sinter gefertigt.[142]

Im Bogenfeld über dem Hauptportal von St. Maria Lyskirchen ist ein Hinweis auf die Hochwasserkatastrophe vom 28. Februar 1784 angebracht. Dieses durch Eisstau verursachte Hochwasser führte zu extremen Wasserständen des Rheins. Dass dieses Hochwasser die auf einer Stufe in der Bonner Münsterkirche angegebene Höhe tatsächlich erreicht hatte, wurde oftmals bezweifelt; allerdings hat sich der Wert durch Nachmessungen inzwischen bestätigt.[143] Die außergewöhnliche Höhe der Marke an der Kölner Kirche St. Maria Lyskirchen belegt, dass die Kirche damals mehr als mannshoch unter Wasser gestanden hat. Selbst die erhöht eingebauten Sintersäulen waren noch bis auf Kniehöhe betroffen. Das Bauwerk war derart beschädigt worden, dass 1785 ein neuer Hochaltar errichtet werden musste.

Bei den Ausgrabungen vor der Renovierung von **Groß St. Martin** [58] in den Jahren 1975 bis 1976 wurde ein Kalksinterbruchstück gefunden.[144] Derartige Kleinfunde, so unscheinbar sie auf den ersten Blick auch anmuten, sind ein sicherer Beleg für die ehemalige Verwendung des Materials am Fundort.

Die Baugeschichte der Basilika **St. Severin** [59] beginnt mit der Errichtung eines kleinen Oratoriums auf einem römischen Gräberfeld am Ende des 4. Jahrhunderts. Im Rahmen stetiger Erweiterungen wurde im 10. Jahrhundert eine Confessio, also ein Andachtsraum, zur Aufnahme des Heiligengrabes errichtet. Um 1030 bis 1043 kam es dann zum Bau einer dreischiffigen Hallenkrypta und eines neuen Langchores mit einer Erweiterung der Confessio. Um 1220/30 bis 1237 fand der Umbau des Langchores im Stil der spätstaufischen Romanik statt.[145]

In der Mitte der Chorapsis der neuen Kirche befindet sich eine Nische, die Platz für einen kleinen Altar bietet. Dieser Altar wurde am Allerseelentage des Jahres 1237 zu Ehren der hll. Aegidius und Katharina geweiht. Der Altar steht noch heute an seinem ursprünglichen Platz und ist damit ein wichtiges Indiz für den Zeitpunkt der Verlegung der Fußbodenplatten, die von ihm zum Teil überdeckt werden.

Durch diese Befundsituation ist klar, dass die vor und neben dem Altar zu sehenden vier großen Bodenplatten aus Aquäduktmarmor (maximal 70 mal 40 Zentimeter) nebst mehreren kleineren Plattenbruchstücken aus diesem Material vor 1237 verlegt worden sein müssen. Ob auch die vier prächtigen, im gleichen Zeitraum aufgestellten Säulen, die den Severinus-Schrein tragen, sowie die beiden Säulen, die den Hochaltar flankieren, ebenfalls aus Aquäduktmarmor bestehen, könnte erst eine eingehende Untersuchung bestätigen, da sämtliche Säulen schwarz übertüncht sind.

In der Krypta hingegen befindet noch eine weitere Fundstelle. Die Confessio von St. Severin war in einer ersten Anlage im 10. Jahrhundert als Kammer unter dem Hochaltar angelegt worden, um das Heiligengrab aufzunehmen. Beim Bau einer dreischiffigen Hallenkrypta und des neuen Langchores war auch die Confessio erweitert worden. Die bei der nächsten Erweiterung der Krypta 1237 nach Osten verlegte Abschlussmauer dieses Andachtsraums ist mit zwei Platten (jeweils 46 Zentimeter Länge mal 35 Zentimeter Breite) rechts und links des heutigen Zugangs ausgestattet. Es ist anzunehmen, dass diese Architekturelemente – wie die Platten im Altarraum – spätestens 1237 nach St. Severin kamen.

142 Grewe 1986, 275.
143 Grewe 1981b.
144 Freundl. Hinweis von P. Noelke, Köln; Grewe 1986, 275.
145 Päffgen 1992.

Auch die Damenstiftskirche **St. Ursula** [60] entstand mit einem Vorgängerbau auf einem römischen Gräberfeld; hier waren seit dem 4. Jahrhundert christliche Märtyrerinnen verehrt worden. Die heutige Pfeilerbasilika konnte unter Erzbischof Bruno II. im Jahre 1135 geweiht werden. Zur romanischen Ausstattung der Kirche gehört der im Eingangsbereich des Langhauses als Hochgrab aufgestellte Sarkophag der Viventia (1,025 mal 0,56 Meter, Höhe 47 Zentimeter). Er ruht auf vier kleinen Säulchen (0,735 Meter Länge) und ist mit einer Stirnseite gegen den nördlichen Pfeiler unter der Westempore angelehnt. Die Inschrift erklärt, dass im Sarkophag Viventia, die als Kind verstorbene dritte Tochter Pippins d. Ä. († 639), bestattet ist.[146]

Die vertieften Seitenflächen des Sarkophags sind mit Aquäduktmarmorplatten ausgefüllt. Die östliche Stirnseite des Sarkophags ist nicht einzusehen, da sie von der angrenzenden Säule verdeckt wird. Im Sarkophagdeckel ist eine weitere Platte aus Aquäduktmarmor eingelassen. Der Sarkophag wird in das beginnende 12. Jahrhundert datiert.

Auf der Nonnenempore im Westen sind in den beiden nördlichen und südlichen Seitenwänden jeweils drei Felder mit profiliertem Naturstein eingerahmt, die möglicherweise ehemals alle mit Aquäduktmarmorplatten ausgefüllt waren. Heute bestehen auf der Nordseite die linke und die rechte Platte aus diesem Material, während im mittleren Feld eine Schieferplatte eingelassen ist. Auf der Südseite ist nur das linke Feld mit einer Aquäduktmarmorplatte ähnlicher Größe (0,9 mal 0,45 Meter) ausgestattet, während die beiden anderen Felder zugemauert sind.[147]

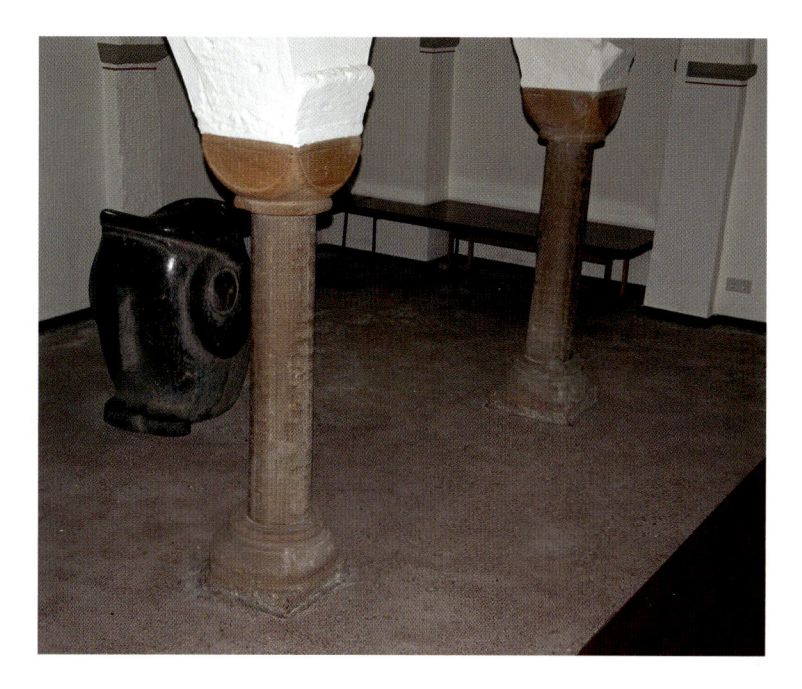

Köln-Dünnwald, St. Nikolaus. Aquäduktmarmorsäulen.

Im Westbau der 1118 errichteten **St. Nikolaus-Kirche** [61] in **Köln-Dünnwald** kann man zwei Kalksintersäulen sehen, die dort das Kreuzgewölbe tragen.[148] Bei nach dem Zweiten Weltkrieg durchgeführten Ausgrabungen wurde nachgewiesen, dass ehemals mindestens vier, wahrscheinlich sogar sechs weitere Säulen in der Kirche gestanden haben, da deren Basen unter dem jetzigen Fußboden nachzuweisen waren.

St. Michael in **Köln-Porz-Niederzündorf** [62] zeigt uns ein sehr schönes Beispiel für die Verarbeitung des Kalksinters zu Grabplatten.[149] Die dort zu sehende Platte (1,85 mal 0,65 Meter) hat wegen der eingehauenen Inschrift ihre

---

146 Freundl. Hinweis von W. Haberey, Bonn; Grewe 1986, 275; A. K., Sarkophag der Viventia, in: http://www.romanische-kirchen-koeln.de/index.php?id=844 (letzter Zugriff 23.7.2012).
147 Freundl. Hinweis von S. Schütte, Köln.
148 Freundl. Hinweise von H. Linnerz, Köln und U. Heckner, Pulheim; Grewe 1986, 275.
149 Panofsky-Soergel 1974, 78; Nisters-Weisbecker 1983, Nr. 73, 271–273; Funken 1983, 337ff.; Huck 2003, 15ff.; freundl. Hinweise von I. Achter und R. Schmitz-Ehmke, Bonn; Grewe 1986, 275.

besondere Bedeutung. Der Stein befand sich bis 1932 im Boden des 1906 abgebrochenen nördlichen Seitenschiffes. Es handelt sich hierbei um den Grabstein der Adelmuot; die Inschrift nennt in 5,7 Zentimeter großen Unzialen den Namen und den Todestag der Verstorbenen. Da das Todesjahr in der Inschrift nicht genannt ist, wird der Stein aufgrund der Buchstabenform in das 12. Jahrhundert datiert.

Die beiden doppelbogigen Fenster im Obergeschoss des Turms sind heute zugemauert. Durch diese Fenster ließ sich vom Repräsentationsraum aus, der sich im Turm befand, der Gottesdienst verfolgen. Von den beiden in den Fenstern untergebrachten Säulenensembles ist nur noch das im rechten Fenster erhalten: Der Säulenschaft besteht aus Kalksinter der Eifelwasserleitung.[150]

Bei Ausgrabungen in der Kirche **St. Martin** in **Köln-Esch** [63] fand sich ebenfalls ein Bruchstück von Kalksinter aus der römischen Eifelwasserleitung. Der Fund wurde ohne Zusammenhang zu anderen Fundstücken gemacht, so dass er nur als Bauschutt eines Vorgängerbaus einzuordnen ist.[151]

Der einzige Profanbau Kölns, der mit Aquäduktmarmor verschönert worden war, scheint das **Rathaus** [64] gewesen zu sein. Jedenfalls deutet das bei der Rathausgrabung gefundene Bruchstück einer großen Platte darauf hin.[152] Die Platte war rechtwinklig zugeschlagen und besaß eine Eisenverdübelung, von der sich noch geringe Reste erhalten haben. Eine Ecke und ein seitlicher Abschluss der Platte waren abgesplittert; Mörtelreste der Wiederverwendung hafteten ihr noch an.

Bei Grabungen im Bereich des Kölner **Judenbades** [65] waren ebenfalls Bruchstücke von Kalksinter gefunden worden.[153] Bei den Ausgrabungen in der Archäologischen Zone Köln – zwischen Judenbad und Rathaus gelegen – wurden um das Jahr 2000 weitere zahlreiche Kalksinterfunde gemacht, die auf eine Ausstattung der ehemaligen Synagoge mit diesem Material schließen lassen; sie sind in der Sammlung der Archäologischen Zone verwahrt und unter Sammlung M 6 aufgelistet.

Im Rahmen der planmäßigen Aufnahme der historischen Keller in der Kölner Altstadt wurde 1992 auch das Haus **Alter Markt 50/52** [66] untersucht. Das aus verschiedenen Materialien bunt zusammengesetzte Mauerwerk enthielt zahlreiche Spolien, darunter bearbeitete Tuffsteine und römische Leistenziegel. In der Nordwand des Kellers, in mittlerer Höhenlage, fand sich in waagerechter Vermauerung das Fragment einer kleinen, vermutlich romanischen Säule aus Kalksinter.[154]

Beim Ausheben einer Baugrube westlich der Mauritiuskirche an der **Jahnstraße** [67] wurde ein 28 mal 21 Zentimeter (Höhe 18 Zentimeter) großes Bruchstück einer romanischen Säulenbasis aus Kalksinter gefunden. Sie zeigt noch in ihrem erhaltenen Rest eine sorgfältige Profilierung. Da der Fund in mittelalterlichem

Hürth, St. Katharina. Taufbecken mit Standfuß aus Aquäduktmarmor, der vermutlich aus einer Säule des romanischen Vorgängerbaus gefertigt wurde.

150 Freundl. Hinweis von C. Jentsch, Köln-Porz-Niederzündorf.
151 Freundl. Hinweis von U. Karas, Köln.
152 Freundl. Hinweis von G. Precht, Köln; Grewe 1986, 275.
153 Freundl. Hinweis von P. Noelke, Köln; Grewe 1986, 275.
154 Freundl. Hinweis von Th. Wüstefeld, Köln.

Bauschutt lag, ist er bezüglich seiner Herkunft nicht näher zuzuordnen.[155]

In der 1894 bis 1895 vom Kölner Architekten Theodor Roß erbauten katholischen Pfarrkirche **St. Katharina** in **Hürth (Alt-Hürth)** [44] hat man aus der Eifelwasserleitung gewonnenen Aquäduktmarmor als Sockel für das Taufbecken verwendet. Vermutlich stammt dieses Werkstück aus einer anderen Verwendung des romanischen Vorgängerbaus Alt St. Katharina.

Nördliche Eifel und Eifelvorland

Naturgemäß ist die Fundverbreitung in der engsten Region um das Herkunftsgebiet am dichtesten, was weniger der Bedeutung der bedachten Bauwerke als vielmehr dem Vorteil der kurzen Transportwege geschuldet gewesen sein wird. Allenfalls das Stadtgebiet von Köln weist eine größere Funddichte auf; das hingegen ist der besonders regen Bautätigkeit in romanischer Zeit zuzuschreiben, wie bereits näher beschrieben wurde.

In der nördlichen Eifelregion finden wir allerdings die unstreitig schönsten Werkstücke, was die Verarbeitung des Kalksinters betrifft: Die **Stiftskirche** von **Bad Münstereifel** [8] ist geradezu ein Musterbeispiel für die vielseitige Verwendbarkeit und die ganze Bandbreite der Verarbeitungsmöglichkeiten des Materials.[156] Die Altarplatte, Säulen, Treppenstufen, Türstürze und sogar ein auf Sinter gemaltes Bild aus dem 15. Jahrhundert – an vielen Stellen hat der Kalksinter hier seine Verwendung gefunden.

Außer den zwei Sintersäulen links und rechts des Hauptportals stehen im Hochchor insgesamt

Bad Münstereifel, Stiftskirche St. Chrysanthus und Daria.

---

155 Freundl. Hinweis von R. Thomas, Köln.
156 Nöggerath 1858, 165ff.; Fuchs 1933, 87ff.; Haberey 1972, 108ff.; freundl. Hinweise von I. Achter und R. Schmitz-Ehmke, Bonn; Grewe 1986, 279.

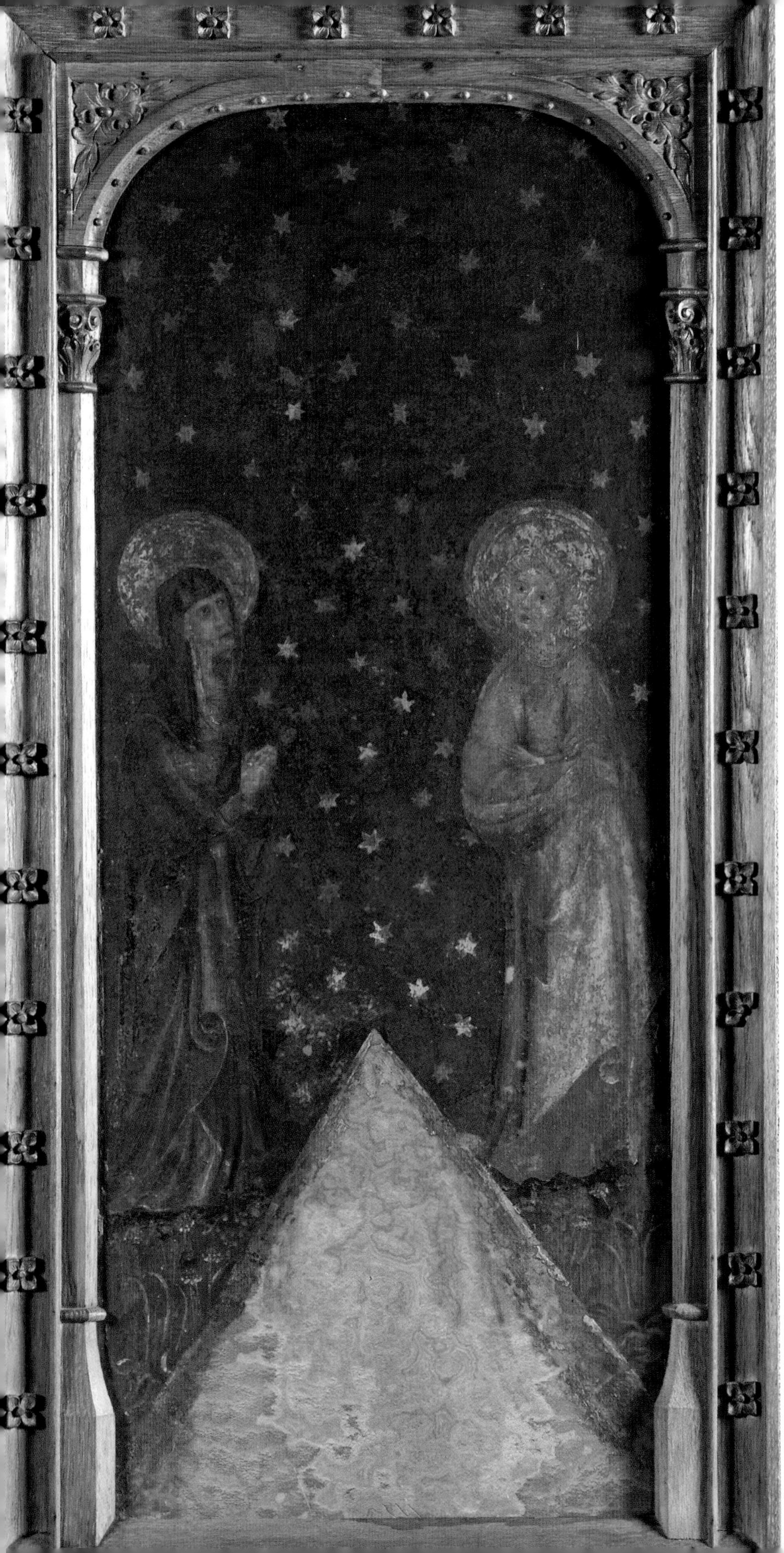
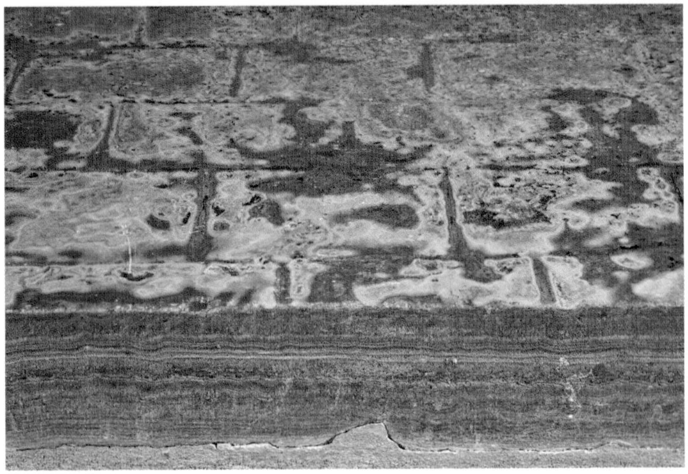
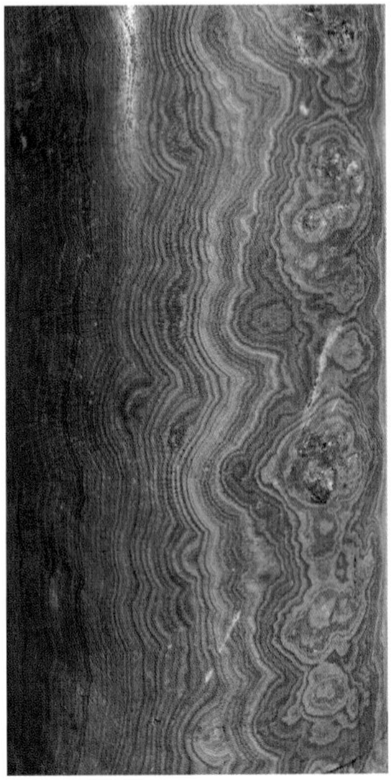
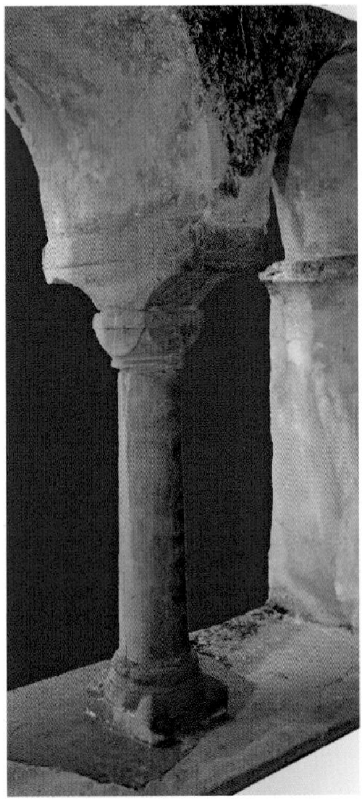
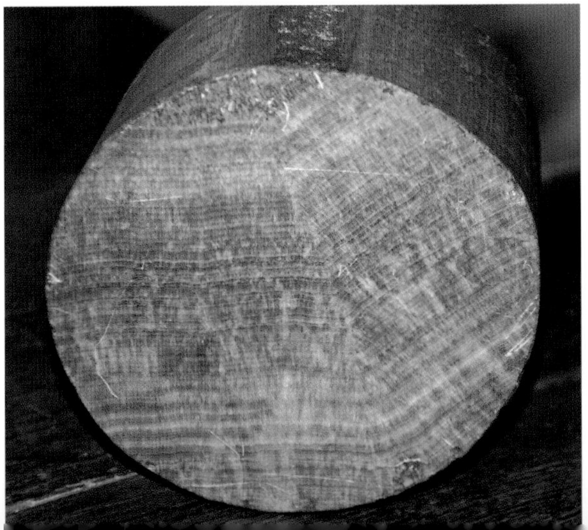

Linke Seite, links außen: Bad Münstereifel, Stiftskirche St. Chrysanthus und Daria. Gemälde aus dem 15. Jahrhundert auf einer Kalksinterplatte. (Foto: H. Lilienthal)

Linke Seite, rechts oben: Bad Münstereifel, Stiftskirche St. Chrysanthus und Daria. Altarplatte aus Aquäduktmarmor mit Abdruck des römischen Mauerwerks und Schichtenfolge der Ablagerung im Detail. (Foto: M. Thuns)

Linke Seite, Mitte links: Bad Münstereifel, Stiftskirche St. Chrysanthus und Daria. Aquäduktmarmorsäule. (Foto: M. Thuns)

Linke Seite, Mitte rechts: Bad Münstereifel, Romanisches Haus. Säulenensemble aus Aquäduktmarmor.

Linke Seite, rechts unten: Bad Münstereifel, Romanisches Haus (Hürten-Heimatmuseum). Bohrkern aus einer der unteren Ecken der Kalkablagerung im Römerkanal.

Rechts: Bad Münstereifel, Romanisches Haus.

16 wunderschöne Exemplare, das längste drei Meter lang (bei einem Durchmesser von 27 Zentimeter).[157] Manche der Säulen sind als Halbsäulen gefertigt und so in den Putz gedrückt, dass ein größerer Durchmesser der Säulen vorgetäuscht wird.

So wie diese dürften früher auch die Sintersäulen in den übrigen Kirchen des Rheinlandes ausgesehen haben. Die Bearbeitung des Steinmetzen ließ die verschiedenen Brauntöne sowie die schöne Marmorierung des Sinters sichtbar werden, und hier in der Stiftskirche ist die Politur der Oberflächen noch sehr gut erhalten.

Ein Prachtexemplar aus Kalksinter ist auch die Mensa des Hochaltars. Die Altarplatte, die nach katholischem Kirchenrecht möglichst aus einem einzigen, unbeschädigten Naturstein bestehen sollte, wurde in diesem Fall aus der

---

157 Die Abmessungen: zwei Säulen von drei Meter Länge, Durchmesser 27 Zentimeter; acht Säulen von 1,94 Meter Länge, Durchmesser 20 Zentimeter; sechs Säulen von 2,25 Meter Länge, Durchmesser 23 Zentimeter.

Kalkablagerung in der römischen Eifelwasserleitung hergestellt. Bei ihren Ausmaßen von 1,7 Meter Länge mal 1,18 Meter Breite und einer Höhe von 10 bis 18 Zentimeter stellt sich die Frage, ob dieses Stück überhaupt aus dem normalen Leitungsverlauf gebrochen worden sein kann oder ob wir es hier mit einem Stück zu tun haben, das einem – uns heute noch unbekannten – Kleinbauwerk entstammt. Jedenfalls muss die Wand, von der man die Sinterplatte abnahm, aus Handquadersteinen gemauert und unverputzt gewesen sein, denn der Abdruck des Mauerwerks ist auf der jetzigen Oberfläche der Mensa sichtbar. Danach sind die Abmessungen der Mauersteine mit 13,5 mal acht Zentimeter bis 18 mal acht Zentimeter zu ermitteln.

Von den ehemals aus Kalksinter gefertigten Stufen zum Hochchor ist nach der Renovierung nur noch die Stufe unmittelbar vor dem Hauptaltar erhalten geblieben. Sie besteht aus vier Kalksinterplatten, wovon die längste 2,31 Meter Länge mal 48 Zentimeter Breite bei 17 Zentimeter Höhe misst. Die Stufen der Treppen auf beiden Seiten des Märtyrergrabes waren ehemals auch aus Kalksinter gefertigt, sind aber einer Renovierung der 1950er-/1960er-Jahre zum Opfer gefallen. Damals wurde das originale Material aus dem Mittelalter durch neues ersetzt; den Kalksinter entsorgte man auf einer Müllkippe. Es kommt einem aufmerksamen Bürger das Verdienst zu, das gesamte Material geborgen und über Jahrzehnte bei sich zuhause verwahrt zu haben, bis er es 2010 in die Obhut des LVR-Amtes für Bodendenkmalpflege im Rheinland (→ Sammlung M 2) übergab.

Außen an der Nordseite der Kirche kann man noch zwei 2,15 Meter lange Sinterplatten sehen, die als Stürze über den Türen zum ehemaligen Kreuzgang verbaut wurden.

Weiterhin einmalig ist eine in der Sakristei der Stiftskirche verwahrte Kalksinterplatte, die im 15. Jahrhundert in Temperatechnik bemalt wurde. Dargestellt sind Maria und Elisabeth. Möglicherweise hat die Platte ehemals hinter dem Sarkophag der Märtyrer Chrysanthus und Daria gestanden; darauf könnte das von der Bemalung ausgesparte Dreieck im unteren Teil der Platte hindeuten.

In der Westvorhalle der Kirche wurde bei Ausgrabungen 1964 ein gemauerter Plattensarg aus Kalksinter gefunden (→ Sammlung M 1).

Der Besuch der romanischen Stiftskirche als Kunststätte ist allein schon lohnenswert; durch die wunderschönen Säulen aus Aquäduktmarmor wird das Ziel im Rahmen einer Aquädukttour durch die Eifel jedoch zum Pflichtpunkt im Programm.

Das 1167 für einen Stiftsherrn am Münstereifeler Stift Chrysanthus und Daria errichtete **Romanische Haus** [9], eines der ältesten in Stein gebauten Wohnhäuser des Rheinlandes, stellt ein einzigartiges Baudenkmal dar. Seit 1975 sind in dem sehenswerten Haus die Sammlungen des 1912 gegründeten Heimatmuseums untergebracht. Neben den Exponaten in der Sammlung (→ M 10) finden wir auch in der Bausubstanz des Gebäudes anschauliche Beispiele für die Verwendung des Kalksinters.[158] Die in romanischer Zeit verbauten Teile kamen bei der Renovierung des Hauses im Jahre 1963 zum Vorschein, wobei sich zeigte, dass dieses Material vermutlich in allen Fensteröffnungen verbaut worden war. In den vier dreibogigen und den neun doppelbogigen Fenstern bestanden nicht nur die Säulen aus Sinter, sondern ebenso die zugehörigen Basen, Kapitelle und Sattelkämpfer sowie die Fensterbänke; insgesamt also 17 solcher Stützen, von denen einige heute noch erhalten sind.

Im linken Fenster auf der Südseite des zweiten Obergeschosses befindet sich ein komplett erhaltenes Säulenensemble aus Kalksinter. Es sei bezüglich seiner Abmessungen hier beispielhaft angeführt: Basis (Breite, Länge und

---

158 Haberey 1972, 108ff.; freundl. Hinweis von T. Hürten, Bad Münstereifel; Grewe 1986, 279.

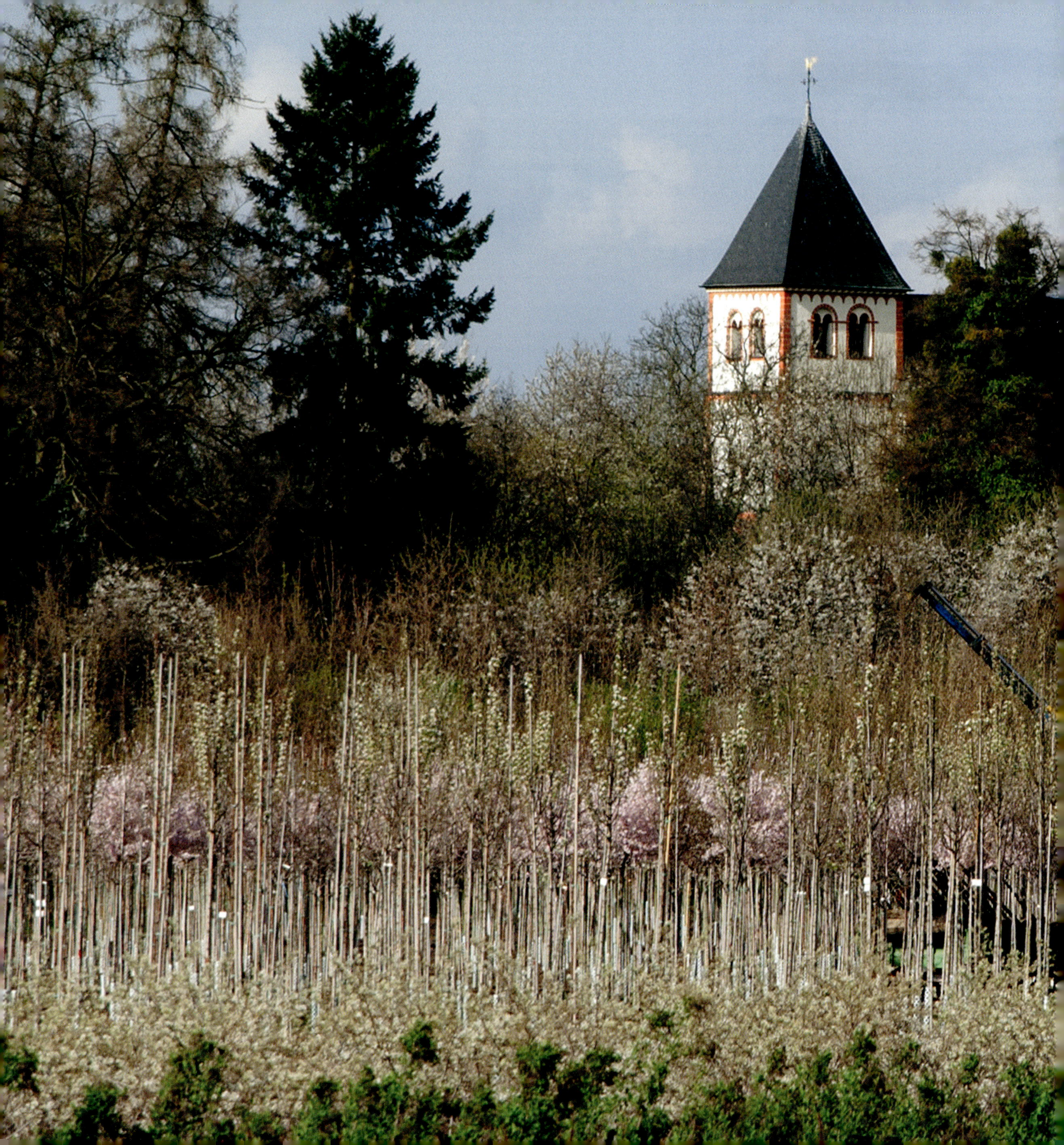

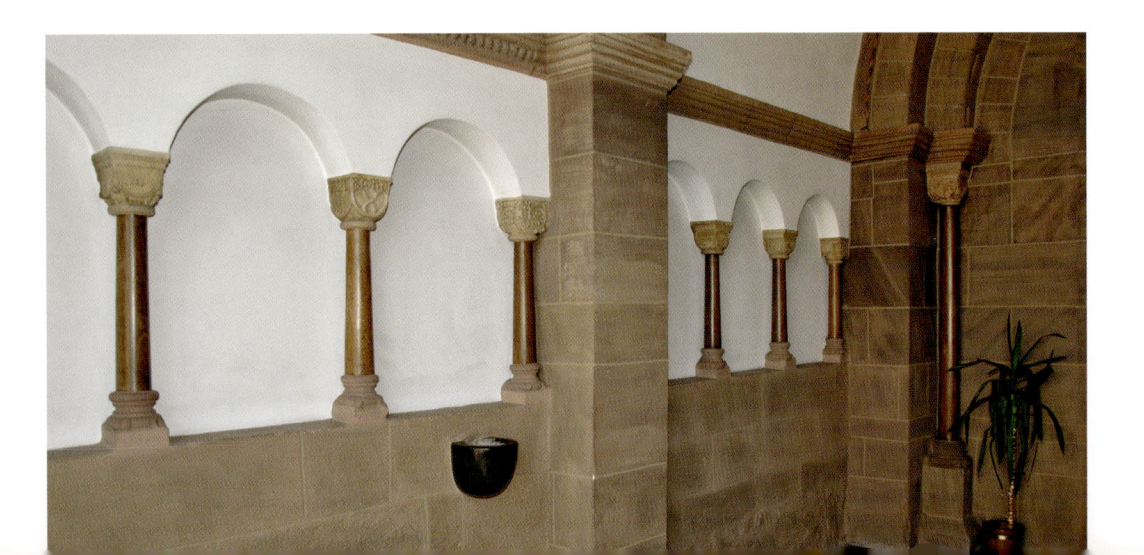

Vorherige Doppelseite (S. 329/330): Meckenheim-Lüftelberg, St. Lüfthildis.

Links: Euskirchen-Kreuzweingarten, Heilig Kreuz. Altar mit Antependium aus Aquäduktmarmor.

Mitte oben: Erftstadt-Kierdorf, St. Martinus. Aquäduktmarmorsäule.

Mitte unten: Euskirchen-Kreuzweingarten, Heilig Kreuz. Mensa des Altars, Deckel des Reliquienbehälters aus Aquäduktmarmor.

Rechte Bilderreihe, oben: Euskirchen-Niederkastenholz, St. Laurentius. Treppenstufe im Friedhofseingang aus Aquäduktmarmor.

Rechte Bilderreihe, Mitte: Meckenheim-Lüftelberg, St. Lüfthildis. Das Detail der Grabplatte der hl. Lüfthildis zeigt die wunderschöne Marmorierung des Aquäduktmarmors.

Rechte Bilderreihe, unten: Jülich, St. Mariä Himmelfahrt. Aquäduktmarmorsäulen in der Vorhalle im romanischen Turm.

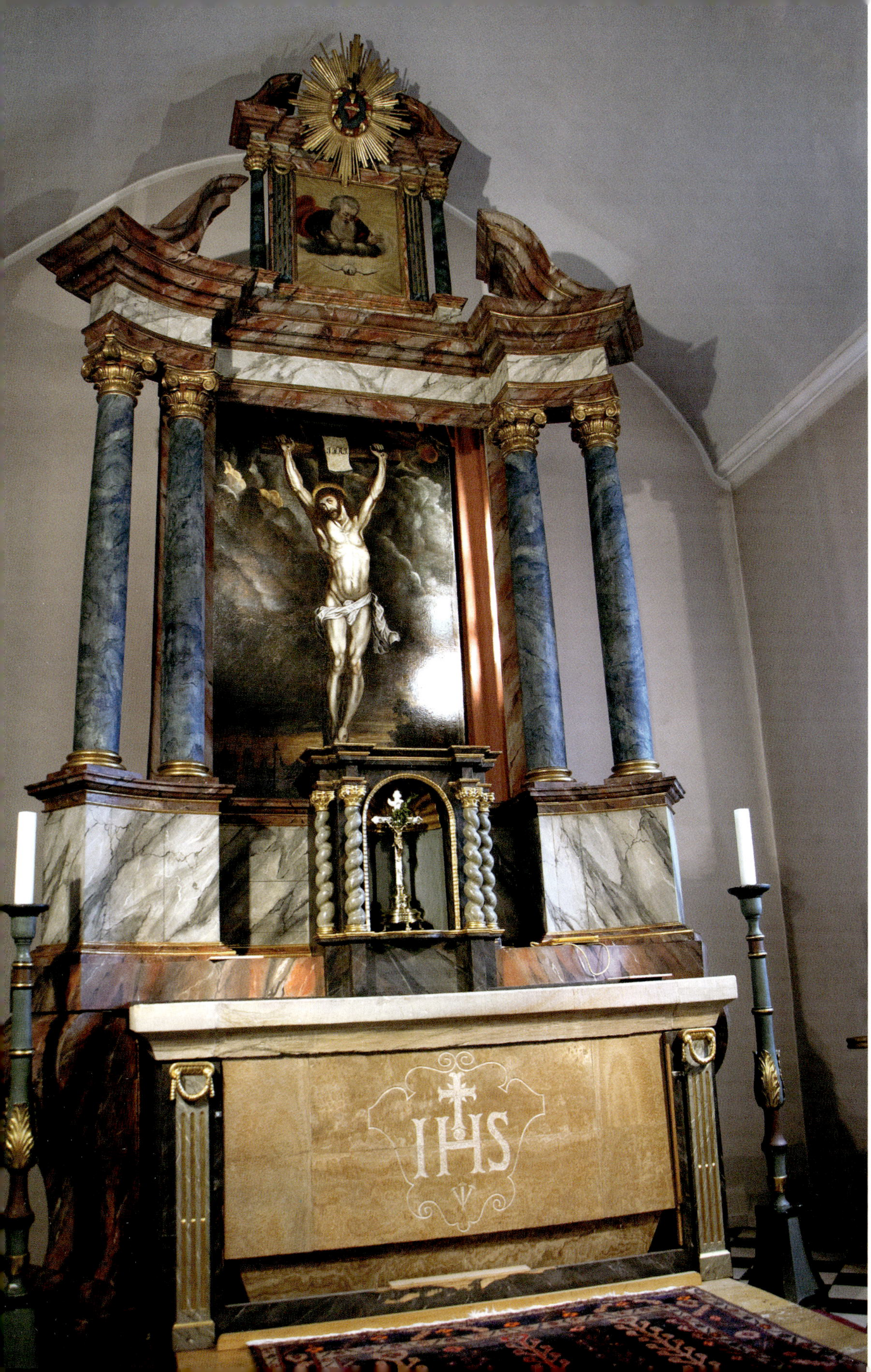
IHS

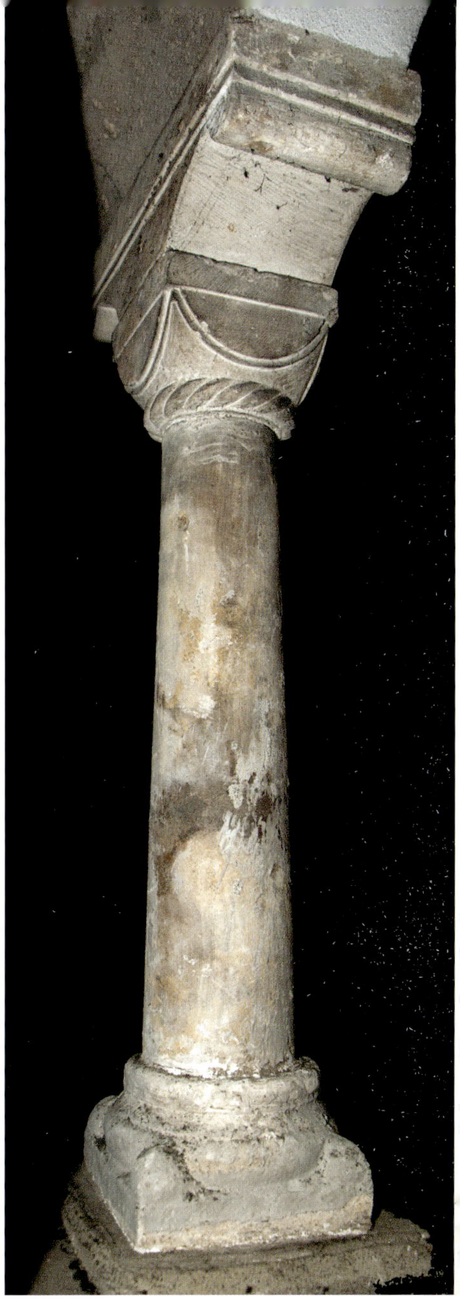

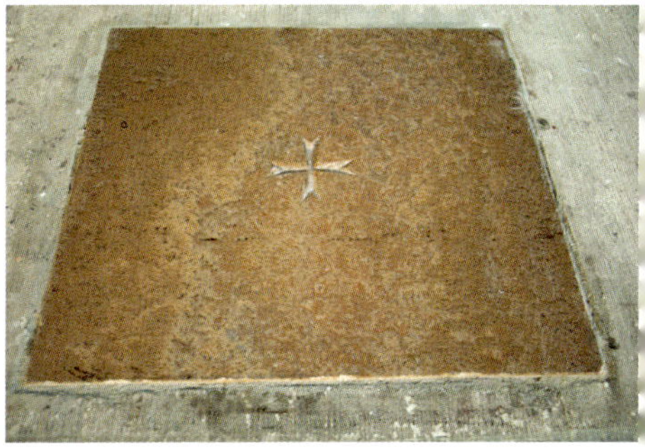

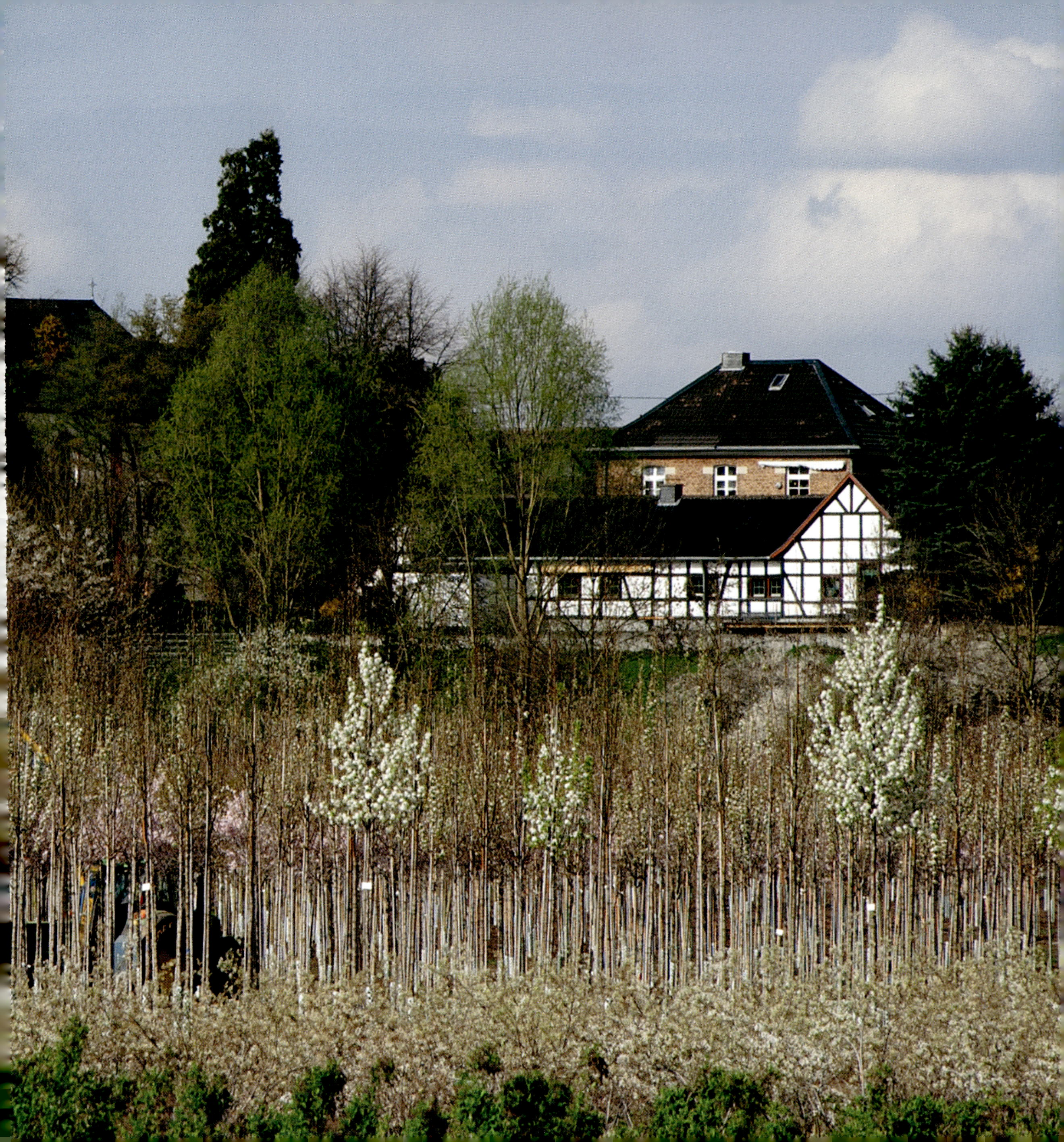

ARMIGER IN MUNDO CAECATUS VIDENS IN DOMINO MONACHUS
ILLUMINA NOS

Links oben: Swisttal-Odendorf, St. Peter und Paul. Sakrarium aus Aquäduktmarmor.

Links unten: Swisttal-Odendorf, St. Peter und Paul. Eckquadersteine aus Aquäduktmarmor.

Mitte oben: Neuss, St. Quirin. Eine der Aquäduktmarmorsäulen in der Krypta.

Mitte unten: Pulheim-Brauweiler, ehemalige Abteikirche St. Nikolaus. Hochgrab des Herzogs Otto von Schwaben mit Aquäduktmarmorplatte.

Rechts: Mönchengladbach, Münsterkirche (ehemalige Abteikirche St. Vitus). Aquäduktmarmorplatte auf dem Grab des Inklusen Adelbertus.

Nachfolgende Doppelseite (S. 335/336): Annweiler, Burg Trifels.

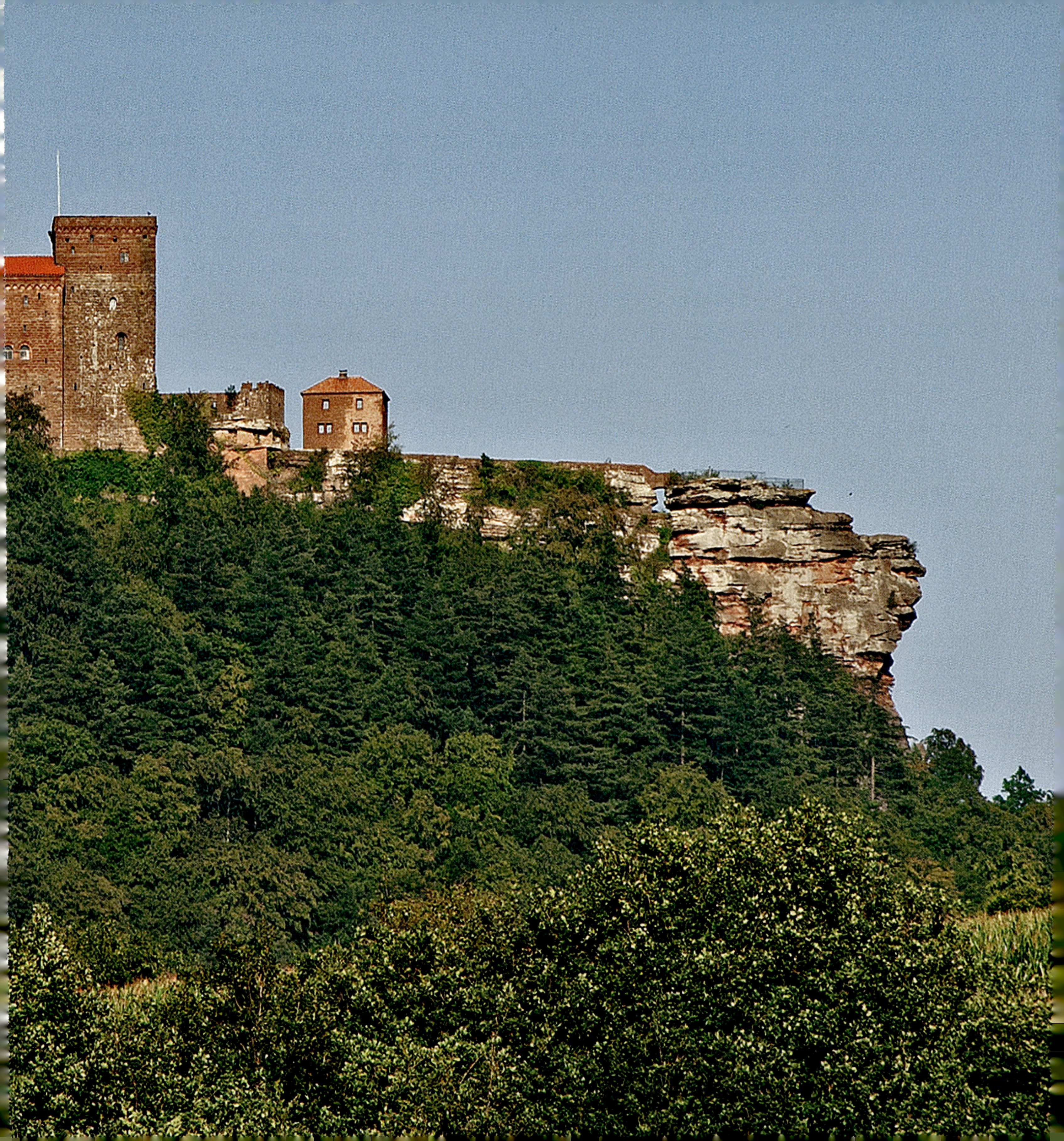

Höhe jeweils 17 Zentimeter), Säule (46 Zentimeter Länge, Durchmesser elf Zentimeter), Kapitell (15 mal 15 Zentimeter, Höhe neun Zentimeter), Sattelkämpfer (41 mal 13 Zentimeter, Durchmesser zwölf Zentimeter) und Fensterbank bilden eine Materialeinheit.

Weitere Bauwerksteile aus Kalksinter befinden sich im ersten Obergeschoss an folgenden Stellen:

a) Südseite, linkes Fenster: die rechte von zwei Säulen;
b) Südseite, rechtes Fenster: beide Säulen mit Basen, Kapitellen und Sattelkämpfern sowie Teile der Fensterbank;
c) Westseite, linkes Fenster: Fensterbank;
d) Westseite, mittleres Fenster: Fensterbank;
e) Nordseite, linkes Fenster: Fensterbank.

Durch die Unterbringung der stadtgeschichtlichen Sammlung und der Einrichtung des Hürten-Heimatmuseums in diesem Haus sind außer den fest verbauten Werkstücken noch weitere Einzelfundstücke hinzugekommen; neben mehreren Kleinfunden ist vor allem das aus einem Säulenfragment hergestellte Turmuhrengewicht zu nennen.

In der Kernstadt von **Bad Münstereifel** wurden zudem in der Umfassungsmauer des Grundstücks **Fibergasse** [10] hinter dem historischen Rathaus Bruchsteine aus Kalksinter vermauert.[159]

Gegen die beiden zuvor beschriebenen Fundstellen erscheint der Sinterfund bei der **St.-Laurentius-Kirche** in **Bad Münstereifel-Iversheim** [11] von nachrangiger Bedeutung, denn hier wurden lediglich in den beiden Türpfosten der Kirchhofsmauer vor dem Hauptportal einige Bausteine aus Kalksinter entdeckt.[160] Eine Grabplatte vom Friedhof neben der St.-Laurentius-Kirche zeugt von Bestattungen zwischen 1936 und 1975. Die Platte war zerbrochen und wurde vom örtlichen Steinmetz geborgen und dem LVR-LandesMuseum Bonn (→ Sammlung M 1) übergeben. Das Stück ist heute so präpariert, dass eine Hälfte den nicht überarbeiteten Zustand zeigt, während die andere frisch poliert wurde und in voller Schönheit erstrahlt. Zudem wurde ein Schnitt angelegt, um den Aufbau des Materials sichtbar zu machen.

Die Kirche **St. Martin** in **Erftstadt-Kierdorf** [28] ist ein romanisches Kleinod. Zwei Säulen in den östlichen Fenstern des Turmes, von der Orgelempore im Kirchenschiff aus einzusehen, sind aus Kalksinter gefertigt.[161]

In der Pfarrkirche **St. Martin** in **Euskirchen** [31] sind Kalksinterblöcke an mehreren Stellen sowohl in den Außen- als auch in den Innenmauern verarbeitet worden.[162] Innen findet man sie besonders in den beiden hinteren Pfeilern des Mittelschiffes, wo man sie zwischenzeitlich allerdings übertünchte, um sie den rötlichen Steinen des übrigen Mauerwerks anzupassen. Erkennbar sind sie dort aber immer noch am typischen schichtweisen Aufbau des Materials.

Auch außen ist das Material an mehreren Stellen verwendet worden. Man findet es in den Stützpfeilern, aber auch in einer heute zugemauerten ehemaligen Maueröffnung, wo Kalksinterblöcke als Trittsteine eingesetzt wurden. Auffällig ist in allen Stellen das große Format der Blöcke, denn sie sind teilweise fast einen Meter lang.

---

159 Freundl. Hinweis von F. Becker, Bad Münstereifel-Arloff.
160 Freundl. Hinweis von H. Neumann, Mechernich; Grewe 1986, 279.
161 Freundl. Hinweis von W. Haberey, Bonn; Grewe 1986, 279.
162 Fuchs 1933, 87ff.; freundl. Hinweis von C. Schaab, Pulheim; Grewe 1986, 273.

In den Außenmauern der Pfarrkirche **St. Stephanus Auffindung** in **Euskirchen-Flamersheim** [32] sollen nach frühen Mitteilungen ebenfalls Bausteine aus Kalksinter verbaut worden sein.[163] Auf einem älteren Foto, das die Westfassade der Kirche zeigt, sieht man in der unverputzten Außenwand über dem Eingangsportal zwei Steinlagen aus dem begehrten Material. Heute ist die Kirche weiß getüncht, und der Sinter ist nicht mehr zu erkennen.

Bei Renovierungsarbeiten in der **St.-Georgs-Kirche** von **Euskirchen-Frauenberg** [33] wurden auch Bruchstücke von Sinter im herumliegenden Material gesichtet:[164] Im Bereich des Tores der Außenmauer wurden mehrere Fragmente verbaut.[165]

In unmittelbarer Nähe zu dem Trassenabschnitt der Eifelwasserleitung liegt die **Heilig-Kreuz-Kirche** in **Euskirchen-Kreuzweingarten** [34]; sie weist mit 30 Zentimeter die stärksten verbauten Sinterschichten auf. In dem Gotteshaus sind sowohl im Mittelalter als auch neuzeitlich Sintersteine eingesetzt worden:[166] In der Mauer, die den Kirchberg zum Dorf hin abstützt, finden sich viele Werkstücke aus diesem Material. Auch der Schwellstein des seitlichen Kircheneingangs ist aus Kalksinter, und da er im Laufe der Jahrhunderte sehr abgetreten worden ist, erkennt man die Schichtungen des Steins – besonders, wenn er nass ist – sehr gut.

Bei der Kirchenrenovierung in den 1920er-Jahren versah man den Altar mit einem steinernen Antependium und gestaltete dabei aus sehr schön polierten Aquäduktmarmorplatten die Verkleidung der gesamten Frontseite samt dem Sockel. Heute ist die Altarvorderseite meist mit einem Antependium aus Stoff verhängt, so dass die Platten verdeckt sind. Ebenfalls sollen zur Zeit der Renovierung handliche Briefbeschwerer aus Kalksinter des Römerkanals gefertigt worden sein, um aus dem Verkaufserlös die Kirchenrestaurierung zu finanzieren – so jedenfalls wird es erzählt. Von diesen kleinen Schmuckstücken ist allerdings nur ein Exemplar erhalten (→ Sammlung P 1). Auf dem Friedhof neben der Kirche ist ein Grab mit einem Stein aus Kalksinter versehen; das Material hierzu wurde 1984 auf einer Baustelle in Kreuzweingarten geborgen.

In und um **St. Laurentius** in **Euskirchen-Niederkastenholz** [35], einer kleinen, aber wunderschön im ansteigenden Eifelhang über den fruchtbaren Äckern der Zülpicher Börde gelegenen romanischen Kirche, ist an mehreren Stellen Kalksinter verwendet worden. Hier fand der Sinter sowohl als Baustein wie auch als Schmuckstein Verwendung.[167] Die Altarmensa besteht aus zwei Platten aus Aquäduktmarmor, ebenso wie ein kleiner Kredenztisch.

Beim Betreten der Kirche sieht man in der Vorhalle linker Hand eine insgesamt 2,7 Meter lange Sitzbank aus Sinter. Sie ist aus zwei länglichen Platten zusammengesetzt worden. Im Außenbereich findet man dieses Material als Schwellstein im unteren Kirchhofseingang. Die Schwelle besteht aus zwei Platten; die linke Platte ist einmal durchgebrochen.

In und um die Kirche sind drei Fundstellen von Interesse, da sie antike Bezüge aufweisen: Im Chor der Kirche sind im Mauerwerk mehrere Tongefäße eingemauert, deren Öffnungen zum Kircheninnenraum freigelassen – also nicht überputzt – wurden. Dabei handelt es sich möglicherweise um Schallgefäße, mit denen die Akustik im Kirchenraum verbessert werden sollte. Vitruv hat solche Schallgefäße für den Theaterbau beschrieben.[168] Ob Schallgefäße mit derart kleinen Abmessungen wie in Niederkastenholz tatsächlich eine akustische Wirkung gezeigt haben, ist allerdings nicht belegt.

---

163 Eick 1867, 12ff.; Lambertz 1899, 13ff.; Fuchs 1933, 87ff.; Grewe 1986, 272.
164 Freundl. Hinweis von L. Meyer, Euskirchen; Grewe 1986, 272.
165 Freundl. Hinweis von C. Schaab, Pulheim.
166 Freundl. Hinweis von T. Hürten, Bad Münstereifel.
167 Freundl. Hinweis von W. Haberey, Bonn; Grewe 1986, 273.
168 Vitruv V, 5, 7–8.

In der Kirchhofsmauer sind in regelmäßigen Abständen bis zu 30 Zentimeter hohe Mauerwerksreste aus *opus caementicium* zu sehen. Es ist gut möglich, dass diese zu einer kleinen römischen Wasserleitung gehörten, die Trinkwasser von einer Quellfassung in Euskirchen-Kirchheim zu einer *villa rustica* leitete, die unweit nordöstlich von St. Laurentius 1967 archäologisch untersucht wurde.

Der unterhalb der Kirche liegende Laurentius-Brunnen ist ebenfalls römischen Ursprungs. Er gehörte wohl zu einem weiteren römischen Gebäude, dessen Mauerreste am Haus auf der gegenüberliegenden Straßenseite noch gut zu erkennen sind. Der antike Brunnenkranz aus rötlichem Buntsandstein war zwischenzeitlich auf dem Schulhof der alten Schule von Niederkastenholz verwendet worden, um dort ein Blumenbeet zu begrenzen. Er liegt heute neben dem Laurentius-Brunnen.

In der Nähe, an der **Burg Niederkastenholz** [36], einer ehemaligen Wasserburg, sind an mindestens sieben Stellen im Mauerwerk Kalksintersteine als Baumaterial nachgewiesen worden.[169]

Ein älterer Hinweis auf eine Sinterfundstelle in der Pfarrkirche **St. Martin** in **Euskirchen-Stotzheim** [37] konnte vor Ort nicht bestätigt werden, da die alte Kirche inzwischen abgerissen und durch einen Neubau ersetzt wurde.[170]

Ein wenig kurios ist ein Sinterfund in der Baumasse des Donjons der **Hardtburg** bei **Euskirchen-Stotzheim** [38], einer Wasserburg vom Bautyp Motte.[171] In der gewaltigen Menge der zur Errichtung des Turmes verwendeten Grauwackesteine findet sich auf Anhieb etwa in Augenhöhe ein einzelnes in der Südecke verbautes Stück Kalksinter der Eifelwasserleitung.[172] Der aufmerksame Besucher wird aber in den Mauern des Turmes noch weitere Stücke finden.

Von den drei Westportalen der Kirche der ehemaligen **Prämonstratenserabtei** in **Kall-Steinfeld** [36], dem heutigen Salvatorianer-Kolleg, ist nur das mittlere erhalten geblieben.[173] Eine hier ehemals eingebaute Säule ist einer der letzten Renovierungen zum Opfer gefallen.

Auf den Grundmauern einer romanischen Kirche des 12. Jahrhunderts wurde in **Kirchsahr** [46a] um 1730 die heutige Kirche **St. Martin** errichtet. Die dabei als Eckquadersteine verwendeten Kalksinterwerkstücke stammen vermutlich aus dem Vorgängerbau. Die bis zu einen Meter langen Steinquader sind aus 20 Zentimeter starken Platten gefertigt worden. Sie allein würden den Ausflug nicht unbedingt lohnen, aber diese kleine Dorfkirche ist unter Kunstkennern wegen ihres Dreiflügelaltars, der der Kölner Malerschule des beginnenden 15. Jahrhunderts entstammt, durchaus bekannt.[174]

In der Pfarrkirche **St. Severin** in **Mechernich-Kommern** [75] sind ehemals vorhandene Bauteile aus Kalksinter heute nicht mehr zu finden.[175] Auch in **St. Stephan** in **Mechernich-Lessenich** [76] soll eine Kalksintersäule im Turm verbaut gewesen sein, die angeblich bei Renovierungsarbeiten vom Turm heruntergeworfen und dabei zerstört wurde. Reste sollen an anderen Stellen im Ort verwahrt worden sein.[176] Auch die **Kapelle** neben der Burg in **Mechernich-**

---

169 Freundl. Hinweis von F. Becker, Bad Münstereifel-Arloff.
170 Fuchs 1933, 87ff.; Grewe 1986, 273.
171 Bei diesem mittelalterlichen Burgentyp entstand der Burghügel durch das Aufschichten von Aushub aus dem umlaufend angelegten Burggraben. Die Bezeichnung »Motte« leitet sich von französisch *la motte* = Hügel ab.
172 Freundl. Hinweis von M.-L. Windemuth, Bonn; Grewe 1986, 273.
173 Clemen, Kunstdenkmäler d. Rheinprovinz (11, 2 Schleiden) 1932, 388; Fuchs 1933, 87ff.; Grewe 1986, 274.
174 Clemen, Kunstdenkmäler d. Rheinprovinz (17, 1 Ahrweiler) 1938, 338–346.
175 Freundl. Hinweis von W. Haberey, Bonn; Grewe 1986, 278.
176 Freundl. Hinweis von W. Schmitz, Bad Münstereifel.

Wachendorf [77] weist im Mauerwerk einzelne Bruchstücke von vermauerten Kalksintersteinen auf.[177] In **Mechernich-Weyer** fand T. Hürten 1967 das Bruchstück einer Kalksintersäule [78]. Sie wurde dem Rheinischen Landesmuseum Bonn übergeben, ohne dass nähere Fundumstände bekannt wurden (→ Sammlung M 1).

Auch in **Meckenheim-Lüftelberg**, in der am Villerand über dem Swisttal malerisch gelegenen Kirche **St. Petrus** findet sich eine durch die Werkstatt des LVR-Landesmuseums Bonn restaurierte Grabplatte [79]. Sie ist heute in einer kleinen Seitenkapelle an der Wand befestigt, bedeckte aber ehemals das im Boden des Kirchenraums eingelassene Grab der hl. Lüfthildis.[178] Die Platte misst 2,03 mal 0,56 Meter und war von der Grabstelle entfernt worden, als man Anfang des 19. Jahrhunderts ein Hochgrab darüber errichtete. Zu dieser Zeit erhielt sie einen Holzrahmen und wurde auf der Orgelempore untergebracht. Hier verblieb sie auch, als man das Grab der hl. Lüfthildis wieder in Fußbodenhöhe verlegte. Heute wird die Platte in einer Seitenkapelle der Kirche aufbewahrt.

In **Swisttal-Dünstekoven** wurden bei einer Prospektionsübung im März 1994 in der Gewanne »Vierundzwanzig Morgen« gleich neben der L163 Bruchstücke von Kalksinter gefunden [101]; eine anschließende archäologische Untersuchung des betreffenden Terrains blieb aber ergebnislos.[179] Das nahe gelegene **Gut Capellen** (gegründet 1197) ist hingegen bezogen auf die mittelalterliche Ausbeutung des Römerkanals von großer Bedeutung, denn es ist fast komplett aus dessen Abbruch im nahen Kottenforst gebaut worden (→ Liste der Römerkanal-Zweitverwendung). Eventuell handelte es sich bei den im März 1994 gefundenen Bruchstücken um aus dem Klosterbereich verschlepptes Material.

Die kleine romanische Kirche **St. Peter und Paul** in **Swisttal-Odendorf** [102] weist gleich mehrere Stellen auf, an denen wir Kalksinter finden können. Das Bruchstück einer Altarplatte aus Sinter, als Kredenztisch in der neuen Odendorfer Kirche genutzt, wurde bei Renovierungsarbeiten (vermutlich nach 1950) durch eine Marmorplatte ersetzt. Vor einigen Jahren wurde es im Garten hinter dem Pfarrhaus aufgefunden und geborgen, später dann dem Amt für Bodendenkmalpflege übergeben und mit großem Aufwand von Hand nachgeschliffen, um die ursprüngliche Schönheit wieder sichtbar werden zu lassen.

An ihrem ursprünglichen Ort in der alten Kirche ist noch die rechte von ehemals zwei Säulen am rechten Seitenaltar erhalten. Außen sind Sinterblöcke besonders in der Südwestecke der Kirche als Quadersteine zu sehen; weiterhin wurde der Ausguss des Sakrariums in der Chorapsis (außen) aus Sinter gefertigt.[180] Im oberen Bereich der Außenwand der Chorapsis kann man darüber hinaus noch eine Reihe von römischen Ziegelsteinen sehen, die als Zierrat verbaut wurden.

Die Türpfosten der Pfarrkirche **St. Johann Baptist** in **Weilerswist-Metternich** [106] sollen aus Kalksinter bestanden haben, sind aber heute nicht mehr aufzufinden.[181] Dasselbe gilt für die in **Zülpich** angenommenen Sinterwerkstücke: Sie sollen sich in der **Annokapelle** der Kirche **St. Peter** [109] befunden haben, sind aber möglicherweise Opfer der Kriegszerstörungen geworden.[182]

---

177 Freundl. Hinweis von F. Becker, Bad Münstereifel-Arloff.

178 Anonyme Manuskripte aus dem Stadtmuseum Düsseldorf vom 20.1.1829 und 10.3.1833; Eick 1867, 12ff.; Maassen 1882, 16ff.; Lambertz 1899,13ff.; Clemen, Kunstdenkmäler d. Rheinprovinz (4, 2 Rheinbach) 1898, 270; Fuchs 1933, 87ff.; Grewe 1986, 278.

179 C. Keller/I. Wessel/J.J.M. Wippern/R. Zantopp, Ein wüstgefallenes mittelalterliches Gehöft auf der Rheinbacher Lößplatte. Bonner Jahrb. 196 (1996) 513–534.

180 Grewe 1986, 283.

181 Maassen 1882, 37ff.; freundl. Hinweis von P. J. Tholen, Alfter; Grewe 1986, 284.

182 Freundl. Hinweis von W. Haberey, Bonn; Grewe 1986, 284.

Zwischen Rhein und Maas

Kalksinter wurde, vom Ursprungsgebiet aus gesehen, hauptsächlich in nördlicher gelegenen Gebieten eingesetzt, was sich durch die logistischen Gegebenheiten erklären lässt. Noch heute werden Schwertransporte am einfachsten und kostengünstigsten auf den Wasserstraßen transportiert, und so finden sich Sinterverbauungen häufig in deren Nähe. Dort hingegen, wo Landtransporte nicht zu vermeiden waren, hat es den Anschein, als sei der Transport auf dem Wasserweg bis zur nächstmöglichen Umladestelle erfolgt.

Aachen ist in der Verbreitungsliste in mehrerer Hinsicht vertreten [1]. Für die Ausschmückung seiner Pfalzkapelle hat schon Karl der Große Interesse an diesem Schmuckstein gezeigt (s. o.). Unter Napoleon sollen die antiken Säulen des Doms nach Paris verbracht worden sein, worunter sich auch Säulen aus Sinter befunden haben könnten.[183] Die Stadt ist auch eine Station auf der Odyssee jener Säulen gewesen, die aus der Abtei Brauweiler über Gut Dämme in Aachen nach Petersburg und von dort über Berlin nach Bad Homburg v. d. H. gelangten, wo sie schließlich abhandenkamen (→ Pulheim-Brauweiler [90]). Heute ist im Aachener Dom ein Säulenstück zu sehen, das im September 1956 bei Ausschachtungsarbeiten für die Domkustodie, Domhof 6, gefunden wurde.[184] Es war dort in einem alten Fundament vermauert und bereits ein zweites Mal verwendet worden. Nach der Bergung arbeitete man dieses Stück auf und setzte es im Dom als Stütze für die Mensa eines Hilfsaltars in der Chorhalle erneut ein.

Ein sicherer Nachweis für die Verwendung des Kalksinters schon in karolingischer Zeit ist bei den archäologischen Ausgrabungen in der **Abteikirche** von **Aachen-Kornelimünster** [3] geführt worden, denn hier fanden sich Sinterbruchstücke im Abbruchmaterial der karolingischen Mittelapsis.[185]

Bei Renovierungsarbeiten in jüngerer Zeit wurden einige Kalksinterplatten aus dem Bestand der Klosterkirche wiederverwendet und sehr geschickt in einer Seitenkapelle als Bodenplatten verbaut. Durch ihre sorgfältige Politur wird die wunderschöne Marmorierung des Materials sichtbar. Eine schiefwinklige Platte arbeitete man zudem in die hölzerne Mensa des Altars ein.

Auch in der Pfarrkirche **St. Matthäus** in **Aldenhoven-Pattern** [3] fand sich ein im Fundamentbereich verbautes Stück Kalksinter.[186]

In der Abteikirche der ehemaligen **Prämonstratenserabtei Knechtsteden** bei **Dormagen** [20] sind heute noch vier kleine Säulchen aus Kalksinter erhalten, die paarweise rechts und links des Chores verbaut wurden; sie gehörten ehemals zum heute nicht mehr vorhandenen Lettner.[187]

Ein Bruchstück einer Kalksintersäule – 13 Zentimeter lang mit einem Durchmesser von 13,5 Zentimeter – fand sich bei Ausgrabungen im September 1987 vor der **St.-Michael-Kirche** von **Dormagen** [21] im Aushub. Bei näherer Begutachtung der älteren Bausubstanz konnten in der nördlichen Umfassungsmauer des ehemaligen Friedhofs noch zwei weitere Säulenfragmente, in Binderlage vermauert, ausgemacht werden. Da die Säulen quer in der Mauer stecken, sind von ihnen nur die Durchmesser von elf bzw. 11,5 Zentimeter zu ermitteln.

---

183 Gelenius 1645; Nöggerath 1858, 165ff.; Veth/Müller 1918, 63; Fuchs 1933, 87ff.; Haberey 1972, 108ff.; Grewe 1986, 270.
184 Kreusch 1965; Grewe 1986, 270.
185 Hugot 1968, 37; Grewe 1986, 270.
186 Freundl. Hinweis von B. Päffgen, Bonn.
187 Freundl. Hinweis von F. Knappe, Schwelm; Grewe 1986, 271.

Ein nur ziegelsteingroßes Stück Kalksinter hingegen befindet sich in der aus Feldbrandsteinen errichteten Friedhofsmauer nordöstlich der Kirche St. Odilia in Dormagen-Gohr [22].[188]

Wiederum um zwei Säulenfragmente handelt es sich bei den Fundstücken der Ausgrabungen an der Motte Husterknupp (Grevenbroich-Frimmersdorf) [39], die 1950 von A. Herrnbrodt geborgen wurden. Die Stücke befinden sich heute in der Sammlung des LVR-LandesMuseums Bonn (→ Sammlung M 1).

Im Bestand des Museums für Kunst und Regionalgeschichte Heinsberg (ehemals Kreismuseum) (→ Sammlung M 20) befinden sich zwei ehemalige Steingewichte der Turmuhr von St. Gangolf in Heinsberg [40]: Sie wurden aus Säulenfragmenten aus Kalksinter aus dem romanischen Vorgängerbau gefertigt.[189]

St. Mariä Himmelfahrt in Jülich [45] besitzt wiederum ein noch heute komplettes Ensemble aus Kalksintersäulen: 16 kleine Säulen (0,53 Meter lang mal 11/9 Zentimeter Durchmesser) und zwei größere (1,65 Meter mal 15/13 Zentimeter Durchmesser) sind in der Vorhalle der Kirche zu bewundern.[190] Die Säulen sind in einem bemerkenswert guten Zustand und geben die ganze Schönheit des Aquäduktmarmors wieder.

Nicht als Säulen, sondern als Türgewände einer in der Nordwand zugemauerten Tür wurden im romanischen Kern der Kirche St. Andreas in Kreuzau-Stockheim [71] bis zu 1,8 Meter lange Kalksinterplatten verarbeitet. Auch in der Südwand der Kirche ist ein einzelnes Sinterstück als Baumaterial zu sehen.[191] In einem der Werkstücke ist ein kleiner Stein eingeschlossen, der sich in der Betriebszeit des Römerkanals auf der schon versinterten Sohle abgelagert hatte und der im Laufe der Zeit übersintert wurde. Erst beim Schneiden und Polieren des Steins kam er zum Vorschein.

In der Bausubstanz von Haus Gripsholm in Meerbusch-Ossum [80] bestehen zwei (von insgesamt 19) Doppelbasen aus Kalksinter. Sie sollen samt Säulen und Doppelkapitellen angeblich aus dem Kloster Knechtsteden [→ 20] stammen.[192]

Die Kalksinterwerkstücke in der alten Pfarrkirche St. Hubertus in Merzenich [81] sind hingegen nicht mehr aufzufinden.[193]

Im südlichen Querarm der Krypta der Münsterkirche in Mönchengladbach [82] (ehemalige Abteikirche St. Vitus) sind zwei Hochgräber mit Kalksinterplatten abgedeckt. Die Platte auf dem Grab des Inklusen Adelbertus vor dem Altar des hl. Pantaleon hat eine Länge von 1,87 Meter bei einer Breite von 44 Zentimeter; die zweite – südlich davon – auf dem Grab eines unbekannten Abtes ist 1,84 Meter lang und 51 Zentimeter breit. Beide Platten sind zerbrochen, aber wieder zusammengesetzt erhalten geblieben. Die Grabplatte des Adelbertus riss bereits 1665, als das auf Veranlassung des Kurfürsten Maximilian Heinrich geöffnete Grab wieder verschlossen wurde. Die zweite Platte war bis zum Zweiten Weltkrieg unversehrt, wurde dann nach der Zerstörung der Kirche durch Grabräuber zerbrochen und nach 1945 wieder zusammengesetzt. Eine dritte Platte lag unversehrt bündig im Fußboden vor der Mittelapsis der Krypta. Sie wurde aber im Zweiten Weltkrieg durch den Einsturz der Gewölbe vollständig zerstört.[194]

Um das Grab des Adelbertus rankt sich die folgende Sage:[195]

---

188 Freundl. Hinweis von C. Schaab, Pulheim.
189 Freundl. Hinweis von H. Coenen, Heinsberg; Grewe 1986, 273.
190 Freundl. Hinweis von W. Haberey, Bonn; Grewe 1986, 274.
191 Freundl. Hinweis von P. J. Tholen, Alfter; Grewe 1986, 276.
192 Freundl. Hinweis von C. Schaab, Pulheim.
193 Freundl. Hinweis von W. Haberey, Bonn; Grewe 1986, 278.
194 Freundl. Hinweis von H. Bange, Mönchengladbach; Grewe 1986, 278.
195 Freundl. Hinweis von Pfarrer Damblon, Mönchengladbach.

Im Dreißigjährigen Krieg nutzten einige Landsknechte das Grab des Adelbertus in der Krypta von St. Vitus als Spieltisch, um sich daran mit Kartenspielen die Zeit zu vertreiben. Eines Tages gesellte sich ein Fremder zu ihnen und spielte eifrig mit, wobei er jedes Mal haushoch gewann. Als die Landsknechte kein Geld mehr hatten, das sie verspielen konnten, gab sich der Fremde zu erkennen. Es war natürlich der Teufel persönlich, der ihnen anbot, sie könnten in einem weiteren Spiel auf einen Schlag all das verlorene Geld zurückgewinnen – falls sie das Spiel allerdings verlieren sollten, dann würden ihm, dem Teufel, ihre Seelen gehören. Aber noch bevor die Karten zum entscheidenden Spiel verteilt waren, läutete oben in der Kirche die Glocke zur Abendmesse; nun hatte der Teufel keine Macht mehr in diesem Hause, und er sprang auf, um durch das offene Fenster zu entfliehen. Vorher hatte er allerdings vor Wut so heftig mit der Faust auf den Tisch geschlagen, dass die Platte zersprungen war. Auch hatte er bei der überhasteten Flucht zwei Weingläser umgerissen, und der Rotwein ergoss sich über die Grabplatte. Die zwei hässlichen Rotweinflecken sind heute noch zu sehen und zeugen vom Vorgehen an diesem denkwürdigen Abend …

Sagen dieser Art kennt man aus vielen Kirchen; auch die Kölner Dombausage enthält im Kern diese Geschichte: Immer ist es der Teufel, der eine Wette eingeht und dafür – im Falle, dass er gewinnt – die Seelen seiner Kontrahenten einfordert. Die Sage von Adelbertus-Grab hat allerdings hat einen Hintergrund, der mit dem Aquäduktmarmor in unmittelbarem Zusammenhang steht, denn die Platte des »Spieltisches« auf dem Adelbertus-Grab besteht genau aus diesem Material. Deshalb findet sich auch eine Erklärung für die »Rotweinflecken« in der Tischplatte – diese sind nämlich ein typisches Erscheinungsbild auf der Oberfläche bearbeiteter Kalksinterplatten. Da die Platten vor der Bearbeitung fast immer leichte Unebenheiten aufwiesen, polierte man die hochstehenden Partien des Sinters weg, wobei dessen schichtweiser Aufbau sichtbar wurde und man an diesen Stellen auf tiefer liegende Schichten sah, die durch unregelmäßige Kringel in Erscheinung traten. Erst durch diese Bearbeitungsspuren wird die Schönheit des Schmucksteins sichtbar und erklärt die Bezeichnung »Aquäduktmarmor«.

In der Krypta von **St. Quirin** in **Neuss** [84] sind noch zwei Säulenschäfte aus Kalksinter erhalten; beide sind 1,56 Meter lang, wobei die linke 21/14 Zentimeter Durchmesser besitzt und die rechte 21/18 Zentimeter. Beide Säulen verjüngen sich in ihrem Querschnitt von unten nach oben. Sie galten hier wegen ihrer gemaserten Struktur bis zu ihrer Erkennung als »versteinertes Holz«. Früher soll in der Kirche zudem noch ein Kredenztisch aus Sinter vorhanden gewesen sein. Ende des vorigen Jahrhunderts gefundene Fußbodenplatten aus Sinter sind ebenfalls nicht mehr erhalten. C. Coenen berichtete, dass die größten von ihnen Maße von 0,62 Meter und 0,65 Meter im Quadrat bei einer Stärke von zehn Zentimeter hatten.[196]

Ebenfalls in **Neuss** fand sich bei einer Ausgrabung im Jahre 1981 ca. einen Meter unter dem Niveau der heutigen Tiefstraße **Spulgasse** [85] (ehemals etwa vier Meter unter der Erdoberfläche) in einer mittelalterlichen Grube neben zahlreichen Keramikbruchstücken u. Ä. auch ein kleines Bruchstück aus Kalksinter.[197]

Ein weiteres kleines Säulenbruchstück, das 1980 bei Ausgrabungen in der Kirche **St. Victor** in **Nörvenich-Hochkirchen** [87] gefunden wurde, kann der Liste beigefügt werden.[198] Es befindet sich heute in der Sammlung des LVR-LandesMuseums Bonn (→ Sammlung M 1).

---

196 Coenen 1886, 226; Fuchs 1933, 87ff.; Haberey 1972, 108ff.; Grewe 1986, 280.
197 Freundl. Hinweis von D. Hupka, Neuss; Grewe 1986, 280.
198 Freundl. Hinweise von A. Jürgens, Bonn und W. M. Koch, Köln.

In der ehemaligen **Abteikirche** von **Pulheim-Brauweiler** [90][199] sowie im Kreuzgang sind zwar einige Werkstücke aus Kalksinter heute noch vorhanden, aber ein Großteil der verbauten Säulen wurde bei der Säkularisierung des Klosters ausgebaut.[200] In situ erhalten sind Sintersäulen links und rechts der beiden Seitenaltäre. Die Säulen am rechten Altar (Antoniusaltar) sind gut erhalten; ihre schöne Marmorierung ist sichtbar. Die Säulen des linken Altars (Michaelsaltar) hingegen sind jeweils einmal gebrochen und übertüncht; ob es sich wirklich um Kalksinter handelt, könnte erst durch eine genauere Prüfung ermittelt werden.

Rechter Hand vor dem Antoniusaltar steht das Hochgrab von Herzog Otto von Schwaben († 7. September 1047), Sohn des Stifterpaares Pfalzgraf Ezzo und Mathilde. Die Langseite dieses Grabes ist mit einer Aquäduktmarmorplatte (1,88 Meter Länge mal 37 Zentimeter Breite mal neun Zentimeter Höhe) verkleidet. Auf der anderen Seite der Kirche, vor dem Michaelsaltar, steht das Hochgrab des Abtes Wolfhelm (1065 bis 1091). Es scheint, als sei auch dieses Grab mit Kalksinter verkleidet worden, was aber ohne eingehendere Prüfung nicht zweifelsfrei zu sagen ist.

Das zum Kreuzgang führende Kirchenportal ist außen seitlich von vier Säulen eingerahmt, von denen die beiden äußeren aus Kalksinter sind.

Die Kreuzgangsäulen selbst hatten eine wahre Odyssee zu durchleben, ehe sie wohl endgültig verschwanden (allein auf der Innenseite des Kreuzgangs lassen sich heute noch die Standorte von 124 Säulen zählen). Die meisten aus den 1810 niedergelegten Nord- und Westflügeln des Kreuzgangs wurden samt ihren Kapitellen und Kämpfern seinerzeit nach Aachen verkauft. Dort kamen sie auf das Gut Dämme, wo sie im Jahre 1883 der russische General von Peters erwarb und nach Petersburg brachte. Die Witwe von Peters' übergab sie dann 1897 dem deutschen Kaiser Wilhelm II. in Berlin, da sie angeblich vom Grab Karl des Großen stammen sollten. Von Petersburg über Berlin kamen die Bauteile dann nach Schloss Homburg v. d. H., wo sie im Schlosshof in einer »romanischen Halle« verbaut wurden. Zu diesem Zeitpunkt waren aber nur noch die Säulenschäfte original, die zugehörigen Kapitelle waren bereits verlorengegangen. Inzwischen hat man auch die Säulenschäfte durch anderes Material ersetzt; der Verbleib der Säulen ist ungeklärt.

In der Abteikirche von Brauweiler gab es in früherer Zeit auch noch Treppenstufen aus Sinter. Zudem wurde noch 1985 eine aus Sinter bestehende Fensterbank in der Westseite des Hauptturms gegen anderes Material ausgetauscht; eine Materialprobe des Kalksinters kam in das LVR-LandesMuseum Bonn.

Auch in **Pulheim-Stommeln** [91], in der Kirche **St. Martinus**, sind zwei Kalksinterplatten verwendet und auf der West- und auf der Nordseite des Turmes als Fenstersturze über Schlitzfenstern eingesetzt worden.[201]

Von den für die **Lambertus-Kapelle** in **Rommerskirchen-Ramrath** [93] dokumentierten Kalksintersäulen ist nach Renovierung der Kapelle nichts mehr zu finden.[202]

In den verschiedenen Bauphasen der vor dem Jahr 1000 gegründeten **Pfarrkirche St. Nikolaus in Selfkant-Millen** [96] bis zum Anbau der Quirinus-Kapelle um 1150 vermauerte man an verschiedenen Stellen Materialien aus römischer Zeit ein zweites Mal.[203] Im ältesten Teil der Kirche sind in der Ostwand von außen fünf runde Hypokaustziegel zu sehen, die in Kreuzform über dem Rundfenster eingebaut wurden. In der Nordostecke des um 1100 errichteten

---

199 Zur Baugeschichte der Abtei Brauweiler allgemein: Schreiner/Tontsch 2011.
200 Bader 1937, 51, 170; Grewe 1986, 281.
201 Freundl. Hinweis von C. Schaab, Pulheim.
202 Freundl. Hinweis von W. Haberey, Bonn; Grewe 1986, 281.
203 P. A. Tholen o. J.; freundl. Hinweis von P. J. Tholen, Alfter; Grewe 1986, 282.

Langhauses hat das Bruchstück eines römischen Grabsteines als Spolie neue Verwendung gefunden. Bemerkenswert ist die romanische Quirinus-Kapelle, die sich die Herren von Millen 1149 als Ersatz für ihre Eigenkirche bauten, nachdem diese Probsteikirche der Benediktiner vom Michaelsberg in Siegburg geworden war. Der Altar der Quirinus-Kapelle hat im rückwärtigen Bereich eine Halbkreisform, da er als Brunnenaltar gebaut wurde. Die Mensa des Altars besteht aus Kalksinter der römischen Eifelwasserleitung. Auch die in die Frontseite des Altars eingelassenen Platten sind aus Kalksinter. Da man sie weiß übertüncht hat, sind sie allerdings schwer zu erkennen; ein in der rechten Platte von der Übermalung ausgespartes postkartengroßes Feld lässt aber die Herkunft des Materials eindeutig erkennen.

Im linken Seitenschiff des Neubaus der **Probsteikirche St. Georg in Wassenberg** [105] bestehen die Mensa des Altars sowie ein in die Frontseite des Altars eingelassenes Säulenfragment aus Kalksinter.[204] Die Teile stammen aus dem 1118 von Graf Gerhard gestifteten romanischen Vorgängerbau und fanden sich im oder unter dem Fußboden der im Zweiten Weltkrieg zerstörten Kirche. Die Mensa besteht aus zwei Teilen, die die gesamte Altaroberfläche bedecken. Auf der Hinterseite hat man aus diesen Platten ein 49 mal 25 Zentimeter großes Stück herausgeschnitten, um daraus den Unterbau für den Tabernakel zu machen.

Für **St. Katharina in Willich** [81] sind zwar Sintersäulen erwähnt, die aber abhanden gekommen sein können, als die Kirche um 1900 durch einen neugotischen Neubau ersetzt wurde. Die Sintersäulen sollen ehemals das Westportal der Kirche mit gebildet haben.[205]

Natürlich liegt die Fundstelle **Maastricht** im Aquäduktmarmor-Verbreitungsgebiet zwischen Rhein und Maas, wir haben sie aber – um Irrtümer zu vermeiden – dem Verbreitungsgebiet Niederlande-Linie zugeordnet [→ 309].

Bonn und Rhein-Sieg-Gebiet

Erst durch die Vergleiche mit dem in einer Ausgrabung der Eifelwasserleitung in Bornheim-Kardorf gefundenen Sintermaterial war die Herkunft verschiedener Säulen der **Münsterbasilika St. Martin in Bonn** [12] klar geworden. Durch diesen Materialvergleich im Jahre 1828 wurde der Kalksinter als Schmuckstein der Romanik für die moderne Wissenschaft wiederentdeckt.[206] Als bei Restaurierungsarbeiten im Jahre 1988 Säulen der Zwerggalerie der östlichen Chorapsis ausgewechselt wurden, zeigte sich, dass die abgenommenen Säulchen aus Kalksinter bestanden, die durch Basaltmaterial ersetzt wurden. Ein neuerlicher Ortsvergleich ergab, dass nach der Restaurierung nunmehr von den 30 Säulchen der Zwerggalerie in der Apsis noch 21 Exemplare aus Sinter bestehen. Die Säulchen sind 0,75 Meter lang und haben einen Durchmesser, der sich von 13 Zentimeter im unteren Bereich auf nach oben zwölf Zentimeter verjüngt. Auch die größeren Säulen in der Ostwand der beiden die Apsis flankierenden Türme bestehen aus Sinter. Apsis und Flankierungstürme der Münsterkirche sind Mitte des 12. Jahrhunderts entstanden.

Hingegen ergab der Ortsvergleich, dass die Säulen der Zwerggalerien im nördlichen und südlichen Querschiff aus anderem Gestein bestehen. Es ist nicht davon auszugehen, dass hier das Material im Zuge der Behebung der

---

204 P. J. Tholen 1958, 62; freundl. Hinweis von F. Kreusch, Aachen; Grewe 1986, 283.
205 Freundl. Hinweis von W. Haberey, Bonn; Grewe 1986, 284.
206 Gelenius 1645; anonyme Manuskripte aus dem Stadtmuseum Düsseldorf vom 20.1.1829 und 10.3.1833; Eick 1867, 12ff.; Lambertz 1899, 13ff.; Fuchs 1933, 87ff.; Wildeman 1947, 133ff.; Grewe 1986, 270.

schweren Kriegsschäden ausgewechselt wurde, sondern es scheint vielmehr, dass in diesem um 1230 entstandenen Bauwerksteil von vorneherein ein anderes Material verwendet wurde.

Verschiedene archäologische Ausgrabungen in und an der Münsterkirche – dazu zählen besonders die Grabungen von P. Wieland 1947 – brachten zahlreiche Kalksinterfundstücke zutage. Neben den unzähligen Bruchstücken aus den Wielandgrabungen, die seitdem im Depot des LVR-LandesMuseums Bonn verwahrt werden (→ Sammlung M 1), ist auch ein Fundkomplex aus zehn gut erhaltenen Säulen und Säulenfragmenten aus dem Bonner Münster ins Meckenheimer Depot des Landesmuseums gekommen.

Zu den Beständen des Bonner Landesmuseums gehört auch eine Grabplatte aus Kalksinter, die 1971 im Gebiet der ehemaligen **Loe-Kaserne** in **Bonn** [13] ausgegraben wurde (→ Sammlung M 1). Sie könnte vom aufgelassenen Friedhof der alten **Dietkirche** stammen. Aus dieser Ausgrabung stammt weiterhin ein Kalksinterbruchstück.

Auch in der **Kirche** von **Bonn-Dottendorf** [14] war bis zu deren Abbruch im Jahre 1895 ein Fenstersäulchen aus Kalksinter vorhanden.[207]

In der wunderschön gelegenen alten Pfarrkirche **St. Nikolaus** in **Bonn-Kessenich** [15], die heute als Friedhofskapelle genutzt wird, besteht die Mensa des Hauptaltars aus Kalksinter.[208] Ebenso in **St. Laurentius** in **Bonn-Lessenich** [16], wo die Altarplatte

Bonn, Münsterbasilika, ehemalige Stiftskirche St. Cassius und Florentius. Die meisten Säulen der Flankierungstürme und der Zwerggalerie im Chor sind aus Aquäduktmarmor gefertigt.

207 Clemen, Kunstdenkmäler d. Rheinprovinz (5, 3 Stadt und Kreis Bonn) 1905, 561f.; freundl. Hinweis von C. Schaab, Pulheim.
208 Freundl. Hinweis von E. Jülich, Euskirchen; Grewe 1986, 270.

Oben: Bonn-Kessenich, St. Nikolaus. Altarmensa aus Aquäduktmarmor.

Rechts: Königswinter-Oberpleis, St. Pankratius. Kreuzgangarkaden mit Aquäduktmarmorsäulen.

Abmessungen von 1,47 Meter Länge mal 0,56 Meter Breite mal 8 Zentimeter Höhe aufweist.[209] Über dem Hauptportal dieser Kirche ist zudem ein sehr schöner Fries aus römischen Ziegeln zu sehen.

In der **Doppelkirche** von **Bonn-Schwarzrheindorf** [15] sind von ehemals vier 2,42 Meter langen Säulen aus Kalksinter heute noch zwei (22 und 20 Zentimeter Durchmesser) erhalten.[210] Beide Säulen sind einmal durchbrochen; sie schmücken den Eingangsbereich zur Kirche in der Vorhalle auf beiden Seiten. Schwarzrheindorf wird bei der Betrachtung der Kalksinterfunde auf der Wartburg bei Eisenach [→ 26] noch eine wichtige Rolle spielen.

Die ehemalige **Klosterkirche der Augustinerinnen** in **Eitorf-Merten** [27] hat heute keine Sinterwerkstücke mehr vorzuzeigen. Hier soll neben Säulen im nördlichen Querschiff auch die Altarverkleidung aus Kalksinter bestanden haben. Der Hochaltar bestand ursprünglich aus gemauerten Trachytquadern

209 Grewe 1986, 270.
210 Verbeek 1961; freundl. Hinweise von I. Achter und R. Schmitz-Ehmke, Bonn; Grewe 1986, 271.

und war mit zwei auffällig langen Platten aus Kalksinter in Längsrichtung abgedeckt.[211] Das Bruchstück einer Altarplatte mit eingemeißeltem Weihekreuz gehört heute zum Bestand des LVR-Amtes für Denkmalpflege im Rheinland (→ Sammlung M 3).[212]

Im Bereich des **Klosters Heisterbach bei Königswinter** [68] fanden sich Kalksinterfunde nicht mehr in situ: Ein Bruchstück einer Kalksinterplatte wurde 1986 als Streufund geborgen,[213] dazu gesellte sich bei den Ausgrabungen 2009 ein weiteres kleines Bruchstück.[214] Beide Fragmente gehören zum Bestand des LVR-LandesMuseums Bonn (→ Sammlung M 1).

Jeweils zwei Kalksintersäulen wurden in der Krypta und im Westportal von **St. Pankratius** in **Königswinter-Oberpleis** [69] verbaut. Die beiden Säulen am Hauptportal sind beide einmal zerbrochen. Während an der rechten Säule beide Bruchstücke erhalten sind, hat man die obere Hälfte der linken Säule durch Fremdmaterial ersetzt.

Die Säulen in der Krypta flankieren den Altar auf seiner rechten und linken Seite. Teilweise sind die Säulen (besonders die rechte) beschädigt, sie lassen aber dennoch ihre Provenienz sehr deutlich erkennen.[215]

Im Kreuzgang wurden acht Säulen vorgefunden, von denen sieben in den Arkaden stehen und eine in einer Eckaussparung des nördlichen Kreuzgangpfeilers.[216] C. Schaab berichtet:

> In der heutigen Westwand des Kreuzganggebäudes außen befinden sich mehrere Säulenschäfte und Bruchstücke von Sinterplatten; im Obergeschoss des Kreuzganggebäudes befinden sich im Bereich barocker Neuaufmauerungen (um 1650) mehrere Bruchstücke von Sinterplatten.

In der **Kapelle auf dem Petersberg** oberhalb von **Königswinter** [70] wurde 1937 bei der Anlage einer Heizung das Fragment einer Kalksintersäule gefunden.[217] Auch dieses Stück befindet sich heute in der Sammlung des LVR-LandesMuseums Bonn (→ Sammlung M 1).

Unerwarteterweise wurde bei Arbeiten im Pfarrgarten von **St. Mariä Geburt** in **Lohmar-Birk** [73] 1990 ein 13 Zentimeter langes Bruchstück (Durchmesser 14,5 Zentimeter) einer Kalksintersäule gefunden. Es gehörte vermutlich ehemals zu einer Halbsäule, die einen größeren Durchmesser vortäuschen sollte. Dieser Fund verblieb in der Pfarre und ist mit anderen kleinen Kostbarkeiten in der Schatznische in der Chorapsis ausgestellt.[218]

In **St. Matthäus** in **Niederkassel** [86] sollen ein Säulenschaft im Fenster des Turmes sowie eine Grabplatte aus Kalksinter bestanden haben, sie sind allerdings heute nicht mehr aufzufinden.[219]

---

211 Clemen, Kunstdenkmäler d. Rheinprovinz (5, 4 Siegkr.) 1907, 132; freundl. Hinweis v. W. Haberey, Bonn; Grewe 1986, 272.
212 Freundl. Hinweis von C. Schaab, Pulheim.
213 Bonner Jahrb. 188 (1988) 466f.
214 Freundl. Hinweis von C. Keller, Bonn. Zur Ausgrabung in Kloster Heisterbach: C. Keller, The monastery of Heisterbach between Romanesque and Baroque. results from the 2009 excavations. Novi Monasterii. Museumsjaarboek Abdijmuseum Ten Duinen 1138 – Koksijde Bd. 9 (2010) 93–109.
215 Grewe 1986, 276.
216 Freundl. Hinweis von C. Schaab, Pulheim.
217 Freundl. Hinweis von H. E. Joachim, Bonn; Grewe 1986, 276.
218 Freundl. Hinweis von H. Hennekeuser, Bornheim.
219 Freundl. Hinweis von W. Haberey, Bonn; Grewe 1986, 280.

Bei Straßenbauarbeiten am Fuße des Kirchberges – etwa in Höhe des Rathauses – in **Ruppichteroth-Schönenberg** [94] machte P. Stommel aus Kuchem bei Schönenberg 1996 mit einem Kapitell aus Kalksinter einen Überraschungsfund.[220]

Weitere kleine Bruchstücke von Kalksinter konnten bei einer 1987 an der **Pfarrkirche** von **St. Augustin-Menden** [95] durchgeführten Ausgrabung geborgen werden.[221] Der Vorgängerbau der 1892 bis 1893 erbauten Kirche war Mitte des 12. Jahrhunderts als einschiffige Saalkirche mit viergeschossigem Turm, in dem sich unten der Chor befand, errichtet worden. Nach mehreren Erweiterungen und Anbauten wurde die alte Kirche 1896 wegen Baufälligkeit abgerissen. Die genannten Fundstücke sind vermutlich diesem mittelalterlichen Bauwerk zuzuweisen.

In **Siegburg** ist noch einmal die ganze Vielfalt der Verwendung von Kalksinter zu finden. In der **Abteikirche** auf dem **Michaelsberg** [97] soll am Grab des hl. Anno ein Gesims aus Kalksinter bestanden haben; Reste davon befinden sich heute im Museum des Klosters (→ Sammlung M 8).[222] Weitere Objekte aus Kalksinter unter den Beständen sind ein Säulenfragment sowie ein Fragment eines schön verzierten Kapitells.

Das schönste Stück ist allerdings das Bruchstück eines Sattelkämpfers mit seitlichen Voluten aus dem 12. Jahrhundert. In der Kämpfermitte, wo sich die Bruchstelle befindet, ist eine Engelsfigur mit Nimbus dargestellt. Das Stück stammt wohl aus dem Kreuzgang oder von einer Zwerggalerie; man hatte es zwischenzeitlich als Spolie im südlichen Teil des Westflügels verbaut.

Ein 19 Zentimeter langes und im Durchmesser 23 Zentimeter messendes Säulenstück mit passender Basis aus anderem Material gehörte ehemals auch zum Bestand des Klosters Michaelsberg, befindet sich aber heute im Stadtmuseum Siegburg (→ Sammlung M 9).

Unterhalb der Abtei der mittelalterlichen Stadt liegt die Pfarrkirche **St. Servatius** [98]. In der Kirche sind bei beiden Fenstern der nördlichen Seitenhalle die Säulen mitsamt Basen, Kapitellen und Sattelkämpfern um 1200 aus Kalksinter gefertigt worden.[223]

Die Werkstücke in St. Servatius haben zwischenzeitlich sehr gelitten. Während sie 1986 noch unbemalt im Rohzustand zu sehen waren, sind sie bei der letzten Restaurierung der Kirche übertüncht worden, so dass der Ursprung des Materials für den Laien kaum zu erkennen ist.

Siegburg, St. Servatius. Säulenensemble aus Aquäduktmarmor (vor der Erneuerung des Außenanstrichs).

---

220 Freundl. Hinweis von F. Koch, Much-Marienfeld.
221 Freundl. Hinweis von M. Rech, Bremen.
222 Mauritius 1983, 71; Grewe 1986, 282.
223 Anonyme Manuskripte aus dem Stadtmuseum Düsseldorf vom 20.1.1829 und 10.3.1833; Eick 1867, 12ff.; Haberey 1972, 108ff.; freundl. Hinweis von G. Binding, Köln; Grewe 1986, 283.

In der nördlichen Seitenkapelle ist auf der Ost- und Westseite jeweils ein ganzes Ensemble bestehend aus Basis, Säulenschaft, Kapitell und Sattelkämpfer aus Aquäduktmarmor zu finden.

Interessant sind die kleinen Steinsockel unter den Basen auf beiden Seiten. Diese Sockel wurden nicht aus Kalksinter hergestellt, sondern aus dem Baustein der Kirche. Das scheint darauf hinzudeuten, dass man derartige Säulenensembles nicht vor Ort passend für die Fenster arbeitete, sondern dass sie gewissermaßen als »Fertigteile« aus dem Steinbruch Römerkanal geliefert wurden. Kleine Maßabweichungen wurden dann vor Ort ausgeglichen, indem man sie mit Fremdmaterial unterfütterte, so wie es hier zu sehen ist. Ähnliche Befunde konnten auch an anderen Bauwerken gemacht werden, zum Beispiel im Kreuzgang des Hildesheimer Doms [43].

Eine weitere Kalksinterfundstelle war das **Haus zum Winter** [99] – Siegburgs ältestes Pfarrhaus, erbaut 1220 bis 1230. Das Gebäude liegt direkt neben der Servatiuskirche. Vermutlich waren auch in diesem romanischen Gebäude ehemals Säulen aus Aquäduktmarmor verbaut gewesen; vor Ort ist heute nichts mehr vorhanden. Im Stadtmuseum wird aber ein Säulenfragment verwahrt, das aus dem Haus zum Winter stammen soll (→ Sammlung M 9).

Im Verbreitungsgebiet Bonn und Rhein-Sieg liegt auch das **LVR-LandesMuseum Bonn** mit seiner reichhaltigen Kalksintersammlung. Da die Funde aber aus dem gesamten Rheinland zusammengetragen wurden, sind sie unter ihren Fundstellen näher beschrieben. Die Sammlung wird im Sammlungsverzeichnis ab S. 376 vorgestellt (→ Sammlung M 1).

Bergisches Land

Lindlar, St. Severin. Zwei Säulenensembles aus Aquäduktmarmor im Westwerk.

Das Bergische Land war hinsichtlich des Antransportes von ortsfremden Baumaterialien gegenüber den an Wasserwegen gelegenen Regionen benachteiligt. Gleichwohl verzichtete man auch hier nicht auf Kalksinter, um zumindest zwei Pfarrkirchen und wohl auch den **Altenberger Dom** mit diesem Stein auszuschmücken. In Letzterem in **Odenthal-Altenberg** [88] wurde bei archäologischen Ausgrabungen im Kapitelsaal ein Kalksintersäulenfragment gefunden.[224]

In **St. Clemens** im bergischen **Drolshagen** [23] sind im Chor heute noch vier Säulen aus Kalksinter zu sehen, deren längste 2,45 Meter misst.[225]

Auch in der Kirche, die dem **hl. Severin in Lindlar** [72] geweiht ist, sind zwei Säulenensembles, jeweils bestehend aus Basis, Säulenschaft und Kapitell, im Westwerk zu finden. Sie sind aus poliertem

---

224 Freundl. Hinweis von C. Keller, Bonn; Binding u. a. 1975.
225 Fuchs 1933, 87ff.; freundl. Hinweis von J. Hesse, Engelskirchen; Grewe 1986, 271.

Oben: Essen-Werden, Probsteikirche St. Ludgerus. Inschriftenband am oberen Ende einer der Aquäduktmarmorsäulen vom Ludgerus-Grab.

Links außen: Essen-Werden, Probsteikirche St. Ludgerus. Eine der Aquäduktmarmorsäulen vom Ludgerus-Grab (heute Schatzkammer).

Mitte: Soest, St. Patrokli-Dom. Aquäduktmarmorsäule, in zweiter Verwendung als Osterleuchter genutzt (heute Schatzkammer).

gen, welche eine Inschrift tragen. Die Ruhestätte des hl. Ludgerus war unter Abt Adalwig (1066 bis 1081) aus der Krypta zum Hochaltar verlegt worden.[238]

Wandungen und Deckel der Ludgeriden-Gräber in der Krypta, wohl zur gleichen Zeit entstanden, waren ebenfalls aus Kalksinter gefertigt. Dieses Material ist in früheren Beschreibungen auch als Achat, Marmor oder *marmor porphyriticum* bezeichnet worden. Bei der Neubeflurung der Krypta im Jahre 1891 fand man Bruchstücke aus Kalksinter, die auf

238 Effmann 1899, 46, 107; Wesenberg 1972, 54f.; Haberey 1972, 108ff.; Grewe 1986, 272.

Für Köln hatte der Hellweg seit jeher große Bedeutung, weil über ihn die auf dem Rhein von Süden und aus dem Maastal von Westen kommende Handelsware nach Osten weitertransportiert werden konnte. Die abseitige Lage Kölns zum Hellweg war dabei kein Hinderungsgrund: Der Einstieg in ihn konnte über den Rhein bei Duisburg erfolgen oder auf dem Landweg über Seitenäste, die den Weg schräg anschnitten. Ein wichtiger Zugang erfolgte über das Bergische Land und die Stadt Schwelm nach Dortmund.

Folgen wir dem Hellweg bei der Beschreibung der Kalksinterfundstellen vom Rhein ausgehend nach Osten.

In **Duisburg** wurden 1987 in der romanischen Bausubstanz der 1153 fertiggestellten **Marienkirche** [24][233] zwei Säulenfragmente aus Kalksinter gefunden. Ein Bodenfund war ein weiteres Säulenfragment, das evtl. als Spolie in der Stadtmauer verbaut gewesen war. Die Stücke werden im Niederrheinischen Museum in Duisburg aufbewahrt.[234]

W. Haberey berichtete 1941 von einem Fund aus der **Pfarrkirche Duisburg-Mündelheim** [24a]: »Beim Abbruch des alten Altars kamen zwei Bruchstücke aus hellem Kalkstein zutage und ein Stück Kalksinter aus der römischen Wasserleitung. Letzteres war bei meinem Besuch verschollen.«[235]

Die Stiftskirche **St. Suitbert in Düsseldorf-Kaiserwerth** [25] sei in diese Liste eingereiht, weil sie rechts des Rheins am Zugang zum Hellweg liegt. Von den Säulen in der nördlichen Vorhalle der Kirche waren ehemals zwei Schäfte aus Kalksinter gefertigt, sie sind aber später durch anderes Material ersetzt worden.[236]

Unter den Beständen des **Ruhr Museums** in Essen (vormals Ruhrlandmuseum) [29] befindet sich ein aus dem Romanischen Haus stammendes Würfelkapitell aus Kalksinter. Die Maße betragen je 12,3 Zentimeter in der Länge und Breite mal 10,3 Zentimeter in der Höhe.[237] Auf eine Anfrage nach dem Verbleib des Stückes schrieb R. Stephan-Maaser von der Stiftung Ruhr Museum:

> Es handelt sich um ein Fragment aus dem romanischen Haus, das sich heute im Gruga-Park von Essen befindet und auch ‚Stenshofturm' genannt wird. Anlässlich einer Erweiterung des Parks für die Bundesgartenschau 1965 wurde entdeckt, dass es sich bei einem Teil eines alten Bauernhauses (Stenshof) um einen Wohnturm aus dem 12. Jahrhundert handelt, der ursprünglich vermutlich von Dienstmannen der Herren von Rüttenscheid zur Sicherung des Werdener Gebiets bewohnt wurde. Der Hof wurde abgerissen und der Turm freigelegt. Das dabei gefundene Würfelkapitell lässt darauf schließen, dass es außer den noch vorhandenen einfachen Fensteröffnungen in einem der oberen Geschosse auch Doppelfenster mit Mittelsäulen gegeben haben muss.

Die Sintersäulen der ehemaligen Abtei- und heutigen **Probsteikirche St. Ludgerus in Essen-Werden** [30] sind noch erhalten. Es handelt sich um die zwei Sarkophagsäulen des Ludgerus-Grabes, die heute allerdings nicht mehr an ihrem ehemaligen Standort am Hochaltar zu finden sind, sondern in der Schatzkammer im Untergeschoss aufbewahrt werden, wo sie den barocken Prozessionsschrein flankieren. Beide Säulen sind 1,51 Meter lang und messen im Durchmesser unten 20 und oben 16 Zentimeter. Am Kopf- und am Fußende sind sie mit vergoldeten Kupferringen umzo-

---

233 Milz 1979.
234 Freundl. Hinweis von G. Krause, Duisburg; Krause 1992.
235 Ortsakten des LVR-Amtes für Bodendenkmalpflege im Rheinland; freundl. Hinweis von K. Frank, Bonn.
236 Haberey 1972, 109.
237 Freundl. Hinweis von W. Sölter, Essen; Rieth 1970; Grewe 1986, 272.

Auf diesem Wege könnte auch das Material für den Bau der weiter oben schon erwähnten Kirche **St. Martin** nach **Kirchsahr** [46a] gekommen sein.

Nahe der Mündung der Ahr in den Rhein liegt **Remagen**. Von den Verkleidungsplatten des Hauptaltars der **St. Peter und Paul** [92] geweihten Kirche sind die seitlichen und die beiden vorderen aus Kalksinter.[230] Jede von ihnen misst etwa 40 mal 45 Zentimeter. Auch die Altarplatte von 1246 soll ehemals aus Kalksinter bestanden haben, sie zeigt sich heute allerdings als Marmormensa.

Remagen, St. Peter und Paul. Altarverkleidung aus Aquäduktmarmor.

Sinterfundstellen entlang der Linienführung alter Handelswege

Die Hellweg-Linie

Bei der Kartierung der Kalksinterfundstellen fällt eine Konzentrierung entlang einer vom Rhein nach Osten führende Linie auf, die ihre Ursache in der Bedeutung des hier verlaufenden historischen Handelsweges hat: dem Hellweg. Als alter Handelsweg, der die topographischen Vorteile des flacheren Landes am Nordrand der Mittelgebirge ausnutzte, hatte der Hellweg seine große Zeit im hohen Mittelalter; anfangs, weil er den Zugang zum Harz als wichtiger Stützpunkt der deutschen Könige erschloss.[231]

Mit dem Aufblühen des mittelalterlichen Fernhandels in Deutschland im 11./12. Jahrhundert wurde die Route von Duisburg über Essen, Bochum, Dortmund, Soest und Paderborn an die Weser und weiter in das nördliche Sachsen zunehmend genutzt. Der Bedeutung dieses Fernweges für das Rheinland kam zugute, dass nach dem Sturz Heinrichs des Löwen (1180) und der folgenden Teilung Sachsens die Westhälfte des Landes bis zur Weser als Herzogtum Westfalen den Erzbischöfen von Köln zugewiesen wurde.[232]

230 Haberey 1972, 108ff.; Grewe 1986, 281.
231 Hömberg 1968, 64ff.
232 Hömberg 1967, 156ff.

Kalksinter gefertigt und stehen in dem dreiteiligen Bogenfenster, das sich über der Turmhalle zum Langhaus hin öffnet.[226]

In der **evangelischen Kirche** von **Hilden** [42] (ehemalige St.-Jacobus-Kirche) fanden sich Spolien im Mauerwerk des 1696 neu errichteten Westturmes verbaut; sie stammen vermutlich aus der in den 1130er-Jahren gebauten Kirche.[227] Es handelt sich um mindestens fünf Säulenbruchstücke, sonstige Bruchstücke und Kapitele. Die Säulen befinden sich teilweise an besonders herausragenden Stellen, etwa im Scheitelpunkt eines Rosettenfensters in der Turmwestfassade.

Rhein-Ahr-Gebiet

Mit den im Rhein-Ahr-Gebiet zu beschreibenden Fundstellen bewegen wir uns in einem geographischen Raum, der südlich des Ursprungsgebietes des Kalksinters und somit flussaufwärts liegt, wenn man die Fließrichtung des natürlichen Gewässernetzes zugrunde legt. Der Transport des Sintermaterials war flussaufwärts beschwerlicher als in die andere Richtung; aus diesem Grund sind, wie schon gesagt, rheinaufwärts der Kölner Bucht relativ wenig Fundstellen zu vermelden.

In der Pfarrkirche **Mariä Verkündigung** von **Altenahr** [4] zum Beispiel sind rechts und links vom Nordeingang Säulen aus Kalksinter verbaut; sie sind aber wegen einer starken Übertünchung nur schwer als solche zu erkennen.[228] 1892 bis 1893 wurde die Kirche nach Westen um eineinhalb Joche verlängert, dabei wurden Eingänge nach Norden und Süden geschaffen, wobei man die Säulen des ehemaligen Westeingangs an das Nordportal versetzte.

Einige Kilometer weiter aufwärts der Ahr bei Antweiler liegt die Ruine von **Burg Aremberg** [7]. Bei Erweiterungsarbeiten im Jahre 1580 wurde Kalksinter aus der römischen Eifelwasserleitung im Bereich der Herrschaft Kommern eingesetzt.[229] Der Schultheiß von Kommern sandte am 15. Juni 1580 »eine Kar sindern gen Arnberg«. Im August 1590 ließ man in Düren gekauftes Tafelblei »mit etliche sandt und sindern« nach Aremberg bringen.

Hier haben wir erstmals einen – wenn auch kleinen – Hinweis auf den Transport des Materials. Nach dem Urkundentext scheint der Transport zwischen Kommern und Burg Aremberg tatsächlich auf dem Landwege erfolgt zu sein. Die Betrachtung der Entfernungen zeigt warum, denn die auf den Landstraßen zu überwindende Entfernung betrug nur rund 25 Kilometer. Dem gegenüber stand ein möglicher Transport zu Wasser von unvergleichlich größerer Entfernung, denn das Material hätte erst zum Rhein, auf diesem dann bis Remagen und schlussendlich auf der Ahr bis Antweiler transportiert werden müssen. Der beschriebene Transport erfolgte allerdings erst im 16. Jahrhundert. Im 12./13. Jahrhundert hätte sich die Transportfrage sicherlich anders gestellt, weil das Material in der Eifel gebrochen, aber über den Umschlagplatz Köln weiter verhandelt wurde. Auch wenn es sich um Spekulationen handelt, kann man somit annehmen, dass die in Altenahr verbauten Säulen auf dem Wasserweg über Rhein und Ahr transportiert wurden.

---

226 Clemen, Kunstdenkmäler d. Rheinprovinz (5, 1 Gummersbach, Waldbröhl, Wipperfürth) 1900, 112; Panofsky-Soergel 1974 78ff.; freundl. Hinweis von U. Homberg, Lindlar; Grewe 1986, 276.
227 Freundl. Hinweis von C. Schaab, Pulheim.
228 Eick 1867, 12ff.; Lambertz 1899, 13ff.; Grewe 1986, 270.
229 Landeshauptarchiv Koblenz, Bestand 19 C 28, Rechnungen der Herrschaft Kommern 1579/1581, 68f.; freundl. Hinweis von H. Leduc, Mechernich; Grewe 1986, 270.

einer Seite glatt poliert, auf der anderen Seite hingegen unbearbeitet waren. Die Vermutung liegt nah, dass sie von den Grabtumben stammen.

Vom Kalksintermaterial, das ehemals im **St.-Patrokli-Dom** zu **Soest** [100] zu sehen gewesen sein soll, ist heute nur noch ein Stück erhalten. Die genauen Fundstellen sind nicht überliefert, möglicherweise waren aber die zwölf Säulen über dem Westportal aus Sinter. Hier heben sich heute helle Säulen deutlich vom grünlichen Sandstein des Doms ab. Ein Säulenschaft aus Sinter von 1,3 Meter Länge (davon 1,11 Meter sichtbar) mal einem Durchmesser von 11,5/10 Zentimeter wurde aus dem Kriegsschutt gerettet. Er wurde bis in unsere Tage als Osterleuchter verwendet und steht nun im Dommuseum in der ehemaligen Rüstkammer im Westwerk. Zu seiner neuen Verwendung hatte man ihn mit einem hölzernen Fuß und einem gotisierenden Kapitell, ebenfalls aus Holz, versehen.[239] Das obere Randstück ist auf acht Zentimeter abgefräst, um den Kerzenhalter der Osterkerze zu tragen.

Im **Paderborner St.-Liborius-Dom** [89] ist Kalksinter als Baumaterial reichlich verwendet worden.[240] Der frühgotische Durchgang vom Chor in das so genannte Atrium ist später durch ein barockes Portal ersetzt worden. Der ältere Durchgang ist zur Hälfte erhalten; seine ehemalige Mittelstütze besteht aus einer 1,74 Meter langen Kalksintersäule (23 Zentimeter Durchmesser).

Im Atrium selbst sind von den verbauten Sintersäulen noch sechs erhalten. Im Altarraum stehen zwei 1,3 Meter lange Säulchen mit unregelmäßigem Durchmesser von 18 bis 22 Zentimeter, wobei eine flache Seite an die Wand anlehnt und damit ein größerer Querschnitt optisch vorgetäuscht wird. Die Säulen stehen in den beiden Ecken der östlichen Abschlussmauer des rechteckigen Altarraums.

Im Mittelschiff des Atriums befinden sich zwei Sintersäulen, die an starken Sandsteinpfeilern lehnen. An der Außenwand des südlichen Seitenschiffs befinden sich noch einmal zwei Säulen, hiervon ist die östliche noch gut erhalten: Sie hat eine Länge von 1,99 Meter bei 23/22 Zentimeter Durchmesser. Die westliche von beiden ist 1,95 Meter lang, allerdings zerbrochen und wieder restauriert, wonach nur noch ein 0,99 Meter langes Stück aus Originalmaterial erhalten blieb. Diese vier Säulen dienen als Vorlagen für die Pfeiler, die die Kapitelle des Rippengewölbes tragen.

Im **Hildesheimer Dom St. Mariä Himmelfahrt** [43] steht in der nördlichen Vorhalle auf dem Godehardchor die Marien-

Paderborn, St. Liborius-Dom. Aquäduktmarmorsäule im zugemauerten frühgotischen Durchgang zum so genannten Atrium.

---

239 Fuchs 1933, 87ff.; Schwartz 1956, 59; Haberey 1972, 108ff.; Grewe 1986, 283.
240 Vüllers 1916, 19; Fuchs 1933, 87ff.; Dehio 1935, 256; Haberey 1972, 108ff.; Schmitz 1978, 1ff.; Grewe 1986, 281.

säule.²⁴¹ Ihr zweiteiliger Schaft aus Kalksinter ist insgesamt 2,2 Meter lang; die sichtbaren Teilstücke messen oben 0,8 Meter und unten 0,84 Meter in der Länge. Der Durchmesser der Säule beträgt durchgängig gemessen und sich von unten nach oben verjüngend 25/20 Zentimeter. Die Säule steckt in einer Bronzebasis und wird in der Mitte und am oberen Ende von wulstartigen Bronzeringen umgürtet. Ob der mittlere Ring dazu dient, eine Bruchstelle zu kaschieren, kann ohne nähere Untersuchung der Säule nicht gesagt werden. Die Schichtenfolge der Kalksinterablagerung lässt aber die Aussage zu, dass sie aus einem Stück gefertigt wurde, denn die Marmorierung ist vom oberen bis zum unteren Teil der Säule durchgehend.

Gekrönt ist der Leuchter von einem Postament, an dem ein Reif mit Inschrift angebracht ist. Aufgrund der in romanischen Majuskeln ausgeführten Inschrift ist die Säule früher der Ausstattung des Doms in dem 1061 geweihten Neubau zugerechnet

Eine der Aquäduktmarmorsäulen im Kreuzgang des Doms St. Mariä Himmelfahrt in Hildesheim.

Hildesheim, Dom St. Mariä Himmelfahrt. Mariensäule (im Bild zum Zeitpunkt der Ausleihe an das LVR-Landesmuseum Bonn).

worden.²⁴² Man geht allerdings heute davon aus, dass die Säule im 11. bis 12. Jahrhundert angefertigt wurde; erste urkundliche Erwähnungen aus dem 13. und 15. Jahrhundert erwähnen einen Standort der Leuchters vor dem Kreuzaltar. Anstelle des Dorns zum Aufstecken der Kerze wurde 1741 die silberne Marienstatue aufgesetzt.

Die Hildesheimer Mariensäule wird auch irrtümlich mit der Irminsul der Eresburg, eines der höchsten Heiligtümer der Sachsen, in Verbindung gebracht:

> Es heißt dort, dass bei der Anlage des Klosters Corvey (ab 822), die in der Zeit Ludwigs des Frommen erfolgte, im Erdboden eine alte Steinsäule gefunden worden und dass es die von Karl dem Großen eroberte Irminsul gewesen sei,

---

241 Winter 1883; Lambertz 1899, 13ff.; Fuchs 1933, 87ff.; Haberey 1972, 108ff.; Grewe 1986, 273f.
242 Christine Wulf, DI 58, Nr. 58, in: www.inschriften.net, urn:nbn:de:0238-di058g010k0005803.

die man nach der Zerstörung an diese Stelle gebracht und dort vergraben habe. Weiterhin wird geschildert, wie man die freigelegte Heidensäule von diesem Fundort unter dramatischen Umständen nach Hildesheim schaffte, um sie dort im Dom als Kerzenträger aufzustellen.[243]

Im südöstlich an den Dom anschließenden Kreuzgang ist das Obergeschoss eine reichhaltige Sinterfundstelle.[244] Von den 28 Säulen im südlichen Umgang sind heute noch 20 Sintersäulen erhalten. Von Westen gezählt handelt es sich bei folgenden Säulen um solche aus Kalksinter: 1, 2, 4, 6, 7, 8, 9, 10, 13, 14, 16, 18, 19, 20, 22, 23, 25, 26, 27 und 28. Insbesondere bei den Säulenensembles 8, 9 und 10 sowie 27 und 28 sind die Basen mehrere Zentimeter stark unterfüttert, womit ein Höhenausgleich erreicht wurde. Dieser war vermutlich notwendig, weil es sich bei den verwendeten Säulen um Fertigprodukte gehandelt hat: Die gelieferten Säulen waren für die vorgesehenen Standorte zu kurz (vgl. Siegburg, St. Servatius [98]).

Im Nordflügel des Kreuzgang-Obergeschosses sind 29 Säulen eingebaut, von denen allerdings nur eine klar als Kalksintersäule zu erkennen war, nämlich die 22. Säule von Westen aus gezählt.

Die **Burg Dankwarderode** in **Braunschweig** [18] ist eines der selteneren Beispiele für Kalksinterverwendung in Profanbauten. Dankwarderode war unter Heinrich dem Löwen wahrscheinlich gegen 1160 erbaut worden; dabei muss reichlich Sinter als Schmuckstein verwendet worden sein. Von den ursprünglich eingebauten Säulen und Platten ist heute nichts mehr zu sehen, da sie bei einer Brandkatastrophe 1873 vernichtet wurden. Allerdings fand sich das Material in Resten und im Bauschutt bei der Renovierung.[245] Bei der 1887 bis 1906 unter Baurat Winter durchgeführten Renovierung, die fast einem Neubau gleichkam, bemühte man sich noch, homogenes Material zu benutzen. Auf Wunsch der herzoglichen Regierung wurden 1887 in der Eifel noch einmal Sintersteine gebrochen und zu Säulen und Zierplatten verarbeitet.

Heute schmücken diese Sinterwerkstücke einige Kaminbereiche im Obergeschoss der Burg. Wir finden zwei sehr schön polierte Sinterplatten im Festsaal und zwar eine rechts des nordöstlichen Kamins (0,7 Meter Länge mal 0,64 Meter Breite)[246] und eine zweite fast identischer Ausmaße links des süd-

Braunschweig, Burg Dankwarderode. Aquäduktmarmorsäule unter einem Kamingesims.

Wandplatte aus Aquäduktmarmor an einem der Kamine.

243 Matthes 1982, 13.
244 Freundl. Hinweis von M. Brandt, Hildesheim.
245 Lambertz 1899, 13ff.; Fuchs 1933, 87ff.; Königsfeld 1978, 69ff.; Königsfeld 1983, 48ff.; Arenz 1985, 117ff.; Grewe 1986, 271.
246 Länge und Breite meint die Abmessung einer Platte in liegendem Zustand. Da die Platten in die Wand eingelassen sind, sollte Breite nicht mit Höhe verwechselt werden.

östlichen Kamins. Im Vorraum zur Kemenate und in der Kemenate selbst tragen je zwei Sintersäulen die Konsole des Kamins.[247] Die beiden in die Wand eingelassenen Platten links und rechts des Kamins sind ebenfalls aus Kalksinter.

C. Meckseper vermutet, dass Burg Dankwarderode im Urzustand auch an der Ostseite, der zur Oker gelegenen Rückseite des Bauwerks, mit Kalksintersäulen ausgestattet war:

> Auf der Okerseite war das Erdgeschoss weitgehend geschlossen, das Obergeschoss in unterschiedlichem Rhythmus durch säulchengeteilte und nur teilweise blendbogenüberfangene Arkaden gegliedert. Die Säulenschäfte bestanden offenbar auch aus Kalksinter der römischen Wasserleitung Kölns.[248]

Dem Braunschweiger Baurat R. Winter ist nicht nur diese Renaissance der Sinterverwendung zu verdanken, darüber hinaus kann er auch als Entdecker der Sintersäulen auf der Wartburg [26] gelten.

Im Braunschweiger Dom ist eine Wandmalerei auch bezüglich unserer Thematik nicht uninteressant: Die im südlichen Seitenschiff zu sehende Freskomalerei des 13. Jahrhunderts stellt einen Apostelzyklus dar. Die Apostelfiguren füllen darin eine Bogenreihe aus, deren einzelne Bögen von Säulen getragen werden. Mehrere dieser Säulen sind nicht einfach farbig dargestellt, sondern zeigen darüber hinaus in ihrer Maserung merkwürdige Schlangenlinien. Es ist nicht auszuschließen, dass der Künstler auf diese Weise auf die Besonderheit des Materials dieser Säulen hinweisen wollte, denn womöglich hatte er bei der Ausmalung Kalksintersäulen aus der Eifel bei Köln vor Augen.[249] Dieser Befund ähnelt der Darstellung auf einer um 810 n. Chr. gefertigten Kanontafel im Lorscher Evangeliar.[250]

Angeblich sollen einige Fenstereinfassungen am **Schloss Wolfenbüttel** [108] früher aus Kalksinter bestanden haben.[251] Auch der für **Helmstedt** in der **Filicitas-Krypta** von **St. Ludger** [41] genannte Kalksinterfund ist trotz emsigen Suchens nicht mehr aufzufinden.[252] Es soll sich dabei um drei wohl von einem Altar stammende Platten gehandelt haben, die aber möglicherweise im Zweiten Weltkrieg zerstört wurden.

Die Wartburg-Linie

Die Sinterfundstelle auf der **Wartburg** bei **Eisenach** (Thüringen) [26] liegt von den übrigen aufgeführten Orten und Bauwerken ein wenig isoliert. Wegen der Bedeutung der Fundstelle selbst, aber auch wegen der in diesem Fall besonderen Transportprobleme sei die Wartburg im Rahmen einer eigenen Verbreitungslinie angeführt. Beim Versuch, den Weg des Sinters vom Rheinland nach Thüringen zu rekonstruieren, bietet sich als wirtschaftlich vertretbare und verkehrstechnisch mögliche Route nur der Transport zu Wasser auf Rhein und Main bis Frankfurt und von dort der

---

247 Die Säulen im Vorraum der Kemenate waren zum Zeitpunkt der Aufnahme (2012) wegen einer temporären Ausstellung verbaut und nicht zugänglich.
248 Meckseper 1995, 176.
249 S. Anm. 117.
250 S. Anm. 116.
251 Fuchs 1933, 87ff.; Grewe 1986, 284.
252 Fuchs 1933, 87ff.; Grewe 1986, 284.

Landweg nach Eisenach an. Dabei hätte man eine der großen mittelalterlichen Handelsstraßen genutzt, nämlich die von Frankfurt nach Leipzig führende, die in ihrem Verlauf auch Eisenach berührte.[253]

Dem Braunschweiger Baurat R. Winter, in der Aufstellung der Restaurierungsmaßnahmen der Burg Dankwarderode [→ 38] bereits erwähnt, kommt das Verdienst zu, als Erster auf die Sintersäulen der Wartburg hingewiesen zu haben. Anlässlich eines Besuches auf der Burg im Jahre 1926 war ihm das Material aufgefallen, worüber er sich in einem Brief an die Wartburg-Verwaltung eingehend ausließ.

Mit der Wartburg haben wir einen der östlichsten Orte vor uns, an dem dieses Baumaterial verwendet wurde.[254] Dies und die Tatsache, dass am Ort noch viele Säulen an ihrem alten Platz stehen, macht eine nähere Betrachtung lohnenswert: Schon 1902 wies K. Simon darauf hin, dass auf der Wartburg einige Steinmetzarbeiten zu finden seien, die stilistisch eine deutliche Verwandtschaft zu Bauelementen der Doppelkirche von Bonn-Schwarzrheindorf [→ 17] aufweisen.[255] A. Verbeek schloss aus diesem Umstand:

> Ein Teil der Schwarzrheindorfer Werkstatt muss nach Thüringen abgewandert sein, wo an Kapitellen der Wartburg auffallend Entsprechendes nachzuweisen ist, das sich – wie etwa die Sattelkämpfer mit senkrechter Mittelrippe und kreisrunden Polstern – nur durch unmittelbare Verbindung erklären lässt.[256]

Betrachtet man die Zeitabläufe in der Baugeschichte beider Bauwerke, so werden auch hier Bezüge deutlich, denn die Doppelkirche von Schwarzrheindorf – 1151 geweiht, 1170 bei der Stiftsgründung des adeligen Frauenklosters erweitert – war gerade fertiggestellt, als man am Palas der Wartburg mit den Arbeiten begann. Da wir auch in Schwarzrheindorf ein Bauwerk mit Sinterverwendung vor uns haben, war den hier tätigen rheinischen Baumeistern dieser repräsentative Schmuckstein also wohlbekannt. Was lag dann näher, als beim Umzug auf die Wartburg nach Thüringen eine Ladung von Sintersäulen gleich mitzunehmen?

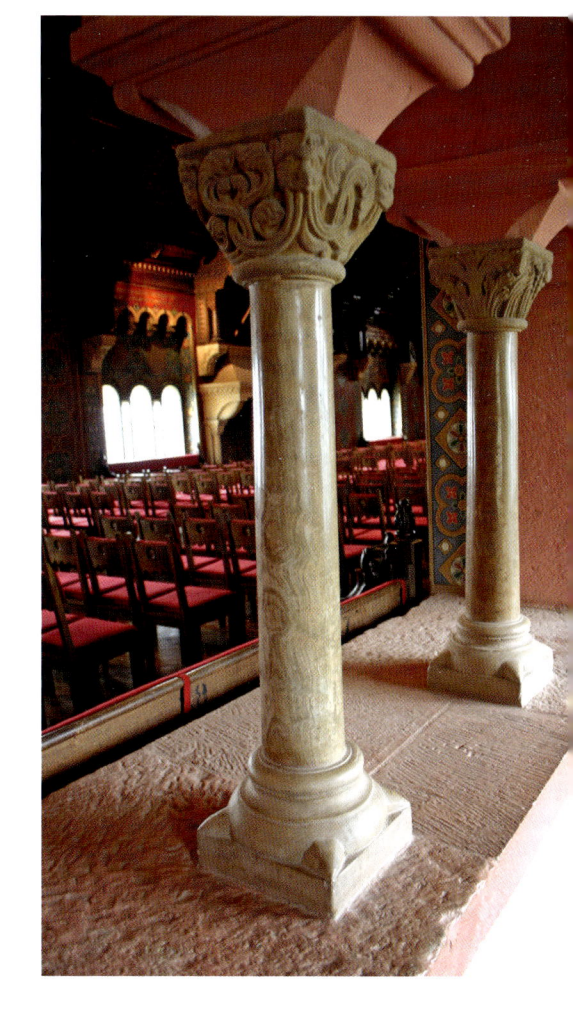

Durch in den 1980er- und 1990er-Jahren durchgeführte petrographische Untersuchungen hat D. Klaua erstmals anhand von Gesteinsproben und -vergleichen festgestellt, dass von den rund 200 Säulen der Wartburg noch 25 Exemplare aus Kalksinter erhalten sind.[257]

Eisenach, Wartburg. Aquäduktmarmorsäulen in der Festsaalarkade.

253 Stubenvoll 1989.
254 Noth 1983; Möller 1984, 4ff.; freundl. Hinweis von M. Huiskes, Köln und F. Knappe, Schwelm; Krauß/Schuchardt 1989, 367ff.; Grewe 1986, 272; Gerbring 1998, 27f.
255 Simon 1902.
256 Verbeek 1961.
257 Klaua 1988; Klaua 1995; Klaua 2011.

Ein Ortsvergleich durch den Verfasser im Januar 1990 brachte Gewissheit: Besonders die Säulen in der inneren Westwand der Festsaalarkade im zweiten Obergeschoss beeindrucken den Besucher. Dort bestehen acht von 14 Säulenschäften noch aus dem Originalmaterial, der Rest wurde ergänzt. Von den Säulen in den ehemaligen Fensteröffnungen der heute vermauerten nördlichen Giebelwand sind in den unteren Arkaden zwei aus Kalksinter; eine weitere wurde teilweise mit anderem Material ergänzt. Auch die Doppelsäulen unter dem Schlangenbändiger-Kapitell in Südwand der Kapelle (Palas, erstes Obergeschoss) bestehen aus Kalksinter, ebenso zwei weitere Säulen in Doppelstellung in der Kapelle. D. Klaua erwähnt zudem noch zehn Säulen, teils in Doppelstellung in den Fensterarkaden an der Westseite des Palas an der Elisabethgalerie im ersten Obergeschoss.[258]

Schon die Verwendung dieses edlen und sicher auch teuren Materials deutet darauf hin, dass auf der Wartburg Räume zu schmücken waren, die in besonderem Maße der Repräsentation dienen sollten. Das wiederum ist aus der Zeit und den Ansprüchen der Bauherren durchaus erklärbar, denn die Thüringer Landgrafen beanspruchten im deutschen Adel stets eine besondere Stellung, die sie durch ihre (Heirats-)Politik gezielt ausbauten. Seit den Achtzigerjahren des 12. Jahrhunderts geboten sie über ein Territorium, das von der Lahn und Sieg im Westen bis zur Saale im Osten reichte.

Der unter Landgraf Ludwig III. begonnene prachtvolle Ausbau des Palas der Wartburg wird spätestens unter Hermann I., der nach dem Tod seines Bruders Ludwig auf der Rückkehr vom Kreuzzug im Jahre 1191 die Landgrafenwürde übernahm, vollendet worden sein.

Damit stand den Thüringer Landgrafen auf dem Wartberg über Eisenach eine reichsfürstliche Residenz als Grundlage für eine ungewöhnliche Prachtentfaltung zur Verfügung. Hermann I. war es auch, der als großer Mäzen der höfisch-mittelalterlichen Kultur in Erscheinung treten sollte. An seinem Hof in Thüringen verweilten die großen Minnesänger der Zeit; unter ihnen Wolfram von Eschenbach und Walther von der Vogelweide, die auch am sagenhaften Sängerkrieg auf der Wartburg teilgenommen haben sollen.

Aber auch an den originären Standorten war der Erhalt der Säulen nicht in jedem Fall zu gewährleisten. Die ersten Abgänge mag es schon beim verheerenden Brand der Burg im Jahre 1317 (oder 1318) gegeben haben, weitere Säulen werden bei den verschiedenen Umbauten verlorengegangen sein. Der Erhalt von 25 Kalksintersäulen bis in unsere Tage ist sicherlich glücklichen Umständen zu verdanken.

Die Rhein-Pfalz-Linie

Wie schon erwähnt, hat sich der Kalksinter nach Süden aufgrund der topographischen Gegebenheiten weniger verbreitet. Die Stücke, die aber rheinaufwärts zu finden sind, sind hingegen besonders repräsentativ.

Dazu gehört die **St. Michaelskapelle in Andernach** [5] auf dem Pausenhof des Kurfürst-Salentin-Gymnasiums und der St. Thomas Realschule plus. Hier ist ein romanisches Kleinod von bemerkenswerter Schönheit erhalten geblieben: die um 1220 errichtete Liebfrauenkapelle, ehemals Friedhofskapelle St. Michael des Augustinerinnenklosters St. Maria vor den Toren, dem späteren Hochadeligen-Damenstift St. Thomas. Die vier Säulen im Obergeschoss der Westfassade waren aus Aquäduktmarmor gefertigt worden. Nach einer Restaurierungsphase bestehen heute nur noch die oberen Teile dieser Säulen aus diesem Material, sind als solche aber sogar aus der Entfernung mit bloßem Auge erkennbar. Die unteren Teile der Säulen wurden durch anderes Material ersetzt.

---

258 Klaua 1995, 54.

Zu den schönsten Plätzen mit verwendetem Aquäduktmarmor gehört zweifelsohne die Fundstelle in der **Abteikirche** von **Maria Laach** [74]. Von den sechs Säulen des Baldachins über dem Hauptaltar sind die vorderen aus Kalksinter gefertigt worden (2,25 Meter Länge mal 19 Zentimeter Durchmesser); entsprechend früh und häufig sind diese Stücke auch erwähnt worden. Die schöne Marmorierung des Materials ist hier sogar aus der Entfernung gut sichtbar. Der Baldachin stand früher in der Mitte der Abteikirche, wurde im 19. Jahrhundert zum Stiftergrab versetzt und steht jetzt über dem Hochaltar.[259]

Von den Säulen der Zwerggalerie im Westturm der Abteikirche sind 15 bzw. 16 Exemplare aus Aquäduktmarmor.[260]

In der Turmkapelle des romanischen Westwerks von **St. Martinus und St. Severus** im rheinland-pfälzischen **Münstermaifeld** [83] befinden sich acht Säulen, die zu viert jeweils die Ost- und die Westwand gliedern. In jeder Reihe sind es die beiden äußeren Säulen, die ohne Zweifel aus Aquäduktmarmor gefertigt worden sind: Die Schönheit dieses Materials in Struktur und Farbe wird in allen vier Exemplaren besonders deutlich. Es scheint, als seien diese Säulen nie nachbehandelt worden, weshalb hier ein recht ursprünglicher Eindruck zu gewinnen ist. Die beiden nördlichen Säulen stehen in ihren Ecken frei, während die südlichen mit Mörtel hinterfüttert worden sind. Besonders interessant ist die Säule in der Südostecke der Turmkapelle, da sie mit ihrer Basis auf einem Steinblock aufsitzt, der als Spolie verwendet worden ist: Seine Vorderseite ist mit einer Inschrift versehen, von der die unteren beiden Zeilen zum Teil zu lesen sind – allerdings ist der Inschriftenstein auf dem Kopf stehend an seinem neuen Standort platziert worden.

Zwei Kalksintersäulen sollen 1852 aus Maria Laach nach **Koblenz** gekommen sein und dort in der **Liebfrauenkirche** [47] eingebaut worden sein, als man die hölzerne Empore durch die Westempore ersetzte.[261] Diese Säulen sind aber heute nicht mehr aufzufinden.

Im Lapidarium des **Mittelrhein-Museums** in **Koblenz** (→ Sammlung M 11) befindet sich das Bruchstück einer Kalksintersäule, dessen Ursprung unbekannt ist.[262] Es handelt sich um ein schön marmoriertes Stück (38 Zentimeter lang bei einem Durchmesser von 17 Zentimeter). Das Säulenfragment weist einen alten (geklebten) Bruch und zwei neue Brüche auf.

Maria Laach, Abteikirche. Baldachin über dem Hochaltar mit Aquäduktmarmorsäulen. (Foto: H. Lilienthal)

---

259 Anonyme Manuskripte aus dem Stadtmuseum Düsseldorf vom 20.1.1829 und 10.3.1833; Nöggerath 1858, 165ff.; Eick 1867, 12ff.; Lambertz 1899, 13ff.; Fuchs 1933, 87ff.; Haberey 1972, 108ff.; Grewe 1986, 278.
260 Freundl. Hinweise von W. Müller, Niederzissen und K.-H. Schumacher, Aachen.
261 Von Stramberg 1854, 436; Clemen, Kunstdenkmäler d. Rheinprovinz (20, 1 Koblenz) 1937, 164, 170; Haberey 1972, 108ff.; Grewe 1986, 274.
262 Freundl. Hinweis von C. Kosch, Paderborn.

Die Sintersäule aus dem Bestand des Historischen Museums der Pfalz in Speyer (→ Sammlung M 12) stammt ursprünglich von der **Reichsburg Trifels** über **Annweiler** [6]. Sie war dort im Palas (um 1235) verbaut gewesen und gehörte ehemals zur aufwendigen Innenarchitektur des staufischen Burgausbaus.²⁶³ Die Säule ist als Dauerleihgabe im Museum unterm Trifels in Annweiler (→ Sammlung M 19) zu sehen. Aus dem ehemaligen Bestand der Burg sind in dem Museum zwei Bruchstücke von Bodenplatten sowie eine erhaltene Bodenplatte, die vermutlich ehemals im Kaisersaal verlegt war, ausgestellt. Da sicherlich nicht nur eine einzige Fußbodenplatte zur Ausstattung gehörte, ist anzunehmen, dass in der Burg wesentlich mehr Aquäduktmarmor verbaut gewesen war, ehe sie Anfang des 15. Jahrhunderts ausgeräumt wurde, um Schmuckstein für den Bau des Schlosses Zweibrücken zu gewinnen. Bei dieser Abbruchmaßnahme dürften auch die übrigen Säulen ausgebaut worden sein. In Zweibrücken hat von diesem kostbaren Material nichts die Zerstörungen im Holländischen Krieg (1677), die unter Napoleon (1793) und das Bombardement von 1945 überlebt.

Kalksinterfunde sind auch moselaufwärts nachgewiesen. Dazu gehören zwei Plattenfragmente, die im Bodenaushub der ehemaligen **Reichsabtei St. Maximin** in **Trier** [103] gefunden wurden.²⁶⁴ Die Fundstücke befinden sich heute im Bischöflichen Dom- und Diözesanmuseum Trier (→ Sammlung M 13). Dort befindet sich auch ein sehr schönes Kalksinterensemble. Es handelt sich dabei um eine Säule samt Basis, die von einem karolingischen Ziborium aus **St. Paulin** in **Trier** [104] stammen soll.²⁶⁵ Die Säule ist an ihrem oberen Ende abgebrochen, d. h. sie muss – wenn man ihren Querschnitt in Betracht zieht – ehemals wesentlich länger gewesen sein. Der Kalksinter der Säule ist von außerordentlich guter Qualität, weshalb man in diesem Fall besonders gerne von »Aquäduktmarmor« sprechen mag. Die Basis ist erst beim zweiten Hinsehen zu identifizieren, da sie sehr profiliert ist, aber auch in ihrem Fall ist die nun schon

Oben: Münstermaifeld, St. Martinus und St. Severus. Aquäduktmarmorsäule auf einem als Basis genutzten römischen Inschriftenstein.

Links: Annweiler, Burg Trifels. Aquäduktmarmorsäule (heute Museum unterm Trifels).

---

263 Sprater/Stein 1982, 39; freundl. Hinweis von I. Krueger, Bonn; Grewe 1986, 270.
264 Jahresbericht Stadt Trier, Trierer Zeitschrift 62 (1999) 387f.
265 Freundl. Hinweis von I. Krueger, Bonn; Grewe 1986, 283.

bekannte Provenienz eindeutig. Mit ihren Abmessungen von 0,68 Meter Länge bei 22,5/21,5 Zentimeter Durchmesser gehört die Säule zu den größeren Werkstücken aus diesem Material. Das drückt sich auch in den Abmessungen der Basis aus, die einen Durchmesser von 33,5 Zentimeter bei einer Höhe von 17 Zentimeter aufweist.

Im Dom zu Trier stehen mit dem Dreifaltigkeitsaltar (Grabaltar für Jakob von Eltz, † 1581)[266] und dem Altar zum hl. Johannes dem Täufer[267] zwei Seitenaltäre, bei denen zwei bzw. vier Säulen ins Auge fallen. Auf den ersten Blick scheint es sich beim verwendeten Material um Kalksinter zu handeln,[268] aber die leicht rötliche Farbe des Steins und der Aufbau der Schichtung lässt diese Zuordnung nicht ohne weiteres zu, denn es zeigen sich einige Formen, die normalerweise in der Kalksinterablagerung einer römischen Wasserleitung nicht auftreten. Weitergehendere Untersuchungen könnten hier Klarheit bringen.

Die Niederlande-Linie

Für die Niederlande spielte der Natursteinimport im Mittelalter, besonders vom 10. bis zum 13. Jahrhundert, eine große Rolle, da es im eigenen Lande für die zahlreichen Kirchenbauten keine Steinbrüche gab. Dieser Import betraf sowohl den Stein als reines Baumaterial als auch den Schmuckstein zur Verschönerung der Kirchen. Als Baustofflieferant für beide Steinarten kam wegen des günstigen Verkehrsweges nur das Rheinland in Frage: Begehrt war zum einen der rheinische Tuffstein, den man in schon in der Antike erschlossenen Brüchen des Nettetals und bei Weibern gewann und in Andernach für den Transport in die Niederlande einschiffte.[269] Zum anderen interessierte man sich für den Kalksinter, der in den Niederlanden als Schmuckstein Verwendung fand. Dieses Material wurde vermutlich in Köln auf die Schiffe verladen.

Bezüglich der Verbreitungsliste von Kalksinterfundstellen in den Niederlanden ist es das Verdienst von R. Stenvert, hier für eine größtmögliche Komplettierung gesorgt zu haben. Dabei entbehrt die Entdeckungsgeschichte des Kalksinters in niederländischen Bauten durchaus nicht einer gewissen Kuriosität: Stenvert hatte es übernommen,

Übersichtskarte über die Verbreitung von Aquäduktmarmorwerkstücken außerhalb der Region um die Materialgewinnung. (Grafik: K. White-Rahneberg)

---

266 Clemen, Kunstdenkmäler d. Rheinprovinz (13, 1 Dom zu Trier) 1931, 260–263.
267 Clemen, Kunstdenkmäler d. Rheinprovinz (13, 1 Dom zu Trier) 1931, 224–227.
268 Freundl. Hinweis von W. Martin, Mainz.
269 Huiskes 1980.

364 | 365

Deventer (Niederlande), St. Lebuinus. Südliche Abschlussmauer des Mittelchores mit Aquäduktmarmorplatten (von innen gesehen).

Deventer (Niederlande), St. Lebuinus. Vier Ansichten von zwei dünnen Aquäduktmarmorplatten, die aus einer dickeren Platte geschnitten wurden:

1. Die zweite von rechts in der nördlichen Abschlussmauer von außen gesehen.

2. Die zweite Platte von links in der nördlichen Abschlussmauer von innen gesehen.

3. Die zweite Platte von links in der südlichen Abschlussmauer von innen gesehen.

4. Die zweite Platte von rechts in der südlichen Abschlussmauer von außen gesehen.

über die St.-Lebuinus-Kirche in Deventer einen kulturhistorischen Führer zu schreiben. Bei seinen Recherchen vor Ort stieß er in einem Abstellraum auf in Kisten verpackte Steinplatten, die auf den ersten Blick nicht zuzuordnen waren. Erst weitere Nachforschungen brachten zutage, dass es sich hierbei um Reste jener Schmucksteine aus Kalksinter der römischen Eifelwasserleitung handelte, die ursprünglich im romanischen Teil der Kirche angebracht gewesen waren.[270]

Um 1824 haben sich die (mindestens) 20 Kalksinterplatten der **St.-Lebuinus-Kirche zu Deventer** [301] noch an ihrem ursprünglichen Platz befunden.[271] Sie bekrönten in der romanischen Kirche die seitlichen Abschlussmauern des Mittelchores. 1848 wurde der Lettner niedergelegt und eine neue Chormauer errichtet, die nunmehr den Hochchor vom Mittelschiff abtrennte. Dabei wurden zehn Exemplare der romanischen Sinterplatten in der Art wiederverwendet, wie man es schon im 13. Jahrhundert gehandhabt hatte, nämlich als oberer Abschluss der neuen Chormauer. Dieser Bauteil wurde aber 1928 abgebrochen, so dass ein Teil der Sinterplatten, allerdings wohlverwahrt, in Kisten verpackt eingelagert worden war.

Erst in unseren Tagen (1990) sind acht dieser Platten neu genutzt worden; sie stehen nunmehr zu je vier Exemplaren auf den seitlichen Abschlussmauern der romanischen Chorapsis.[272] Dabei kommt die ganze Schönheit dieser 0,95 Meter langen und 50 Zentimeter breiten Platten zur Wirkung.

Diese Platten stellen das einzige bekannte Beispiel für eine flächige Zerteilung von Kalksinter dar: An zweien von ihnen ist ganz deutlich erkennbar, dass sie ehemals zu einem Rohling aus Kalksinter gehörten. Man hat hier ca. sechs Zentimeter dickes Rohmaterial ganzflächig geteilt, um daraus halb so dicke Platten herzustellen. Möglicherweise ist aber sogar dickeres Material in drei oder mehr je drei Zentimeter starke Platten zerteilt worden. Bei der wunderschönen Braunfärbung des Steinmaterials betont die feine Politur den edlen Charakter dieses Schmucksteines. Durch Aufspaltung der gelieferten Sinterblöcke hat man schon im 13. Jahrhundert die zur Verfügung stehende Menge dieses kostbaren Schmucksteines mindestens verdoppelt.

Durch weitere Fundstellen von Kalksinter weist sich **Deventer** als zentraler Umschlagplatz dieses Materials im Mittelalter aus: Bei Bauarbeiten auf der **Burseplein** [302] wurde ein Bruchstück Kalksinter gefunden, das den Anfang bildet.[273]

270 Stenvert 1985.
271 Stenvert 1985, 180ff.; Blom 1950, 173ff.; Glazema o. J., 230; Van Den Berg 1984; freundl. Hinweis von J. R. Thijssen, Nimwegen; Grewe 1986, 271.
272 Freundl. Hinweis von R. Stenvert, Utrecht.
273 Stenvert 1985, 180ff.; freundl. Hinweis von J. R. Thijssen, Nimwegen; Grewe 1986, 271.

Von einem in der **Polstraat 14** [303] gefundenen ehemaligen Fußbodenbelag aus 33 Zentimeter langen, 35 Zentimeter breiten und fünf Zentimeter hohen Kalksinterplatten wird ein Exemplar im Historisch Museum Deventer (→ Sammlung M 21) aufbewahrt.[274]

Im Haus **Sandrasteeg 8** [304], ehemals die **Probstei** (12. Jahrhundert) der St.-Lebuinus-Kirche, sind romanische Säulchen aus Sinter am ursprünglichen Ort erhalten.[275] Im zweiten Obergeschoss, den ehemaligen Wohnräumen, waren in den Außenwänden insgesamt acht Doppelfenster eingelassen. Später zugemauert, sind drei dieser Fenster im Mauerwerk wieder vom Putz befreit worden, wobei die mittig angebrachten Säulenensembles sichtbar gemacht werden konnten.

An der Nordostwand am südöstlichen sowie am nordwestlichen Fenster, aber auch an der Südostwand sind jeweils Basis, Säulenschaft, Kapitell und Sattelkämpfer aus Kalksinter erhalten.

274 Stenvert 1985, 180ff.; freundl. Hinweis von J. R. Thijssen, Nimwegen; Grewe 1986, 271.
275 Stenvert 1985, 180ff.; Grewe 1986, 271.

Oben links: Hoogblokland (Niederlande), Kirche. Eines der Weihekreuze einer ehemals als Altarmensa genutzten Aquäduktmarmorplatte.

Oben rechts: Hoogblokland (Niederlande), Kirche. Abgeplatzte Sinterschichten unter einem Weihekreuz lassen einen Einblick in den Aufbau des Materials zu.

Rechts: Deventer (Niederlande), Sandrasteeg 8 (ehemalige Probstei). Freigelegtes Säulenensemble.

Linke Seite: Deventer (Niederlande), Sandrasteeg 8 (ehemalige Probstei). Zwischenzeitlich zugemauerte romanische Fenster nach der Freilegung.

Bei diesem Haus handelt es sich um das älteste bewohnte Steinhaus der Niederlande; gebaut ca. 1130 als Torhaus im Verlauf der Immunitätsmauer und gleichzeitig Probsteigebäude. Das Gebäude wurde in späterer Zeit nach Nordosten hin erweitert; dabei ist die Nordost-Außenwand mit den beiden sichtbaren Fensterlaibungen zu einer Innenraummauer geworden. Aus diesem Grunde sind die Säulenensembles selbst in dieser Höhe (im zweiten Obergeschoss) gut einsehbar. Die Fensteröffnungen wurden bei den baulichen Erweiterungen zwar zugemauert und verputzt, bei einer Renovierung des Gebäudes im Jahre 1993 befreite man sie aber vom Putz und machte sie sichtbar.

In gleicher Weise verfuhr man mit dem zugemauerten Fenster in der Südostwand (zum heutigen Sandrasteeg hin). Hier ist das Säulenensemble besonders gut erhalten, und man kann bei genauem Hinsehen sogar von der Straße aus etwas davon erkennen: In luftiger Höhe ist die Fensterlaibung mit den zwei Bögen zu sehen. Dort, wo die zwei Bögen des Doppelfensters zusammenstoßen, wurden sie vom Sattelkämpfer getragen, dessen äußeres Ende heute ein kleines Stück aus der Vermauerung herausragt.

Bei Bauausschachtungen im **Stadthaus Grote Kerkhof** [305] wurden ebenfalls einige Bruchstücke Kalksinter gefunden.[276]

---

276 Stenvert 1985, 180ff.; Grewe 1986, 271.

Links: Maastricht (Niederlande), St. Servatius. Bergportal, linke Seite.

Rechts: Maastricht (Niederlande), St. Servatius. Bergportal, Aquäduktmarmor als Halbsäule unter der Abraham-Statue.

In der **Oude Kerk** von **Ermelo** [306] waren früher in den Portalen Säulen aus Kalksinter verbaut.²⁷⁷

In der **Kirche** von **Gendt** [307] soll laut älterer Quellen »Sedimentgestein aus römischen Wasserleitungen« verbaut gewesen sein, was aber heute nicht mehr aufzufinden ist.²⁷⁸

In der **Kirche** von **Hoogblokland** [308] kann eine Platte, die im Vorraum der Kirche an der Wand befestigt ist, aus Kalksinter bestätigt werden, bei der es sich um die Altarplatte des romanischen Vorgängerbaus der heutigen Kirche gehandelt haben könnte. Die romanische Kirche war Ende des 19. Jahrhunderts abgebrannt und wurde danach, 1880 bis 1881, durch einen Neubau ersetzt. Es ist gut zu erkennen, dass diese Kalksinterplatte von der Sohle der römischen Wasserleitung abgenommen wurde, um sie als Altarplatte zu verwenden. Zwei romanische Weihekreuze sind noch besonders gut erkennbar. An einer Ecke der Platte platzt das Kalksintermaterial zwar ab, lässt dadurch aber einen guten Einblick in den schichtweisen Aufbau des Kalksinters zu, was ebenfalls an den Seiten der Platte gut auszumachen ist.

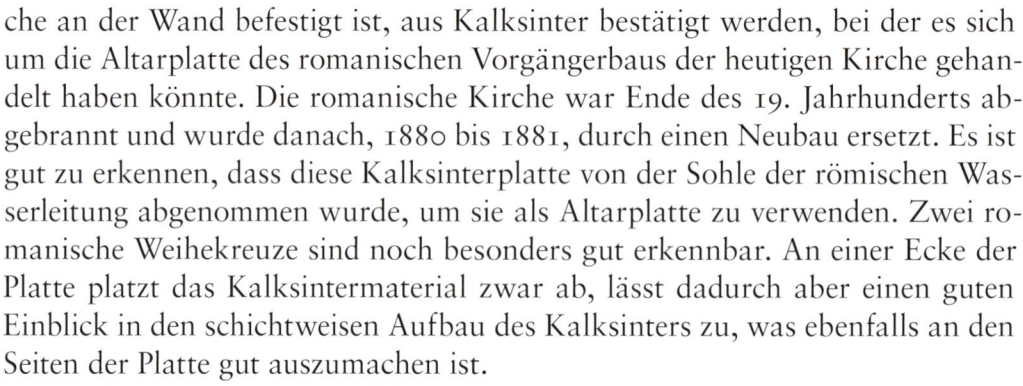

In der **St.-Servatius-Basilika** (Servaas-Kerk) von **Maastricht** [309] finden sich zwei Säulen im Nordportal sowie weitere Exemplare am Bergportal des Westbaus. Dieses Portal, zwischen 1170/80 und 1250 erbaut, ist deshalb besonders interessant, weil wir eine Aquäduktmarmorverwendung in einem Kirchenportal im frühgotischen Stil mit romanischen Elementen vor uns haben.²⁷⁹ Überraschend ist die Vielzahl der verbauten Aquäduktmarmorsäulen: Im In-

---

277 Slinger u. a. 1980, 58; Stenvert 1985, 180ff.; Grewe 1986, 272.
278 Stenvert 1985, 180ff.; Grewe 1986, 273.
279 van Nispen 1935, 341; Blom 1950, 173; Stenvert 1985, 180ff.; freundl. Hinweis von P. J. Tholen, Alfter; Grewe 1986, 276; Köster 1996, 95–97, 252.

Links: Rheden (Niederlande), Kirche. Als Grabplatte zweitverwendete Altarmensa.

Rechts: Rheden (Niederlande), Kirche. Türsturz auf einer Sinterplatte.

nenportal finden sich insgesamt 30 Säulen aus diesem Material, davon in der unteren Reihe zwölf Säulen (0,62 Meter Länge mal acht Zentimeter Durchmesser) und in der oberen Reihe 16 Säulen (ca. 3,2 Meter Länge mal 19 bis 20 Zentimeter Durchmesser). Zwei kurze Säulen unter den Statuen von Abraham und Maria[280] sind als Halbsäulen gefertigt worden. Auf diese Weise zeigt der mittelalterliche Steinmetz dem Betrachter einen größeren Durchmesser, als die Kalksinterschicht (maximal 30 Zentimeter) eigentlich hergeben würde. In der Vorhalle sind mittig an beiden Seiten unterhalb der geschosstrennenden Friese jeweils drei Säulen angebracht, von denen die beiden äußeren dem Augenschein nach aus Aquäduktmarmor gefertigt sind. Das Außenportal ist innen auf beiden Seiten von jeweils drei Aquäduktmarmorsäulen (3,2 Meter Länge mal 19 bis 20 Zentimeter Durchmesser) eingerahmt; ob die Gegenstücke auf der Außenseite auch aus diesem Material gefertigt sind, ist wegen starker Verwitterungsspuren nicht erkennbar.

Der Bogen über dem romanischen Nordportal (heute Haupteingang der Basilika) wird von zwei Säulen aus Aquäduktmarmor getragen.

Bei Ausgrabungen in der Nähe der **Liebfrauenkirche** [310] wurde ein frühes Kapitell aus Kalksinter gefunden, ist aber mittlerweile verschwunden.[281] Ein für die **St.-Martins-Kapelle** von **Nijmegen** [311], auch Barbarossa-Kapelle genannt, gemeldetes Sinterstück ist nicht mehr aufzufinden.[282]

Sehr anschauliche Sinterfunde wurden hingegen 1967 in der **Kirche** von **Rheden** [312] gemacht. Bei Renovierungsarbeiten wurden im Fußboden unter der Kanzel drei Werkstücke geborgen, die man später an der Wand in der

---

280 Bei der Marienstatue soll es sich um eine 1885 falsch restaurierte Statue des hl. Simon handeln.
281 Freundl. Hinweis von M. de Grooth, Maastricht; Grewe 1986, 276.
282 Stenvert 1985, 180ff.; Grewe 1986, 281.

Chorapsis anbrachte.[283] Es handelt sich um zwei Platten, die im 17. und 18. Jahrhundert als Grabplatten umfunktioniert worden waren. Eine von ihnen weist ein Bestattungsdatum von 1620 auf.

Auf der Oberfläche der größeren von beiden, 1774 als Grabplatte zweitverwendet, sind noch die älteren romanischen Weihekreuze erkennbar: Fünf Weihekreuze weisen die Platte als Mensa eines Altars aus. Die Inschrift von 1774 überlagert diese Kreuze aber teilweise:

»DEN 18 JULY 1774 STERFT JOHANNES SCHELKES SEDERT DEN 4 MAY 1704 CUSTER AL HIER OUD 95 JAHR.« Nach Aussage der Inschrift war der Bestattete Johannes Schelkes immerhin 70 Jahre Küster der Gemeinde, weshalb ihm wohl die Ehre einer solch bedeutsamen Grabplatte zukam.

Ein weiteres, gut erhaltenes Fragment eines Türbogens stammt vermutlich aus dem 11. Jahrhundert.

Das gut 1000 Seelen zählende Dorf **Rinsumageest** [313] verfügt mit seiner schmucken romanischen Kirche über ein wahres Kleinod. Das Kirchlein hat als einziges im Norden der Niederlande eine Krypta, und darin können wir einen anschaulichen Sinterfund machen.[284] Das Gewölbe der dreischiffigen Krypta wird von zwei 1,55 Meter langen Kalksintersäulen getragen. Die Säulen sind etwas unregelmäßig abgedreht, denn ihr Durchmesser ergibt sich im Schichtenverlauf mit 24 Zentimeter gegenüber 23 Zentimeter rechtwinklig zu den Ablagerungen gemessen. Die Deckplatten über den beiden Kapitellen sind ebenfalls aus Sinter gefertigt.

In der **Kirche** von **Wilsum** [314] finden sich Grabplatten und ein Säulchen aus dem nachgefragten Material.[285]

Die Nordsee-Linie

Interessant sind die auf dem Wasserweg in ferne Länder transportierten Werkstücke aus Kalksinter der Eifelwasserleitung schon wegen der überwundenen Strecken. Es muss sich zweifelsohne um einen ganz besonderen Schmuckstein gehandelt haben, wenn man in England und Dänemark im Mittelalter außergewöhnliche Anstrengungen unternahm, um diesen Kalk ins Land zu holen. Hinzu kommt, dass es sich bei den mit diesem Material geschmückten Bauwerken um die bedeutendsten Kathedralen beider Länder handelte. Auch die Fundstelle in der Heiligkreuzkirche von Dalby (heute Schweden) ist nicht ohne Bedeutung, handelt es sich hierbei doch um die älteste noch benutzte Steinkirche des Nordens.

Von diesen drei »Übersee«-Fundstellen ist die aus der **Kathedrale** von **Roskilde (Dänemark)** [501] seit der Publikation von C. G. Schultz (1953) bekannt.[286] Im Dom von Roskilde bestehen die Verschlussplatten dreier Grabkammern, die in die mächtigen Säulen des Hochchores eingelassen sind, aus Kalksinter. Die Bestimmung der hier bestatteten Persönlichkeiten ist ein wenig verworren, aber vermutlich handelt es sich dabei um die Grablegen von Königin Margarethe, Estrid genannt († nach 1080), von König Sven (Sven Estridsson, König von Dänemark 1047 bis 1076) und von Bischof Wilhelm (im Amt von 1060 bis 1073/74). Die Grablegen sind mit sorgfältig bearbeiteten Sinterplatten verschlossen, deren feine Politur die Schönheit des Materials betont.

---

283 Stenvert 1985, 180ff.; Grewe 1986, 281.
284 Blom 1950, 173; Glazema o. J., 230ff.; Slinger u. a. 1980, 58; Stenvert 1985, 180ff.; freundl. Hinweis von P. J. Tholen, Alfter; Grewe 1986, 281.
285 Stenvert 1985, 180ff.; Grewe 1986, 284.
286 Schultz 1953, 55ff.; Grewe 1986, 281; für die freundliche Unterstützung bei der Ortsbesichtigung der Fundstellen in Roskilde und Dalby ist Jørgen Hansen, Værløse, herzlich zu danken.

Oben: Roskilde (Dänemark), Dom. Grablege von König Sven Estridsson (evtl. auch Sven Gabelbart).

Unten: Roskilde, Dom, Grablege von König Sven. Die Aquäduktmarmorplatte stammt von der Wange des Römerkanals, man baute sie aber auf dem Kopf stehend ein.

Oben: Roskilde (Dänemark), Dom. Grablege des Bischofs Wilhelm.

Unten: Roskilde, Dom. Grablege des Bischofs Wilhelm; die Aquäduktmarmorplatte lässt erkennen, dass sie von der Wange des Römerkanals abgenommen wurde.

Oben: Roskilde (Dänemark), Dom. Grablege von Königin Margarethe.

Unten: Roskilde, Dom. Grablege von Königin Margarethe; hier handelt es sich um eine von der Sohle des Römerkanals abgenommene Sinterplatte.

Die Platte vor dem Grab Bischof Wilhelms besteht aus einer Wangenablagerung und misst 0,78 Meter in der Länge mal 0,55 Meter in der Breite. Sie wurde beim Verschließen der Beinkammer in der Weise eingesetzt, dass man ihre Struktur so sehen kann, wie sie in der römischen Wasserleitung entstanden war: Sichtbar ist die Wandseite der Ablagerung; man erkennt deutlich die großflächig abgelagerte älteste Sinterschicht (unten) und darüber die mit dem Betrieb der Wasserleitung gewachsenen jüngeren Schichten. Wilhelms Grabplatte ist die schönste und besterhaltene der in Roskilde zu sehenden Sinterplatten – sie ist als einzige von Nahem zu betrachten, da sie am Rande des Sicherheitsbereichs liegt. Die renaissancezeitliche Darstellung des Bischofs über der Grablege trägt die Unterschrift: »wilhelmus, ep[iscop]us roschildensis.«

Ebenfalls auf der südlichen Seite des Hochchores, allerdings im östlichen Pfeiler, befindet sich die vermutete Grablege des bereits erwähnten Königs Sven Estridsson. Von ihm berichtet eine Sage, dass er einen Gehfehler gehabt haben soll; eine Untersuchung des Skeletts im Jahre 1911 ergab u. a. tatsächlich, dass dessen beiden Hüften unterschiedlich ausgebildet waren. Die Verschlussplatte aus Kalksinter misst 0,72 Meter in der Länge mal 0,54 Meter in der Breite. Es handelt sich auch hier um eine von der Wange der Wasserleitung abgenommene Platte, die in diesem Fall aber kopfüber eingebaut wurde: Die ältesten Sinterablagerungen befinden sich nun somit auf der oberen Seite. Sein Bildnis ist unterschrieben mit »sueno magnus, rex danie anglie et nor«, womit der König auch als der Herrscher von England und Norwegen bezeichnet wird; demnach müsste es sich bei dem hier bestatteten König allerdings um Sven Gabelbart (König von 986 bis 1014) handeln.

In der dritten der mit Kalksinterplatten verschlossenen Grablegen ist nach der Inschrift an der Wand darüber »margareta, alias estrith dicta, regina danie« bestattet. Margarethes Grab befindet sich im östlichen Pfeiler auf der Nordseite des Hochchores. Die Verschlussplatte misst 0,84 Meter in der Länge mal 0,51 Meter in der Breite, und in diesem Falle handelt es sich um von der Sohle der Wasserleitung stammendes Material. Es ist nicht sicher, ob es sich bei dieser Bestattung um die Mutter von Sven Estridsson handelt, denn DNA-Proben haben keine verwandtschaftlichen Beziehungen erkennen lassen, und schon Schultz hatte angemerkt, dass hier möglicherweise die Gemahlin von Harald Hen (König von 1076 bis 1080), dem außerehelichen Sohn und Nachfolger von Sven Estridsson, bestattet wurde – die Inschrift wäre also irreführend.[287]

Alle drei Gräber befinden sich nicht an ihren Ursprungsorten. Zu Zeiten der Bestattungen stand in Roskilde die von Svend Normand, dem Nachfolger Bischof Wilhelms, vollendete Holzkirche.[288] Mit Fertigstellung der östlichen Hälfte der neuen Domkirche (Hochchor) im Jahre 1225 wurden die Gräber an ihren heutigen Platz verlegt. Die zum Verschluss der Gräber benutzten Kalksinterplatten wurden hier schon zweitverwendet: Sie hatten bei ihrer ersten Verwendung vermutlich als Abdeckplatten der im Fußboden verlegten Gräber gedient. Die Platten werden zu Zeiten des Bischofs Svend, er starb 1088 auf Rhodos, nach Roskilde gekommen sein. Die Pfeilerflächen über den Grabstellen wurden in der Renaissance anschaulich bemalt.

Für Schultz löste sich das Rätsel um die Herkunft dieses seltenen Materials bei einem Besuch im Paderborner Dom. Vorher hatte man unter dänischen Geologen angenommen, es handele sich dabei um Travertin aus Dänemark oder gar aus Rom. Lediglich der Transport über die Alpen schien den Vertretern der Rom-Theorie unwahrscheinlich zu sein, weshalb man diese Herkunft dann wieder in Frage stellte. Schultz hingegen sah im Paderborner Dom die

---

287 Schultz 1953, 56; Kruse 2004, 9–14.
288 Kjersgaard 1990.

Kalksintersäulen im Atrium [→ 89] und stellte dabei die Ähnlichkeit der Ablagerungsschichten zwischen den dortigen Säulen und den Platten in Roskilde fest.

Der Transportweg des Sintermaterials nach Dänemark war schon von Schultz recht klar nachvollzogen worden: Die Platten wurden auf dem Wasserweg rheinabwärts, dann über die Nordsee bis Ribe gebracht. Im Dom von Ribe findet sich auch Tuffstein aus Andernach, der denselben Weg genommen haben wird. Außer diesem Tuff, der für hunderte der Kirchen Südjütlands als Baustein diente[289] (das nördlichste Vorkommen in Jütland ist in Viborg), sind schon zur Wikingerzeit Mahlsteine aus Niedermendiger Basaltlava in den Norden verfrachtet worden. Schiffe, die für derartige Schwertransporte geeignet waren, sind durch die archäologischen Forschungen der letzten Jahrzehnte nachgewiesen worden. Sie dürften nicht wesentlich von den Schiffstypen abweichen, die zu Ende der Wikingerzeit (zwischen 1000 und 1050) als Passagesperre im Fjord 20 Kilometer vor Roskilde versenkt worden waren. Nach ihrer Bergung und Restaurierung 1962 sind sie heute in der Wikingerschiffshalle von Roskilde ausgestellt.[290] Unter den geborgenen Wracks waren zwei hochseetüchtige Frachtschiffe von 16,6 und 13,3 Meter Länge, die mit zahlenmäßig kleiner Besatzung, höchstens vier bis sechs Mann, dem Handelsverkehr auf der Nordsee dienten.

In seiner Publikation über den Aquäduktmarmor von Roskilde beschreibt Schultz auch den Einfluss deutscher Baumeister auf den dänischen Kirchenbau am Beispiel der **Heiligkreuz-Kirche** in **Dalby** (Schonen, heute Schweden) [601]. Er zeigt darin die stilistische Verwandtschaft der dortigen Nischensäule mit denen im Hildesheimer Dom [→ 43] auf. Diese Verwandtschaft ist gut nachzuvollziehen, denn die Kirche wurde mit Hilfe deutscher Steinmetzen gebaut.[291] Dalby hatte Bedeutung erlangt, als König Sven Estridsson im Jahre 1060 das damalige Bistum von Roskilde teilen ließ, wobei neben Roskilde noch die zwei Bistümer in Lund und Dalby entstanden. Die Einrichtung des Bistums Dalby könnte zeitgleich mit der Weihe der dortigen Kirche erfolgt sein. Erweiterungen erfuhr die Kirche im 12. Jahrhundert, als man die Vorhalle im Westen (Krypta genannt) anbaute. Hierbei wurde eine Quelle in den Kirchenbau einbezogen, die wohl das Taufwasser spendete. Der um das Jahr 1150 entstandene Taufstein ist ein bedeutendes Werk der Steinmetzkunst des Nordens.[292]

Für unsere Betrachtungen von Bedeutung ist die im 13. Jahrhundert angebaute südliche Vorhalle. Hier fand sich nämlich bei einem Besuch des Verfassers im Jahre 1990 überraschenderweise eine aus Kalksinter gefertigte Säule. Dass auch die übrigen drei der das Eingangsportal flankierenden Säulen ehemals aus Sinter waren, ist wahrscheinlich. Heute ist nur die erste Säule links des Eingangs aus dem gesuchten Material erhalten. Die zweite Säule linker Hand ist aktuell aus Sandstein; die beiden Säulen rechts sind samt Kapitellen und Basen aus modernem Beton im romanischen Stil nachgegossen worden. Sie entspre-

Dalby (Schweden), Heiligkreuzkirche. Eine Aquäduktmarmorsäule im Detail.

289 Huiskes 1980.
290 Olsen/Crumlin-Pedersen 1978.
291 Cinthio 1947; Blomstrand 1988; Blomstrand/Anjou 1990.
292 Roosval 1918.

chen in der Ausführung jeweils den auf der linken Seite gegenüberliegenden Exemplaren. Es ist durchaus möglich, dass zumindest eine zweite Säule aus Aquäduktmarmor gefertigt war – wenn nicht sogar sämtliche vier Säulen.

Ob das Material aus der Eifel erst zum Bau der südlichen Vorhalle importiert wurde, ist heute nicht mehr nachzuvollziehen. Möglicherweise war die Säule bereits Bauteil der älteren Kirche. Bei der Rekonstruktion des Transportweges bietet sich die Route über die Nordsee mit den Umschlagplätzen Ribe und Roskilde an.

Ein überraschender Neufund wurde 1990 in der **Kathedrale** von **Canterbury** (Kent, England) [401] gemacht.[293] An unscheinbarer Stelle, rechts des Durchgangs vom nördlichen Seitenschiff in den Hochchor, ist ein kleiner Kredenztisch aus Sinter in einen Pfeiler eingelassen. Der Tisch hat in seinem sichtbaren Teil die Ausmaße von 0,6 Meter Länge mal 20 Zentimeter Breite bei einer Stärke von acht Zentimeter. Er ruht auf einer kleinen Stütze, wobei ein Teil von ihm in die Mauer eingelassen ist, weswegen die Stütze eine größere Breite als die messbaren 20 Zentimeter haben muss. Dass es sich um Kalksinter handelt, ist nur durch Augenschein gewährleistet, aber die typische Bänderung der Ablagerungsschichten ist ein deutlicher Hinweis auf die Herkunft des Steins. Da der Chor zwischen 1175 und 1184 neu erbaut wurde, mag auch die Sinterplatte in dieser Zeit in die Kathedrale gekommen sein.

Die Publikation dieses Fundes brachte C. Wilson (London) auf die Spur dieses bemerkenswerten Bausteines, denn er verglich Fundstücke aus Deventer [→ 301] mit weiteren Werkstücken in der Kathedrale von Canterbury.[294] Eine Begutachtung durch den Verfasser im Jahr 2013 konnte die Liste der Sinterfragmente noch einmal erweitern. Eine außergewöhnlich reichhaltige Fundstelle war der Altarraum: Eine Fläche von neun mal 4,3 Meter unter dem Bischofsstuhl ist mit maximal 1,3 Meter Länge mal 0,55 Meter Breite messenden Aquäduktmarmorplatten feinster Qualität belegt.[295] In dieser Größenordnung ist die Fläche einmalig und allenfalls vergleichbar mit dem Boden im Altarraum von St. Kunibert in Köln [→ 55]. Nach Wilson kamen diese Platten allerdings erst in viktorianischer Zeit an ihren Platz, nachdem sie davor im Vorderteil der Chorapsis näher am Kirchenschiff und auf dessen Niveau den Boden bedeckt hatten. Noch früher könnten die Platten als Wandplatten im Chorumgang verbaut gewesen sein. Wie eine solche Masse von Platten aus der Eifel nach Canterbury kam, ist aus existierenden Urkunden nicht nachzuvollziehen. Dieser Materialimport könnte mit Prior Konrad (oder Conrad; im Amt von 1108/09 bis 1127) zu tun gehabt haben, der – allerdings nur wegen der Herkunft seines Namens – mit Deutschland in Verbindung gebracht wird: Er könnte Kenntnis von diesem außergewöhnlichen Schmuckstein gehabt und seinen Import veranlasst haben. Bezüglich des Transportes darf man nicht außer Acht lassen, dass das gesamte Steinmaterial für den Bau der Kathedrale ausgehend von Caen in der Normandie über den Ärmelkanal nach England verschifft wurde.

In der Kathedrale findet sich Aquäduktmarmor noch im südlichen Chorumgang als Fußbodenplatte vor dem Sarkophag des Erzbischofs Simon Meopham (Amtszeit von 1327 bis 1333). Eine weitere kleine Platte wurde im Durchgang zur Kapelle hinter dem Sarkophag verlegt.

Der Durchgang in der nördlichen Treppe zur Krypta ist noch im romanischen Stil aus der Zeit vor dem großen Brand (1067) erhalten. In der Bauphase von 1130 hatte man ihn mit zwei Säulen flankiert, von denen die südliche aus Aquäduktmarmor (2,07 Meter Länge mal 19 Zentimeter Durchmesser) noch erhalten ist. Es ist anzunehmen,

---

293 Grewe 1991b, 335f.
294 Wilson 2011.
295 Für die freundliche Führung und vielen Hinweise ist Christopher Wilson herzlich zu danken, zumal der Altarraum ohne seine Vermittlung nicht ohne weiteres zugänglich gewesen wäre.

Oben: Canterbury (England), Kathedrale. Eingang zur Krypta mit Aquäduktmarmorsäule.

Unten: Canterbury (England), Kathedrale. Kleiner Kredenztisch aus Aquäduktmarmor.

Canterbury (England), Kathedrale. Um den Bischofssitz ist eine Fläche von fast 40 Quadratmeter mit wunderschönen Platten aus Aquäduktmarmor der Eifelwasserleitung belegt.

dass auch das Gegenstück aus Aquäduktmarmor gefertigt war. In der Krypta selbst bildet die Kapelle »Our Lady Undercroft« das Zentrum. Die Schwellsteine in den Zugängen zur Kapelle von Süden und Norden bestehen aus Aquäduktmarmor und dürften hier an ihrem originären Platz liegen, wie einige weitere Platten in der Kapelle auch.

Im Infirmarie-Kreuzgang sind im Ostumgang vier Aquäduktmarmorsäulen aus der Zeit Prior Wiberts (im Amt von 1152 bis 1167) erhalten. Dieser Bauteil bestand nach Ausweis des berühmten Plans der Wasserversorgung des Klosters Christchurch bereits in der Amtszeit Wiberts.[296] Von den vier Säulen im Südumgang bestehen nach Augenschein drei aus Kalksinter; dieser Bauteil ist allerdings nach Wiberts Zeit erweitert worden, wobei die Säulen versetzt worden sein müssen.

Von der Südseite des Infirmarie-Kreuzgangs gelangt man zum Torbau unter der Schatzkammer, die auch unter Prior Wibert gebaut wurde. Der Durchgang wird von vier Säulen aus Aquäduktmarmor flankiert.

Der 1304 von Michael von Canterbury gebaute Kapitelsaal schließt an die Ostseite des Infirmarie-Kreuzgangs an und zeigt ein ganz außergewöhnliches Ensemble von Aquäduktmarmorsäulen. Die im gotischen Baustil errichteten Fenster rechts und links des Eingangs sind mit jeweils vier Säulen von 1,18 Meter Länge aufgegliedert, welche allerdings nicht die übliche runde Form aufweisen, sondern eine gerippte.

Die Sammlungen

Die Verwendung von Kalksinter als Schmuckstein ist seit der Zeit Karls des Großen nachweisbar, wobei dieser Aquäduktmarmor besonders im hohen Mittelalter zur Ausschmückung der Kirchen, Klöster und Burgen der Romanik genutzt wurde. Wenn dieses Material dann bei neuzeitlichen archäologischen Untersuchungen in den Fundkomplexen auftauchte, hatte das seine Ursache meist in Um- und Neubauten, dann nämlich, wenn der Sinter in den planierten Schuttschichten von Vorgängerbauten zum Vorschein kam. Besonders durch die Zerstörungen des Zweiten Weltkrieges sind viele Aquäduktmarmorwerkstücke zerstört oder mit dem Bauschutt beseitigt worden. Findige Hobbyarchäologen haben solche Stücke dann später in Sicherheit bringen können. In einem Fall gelang es, eine ganze Wagenladung von Treppenstufen, die nach einer Kirchenrenovierung ausrangiert worden waren, von einer Müllhalde zu bergen.

Die meisten dieser Stücke, seien sie durch amtliche archäologische Untersuchungen oder durch privates Engagement gesichert worden, wurden dann in Sammlungen untergebracht, wo sie in der Regel heute noch verwahrt werden. Im Rahmen unserer Untersuchungen wurde nun versucht, diese Sammlungen aufzuspüren, zu durchforsten und die relevanten Stücke zu erfassen.

Den Anfang soll die digitale Aufarbeitung der Bestände des Lapidariums im **LVR-LandesMuseum Bonn** (Sammlung M 1)[297] machen, durch die erst die ganze Vielfalt der hier aufbewahrten Werkstücke sichtbar gemacht wurde. Zu den Glanzstücken gehört eine bestens erhaltene 1,64 Meter lange Säule aus Aquäduktmarmor, deren Herkunft im Dunkeln liegt.[298] Sie wurde als Halbsäule gefertigt, denn die Rückseite blieb unbearbeitet. Dem Steinmetzen ge-

---

296 Grewe 1991c.
297 Früher Rheinisches Landesmuseum Bonn.
298 Wie alle Sammlungsbestände ist auch die Sammlung im LVR-LandesMuseum in einem gesondert erstellten Katalog aufgelistet, während hier nur die besonderen Stücke beschrieben werden.

lang es, einen größeren Durchmesser vorzutäuschen, indem er die Säule ein wenig breiter als tief aus dem Rohblock herausarbeitete. Die flache Rückseite der Säule bildete ehemals die Oberkante der Kalkablagerungsschicht im Römerkanal; an der ursprünglichen Unterkante (jetzt die Vorderseite der Säule) sind trotz Politur noch kleine Reste des anhaftenden Innenverputzes der Kanalrinne erkennbar. Da sie bei der Aufstellung an eine Wand angelehnt wurde, konnte man den Wandputz eng an die Säule anschmiegen und täuschte dem Betrachter auf diese Weise vor, dass eine hintere Rundung des Säulenschaftes in der Wand ihre Fortsetzung fand. Diese Form der optischen Täuschung finden wir in situ besonders eindrucksvoll in der Stiftskirche von Bad Münstereifel [→ 8] vor. Auf der unbearbeiteten Rückseite der Säule erkennt man, dass das Ausgangsmaterial im Römerkanal auf der Sohle der Wasserleitung geborgen wurde, wie die gewellte Oberfläche beweist.

Ein weiteres auffälliges Sammlungsstück ist das Bruchstück eines ehemals runden Inschriftensteins, auf dem die drei unteren Zeilen einer Inschrift in gotischen Minuskeln mit romanischen Majuskeln zu sehen sind. Das Stück wurde 1957 in Bonn am Leinpfad in der Höhe des Römerlagers gefunden; es wird in die 2. Hälfte des 15. Jahrhunderts bis in die 1. Hälfte des 16. Jahrhunderts datiert. H. Giersiepen hat die Inschrift wie folgt gelesen: [---D]a Pa[...] / Animabu[s] / Cunctis (... gib allen Seelen [Frieden!]).[299]

Auffällig ist das massenhafte Vorkommen von Kalksinterbruchstücken in den Ausgrabungen in und an der Bonner Münsterkirche, dazu gehört auch eine Palettenladung von zehn mehr oder weniger gut erhaltenen Säulen.

Insgesamt umfasst die Aufstellung der im LVR-LandesMuseum verwahrten Aquäduktmarmorfundstücke mehr als 50 Positionen. Dazu kommen inzwischen auch Bestände aus Privatbesitz (zum Beispiel aus den Sammlungen P 2 und P 3), und es kann privaten Sammlern nur nachdrücklich empfohlen werden, sie ebenfalls der öffentlichen Hand zu übergeben, denn nur so ist ein dauerhafter Bestand der Funde zu sichern.

Das LVR-Amt für Bodendenkmalpflege (Außenstelle Nideggen) (Sammlung M 2) konnte 2008 25 Treppenstufen aus einer Privatsammlung (P 2) übernehmen, wie weiter oben schon erwähnt wurde.

299 Giersiepen 2000, 71f. (Nr. 71a).

Eine Palette voller Aquäduktmarmorsäulen-Fragmente aus der Grabung in der Bonner Münsterbasilika, heute im LVR-LandesMuseum Bonn verwahrt.

Von einer zerbrochenen neuzeitlich verwendeten Grabplatte aus Aquäduktmarmor wurde eine Hälfte neu poliert, um die Schönheit dieses Materials zu zeigen; eine Schnittstelle lässt den Aufbau des auf der Sohle des Römerkanals angewachsenen Kalksinters sichtbar werden (Bestand des LVR-LandesMuseums Bonn. (Foto: M. Thuns)

Links oben: Türsturz des 7. bis 8. Jahrhunderts aus Aquäduktmarmor. Sammlung Museum Schnütgen, Köln. (Foto: S. Mentzel)

Links Mitte: Der Querschnitt des Türsturzes zeigt, dass das Material von der Wange des Römerkanals abgenommen wurde. (Foto: S. Mentzel)

Links unten: Aquäduktmarmorkapitell aus dem Romanischen Haus in Essen, heute im Bestand des Ruhr-Museums.

Rechts oben: Briefbeschwerer aus Aquäduktmarmor; Privatsammlung.

Rechts Mitte: Bei Euskirchen-Kreuzweingarten im Römerkanal gefundene Oolithen aus Kalksinter; Privatsammlung.

Rechts unten: Die abgetretene Treppenstufe war ursprünglich die Wandung des Römerkanals; Privatsammlung.

Links oben: Altarplatte aus Aquäduktmarmor aus St. Peter und Paul in Swisttal-Odendorf, heute im LVR-Amt für Bodendenkmalpflege verwahrt.

Links Mitte: Der übersinterte Stein im Aquäduktmarmor der Altarplatte hat die Wirkung einer Fliege im Bernstein.

Links unten: Die vier Streifen des von der Kanalsohle abgenommenen Kalksinters wurden durch die Bearbeitung des Steinmetzen zu Aquäduktmarmor; Tischplatte einer Privatsammlung.

Rechts oben: Zu den Beständen des LVR-LandesMuseums Bonn gehört eine wunderschöne Halbsäule aus Aquäduktmarmor, deren Rückseite aus der ehemaligen Oberseite der Kalkablagerung auf der Sohle des Römerkanals besteht.

Rechts Mitte: Inschriftenstein aus Sinter aus dem Bestand des LVR-LandesMuseums Bonn.

Rechts unten: Fragment einer Grabplatte aus Aquäduktmarmor; Privatsammlung.

Diese Stufen waren ehemals auf den Treppen zum Hochchor der Stiftskirche Bad Münstereifel [→ 8] verlegt gewesen und wurden im Rahmen einer Renovierung in den 1960er-Jahren entfernt. Dem Privatsammler war es gelungen, diese Stücke von einer Müllkippe zu bergen.

Dem Restaurator C. Schaab vom **LVR-Amt für Denkmalpflege** in Pulheim-Brauweiler (Sammlung M 3) sind einige wichtige Hinweise zu Verwendungsorten von Aquäduktmarmor zu verdanken. Im Amt selbst sind ein Säulenbruchstück und das Bruchstück einer Altarplatte aus Eitorf-Merten [→ 27] verwahrt.

Das **Römisch-Germanische Museum** in Köln (Sammlung M 4) hat Bruchstücke von zwei Säulen und einer Platte aus Aquäduktmarmor in seinen Beständen.

Das in und neben der Kirche St. Cäcilien untergebrachte **Museum Schnütgen** (Sammlung M 5) wiederum zählt eine ganze Reihe von romanischen Werkstücken aus Aquäduktmarmor zur Sammlung, dazu gehören Würfelkapitelle, Kämpfersteine, Basen und Säulenfragmente (M 5, Nr. 2 bis 12). Ein ganz besonderes Stück ist ein inzwischen in das 7. bis 8. Jahrhundert datierter Türsturz.[300] Neben der frühen Zeitstellung beeindrucken auch die Abmessungen: mittige Höhe 27 bis 44,5 Zentimeter, Höhe links 31 Zentimeter, Höhe rechts 25,5 Zentimeter, Breite heute ca. 1,65 Meter, Stärke des Steins im Unterlager 16 Zentimeter. Das Relief zeigt Christus als Beherrscher und Überwinder teuflischer Ungeheuer.

Im Chor von St. Cäcilien (außen) sind acht Säulenensembles – teilweise in situ – zu sehen, die zu großen Teilen aus Aquäduktmarmor bestehen [→ 49].

Die Kalksinterfunde, die am Kölner Rathaus [→ 64] und am Judenbad [→ 65] zutage traten, standen recht allein, was ihre Zuordnung zu einem Profanbau und einem nichtchristlichen Bauwerk betraf. Durch die seit 2006 laufenden Untersuchungen auf dem Gelände der **Archäologischen Zone / Jüdisches Museum** zwischen Rathaus und Praetorium hat sich die Befundsituation an dieser Stelle in großem Maßstab verändert. Im Depot der Archäologischen Zone (Sammlung M 6) hatten sich bis Oktober 2012 inzwischen 129 Kalksinterfundstücke angesammelt, die fast sämtlich aus dem Baubestand der Synagoge stammen und sich teilweise sogar zeitlich zuordnen lassen. So stammen einige Halbsäulen und kleine Säulen von einem Umbau aus den Jahren 1140 bis 1150, und auch die Einfassung eines Eingangs zu einem Wasserbecken sowie ein Schwellstein könnten dieser Zeit entspringen.[301] Unter den Fundstücken fallen mehrere schön gearbeitete Säulchen und Platten auf. Eines der Werkstücke ist mittig durchgebrochen, was ein Bohrloch für eine Verdübelung sichtbar werden ließ.

Bei der **Domgrabung Köln** (Sammlung M 7) sind außerordentlich viele Kalksinterfunde angefallen, die teilweise am Ort verblieben oder im Depot gelagert sind. Die in situ verbliebenen Stücke sind im Fundstellenkatalog beschrieben [→ 48], während zahlreiche weitere Fundstücke im Depot verwahrt werden.

Im Museum der ehemaligen **Abtei Michaelsberg** in Siegburg (Sammlung M 8) existierten einige Werkstücke, die früher im Abteigebäude oder in der Kirche verbaut gewesen waren. Dazu gehören ein Sattelkämpfer, zwei Säulchen und ein Kapitell.

Ein Säulenschaft aus der Abtei Michaelsberg ist zwischenzeitlich in das **Stadtmuseum Siegburg** (Sammlung M 9) gebracht worden und wird dort neben einem Säulenschaft aus dem ehemaligen Haus Winter und einem Säulenfragment aus der Grabung Stadtmuseum gezeigt.

---

300 Kaelble 2012, darin zur Provenienz: an der Ecke Johannis- und Jakordenstraße in Köln gegen 1895 gefunden; vom Kunstgewerbemuseum nach 1899 dem Römisch-Germanischen Museum übergeben; ohne Angabe der Herkunft erstmals 1902 im Inv. MSt. des Wallraf-Richartz-Museums unter der Nr. 33 verzeichnet; 1930 dem Museum Schnütgen abgegeben.

301 Schütte/Gechter 2012, 105f., 114.

Eine reiche Kalksinterfundgrube ist das schon ausführlich erwähnte Romanische Haus in Bad Münstereifel [→ 9] mit seinen schönen in situ befindlichen Säulenensembles. Das im Romanischen Haus untergebrachte Hürten-Heimatmuseum (Sammlung M 10) verfügt aber auch über eine interessante Sammlung von Kalksinterwerkstücken, darunter eine romanische Säule, die man in Zweitverwendung als Steingewicht einer Turmuhr verwendet hat.

Dem Säulenfragment im Mittelrhein-Museum in Koblenz (Sammlung M 11) ist eine Ausleihe zu einer auswärtigen Ausstellung nicht gut bekommen, denn neben einem alten Bruch, der als Klebestelle längst »verheilt« war, muss es seitdem mit zwei neuen Bruchstellen auskommen.

Vom Fund zweier Fragmente einer zusammengehörenden Platte berichtet Der Landesarchäologe aus Bremen (Sammlung M 16).[302]

Dem 2009 gegründeten Freundeskreis Römerkanal e. V. ist es gelungen, einige Werkstücke aus einer privaten Sammlung zu erwerben, die im geplanten Römerkanal-Infozentrum in Rheinbach gezeigt werden sollen. Es handelt sich um ein kleines romanisches Würfelkapitell, das Fragment eines Sattelkämpfers und die aus einem Kalksinterbruchstück gefertigte Vogeltränke (Sammlung M 17).

Im Hessischen Landesmuseum in Darmstadt (Sammlung M 18) fand ein aus der Abtei Brauweiler stammender Bogen seine neue Heimat. Dieser »Brauweiler Bogen« wird von zwei 1,37 Meter langen Säulen (20 Zentimeter Durchmesser) getragen.[303]

Neben den vielen in Museen gesammelten Fundstücken gibt es noch eine paar Privatsammlungen, in denen Fundstücke verwahrt werden. Einige Stücke daraus sind dem LVR-LandesMuseum Bonn (Sammlung M 1) bzw. dem LVR-Amt für Bodendenkmalpflege (Sammlung M 2) bereits übergeben worden.

Diese Sammlungen umfassen nicht nur Stücke aus der römischen Eifelwasserleitung, sondern darüber hinaus auch Exponate aus römischen Wasserleitungen in Tunesien, Frankreich und der Türkei.

Aus Chemtou in Tunesien stammt ein Tonrohr, das man – nachdem es völlig zugesintert war – oben aufschlug, um das Wasser danach in einem offenen Graben zu führen. Die Sinterschichten sind danach immer noch weiter angewachsen. Aus der steinernen Druckleitung von Laodikeia (Türkei), die innen rundum vier Zentimeter stark versintert war, liegt als Materialprobe eine Scheibe vor; weitere Sinterproben gibt es aus Barbegal in Frankreich.

Aus dem Sinter der Eifelwasserleitung sind weitere Stücke erhalten. Dazu gehört ein Säulenfragment und ein Teil einer mit Unzialen beschrifteten Grabplatte (12. Jahrhundert), das aus Köln stammt, wo es von einem Architekten aus dem Trümmerschutt des Zweiten Weltkrieges geborgen wurde.

Mehrere Bruchstücke aus Kalksinter wurden im Bodenaushub neben der Eifelwasserleitung (zum Beispiel in Mechernich-Breitenbenden) geborgen. Sie sind aufgeschnitten und poliert worden, um die ganze Schönheit des Aquäduktmarmors sichtbar zu machen: Gerade die frischen Anschnitte zeigen ein farbenintensives Bild dieses Materials.

Besonderheiten sind übersinterte Wurzeln und Äste mit Blattabdrücken, die – nachdem Holz und Blätter vermodert sind – negative Abdrücke dieser Fremdkörper in der Kalksinterablagerung darstellen.

Ein Exemplar eines der 1927 angefertigten Briefbeschwerer aus Aquäduktmarmor gehört ebenfalls zu einer der Sammlungen. Damals wurden diese kleinen Schmuckstücke verkauft, um aus dem Erlös einen Teil zur Kirchenrenovierung beisteuern zu können. Als etwas ganz Besonderes ist die Handvoll Oolithen zu betrachten, die bei der Frei-

---

302 Freundl. Hinweis von M. Rech, Bremen.
303 Freundl. Hinweis von W. Martin, Mainz (1991) und Th. Jülich, Darmstadt (2012); Woelk 1999, 71–83.

legung des Römerkanals in einer Baugrube in Euskirchen-Kreuzweingarten gefunden wurden. Dabei handelt es sich um übersinterte Sandkörner, die in einer Sohlenvertiefung der Kanalsohle entstanden sind; vermutlich schwebten die Sandkörner über längere Zeit in einer kleinen Auskolkung, ohne fortgespült zu werden.

Aus einer anderen privaten Sammlung sind 24 Treppenstufen aus der Stiftskirche Bad Münstereifel der Außenstelle Nideggen-Wollersheim des LVR-Amtes für Bodendenkmalpflege im Rheinland übergeben worden. Drei weitere Treppenstufen aus dieser Kollektion sind in der Sammlung verblieben und werden zurzeit noch in einer Vitrine der Gaststätte »Zur Römerstube« in Mechernich-Eiserfey ausgestellt. Dort ist auch eine Altarplatte unbekannter Herkunft zu sehen, die in zweiter Verwendung als Türschwelle eines Fachwerkhauses in Euskirchen-Kuchenheim verwendet wurde.

Aus dieser Sammlung stammt auch der 40 Zentimeter starke Kalksinterblock, der vor Jahren im Wald bei Mechernich-Lessenich gefunden wurde; er ist heute neben dem Sammelbecken in Mechernich-Eiserfey aufgestellt. Für die Aufstellung wurde die Position gewählt, in der er sich auch an der Wandung im Römerkanal befunden haben muss. Auf seiner Rückseite ist sehr plastisch der negative Abdruck des römischen Mauerwerks zu sehen. Besonders beeindruckend ist die deutlich sichtbare Zierfuge, die wohl vom römischen Baumeister an der Wandung angebracht wurde.

Eine weitere Privatsammlung, bestehend aus zwei Säulenfragmenten, zwei Kapitellen, vier Sattelkämpfern und zwei Fußbodenplatten aus dem Romanischen Haus in Bad Münstereifel, ist 1991 dem Rheinischen Landesmuseum Bonn (heute LVR-LandesMuseum) übergeben worden.

In einer privaten Sammlung in Bad Münstereifel werden vor Ort gemachte Kalksinterfunde verwahrt. Es handelt sich um eine mehrfach gebrochene Altarplatte unbekannter Herkunft, eine im Haus verbaute Türschwelle, ein Säulenfragment und zwei Platten.

Ein anderer Liebhaber des Materials ließ sich in jüngster Zeit aus einem großen Stück Kalksinter eine 68 mal 68 Zentimeter große Tischplatte fertigen. Dazu wurden vier Streifen Aquäduktmarmor verwendet.

Andere Sintersteine als Baustoff des Mittelalters

Bei der bekannten Vorliebe der Römer für hartes Trinkwasser war der Nebeneffekt der Versinterung der betroffenen Leitungen allerorten identisch. Die Versinterung selbst fiel jedoch aufgrund der anfangs beschriebenen Bedingungen für die Ausfällung des Kalks nicht überall gleich aus. Das bedeutete, dass sich in manchen Leitungen zwar durchaus dicke und später abbauwürdige Schichten aufbauten, diese aber nur selten die »Marmorqualität« des Sinters der Eifelwasserleitung erreichten.

Wir haben den Ausbruch von Kalksinter aus der römischen Wasserleitung von Aspendos in der Türkei bereits an anderer Stelle erläutert. Hier hat man aus den Platten Grabeinfassungen gefertigt, die teilweise heute noch erhalten sind. Die Platten wurden aber roh, d. h. unbearbeitet von der künstlerischen Hand des Steinmetzen, in die Erde gesetzt.[304]

Auch der Kalksinter der römischen Wasserleitung nach Nîmes in Südfrankreich ist nicht in der Weise verarbeitet worden, wie wir es bei der Kölner Leitung kennengelernt haben. Die auf dem Pont du Gard anzutreffenden Sinter-

304 Fahlbusch 1983, 135.

schichten beeindrucken zwar durch ihre den Sinter der Kölner Leitung übertreffende Mächtigkeit (35 bis 50 Zentimeter), das Material hat sich allerdings derart spröde aufgebaut, dass es zur Fertigung feiner Werkstücke nicht eingesetzt werden konnte. Gleichwohl wurde auch hier im Mittelalter der Sinter gebrochen und als Baustoff verwendet. Beim Abbruch der römischen Wasserleitung von Nîmes arbeitete man aus dem Sinter mächtige Steinblöcke heraus, deren Verwendung zumindest beim Bau der Kirche von Saint Bonnet nachzuweisen ist. Die Sintersteine fanden im aufgehenden Mauerwerk der Kirche und in der Umfassungsmauer des Friedhofs Verwendung.[305]

Ein weiteres Beispiel für Kalksinterverwendung in Frankreich finden wir in Vienne. Auf seinen Reisen durch Südfrankreich am Anfang des 17. Jahrhunderts (1606/1608) besucht Hans Georg Ernstinger auch Vienne, fand dort »vil antiquitates« und »ain canal, dardurch das wasser geronnen, welches mit der Zeit so hart wie ain stain worden, wie wir etlich derselben stain abgebrochen und mit uns genomben; diese antiquitet ist in der jesuitenkirchen bey dem choraltar«.[306]

Aber nicht nur in den römischen Wasserleitungen ist ein Sinter entstanden, der zu Bauzwecken geeignet war. Abgesehen von den gewöhnlichen und hier besprochenen Süßwasserkalken, die an den Quellen natürlich gewachsen sind, gibt es zumindest ein besonderes Beispiel für die Entstehung von Stein und seine Nutzung zu Bauzwecken im Mittelalter. Gemeint ist der durch Ausfällung von Salz und anderen Mineralien an einer Solequelle entstandene Solesinter. Als Beispiel hierfür sei die Solequelle von Salzkotten angeführt.

Durch den modernen Bau des Rathauses ist die ursprüngliche Situation um diese Solequelle etwas verfremdet worden. Gleichwohl ist das Quellgebiet von großem Interesse: Hier steht noch das im Jahre 1554 erbaute Brunnenhaus, das 1980 bis 1981 restauriert wurde. Die stark sprudelnde Salzquelle hat heute einen künstlichen Ausfluss erhalten, auch die direkt um das Wasserrohr gelagerten Sintersteine sind dort künstlich arrangiert worden. Die moderne Anlage steht jedoch auf einem mächtigen Solesinterfelsen, dessen unterste Ablagerungsschichten 12 000 Jahre alt sind. Das Salz wurde im Mittelalter in benachbarten Siedehäusern gewonnen, ab 1777 bis 1908 über ein Gradierwerk jenseits der Heder.

Interessant ist das Steinmaterial, das hier im Laufe der Jahrtausende in die Höhe gewachsen ist. Ähnlich dem Süßwasserkalk, der an den kalkhaltigen Quellen entsteht, ist hier ein Sedimentgestein entstanden, das im Laufe der Zeit zu abbauwürdiger Mächtigkeit herangewachsen ist. Die Salzkottener Bürger haben dann auch diesen Platz als Steinbruch genutzt und hier das Baumaterial für manches Haus gebrochen. Zum Beispiel findet man an der nördlich der Salzkottener Kirche gelegenen Straße eine Umfassungsmauer, die komplett aus Solesinter errichtet wurde. Auch in der Bausubstanz der Kirche selbst findet sich dieses Material, zum Beispiel im Sockel des aufgehenden Mauerwerks. Zudem verlegte man gar beim Neubau der unweit der Solequelle gelegenen Sparkasse Solesinter als Fußboden.

Einzigartig ist aber ein kleines romanisches Kapitell aus Salzkottener Solesinter, das ehemals in der schönen Kirche von Boke an der Lippe verbaut gewesen war und heute im Pfarrhaus aufbewahrt wird.[307] Es steht in der Tradition der vielen Schmucksteine aus dem Kalksinter der römischen Eifelwasserleitung nach Köln.

---

305 Darde 1986, 22ff.
306 Ernstinger 1877, 157.
307 Freundl. Hinweis von H. Langhoff sen., Bad Lippspringe.

3 Die Translozierung des Römerkanals in unserer Zeit

In heutiger Zeit sind die Reste der römischen Eifelwasserleitung als Baumaterial nicht mehr interessant. Wenn man in den vergangenen hundert Jahren dennoch Kanalteilstücke aus dem Boden holte, geschah das eigentlich nur, weil sie geplanten Baumaßnahmen im Wege waren und nur erhalten werden konnten, indem man sie sorgfältig barg und an anderer Stelle wieder aufbaute. Durch solche konservatorischen Maßnahmen wurden die Leitungsteilstücke nicht nur erhalten, sondern diese translozierten Stücke dienten darüber hinaus als Anschauungsobjekte für den heimat- und auch technikgeschichtlichen Unterricht. So ist es kein Zufall, dass sich die ersten außerhalb der Trasse wiederaufgebauten Kanalstücke vor den Gebäuden technischer Lehranstalten in Aachen, Darmstadt und Essen wiederfinden. Bei den Gemeinden, die erste Profilstücke für die Bevölkerung aufgestellt haben, sind in erster Linie Andernach, Hürth, Köln, Mechernich und Bornheim-Walberberg zu nennen.

Erwähnt werden sollen auch die beiden zu Ausstellungszwecken geborgenen Leitungsstücke, die allerdings heute nicht mehr vorhanden oder nicht mehr eindeutig zu lokalisieren sind. Es handelt sich um die 1914 in der Kölner Werkbundausstellung und 1926 in der Düsseldorfer GeSoLei-Ausstellung gezeigten Teilstücke,[308] beide vermutlich in Euskirchen-Kreuzweingarten geborgen. Aus der Bergungsaktion von 1914 stammt auch das nach München vor das Deutsche Museum translozierte Fragment, das heute im Garten der Archäologischen Staatssammlung steht.[309]

Ein römischer Aquädukt mit einer Trassenlänge von 95,4 Kilometer ist ein schwer zu schützendes Bodendenkmal.

Bergung eines Römerkanalteilstücks (vermutlich) in Euskirchen-Kreuzweingarten für die Kölner Werkbund-Ausstellung im Jahre 1914.

---

308 Die »Große Ausstellung für Gesundheitspflege, soziale Fürsorge und Leibesübungen« (GeSoLei) fand vom 8.5. bis 15.10.1926 in Düsseldorf statt.
309 Möglicherweise wurde das 1914 für die Kölner Werkbundausstellung geborgene Teilstück nach Beendigung der Ausstellung nach München transloziert.

Das war einer der Hauptgründe, warum das Rheinische Landesmuseum Bonn im Jahre 1986 den *Atlas der römischen Wasserleitungen nach Köln*[310] herausbrachte, denn damit sollte den Planungsbehörden der betroffenen Gemeinden eine Unterlage an die Hand gegeben werden, um bei der Gestaltung zum Beispiel neuer Bebauungsgebiete auf den Römerkanal Rücksicht nehmen zu können. Das gelang auch danach nicht in allen Fällen, aber wenigstens konnte es ab diesem Zeitpunkt nicht mehr als Entschuldigung gelten, keine Kenntnis von der genauen – zumindest aber ungefähren – Lage der Trasse gehabt zu haben. Ein größerer Streckenabschnitt war danach nur noch in Hürth-Hermülheim betroffen. Dort wurde das Bauwerk nach archäologischer Untersuchung in kurzen Stücken aus dem Boden genommen und an anderen Stellen wiederaufgebaut. Heute würde die Bodendenkmalpflege zumindest versuchen, diesen Abbau auf gesetzlicher Grundlage gänzlich zu verhindern.

Auch in unseren Tagen bedarf es aufmerksamer und ständiger Beobachtung, um zu verhindern, dass Abschnitte dieses bedeutendsten antiken Technikbaus nördlich der Alpen durch laufende Baumaßnahmen verlorengehen. Wie schwierig mag das in früheren Zeiten gewesen sein? Denken wir an die eingeschränkten Möglichkeiten der Denkmalbehörden zu Beginn des 20. Jahrhunderts, so müssen wir festhalten, das Post- und Verkehrswege dieser Zeit kaum geeignet waren, auf Schadensmeldungen schnell zu reagieren. Dass dies dennoch teilweise möglich war, belegt ein Fall aus den 1920er-Jahren. Schon damals wurde in den Steinbrüchen bei Kall-Sötenich Kalkstein gebrochen, um ihn zu Kalk zu verarbeiten. Das Kalksteingebirge der Sötenicher Kalkmulde wurde dabei von der Urftseite aus angegriffen und zwar genau in dem Hang, in dem auch die römische Wasserleitung verlief. Das wiederum hätte schon in der Genehmigungsphase zwangsläufig zu Interessenskonflikten zwischen Bodendenkmalpflege und der Kalkindustrie führen müssen, aber das war offensichtlich bei der Erteilung der Abbaugenehmigung noch nicht erkannt worden und sollte sich erst später zeigen.

Für die Bodendenkmalpflege wurde das Thema erst durch einen Zeitungsartikel vom 5. März 1928 offenkundig:[311]

Römerkanal wird nach Amerika versandt
Sötenich, 5. März. Eine etwa zwei Meter lange Strecke des hiesigen Römerkanals wurde vor einigen Tagen sorgfältig ausgegraben und nach Chicago versandt, wo sie Aufstellung in einem Museum findet. Manchem Landsmann wird sie dort ein lieber Vertrauter aus der Heimat sein; hat ja doch dort der Eifelverein eine recht blühende Ortsgruppe.

Bedenkt man die eingeschränkten Möglichkeiten der Kommunikation der Zeit, muss man feststellen, dass die Bodendenkmalpflege damals außerordentlich schnell reagierte:

---

310 Grewe 1986.
311 Im zur Verfügung stehenden Zeitungsartikel ist die Zeitung selbst nicht genannt. Recherchen haben ergeben, dass es sich um das *Unterhaltungsblatt und Anzeiger für den Kreis Schleiden* gehandelt haben muss. Der betreffende Jahrgang ist allerdings weder im Kreisarchiv Schleiden (heute in das Kreisarchiv des Kreises Euskirchen eingegliedert) noch im Zeitungsarchiv des Kreises Euskirchen vorhanden. Grewe 2012a, 111–120.

Römerkanalabruch in Bornheim-Walberberg (1965); ein Teilstück steht heute vor der Kirche St. Walburga.

Bergung von Teilstücken des Römerkanals in Hürth-Hermülheim (1989). Die schmale Scheibe am Boden befindet sich heute im Praetorium unter dem Rathaus in Köln.

Bonn, den 7. März 1928
An den Herrn Regierungspräsidenten
Aachen

Zufolge hiesiger Zeitungsberichte, von denen ich hier einen beilege, soll ein Stück des Römerkanals (Röm. Wasserleitung) bei Sötenich Kr. Schleiden ausgegraben und nach Chikago versandt worden sein.[312] Ich weiß nicht, ob die Sache auf Wahrheit beruht und, wenn ja, wer die Ausgrabung und Versendung veranlasst hat und ob dazu die erforderliche behördliche Erlaubnis eingeholt worden ist. Ich bitte ganz ergebenst dies festzustellen und für die Zukunft diese gänzlich sinnlose Zerstörung dieses bedeutendesten [sic] römischen Denkmals in der Eifel auf das Strengste untersagen zu wollen. Wenn Stücke des Eifelkanals modernen notwendigen Anlagen weichen müssen, so ist das eine Notwendigkeit, gegen die nichts zu machen ist; aber für Zwecke wie der oben angedeutete sind unsere rheinischen Römerdenkmale nicht da.

Der Museumdirektor
(Dr. Lehner)

312 Im Zeitungsartikel wie auch in der ersten Reaktion des Provinzialmuseums Bonn wird als Zielort Chicago genannt; da als Empfänger aber das Smithsonian Institution genannt wird (s. Schreiben des Landrats vom 26.5.1928), kann das Stück auch

Mit diesem Schreiben hatte man schnell und deutlich auf einen Tatbestand hingewiesen, dessen rechtliche Auswirkungen bis zu diesem Zeitpunkt noch nicht abzusehen gewesen waren. Es war nun zu klären, ob das Bodendenkmal Römerkanal tatsächlich absichtlich zerstört worden war, um es nach Amerika zu verkaufen, oder ob hier ein unvermeidbarer Abbau des Kanals dazu genutzt worden war, Stücke aus dem Trassenverlauf herauszunehmen, um sie an anderer Stelle wieder aufzubauen. Danach wäre dann immer noch zu klären gewesen, warum dieses Kulturdenkmal in die Vereinigten Staaten gebracht werden sollte.

Mit diesem Schreiben des zuständigen Denkmalschutzamtes an den Regierungspräsidenten als Oberbehörde war allerdings eine kleine Lawine losgetreten worden, in deren Folge ein reger und akribischer Schriftverkehr in alle Richtungen festzustellen ist.[313] Der Streitfall sollte sich über ein Jahr hinziehen und dabei Aktivitäten auch von unerwarteten Seiten auslösen. Nach dem Schreiben des Direktors des Provinzialmuseums in Bonn wurden nach Washington D.C. versandt worden sein. Möglicherweise war das Fragment aber zur Präsentation auf der Weltausstellung in Chicago (1933/34) gedacht und wurde erst anschließend nach Washington überführt.

Rechts: Transloziertes Teilstück des Römerkanals in Swisttal-Buschhoven.

Unten: Vor dem Bau eines Zubringers bei Breitenbenden 1979/80 musste der Kanal über eine längere Strecke entfernt werden. Das Teilstück mit dem Einstiegschacht steht aktuell in Rheinbach an der DB-Haltestelle »Römerkanal«.

313 Landesarchiv Nordrhein-Westfalen, Abteilung Rheinland, Bestand: Reg. Aachen 16673. Auf diesen Aktenbestand ist der Verf. von M. Groß hingewiesen worden. Die kompletten Akten sind vom Verf. veröffentlicht worden: Grewe 2012b, in Kurzfassung: Grewe 2012c.

in einem heftigen Schriftverkehr der Provinzialkonservator, der Bürgermeister, der Landrat, der Regierungspräsident, das preußische Hochbauamt, der Kreiskommissar für Naturdenkmalpflege und natürlich die Westdeutschen Kalkwerke AG aktiv. Die Geschichte endete vorläufig mit einer Vermessung des betroffenen Geländes.

Damit hätte das Kapitel Sötenich in der Geschichte der Erforschung der römischen Eifelwasserleitung eigentlich abgeschlossen sein können, wenn da nicht dieses Teilstück gewesen wäre, dass am 28. Februar 1928 angeblich nach Chicago[314] verschifft worden war – und das schließlich den Auslöser der ausufernden Diskussion darstellte. Seit der Verschiffung nach Amerika sind rund 80 Jahre vergangen, und es ist durchaus von Interesse zu erfahren, was aus diesem Stück zwischenzeitlich geworden ist. Der Nachforschung nach dem Verbleib diente eine Anfrage des Verfassers beim Sekretär der Smithsonian Institution vom 8. Juni 2011 mit der Bitte um Auskunft.

Schon am 15. Juni 2011 kam die Antwort:

> Your inquiry of June 8, 2011, regarding a section of the Roman aqueduct has been received in the Smithsonian's Public Inquiry Mail Service for response.
>
> We have forwarded your correspondence to the Department of Anthropology in the National Museum of Natural History from which a response will be sent if helpful information is available.
>
> We appreciate your interest in the Smithsonian.

Es sollte dann noch einmal ein halbes Jahr dauern, bis weitere Einzelheiten dieser Römerkanal-Translozierung ans Licht kamen. Mit Schreiben vom 25. Januar 2012 erklärte das National Museum of Natural History, dass man das Teilstück tatsächlich im Jahr 1928 erhalten habe und zwar als Geschenk der Eddystone Cement Co. of New York. Registriert wurde das Stück unter der Eingangsnummer 98767 und der Abteilung Arts and Industries zugeordnet, deren Bestände heute im National Museum of American History eingegliedert sind. Auf Nachfrage kam dann von dort am 6. Februar 2012 die zunächst erlösende Nachricht:

> Yes, in fact, we have the section of the original aqueduct built in 80 AD. It ran from Eiffel (spelling in the accession file) and Cologne, Germany. 98767 is the accurate accession number. 2464 is the catalog number. (06.02.2012)

Die Freude war allerdings nur von kurzer Dauer. In einer E-Mail vom 10. Februar 2012 wurde Folgendes mitgeteilt:

> Well it turns out I spoke too soon. The curator found 2 chunks of concrete, but the file says 9 000 lbs of concrete. They are doing a further check and one of us will get back to you soon. Sorry to get your hopes up!
> Have a nice weekend.

War der einst so stolzen römischen Wasserleitung ihr Ausflug in die Neue Welt nicht gut bekommen? Lediglich zwei Klumpen vom römischen Stampfbeton sollten danach überlebt haben? Bei einem Besuch im Magazin des National Museum of American History in Suitland, Maryland, am 21. September 2012 stellte sich die Lage noch einmal an-

---

314 Letztendlich ist es aber in Washington D.C. gelandet.

ders dar: Das 1,65 Meter lange Teilstück der Eifelwasserleitung, das 1928 nach Amerika verfrachtet wurde, ist vollständig erhalten. Ein Holzrahmen und eine Aussteifung haben zudem verhindert, dass das Erdbeben vom 23. August 2011 größere Schäden verursachen konnte. Es ist allerdings nicht vorgesehen, das Stück in absehbarer Zeit in der Ausstellung zu zeigen.

Erst Jahrzehnte später rückten der Römerkanal und die Kalkwerke Sötenich noch einmal zusammen ins Blickfeld der Bodendenkmalpflege. Während der Vorarbeiten zum *Atlas des Römerkanals* wurde auch dieses Teilstück des Trassenverlaufs neu vermessen und dokumentiert.[315] Dabei zeigte sich, dass man in der Zwischenzeit sehr wohl auf das Bauwerk Rücksicht genommen hatte, denn mitten im Steinbruchgelände hatte man ein etwa 20 Meter langes Teilstück samt Erdüberdeckung stehengelassen. Durch Frosteinwirkung war der Römerkanal allerdings auf der Talseite eingestürzt und drohte, durch Wettereinwirkung weitere Schäden zu nehmen. Nebenbei störte dieses Denkmal den Betrieb von Großfahrzeugen im Steinbruchgelände erheblich, so dass die Kalkwerke und das Rheinische Amt für Bodendenkmalpflege 1989 übereinkamen, auch diesen Bauwerksrest aus dem Boden herauszunehmen und in zwei Teilstücken an anderen Stellen wiederaufzustellen.

Da die talseitige Wange des Römerkanals allerdings über die ganze Länge zerstört war, bot das Bodendenkmal einen etwas erbärmlichen Anblick und

Das 1928 in die USA versandte Teilstück des Römerkanals befindet sich heute im Magazin des National Museum of American History in Washington D.C. (USA).

hätte den Aufwand der Bergung eigentlich nicht gelohnt. Man entschloss sich daher zu einer ungewöhnlichen Maßnahme: Von dem in etwa zwei bis drei Meter lange Abschnitte eingeteilten Bauwerk wurde jedes zweite Teilstück dazu verwendet, das jeweils vorhergehende zu restaurieren. Bei dieser Art der Restaurierung wurde zum Ausfüllen der fehlenden linken Wange eines zu restaurierenden Teilstückes jeweils die erhaltene rechte Wange des Anschlussstückes verwendet. Auf diese Weise gelang es, standfeste und ansehnliche Teile herzustellen, die am Kaller Bahnhof und in Sötenich selbst aufgestellt werden konnten.

---

315 Grewe 1991a, 388–390; diese Rettungsarbeiten waren das Ergebnis einer guten Zusammenarbeit mit der Wülfrather Zement GmbH, besonders mit dem damaligen Betriebsleiter H. Stahl.

Katalog der geborgenen und an neuen Standorten wiederaufgebauten Teilstücke des Römerkanals

Aufstellungsort	Nähere Ortsbeschreibung (erster Aufstellungsort)	Herkunftsort / [Zeitpunkt der Translokation]	Verbleib (heutiger Standort)
Aachen, Mies-van-der-Rohe-Straße 1	vor dem Gebäude des Instituts für Bauingenieurwesen der RWTH Aachen	Mechernich-Breitenbenden, Baustelle Autobahnzubringer (L 165) [1979/80]	am Aufstellungsort
Aachen, Mauerstraße 5	vor dem Gebäude des Instituts für Gesteinshüttenkunde der RWTH Aachen	Kall-Sötenich, Kalksteinbruch	am Aufstellungsort versetzt
Andernach, Hindenburgwall	Grünanlage vor dem St. Nikolaus-Krankenhaus	Kall-Sötenich, Kalksteinbruch [1925]	am Aufstellungsort
Bergheim, Paffendorfer Weg	vor dem Verwaltungsgebäude des Erftverbandes	Mechernich-Breitenbenden, Baustelle Autobahnzubringer (L 165) [1979/80]	am Aufstellungsort
Bonn, Colmantstraße 14–16	vor dem LVR-LandesMuseum Bonn	Mechernich-Breitenbenden, Baustelle Autobahnzubringer (L 165) [1979/80]	DB-Haltestelle Rheinbach Römerkanal
Bonn, Endenicher Straße 133	vor dem LVR-Amt für Bodendenkmalpflege im Rheinland	Hürth-Hermülheim, Bettina-von-Arnim-Weg [1989]	am Aufstellungsort
Bornheim	vor dem Rathaus	Mechernich-Breitenbenden, Baustelle Autobahnzubringer (L 165) [1979/80]	am Aufstellungsort
Bornheim-Walberberg	Walburgisstraße (an der Grundschule ggü. der Pfarrkirche)	Bornheim-Walberberg, Hauptstraße 81 [1965]	am Aufstellungsort
Brühl	Neue Bohle	Mechernich-Breitenbenden, Baustelle Autobahnzubringer (L 165) [1979/80]	am Aufstellungsort
Darmstadt	Technische Hochschule, Hochschulstraße, Gebäude S1/03 (Innenhof)	Kall-Sötenich, Kalksteinbruch [vermutlich um 1928]	am Aufstellungsort
Düsseldorf	Stadtwerke Düsseldorf AG, Wasserwerk Am Staad	Mechernich-Breitenbenden, Baustelle Autobahnzubringer (L 165) [1979/80]	am Aufstellungsort
Düsseldorf	GeSoLei-Ausstellung	Kall-Sötenich, Kalksteinbruch [1926]	unbekannt
Essen, Henri-Dunant-Straße	Staatliche Ingenieurschule für Bauwesen	Kall-Sötenich, Kalksteinbruch	Universität Duisburg-Essen, Campus Essen, Außenanlage (Forum), Brunnenplatz Universitätsstraße, Ecke Gladbecker Straße
Hamburg	Technische Hochschule	Kall-Sötenich, Kalksteinbruch [1928]	unbekannt
Hürth	Brabanter Platz	Hürth	früher vor dem Schwimmbad, heute vor St. Katharina
Hürth	Rathausvorplatz	Hürth-Hermülheim, Luxemburger Straße, ggü. Severinusstraße (Baustelle Haus Sachsen) [ca. 1983]	am Aufstellungsort
Hürth	Familienbad De Bütt, Sudetenstraße 91	Hürth-Hermülheim, Severinusstraße	am Aufstellungsort
Hürth-Hermülheim	Luxemburger Straße / Hans-Böckler-Straße (Grünanlage)	Hürth-Hermülheim	bei Umsetzungsarbeiten zerstört
Kall	Bushaltestelle auf dem Bahnhofsvorplatz	Kall-Sötenich, Kalksteinbruch [1989]	am Aufstellungsort
Kall-Sötenich, L 203 / L 204	seitlich der Kreuzung	Kall-Sötenich, Kalksteinbruch [1989]	am Aufstellungsort
Kall-Urft, Urfttalstraße 2a	Schullandheim Haus Dalbenden	Kall-Urft, Straßenbau L 22 / L 204, ggü. dem Schullandheim [ca. 1960–1965]	am Aufstellungsort
Koblenz, Ludwig-Erhard-Straße 8	Energieversorgung Mittelrhein (EVM)	Mechernich-Breitenbenden, Baustelle Autobahnzubringer (L 165) [1979/80]	am Aufstellungsort
Köln	Werkbundausstellung (15. Mai bis 8. August 1914)	Euskirchen-Kreuzweingarten [1914]	unbekannt (evtl. nach der Ausstellung nach München transloziert, s. u.)
Köln	An der Rechtsschule / Drususgasse	Hürth (Hürther Leitung)	am Aufstellungsort

Köln, Roncalliplatz	Römisch-Germanisches Museum	Hürth-Hermülheim, Bettina-von-Arnim-Weg [1989]	Praetorium (unter dem Rathaus)
Köln, Pilgrimstraße/Habsburger Ring	neben der (ehem.) Hauptgeschäftsstelle der Stadtsparkasse Köln	Mechernich-Breitenbenden, Baustelle Autobahnzubringer (L165) [1979/80]	beim Absetzbecken der römischen Wasserleitung Grüngürtel, Berrenrather Straße
Köln, Zülpicher Straße 49b	vor dem Geologischen Institut der Universität zu Köln	Mechernich-Breitenbenden, Baustelle Autobahnzubringer (L165) [1979/80]	am Aufstellungsort
Köln-Deutz	Fachhochschule	Mechernich-Breitenbenden, Baustelle Autobahnzubringer (L165) [1979/80]	am Aufstellungsort
Köln, Alfred-Schütte-Allee 10	im Verwaltungsgebäude der Baufirma Gebr. von der Wettern GmbH (heute: Hochtief AG)	Kall-Sötenich, Kalksteinbruch [1979]	am Aufstellungsort
Mechernich	Grünfläche Heerstraße (Nähe Autohaus Vossel)	Mechernich-Breitenbenden, ehem. Dederich-Sandgrube, Münstereifeler Straße [1930]	vom Standort Heerstraße zwischen 1951 und 1955 vor das alte Rathaus und 2011 vor das neue Rathaus versetzt
Mechernich-Kommern	Mühlenpark	Mechernich-Breitenbenden, Baustelle Autobahnzubringer (L165) [1979/80]	am Aufstellungsort
Mechernich-Lessenich, BAB A1	B1, Autobahnparkplatz Grüner Winkel, Richtung Trier	Mechernich-Breitenbenden, Baustelle Autobahnzubringer (L165) [1979/80]	am Aufstellungsort
Mechernich-Lessenich, BAB A1	B1, Autobahnparkplatz Grüner Winkel, Richtung Köln	Mechernich-Breitenbenden, Baustelle Autobahnzubringer (L165) [1979/80]	am Aufstellungsort
München	Deutsches Museum München (Inv. Nr. 40622)	Euskirchen-Kreuzweingarten [1914], evtl. von der Kölner Werkbundausstellung übernommen	Archäologische Staatssammlung, München, Lerchenfeldstraße 2
Nettersheim, Pfaffenbenden	Außengelände des Naturzentrums	Mechernich-Breitenbenden, Baustelle Autobahnzubringer (L165) [1979/80]	am Aufstellungsort
Nettersheim-Marmagen, Dr.-Konrad-Adenauer-Straße 1	Eifelhöhen-Klinik Marmagen GmbH	Mechernich-Breitenbenden, Baustelle Autobahnzubringer (L165) [1979/80]	am Aufstellungsort
Rheinbach	Pützstraße (Grünanlage vor der Post)	Mechernich-Breitenbenden, Baustelle Autobahnzubringer (L165) [1979/80]	am Aufstellungsort
Rheinbach	Kreisel Münstereifeler Straße/Vor dem Dreeser Tor	Rheinbach, Gewerbegebiet Nord 2	am Aufstellungsort
Rheinbach	Am Römerkanal (ggü. dem Altersheim)	Rheinbach, Gewerbegebiet Nord 2	am Aufstellungsort
Rheinbach, Marie-Curie-Straße 1	Wirtschaftsförderungs- und Entwicklungsgesellschaft der Stadt Rheinbach mbH	Rheinbach, Gewerbegebiet Nord 2	am Aufstellungsort
Roetgen	am Wasserwerk östlich der Dreilägerbach-Talsperre	Mechernich-Breitenbenden, Baustelle Autobahnzubringer (L165) [1979/80]	am Aufstellungsort
Schleiden	Am alten Rathaus/Blumenthaler Straße	Mechernich-Breitenbenden, ehem. Dederich-Sandgrube, Münstereifeler Straße [1930]	am Aufstellungsort
Schleiden-Gemünd	Kurgartenstraße/Urftseestraße	Kall-Sötenich, Kalksteinbruch	am Aufstellungsort
Swisttal-Buschhoven	Am Burgweiher	Hürth-Hermülheim, Bettina-von-Arnim-Weg [1989]	am Aufstellungsort
Trier, Universitätsring 15 (vor dem AStA-Gebäude)	Universität Trier	Kall-Sötenich, Kalksteinbruch	am Aufstellungsort
Washington D.C. (USA)	National Museum of Natural History, Smithsonian Institution, Washington D.C.	Kall-Sötenich, Kalksteinbruch [1928]	NMAH Offsite Storage at the Smithsonian's Garber Facility, Suitland, Maryland
Wülfrath, Wilhelmstraße 77 (heute Am Rathaus 1)	Verwaltungsgebäude der GWG Wülfrath GmbH	Kall-Sötenich, Kalksteinbruch	am Aufstellungsort
Xanten	LVR-Archäologischer Park Xanten	Mechernich-Breitenbenden, Baustelle Autobahnzubringer (L165) [1979/80]	am Aufstellungsort

Literaturverzeichnis (eine Auswahl)

Literatur allgemein zum Thema Aquädukte

ADAM 1984: J.-P. Adam, La construction romaine (Paris 1984).
ALFÖLDY 1997: G. Alföldy, Die Bauinschriften des Aquäduktes von Segovia und des Amphitheaters von Tarraco. Madrider Forschungen 19 (Berlin 1997).
AL KARAGI 1970: M. Al Karagi, La civilisation des eaux cachées. Traité de l'exploitation des eaux souterraines. Französisch von A. Mazaheri, Manuskriptdruck (Nizza 1970); deutsch von G. Faber, Manuskript (Walferdingen 1989) [teilweise abgedruckt in Grewe 1998a].
ARNOUD 1995: P. Arnoud, Les mensores des légions: menores agrarii ou mensores frumentarii?, In: Le Bohec, Y. (Hrsg.), La Hiérarchie (Rangordnung) de l'armée romaine (Paris 1995) 251–256.
ASHBY 1935: Th. Ashby, The Aqueducts of Ancient Rome (Oxford 1935).
BAATZ 1994: D. Baatz, Groma oder Modius? Zu einem Fund aus dem Limeskastell Pfünz. Bayer. Vorgeschbl. 59 (1994) 73–83 Taf. 5–7.
BAKKER 1974: L. Bakker, Bonn – Bonna. In: Bogaers, J. E. / Rüger, C. B., Der Niedergermanische Limes. Kunst und Altertum am Rhein 50 (Köln 1974) 196–199.
BAUR 1991: A. Baur, Die Yerebatan-Sarayi-Zisterne in Istanbul – der »versunkene Palast«. Schriftenreihe der Frontinus-Gesellschaft 15 (1991) 7–12.
BEHRENS 1953/54: Behrens, Mainzer Römerbauten. Mainzer Zeitschr. 48/49 (1953/54) 80.
BELAMARIC 1999: J. Belamaric (Hrsg.), Dioklecijanov Akvedukt (Split 1999).
BENOIT 1935: F. Benoit, Le barrage et l'aqueduc romain de Saint-Rémy-de Provence. Rev. études anciennes (1935) 332–340.
BÉRARD 1934: J. Bèrard, Note sur les aqueducs antiques de Cherchel. Revue Africaine 75 (1934) 28–29.
BERKEL 2002: H. Berkel, Reste römischer Wasserleitungen im Raum Xanten. Xantener Ber. 12, Festschrift Gundolf Precht (Mainz 2002) 129–147.
BERKEL 2008: H. Berkel, Neues zur Wasserversorgung der Colonia Ulpia Traiana. Arch. Rheinland 2008 (2009) 95–96.
BESSAC 2003: J.-C. Bessac, Nouvelles traces du chantier romain du Pont du Gard. Revue Archéologique de Narbonnaise 36 (2003) 177–198.
BITTEL 1928: K. Bittel, Neue Grabungen im Mainzer Legionslager. Mainzer Zeitschr. 23 (1928) 53.
BLANCHET 2001: E. Blanchet, Aqueducs romains. Trajet de Barbegal à Arles (Arles 2001).
BLUME/LACHMANN/RUDORFF 1848: F. Blume/K. Lachmann/A. Rudorff, Die Schriften der römischen Feldmesser (Berlin 1848; Nachdr. Hildesheim 1967).
BOGAERS/RÜGER 1974: J. E. Bogaers/C. B. Rüger, Der Niedergermanische Limes. Kunst und Altertum am Rhein 50 (Köln 1974).
BOZIC 2001: V. Bozic, [Der Aquädukttunnel] Italienerloch [in Novalja]. In: Schauhöhlen in Kroatien (Zagreb 2001) 112–115.
BOZIC 2002: V. Bozic, The Roman Aqueduct of Novalja. 3rd International Symposium on Souterrains, Starigrad Paklenica (Croatia), 15.-18.9.2000 (Zagreb 2002) 46–51.
BOZIC 2003: V. Bozic, L'Aqueduc romain de Novalja (Croatie). Subterranea 126 (2003) 46–50.
BOZIC 2005: V. Bozic, »Talijanova Buza« – Old Roman Underground Aqueduct on the Island Pag, Croatia. Internationales Frontinus-Symposium 2003 Walferdange, Luxemburg. Schriftenreihe der Frontinus-Gesellschaft 26 (2005) 27–38.
BURDY 1979: J. Burdy, Lyon – Lugdunum et ses 4 aqueducs. Dossiers de l'Archéologie 38 (1979) 62.
BURDY 1988: J. Burdy, Lugdunum/Lyon. In: Frontinus-Gesellschaft e. V. (Hrsg.), Die Wasserversorgung antiker Städte. Geschichte der Wasserversorgung Bd. 3 (Mainz 1988) 190–198.
BURDY 1994: J. Burdy, Zu den Konsulardaten auf römischen Bleirohren – Ein neues Beispiel aus Vienne (Frankreich). Schriftenreihe Frontinus-Gesellschaft 18 (1994) 81–88.
BURDY 1999: J. Burdy, Mille regards sur l'aqueduc du Gier. Archéologia 357 (1999) 60–66.
BURDY 2008: J. Burdy, Les Aqueducs Romains de Lyon (Lyon 2008).
CAGNAT 1895: R. Cagnat, Musées de l'Algérie et de la Tunisie: Lambèse (Paris 1895).
CARRETONI, G./COLINI, A. M./COZZA, L./GATTI, G. 1960: Forma Urbis Romae. Text- und Tafelband (Rom 1960).
ÇEÇEN 1996: K. Çeçen, The longest Roman Water Supply Line (Istanbul 1996).
CECH 2010: B. Cech, Technik in der Antike (Darmstadt 2010).
CLEMEN 1905: P. Clemen, Stadt Bonn. Die Kunstdenkmäler der Rheinprovinz V, 3 (Bonn 1905).
CLEVER 1896-1902: Die römische Wasserleitung aus der Eifel in die Rheinebene, eine handgezeichnete Übersichtskarte (Rheinbach 1896–1902).
COARELLI 1975: F. Coarelli, Rom, ein archäologischer Führer (Freiburg, Basel, Wien 1975).
COZZO 1928: G. Cozzo, Ingegneria Romana (Rom 1928; Nachdr. 1970).
CÜPPERS 1969: H. Cüppers, Die Trierer Römerbrücken. Trierer Grabungen und Forschungen V (Mainz 1969).
DASSIÉ 1999: J. Dassié, La grande lieue gauloise – Approche méthodologique de la métrique des milliaires. Gallia 56 (1999).
DELLA CORTE 1922: M. Della Corte, Groma. Mon. Ant. 28 (1922) 5–100 (= Groma [Rom 1922]).
DE WAELE 1996: J. de Waele, Een Romeins ingenieursproject – De tunnel van Nonius Datus. Hermeneus 68 (1996) 173–181.
DÖRING 2000: M. Döring, Die römische Bewässerungsleitung von Pondel im Aostatal/Italien. In: Jansen, G. C. M. (Hrsg.), Cura Aquarum in Sicilia. Proceedings of the Tenth International Congress on the History of Water Management and Hydraulic Engineering in the Mediterranean Region, 1998 (Leiden 2000) 109–116.
DÖRING 2010: M. Döring, Wasser für Minturnae (Latium). Schriften der Dt. Wasserhist. Gesellschaft 14 (2010) 151-161.
ECK 1987: W. Eck, Magistrate, »Ingenieure«, Handwerker: Zum Sozialstatus von »Wasserleitungsbauern« in der römischen Welt. In: Leichtweiß-Institut für Wasserbau, Kolloquium »Wasserbau in der Antike« zu Ehren von G. Garbrecht (Braunschweig 1987) 129–154.
ECK 1994: W. Eck, Bedeutende »Ingenieure« der griechisch-römischen Welt. Schriftenreihe Frontinus-Gesellschaft 18 (1994) 10–22.
ECK 1995: W. Eck, Antonius Pius als Stifter eines Aquädukts für die Colonia Claudia Ara Agrippinensium? Kölner Jahrb. Vor- u. Frühgesch. 28 (1995) 631–634.
ECK 2006: W. Eck, Sex. Iulius Frontinus, kaiserlicher Statthalter in Germanien. Schriftenreihe der Frontinus-Gesellschaft 27 (2006) 49–60.
ESCHEBACH 1979: H. Eschebach, Die Gebrauchswasserversorgung des antiken Pompeji. Antike Welt H. 2 (1979).
ESSER 1972: K.-H. Esser, Mongontiacum. Bonner Jahrb. 172 (1972) 212.
FABRE 2001: G. Fabre, Le Pont du Gard – L'aqueduc antique de Nîmes (Barbentane 2001).
FABRE/FICHES/PAILLET 1991: G. Fabre/J.-L. Fiches/J.-L. Paillet, L'Aqueduc de Nîmes et le Pont du Gard. Archéologie-Géosystème-Histoire (Nîmes 1991).
FABRE/FICHES/LEVEAU/PAILLET 1992a: G. Fabre/J.-L. Fiches/P. Leveau/J.-L. Paillet, Le Pont du Gard, l'eau dans la ville (Nîmes 1992).
FABRE/FICHES/LEVEAU/PAILLET 1992b: G. Fabre/J.-L. Fiches/P. Leveau/J.-L. Paillet, The Pont du Gard – Water and the Roman Town (Nîmes 1992).
FABRE/FICHES 2006: G. Fabre/J.-L. Fiches, Aquädukt der Superlative. Spektrum der Wissenschaft H. 6 (2006) 92–97.
FAHLBUSCH 1988: Aspendos. In: Frontinus-Gesellschaft (Hrsg.), Die Wasserversorgung antiker Städte, Teil 2. Geschichte der Wasserversorgung, Bd. 3 (Mainz 1988; ²1993) 172–175.
FAVA 1969: A. S. Fava, I simboli nelle monete argentee repubblicana e la vita dei Romani (Turin 1969).
FEIJOO MARTÍNEZ 2005: S. Feijoo Martínez, El abastecimiento en Augusta Emerita. Las presas y los acueductos de agua potable, una asociación en la Antigüedad. In: Nogales Barrasate, T. (Hrsg.), Augusta Emerita (Mérida 2005).
FEIJOO MARTÍNEZ 2006: S. Feijoo Martínez, Las presas y el agua potable en época romana: dudas y certezas. In: Colegio de Ingenieros Técnicos de Obras Públicas (Hrsg.), Nuevos Elementos de Ingeniera Romana. III Congreso de las Obras Públicas Romanas (Castilla y Léon 2006) 145–166.
FELDHAUS 1952: F. M. Feldhaus, Römische Wasserleitungen in Nordafrika. Das Gas- und Wasserfach 93 (1952) 352.
FELLMANN 1983: R. Fellmann, Römische Rechentafeln aus Bronze. Antike Welt 14 H. 1 (1983) 36.
FERNÁNDEZ CASADO 1972: C. Fernández Casado, Acueductos Romanos en España (Madrid 1972).
FILTZINGER 1981: Ph. Filtzinger, Hic saxa loquuntur – Hier reden die Steine. Kl. Schriften z. Kenntnis d. röm. Besetzungsgeschichte Südwestdeutschlands 25 (Stuttgart 1981).
FREIS 1984: H. Freis, Historische Inschriften zur römischen Kaiserzeit. Von Augustus bis Konstantin. Texte zur Forschung Bd. 49 (Darmstadt 1984).
FRONTINUS: Sextus Iulius Frontinus, De aquis urbis Romae [deutsche Übersetzung]. In: Frontinus-Gesellschaft (Hrsg.) 1982.
FRONTINUS-GESELLSCHAFT 1982: Frontinus-Gesellschaft (Hrsg.), Die Wasserversorgung im antiken Rom. Geschichte der Wasserversorgung, Bd. 1 (München, Wien 1982; ²1983) (völlig überarbeitete Neuauflage München 2013).
FRONTINUS-GESELLSCHAFT 1987: Frontinus-Gesellschaft (Hrsg.), Die Wasserversorgung antiker Städte, Teil 1. Geschichte der Wasserversorgung, Bd. 2 (Mainz 1987; ²1991).
FRONTINUS-GESELLSCHAFT 1988: Frontinus-Gesellschaft (Hrsg.), Die Wasserversorgung antiker Städte, Teil 2. Geschichte der Wasserversorgung, Bd. 3 (Mainz 1988; ²1993).
FRONTINUS-GESELLSCHAFT 1991: Frontinus-Gesellschaft (Hrsg.), Die Wasserversorgung im Mittelalter. Geschichte der Wasserversorgung, Bd. 4 (Mainz 1991).
FUCHS 1771: Fuchs, Geschichte von Mainz (1771).
GAITZSCH 1997: W. Gaitzsch, Zwei Meilensteine von der Via Agripinnensis. Arch. Rheinland (1997) 82–85.

GAITZSCH/ HAARICH/HERMANNS 1999: W. Gaitzsch/H. Haarich/J. Hermanns, Fundbericht Elsdorf, Erftkreis. Bonner Jahrb. 199 (1999) 440–441.

GARBRECHT 1979: G. Garbrecht, L'alimentation en eau de Pergame. Dossiers de l'archéologie 38 (1979) 26–33.

GARBRECHT 1995: G. Garbrecht, Meisterwerke antiker Hydrotechnik (Stuttgart, Leipzig 1995).

GARBRECHT 1997: G. Garbrecht, Die römische Kaikos-Aksu-Wasserleitung nach Pergamon. In: Terzio, A./Bayaz, M. (Hrsg.), In Memoriam Prof. Dr. Kâzım Çeçen [Gedenkschr.] (Istanbul 1997) 39–46.

GARBRECHT 2001: G. Garbrecht, Altertümer von Pergamon, Bd. 1; Stadt und Landschaft, Teil 4; Die Wasserversorgung von Pergamon (Berlin, New York 2001).

GECHTER 1985: M. Gechter, Ausgrabungen in Bonn in den Jahren 1983/84. Ausgrabungen im Rheinland '83/84 (Bonn 1985) 121.

GERSTER/WARTKE 2003: G. Gerster/R.-B. Wartke, Flugbilder aus Syrien von der Antike bis zur Moderne (Mainz 2003).

GILL 1991: D. Gill, Subterranean Waterworks of Biblical Jerusalem: Adaption of a Karst System. Science 254 (1991) 1467–1471.

GILL 1994: D. Gill, Geology Solves Long-Standing Mysteries of Hezekiah's Tunnelers: How they Met. Biblical Archaeology Review July/August (1994) 21–33, 64.

GILLY 1971/72: J.-C. Gilly, Les dépots calcaires de l'aqueduc antique de Nîmes. École Antique de Nîmes 6/7 (1971/72) 61.

GIORGETTI 1988: D. Giorgetti, Bolgna. In: Frontinus-Gesellschaft e. V. (Hrsg.), Die Wasserversorgung antiker Städte. Geschichte der Wasserversorgung, Bd. 3 (Mainz 1988) 180–185.

GREWE 2007: H. Grewe, Die Wasserversorgung der Kaiserpfalz Ingelheim am Rhein im 8./9. Jahrhundert. In: Frontinus-Gesellschaft e. V. (Hrsg.), Wasser auf Burgen im Mittelalter; Geschichte der Wasserversorgung, Bd. 7 (Mainz 2007) 191–199.

GREWE, K., Literatur zur Eifelwasserleitung siehe gesondertes Literaturverzeichnis S. 395.

GREWE, K. 1979: K. Grewe, Lageplan der antiken Stadt Siga. In: Rüger, C. B., Siga, die Hauptstadt des Syphax. Die Numider: Reiter und Könige nördlich der Sahara (Ausstellungskatalog Bonn 1979) 183, Abb. 116.

GREWE 1980: K. Grewe, Die Groma auf dem Grabstein des Mensoris Lucius Aebutius Faustus. Der Vermessungsingenieur 31 (1980) 164.

GREWE 1981: K. Grewe, Ein römischer Trinkwasserstollen in Brey bei Koblenz. Der Vermessungsingenieur 32 (1981) 136–139.

GREWE 1982: K. Grewe, Wasser für Simitthus – Die Vermessung der römischen Wasserleitung nach Chemtou in Tunesien. Kern Bulletin 33 (1982) 9–15.

GREWE 1983: K. Grewe, Die römische Wasserleitung nach Almuñécar (Spanien). Der Vermessungsingenieur 34 (1983) 217–221.

GREWE 1984: K. Grewe, Antike Steindenkmäler zur Vermessungsgeschichte im Kapitolinischen Museum und im Konservatorenpalast zu Rom. Der Vermessungsingenieur 35 (1984) 169.

GREWE 1985: K. Grewe, Planung und Trassierung römischer Wasserleitungen. Schriftenreihe der Frontinus-Gesellschaft, Suppl. 1 (Wiesbaden 1985).

GREWE 1986: K. Grewe, Atlas der römischen Wasserleitungen nach Köln. Rhein. Ausgr. 26 (Köln 1986).

GREWE 1988: K. Grewe, Römische Wasserleitungen nördlich der Alpen. In: Frontinus-Gesellschaft e. V. (Hrsg.), Die Wasserversorgung antiker Städte. Geschichte der Wasserversorgung, Bd. 3 (Mainz 1988) 45–98.

GREWE 1990: K. Grewe, Patientia – Virtus – Spes; Mit »Geduld, Tatkraft und Gottvertrauen« durch den Berg. In: Faber, G./Kohl, N. (Hrsg.), 25 Jahre Raschpëtzer-Forschung (Walferdange 1990) 291–322.

GREWE 1991a: K. Grewe, Neue Befunde zu den römischen Wasserleitungen nach Köln. Nachträge und Ergänzungen zum »Atlas der römischen Wasserleitungen nach Köln«. Bonner Jahrb. 191 (1991) 385–422.

GREWE 1991b: K. Grewe, Wasserversorgung und -entsorgung im Mittelalter – Ein technikgeschichtlicher Überblick. In: Frontinus-Gesellschaft (Hrsg.), Die Wasserversorgung im Mittelalter (Mainz 1991) 11–88.

GREWE 1992: Lugdunum/Lyon: Der Aquädukt aus dem Fluß Gier. Antike Welt der Technik III. Antike Welt 23 (1992) 82–90.

GREWE 1993: K. Grewe, Augusta Emerita/Mérida – eine Stadt römischer Technikgeschichte. Antike Welt der Technik V. Antike Welt 24 (1993) 244–255.

GREWE 1994: K. Grewe, Die römische Wasserleitung nach Side (Türkei). Antike Welt der Technik VI. Antike Welt 25 (1994) 192–203.

GREWE 1998: K. Grewe, Licht am Ende des Tunnels. Planung und Trassierung im antiken Tunnelbau (Mainz 1998).

GREWE 2000a: K. Grewe, Der Raschpëtzer-Tunnel in seinem technikgeschichtlichen Umfeld. In: Kohl, N./ Waringo, G. (Hrsg.), Die »Raschpëtzer«-Forschung zur Jahrtausendwende (Walferdange 2000) 17–25.

GREWE 2000b: K. Grewe, Aquädukte sind Gesamtkunstwerke. Aquäduktforschung als Ganzheitsmethode. In: Jansen, G. C. M. (Hrsg.), Cura Aquarum in Sicilia. Proceedings of the Tenth International Congress on the History of Water Management and Hydraulic Engineering in the Mediterranean Region, 1998 (Leiden 2000) 93–95.

GREWE 2001: K. Grewe, Die Wasserleitung für das Legionslager Bonn. In: van Rey, M. (Hrsg.), Geschichte der Stadt Bonn in vier Bänden. Bd. 1: Bonn von der Vorgeschichte bis zum Ende der Römerzeit (Bonn 2001) 181–198.

GREWE 2002: K. Grewe, Historische Tunnelbauten im Rheinland. Mat. Bodendenkmalpfl. Rheinland 14 (Köln 2002).

GREWE 2003a: K. Grewe, Technologie-Transfer von der Antike in das Mittelalter am Beispiel der Wasserversorgung. In: Bruun, C./Saastamoinen, A. (Hrsg.) Technology, Ideology, Water: From Frontinus to the Renaissance and Beyond. Acta Instituti Romani Finlandiae 31 (2003) 171–192.

GREWE 2003b: K. Grewe, Die Wiedergeburt eines großartigen Technikbaus. Der Raschpëtzer-Tunnel von Walferdange (Luxemburg). Antike Welt der Technik XIII. Antike Welt 34 (2003) 359–362.

GREWE 2004: K. Grewe, Ein Modell einer antiken Aquäduktbrücke. Kölner Jahrbuch 37 (2004) 865–869.

GREWE 2005: K. Grewe, Alle Wege führen nach Rom. Römerstraßen im Rheinland und anderswo. Mat. Bodendenkmalpfl. Rheinland 16 (9–42).

GREWE 2006a: K. Grewe, Der Aquädukt von Siga und sein bemerkenswertes Castellum. Cura Aquarum in Ephesus Vol. 2 (Leuven 2006) 335–342.

GREWE 2006b: K. Grewe, Technische Bodendenkmäler in der archäologischen Landschaft Nordeifel. Arch. Rheinland 2005 (Stuttgart 2006) 173–175.

GREWE 2007: K. Grewe, Die Agrippastraße zwischen Köln und Trier. Erlebnisraum Römerstraße Köln-Trier. Mat. Bodendenkmalpfl. Rheinland 18 (2007) 31–64.

GREWE 2009a: K. Grewe, Die Reliefdarstellung einer antiken Steinsägemaschine aus Hierapolis in Phrygien und ihre Bedeutung für die Technikgeschichte. In: Bachmann, M. (Hrsg.), Bautechnik im antiken und vorantiken Kleinasien. BYZAS 9, Veröffentlichungen des Deutschen Archäologischen Instituts Istanbul (Istanbul 2009) 429–454.

GREWE 2009b: K. Grewe, Chorobat und Groma – Neue Gedanken zur Rekonstruktion und Handhabung der beiden wichtigsten Vermessungsgeräte antiker Ingenieure. Bonner Jahrb. 209 (2009) 109–128.

GREWE 2010: K. Grewe, Meisterwerke antiker Technik (Mainz 2010).

GREWE 2011a: K. Grewe, Neues zur Baustellenorganisation im römischen Aquäduktbrückenbau. In: Bayerische Gesellschaft für Unterwasserarchäologie (Hrsg.), Archäologie der Brücken (Regensburg 2011) 61–66.

GREWE 2011b: K. Grewe, Qanate – Meisterwerke des Ingenieurbaus. In: Konen, J. (Hrsg.), Raschpëtzer – Dem Mythos auf der Spur (Esch-sur-Alzette 2011) 33–49.

GREWE 2012: K. Grewe, Die Ziegelmarken am Aquädukt von Minturnae. Bonner Jahrb. 212 (2012) 35–50.

GREWE 2013: K. Grewe, Streckenmessung im antiken Aquädukt- und Straßenbau. In: Geus, K./Rathmann, M., Vermessung der Oikumene. Topoi – Berlin Studies of the Ancient World 14 (Berlin 2013) 119–135.

GREWE/HEIMBERG 1982: K. Grewe/U. Heimberg, Römische Kataster in Marmor. Der Vermessungsingenieur 33 (1982) 168.

GREWE/KESSENER/PIRAS 1999: K. Grewe/H. P. M. Kessener/ S. Piras, Im Zickzack-Kurs über den Fluß – Die römisch-seldschukische Eurymedon-Brücke von Aspendos (Türkei). Antike Welt der Technik X. Antike Welt 30 (1999) 1–12.

GROSS 1975: R. Gross, s. v. Cloaca maxima. Der Kleine Pauly Bd. 1 (München 1975).

HABEREY 1972: W. Haberey, Die römischen Wasserleitungen nach Köln (Bonn 1965; 1971; 1972).

HARRIS 2003: R. Harris, Pompeji (München 2003).

HASELBERGER 1984: L. Haselberger, Die Werkzeichnung des Naiskos im Apollontempel von Didyma. Diskuss. z. Archäolog. Bauforschung 4 (1984) 111.

HEIMANNS/DREWES/LEVEAU 1993: S. Heimanns/U. Drewes/ P. Leveau, Abflussberechnungen für die römischen Aquädukte der Stadt Arles und der Mühlen von Barbegal. Wasserwirtschaft 83 (1993) 490–493.

HEINZELMANN 2007: J. Heinzelmann, Dictus de Ageduch. Mainzer Zeitschr. 102 (2007) 159–166.

HELLENKEMPER 1986: H. Hellenkemper, Wasserbedarf, Wasserverteilung und Entsorgung der Colonia Claudia Ara Agrippinensium. In: Grewe, K., Atlas der römischen Wasserleitungen nach Köln. Rhein. Ausgr. 26 (Köln 1986) 193–214.

HERODOT: Herodot, Historien. Deutsch von A. Horneffer (Stuttgart ⁴1971).

HERON: Herons von Alexandria, Vermessungslehre und Dioptra; griechisch und deutsch von Hermann Schöne (Leipzig 1903).

HESBERG 1983: H. v. Hesberg, Römische Gundrisspläne auf Marmor. Diskussionen z. Archäolog. Bauforschung 4 (Berlin 1983) 120.

HINZ 1959: H. Hinz, Römische Wasserleitung südlich von Xanten. Bonner Jahrb. 159 (1959) 134–148.

HODGE 1992: A. T. Hodge, Roman Aqueducts and Water Supply (London 1992).

HOFFMANN 1984: A. Hoffmann, Zum Bauplan des Zeus-Asklepios-Tempels im Asklepieion von Pergamon. Diskuss. z. Archäolog. Bauforschung 4 (1984) 95.

HULTSCH 1882: F. Hultsch, Griech. und röm. Metrologie (²1882).

ILAKOVAC 2008: B. Ilakovac, Roman Aqueducts on the Island of Pag. Arheološki muzej u Zagrebu, 3.s., XLI (2008) 129–166.

ISIK 1999: F. Isik, Patara – Eine lykische Metropole erwacht aus ihrem »Dornröschenschlaf«. Antike Welt 30 (1999) 477–493.

JACOBSSON 1795: Technologisches Wörterbuch, Teil 8 (Berlin, Stettin 1795).

JANSEN 2000: G. C. M. Jansen (Hrsg.), Cura Aquarum in Sicilia. Proceedings of the Tenth International Congress on the History of Water Management and Hydraulic Engineering in the Mediterranean Region, Syrakus 16.–22. Mai 1998 (Leiden 2000).

JIMÉNEZ MARTÍN 1976: A. Jiménez Martín, Los acueductos de Emerita. In: Blanco Freijeiro, A. (Hrsg.), Augusta Emerita.

Actas del Simposio Internacional Conmemorativo del Bimilenario de Mérida (Madrid 1976) 111–125.

JORDAN 1879: H. Jordan, Kritische Beiträge zur Geschichte der lateinischen Sprache 3. Der Bericht des Ingenieurs Nonius Datus (Berlin 1879) 263–274.

JÜRGENS 1977: A. Jürgens, Grabungen und Restaurierungen archäologischer Denkmäler in Nettersheim, Kreis Euskirchen. Ausgrabungen im Rheinland '76. Das Rheinische Landesmuseum Bonn, Sonderheft (Januar 1977) 84–97.

JÜRGENS 1979: A. Jürgens, Ein neuer Aufschluss der römischen Eifelwasserleitung in Euskirchen-Rheder. Ausgrabungen im Rheinland '78 (Bonn 1979) 94–95.

JÜRGENS 1980: A. Jürgens, Rettungsaktionen an der römischen Eifelwasserleitung bei Mechernich-Breitenbenden. Ausgrabungen im Rheinland '79. Das Rheinische Landesmuseum Bonn, Sonderheft (Januar 1980) 167–173.

JÜRGENS/LOMMERZHEIM/SOMMER/VOGT 1979: A. Jürgens/R. Lommerzheim/M. Sommer/Th. Vogt, Ein römisches Wassersammelbecken aus Euskirchen-Kirchheim. Rhein. Landesmus. Bonn. Sonderh. Ausgr. '78 (1979) 96–101.

KAPHENGST/RUPPRECHT 1988: C. v. Kaphengst/G. Rupprecht, Mainz. In: Frontinus-Gesellschaft (Hrsg.), Die Wasserversorgung antiker Städte, Geschichte der Wasserversorgung, Bd. 3 (Mainz 1988) 189–203.

KAYSER/WARINGO 2005: P. Kayser/G. Waringo, Die unterirdische Wasserleitung der Raschpetzer, ein Monument antiker Ingenieurbaukunst aus Luxemburg. Internationales Frontinus-Symposium 2003 Walferdange, Luxemburg. Schriftenreihe der Frontinus-Gesellschaft 26 (2005) 277–292.

KEK 1994: D. Kek, Der römische Aquädukt als Bautypus und Repräsentationsarchitektur. Charybdis 12 (Münster 1994).

KELLER 1871: O. Keller, Vicus Aureli oder Oehringen zur Zeit der Römer. Festschrift Winckelmann (Bonn 1871).

KESSENER 1995: H. P. M. Kessener, The Entrance Channel of the Castellum Divisorium at Nîmes. BABesch 70 (1995) 179–191.

KESSENER 2000a: H. P. M. Kessener, The Aspendos Aqueduct Research Project (AARP): Field Campaigns 1996 and 1998. In: Jansen, G. C. M. (Hrsg.), Cura Aquarum in Sicilia. Proceedings of the Tenth International Congress on the History of Water Management and Hydraulic Engineering in the Mediterranean Region, 1998 (Leiden 2000) 145–153.

KESSENER, H. P. M. 2000b: H. P. M. Kessener, The Aqueduct at Aspendos and its Invertid Siphon. Journal Roman Arch. 13 (2000) 104–132.

KESSENER 2001b: H. P. M. Kessener, The Aspendos Aqueduct, an Outstanding Example of Roman Hydraulic Technology. Schriftenreihe der Frontinus-Gesellschaft 24 (2001) 95–108.

KIENAST 1995: H. J. Kienast, Die Wasserleitung des Eupalinos auf Samos. Samos Bd. XIX (Mainz 1995).

KLUMBACH 1969: H. Klumbach, Römersteine. Führer zu vor- u. frühgeschichtl. Denkmälern 11 (Mainz 1969) 103.

KOCKEL 1983: V. Kockel, Die Grabbauten vor dem Herkulaner Tor in Pompeji (Mainz 1983) 105 Taf. 28 b.

KOENEN 1904: C. Koenen, Beschreibung von Novaesium. Bonner Jahrb. 111 (1904) 7ff.

KOHL 2004: N. Kohl, Raschpetzer-Geschehen unter der Lupe. Was wäre, wenn …? (Walferdange 2004).

KOHL 2005: N. Kohl, Von der »Dauvebur«-Quelle zum »Raschpetzer-Qanat« – Fakt und Hypothese (Walferdange 2005).

KOWALEWSKI 1992: P. Kowalewski, Symbole des Wassers und Bauten der Wasserversorgung in Darstellungen auf Münzen und Medaillen der Antike. Mitt. des Leichtweiß-Instituts für Wasserbau der Universität Braunschweig 117 (1992) 229.

KOWALEWSKI 2006a: P. Kowalewski, Sextus Julius Frontinus »im Bart«. Schriftenreihe der Frontinus-Gesellschaft 27 (2006) 153–158.

KOWALEWSKI 2006b: P. Kowalewski, Flussgötter und ihre Attribute auf antiken Münzen. In: Wiplinger, G., Cura Aquarum in Ephesus (Leuven 2006) 3–16.

KREBS 1897: W. Krebs, Antike Wasserversorgungen in Nordafrika. Journal für die Gasbeleuchtung und Wasserversorgung 40 (1897) 273–275.

KROHMANN 1903: Krohmann, Die Wasserleitung des römischen Trier. Westdeutsche Zeitschrift 22 (1903) 237.

KRÜNITZ 1773–1858: J. G. Krünitz, Oekonomische Encyklopädie oder allgemeines System der Staats-, Stadt-, Haus- und Landwirthschaft, 242 Bde. (Berlin 1773–1858).

LAMPRECHT 1984: H.-O. Lamprecht, Opus Caementitium – Bautechnik der Römer (Düsseldorf 1984).

LAMPRECHT 1986: H.-O. Lamprecht, Opus caementicium für römische Wasserleitungen. In: Grewe, K., Atlas der römischen Wasserleitungen nach Köln. Rhein. Ausgr. 26 (Köln 1986) 249–254.

LANCIANI 1874: R. Lanciani, Forma Vrbis Romae (Berlin 1874).

LAPORTE 1997a: J.-P. Laporte, L'aqueduc de Bougie et son constructeur Nonius Datus. In: Bedon, R. (Hrsg.), Les aqueducs de la Gaule Romaine et des Regions Voisines. Caesarodunum 31 (Limoges 1997) 747–780.

LAPORTE 1997b: J.-P. Laporte, Notes sur l'aqueduc de Saldae (Bougie). In: Atti dell'XI convegno di studi Cartagine, 15–18 dicembre 1994 (1997) 711–762.

LÈGER 1875: A. Léger, Les travaux publics, les mines et la métallurgie aux temps romaine, 2 Bde. (Paris 1875).

LEPRÊTRE/PROVOST 2005: B. Leprêtre/A. Provost, Le tunnel de l'aqueduc romain de Carhaix, Cotes d'Armor – Finistère, France. Internationales Frontinus-Symposium 2003 Walferdange, Luxemburg. Schriftenreihe der Frontinus-Gesellschaft 26 (2005) 143–156.

LETZNER 1990: W. Letzner, Römische Brunnen und Nymphaea in der westlichen Reichshälfte (Hamburg 1990).

LEVEAU 1988a: P. Leveau, Saldae. In: Frontinus-Gesellschaft (Hrsg.), Die Wasserversorgung antiker Städte, Geschichte der Wasserversorgung, Bd. 3 (Mainz 1988) 215–218.

LEVEAU 1988b: P. Leveau, Caesarea. In: Frontinus-Gesellschaft (Hrsg.), Die Wasserversorgung antiker Städte, Geschichte der Wasserversorgung, Bd. 3 (Mainz 1988) 186–189.

LEVEAU/PAILLET 1976: P. Leveau/J.-L. Paillet, L'alimentation en eau de Caesarea de Mauritanie et l'aqduc de Cherchell (Paris 1976).

LEVEAU/PAILLET 1977: P. Leveau/J.-L. Paillet, L'aqueduc de Caesarea de Mauritanie. Archéologia 105 (1977) 28–37.

LEVEAU/WALSH/BERTUCCI/BRUNETON/BOST/TREMMEL 2000: P. Leveau/K. Walsh/G. Bertucci/H. Bruneton/J.-P. Bost/B. Tremmel, Le troisième siècle dans la vallée des baux: les fouilles de la partie basse et de l'émissaire oriental des moulins de Barbegal. Revue Archéologique de Narbonnaise 33 (2000) 387–439.

LUGLI 1930–1938: G. Lugli, I Monumenti antichi die Roma e suburbio, Bd. 2 (1930–1938).

MAASSEN 1882: Maassen, Die römische Staatsstraße von Trier über Belgica bis Wesseling am Rhein, und der Römerkanal am Vorgebirge. Ann. des hist. Vereins für den Niederrhein 37 (1882) 68 ff.

MANGARTZ 2006: F. Mangartz, Zur Rekonstruktion der wassergetriebenen byzantinischen Steinsägemaschine von Ephesos, Türkei – Vorbericht. Archäologisches Korrespondenzblatt 36, 4 (2006) 573–590.

MAZAR 2001: A. Mazar, Untersuchungen über die Wasserleitungen nach Jerusalem. In: Dierx, W./Garbrecht, G. (Hrsg.), Wasser im Heiligen Land – Biblische Zeugnisse und archäologische Forschungen (Mainz 2001) 165–194.

MEINHARDT/SIMON 1966: E. Meinhardt/F. Simon, Grabaltar des Titus Statilius Aper. In: Helbig, W., Führer durch die öffentlichen Kunstsammlungen klassischer Altertümer in Rom (hrsg. von H. Speier), II. Die Städtischen Kunstsammlungen (Tübingen 1966).

MOMMSEN 1871: Th. Mommsen, Tunnelbau unter Antoninus Pius. In: Archäologische Zeitung NF III (1871) 5.

MORENO GALLO 2004: I. Moreno Gallo, Roman Surveying. In: Proceedings of the European Congress »Elementos de ingenieria romana« (Tarragona 2004) 25–33.

MÜLLER 1974: G. Müller, Neuss-Novaesium. In: Bogaers, J. E./Rüger, C. B. (Hrsg.), Der Niedergermanische Limes. Kunst und Altertum am Rhein 50 (Köln 1974) 106.

MÜLLER 1984: G. Müller, Die militärischen Anlagen und Siedlungen von Novaesium. In: Stadt Neuss (Hrsg.), Das römische Neuss (Stuttgart 1984) 83.

NEUBURGER 1919: A. Neuburger, Die Technik des Altertums (Leipzig 1919).

NEYSES 1975: A. Neyses, Die römische Ruwer-Wasserleitung nach Trier im Ablaufgebiet Tarforst-Waldrach. Trierer Zeitschrift 38 (1975) 75.

NEYSES o. J.: A. Neyses, Die Ruwer-Wasserleitung des römischen Trier (Waldrach, Trier o. J.).

NOWOTNY 1923: E. Nowotny, Groma. Germania 7 (1923) 22–29.

OHLIG 2001a: C. Ohlig, Wasser nach Pompeji: Quellgebiete, Zuleitung und Verteilung im Castellum Aquae – Ein Beispiel für die Bewältigung einer veränderten Versorgungs-situation durch technische Innovation in der Antike. Schriftenreihe der Frontinus-Gesellschaft 24 (2001) 61–83.

OHLIG 2001b: C. Ohlig, De Aquis Pompeiorum. Das Castellum Aquae in Pompeji: Zuleitung und Verteilung des Wassers. Circumvesuviana 4 (Nimwegen 2001).

OPDENBERG 2006: G. Opdenberg, Die Groma der Agrimensoren. Messinstrument oder Kultgerät? VDVmagazin Vermessung u. Geoinformation 57 (2006) 104–108 = Arch. Korrbl. 37 (2007) 95–106.

OPDENBERG 2007: G. Opdenberg, Der Chorobat des Vitruv, VDVmagazin Vermessung u. Geoinformation 58 (2007) 120–125.

PÄFFGEN 2006a: B. Päffgen, Der Qanat-Tunnel von Inden – ein archäologischer Überraschungsfund im rheinischen Braunkohlentagebau. Schriftenreihe der Frontinus-Gesellschaft 27 (2006) 135–142.

PÄFFGEN 2006b: B. Päffgen, Die Qanat-Wasserleitung der villa rustica in Alt-Inden. Arch. Rheinland 2005 (Stuttgart 2006) 89–90.

PÄFFGEN/WILLER 2003: B. Päffgen/F. Willer, Bergung und Restaurierung eines Feuerlöschpumpen-Strahlrohres des 4. Jahrhunderts. Arch. Rheinland 2002 (Stuttgart 2003) 112–113.

PAILLET 2005: J.-L. Paillet, Réflexions sur la construction du Pont du Gard. Gallia 62 (2005) 49–68.

PELEG 2001a: J. Peleg, Unterirdische Wasserversorgungsanlagen biblischer Städte. In: Dierx, W./Garbrecht, G. (Hrsg.), Wasser im Heiligen Land – Biblische Zeugnisse und archäologische Forschungen (Mainz 2001) 148–158.

PELEG 2001b: Y. Peleg, Die Restaurierung der Staumauer für die »Untere Leitung« nach Caesarea – Ein kurzer Zwischenbericht zu einem aktuellen Forschungsprojekt. Schriftenreihe der Frontinus-Gesellschaft 24 (2001) 203–206.

PELEG 2002: Y. Peleg, The Dams of Caesarea's Low-level Aqueduct. Journal Roman Arch. 46 (2002) 141–147.

PELGEN 2003: S. Pelgen, Mainz – Vom »elenden Steinklumpen« zum Denkmal. Archäolog. Ortsbetrachtungen 3 (Mainz 2003).

PELGEN 2004: S. Pelgen, Aquädukt-Ansichten – Aus der Denkmalgeschichte der Wasserversorgung für das römische Mainz. Archäolog. Ortsbetrachtungen 5 (Mainz 2004).

PETERS 2002: K. Peters, Messgeräte des Altertums. Nachbau Experimente Genauigkeit. Schriftenreihe des Förderkreises Vermessungstechnisches Museum e. V. 30 (Dortmund 2002).

PETRIKOVITS 1959: H. v. Petrikovits, Die Legionsfestung Vetera II. Bonner Jahrb. 159 (1959) 106.

Pfeiffer 1986: E. Pfeiffer, Die alten Längen- und Flächenmaße (St. Katharinen 1986).
Pferdehirt 1995: B. Pferdehirt, Das Museum für antike Schiffahrt (Mainz 1995).
Piganiol 1962: A. Piganiol, Les documents cadastraux de la colonie romaine d'Orange (Paris 1962).
Plinius d. Ä.: C. Plinius Secundus d. Ä., Naturkunde. Deutsch von R. König und J. Hopp (Darmstadt 1992).
Ponzetta/De Winter/Wesemael 2003: L. Ponzetta/N. De Winter/E. Wesemael, Opmetingen van het Romeinse aquaduct te Tongeren. In: Archeologie in Limburg 93 (2003) 3.
Provost/Lepretre/Philippe 2013: A. Provost/B. Leprêtre/É. Philippe, L'aqueduc de Vorgium/Carhaix (Finistzère). Contribution à l'étude des aqueducs romains. gallia, 61. Supl. (Paris 2013).
Rakob 1974: F. Rakob, Das Quellenheiligtum in Zaghouan und die römische Wasserleitung nach Karthago. Mitteilungen des Deutschen Archäologischen Instituts, Röm. Abteilung 81 (1974) 41–106.
Rakob 1983: F. Rakob, Opus caementitium und die Folgen. Mitt. d. DAI, Röm. Abt. 90 (1983) 359.
Rakob 1993/94: F. Rakob, Simitthus. Bde. 1–3 (Mainz 1993/94).
Rakob/Röder 1989: F. Rakob/G. Röder, Die Mühle am Medjerda-Fluß – High-Tec vor 1 700 Jahren. Bild der Wissenschaft 12 (1989) 94–100.
Rathmann 2003: M. Rathmann, Untersuchungen zu den Reichsstraßen in den westlichen Provinzen des Imperium Romanum. Bonner Jahrb. Beih. 55 (2003).
Ristow 2003: S. Ristow, Taufpiscinen der Merowingerzeit in Boppard und Köln. Rhein. Heimatpfl. 40 (2003) 275–289.
Ritti/Grewe/Kessener 2007: T. Ritti/K. Grewe/P. Kessener, A Relief of a Water-powered Stone Saw Mill on a Sarcophagus at Hierapolis and its Implications. Journal Roman Arch. 20 (2007) 138–163.
Röder 1971: J. Röder, Marmor Phrygium – Die antiken Marmorbrüche von Iscehisar in Westanatolien. Jahrb. des Deutschen Archäologischen Instituts 86 (1971) 253–312.
Ronke 1985: J. Ronke, Magistratische Repräsentation im römischen Relief, BAR Internat. Ser. 370 (Oxford 1985) 681 Abb. 82 Nr. 45.
Rottländer 1979: R. C. A. Rottländer, Antike Längenmaße (Braunschweig 1979).
Şahin 2007: S. Şahin, Die Bauinschrift auf dem Druckrohraquädukt von Delikkemer bei Patara. In: Schuler, C. (Hrsg.), Griechische Epigraphik in Lykien. Österr. Akademie der Wissenschaften, Phil.-hist. Klasse, Denkschriften 354 (Wien 2007) 99–109 Taf. X–XIII.
Samesreuther 1938: E. Samesreuther, Römische Wasserleitungen in den Rheinlanden. Berichte der Römisch-Germanischen Kommission 26, 1936 (1938) 24–157.
Schäfer 1989: Th. Schäfer, Sella Curulis und Fasces. Zur Repräsentation römischer Magistrate. Mitt. DAI Rom Ergh. 29 (Mainz 1989) 341–343.
Schiøler 1994: Th. Schiøler, The Pompeii-Groma in New Light, Analecta Romana 22 (1994) 45–60.
Schiøler 2005: Th. Schiøler, How to saw marble. Journal of the International Society of Molinology 70 (2005) 34–35.
Schmidt 1935: F. Schmidt, Geschichte der geodätischen Instrumente und Verfahren im Altertum und Mittelalter (Kaiserslautern 1935).
Schmidt 1861: F. W. Schmidt, F. W. Schmidt's hinterlassene Forschungen über noch vorhandene Reste von Militairstrassen, Befestigungen, Aquädukten etc. der Römer in den Rheinlanden. Bonner Jahrb. 31 (1861) 43.
Schnitter 1978: N. Schnitter, Römische Talsperren. Antike Welt 9 H. 2 (1978) 25.
Schnitter 1994: N. Schnitter, A History of Dams. The Useful Pyramids (Rotterdam 1994).

Schönberger 1976: H. Schönberger, Die Wasserversorgung des Kastells Oberstimm. Germania 54 (1976) 403.
Schöne 1901: H. Schöne, Das Visirinstrument der römischen Feldmesser, Jahrb. DAI 16 (1901) 127–132 Taf. 2.
Schuler 1999: S. Schuler, Vitruv im Mittelalter – Die Rezeption von »De architectura« von der Antike bis in die frühe Neuzeit (Köln, Weimar, Wien 1999).
Schumacher 1906: K. Schumacher, Das römische Mainz. Mainzer Zeitschr. 1 (1906) 22.
Schut 2004: P. A. C. Schut, Ein Aquädukt für das römische Nijmegen? Neue Ergebnisse archäologischer Prospektion. Schriftenreihe der Frontinus-Gesellschaft 25 (2004) 121–133.
Schut 2005: P. A. C. Schut, De aardwerken van Groesbeek: een aquaduct voor de Romeinse legionsvesting van Nijmegen? Rapportage Archeologische Monumentenzorg 119 (Amersfoort 2005).
Seigne 2000: J. Seigne, Note sur le sciage des pierres dures à l'époque romaine. In: Revue Archéologique du Centre de la France 39 (2000) 223–234.
Seigne 2002a: J. Seigne, Une scierie méchanique au VIᵉ siècle. Archéologia 385 (2002) 36–37.
Seigne 2002b: J. Seigne, Sixth-Century Water-powered Sawmill. Journal of the International Society of Molinology 64 (2002) 14–16.
Seigne 2002c: J. Seigne, A Sixth Century Water-powered Sawmill at Jerash. Annual of the Department of Antiquities of Jordan 26 (2002) 205–213.
Seigne 2006: J. Seigne, Water-powered Stone Saws in Late Antiquity. The Precondition for Industrialisation? In: Wiplinger, G. (Hrsg.), Cura Aquarum in Ephesos, Proceedings of the 12th Int. Congress on the History of Water Management and Hydraulic Engineering in the Mediterrannean Region 2004, BABesch Suppl. 12 (Leiden 2006) 383–390.
Şimşek/Büyükkolanci 2006: C. Şimşek, M. Büyükkolanci, Die Aquädukte und das Wasserverteilungssystem von Laodikeia ad Lycum. In: G. Wiplinger (Hrsg.), Cura Aquarum in Ephesos. Tagungsband (Leuven 2006) 137–146.
Soustal 1981a: P. Soustal, Nikopolis. In: Tabula Imperii Byzantini 3, Nikopolis und Kephallenia (Wien 1981) 213–214.
Soustal 1981b: P. Soustal, H. Georgios. In: Tabula Imperii Byzantini 3, Nikopolis und Kephallenia (Wien 1981) 155.
Steiner 1911: P. Steiner, Xanten, Sammlungen des Niederrheinischen Altertums-Vereins (Frankfurt/M. 1911).
Steiner 1926: P. Steiner, Die römische Wasserleitung von Trier. Trier. Volksfreund Nr. 236 (12. 10.1926) Beilage.
Sueton: Sueton, Cäsarenleben. Deutsch v. M. Heinemann (Stuttgart 2001).
Tietze 1980: K. A. Tietze, Vom Blasrohr zur Kontinental-Pipeline. Schriftenreihe d. Frontinus-Gesellschaft 3 (1980) 11.
Tölle-Kastenbein 1988: R. Tölle-Kastenbein, Zum Louros-Tunnel für Nikopolis. In: Inst. f. Konstruktiven Ingenieurbau Ruhr-Universität Bochum (Hrsg.), Technisch-Wissenschaftliche Mitteilungen 88–3, August 1988, 175–184.
Treutlein 1877: P. Treutlein, Intorno ad alcuni scritti inediti relativi al calcolo dell' abaco. Bullettino Boncompagni 10 (1877) 591ff.
Vassal 2006: V. Vassal, Les pavements d'opus signinum: technique, décor, fonction architecturale. BAR International Series 1472 (Oxford 2006).
von Veith 1888: C. von Veith, Castra Bonnensia. Festschrift Winckelmann (Bonn 1888).
Vitruv: Zehn Bücher über Architektur. Deutsch von C. Fensterbusch (Darmstadt 1964).
Waelkens/Poblome/De Rynck 2011: P. De Rynck/J. Poblome/M. Waelkens, Sagalassos, eine römische Stadt in der Südwesttürkei (Köln 2011).
Wallat 2004: K. Wallat, Sequitur clades – die Vigiles im antiken Rom (Frankfurt/M. 2004).

Walser 1981: G. Walser, Bemerkungen zu den gallisch-germanischen Meilensteinen, ZPE 43 (1981), 385–402.
Wegner 1976: H.-H. Wegner, Die römische Wasserleitung von Labbeck, Gemeinde Sonsbeck, Kreis Wesel. Rheinische Ausgrabungen '75 (1976) 73.
Wegner 1990: H.-H. Wegner, Brey MYK, Wasserleitung. In: Cüppers, H. (Hrsg.), Die Römer in Rheinland-Pfalz (Stuttgart 1990) 348–349.
Wilson 1998: A. Wilson, Water Supply in Ancient Carthage. Carthage Papers 65 (Portsmouth 1998) 102.
Wiplinger 2006a: G. Wiplinger, Stand der Erforschung der Wasserversorgung in Ephesos/Türkei. Schriftenreihe der Frontinus-Gesellschaft 27 (2006) 15–48.
Wiplinger 2006b: G. Wiplinger, Der lysimachische Aquädukt von Ephesos und weitere Neuentdeckungen von 2005. Schriftenreihe der Frontinus-Gesellschaft 27 (2006) 121–126.
Wiplinger 2006c: G. Wiplinger, Wasserlabyrinth unter Ephesos. Antike Welt 37 H. 6 (2006) 69–77.
Wiplinger 2006d: G. Wiplinger (Hrsg.), Cura Aquarum in Ephesus. Tagungsband (Leuven 2006).
Wiplinger/Wlach 1996: G. Wiplinger/G. Wlach, Ephesos – 100 Jahre österreichische Forschungen (Wien, Köln, Weimar 1996).
Wippern 2009: J. J. M. Wippern, Wasser ist Leben – Quellwasser ist Lebensqualität [Xanten]. Arch. Rheinland 2008 (2009) 93–94.
Zimmer 1982: G. Zimmer, Römische Berufsdarstellungen, Arch. Forsch. 12 (Berlin 1982).

Literatur zur Eifelwasserleitung nach Köln

Arens 1985: F. Arens, Die Königspfalz Goslar und die Burg Dankwarderode in Braunschweig. In: Stadt im Wandel, Kunst und Kultur des Bürgertums in Norddeutschland 1150–1650, hrsg. v. Meckseper, C. (Stuttgart-Bad Cannstatt 1985) 117–149.
Baatz 1978: D. Baatz, Temperatur und Sinterbildung. Das Rheinische Landesmuseum Bonn 6 (1978) 90.
Bader 1937: W. Bader, Die Benediktiner-Abtei Brauweiler bei Köln (Köln 1937) 51, 170.
Behm 1997: S. Behm, Zwei Aufschlüsse der römischen Eifelwasserleitung in Palmersheim. Arch. Rheinland 1996 (Köln 1997) 63–64.
Biermann/Fritz/Schoenfelder 1996: E. Biermann/U. Fritz/U. Schoenfelder, Ausgrabungen von Teilstücken der römischen Wasserleitung in Kall. Arch. Rheinland 1996 (Köln 1997) 61–63.
Binding u. a. 1975: G. Binding/L. Hagendorf/N. Nußbaum/G. Pätzold/U. Wirtler, Das ehemalige romanische Zisterzienserkloster Altenberg. Arch. Korrespondenzbl. 5 (1975) 241–246.
Blom 1950: J. A. L. Blom, Natuursteen bij historische Bouwwerken. Nieuws-Bulletin, Koninklijke Nederlandse Oudheidkundige Bond 3 (1950) 173f.
Blomstrand 1988: A. Blomstrand, Die Heiligkreuzkirche in Dalby (1988).
Blomstrand/Anjou 1990: A. Blomstrand; S. Anjou, Heligkorskyrkan i Dalby – Nordens äldsta stenkyrka (Dalby 1990).
Brinker 1986: W. Brinker, Überlegungen zur Hydrologie und Hydraulik der Eifelleitung. In: Grewe, K., Atlas der römischen Wasserleitungen nach Köln. Ausgrabungen im Rheinland 26 (Köln 1986) 235–247.
Cinthio 1947: E. Cinthio, Remains of the Cloister of the Monastery of Dalby. Medell. fr. Lunds univ. hist. mus. (1947).
Clemen: P. Clemen (Hrsg.), Die Kunstdenkmäler der Rheinprovinz (1866–1947).
Clever 1896–1902: Clever, Die römische Wasserleitung aus der Eifel in der Rheinebene. Top. Kartenaufnahme 1:25 000 (Rheinbach 1896–1902).

COENEN 1886: C. Coenen, Sinterplatten der Neusser Stiftskirche. Bonner Jahrb. 81 (1886) 226.

DARDE 1986: D. Darde u. a., Par-delà le Pont du Gard. Etudes sur l'aqueduc romain de Nîmes (Nîmes 1986).

DE LA BECHE 1832: H. T. De La Beche, Handbuch der Geognosie. Deutsch von H. v. Dechen (1832).

DEHIO 1935: G. Dehio, Handbuch der deutschen Kunstdenkmäler 1. Niedersachsen und Westfalen (1935) 256.

ECK 1995: W. Eck, Antonius Pius als Stifter eines Aquädukts für die Colonia Claudia Ara Agrippinensium? Kölner Jahrb. Vor- u. Frühgesch. 28 (1995) 631–634.

ECK 2006: W. Eck, Sex. Iulius Frontinus, kaiserlicher Statthalter in Germanien. Schriftenreihe der Frontinus-Gesellschaft 27 (2006) 49–60.

EFFMANN 1899: W. Effmann, Die karolingisch-ottonischen Bauten zu Werden (1899).

EICK 1867: C. A. Eick, Die römische Wasserleitung aus der Eifel nach Cöln (Bonn 1867).

ERNSTINGER 1877: Hanns Georg Ernstingers Raisbuch [1606/1608]. Hrsg. v. Ph. A. F. Walther (Tübingen 1877).

ESCHEBACH 1979: H. Eschebach, Die Gebrauchswasserversorgung der antiken Pompeji. Antike Welt H. 2 (1979).

FAHLBUSCH 1983: H. Fahlbusch, Über Abflußmessungen und Standardisierung bei den Wasserversorgungsanlagen Roms. In: Frontinus-Gesellschaft (Hrsg.), Wasserversorgung im antiken Rom. Geschichte der Wasserversorgung, Bd. I (München, Wien ²1983) 129–144.

FAHLBUSCH 1986: H. Fahlbusch, Gedanken zur Entsinterung von Druckrohren im Verlauf römischer Wasserleitungen. 3R international 25 (1986) 73–79.

FAHLBUSCH 1989: H. Fahlbusch, Überlegungen zur Möglichkeit der chemischen Entsinterung von Druckrohren im Verlauf römischer Wasserleitungen. Mitt. d. Leichtweiss-Institut für Wasserbau der Technischen Universität Braunschweig 103 (Braunschweig 1989).

FREMERSDORF 1929: F. Fremersdorf, Neue Forschungen an der römischen Eifelwasserleitung. Bonner Jahrb. 134 (1929) 79–118.

FUCHS 1933: A. Fuchs, Der Kanalsinter als Werkstoff. Westfalen 18 (1933) 87ff.

FUNKEN 1983: R. Funken, Epigraphische Anmerkungen zu niederrheinischen Grabsteinen. Bonner Jahrb. 183 (1983) 337ff.

GECHTER 1997: M. Gechter, Die Grablege des Bischofs Rudolf von Schleswig in St. Kunibert. Colonia Romana Bd. 12 (1997) 17–19.

GELENIUS 1645: Aegidius Gelenius, Coloniae Claudiae Agrippinensis Augustae Ubiorum Urbis libri IV (Köln 1645).

GERBRING 1998: Die Landgrafenburgen der Ludowinger in Thüringen. Seminararbeit (Karlsruhe 1998).

GIERSIEPEN 2000: H. Giersiepen, Die Inschriften der Stadt Bonn. Die deutschen Inschriften 50, Düsseldorfer Reihe 4. Bd. (Wiesbaden 2000).

GLAZEMA o. J.: P. Glazema, Kerken en dodenbezorg in de Middeleeuwen. In: Honderd eeuwen Nederland. Antiquity and Survival 2 H.5–6 (o. J.) 230.

GREWE 1981a: K. Grewe, Wo ist der Römerkanal geblieben? Das Rheinische Landesmuseum Bonn 2 (1981) 17–21.

GREWE 1981b: K. Grewe, Wasser im Kreuzgang der Bonner Münsterkirche. Über eine Hochwassermarke vom 27. Februar 1784. Rhein. Landesmus. Bonn, 1981, 6–8.

GREWE 1983: K. Grewe, Neue Ausgrabungen im Verlauf der römischen Wasserleitungen nach Köln. Bonner Jahrb. 183 (1983) 343–384.

GREWE 1985: K. Grewe, Planung und Trassierung römischer Wasserleitungen (Wiesbaden 1985).

GREWE 1986: K. Grewe, Atlas der römischen Wasserleitungen nach Köln. Rhein. Ausgr. 26 (Köln 1986).

GREWE 1987: K. Grewe, Die römische Eifelwasserleitung nach Köln. In: Horn, H.G. (Hrsg.), Die Römer in Nordrhein-Westfalen (Stuttgart 1987) 409–418.

GREWE 1988: K. Grewe, Römische Wasserleitungen nördlich der Alpen. In: Frontinus-Gesellschaft e. V. (Hrsg.), Die Wasserversorgung antiker Städte. Geschichte der Wasserversorgung, Bd. 3 (Mainz 1988) 45–98.

GREWE 1990: K. Grewe, Patientia – Virtus – Spes; Mit »Geduld, Tatkraft und Gottvertrauen« durch den Berg. In: Faber, G./ Kohl, N. (Hrsg.), 25 Jahre Raschpëtzer-Forschung (Walferdange 1990) 291–322.

GREWE 1991a: K. Grewe, Neue Befunde zu den römischen Wasserleitungen nach Köln. Nachträge und Ergänzungen zum »Atlas der römischen Wasserleitungen nach Köln«. Bonner Jahrb. 191 (1991) 385–422.

GREWE 1991b: K. Grewe, Aquädukt-Marmor. Kalksinter der römischen Eifelwasserleitung als Baustoff des Mittelalters. Bonner Jahrb. 191 (1991) 277–343.

GREWE 1991c: K. Grewe, Der Wasserversorgungsplan des Klosters Christchurch in Canterbury (12. Jahrhundert). In: Frontinus-Gesellschaft (Hrsg.), Die Wasserversorgung im Mittelalter (Mainz 1991) 229–236.

GREWE 1993: K. Grewe, Aquädukt-Marmor – der Fundstellenkatalog wächst. Arch. Rheinland 1992 (1993) 79–82.

GREWE 1997: K. Grewe, Die Eifelwasserleitung – Aquädukt für das römische Köln und Steinbruch für die romanischen Großbauten (Köln 1997).

GREWE 2000: K. Grewe, Meßfehler in antiken Bauwerken?! In: Rottländer, R. C. A. (Hrsg.), Ordo et Mensura VI. Siegener Abhandlungen zur Geschichte der materiellen Kultur 31 (St. Katharinen 2000) 80–89.

GREWE 2003: K. Grewe, Technologie-Transfer von der Antike in das Mittelalter am Beispiel der Wasserversorgung. In: Bruun, C./Saastamoinen, A. (Hrsg.), Technology, Ideology, Water: From Frontinus to the Renaissance and Beyond. Acta Instituti Romani Finlandiae 31 (2003) 171–192.

GREWE 2006: K. Grewe, Technische Bodendenkmäler in der archäologischen Landschaft Nordeifel. Arch. Rheinland 2005 (Stuttgart 2006) 173–175.

GREWE 2010: K. Grewe, Meisterwerke antiker Technik (Mainz 2010).

GREWE 2011a: K. Grewe, Die Wasserversorgung römischer Provinzhauptstädte am Beispiel Kölns. In: Humer, F./Konecny, A., Römische Thermen – Forschung und Praxis, Akten des intern. Kolloquium Carnuntum 2009 (Carnuntum 2011) 121–128.

GREWE 2011b: K. Grewe, Neues zur Baustellenorganisation im römischen Aquäduktbrückenbau. In: Bayerische Gesellschaft für Unterwasserarchäologie (Hrsg.), Archäologie der Brücken (Regensburg 2011) 61–66.

GREWE 2012a: K. Grewe, Yes, in fact, we have! Ein Stück Römerkanal in Amerika. Eifeljahrbuch 2013 (Düren 2012) 111–120.

GREWE 2012b: K. Grewe, Yes, in fact, we have! Ein Stück Römerkanal in Amerika. Arch. Rheinland 1987–2011 (2012) 112–114.

GREWE 2012c: K. Grewe, Die Ziegelmarken am Aquädukt von Minturnae. Bonner Jahrb. 212 (2012) 35–50.

GREWE/KESSENER/PIRAS 1999: K. Grewe/H. P. M. Kessener/S. Piras, Im Zickzack-Kurs über den Fluß – Die römisch-seldschukische Eurymedon-Brücke von Aspendos (Türkei). Antike Welt der Technik X. Antike Welt 30 (1999) 1–12.

GREWE/KNAUFF 2012: K. Grewe/M. Knauff, Die lange Leitung der Römer – Der Römerkanal-Wanderweg Nettersheim-Köln (Düren 2012) [Wanderführer des Eifelvereins].

GROHMANN 1978: A. Grohmann, Chemie und Sinterbildung. Das Rheinische Landesmuseum Bonn 6 (1978) 91.

HABEREY 1955/1956: W. Haberey, Neues zur Wasserversorgung des römischen Köln, 1. Teil. Bonner Jahrb. 155/156 (1955–1956) 156–168.

HABEREY 1964: W. Haberey, Neues zur Wasserversorgung des römischen Köln, 2. Teil. Bonner Jahrb.164 (1964) 246–287.

HABEREY 1972: W. Haberey, Die römischen Wasserleitungen nach Köln (Bonn 1971; ²1972).

HABEREY/WIELAND 1940: W. Haberey/P. Wieland, Die römische Wasserleitung bei Buschhoven. Bonner Jahrb. 145 (1940) 316–320.

HELLENKEMPER 1986: H. Hellenkemper, Wasserbedarf, Wasserverteilung und Entsorgung der Colonia Claudia Ara Agrippinensium. In: Grewe, K., Atlas der römischen Wasserleitungen nach Köln. Rhein. Ausgr. 26 (Köln 1986) 193–214.

HÖMBERG 1967: A. K. Hömberg, Westfälische Landesgeschichte (Münster 1967).

HÖMBERG 1968: A. K. Hömberg, Wirtschaftsgeschichte Westfalens (Münster 1968).

HUCK 2003: J. Huck, Zündorfs Pfarreien im Mittelalter und ihre Wohltäterinnen Adelmut und Eveza. Rechtsrheinisches Köln Bd. 29 (2003) 11–40.

HUGOT 1968: L. Hugot, Kornelimünster. Untersuchung über die baugeschichtliche Entwicklung der ehemaligen Benediktinerklosterkirche. Rheinische Ausgrabungen 2, hrsg. v. Landschaftsverband Rheinland. Beihefte der Bonner Jahrb. 26 Dissertation (Köln 1968).

HUISKES 1980: M. Huiskes, Andernach im Mittelalter – Von den Anfängen bis zum Ende des 14. Jahrhunderts. Rheinisches Archiv 111 (Bonn 1980).

IMHOFF 1849: G. Imhoff, Cöln, Römische Wasserleitung. Bonner Jahrb. 14 (1849) 183f.

JÜRGENS 1977: A. Jürgens, Grabungen und Restaurierungen archäologischer Denkmäler in Nettersheim, Kreis Euskirchen. Ausgrabungen im Rheinland '76. Das Rheinische Landesmuseum Bonn, Sonderheft (Januar 1977) 84–97.

JÜRGENS 1979: A. Jürgens, Ein neuer Aufschluss der römischen Eifelwasserleitung in Euskirchen-Rheder. Ausgrabungen im Rheinland '78. Das Rheinische Landesmuseum Bonn, Sonderheft (Januar 1979) 94–95.

JÜRGENS 1980: A. Jürgens, 4 m lang – 40 Tonnen schwer. Teilstück der römischen Eifelwasserleitung vor dem Landesmuseum. Das Rheinische Landesmuseum Bonn H. 5 (1980) 65–68.

JÜRGENS 1983: A. Jürgens, Neue Aufschlüsse römischer Wasserleitungen. Ausgr. Rheinland '81/'82 (1983) 164–168.

JÜRGENS/LOMMERZHEIM/SOMMER/VOGT 1979: A. Jürgens/R. Lommerzheim/M. Sommer/Th. Vogt, Ein römisches Wassersammelbecken aus Euskirchen-Kirchheim. Rhein. Landesmus. Bonn. Sonderheft Ausgr. '78 (1979) 96–101.

KAELBLE (2012; in Bearbeitung): B. Kaelble, Bestandskatalog der mittelalterlichen Steinskulptur bis 1250 im Museum Schnütgen [in Bearbeitung, Stand 19.4.2012].

KIER 1970: H. Kier, Der mittelalterliche Schmuckfußboden unter besonderer Berücksichtigung des Rheinlandes. Die Kunstdenkmäler des Rheinlandes, Beiheft 14 (Düsseldorf 1970) 117.

KJERSGAARD 1990: E. Kjersgaard, Roskilde Domkirche (Roskilde 1990).

KLAUA 1988: D. Klaua, Dekorationssteine an romanischen Burgen Thüringens und ihre Herkunft. Abh. d. Staatl. Museums f. Mineralogie u. Geologie zu Dresden 35 (1988) 15–20.

KLAUA 1995: D. Klaua, Kanalsinter – ein besonderes Baumaterial für Säulen auf der Wartburg, Wartburg-Jahrbuch 3 = 1994 (1995) 49–57.

KLAUA 2011: D. Klaua, Kritische Betrachtungen zu chronikalischen Überlieferungen am Beispiel von Bausteinuntersuchungen am Palas der Wartburg. Wartburg-Jahrbuch 18 = 2009 (2011) 36–65.

KÖNIGSFELD 1978: P. Königsfeld, Burg Dankwarderode in Braunschweig und Stiftskirche zu Königslutter. Deutsche Kunst und Denkmalpflege 36 (1978) 69–86.

KÖNIGSFELD 1983: P. Königsfeld, Wiederaufbau der Burg Dankwarderode in Braunschweig. Deutsche Kunst und Denkmalpflege 41 (1983) 48–50.

KÖSTER 1996: B. Köster, Das frühgotische Bergportal an St. Servatius in Maastricht (Köln 1996).

KRAUSE 1992: G. Krause, Stadtarchäologie in Duisburg. Duisburger Forschungen 38 (1992) 6–7.

KRAUSS/SCHUCHARDT 1989: J. Krauß/G. Schuchardt, »Alles ist anders gekommen als wir erwartet haben«. Die Wartburg und die deutsche Geschichte. In: Stubenvoll, W. (Hrsg.), Die Straße. Ausstellungskatalog (Frankfurt 1989) 367–390.

KREUSCH 1965: F. Kreusch, Wiederherstellungen am Aachener Dom. Bericht über die Tätigkeit der Denkmalpflege in den Jahren 1959–1964 (1965).

KRUSE 2004: A. Kruse, Pillegravens Gåde. Skalk 4 (2004) 9–14.

LAMBERTZ 1899: A. Lambertz, Kurzgefaßte Geschichte des Römerkanals (Schleiden 1899).

LIEBER 1990a: W. Lieber, Calcit, Baustein des Lebens. 27. Münchener Mineralientage. Katalog (München 1990) 1–80.

LIEBER 1990b: W. Lieber, Kalksinter-Abscheidungen in Wasserleitungen. Der Aufschluß 41 (1990) 249–261.

MAASSEN 1882: H. G. C. Massen, Die römische Staatsstraße von Trier über Belgica bis Wesseling am Rhein und der Römerkanal am Vorgebirge. Ann. d. Hist. Vereins f. d. Niederrhein 37 (1882) 16ff.

MATTHES 1982: W. Matthes, Corvey und die Externsteine. Schicksal eines vorchristlichen Heiligtums in karolingischer Zeit (Stuttgart 1982).

MAURITIUS 1983: M. Mauritius (Hrsg.), Museum der Abtei Siegburg. Katalog (Siegburg 1983) 71.

MECKSEPER 1995: C. Meckseper, Kat. Nr. D19: Burg Dankwarderode. In: Heinrich der Löwe und seine Zeit. Ausstellungskatalog, Bd. 1 (Braunschweig 1995) 176.

MILZ 1979: J. Milz, Untersuchungen zur Baugeschichte der Marienkirche in Duisburg. Duisburger Forschungen 27 (1979) 21–27.

MÖLLER 1984: R. Möller, Zur Restaurierung der Räume im Wartburg-Palas. Beiträge zur Erhaltung von Kunstwerken 2 (Berlin 1984) 4–34.

MÜLLER/SCHUMACHER 2011: W. Müller/K.-H. Schumacher, Steinreiche Eifel: Herkunft, Gewinnung und Verwendung der Eifelgesteine (Koblenz 2011).

NISTERS-WEISBECKER 1983: A. Nisters-Weisbecker, Die Grabsteine des 7.–11. Jahrhunderts am Niederrhein. Bonner Jahrb. 183 (1983) 175–326.

NÖGGERATH 1858: J. Nöggerath, Die Marmorgewinnung aus den römischen Wasserleitungen in der preussischen Rheinprovinz. Westermanns illustrierte Jahrb. 4 (1858) 165.

NÖGGERATH 1877: J. Nöggerath. Gesamte Naturwissenschaften 3 (1877).

NOTH 1983: W. Noth, Die Wartburg (Eisenach 1983).

OLSEN/CRUMLIN-PEDERSEN 1978: O. Olsen/O. Crumlin-Pedersen, Fünf Wikingerschiffe vom Roskilde Fjord (Kopenhagen 1978).

OVERBECK 1851: Overbeck, Die römische Villa bei Kreuzweingarten. In: Festschrift J. J. Winkelmann (1851).

PÄFFGEN 1992: B. Päffgen, Die Ausgrabungen in St. Severin zu Köln. Kölner Forschungen Bd. 5 (Mainz 1992).

PANOFSKY-SOERGEL 1974: G. Panofsky-Soergel, Die Denkmäler des Rhein.-Berg. Kreises 3; Olpe-Wipperfürth (1974).

REINARTZ 1924: N. Reinartz, Der Römerkanal von Kreuzweingarten und seine Erforschung. Eifelvereinsblatt Jg. 25, Nr. 6 (Juni 1924) 51.

REIS 1935: O. M. Reis, Die Gesteine der Münchner Bauten und Denkmäler. Veröffentl. d. Gesellschaft für Bayerische Landeskunde H. 7–12 (1935) 37–38 [s. 8a Onyxsinter].

RIETH 1970: H. Rieth, Der Ursprung von Rüttenscheid – Sommerburg und Romanisches Haus, In: Bürger- und Verkehrsverein Essen-Rüttenscheid e. V. (Hrsg.), 1000 Jahre Rüttenscheid (Essen 1970) 27–54.

RISTOW 1999: S. Ristow, Trapezförmige Sarkophage des frühen Mittelalters in Köln. Kölner Jahrb. 32 (1999) 305–341.

ROOSVAL 1918: J. Roosval, Die Steinmetzmeister Gotlands (Stockholm 1918).

ROSELLEN 1887: R. W. Rosellen, Geschichte der Pfarreien der Erzdiözese Köln 6. Geschichte der Pfarreien des Dekanates Brühl (Köln 1887).

RÜCKER 2007: Eine weitere römische Wasserleitung am Westhang der Ville? Arch. Rheinland 2007 (Stuttgart 2008) 114–116.

SAMESREUTHER 1936: E. Samesreuther, Römische Wasserleitungen in den Rheinlanden. Bericht der Römisch-Germanischen Kommission 26, 1936 (1938) 24–157.

SCHMIDT 1861: P. W. Schmidt, Über den römischen unterirdischen Aquädukt, welcher aus der Eifel nach Cöln führte. Bonner Jahrb. 31 (1861) 48–62.

SCHMITZ 1978: W. Schmitz, Kalksinter im Römerkanal. Zur Sinterbildung der Eifelwasserleitung. Das Rheinische Landesmuseum Bonn 4 (1978) 55–57.

SCHREINER/TONTSCH 2011: P. Schreiner; M. Tontsch, Die Abteikirche St. Nikolaus und St. Medardus in Brauweiler – Baugeschichte, Ausstattung, Lapidarium. Pulheimer Beiträge zur Geschichte 33 (³2011).

SCHÜTTE 1997: S. Schütte, Zur frühen Baugeschichte von St. Kunibert in Köln und zur Grablege des Bischofs Rudolf von Schleswig. Colonia Romanica 12 (1997) 9–16.

SCHÜTTE/GECHTER 2012: S. Schütte/M. Gechter, Von der Ausgrabung zum Museum – Kölner Archäologie zwischen Rathaus und Praetorium, Ergebnisse und Materialien 2006–2012 (Köln 2012).

SCHULTZ 1953: C. G. Schultz, Romersk Akvaedukt-Marmor i Roskilde Domkirke. Nationalmuseets Arbejdsmark (1953) 55.

SCHULTZE 1930: R. Schultze, Der Schlammfang des Kölner Aquädukts und seine Ergänzung. Bonner Jahrb. 135 (1930) 105–108.

SCHULTZE/STEUERNAGEL 1895: R. Schultze/C. Steuernagel, Colonia Agrippinensis X. Die Wasserversorgung der Stadt. Bonner Jahrb. 98 (1895) 93–108.

SCHULZ 1986: H. D. Schulz, Schichtungen im Kalksinter der römischen Wasserleitung nach Köln. Eine Hilfe zur relativen Datierung. In: Grewe, K., Atlas der römischen Wasserleitungen nach Köln. Ausgrabungen im Rheinland 26 (Köln 1986) 263–268.

SCHWARTZ 1956: H. Schwartz, Soest in seinen Denkmälern. Bd. 2 (Soest 1956) 59.

SENCKLER 1852: A. Senckler, Promenade zur Erforschung des Römerkanals. Bonner Jahrb. 18 (1852) 214–226.

SIMON 1902: K. Simon, Zur Datierung des Landgrafenhauses auf der Wartburg. Der Burgwart 3, Nr. 4 (1902) 29.

SLINGER/JANSE/BERENDS 1980: A. Slinger/H. Janse/G. Berends, Natuursteen in Monumenten (1980) 58.

SÖLTER 1970: W. Sölter, Römische Kalkbrenner im Rheinland. Kunst und Altertum am Rhein 31 (Düsseldorf 1970).

SPRATER/STEIN 1982: F. Sprater/G. Stein, Der Trifels (Speyer 1982) 39.

STENVERT 1985: R. Stenvert, De materiele resten van het Romaanse Oxaal in de St. Lebuinuskerk te Deventer. In: Van Vilsteren, V. T./De Vries, D. J. (Hrsg.), Van Beek en Land en Mensenhand. Feestbundel voor R. van Beek bij zijn zeventigste verjaardag (1985).

STOLZ 2010: A. Stolz, Der Karbonatsinter des römischen Aquädukts nach Köln – ein potentielles Archiv der Umwelt- und Kulturgeschichte: Informationen aus der Sinterbänderung mittels digitaler Bildbearbeitung. Unveröffentl. Diplomarbeit (Mainz 2010).

STUBENVOLL 1989: W. Stubenvoll (Hrsg.), Die Straße. Geschichte und Gegenwart eines Handelsweges. Ausstellungskatalog (Frankfurt 1989).

THOLEN 1929: P. A. Tholen, Die römische Wasserleitung übers Vorgebirge mit Abzweigung. Kölner Stadt-Anzeiger, Abendausgabe 618 (6.12.1929), Nachdruck in Weilerswister Heimatbl. 30 (2003) 40–42.

THOLEN 1930: P. A. Tholen, Säulen aus Sintergestein. Kölner Lokal-Anzeiger 215 (30.4.1930).

THOLEN 1935: P. A. Tholen, Die Wasserversorgung des römischen Köln und das Vorgebirge. Der Rheinische Braunkohlenbergmann 3 (1935) Nr. 3, 4.

THOLEN o. J.: P. A. Tholen, Eine schöne Entdeckung in der Millener Kirche (o. J.).

THOLEN 1958: P. J. Tholen, Ausgrabungen in der Georgskirche 1954. In: Heinrichs, H./Broich, J., Kirchengeschichte des Wassenberger Raums (1958) 62.

VON STRAMBERG 1854: C. v. Stramberg, Rheinischer Antiquarius II 4 (1854).

VAN DEN BERG 1984: H. M. Van den Berg, Norrdelijk Ooster go Dantumadeel (s'-Gravenhage 1984).

VAN NISPEN 1935: E. O. M. van Nispen, De Monumenten van Geschiedenes en Kunst van de Provincie Limburg. I. De Monumenten in de Gemeente Maastricht (s'Gravenhage 1935).

VEITH 1885: C. von Veith, Die römische Wasserleitung aus der Eifel zum Rhein. Bonner Jahrb. 80 (1885) 1–27.

VERBEEK 1961: A. Verbeek, Die Doppelkirche von Schwarzrheindorf (Mönchengladbach 1961).

VETH/MÜLLER 1918: J. Veth/F. S. Müller, Albrecht Dürers Niederländische Reise (1918).

VÜLLERS 1916: Vüllers, Die Kalksinter-Säulen im Dom zu Paderborn. Jahresbericht d. Diöcesan-Museumsvereins 4 (1916) 19.

WEEBER 1990: K.-W. Weeber, Smog über Attika – Umweltverhalten im Altertum (Zürich, München 1990).

WEISGERBER 2006: G. Weisgerber, Montanarchäologie – Allgemeines und Einzelnes. In: Brüggerhoff, S./Farrenkopf, M./Geerlings, W. (Hrsg.), Montan- und Industriegeschichte; Festschrift für Rainer Slotta zum 60. Geburtstag (Paderborn, München, Wien, Zürich 2006) 67–102.

WESENBERG 1972: R. Wesenberg, Frühe mittelalterliche Bildwerke (1972).

WEYRES 1980: W. Weyres, Die Domgrabung. XXII. Bericht über die Ausgrabungsergebnisse 1977–1979. In: Doppelfeld, O./Weyres, W., Die Ausgrabungen im Dom zu Köln. Kölner Forschungen 1 (Mainz 1980) 759–785.

WILDEMAN 1947: Th. Wildeman, Bausteine zum Bonner Münster. In: Bonn und sein Münster. Festschrift für J. Hinsenkamp (1947).

WILDEMAN 1954: Th. Wildeman, Rheinische Wasserburgen und wasserumwehrte Bauten. Zeitschr. d. Rhein. Vereins f. Denkmalpflege (1954) 37ff.

WILSON 2011: Ch. Wilson, Canterbury Cathedral's Mystery »Marble«: A Double Imposture Unmasked. In: Fergusson, P., Canterbury Cathedral Priory in the Age of Becket (New Haven and London 2011) 156–171.

WINTER 1883: L. Winter, Die Burg Dankwarderode zu Braunschweig. Ergebnisse des im Auftrage des Stadtmagistrats angestellten bauhistorischen Untersuchungen (Braunschweig 1883).

WOELK 1999: M. Woelk, Bildwerke vom 9. bis zum 16. Jahrhundert aus Stein, Holz und Ton im Hessischen Landesmuseum Darmstadt (Berlin 1999).

WYTTENBACH / MÜLLER 1836: Gesta Trevirorum: integra lectionis varietate ac animadversionibus illustrata ac indice duplici instructa / nunc primum ed. Joannes Hugo Wyttenbach et Michael Franciscus Josephus Müller.

ZENZ 1955: E. Zenz, Die Taten der Trierer. 1. Von den Anfängen bis zum Jahr 1124 (Trier 1955).

Aquäduktmarmorkatalog (Fundorte in alphabetischer Folge)

Verbreitungsgebiete (VG)

BL = Bergisches Land
K = Köln
NE = Nordeifel und Eifelvorland
RA = Rhein-Ahr-Gebiet
RM = Rhein-Maas-Gebiet / Niederrhein / Norddeutschland
RS = Bonn und Rhein-Sieg-Gebiet
HW = Hellweg-Linie
NL = Niederlande-Linie
NS = Nordsee-Linie
RP = Rhein-Pfalz-Linie
WB = Wartburg-Linie

Ort		Fundstelle	VG
1.	Aachen	Domhof 6	RM
2.	Aachen-Kornelimünster	Abteikirche	RM
3.	Aldenhoven-Pattern	St. Matthäus	RM
4.	Altenahr	St. Mariä Verkündigung	RA
5.	Andernach	St. Michaelskapelle	RP
6.	Annweiler am Trifels	Burg Trifels	RP
7.	Aremberg	Burg Aremberg	RA
8.	Bad Münstereifel	Stiftskirche	NE
9.	Bad Münstereifel	Romanisches Haus	NE
10.	Bad Münstereifel	Fibergasse	NE
10a.	Bad Münstereifel	Werther Straße	NE
11.	Bad Münstereifel-Iversheim	St. Laurentius	NE
12.	Bonn	Münsterbasilika	RS
13.	Bonn	möglicherw. vom Friedhof der alten Dietkirche	RS
14.	Bonn-Dottendorf	ehemal. Kirche	RS
15.	Bonn-Kessenich	St. Nikolaus	RS
16.	Bonn-Lessenich	St. Laurentius	RS
17.	Bonn-Schwarzrheindorf	Doppelkirche St. Clemens	RS
18.	Braunschweig	Burg Dankwarderode	HW
19.	Bremen	St. Petri-Dom	RM
20.	Dormagen-Knechtsteden	Abteikirche Knechtsteden	RM
21.	Dormagen	St. Michael	RM
22.	Dormagen-Gohr	St. Odilia	RM
23.	Drolshagen	St. Clemens	BL
24.	Duisburg	Marienkirche	RM
24a.	Duisburg-Mündelheim	Pfarrkirche	RM
25.	Düsseldorf-Kaiserswerth	St. Suitbert	HW
26.	Eisenach	Wartburg	WB
27.	Eitorf-Merten	Klosterkirche	RS
28.	Erftstadt-Kierdorf	St. Martin	NE
29.	Essen	Romanisches Haus	HW
30.	Essen-Werden	St. Ludgerus	HW
31.	Euskirchen	St. Martin	NE
32.	Euskirchen-Flamersheim	St. Stephanus Auffindung	NE
33.	Euskirchen-Frauenberg	St. Georg	NE
34.	Euskirchen-Kreuzweingarten	Heiligkreuz-Kirche	NE
35.	Euskirchen-Niederkastenholz	St. Laurentius	NE
36.	Euskirchen-Niederkastenholz	Burg	NE
37.	Euskirchen-Stotzheim	St. Martin	NE
38.	Euskirchen-Stotzheim	Hardtburg	NE

Verritzen (*Bergbau*): Beginn des Abbaus einer Lagerstätte; entsprechend ist ein bisher unberührter Boden unverritzt.

Verbau: Abstützung von Graben-, Schacht- und Tunnelwänden.

verlorene Schalung: Schalungen dienen bei der Errichtung von Bauwerken als Gussformen (oder Lehrgerüste) für das Mauerwerk (und die Gewölbe). Verloren sind diese Schalungen dann, wenn sie nach der Baumaßnahme nicht entfernt werden. Im Falle der Eifelwasserleitung sind die Wangen des Bauwerks in verschiedenen Abschnitten in v. S. als Bruchsteinmauern aufgesetzt und dann mit Stampfmörtel hinterfüttert worden.

Vermarkung (*Vermessungstechnik*): Hilfsmittel zur Sicherung und Visualisierung von Vermessungspunkten. Als Messmarken finden u. a. Grenzsteine, Eisenbolzen oder Holzpfählchen Verwendung.

Versicherungshaken: Zur Verdeutlichung eines besonderen Vortriebsproblems im Tunnelbau gefundener Spezialausdruck. In im Gegenort aufgefahrenen antiken Tunnelbauwerken stellte sich das Problem, sich wegen fehlerhaften Vortriebs im vorgesehenen Treffpunkt nicht zu treffen. Vollzog man allerdings in der Schlussphase einer der beiden Vortriebsstrecken einen sichelförmigen Haken, so war es möglich, den entgegenkommenden Vortrieb von der Seite zu treffen. Erstmals nachgewiesen wurde ein »finaler Versicherungshaken« im Eupalinos-Tunnel auf Samos (2. H. 6. Jahrh. v. Chr.).

Visierschacht: Hilfsschacht zur Übertragung einer geplanten Vortriebrichtung beim → Gegenortverfahren im Tunnelbau.

Visur (*Vermessungstechnik*): Zielung über die Lotschnüre, z. B. bei der Absteckung rechter Winkel mit der → Groma.

Vorflut: Fluss, Bach oder künstlich angelegter Graben, um (Ab-)Wasser abzuführen.

Vortrieb: → auffahren.

Wandung: Hier: Seitenmauern eines Kanalgerinnes.

Wasserdargebot: Natürlich vorhandenes oder durch Speicherwirtschaft bereitgestelltes Wasser (hier: u. a. Quellgebiete, Flussentnahmen und Talsperren).

Zwangspunkt: Beim Ausbau einer Aquädukttrasse ergaben sich Z.e dadurch, dass man mit dem Ende eines → Bauloses auf den Anfang des Anschlussbauloses traf und vor allem in der Höhe richtig liegen musste. Im Tunnelbau waren die Z.e eher dadurch gegeben, die planmäßige Vortriebsrichtung einhalten zu müssen.

Zweischalentechnik: Im Aquäduktbau wurden die Wandungen des Bauwerkes im Normalfall in ausgehobenen Baugräben hergestellt. Dazu wurde der Hohlraum zwischen einer Schalung und der Baugrubenwand mit → *opus caementicium* verfüllt. War der Graben zu breit, musste auch für die Außenseite der → Wandung eine Schalung gearbeitet werden.

0 6. Aug. 2017